HTML5+
CSS3+
JavaScript

HTML5 + CSS3 + JavaScript

로 배우는 웹프로그래밍 기초

기초부터 반응형 웹까지
초보자도 쉽게 배우는 웹 개발 지침서

2판

천인국 지음

INFINITYBOOKS
인피니티북스

천인국

서울대학교 전자공학과에 입학하여 1983년에 공학사 학위를 취득하였고, 한국과학기술원 대학원에 입학하여 1985년에 전기 및 전자공학과 석사 학위를, 1993년에 박사 학위를 취득하였다. 1985년부터 1988년까지 삼성전자 종합연구소에서 주임 연구원으로 재직하였고, 1993년부터 현재까지 순천향대학교 컴퓨터공학과 교수로 재직 중이다. 2005년에는 캐나다 UBC에서 방문교수를 지냈다.

저서로는 「Power JAVA 3판」(2022, 인피니티북스), 「인공지능」(2020, 인피니티북스), 「스크래치로 배우는 컴퓨팅 사고와 문제해결」(2019, 인피니티북스), 「OpenCV를 이용한 디지털 영상처리」(2019, 인피니티북스), 「Power Java Compact」(2018, 인피니티북스), 「어서와 C++는 처음이지!」(2018, 인피니티북스), 「문제해결과 컴퓨팅 사고」(2017, 인피니티북스), 「문제해결과 컴퓨팅 사고를 위한 스크래치」(2017, 인피니티북스), 「문제해결과 컴퓨팅 사고를 위한 파이썬」(2017, 인피니티북스), 「어서와 파이썬은 처음이지!」(2016, 인피니티북스), 「어서와 Java는 처음이지!」(2015, 인피니티북스), 「어서와 C언어는 처음이지!」(2015, 인피니티북스), 「HTML5+CSS3+JavaScript로 배우는 웹프로그래밍 기초」 (2014, 인피니티북스), 「C++ Espresso」(2010, 인피니티북스), 「Power C++」 (2010, 인피니티북스), 「쉽게 풀어쓴 C언어 Express」(2007, 생능출판사), 「C언어로 쉽게 풀어쓴 자료구조」(2005, 생능출판사) 등이 있다.

HTML5 + CSS3 + JavaScript 로 배우는 웹프로그래밍 기초 2판

인쇄 2023년 09월 20일 2판 2쇄
발행 2023년 09월 27일 2판 2쇄

저자 천인국
발행인 채희만
기획편집팀 채희만, 임민정, 임유리, 강미연 | **영업팀** 최형진, 이호준 | **마케팅팀** 한석범, 성희령 | **경영관리팀** 이승희
발행처 INFINITYBOOKS | **주소** 경기도 고양시 일산동구 하늘마을로 158, 대방트리플라온 C동 209호
대표전화 02)302-8441 | **팩스** 02)6085-0777

도서 문의 및 A/S 지원
홈페이지 www.infinitybooks.co.kr | **이메일** helloworld@infinitybooks.co.kr

ISBN 979-11-92373-13-3 | **등록번호** 제2021-000018호 | **판매정가** 33,000원

머리말

웹(WWW)은 우리 생활에 많은 영향을 끼치는 중요한 기술이다. 우리는 웹을 통하여 많은 정보들을 습득하고, 콘텐츠를 만들고 있다. 웹이 표준화되면서 웹의 활용 범위는 더 넓어질 것으로 예상된다. 초판과 마찬가지로 개정판에서도 웹프로그래밍의 내용 중에서 중요하다고 간주되는 내용들은 빠짐없이 다루려고 노력하였다. 또 단편적인 내용이 아니라 프로젝트를 진행하는 데 참고가 될 만한 흥미로운 예제들을 제시하였다. 초판과 달라지는 부분은 다음과 같다.

- 자바스크립트 최신 버전을 사용하였다.
- 모바일 웹과 반응형 웹 내용을 대폭 보강하였다.
- 자바스크립트 객체와 배열 내용을 보강하였다.
- JSP를 사용하여 클라이언트와 서버 사이의 상호 작용을 쉽게 설명하였다.

이 책이 만들어지기까지 많은 도움이 있었다. 항상 적극적으로 지원해주시는 인피니티북스 관계자 여러분께 깊은 감사를 표한다. 책이 출간될 때마다 항상 격려해주시고 오류를 따듯하게 지적해주시는 교수님들과 독자 여러분께 깊이 감사드린다. 독자 여러분들이 이 책을 읽으면서 약간의 즐거움이라도 발견할 수 있다면, 필자에게는 큰 보람이 될 것이다.

2023년 1월

저자 천인국

책의 구성

이 책은 입문자들을 위하여 기술되었다. 입문자들이 쉽게 개념을 이해하고 실력을 기를 수 있도록 다양한 학습 장치를 배치하였다.

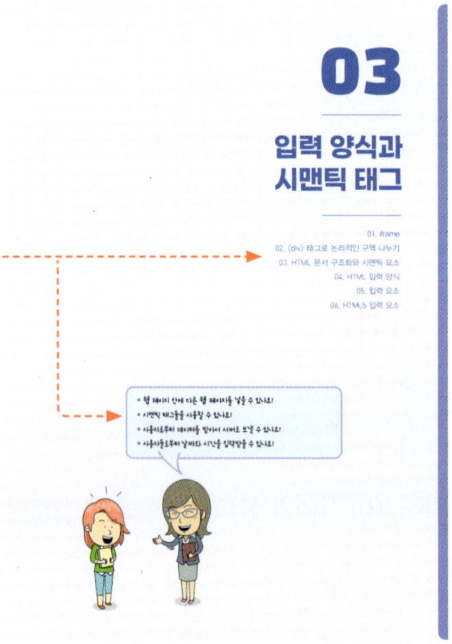

이번 장에서 무엇을 배워야 하는지를 제시한다.

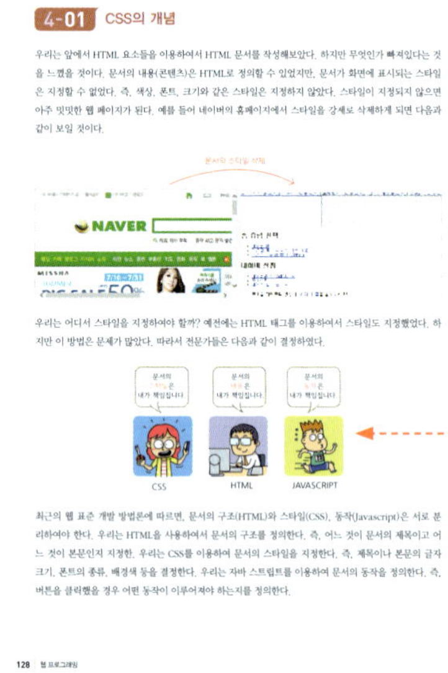

다양한 그림을 사용하여 내용을 쉽게 설명한다.

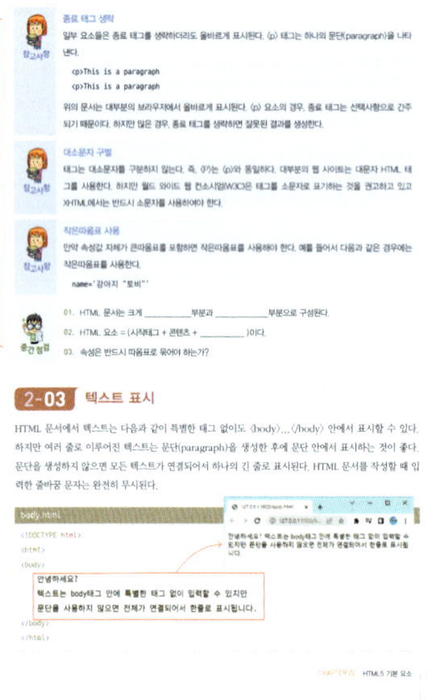

본문에 대한 보충 설명이나 참고 사항을 정리한다.

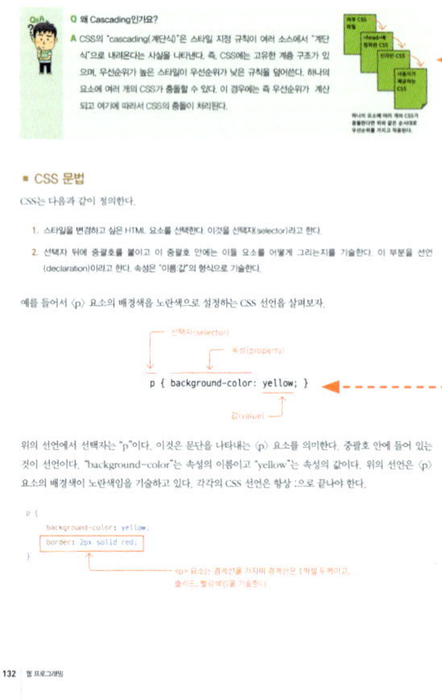

독자들이 궁금해 할 만한 사항을 질문과 답변 형식으로 정리한다.

중요한 문법적인 사항들을 별도로 정리한다.

소스에는 직접
설명글을 화살표로
붙였다.

css_opacity.html

```
<!DOCTYPE html>
<html>
<head>
    <style>
        img { opacity: 0.4; }
        img:hover { opacity: 1.0; }
    </style>
</head>
<body>
    <h1>Opacity 속성</h1>
    <img src="lion.png" width="150" height="120" alt="lion">
    <img src="audio.png" width="150" height="120" alt="audio">
</body>
</html>
```

■ 가시성

가시성이란 어떤 요소를 보이거나 안보이게 하는 것이다. 속성으로는 visibility가 사용된다.

- hidden: 요소를 보이지 않게 한다.
- visible(기본값): 요소를 보이게 한다.

css_visibility.html

```
<!DOCTYPE html>
<html>
<head>
<style>
    #a {
        visibility: hidden;
        border:1px dotted red;
    }
    #b {
        visibility: visible;
        border:1px dotted red;
    }
</style>
</head>
<body>
    <h1>Visibility 속성</h1>
```

202 웹 프로그래밍

다양한 주제의 프로젝트를
통해 실제로 웹 페이지를
만들어볼 수 있다.

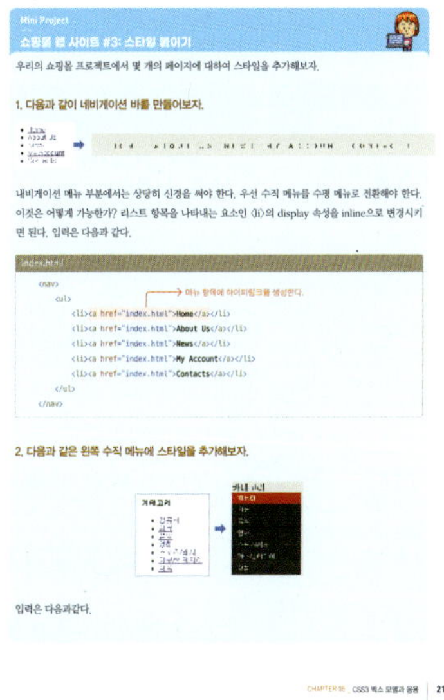

Mini Project

쇼핑몰 웹 사이트 #3: 스타일 붙이기

우리의 쇼핑몰 프로젝트에서 몇 개의 페이지에 대하여 스타일을 추가해보자.

1. 다음과 같이 네비게이션 바를 만들어보자.

내비게이션 메뉴 부분에서는 상당히 신경을 써야 한다. 우선 수직 메뉴를 수평 메뉴로 전환해야 한다. 이것은 어떻게 가능한가? 리스트 항목을 나타내는 요소인 <li>의 display 속성을 inline으로 변경시키면 된다. 입력은 다음과 같다.

index.html

```
<nav>
    <ul>
        <li><a href="index.html">Home</a></li>
        <li><a href="index.html">About Us</a></li>
        <li><a href="index.html">News</a></li>
        <li><a href="index.html">My Account</a></li>
        <li><a href="index.html">Contacts</a></li>
    </ul>
</nav>
```

2. 다음과 같은 왼쪽 수직 메뉴에 스타일을 추가해보자.

입력은 다음과같다.

CHAPTER 05 CSS3 박스 모델과 응용 211

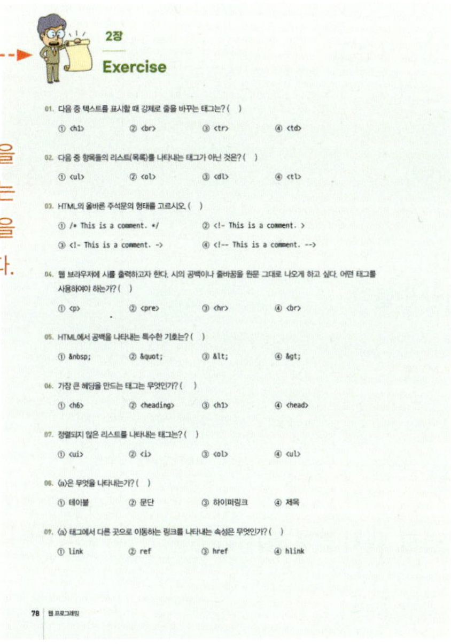

2장

Exercise

01. 다음 중 텍스트를 표시할 때 강제로 줄을 바꾸는 태그는? ( )
① <hl> ②
 ③ <tr> ④ <td>

02. 다음 중 항목들의 리스트(목록)를 나타내는 태그가 아닌 것은? ( )
① <ul> ② <ol> ③ <dl> ④ <tl>

03. HTML의 올바른 주석문의 형태를 고르시오. ( )
① /* This is a comment. */ ② <! This is a comment. > ③ <!- This is a comment. -> ④ <!-- This is a comment. -->

04. 웹 브라우저에 시를 출력하고자 한다. 시의 공백이나 줄바꿈을 원문 그대로 나오게 하고 싶다. 어떤 태그를 사용하여야 하는가? ( )
① <p> ② <pre> ③ <hr> ④

05. HTML에서 공백을 나타내는 특수한 기호는? ( )
①   ② " ③ < ④ >

06. 가장 큰 헤딩을 만드는 태그는 무엇인가? ( )
① <h6> ② <heading> ③ <h1> ④ <head>

07. 정렬되지 않은 리스트를 나타내는 태그는? ( )
① <ui> ② <i> ③ <ol> ④ <ul>

08. <a>은 무엇을 나타내는가? ( )
① 테이블 ② 문단 ③ 하이퍼링크 ④ 제목

09. <a> 태그에서 다른 곳으로 이동하는 링크를 나타내는 속성은 무엇인가? ( )
① link ② ref ③ href ④ hlink

78 웹 프로그래밍

본문의 내용을
복습할 수 있는
연습문제들을
제공한다.

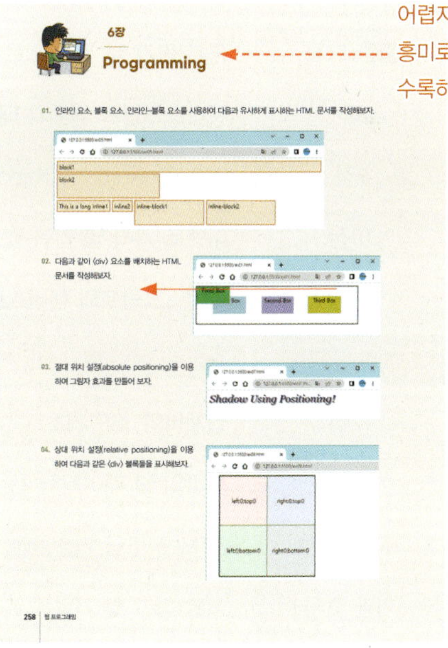

6장

Programming

01. 인라인 요소, 블록 요소, 인라인-블록 요소를 사용하여 다음과 유사하게 표시하는 HTML 문서를 작성해보자.

02. 다음과 같이 <div> 요소를 배치하는 HTML 문서를 작성해보자.

03. 절대 위치 설정(absolute positioning)을 이용하여 그림자 효과를 만들어 보자.

04. 상대 위치 설정(relative positioning)을 이용하여 다음과 같은 <div> 블록들을 표시해보자.

258 웹 프로그래밍

어렵지 않으면서도
흥미로운 문제를
수록하였다.

강의 계획

본서는 1학기 동안 강의할 경우, 1학기를 16주로 가정하여 다음과 같은 진행을 생각할 수 있다. 상황에 따라서 학기 중에는 3개 정도의 실습 또는 과제를 부여할 수 있다.

주	해당 chapter	주제	
1	1장	기초 사항	HTML5 기초
2	2장	HTML5 기본 요소	
3	3장	HTML5 입력 양식과 시맨틱 요소	
	(실습 또는 과제)	HTML5로 웹 사이트 제작하기	
4	4장	CSS3 스타일 시트 기초	CSS3
5	5장	CSS3 박스 모델과 응용	
6	6장	CSS3 레이아웃과 애니메이션	
	(실습 또는 과제)	HTML5와 CSS3로 웹 사이트 제작하기	
7	7장	자바스크립트 기초	자바스크립트
8	중간 고사	중간 평가 및 기말 프로젝트 제안서 발표	
9	8장	자바스크립트 객체와 배열	
10	9장	DOM(Document Object Model)	
11	10장	이벤트 처리 및 입력 검증	
12	11장	자바스크립트와 캔버스로 게임 만들기	
	(실습 또는 과제)	자바스크립트로 게임 만들기	
13	12장	웹서버와 JSP 기초	고급 기술 (JSP, 반응형 웹 등)
14	13장	모바일 웹 페이지와 반응형 웹	
15	14장, 15장	HTML5 고급 기술들(웹 스토리지, 위치 정보 등)	
16	기말 고사	기말 평가 및 기말 프로젝트 결과 발표	

목차

CHAPTER 3 입력 양식과 시맨틱 태그

CHAPTER 4 CSS3 스타일시트 기초

CHAPTER 5 CSS3 박스 모델과 응용

CHAPTER 6 CSS3 레이아웃과 애니메이션

CHAPTER 7 자바스크립트 기초

CHAPTER 8 자바스크립트 객체와 배열

CHAPTER 9 DOM(Document Object Model)

CHAPTER 10 이벤트 처리, 입력 검증, BOM

CHAPTER 11 자바스크립트와 캔버스로 게임 만들기

CHAPTER 12 웹서버와 JSP 기초

CHAPTER 13 모바일 웹 페이지와 반응형 웹 디자인

CHAPTER 14 HTML5 위치정보와 드래그와 드롭

CHAPTER 15 HTML5 웹스토리지, 파일 API, AJAX

01

기초사항

- 인터넷과 웹을 구별할 수 있나요?
- 웹 페이지를 이루는 3가지 요소를 설명할 수 있나요?
- 크롬의 개발자 도구를 사용할 수 있나요?
- 메모장으로 HTML을 작성하고 실행할 수 있나요?
- VS Code로 HTML을 작성하고 실행할 수 있나요?
- HTML 문서를 구성하고 있는 태그(tag)와 요소(element)를 설명할 수 있나요?

1-01 웹의 등장

■ 인터넷

미국의 경제 전문지 포브스가 2009년에 지난 30년 동안 가장 혁신적이었던 발명품을 조사해서 소개한 적이 있다. 1위는 무엇이었을까?

1. Internet, broadband, WWW(browser and html)
2. PC/Laptop computers
3. Mobile phones
4. ...

여러 전문가들의 예상대로 "인터넷"이 선정되었다. 평가 위원들은 "인터넷은 이전에 존재하지 않았던 새로운 산업 분야를 창출한 혁신적인 기술이다."라고 평가했다.

만약 우리가 비행기 안처럼 인터넷이 되지 않는 곳에 있다고 상상해보자. 상당히 답답하지 않은가? 우리는 이미 인터넷에 중독되어 있어서 인터넷 없이는 하루도 살 수 없다고 느끼고 있다. 인터넷은 우리의 생활을 완전히 변화시켰다. 우리는 인터넷을 통하여 뉴스도 보고, 다른 사람들과 채팅도 하고, 상품도 사고, 인터넷 뱅킹도 한다. 인터넷은 사용자도 참여할 수 있는 공간이다. 우리는 블로그나 SNS를 이용하여서 나의 의견이나 기사를 다른 사람에게 알릴 수도 있다.

■ 인터넷과 WWW

요즘은 많은 사람들이 인터넷과 웹(WWW)을 동일시하지만 약간의 차이는 있다. 인터넷은 전 세계의 컴퓨터가 연결된 네트워크를 의미한다. 인터넷은 1960년대 미국에서 핵공격에 대비하여, 중요한 데이터들을 대학과 연구소의 컴퓨터들로 분산시켜 저장하고, 이들을 네트워크로 연결하는 연구로부터 출발하였다. 인터넷은 네트워크이고 웹은 이 네트워크를 사용하는 서비스(애플리케이션) 중의 하나이다. 인터넷에는 웹 이외에도 다음과 같은 다양한 서비스들이 있다. 전자 우편과 파일 전송은 지금도 활발하게 사용되는 인터넷 서비스이다.

- 전자 우편(e-mail)
- 파일 전송(FTP)
- 텔넷(telnet)
- 뉴스 서비스

WWW(World Wide Web)는 흔히 웹이라고 불린다. "web"이라는 단어는 거미줄을 의미한다. WWW는 "세계를 뒤덮는 거미줄"이라는 의미가 된다. 초기 인터넷에서는 텔넷, FTP, 전자 우편, 유즈넷 등을 이용하여 파일 전송, 원격 접속, 이메일, 뉴스를 볼 수 있었으나, 이들은 모두 문자로만 서비스되었다. 문자 기반의 서비스들은 인터넷에 익숙하지 않은 일반인에게는 큰 부담이 되었다. WWW는 인터넷을 사용하기 쉽도록 하이퍼텍스트와 그림을 통하여 모든 서비스를 이용할 수 있게 만든 것이다. 즉 WWW는 인터넷에 한 겹의 포장을 해서 보다 쉽고 직관적인 방법으로 접근할 수 있다. WWW가 개발된 후에 누구나 쉽게 인터넷을 통하여 정보를 습득하고 교환할 수 있게 되었다.

WWW의 역사

우리가 사용하는 WWW(웹)는 누가 처음으로 만들었을까? 웹은 영국 출신 과학자인 팀 버너스리(Tim Berners-Lee)에 의하여 발명되었다. 1980년 팀 버너스리는 옥스포드 대학을 졸업한 후, 스위스 제네바 근처의 입자 물리학 연구소인 CERN에서 소프트웨어 엔지니어로 일하게 되었다. CERN은 세계 최대의 입자가속기인 대형 강입자 충돌기(LHC)를 보유하고 있는 세계적인 연구소이다.

1980년에도 입자 가속기를 사용하기 위해 전 세계의 과학자들이 CERN을 방문하고 있었다. 팀 버너스리는 그들이 정보를 공유하는 데 어려움을 겪고 있음을 알아차렸다. 각국에서 모인 연구자들은 자신의 연구

결과를 공유하기 위하여 텔넷이나 FTP와 같은 초창기 문자 기반의 인터넷 서비스를 이용하고 있었지만 매우 불편하였다. 당시에 정보를 얻으려면 다른 컴퓨터에 원격 로그온하거나 FTP를 사용해야 했다. 팀 버너스리는 과학자들이 자신의 연구실로 돌아간 후에도 데이터를 공유할 수 있다면 훨씬 더 유익할 것이라는 것을 깨달았다. 그는 이미 수백만 대의 컴퓨터가 인터넷을 통해 서로 연결되어 있었기 때문에 하이퍼텍스트라는 새로운 기술을 활용한다면 더 쉽게 정보를 공유할 수 있을 거라고 생각하였다. 그래서 하이퍼텍스트 개념에 기반한 자료 공유 아이디어를 제안하였고 인콰이어(ENQUIRE)라는 카드 기반 하이퍼텍스트 시스템을 개발했다.

1980년 12월에 CERN을 떠난 후, Image Computer Systems, Ltd에서 일하던 팀 버너스리는 1984년에 CERN에 돌아왔다. 그는 인터넷과 하이퍼텍스트 아이디어를 결합할 기회를 엿보고 있었고, 1989년 3월에 제안서를 작성하여 CERN에 제출했다. 그의 제안을 "모호하지만 흥미롭다"고 말한 그의 상사인 Mike Sendall이 이를 수락했다. 그는 ENQUIRE 시스템과 유사한 아이디어를 사용하여 최초로 웹을 구축하였으며, 이를 위해 NeXTSTEP 운영체제에서 실행되는 "World Wide Web"이라 불리는 최초의 웹 브라우저를 설계하고 구축했다. 최초의 웹 서버인 CERN HTTPd(HyperText Transfer Protocol daemon)도 설계하였다. 최초의 HTML 요소는 18개였으며 SGML의 영향을 받았다고 한다. 최초의 웹 페이지는 그림 1.1과 같았다.

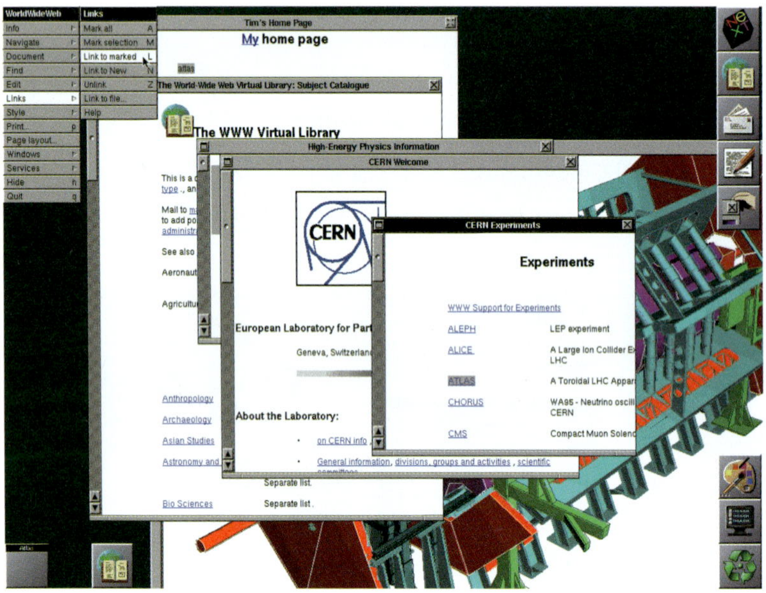

그림 1.1 팀 버너스리가 작성하였던 최초의 웹 브라우저 화면

1990년 10월까지 팀 버너스리는 오늘날까지 웹의 기초로 남아 있는 3가지 기본 기술을 구현했다. 3가지의 기본 기술은 HTTP, URL, HTML이다. 팀 버너스리는 1990년 10월부터 12월까지 3개월에 걸쳐서 이 3가지 소프트웨어 코드를 모두 만들었다.

- HTML(Hyper Text Markup Language): 하이퍼텍스트 마크업 언어. 웹용 마크업(포맷팅) 언어이다.
- URL(Uniform Resource Locator): 인터넷 자원 식별자. 웹의 리소스를 식별하는 데 사용되는 일종의 "주소"이다.
- HTTP(Hyper Text Transfer Protocol): 하이퍼텍스트 전송 프로토콜. 웹 서버에서 문서를 가져올 수 있는 프로토콜이다.

1990년 12월에 인터넷을 통해 웹 브라우저와 웹 서버 간의 성공적인 통신을 최초로 시연하였다. 이 시연에 이어 팀 버너스리는 교수, 학생, 프로그래머, 인터넷 애호가들이 더 많은 웹 브라우저와 서버를 만들도록 설득하기 위해 몇 년 동안 지칠 줄 모르는 활동을 전개하였다. 1991년에 CERN 연구소의 중앙 컴퓨터에 웹 서버가 구축되었다. 이후 우리가 알다시피, 웹은 우리 일상생활의 일부가 되었다. 요즘은 인터넷 공유기 안에도 작은 웹 서버가 설치되어서 공유기의 설정을 도와주고 있다. 대학교에서 비대면으로 학술제를 개최하면 웹 서버부터 구축한다.

1994년 팀 버너스리는 MIT에서 W3C(World Wide Web Consortium)를 설립하였다. W3C는 웹의 품질을 향상시키기 위해 웹의 표준과 권장 사항을 만들려는 다양한 회사로 구성되었다. 팀 버너스리는 자신의 아이디어를 특허나 로열티 없이 자유롭게 사용할 수 있도록 했다. W3C는 웹 표준이 로열티 프리 기술을 기반으로 하여 누구나 쉽게 채택할 수 있도록 해야 한다고 결정했다. 팀 버너스리는 많은 상과 영예를 받았다. 그는 2004년 "인터넷의 세계적인 발전에 기여한 공로"로 엘리자베스 2세 여왕으로부터 기사 작위를 받았다.

그림 1.2 팀 버너스리는 2016년에 ACM 튜링상을 수상하였다.

■ 넷스케이프의 등장

팀 버너스리는 웹이 올바르게 작동한다는 사실을 확인한 후 이를 널리 알리고 싶었다. 그는 1991년에 전 세계를 여행하며 하이퍼텍스트와 인터넷에 관심이 있는 사람들을 만나고, 웹을 홍보하였다. 또한, 여러 대학교의 컴퓨터 전공 학과에서 웹 브라우저와 웹 서버를 학생들이 직접 작성해보도록 권장하였다. 이러한 프로젝트 중 하나가 넷스케이프(Netscape) 웹 브라우저였다. 넷스케이프는 일리노이 대학의 Marc Andreessen이 이끌었던 프로젝트 팀의 결과물에서 출발하였다. 다음 그림은 초창기의 넷스케이프 화면을 보여주고 있다.

넷스케이프 웹 브라우저는 한때 지배적이었지만 이른바 1차 웹 브라우저 전쟁에서 인터넷 익스플로러에게 패배하였다. 시장 점유율은 1990년대 중반에 90% 이상에서 1% 미만으로 떨어졌다. 이 시기에 넷스케이프의 직원이었던 Brendan Eich가 자바스크립트를 만들었다. 자바스크립트는 현재 웹에서도 아주 중요한 역할을 하고 있다.

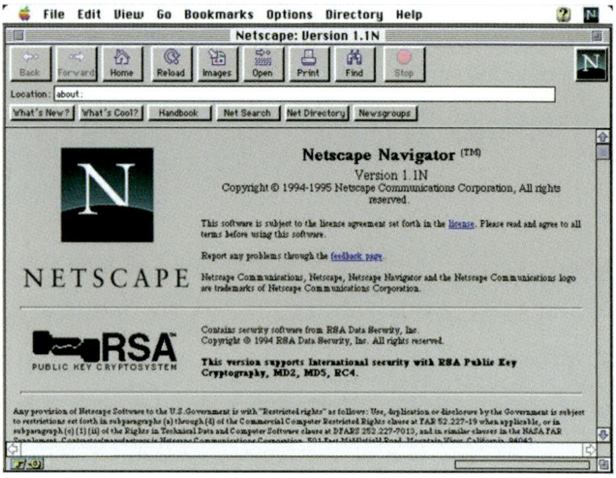

■ W3C

웹에 대한 표준은 어디서 작성할까? 웹에 대한 표준은 W3C라는 컨소시엄에서 만든다. W3C란 World Wide Web Consortium의 약자이다. W3C는 1994년에 창립된 국제 컨소시엄으로 미국의 MIT 컴퓨터 과학연구소, 프랑스 INRIA 등이 주도적으로 참여해 결성되었다. W3C에서는 팀 버너스리(Tim Berners-Lee)의 주도 아래 움직이고 있다. 본부는 미국 매사추세츠주 캠브리지에 있으며 현재 500여 개 회원 기관들로 구성돼 있다. 홈페이지는 http://www.w3.org이다.

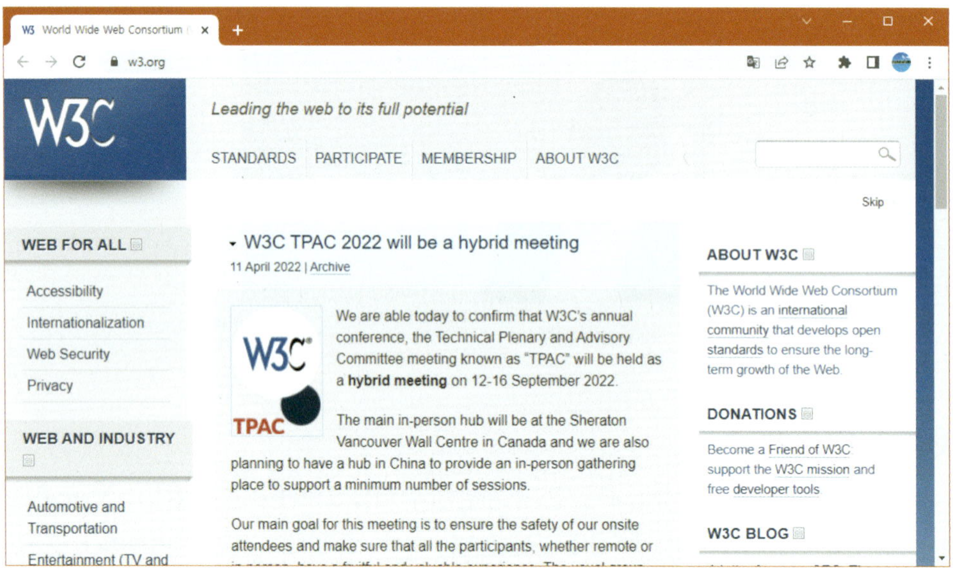

중간 점검

01. 인터넷과 웹은 어떻게 다른가?

02. 웹이 문자 기반의 인터넷 서비스와 달랐던 점은 무엇인가?

03. 웹에 대한 표준을 결정하는 기관은 무엇인가?

1-02 웹의 기초 기술

■ 하이퍼텍스트

웹의 중심에는 하이퍼텍스트(hypertext) 개념이 있다. 하이퍼텍스트는 독자가 텍스트를 읽는 도중에 하이퍼링크를 누르면, 다른 문서로 즉시 이동할 수 있는 텍스트이다. hyper는 "초월"을 의미하고 text는 "텍스트"를 의미한다. 즉 초월적인 텍스트를 뜻한다. 하이퍼텍스트는 기존의 종이책을 어떻게 초월했다는 것일까?

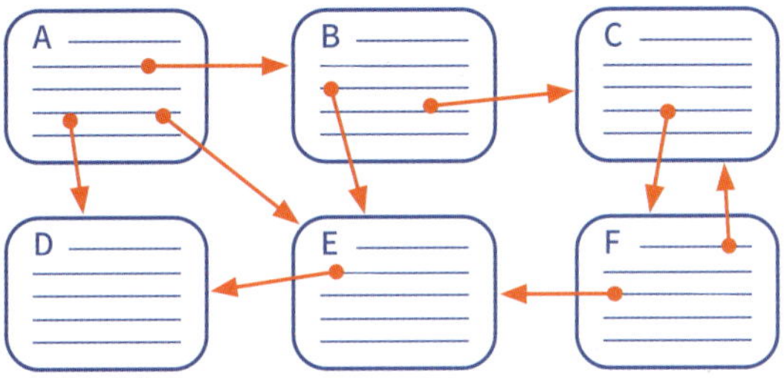

그림 1.3 하이퍼텍스트

기존의 종이책은 순차적으로 읽을 수밖에 없다. 즉 독자들이 저자의 의도에 따라 차례대로 책을 읽어야 한다. 하지만 하이퍼텍스트는 독자가 누르는 링크에 따라 문서의 차례가 바뀌게 된다. 즉, 하이퍼링크로 연결된 문서들은 독자의 클릭에 따라 자유롭게 이동할 수 있다. 웹이라는 것은 인터넷에서 사용자가 하이퍼텍스트로 작성된 콘텐츠들을 사용하는 서비스이다. 하이퍼텍스트는 인터넷과 결합하여 HTML(Hyper Text Markup Language) 규격이 되었다.

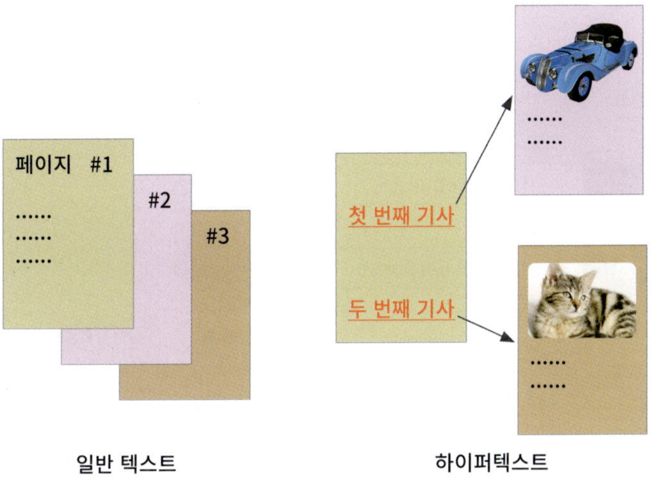

그림 1.4 일반 텍스트와 하이퍼텍스트의 비교

■ WWW의 동작 원리

아래와 같이 WWW의 구조를 간단히 그릴 수 있다. 우리는 HTML(Hyper Text Markup Language)로 웹 페이지를 작성하여서 웹 서버에 놓는다. 인터넷에 연결된 수많은 클라이언트 컴퓨터들은 웹 서버에서 HTML 문서를 받아서 웹 브라우저를 통하여 화면에 웹 페이지를 표시한다.

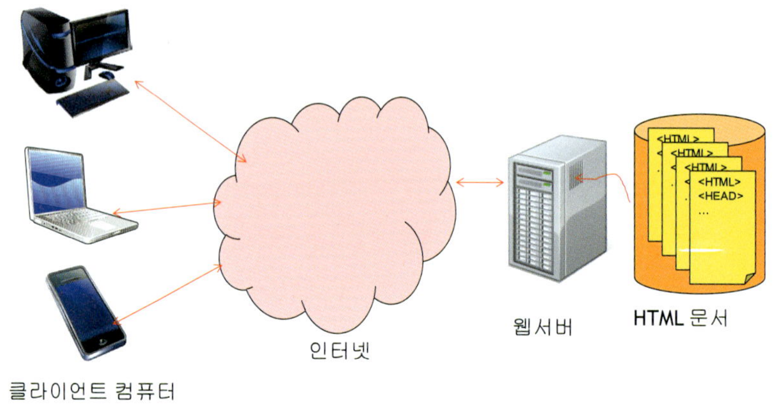

■ 프론트 엔드 vs 백 엔드

요즘은 프론트 엔드(Front-End)와 백 엔드(Back-End)라는 용어가 많이 사용된다. 프론트 엔드 개발자는 사용자를 염두에 두고 개발한다. 프론트 엔드 개발은 사용자가 보게 될 웹 사이트의 요소와 기능을 코딩하고 생성하는 데 중점을 둔 프로그래밍이다. 웹 사이트의 시각적인 측면이 제대로 작동하는지 확인하는 것이 주요 임무이다. 프론트 엔드를 애플리케이션의 "클라이언트 측"이라고 생각할 수 있다. 웹 사이트의 시각적 요소를 코딩하고 생동감 있게 구현하는 것이 개발자의 임무이다. 프론트 엔드 개발자는 HTML, CSS, 자바스크립트와 같은 언어로 작업한다.

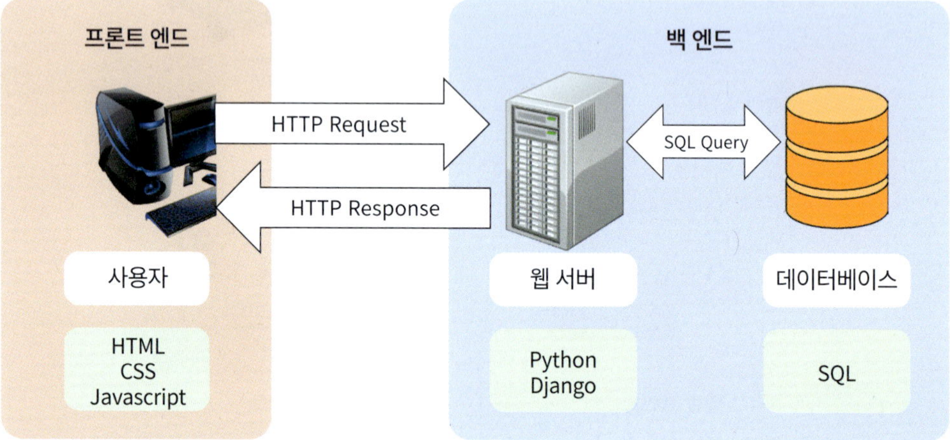

백 엔드 개발은 사용자가 볼 수 없는 웹 사이트 후면에 중점을 둔다. 웹 사이트의 "서버 측"으로 생각할 수 있다. 예를 들어 소셜 미디어 웹 사이트를 운영하고 있다고 가정해보자. 모든 사용자 정보를 저장할 데이터베이스가 필요할 것이다. 이것은 데이터베이스 서버로 구현이 가능하다. 널리 사용되는 몇 가지 예로 Oracle, SQL Server, MySQL 등이 있다. 백 엔드 개발자는 PHP, C++, Java, Ruby, Python, 자바스크립트, Node.js와 같은 언어로 작업한다. 프론트 엔드와 백 엔드 개발을 동시에 할 수 있는 개발자를 풀 스택(Full Stack) 개발자라고 한다.

■ URL

인터넷상에 있는 웹 페이지들은 어떤 형식을 사용하여 구별하는 것일까? 클라이언트 컴퓨터는 URL 형식을 사용하여 웹 페이지를 지정하게 된다. URL(Uniform Resource Locator)은 인터넷에 있는 자원(resource)의 위치를 나타내기 위한 규약이다. 자원이라는 것은 대개 파일을 의미하고 이 경우 인터넷은 거대한 하나의 파일 시스템이라고 할 수 있다. URL은 바로 웹 서버 이름에 파일의 경로를 붙여서 표시한다.

https://www.example.com:80/test/index.html

프로토콜 도메인(호스트 이름) 포트 번호 경로 파일 이름

URL은 두 부분으로 되어있는데 첫 번째 부분은 자원에 접근할 때 사용하는 프로토콜(protocol)을, 두 번째 부분은 자원의 이름을 나타낸다. 예를 들어서 https는 하이퍼텍스트 전송 프로토콜을 나타낸다. 자원의 이름은 호스트 이름, 파일 이름, 포트 번호, 경로 등의 필드로 구성되어 있다. 이 중에 호스트 이름과 파일의 이름은 반드시 필요하지만 다른 필드는 생략이 가능하다.

■ 웹 서버가 하는 일

웹 서버가 하는 역할은 무엇일까? 웹 서버는 인터넷에 항상 연결되어 있으면서 클라이언트 컴퓨터로부터 요청(request)을 기다린다. 문서를 달라는 요청도 있고 이미지, 사운드, 비디오에 대한 요청도 있다. 웹 서버가 요청을 받으면, 이들 자원들을 찾아서 클라이언트 컴퓨터로 보낸다. 웹 서버와 클라이언트는 서로 표준 언어를 통하여 통신하는데 바로 HTTP(Hyper Text Transfer Protocol)라는 프로토콜을 사용한다. HTTP 프로토콜에서 가장 중요한 것은 2가지인데, 특정한 파일을 요청하는 요청(request)과 찾은 파일을 돌려주는 응답(response)이 그것이다.

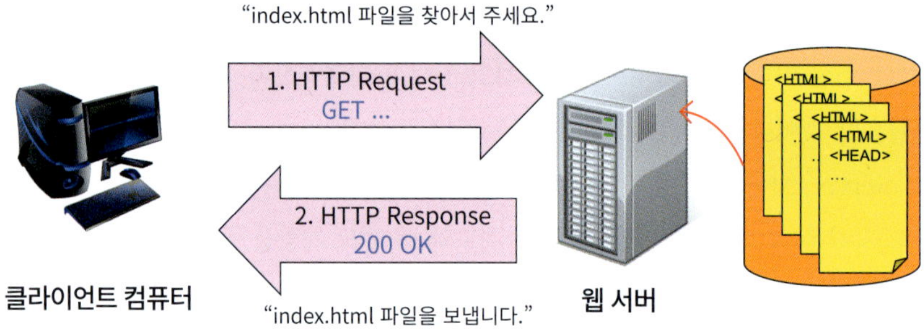

■ HTTP

HTTP를 좀 더 자세히 살펴보자. HTTP는 문서나 이미지와 같은 자원을 가져오기 위한 프로토콜이다. HTTP는 웹에서 모든 데이터 교환의 기초이며 클라이언트-서버 프로토콜의 일종이다. 문서를 이루고 있는 텍스트, 이미지, 비디오 등이 개별적으로 요청되고, 이들이 모여서 완전한 문서가 재구성된다.

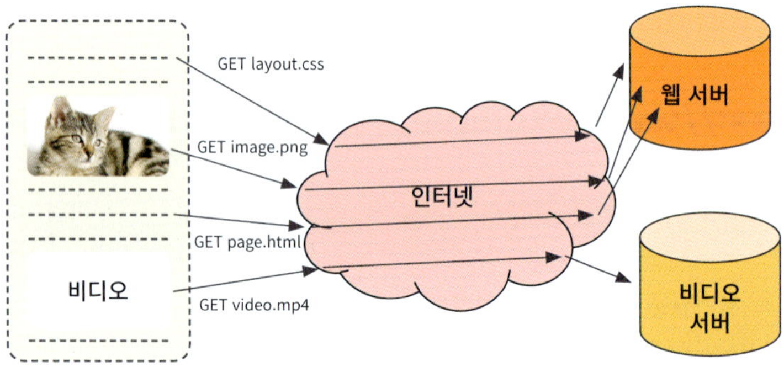

클라이언트와 서버는 메시지를 교환하면서 통신한다. 일반적으로 웹 브라우저와 같은 클라이언트가 보내는 메시지를 요청(request)이라고 하고 서버가 응답으로 보내는 메시지를 응답(response)이라고 한다.

1990년대 초에 설계된 HTTP는 시간이 지남에 따라 발전해 온 확장 가능한 프로토콜이다. HTTP는 전송 프로토콜인 TCP 위에서 전송되는 응용 프로그램 계층 프로토콜이다. 확장성으로 인해 하이퍼텍스트 문서뿐만 아니라 이미지 및 비디오를 가져오거나 HTML 입력 양식 결과와 같이 서버에 콘텐츠를 전송하는 데 사용된다. HTTP는 웹 페이지를 업데이트하기 위해 문서의 일부를 가져오는 데에도 사용할 수 있다. HTTP를 좀 더 자세하게 살펴보자. 클라이언트가 서버와 통신하려는 경우 다음 단계를 수행한다.

01. **TCP 연결 열기:** TCP 연결은 요청을 보내고 응답을 받는 데 사용된다. 클라이언트는 새 연결을 열거나 기존 연결을 재사용할 수 있다.
02. **클라이언트가 HTTP 메시지 보내기:** HTTP 메시지는 사람이 읽을 수 있다. HTTP/2를 사용하면 메시지가 프레임에 캡슐화되어 직접 읽을 수 없지만, 원칙은 동일하게 유지된다. 예를 들어 다음과 같다.

```
GET /software/index.html HTTP/1.1
Host: developer.mozilla.org
Accept-Language: en-us
```

03. 서버는 다음과 같이 클라이언트한테 응답한다.

```
HTTP/1.1 200 OK
Date: Sun, 09 Jan 2022 14:28:02 GMT
Server: Apache
Last-Modified: Sat, 01 Jan 2022 17:12:02 GMT
ETag: "87642bc1-7449-479b075b2891b"
Accept-Ranges: bytes
Content-Length: 30500
Content-Type: text/html

<!DOCTYPE html... (여기서부터 요청된 웹 페이지가 포함된다.) >
```

04. TCP 연결을 닫는다.

■ 프록시 서버

웹 브라우저와 서버 사이에서 수많은 컴퓨터가 HTTP 메시지를 중계한다. 응용 프로그램 계층에서 작동하는 것을 일반적으로 프록시(proxy)라고 한다. 이들은 HTTP 요청을 그대로 서버에 전달하는 경우도 있지만, 서버에 전달하기 전에 어떤 방식으로든 HTTP 요청을 변경하는 경우도 많다. 프록시는 다음과 같은 다양한 기능을 수행할 수 있다.

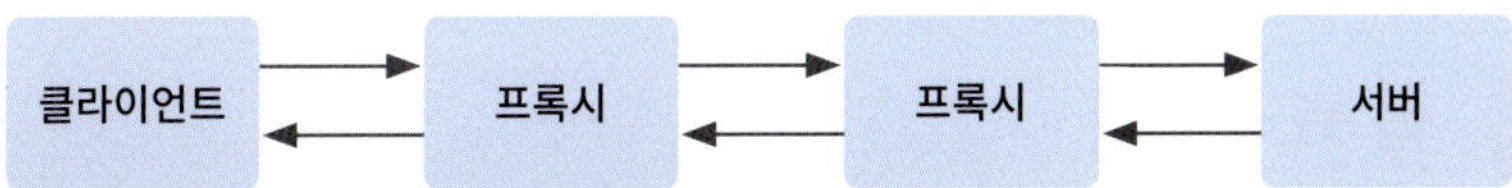

- 캐싱(캐시는 브라우저 캐시와 같이 공개 또는 비공개일 수 있음)
- 필터링(예: 바이러스 백신 검사 또는 자녀 보호 기능)
- 로드 밸런싱(여러 서버가 서로 다른 요청을 처리할 수 있도록 허용)
- 인증(다른 리소스에 대한 액세스를 제어하기 위해)

■ 웹 서버, 애플리케이션 서버, 데이터베이스 서버

웹 사이트를 구축하려면 웹 서버 컴퓨터를 만들고, 여기에 웹 서버 소프트웨어를 설치한 후에 웹 페이지들을 저장하여야 한다. 이때 웹 페이지에 필요한 이미지, 동영상 등의 파일도 같이 저장하여야 한다. 별도로 데이터베이스 서버를 설치하는 경우도 많다. 또한 사용자에게 웹을 통해 서비스를 제공하기 위하여 애플리케이션 서버를 구축하기도 한다.

예를 들어 인터넷 은행 사이트를 구축한다고 하자. 첫 번째로 웹 서버가 필요하다. 또 은행 고객들의 데이터가 저장된 데이터베이스 서버도 필요할 것이다. 또한 인터넷을 통한 각종 은행 업무 처리를 위한 애플리케이션 서버가 별도로 필요하다. 물론 이들 서버는 하나의 컴퓨터상에 모두 구축될 수도 있다. 각종 서버 소프트웨어는 JSP(Java Server Page)나 자바스크립트(Node.js), 파이썬 등의 언어로 작성될 수 있다.

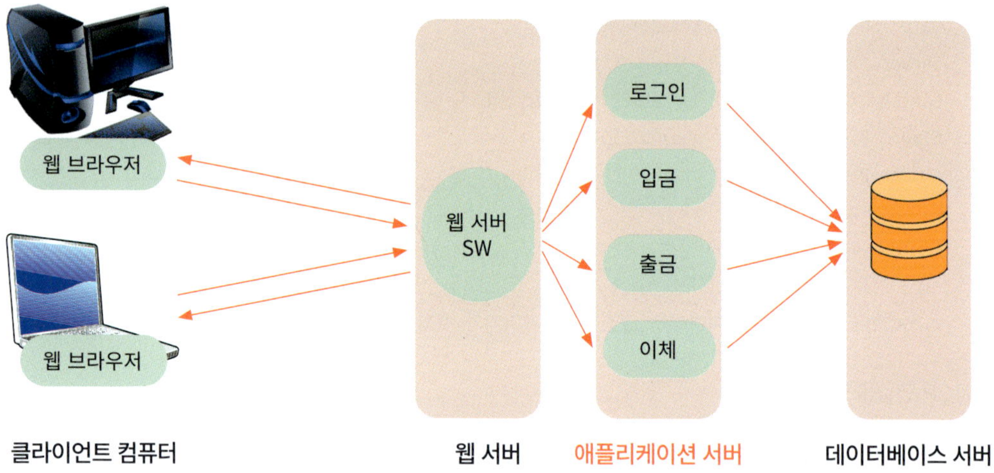

01. 하이퍼텍스트의 특징은 무엇인가?

02. URL은 무엇인가?

03. HTTP 프로토콜을 간단히 설명해보자.

1-03 웹 브라우저

최근에 우리에게 웹 브라우저는 아주 중요하다. 제2의 운영체제라고 말할 수 있다. 웹 브라우저가 없는 PC, 스마트폰은 상상할 수 없다. 웹 브라우저(예: 크롬, 엣지, 파이어폭스, 사파리 등)의 목적은 웹 서버에서 HTML 문서를 읽어서 화면에 웹 페이지로 표시하는 것이다. 이 프로세스는 사용자가 URL을 웹 브라우저에 입력할 때 시작된다. URL은 http:나 https:로 시작한다. 이는 웹 브라우저가 HTTP 프로토콜을 사용하여 URL을 가져온다는 것을 의미한다. HTTPS는 보안 모드를 의미하고, 이때는 개인 정보 보호를 위해 웹 브라우저와 웹 서버 간의 통신이 암호화된다.

웹 페이지가 다운로드되면 렌더링 엔진이 이를 사용자 장치에 표시한다. 여기에는 브라우저에서 지원하는 이미지 및 비디오 형식이 포함된다. 웹 페이지에는 일반적으로 다른 페이지 및 리소스에 대한 하이퍼링크가 포함되어 있다. 각 링크에는 URL이 포함되어 있으며, 사용자가 이 링크를 클릭하면 브라우저가 새 리소스를 위한 프로세스를 다시 시작한다. 대부분의 웹 브라우저는 내부 캐시를 사용하여 동일한 페이지에 대한 후속 방문의 로딩 시간을 개선한다. 캐시는 이미지와 같은 항목을 저장할 수 있으므로 서버에서 다시 다운로드할 필요가 없다.

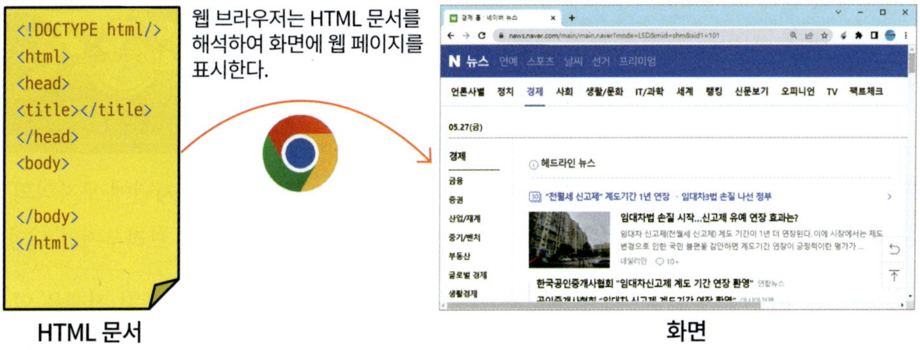

웹 브라우저는 검색 엔진과 같은 것이 아니지만 두 가지가 종종 혼동된다. 검색 엔진은 다른 웹 사이트에 대한 정보를 제공하는 웹 사이트이다. 예를 들어서 크롬 웹 브라우저와 구글의 검색 엔진은 서로 다르다. 독과점을 막기 위하여 웹 브라우저와 검색 엔진은 분리되어 제공된다.

웹 브라우저는 데스크톱, 노트북, 태블릿, 스마트폰 등 다양한 기기에서 사용된다. 2020년에는 약 49억 명이 웹 브라우저를 사용했다. 가장 많이 사용되는 웹 브라우저는 구글의 크롬으로, 전 세계 시장 점유율이 63%이고 이어서 사파리가 20%를 차지하고 있다.

브라우저 사용률(출처: StatCounter)

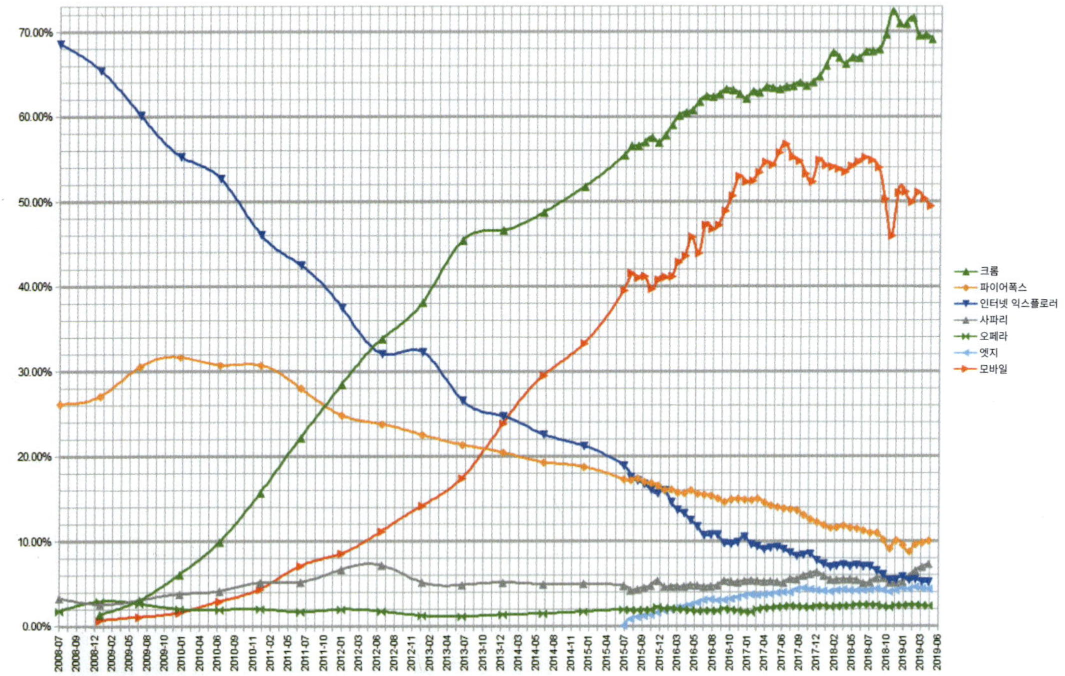

■ 웹 브라우저 전쟁

전술한 바와 같이 최초의 웹 브라우저는 팀 버너스리가 Nicola Pellow의 도움을 받아서 1990년에 만들었다. 1993년에 "세계 최초의 인기 웹 브라우저"로 불리는 모자익(Mosaic)이 출시된다. 모자익이 사용한 그래픽 사용자 인터페이스는 일반 사람이 더 쉽게 웹에 액세스할 수 있도록 했다. 이것은 1990년대의 인터넷 붐을 촉발했다. 모자익 팀의 리더인 Marc Andreessen은 곧 자신의 회사인 넷스케이프를 설립하고, 1994년에 모자익의 영향을 받은 넷스케이프 내비게이터를 출시했다. 내비게이터는 빠르게 가장 인기 있는 웹 브라우저가 되었다.

마이크로소프트는 1995년 인터넷 익스플로러를 출시하여 넷스케이프와 1차 브라우저 전쟁을 일으켰다. 몇 년 안에 마이크로소프트는 브라우저 시장에서 지배적인 위치를 차지했다. 인터넷 익스플로러와 윈도우즈 운영체제를 번들로 묶어서 제공하고, 사용 제한 없이 프리웨어로 제공했기 때문이다. 인터넷 익스플로러의 시장 점유율은 2000년대 초반에 95% 이상으로 정점을 찍었다.

1998년에 넷스케이프는 오픈소스 소프트웨어 모델을 사용하여 새로운 브라우저를 만들기 위해 모질라 연합을 시작했다. 2004년 모질라 연합에서는 파이어폭스 웹 브라우저를 발표하였다. 파이어폭스 시장 점유율은 2010년에 32%로 정점을 찍었다. 애플은 2003년에 사파리 브라우저를 출시했다. 사파리는 다른 곳에서 인기를 얻지는 못했지만, 애플 기기에서 여전히 지배적인 브라우저이다. 구글은 2008년 크롬 브라우저를 선보였으며, 시장 점유율을 꾸준히 끌어올려 2012년부터 인터넷 익스플로러를 제치고 가장 인기 있는 브라우저가 되었다. 2차 웹 브라우저 전쟁의 승자는 구글의 크롬이었다. 마이크로소프트는 인터넷 익스플로러를 단종시키고 2015년부터 엣지 브라우저를 출시했다.

2000년대 초반부터 브라우저는 HTML, CSS, 자바스크립트, 멀티미디어 기능을 크게 확장했다. 웹 앱(WebApp)과 같은 보다 정교한 웹 사이트를 활성화하기 위해서였다. 또 다른 요인은 광대역 연결이 크게 증가하여, 전화 접속 모뎀 시대에는 불가능했던 유튜브 스트리밍과 같은 데이터 집약적인 콘텐츠에 액세스할 수 있었다는 것이다. 엣지를 비롯한 최근의 거의 모든 웹 브라우저는 구글이 만든 크로미움 엔진을 사용한다.

■ 인터넷 익스플로러와 엣지

인터넷 익스플로러와 엣지는 마이크로소프트가 만든 웹 브라우저로 예전만큼 시장에서 지배적이지는 못하다. 마이크로소프트사는 익스플로러의 지원을 종료하고 엣지를 선보이고 있다.

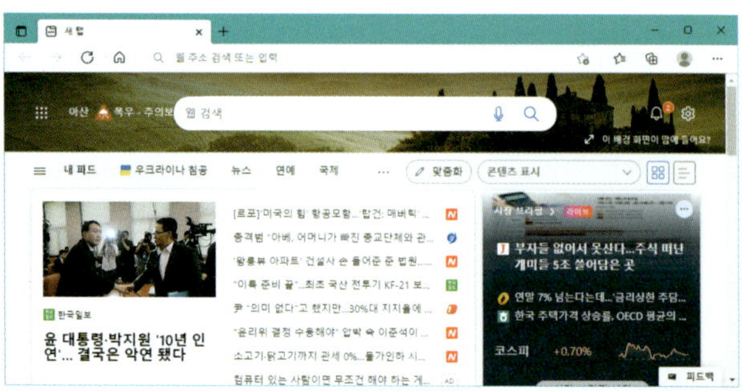

■ 구글 크롬

구글이 만든 웹 브라우저인 크롬은 2008년에 발표된 후부터 점유율이 급상승해왔다. 인터넷 검색으로 유명한 구글이 만든 크롬은 빠른 실행 속도와 확장 프로그램으로 유명하다. 특히 안드로이드 운영체제에 기본으로 내장되면서 그 영향력은 더욱 증대되었다. 크롬은 빠른 성능, 단순성, 자동 업데이트 등의 특징으로 유명하다.

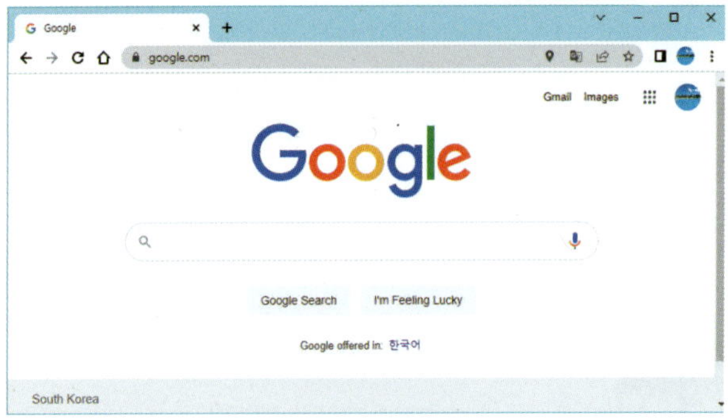

■ 파이어폭스

모질라 재단(Mozilla Foundation)이 관장하고 관리하는 오픈소스 프로젝트인 파이어폭스는 탭 브라우징을 가장 먼저 도입하였고, 플러그인 개념을 도입하여서, 사용자들이 브라우저를 자신들이 원하는 방식으로 수정할 수 있도록 했다. 파이어폭스는 특히 유럽과 아프리카 등지에서 인기가 많다.

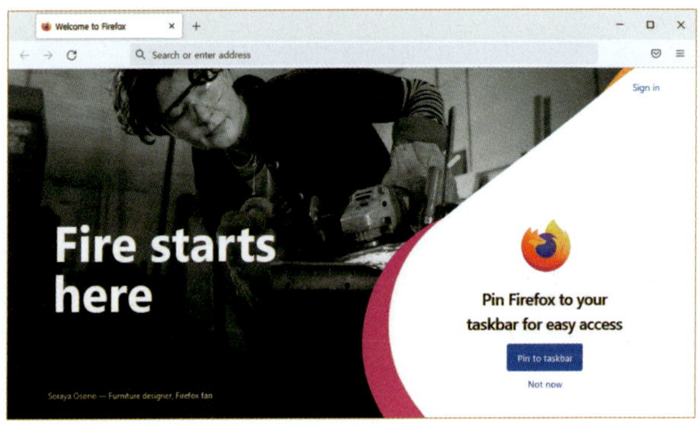

■ 오페라

오페라는 오페라 소프트웨어(Opera Software)에서 개발하고 있다. 오페라는 많은 혁신적인 기능들로 유명한데, 오페라의 자체 서버를 압축 프록시로 사용해 사용자를 느린 접속 상황에서 돕는 '터보 모드', 메일 클라이언트와 비트 토렌트(BitTorrent) 지원 등의 강력한 통합 기능 등이 대표적이다.

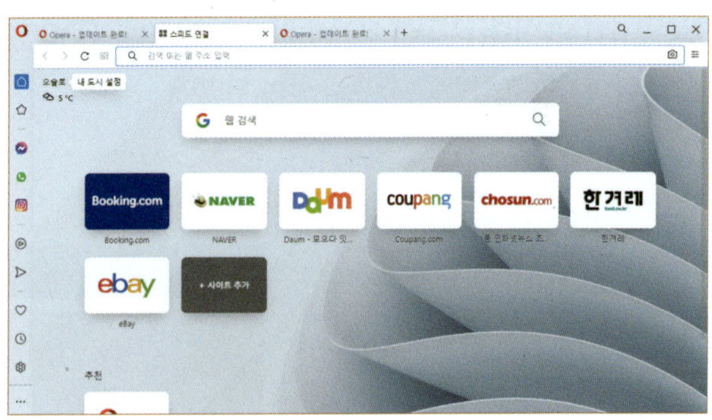

크로미움

크로미움(Chromium)은 구글에서 개발 및 유지 관리하는 무료 오픈소스 웹 브라우저 프로젝트이다. 크로미움 코드는 아주 널리 사용된다. Microsoft Edge, Samsung Internet, Opera 및 기타 많은 브라우저들은 크로미움 코드를 기반으로 한다. 크로미움이라는 이름이 붙은 이유는 구글의 브라우저가 크롬이고 크롬 도금에 크롬 금속이 사용되기 때문이다. 크롬 브라우저의 상당한 부분이 바로 크로미움이다. 크롬 브라우저에는 크로미움에 구글의 특화된 서비스(예를 들면 지도) 등이 추가로 탑재된다. 크로미움은 C++언어로 작성되어 있다.

Q 도대체 어떤 웹 브라우저를 사용해야 하는가?

A 가장 단순하게 답한다면 개인적으로 좋아하는 브라우저를 사용하면 된다. HTML5와 CSS3가 업계 표준이기는 하지만 브라우저마다 지원하는 정도가 약간씩 다르다. 이 책에서도 어떤 예제는 크롬이나 오페라에서만 실행된다. 일반적으로 크롬과 오페라가 HTML5를 가장 많이 지원한다. 사용자에게 배포되는 HTML 문서를 작성할 때는 여러 브라우저를 사용하여 다양한 환경에서 테스트해야 한다.

중간 점검

01. 인터넷과 웹은 어떻게 다른가?

02. 웹이 문자 기반의 인터넷 서비스와 달랐던 점은 무엇인가?

1-04 HTML5

HTML은 무엇인가?

인터넷에 있는 무수한 웹 페이지들은 무엇으로 만들어졌을까? 웹 페이지들은 기본적으로 HTML(Hyper Text Markup Language)로 작성된다. 물론 최근에 자바스크립트 등의 많은 신기술들이 추가되었지만, 기본은 HTML이다. 최근에 HTML의 최신 버전인 HTML5가 등장하면서 HTML만 가지고도 상당히 복잡한 웹 페이지를 작성할 수 있는 수준이 되었다.

HTML은 웹 페이지를 기술하기 위한 언어로, 마크업(markup) 언어의 일종이다. 마크업 언어는 텍스트에 태그를 붙여서 텍스트가 문서의 어디에 해당하는지를 기술한 것이다.

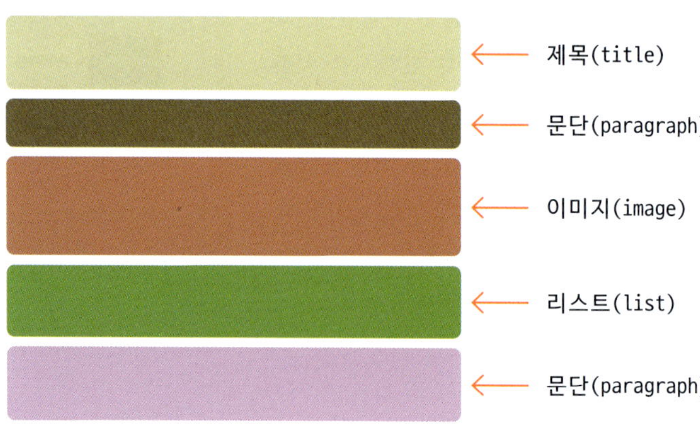

HTML은 태그들로 이루어진 HTML 요소(element)의 형태로 작성된다. 태그란 〈title〉과 같이 꺾쇠괄호 〈...〉 안에 위치한 단어이다. 태그는 HTML 요소의 의미를 나타내는 단어로서, 태그로 둘러싸인 부분이 문서의 어떤 부분에 해당하는 것인지를 나타내는 것이다.

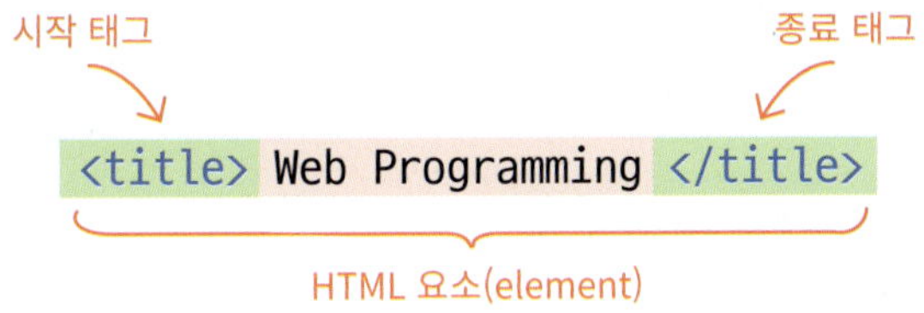

예를 들어서 〈title〉 태그는 어디가 문서의 제목인지를 나타낸다. HTML 태그는 〈title〉과 〈/title〉처럼 일반적으로 쌍으로 존재한다. 쌍에서 첫 번째 태그는 시작 태그이고 두 번째 태그는 종료 태그이다.

■ HTML 역사

1989년~1995년에 개발된 HTML의 첫 번째 버전은 버전 번호가 없었다. 단순히 HTML로 불리었다. 1995년에 IETF(Internet Engineering Task Force)는 HTML의 표준안을 작성하고 HTML 2.0으로 명명하였다. 1997년에 W3C는 HTML 3.2를 공개하였다. 이어서 1998년에 버전 4.0이, 1999년에 HTML 4.01이 발표되었다.

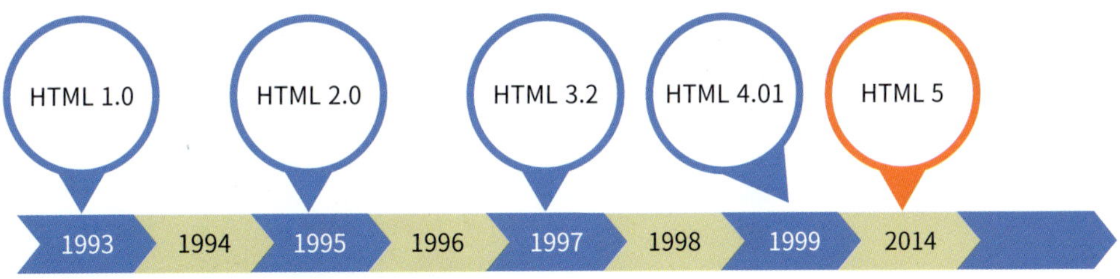

이후로 W3C는 새로운 버전의 HTML을 발표하지 않고, 확장 가능한 HTML인 XHTML에 집중하겠다고 선언한다. W3C는 2000년에 XHTML 1.0을 발표한다. 그러나 웹 디자이너들은 쉽사리 XHTML로 이동하려 하지 않았다. HTML5는 W3C와 WHATWG의 합작품이라 할 수 있다. WHATWG(Web Hypertext Application Technology Working Group)는 애플, 구글, 모질라 재단, 오페라 소프트웨어 등이 2004년에 만든 단체로서 웹 애플리케이션에 대하여 작업 중이었고 W3C는 XHTML 2.0을 만들고 있었다. 2006년에 두 단체는 서로 만나서 협동하기로 하고 새로운 HTML 규격을 제안하게 된다. 이것이 HTML5이다. 2009년에 W3C가 개발하고 있던 XHTML 2.0을 공식적으로 포기하면서 HTML5는 차세대 규격으로 입지가 강화되었다. W3C와 WHATWG가 HTML5에 대하여 협동 작업을 하면서 다음과 같은 개발 원칙을 만들었다.

- 새로운 규격은 HTML, CSS, DOM, JavaScript 기술에 기반을 둔다.
- 플래시와 같은 외부 플러그인을 최소화한다.
- 오류 처리를 향상시킨다.
- 스크립팅을 대치할만한 마크업을 증가시킨다.
- 장치 독립적으로 설계한다.
- 개발 과정이 대중들에게 투명하게 공개되어야 한다.

Q 마크업 언어라고 하는 것은 옛날 방식이 아닌가요?

A 얼핏 보면 What-you-see-is-what-you-get 시대에 HTML과 같은 마크업 언어는 구태의연해 보인다. 차라리 마이크로소프트 워드나 한글 규격이 낫지 않을까? 하지만 마크업 언어는 장점도 많은데, 예를 들면 단순한 텍스트로 되어 있기 때문에 메모장으로도 편집이 가능하다. 또 크기가 작아서 서버와 클라이언트 사이에서 빠르게 주고받을 수 있다. 또 컴퓨터의 기종이나 운영체제에 독립적이 된다. 만약 인터넷의 표준 문서 규격이 HTML이 아니고 마이크로소프트 워드 형식이라고 상상해보자. 많은 문제점이 발생하게 될 것이다.

HTML5의 새로운 기능

HTML5에 도입된 새로운 API를 개략적으로 살펴보면 다음과 같다. 주요한 웹 브라우저들은 HTML5의 API를 지원하고 있다.

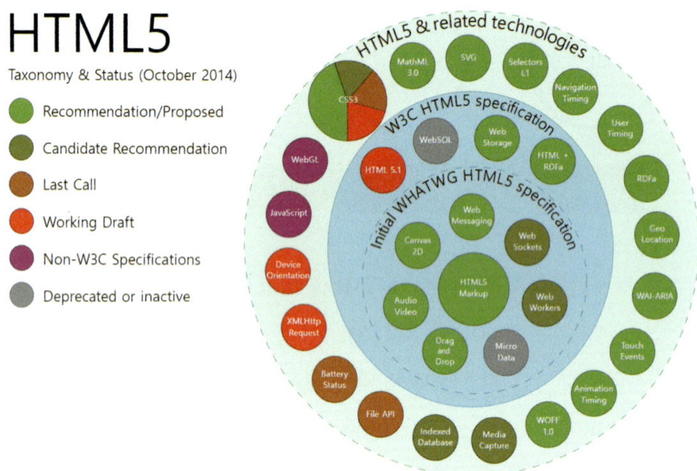

- 완전한 CSS3 지원
- 비디오와 오디오 지원
- 2D/3D 그래픽을 위한 〈canvas〉 요소
- 웹 스토리지(Web Storage) – 쿠키를 대체할 수 있는 웹 저장소 기능 제공
- 오프라인 웹 애플리케이션 – 네트워크가 연결되지 않은 상태에서도 실행 가능
- 드래그 앤 드롭(Drag-and-drop) – 요소들을 마우스로 끌어서 넣을 수 있음
- 위치 정보(Geolocation) 제공 – 지도 기능

- 웹 SQL 데이터베이스(Web SQL Database)
- 파일 API 지원 – 파일 업로드와 파일 관리 기능 제공
- 웹소켓(WebSocket) API 제공 – 서버와 브라우저 간의 양방향 통신 기능 제공

■ 웹 애플리케이션

모바일 플랫폼은 다양하다. 즉 아이폰, 안드로이드, 윈도폰, 블랙베리 등 여러 가지가 있다. 각 플랫폼에 맞는 프로그램을 작성하려면 특정 언어를 사용하여야 하고 플랫폼의 프로그래밍 기술을 학습하여야 한다. 구체적으로 안드로이드에서 실행되는 프로그램을 개발하려면 자바 언어를 학습하여야 하고 안드로이드 프로그래밍 기술을 알아야 한다. 또 아이폰에서는 Objective-C언어를 사용하여야 하고 iOS 운영체제를 학습하여야 한다. 회사에서 어떤 애플리케이션을 개발하려면 각 플랫폼별로 별도의 프로그램을 개발하여야 한다.

그런데 만약 웹으로 애플리케이션을 만들면 어떨까? HTML5를 사용한다면 애플리케이션을 작성할 만한 충분한 도구들이 주어진다. 작성된 웹 애플리케이션은 모든 플랫폼에서 변경 없이 실행될 수 있다. 또 업데이트를 주기적으로 할 필요도 없다.

	Native App.	Web App.
실행 속도	빠름	일반적으로 느림
플랫폼	플랫폼마다 제작하여야 함	하나의 버전으로 모든 플랫폼에서 실행 가능
배포	앱 마켓을 통한 배포	배포할 필요가 없음
버전 업데이트	상당한 시간이 걸림	즉시 반영됨
오프라인 시	사용 가능	약간의 기능 사용 가능

물론 장점만 있는 것은 아니고 스마트폰 내부의 하드웨어 장치들을 이용하는 게임과 같은 분야에서는 네이티브 앱이 단연 유리하다. 하지만 일반적인 앱의 경우, 큰 차이가 없는 경우도 많다. 예를 들어서 다음 그림은 거의 동일한 기능을 네이티브 앱과 웹 앱으로 비교하여 본 것이다.

▲ Native App

▲ Web App

(출처: amazon.co.uk)

■ 비디오, 오디오, 그래픽 지원

과거에는 웹 브라우저에서 비디오나 오디오를 재생하기 위해서는 어도비의 플래시나 마이크로소프트의 실버라이트를 사용하여야 했다. HTML5에서는 오디오, 비디오를 〈audio〉, 〈video〉 태그를 이용해서 지원하는 것은 물론이고 〈canvas〉 요소를 이용해 개발자들이 자유롭게 그림을 그리는 것도 지원하고 있다. 이러한 기능을 이용하면 웹 브라우저 위에서 실행되는 상당한 수준의 게임을 작성할 수 있고 현재도 많은 게임이 HTML5 위에서 실행된다. 또한 벡터 그래픽스를 지원하는 SVG(Scalable Vector Graphics)와 수식을 그려주는 MathML도 완벽하게 지원한다. WebGL 3D를 사용하면 3차원 그래픽까지 가능하다. 많은 게임 엔진들이 HTML5 플랫폼으로 이식되고 있다.

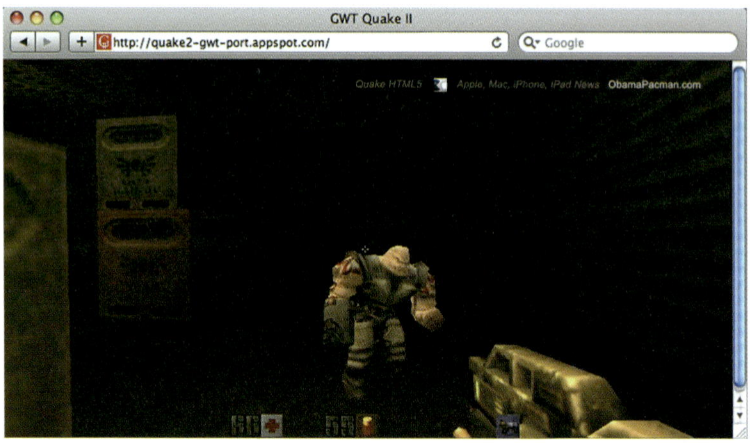

중간점검

01. HTML5 특징 몇 가지를 이야기해보자.

02. HTML 요소와 HTML 태그의 관계를 설명해보자.

1-05 웹 페이지의 구성

현대적인 웹 페이지는 HTML5만 가지고 작성하는 것이 아니다. 웹의 표준화 기구인 W3C는 웹 페이지의 내용은 HTML5로 작성하고, 웹 페이지의 스타일(모양)은 CSS3로 지정하며, 웹 페이지의 동작은 자바스크립트로 작성한다는 원칙을 확립하였다. 따라서 우리는 HTML과 함께 CSS3와 자바스크립트도 함께 마스터해야 한다. 이 책에서 HTML, CSS, 자바스크립트와 함께 웹 서버도 약간 다룬다. 왜냐하면 HTML의 입력 양식은 서버가 없으면 의미를 이해하기 어렵기 때문이다.

웹 페이지를 만드는 것은 집을 건축하는 것과 유사하다. HTML은 집의 뼈대를 만드는 것이라 할 수 있다. 즉, 지붕이나 벽, 바닥, 문을 만드는 것이라고 할 수 있다. CSS는 집을 멋지게 보이기 위하여 지붕이나 벽에 페인트를 칠하고 장식을 설치하는 것에 해당한다. 자바스크립트는 집에 전기공사를 하여 스위치를 누르면 전구가 켜지도록 하는 것이라 할 수 있다.

■ CSS와 자바스크립트

HTML은 앞 절에서 간단히 살펴보았다. CSS는 무엇일까? CSS(Cascading Style Sheet)는 HTML 문서의 스타일을 지정하는 데 사용하는 언어로, HTML 요소가 어떻게 표시되어야 하는지 설명한다. 예전의 HTML에서는 웹 페이지의 내용과 스타일을 분리하여 표현하지 않았다. 예전에는 문서의 스타일도 특별한 HTML 태그들로 지정하였다. 하지만 문서의 내용과 스타일을 분리하는 것이 장점이 많음을 깨닫게 되었고, 최신의 HTML 규격에서는 완전히 분리되었다. 자바스크립트는 사용자가 웹 페이지에서 버튼을 누르면 웹 페이지의 내용을 동적으로 변경시키는 데 사용한다.

예제 HTML, CSS, 자바스크립트 역할 이해하기

우리는 아직 아무것도 학습하지 않았지만 간단한 웹 페이지를 만들고 여기에 CSS와 자바스크립트가 추가되면 어떤 효과를 줄 수 있는지를 살펴보자.

(1) HTML로 문서의 내용 만들기

메모장을 이용하여 demo.html을 작성한다. 오른쪽은 크롬 브라우저로 demo.html 파일을 열어본 것이다. 문서의 구조와 내용만 출력되는 것을 알 수 있다.

```
<!DOCTYPE html>
<html>
<body>

  <h1>Back to the Future</h1>
  <img src="btf.jpg" width="100" height="120">
  <p>Back to the Future is a 1985 American science
fiction film directed by Robert Zemeckis, and
written by Zemeckis and Bob Gale. It stars Michael
J. Fox, Christopher Lloyd, Lea Thompson, Crispin
Glover, and Thomas F. Wilson. Set in 1985.(출처: 위
키피디아)
      </p>
</body>
</html>
```

(2) CSS로 문서 스타일 지정하기

demo.html 파일의 중간에 〈style〉...〈/style〉을 추가해보자. 여기에는 각 HTML 요소들의 스타일을 지정하고 있다. 예시로 〈body〉의 배경색을 하늘색으로 지정하였다.

```
<!DOCTYPE html>
<html>
<head>
  <style>
    img {         float: left;        }
    body {  background-color: lightblue; }
    h1 {  color: white;  text-align: center; }
    p {  font-family: verdana;  font-size: 20px; }
  </style>
</head>
<body>
  <h1>Back to the Future</h1>
  <img src="btf.jpg" width="100" height="120">
```

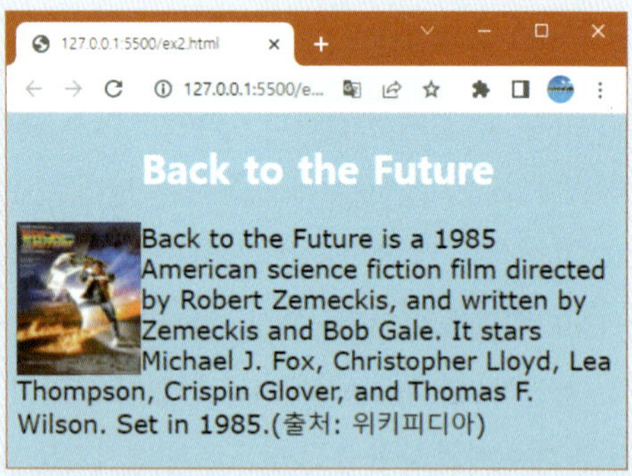

```
  <p>Back to the Future is a 1985 American science fiction film directed by Robert Zemeckis, and
written by Zemeckis and Bob Gale. It stars Michael J. Fox, Christopher Lloyd, Lea Thompson, Crispin
Glover, and Thomas F. Wilson. Set in 1985.(출처: 위키피디아)
  </p>
</body>
</html>
```

(3) 자바스크립트로 문서의 동작 지정하기

demo.html 파일의 중간에 <script>...</script>를 추가해보자. 여기에는 화면에 버튼을 만들고 이 버튼이 눌리면 배경색을 변경하라는 자바스크립트 코드가 들어 있다. 버튼이 눌리면 배경색이 녹색으로 변경된다.

```
<!DOCTYPE html>
<html>
<head>
  <style>
    img {          float: left;        }
    body {  background-color: lightblue; }
    h1 {  color: white;  text-align: center; }
    p {  font-family: verdana;  font-size: 20px;}
  </style>
</head>
<body id="demo">
  <h1>Back to the Future</h1>
  <img src="btf.jpg" width="100" height="120">
  <p>Back to the Future is a 1985 American science fiction film directed by Robert Zemeckis, and
written by Zemeckis and Bob Gale. It stars Michael J. Fox, Christopher Lloyd, Lea Thompson, Crispin
Glover, and Thomas F. Wilson. Set in 1985.(출처: 위키피디아)
  </p>
  <button type="button" onclick="document.getElementById('demo').style.backgroundColor='green'">배경색 변경</button>
</body>
</html>
```

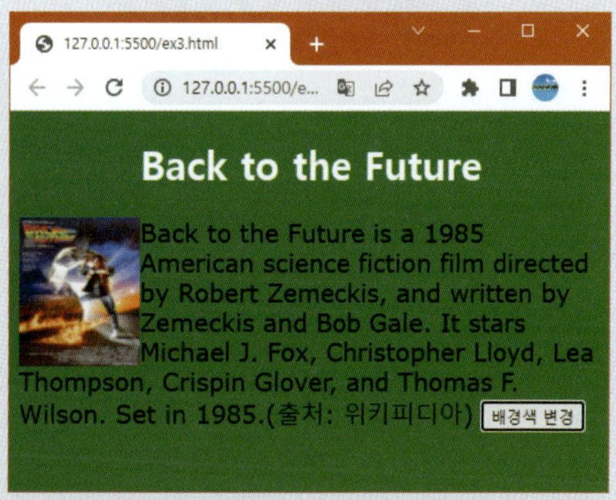

중간 점검

01. 모던 웹 페이지를 만드는 3가지의 기술은 무엇인가?

02. CSS의 역할은 무엇인가?

03. 자바스크립트의 역할은 무엇인가?

Lab

크롬의 개발자 도구

우리는 가끔 웹 페이지가 어떤 소스로 만들어졌는지 궁금할 때가 있다. 그런 경우에는 크롬의 개발자 도구를 사용하여 현재 우리가 보고 있는 웹 페이지의 소스를 볼 수 있다. 예를 들어 구글의 웹 페이지에서 마우스 오른쪽 버튼을 누르고 [검사]를 선택하면 다음과 같은 화면을 볼 수 있다.

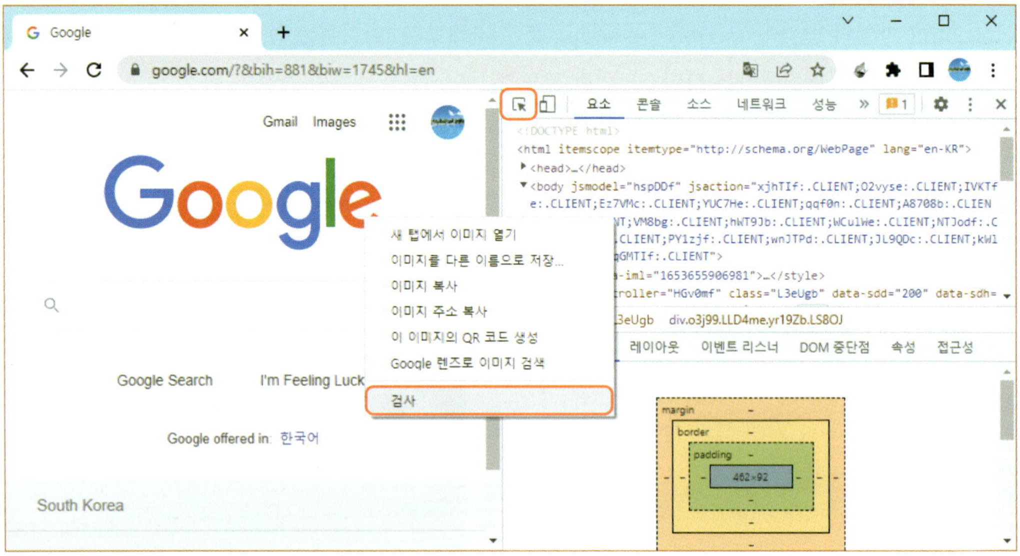

위의 소스에서 보면 HTML 소스는 〈!DOCTYPE html〉로 시작하는 것을 알 수 있다. 이것은 이 문서가 HTML 5.0 버전의 문서임을 나타낸다. 개발자 도구를 사용하여 우리는 HTML 소스뿐만 아니라 CSS, 자바스크립트 소스도 볼 수 있으며 또한 소스를 변경하고 디버깅할 수도 있다.

개발자 도구를 이용하여 웹 페이지의 내용을 약간 수정해보자. 구글의 웹 페이지에서 "Google Search"라는 버튼 텍스트를 "탐색"으로 변경하여 보자. 개발자 도구의 좌측 상단에 보면 화살표가 들어 있는 아이콘 ⬚ 이 있다. 이것을 클릭하면 "검사 모드"가 된다. 검사 모드란 어떤 HTML 요소를 검사할 수 있는 모드이다. 검사 모드에서 마우스를 "Google Search" 버튼에 가져가서 눌러보자.

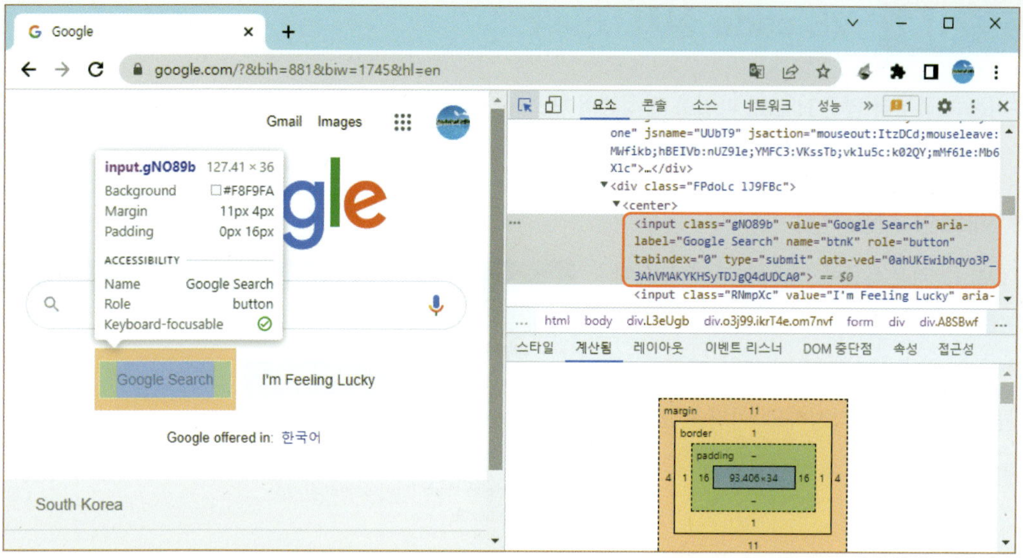

오른쪽에 음영이 있는 부분이 이 버튼에 해당되는 HTML 소스이다. 여기서 `value="Google Search"`를 더블 클릭하면 이 텍스트를 변경할 수 있다. "탐색"으로 변경해보자.

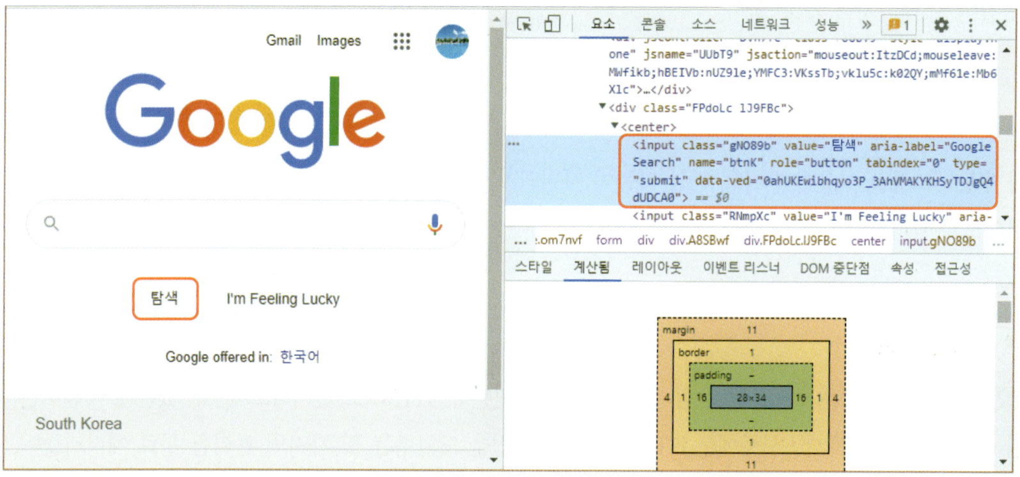

개발자 도구는 자바스크립트 소스를 디버깅할 때도 필요하다. 자바스크립트 소스를 비주얼 스튜디오처럼 중단점을 설정하고 변수의 현재값도 조사할 수 있다. 이 기능은 자바스크립트를 학습할 때 자세히 탐구해보자.

01. 앞의 demo.html 파일의 소스를 개발자 도구로 검사해보자.

1-06 VS code 설치

우리는 지금부터 많은 HTML 파일을 작성해서 테스트해야 한다. 어떤 편집기를 사용하는 것이 최선일까?

■ 메모장 사용하기

HTML은 기본적으로 텍스트 파일이기 때문에 메모장 같은 텍스트 편집기를 사용하면 된다. 예를 들어 다음과 같이 텍스트 파일을 메모장으로 작성하고 이것을 intro.html이라는 이름으로 저장하면 된다.

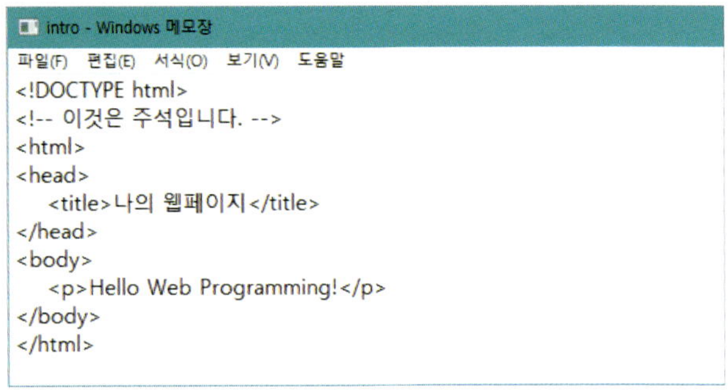


```
<!DOCTYPE html>
<!-- 이것은 주석입니다. -->
<html>
<head>
    <title>나의 웹페이지</title>
</head>
<body>
    <p>Hello Web Programming!</p>
</body>
</html>
```

메모장으로 HTML 소스를 작성하여 저장한 후에 크롬 브라우저로 파일을 열면 다음과 같이 웹 페이지를 볼 수 있다.

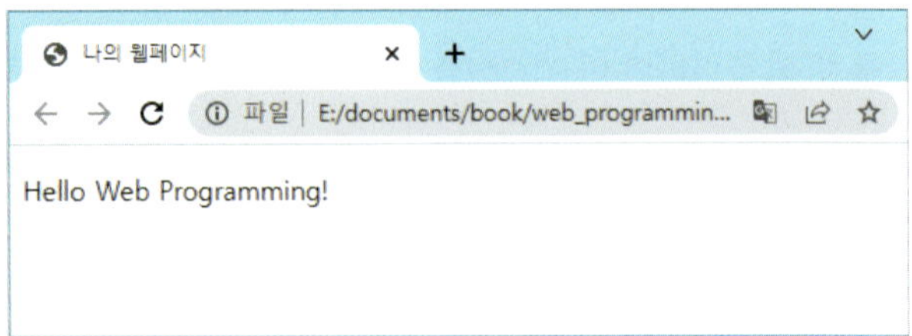

하지만 메모장을 사용하면 자동 완성 기능이 지원되지 않고, 문법에 따라 코드의 색상도 변경되지 않아서 여러모로 불편하다.

■ VS code

C언어나 Java와 같은 언어들은 통합 개발 도구가 지원된다. HTML도 언어라고 할 수 있는데 지원하는 통합 개발 도구는 없을까? 시중에는 HTML 문서의 편집을 도와주는 몇 가지의 편리한 무료 에디터들이 있다. 여러 가지 중에서 마이크로소프트가 무료로 제공하는 VS code를 사용하여 보자.

VS code(Visual Studio Code, 비주얼 스튜디오 코드)는 마이크로소프트사가 윈도우, macOS, 리눅스용으로 개발한 소스 코드 편집기이다. 디버깅 지원과 Git 제어, 구문 강조 기능 등이 포함되어 있으며, 사용자가 편집기의 테마와 단축키, 설정 등을 수정할 수 있다. VS code는 다양한 프로그래밍 언어를 지원하며 각 언어와 함께 사용할 수 있는 편리한 기능들을 제공한다. 플러그인을 통해 편집 기능 추가 및 프로그래밍 언어 지원 등 새로운 확장 기능을 추가할 수 있다. 자바스크립트, CSS, HTML은 기본으로 포함되어 있으며, C언어나 파이썬 같은 언어 확장은 VS code 마켓플레이스에서 무료로 다운로드할 수 있다.

■ VS code 설치

01. code.visualstudio.com에 접속하여 윈도우 버전을 다운로드한다. 맥이나 리눅스를 사용 중이라면 운영체제에 맞는 버전을 다운로드한다.

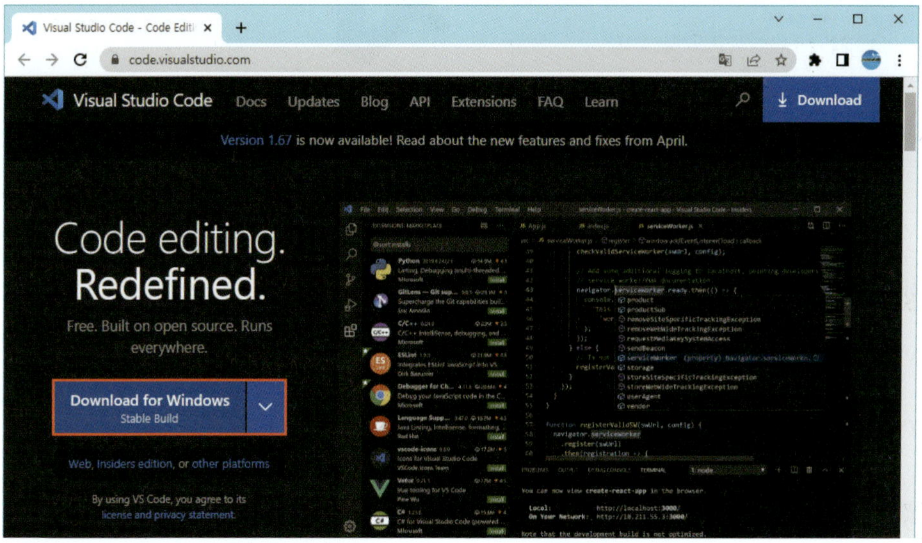

02. 다운로드된 파일을 클릭하여 설치한다.

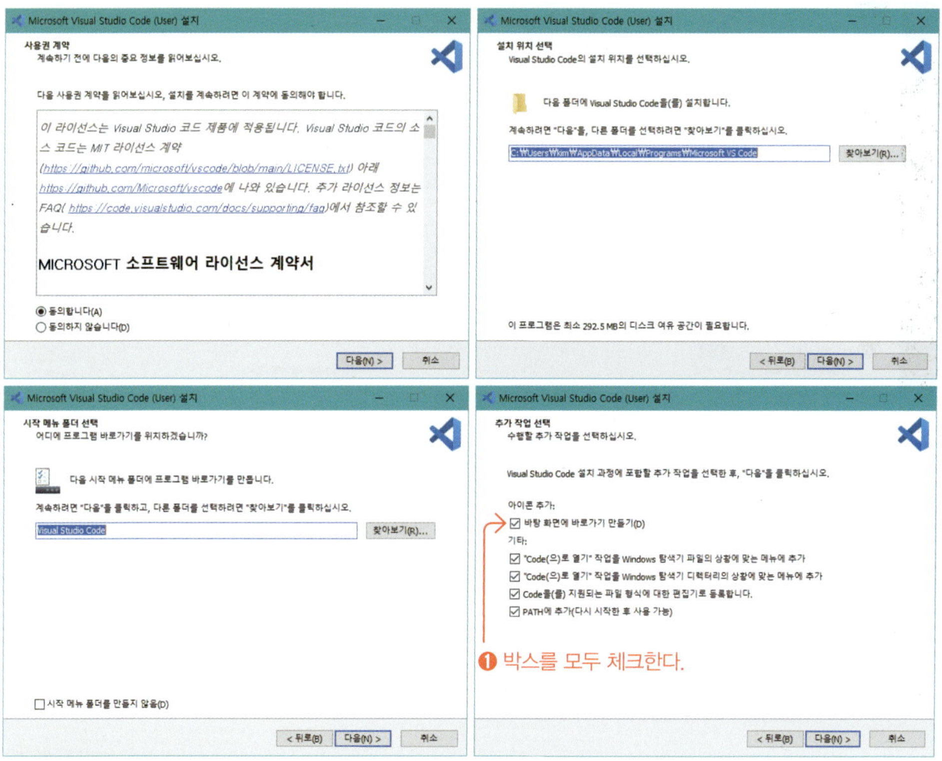

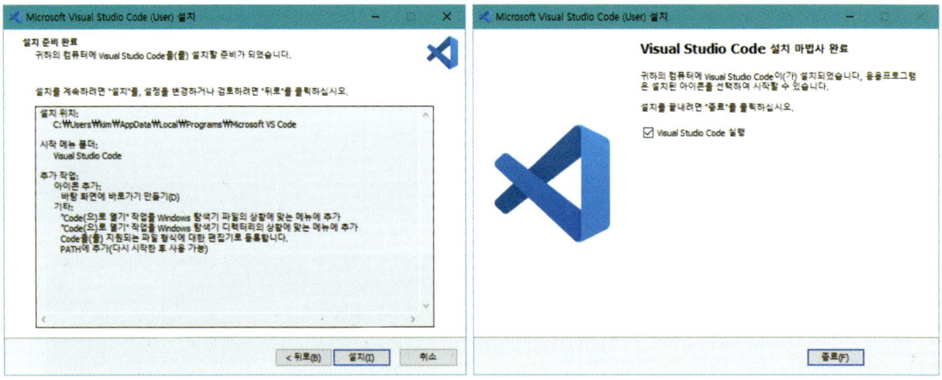

■ 확장 프로그램 설치

VS code에서는 HTML이나 CSS 편집에 도움이 되는 확장 프로그램을 설치하는 것이 좋다.

01. "HTML CSS Support"는 코드에 하이라이트를 해주고, 자동 완성 기능을 제공하는 플러그인이다.

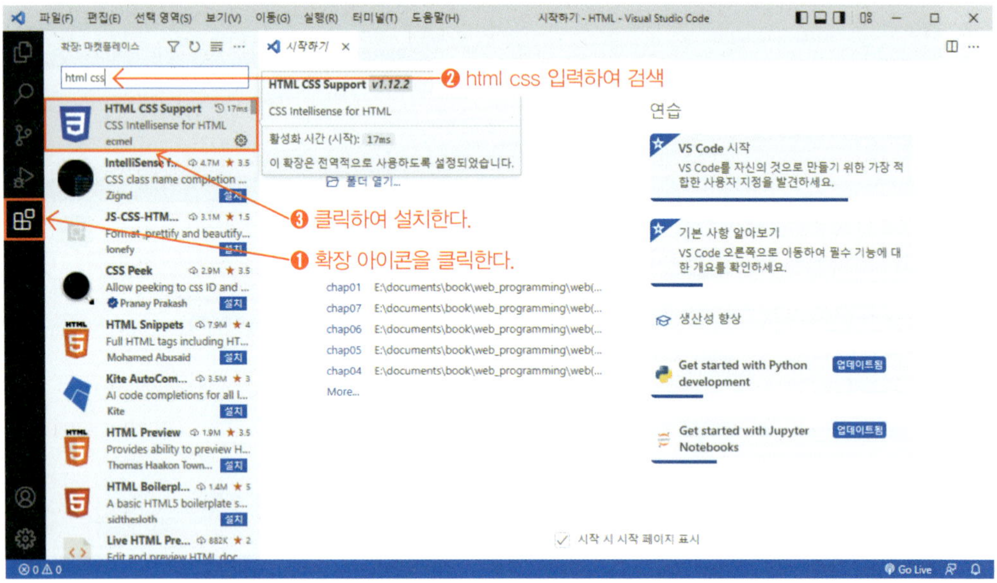

02. "Debugger for chrome"은 자바스크립트를 디버깅할 때 사용하는 도구이지만 최근에는 VS code에 통합되었다고 한다. 따라서 별도로 설치할 필요는 없다.

03. "Live Server"는 간단한 웹 서버이다. "Live Server"가 있으면 HTML 파일을 변경하는 즉시 변경된 화면을 볼 수 있다. 아주 중요한 기능이고 쓸모가 많으니 이것은 반드시 설치하도록 하자. 강의실에서 라이브 서버가 강사용 PC에서 실행되면, 동일한 와이파이 공유기를 이용하는 학생들이 강사용 PC의 파일에 접근할 수 있다.

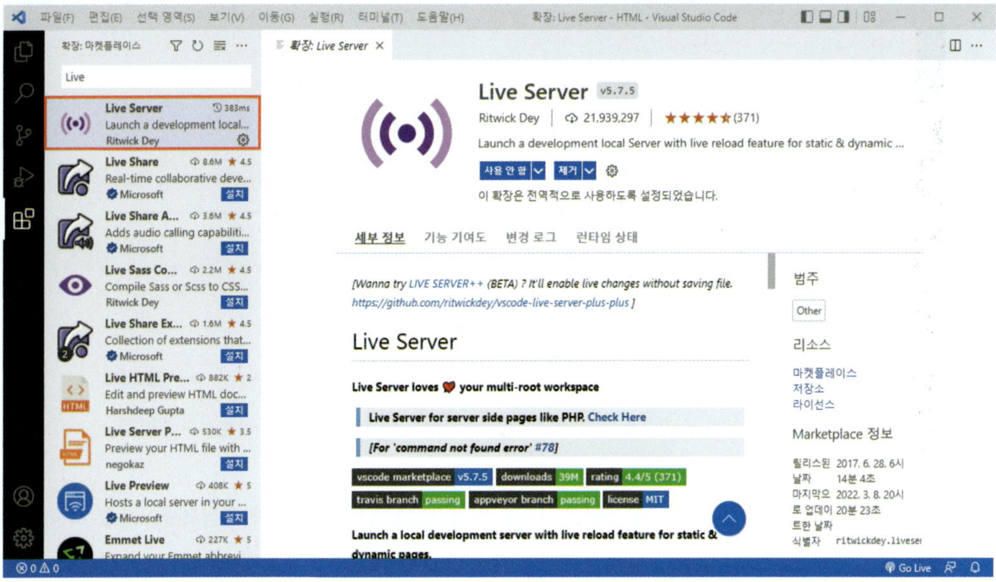

04. [파일] → [기본 설정] → [색 테마] 메뉴에서 자신이 원하는 색 테마를 선택한다. 이 책에서는 [밝게] 색 테마를 사용하였다.

중간 점검

01. VS Code는 어떤 특징이 있는 개발 도구인가?

02. VS Code와 같은 개발 도구를 사용하면 메모장에 비하여 어떤 장점이 있는가?

1-07 VS code로 HTML 문서 작성하기

이제부터 VS code로 간단한 HTML 문서를 작성해보자.

01. 먼저 작업 폴더를 생성하거나 열어야 한다. [파일]→[폴더 열기...]를 선택하여 HTML이라는 폴더를 선택한다. 폴더가 없다면 [새 파일]을 선택하여 만들어준다. 작성자 신뢰 여부를 물어보는 화면이 나오면 [예, 작성자를 신뢰합니다...]를 선택한다.

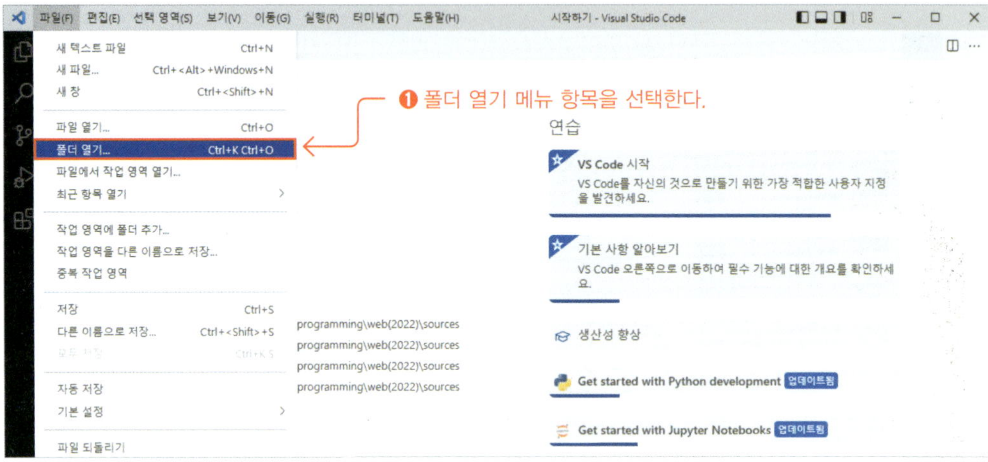

02. HTML 폴더에서 “새 파일” 아이콘을 누르고 HTML 파일 이름을 입력한다. 이때 확장자를 html로 지정한다.

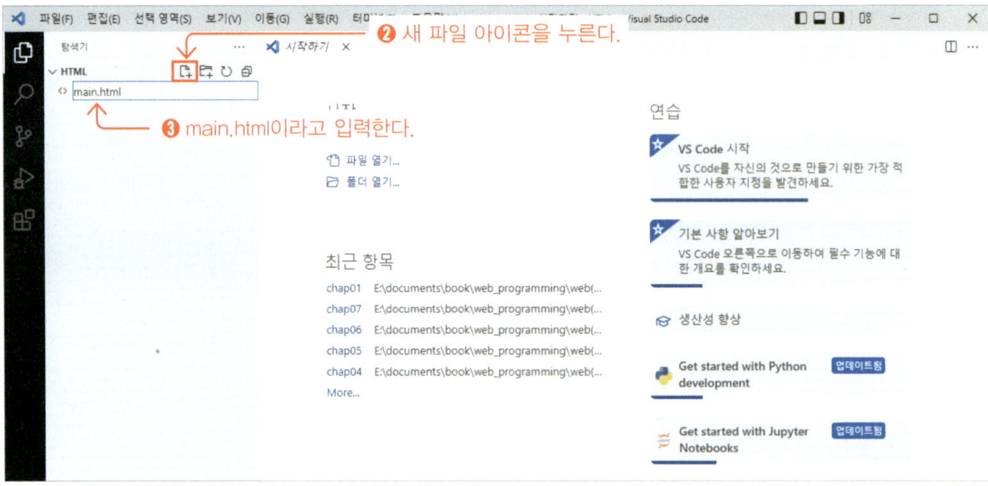

03. HTML 기본 양식을 자동으로 생성하려면 html:5를 입력하고 엔터키를 누른다. 다음과 같은 소스가 자동으로 만들어진다.

04. <body>와 </body> 사이에 "나의 첫 번째 HTML 페이지"를 입력한다.

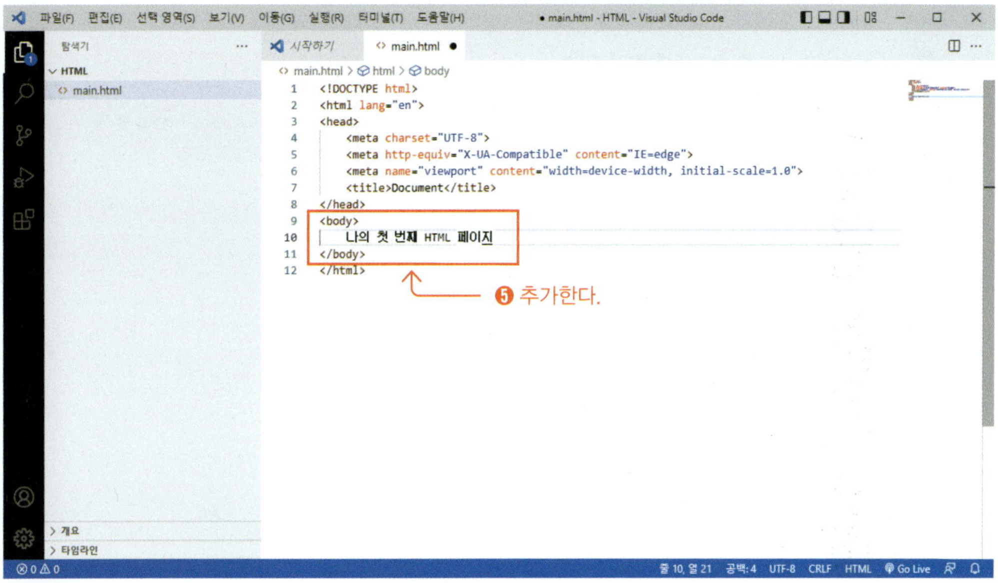

05. 마우스 오른쪽 버튼을 누르고 [Open with Live Server] 메뉴를 선택한다. 물론 HTML 파일이 있는 폴더로 가서 HTML 파일을 더블 클릭하여 실행하여도 된다.

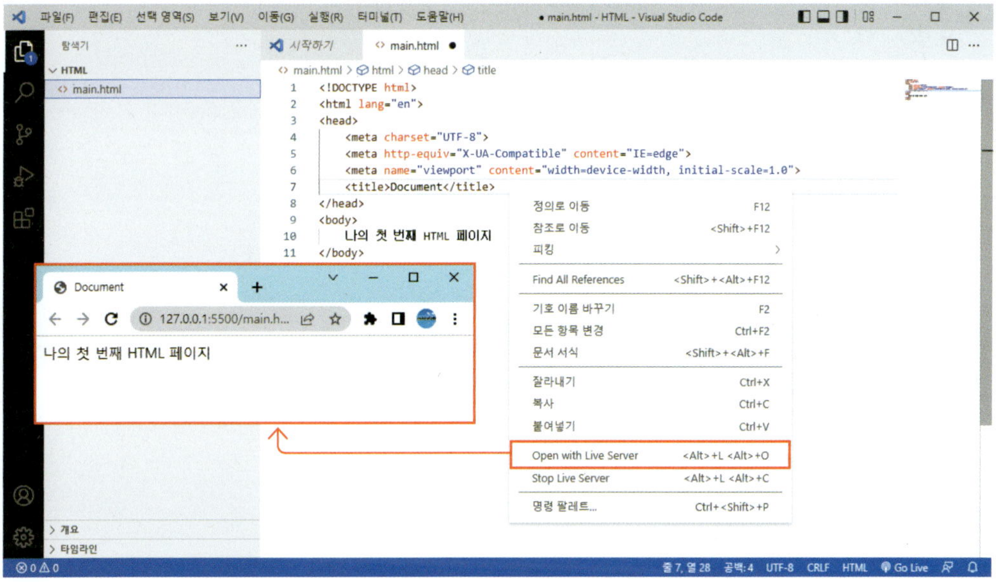

TIP

이 책과 함께 제공되는 소스를 실행하려면 [폴더 열기]에서 소스가 저장된 폴더 sources를 선택한다. 폴더 sources 밑에서 chap01 폴더를 선택하면 1장의 모든 소스가 화면의 왼쪽에 표시된다. 원하는 소스를 더블 클릭하면 소스를 보고 실행할 수 있다.

중간 점검

01. VS Code로 HTML 기본 양식을 자동으로 생성하려면 어떤 단축키를 사용해야 하는가?

02. VS Code로 HTML 파일을 실행하려면 어떻게 해야 하는가?

Lab

구조화된 HTML 문서 작성

우리는 HTML에 대하여 차근차근 학습하겠지만, 성격이 급한 독자들을 위하여 간단한 HTML 문서를 살펴보자. 어떤 내용들이 들어가 있고 어떤 태그들이 사용되는지 관찰하여 보자.

cafe.html

```html
<html>
<head>
    <title>Web Programming</title>
</head>
<body>
    <h1>Welcome to the Web Programming!</h1>
    <img src="coffee.gif">
    <p>
        언제든지 오셔서 질문이 있으시면 올려주세요!
    <em>여러분을 환영합니다.</em>
    </p>
    <h2>내용</h2>
    <p>
        HTML5, CSS, Javascript, jQuery, SQL, JSP, ...
    </p>
</body>
</html>
```

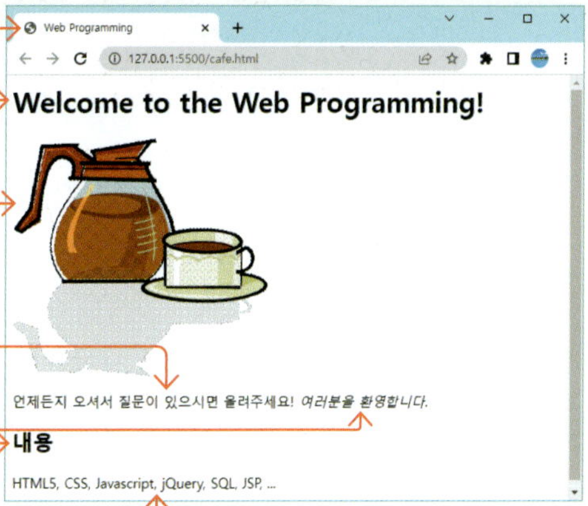

위의 HTML 문서를 브라우저가 받으면 문서 안에 있는 모든 태그(tag)를 분석한다. 웹 브라우저는 바로 이 태그를 해석하여 화면에 문서나 그림, 테이블 등을 표시한다.

새롭게 등장한 태그에 대하여 간단히 설명해보자. 〈h1〉 태그는 헤딩(heading)을 나타낸다. 헤딩이란 신문의 머리기사와 마찬가지로 페이지의 머리기사를 의미한다. 헤딩은 폰트의 크기에 따라 〈h1〉, 〈h2〉, ...,〈h6〉까지 있다. 〈img〉 태그는 페이지에 이미지를 삽입시킬 때 사용한다. 〈img〉 태그의 src 속성에 이미지 파일의 이름을 적어준다. 〈em〉은 emphasis의 약자로 텍스트를 강조할 때 사용하는 태그이다. 이들 태그에 대한 자세한 내용은 2장에서 설명된다.

참고사항

웹 페이지를 보면서 어떻게 이 페이지를 작성하였는지 궁금하다면 웹 페이지의 소스를 보면 되는데, 웹 페이지에서 마우스 오른쪽 버튼을 클릭하고 "페이지 소스 보기"를 선택하면 된다. 현재 페이지의 HTML 코드가 표시된 새로운 창이 열린다.

1장

Summary

Q 인터넷과 웹을 구별할 수 있나요?

A 인터넷은 전 세계적인 네트워크를 강조합니다. 웹은 인터넷 위에 올라가 있는 응용 프로그램 중의 하나로 이미지와 하이퍼링크를 사용하여 보다 사용자 친화적으로 인터넷을 사용할 수 있게 만든 것입니다.

Q 웹 페이지를 이루는 3가지 요소를 설명할 수 있나요?

A 웹 페이지의 내용은 HTML로 기술됩니다. 웹 페이지의 스타일은 CSS3로 기술됩니다. 웹 페이지의 각종 동작은 자바스크립트로 기술됩니다.

Q 크롬의 개발자 도구를 사용할 수 있나요?

A 크롬 웹 브라우저에서 웹 페이지를 볼 때 마우스 오른쪽 버튼을 누르고 [검사] 항목을 선택하면 개발자 도구를 사용할 수 있습니다. 앞으로 학습할 CSS나 자바스크립트 소스를 디버깅하는 데 필수적인 도구입니다.

Q 메모장으로 HTML을 작성하고 실행할 수 있나요?

A HTML, CSS, 자바스크립트 모두 텍스트 파일입니다. 따라서 기본적으로 어떤 텍스트 편집기로도 이들 파일을 생성하고 수정할 수 있습니다.

Q VS Code로 HTML을 작성하고 실행할 수 있나요?

A VS Code는 마이크로소프트에서 만들어서 오픈소스로 배포하는 경량의 개발자 도구입니다. 많은 확장 프로그램을 통하여 여러 언어들을 지원합니다. HTML과 CSS, 자바스크립트 기능은 내장되어 있습니다.

Q HTML 문서를 구성하고 있는 태그(tag)와 요소(element)를 설명할 수 있나요?

A HTML 문서들은 요소들로 구성됩니다. 하나의 요소는 <시작태그>+콘텐츠+</종료태그>로 되어 있습니다. 예를 들어 하나의 h1 요소는 "<h1> 나의 홈페이지 </h1>"과 같습니다.

1장

Exercise

01. 다음 중 HTML5에서 사용되는 웹 표준 기술이 아닌 것은? (   )

① HTML5　　② CSS3　　③ 비주얼 베이직　　④ 자바스크립트

02. HTML이라는 언어와 WWW의 개념을 처음으로 제안한 사람은 누구인가? (   )

① 데니스 리치　　② 팀 버너스리　　③ 빌 게이츠　　④ 스티브 잡스

03. HTML5 문서임을 나타내는 〈!DOCTYPE〉 태그로 올바른 것은?

① `<!DOCTYPE "http://www.w3.org/TR/html5/strict.dtd">`　　② `<!DOCTYPE html5>`

③ `<!DOCTYPE html>`　　④ `<!DOCTYPE xhtml>`

04. HTML은 ______________________의 약자이다.

05. 일반 텍스트와 하이퍼텍스트의 가장 큰 차이점은 무엇인가?

06. HTML5의 특징을 한 가지만 설명해보자. 대표적으로 어떤 문제점을 해결하였는가?

07. 웹 페이지를 작성하는 3가지의 기본 기술에 대하여 짧게 설명을 작성해보자.

(a) HTML5　　(b) CSS3　　(c) 자바스크립트

08. 클라이언트 컴퓨터에서 웹 브라우저를 이용하여 https://www.example.com/index.html에 접속하면 어떤 일이 발생하는가? HTTP(Hyper Text Transfer Protocol)라는 프로토콜을 사용하여 설명해보자.

(1) 웹 브라우저는 www.example.com 사이트에 접속하여 ________ 파일을 보내달라는 _________을 보낸다.

(2) 웹 서버는 index.html 파일을 찾아서 ____________을 보낸다.

(3) 웹 브라우저는 index.html 파일을 해석하여 화면에 표시한다.

09. 웹(WWW)에 대한 표준을 만드는 단체의 이름은 무엇인가? 홈페이지에 접속하여 어떤 내용들이 서비스되는지 살펴보자.

10. HTML 문서의 시작과 끝을 나타내는 태그는 무엇인가?

1장

Programming

01. 자신의 이름을 화면에 출력하는 웹 페이지를 작성해보자. 웹 페이지의 제목은 "My First Page"라고 설정한다.

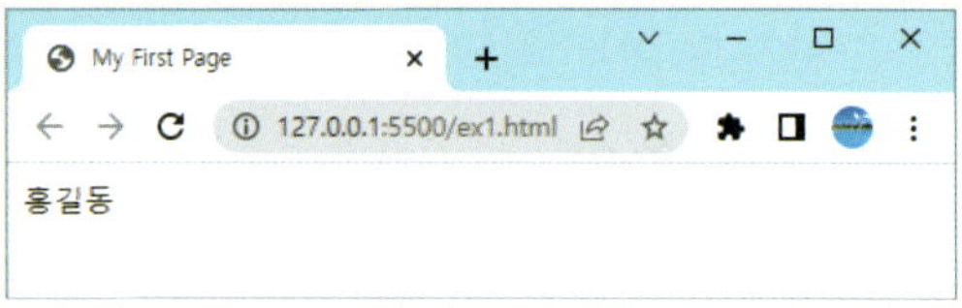

02. 웹 페이지 중에서 가장 많은 유형이 어떤 것을 소개하는 웹 페이지이다. 아직 우리는 HTML을 본격적으로 학습하지는 않았지만, 지금까지 학습한 것만 사용하여 자신이 시청한 흥미로운 영화나 물건을 소개하는 웹 페이지를 작성해보자.

```
<!DOCTYPE html>
<html>
<head>
    <title>사운드 오브 뮤직</title>
    <style>
        img {          float: left;        }
        body {  background-color: rgb(173, 230, 185); }
        h1 {  color: rgb(45, 27, 145);  text-align: center; }
        p {  font-family: 굴림;  font-size: 20px; }
    </style>
</head>
<body>
    <h1>Sound of Music</h1>
    <img src="sound.jpg">
    <p>사운드 오브 뮤직은 로버트 와이즈가 제작 및 감독한 1965년 미국 뮤지컬 드라마 영화로, 줄
리 앤드류스와 크리스토퍼 플러머가 주연을 맡았다. 이 영화는 오스카 해머스타인 2세가 가사를 쓰고
리처드 로저스가 작곡한 1959년 동명의 뮤지컬을 영화로 만든 것이다. Maria von Trapp 대령의 1949
년 회고록을 바탕으로 한 이 영화는 1938년 오스트리아 잘츠부르크에 사는 은퇴한 해군 장교의 별장으
로 보내진 줄리 앤드루스가 아이들의 가정교사가 되는 이야기이다.
    </p>
</body>
</html>
```

지금은 이해하지 않아도 된다.

이 부분만 교체해보자.

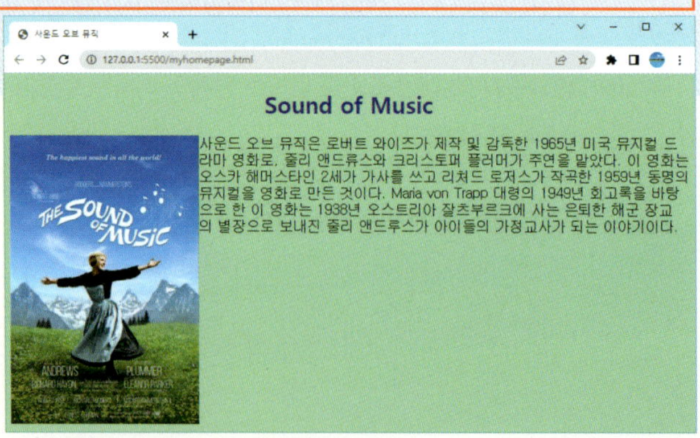

02

HTML5 기본 요소

- HTML 문서의 구조를 설명할 수 있나요?
- 웹 페이지에 텍스트를 의도대로 표시할 수 있나요?
- 웹 페이지에 리스트를 생성할 수 있나요?
- 웹 페이지에 이미지를 표시하려면 어떻게 하나요?
- 웹 페이지에 하이퍼링크를 생성하려면 어떻게 하나요?
- 웹 페이지에 테이블을 생성할 수 있나요?
- 오디오와 비디오를 웹 페이지에 추가할 수 있나요?

2-01 이번 장의 목표

이번 장에서는 다음과 같은 웹 페이지를 만드는 데 필요한 내용들을 중심으로 학습하여 보자. 주요한 주제는 텍스트 표시, 이미지 표시, 하이퍼링크, 테이블 등이 될 것이다.

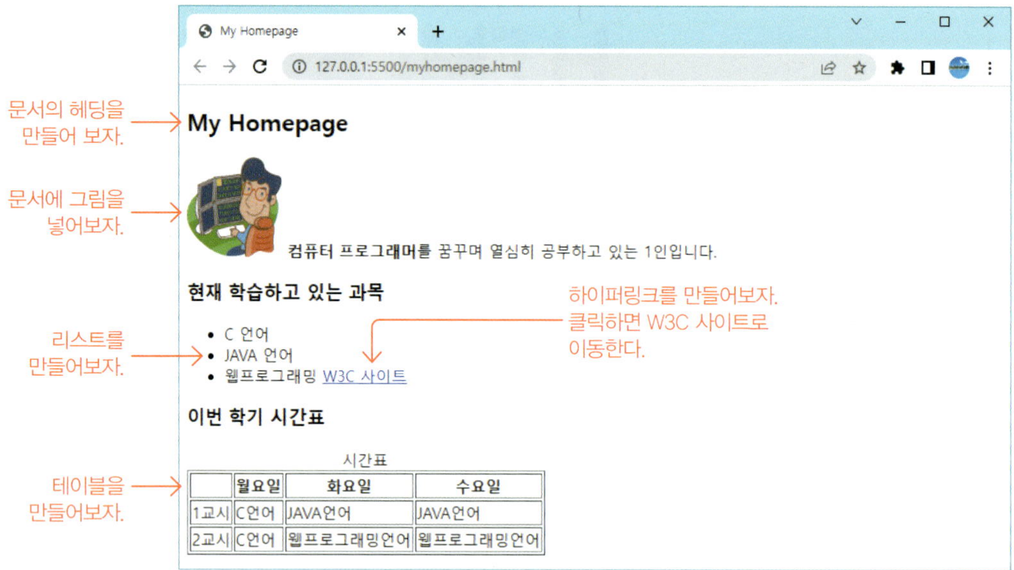

위의 홈페이지는 배경이나 폰트의 변경이 없어서 아주 단순해 보인다. 웹 페이지의 스타일을 변경하는 것은 "4장 CSS3 스타일시트 기초"에서 학습할 것이다. 예제로는 다음과 같은 웹 페이지를 작성하여 볼 것이다.

- 개인 홈페이지
- 커피전문점 웹 페이지
- 이미지 갤러리 페이지

2-02 HTML 문서 구조

간단한 HTML 문서를 예로 들어서 HTML 문서의 기본 구조를 살펴보자. 모든 HTML 문서는 〈html〉로 시작하여 〈/html〉로 끝난다.

intro.html

```
<DOCTYPE html>
<!-- 이것은 주석입니다. -->
<html>

<head>
    <title>나의 웹 페이지</title>
    <meta charset="utf-8">
</head>

<body>
    <p>Hello Web Programming World!</p>
</body>
</html>
```

- 주석: 코드를 설명하는 글이다.
- HTML 문서는 <html>과 </html>로 둘러쌓는다. 브라우저에게 이 파일의 내용이 HTML이라고 선언한다.
- 헤드는 <head>와 </head> 태그로 구성된다. 웹 페이지에 대한 정보를 저장하고 있는 곳이다.
- 웹 페이지의 제목은 브라우저 윈도우의 제목으로 표시된다.
- 웹 페이지의 모든 내용이 여기에 표시된다. 브라우저 안에 표시되는 부분이다.

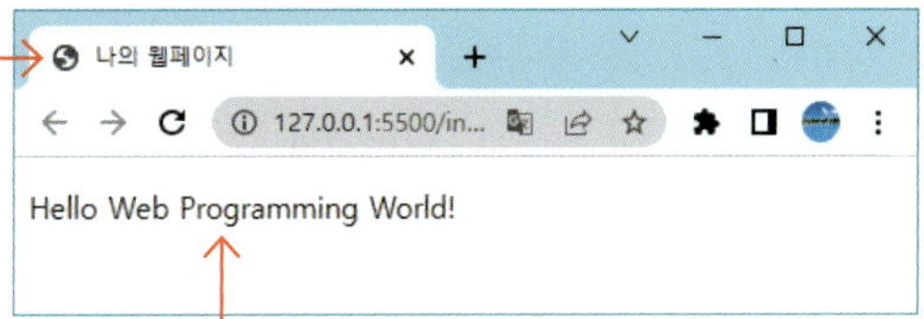

■ <!DOCTYPE> 선언

많은 HTML 문서들이 <!DOCTYPE> 태그를 가지고 있다. <!DOCTYPE>은 브라우저가 올바르게 웹 페이지를 표시할 수 있도록 돕는다. 웹 페이지에 사용된 HTML의 종류와 버전을 알고 있어야 브라우저는 올바르게 HTML 페이지를 표시할 수 있다. <!DOCTYPE html>은 HTML5 버전을 의미한다. HTML4.01 버전은 아주 복잡하게 <!DOCTYPE>을 선언하였다.

- HTML5

```
<!DOCTYPE html>
```

- HTML4.01

```
<!DOCTYPE HTML PUBLIC "-//W3C//DTD HTML 4.01 Transitional//EN"
"http://www.w3.org/TR/html4/loose.dtd">
```

■ <!-- 이것은 주석입니다. -->

주석(comment)은 HTML 코드를 설명하는 글이며 개발자를 위한 것이다. 브라우저에 의하여 무시되고 표시되지 않는다. 프로그래밍 언어에서의 주석과 동일한 역할을 한다.

■ 헤드(head)와 바디(body)

HTML 문서는 크게 헤드와 바디로 구성된다고 할 수 있다. <head> 요소는 메타데이터(데이터에 대한 데이터)를 담는 컨테이너이다. <head>와 </head> 태그로 둘러싸인 부분이다. 메타데이터는 HTML 문서에 대한 데이터이다. 메타데이터는 화면에 표시되지 않는다. 메타데이터에는 일반적으로 문서 제목, 문자 집합, CSS 스타일 시트, 자바스크립트 등이 포함되어 있다. 바디는 〈body〉와 〈/body〉 태그로 둘러싸인 부분이다. 문서의 내용에 해당하는 부분이다. 텍스트나 이미지, 테이블, 리스트 등이 들어간다.

```
<html>
<head>
     <title> My Page </title>        ← 헤드
</head>
<body>
     Welcome to My Page!             ← 바디
</body>
</html>
```

■ 한글 코드 문제

HTML 문서를 작성하다 보면 의외로 한글 코드 문제에 부딪치기 쉽다. 웹 프로그래밍에 사용되는 한글 코드에는 2가지의 방식이 있다. 바로 euc-kr과 utf-8이다.

- euc-kr은 KSC5601에 기반을 둔 대표적인 완성형 코드이다. 즉, 영어와 한글을 2바이트를 이용하여 나타내는 방식으로 초창기부터 사용해온 방식이다. 한글이 많이 사용되는 경우에 적은 메모리 공간을 차지하고 호환성이 좋다. 한글이 많은 웹 페이지라면 euc-kr이 적당하다. 하지만 다국적 문자를 표현하는 데는 문제가 있다.
- utf-8은 유니코드의 일종으로 가변길이 문자 인코딩 방법이다. 일반적으로 영어는 1바이트, 한글은 3바이트로 표현한다. 따라서 영어를 많이 사용하는 경우, utf-8이 메모리 공간을 적게 차지한다. 우리는 utf-8을 사용하도록 하자.

따라서 메모장으로 HTML 문서를 작성하더라도 반드시 utf-8 형식으로 저장하여야 한다. 또한, 다음과 같은 줄을 HTML 문서의 헤드 영역에 추가하도록 하자.

```
<meta charset="utf-8">
```

■ 요소(element)

HTML 문서를 보면 〈title〉과 같이 대괄호로 둘러싸인 단어를 많이 볼 수 있다. 이것을 태그(tag)라고 한다. 태그는 문서의 구조를 나타내는 단어이다. 태그에는 시작 태그와 종료 태그가 있다. 예를 들어서 시작 태그는 〈title〉이고 대응되는 종료 태그는 〈/title〉이다. 태그에 따라서 종료 태그가 없는 것도 있다. 예를 들어서 이미지를 나타내는 〈img〉 태그는 종료 태그를 가지지 않는다.

요소(element)는 시작 태그와 종료 태그로 이루어진 HTML 문서의 구성 요소이다. 예를 들어서 〈title〉나의 웹 페이지〈/title〉가 하나의 요소가 된다. 요소 = (시작태그 + 내용(콘텐츠) + 종료태그)라고 할 수 있다. 여러 개의 요소들이 모여서 하나의 HTML 문서가 된다.

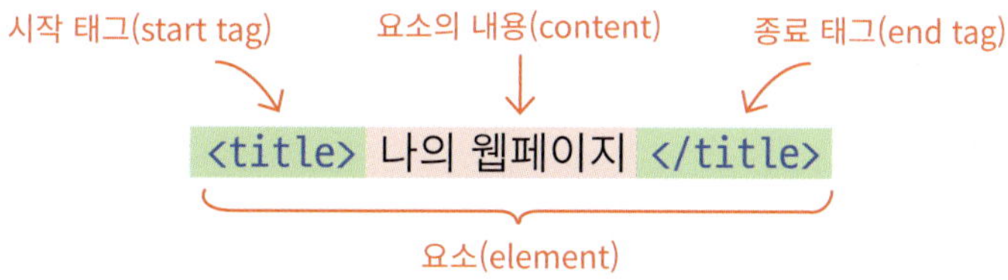

앞의 HTML 문서에서 각 요소를 분리하여 색칠하면 다음과 같다. 요소 안에 다른 요소가 포함된 것에 유의하라.

intro.html

```
<!DOCTYPE html>
<!-- 이것은 주석입니다. -->
<html>

<head>
    <title>나의 웹 페이지</title>
</head>

<body>
    <p>Hello Web Programming World!</p>
</body>

</html>
```

- <html> 요소는 html 문서 전체를 나타낸다.
- <head> 요소는 HTML 문서에 대한 정보를 정의한다.
- <title> 요소는 HTML 문서의 제목을 정의한다.
- <body> 요소는 HTML 문서의 본문을 정의한다.
- <p> 요소는 문단을 나타낸다.

HTML 문서를 작성할 때, 다음과 같은 사항을 주의하여야 한다.

- 태그 이름은 대소문자를 구별하지 않는다. 즉, 〈head〉와 〈HEAD〉는 같은 의미이다.
- 하나의 요소 안에 다른 요소들이 포함될 수 있다. 예제에서도 〈html〉 요소 안에 〈head〉 요소가 포함된 것을 볼 수 있다.
- 시작 태그와 종료 태그 사이의 연속된 공백은 하나의 공백으로 취급한다.

하나의 태그는 다른 태그 안에 포함될 수 있다. 이때 주의할 점은 태그들이 서로 교차하면 안 된다는 점이다. 다음 문장은 〈em〉 태그와 〈strong〉 태그가 서로 교차되어 있는 잘못된 예이다.

<strong> 태그

```
<p>이것은 <em>아주 <strong>잘못된</em>태그</strong>사용입니다.</p>
```

<em> 태그

■ 속성

HTML 요소는 속성(attribute)을 가질 수 있다. 속성은 요소에 대한 추가적인 정보를 제공한다. 속성은 항상 시작 태그에 기술된다. 속성은 이름="값" 형태로 기술된다. 예를 들어, HTML 문서에서 하이퍼링크는 〈a〉 태그로 정의된다. 〈a〉 태그에서 링크 주소는 href라는 속성에 기술된다. 아래 문장은 사용자가 "W3C 컨소시엄"을 클릭하면 "https://www.w3.org" 사이트로 연결된다는 의미이다.

속성의 이름　　속성의 값

```
<a href="https://www.w3.org">W3C컨소시엄</a>
```

속성(attribute)

속성값은 인용 부호로 묶는 것이 권고된다. 인용 부호로 묶지 않아도 상관없는 경우가 많지만, 만약 속성의 중간에 공백이 있는 경우도 있기 때문에 인용 부호를 사용하는 것이 좋다. 큰따옴표가 가장 일반적이지만, 작은따옴표도 사용할 수 있다.

각 HTML 요소에서 사용할 수 있는 속성의 목록은 www.w3.org 사이트의 HTML 레퍼런스 문서를 참조하여야 한다. 어떤 HTML 요소에서도 지원되는 속성은 다음과 같다.

속성	설명
class	요소의 클래스 이름(차후에 CSS에서 설명)
id	요소의 아이디(차후에 CSS에서 설명)
style	요소에 대한 인라인 CSS 스타일(차후에 CSS에서 설명)
title	요소에 대한 추가 정보, 툴팁으로 표시된다.

참고사항

공백 요소

내용이 없는 HTML 요소들은 공백 요소(empty element)라고 불린다. 예를 들어서 〈br〉은 줄바꿈(break)을 의미한다. 〈br〉은 수식하는 내용(콘텐츠)이 없어서 공백 요소이다. 공백 요소는 종료 태그가 없다. 이미지를 표시하는 〈img〉 태그도 종료 태그가 없다.

참고사항

종료 태그 생략

일부 요소들은 종료 태그를 생략하더라도 올바르게 표시된다. 〈p〉 태그는 하나의 문단(paragraph)을 나타낸다.

```
<p>This is a paragraph
<p>This is a paragraph
```

위의 문서는 대부분의 브라우저에서 올바르게 표시된다. 〈p〉 요소의 경우, 종료 태그는 선택사항으로 간주되기 때문이다. 하지만 많은 경우, 종료 태그를 생략하면 잘못된 결과를 생성한다.

참고사항

대소문자 구별

태그는 대소문자를 구분하지 않는다. 즉, 〈P〉는 〈p〉와 동일하다. 대부분의 웹 사이트는 대문자 HTML 태그를 사용한다. 하지만 월드 와이드 웹 컨소시엄(W3C)은 태그를 소문자로 표기하는 것을 권고하고 있고 XHTML에서는 반드시 소문자를 사용하여야 한다.

참고사항

작은따옴표 사용

만약 속성값 자체가 큰따옴표를 포함하면 작은따옴표를 사용해야 한다. 예를 들어서 다음과 같은 경우에는 작은따옴표를 사용한다.

```
name='강아지 "토비"'
```

중간 점검

01. HTML 문서는 크게 ____________부분과 ____________부분으로 구성된다.

02. HTML 요소 = (시작태그 + 콘텐츠 + ___________)이다.

03. 속성은 반드시 따옴표로 묶어야 하는가?

2-03 텍스트 표시

HTML 문서에서 텍스트는 다음과 같이 특별한 태그 없이도 〈body〉...〈/body〉 안에서 표시할 수 있다. 하지만 여러 줄로 이루어진 텍스트는 문단(paragraph)을 생성한 후에 문단 안에서 표시하는 것이 좋다. 문단을 생성하지 않으면 모든 텍스트가 연결되어서 하나의 긴 줄로 표시된다. HTML 문서를 작성할 때 입력한 줄바꿈 문자는 완전히 무시된다.

body.html

```
<!DOCTYPE html>
<html>
<body>
    안녕하세요?
    텍스트는 body태그 안에 특별한 태그 없이 입력할 수 있지만
    문단을 사용하지 않으면 전체가 연결되어서 한줄로 표시됩니다.
</body>
</html>
```

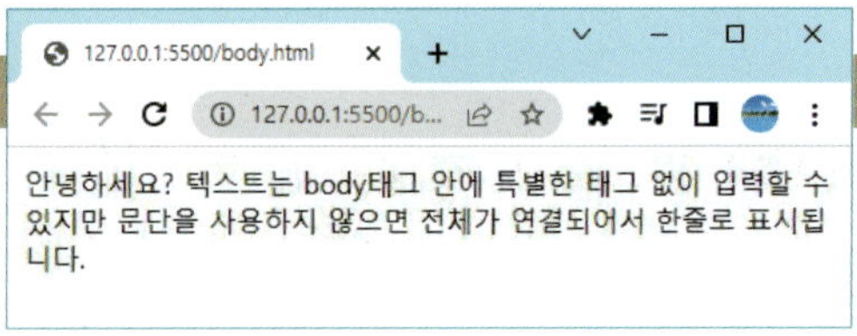

■ 문단(Paragraphs)

문단(paragraph)은 〈p〉 태그로 정의된다. 문단이란 전체 글을 내용에 따라 나눌 때, 하나하나의 짧은 이야기 토막을 말한다. 웹 브라우저는 자동적으로 문단의 전후에 빈 줄을 추가한다.

문단 시작 태그   문단 안의 텍스트   문단 종료 태그

```
<p> 이것이 하나의 문단입니다. </p>
```

para.html

```
<!DOCTYPE html>
<html>
<body>
    <p>이것이 하나의 문단입니다.</p>
    <p>이것이 하나의 문단입니다.</p>
    <p>이것이 하나의 문단입니다.</p>
</body>
</html>
```

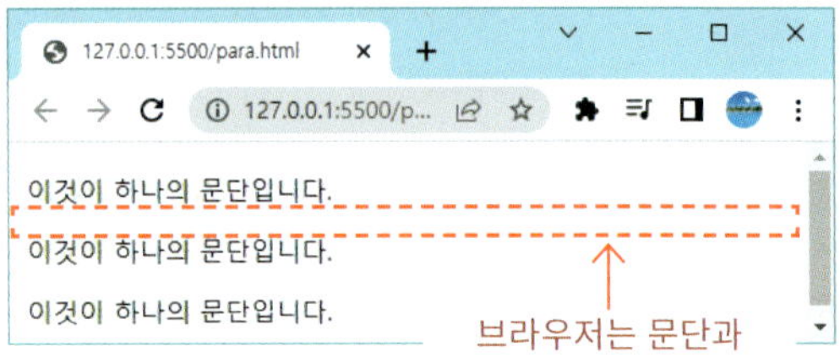

브라우저는 문단과 문단 사이에 여백을 둔다.

</p>가 없어도 되지만 적어주는 것이 좋다.

새로운 문단을 시작하지 않고 줄바꿈을 원한다면 〈br〉 태그를 사용한다. 〈br〉 태그는 줄을 분리한다는 "break"에서 나온 용어이다. 〈br〉 태그는 종료 태그를 가지지 않는 태그이다.

br.html

```
<DOCTYPE html>
<html>
<body>
    <p>여기는 <br>br태그를 사용하여 <br>줄을 바꾸었습니다.
    </p>
</body>
</html>
```

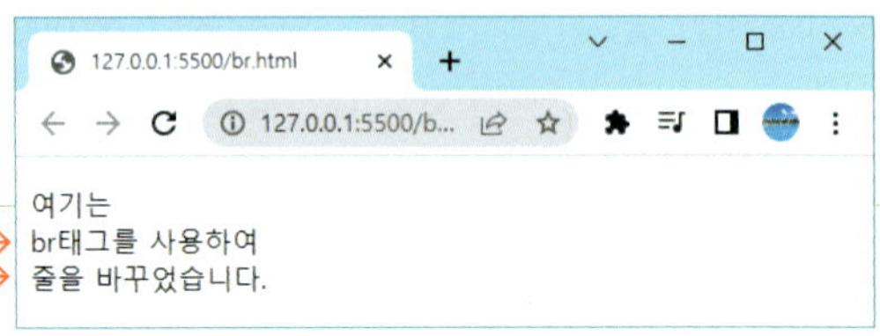

■ 텍스트 입력 시 주의할 점

여기서 한 가지 주의할 점이 있다. HTML 코드에서 엔터키를 눌러서 줄을 바꾸었다고 해서 웹 브라우저에서 줄이 바뀌는 것은 아니다. 또 스페이스를 여러 개 입력했다고 해서 화면에 스페이스가 여러 개 표시되는 것이 아니다. 웹 브라우저는 여분의 스페이스와 여분의 줄을 제거한다. 연속되는 빈 줄은 한 개의 줄로 계산하고, 연속된 스페이스는 하나의 스페이스로 간주한다. 〈p〉 안에서도 마찬가지이다.

text.html

```
<!DOCTYPE html>
<html>
<body>
  <p>
      아주 먼 옛날 바닷가 어느 왕국에

      애나벨리라는 이름을 가진
      한 소녀가 살고 있었지요.
      그 소녀는 날 사랑했었지요.
  </p>
</body>
</html>
```

빈 줄이나 스페이스는 철저하게 무시된다.

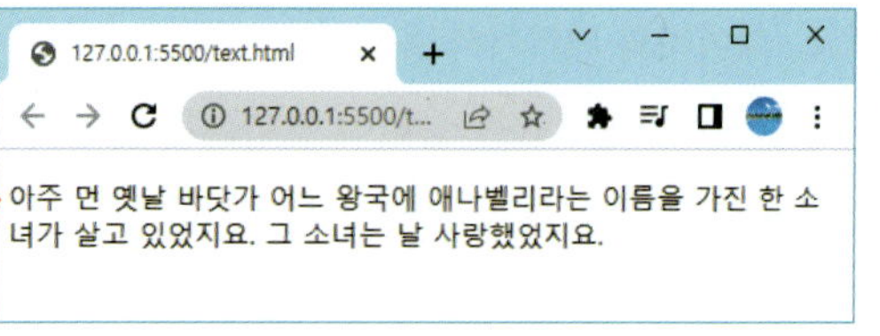

■ <pre> 태그

그렇다면 개발자가 입력한 그대로 화면에 나타나게 할 수는 없는 것일까? 입력한 그대로 화면에 표시하려면 <pre> 태그를 사용한다. <pre> 태그는 "previously formatted text"에서 나온 용어이다. <pre> 태그를 사용하면 개발자가 입력한 스페이스나 탭, 줄바꿈이 그대로 유지된다.

pre2.html

```
<!DOCTYPE html>
<html>
<body>
  <pre>
      아주 먼 옛날 바닷가 어느 왕국에

      애나벨리라는 이름을 가진

      한 소녀가 살고 있었지요.
      그 소녀는 날 사랑했었지요.
  </pre>
</body>
</html>
```

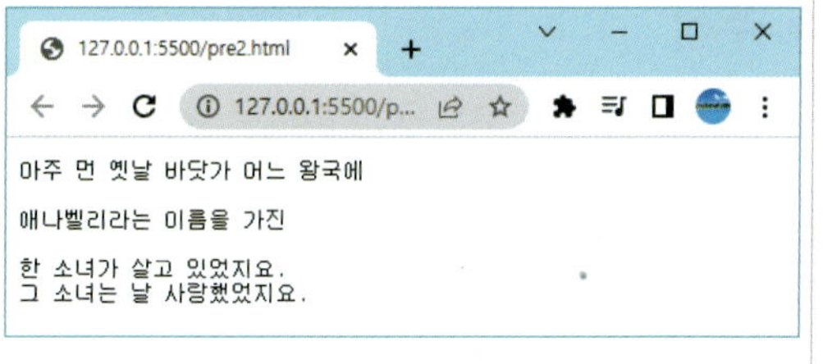

■ 헤딩

헤딩(heading)은 웹 페이지의 머리기사(headline)이다. 웹 페이지를 신문이라고 가정한다면 헤딩은 신문의 머리기사와 같다. 머리기사도 여러 가지 크기가 있듯이, 헤딩도 〈h1〉부터 〈h6〉까지의 6개의 태그를 이용하여서 정의된다. 〈h1〉이 가장 중요한 머리기사이다.

헤딩은 페이지의 머리기사 용도로만 사용하여야 한다. 글씨를 크게 하거나 굵게 하기 위하여 사용하면 안 된다(이러한 것은 CSS를 통하여 얼마든지 가능하다). 검색 엔진은 헤딩을 사용하여 웹 페이지의 내용을 색인화하여 저장한다. 따라서 사용자가 웹 페이지의 헤딩만 보고 지나갈 수 있으므로 헤딩을 사용하여 문서의 중요한 키워드를 사용자에게 보여주는 것이 중요하다.

heading.html

```
<!DOCTYPE html>
<html>
<body>
    <h1>이것이 heading 1 입니다.</h1>
    <h2>이것이 heading 2 입니다.</h2>
    <h3>이것이 heading 3 입니다.</h3>
    <h4>이것이 heading 4 입니다.</h4>
    <h5>이것이 heading 5 입니다.</h5>
    <h6>이것이 heading 6 입니다.</h6>
</body>
</html>
```

<h1> 태그는 문서의 가장 중요한 제목을 의미한다.

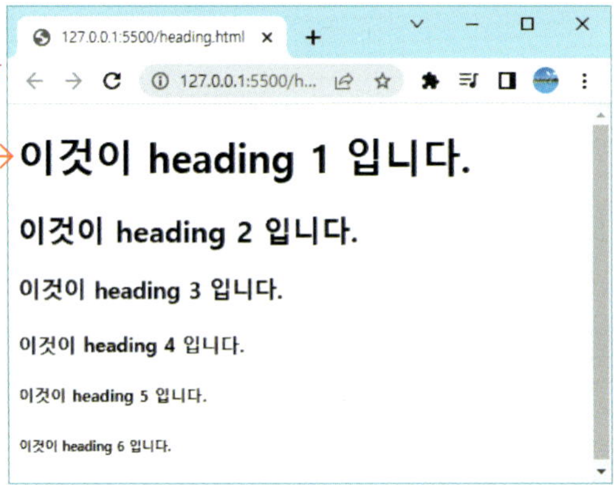

■ 주석

주석(comment)은 코드를 설명하는 글이다. 주석은 새로운 개발자가 코드를 이해하는 데 상당한 도움을 준다. 또 주석은 현재 불필요한 코드를 일시적으로 제거할 수 있는 중요한 수단이 된다.

주석 시작 태그 / 주석 / 주석 종료 태그

```
<!-- 이것이 주석입니다. -->
```

comment.html

```
<!DOCTYPE html>
<html>
<body>
   <!--참고: 아래 링크는 나의 배너임 -->
   <img src="http://www.company.com/pics/f.jpg" height="100" width="400" />
```

코드에 대한 설명

```
    <!-- <input type="text" size="12" /> -->
</body>
</html>
```

필요 없는 코드를 주석 처리하였음

■ 텍스트 서식

"한글"과 같은 워드프로세서에는 글자를 두껍게 한다든지 글자를 이탤릭체로 만드는 메뉴가 있다. HTML에서도 동일한 기능을 하는 태그들이 있다. 다음 표를 참조한다.

태그	설명
`<b> ... </b>`	볼드체로 만든다.
`<i> ... </i>`	이탤릭체로 만든다.
`<strong>...</strong>`	텍스트를 강하게 표시한다.
`<em>...</em>`	텍스트를 강조한다.
`<code> ... </code>`	텍스트가 코드임을 표시한다.
`<sup> ... </sup>`	위첨자(superscript)
`<sub> ... </sub>`	아래첨자(subscript)

〈b〉와 〈strong〉은 모두 글자를 볼드체로 표시한다. 하지만 차이가 있다. 〈b〉는 볼드 텍스트만을 정의한다. 〈strong〉은 브라우저마다 다를 수 있다. 즉, 단지 강하게 표시하라는 것만 의미한다. 〈em〉는 텍스트를 강조하라는 것을 의미한다. 〈em〉은 emphasized의 약자이다. 현재는 모든 브라우저가 〈strong〉을 볼드체로 표시하고 〈em〉을 이탤릭체로 표시한다.

textstyle.html

```
<DOCTYPE html>
<html>
<body>
    <p><b>이 텍스트는 bold입니다.</b></p>
    <p><strong>이 텍스트는 strong입니다.</strong></p>
    <p><i>이 텍스트는 italic입니다.</i></p>
    <p><em>이 텍스트는 emphasized입니다.</em></p>
    <p><code>이 텍스트는 code입니다.</code></p>
    <p><sub> subscript</sub> 이고 <sup>superscript</sup>
    입니다.</p>
</body>
</html>
```

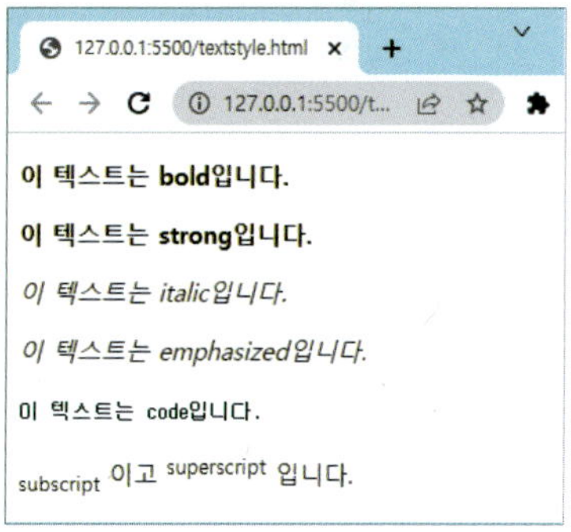

> **참고사항**
> HTML5 스펙에 따르면 〈b〉와 〈i〉 태그는 다른 모든 태그들이 적절하지 않는 경우에만 사용되어야 한다. 강조하여야 하는 텍스트는 〈em〉를 사용하는 편이 좋다. 중요한 텍스트는 〈strong〉 태그를 사용한다. 하이라이트된 텍스트는 〈mark〉 태그를 사용한다. 그리고 모든 텍스트 스타일은 CSS를 이용하는 것이 원칙이다. 볼드 텍스트를 만들려면 CSS의 "font-weight" 속성을 사용하면 된다.

■ 수평선

〈hr〉 태그를 사용하면 브라우저의 너비만큼 수평선을 그릴 수 있다. hr은 "horizontal line"의 약자이다.

hr.html

```
<DOCTYPE html>
<html>

<body>
    이것이 수평선입니다.
    <hr />
    수평선이었습니다.
</body>
</html>
```

수평선을 그린다.

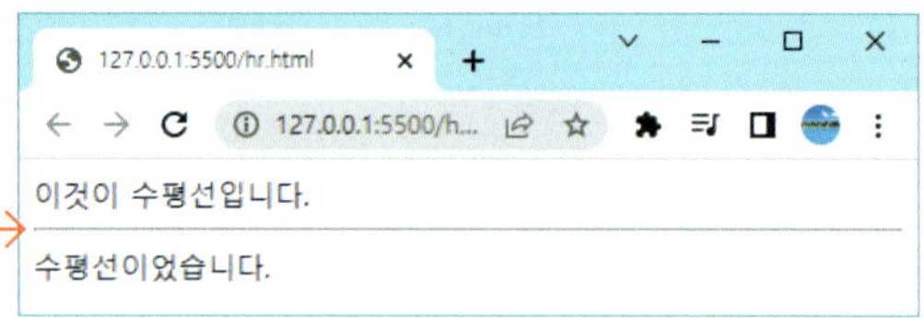

■ 특수문자

'〈'와 '〉' 같은 문자들을 화면에 표시하려면 상당히 어렵다. 왜냐하면 HTML 문서에서 태그들을 나타내기 위하여 특수한 의미로 사용하고 있기 때문이다. 따라서 '〈'와 '〉' 같은 문자들은 특수한 기호를 사용하여 나타낸다.

특수 문자	설명
	non-breaking space의 약자로서 공백 문자 한 개
<	<
>	>
"	"
&	&

HTML은 여러 개의 공백이 이웃해 있더라도 하나의 공백으로만 간주한다. 따라서 불가피하게 여러 개의 공백을 나타내고자 할 때는 를 여러 개 사용해야 한다.

중간 점검

01. 문단 안에 여러 개의 연속된 공백 문자가 있다. 웹 브라우저는 이것을 어떻게 처리하는가?

02. 문단을 나타내는 태그는?

03. 줄을 바꾸는 태그는?

Lab

커피 전문점 홈페이지 #1

지금까지 학습한 내용만 가지고 다음과 같은 웹 페이지를 작성하여 보자.

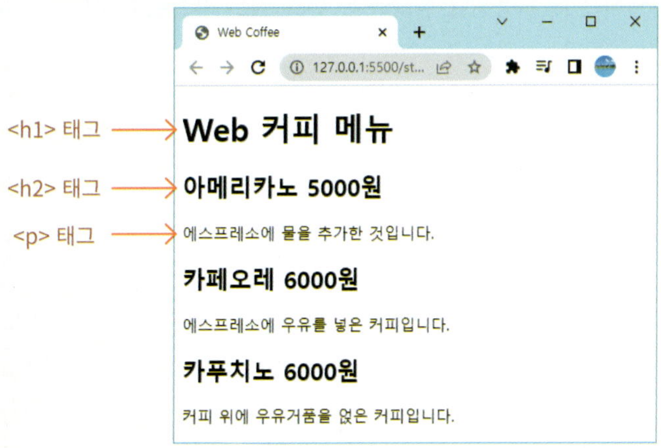

웹 페이지에서 <h1>과 <h2> 헤딩을 이용하여 문서의 제목과 소제목을 작성하였다. 제목에 대한 설명은 <p> 요소를 이용하여서 문단으로 입력하였다.

starcoffee1.html

```
<!DOCTYPE html>
<html>
<head>
    <title>Web Coffee</title>
</head>
<body>
    <h1>Web 커피 메뉴</h1>

    <h2>아메리카노 5000원</h2>
    <p>에스프레소에 물을 추가한 것입니다.</p>

    <h2>카페오레 6000원</h2>
    <p>에스프레소에 우유를 넣은 커피입니다.</p>
```

- <html> → 항상 <html>로 시작하여 </html>로 종료된다.
- <head> → <head> 요소는 웹 페이지에 대한 정보를 제공한다.
- <body> → <body> 요소는 웹 페이지의 내용(구조)이다.

```
    <h2>카푸치노 6000원</h2>
    <p>커피 위에 우유거품을 얹은 커피입니다.</p>
</body>
</html>
```

2-04 리스트

리스트는 항목들을 나열하는 데 사용된다. 리스트는 번호 있는 리스트와 번호 없는 리스트로 나눌 수 있다. 다음과 같은 구조를 가진다.

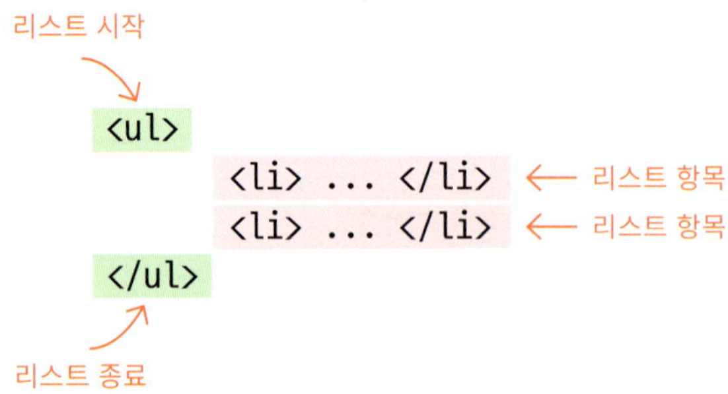

▪ 번호 없는 리스트

번호 없는 리스트(unordered lists)는 〈ul〉 태그로 시작한다. 각 리스트 항목은 〈li〉 태그로 시작한다. 〈li〉는 "list item"의 약자이다. 리스트 항목들은 앞에 불릿이 붙는다.

ul.html

```
<ul>
    <li>에스프레소</li>
    <li>아메리카노</li>
    <li>카페라떼</li>
</ul>
```

<ul> 태그는 번호 없는 리스트를 만든다.

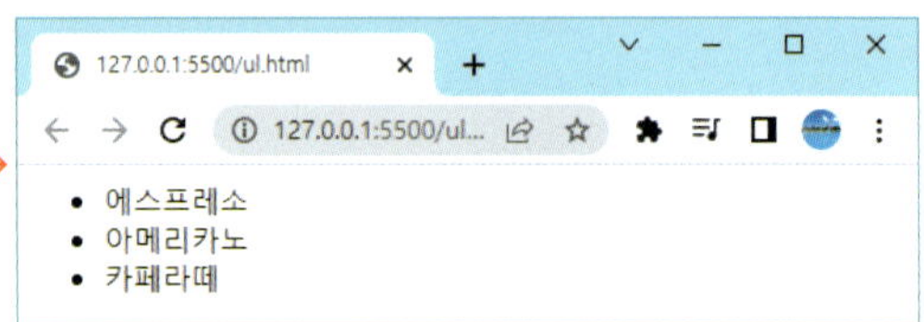

▪ 번호 있는 리스트

번호 있는 리스트(ordered lists)는 〈ol〉 태그로 시작한다. 각 리스트 항목은 〈li〉 태그로 시작한다. 리스트 항목들은 앞에 번호가 붙는다.

ol.html

```
<ol>
    <li>에스프레소</li>
    <li>아메리카노</li>
    <li>카페라떼</li>
</ol>
```

<ol> 태그는 번호 없는 리스트를 만든다.

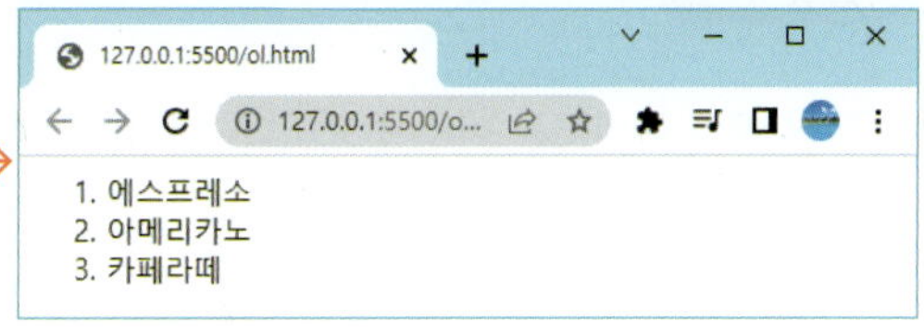

■ 정의 리스트

정의 리스트(definition list)는 항목들과 함께 항목들의 정의(설명)가 표시되는 리스트이다. 정의 리스트는 〈dl〉 태그로 생성된다. 〈dt〉 태그는 항목을 나타내며 〈dd〉 태그는 항목에 대한 설명을 나타낸다.

dl.html

```
<dl>
    <dt>에스프레소</dt>
    <dd>- 커피의 기본, 커피의 원액이다.</dd>
    <dt>아메리카노</dt>
    <dd>- 에스프레소에 물을 넣은 것</dd>
    <dt>카페라떼</dt>
    <dd>- 커피에 우유를 섞은 것</dd>
</dl>
```

정의 리스트 (<dl>)

단어 (<dt>)

단어의 설명 (<dd>)

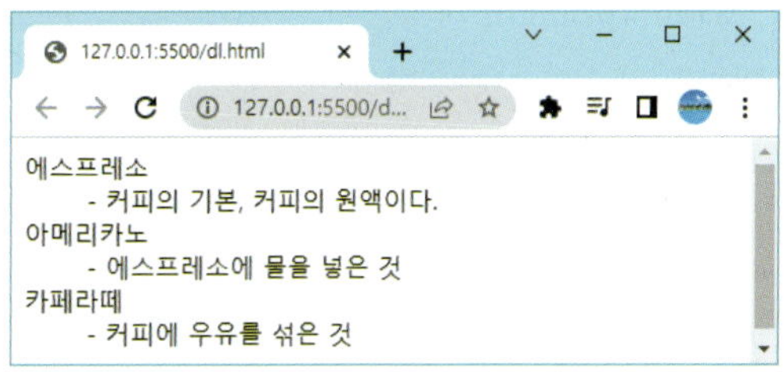

리스트 항목 안에도 텍스트, 이미지, 링크, 다른 리스트를 넣을 수 있다.

중간 점검

01. 번호 없는 리스트는 ________ 태그로 만들고 번호 있는 리스트는 ______ 태그로 만든다.

02. 리스트 항목을 정의하는 태그는?

2-05 이미지

웹 페이지에서 이미지는 아주 중요하다. 이미지는 〈img〉 태그로 정의된다. 예를 들면 다음과 같다.

<img> 태그는 이미지를 웹 페이지에 삽입할 때 사용한다.

src 속성은 이미지 파일 이름을 지정한다.

```
<img src="dog.jpg" width="300" height="230" alt="No image">
```

width, height 속성은 각각 이미지의 가로, 세로 크기를 나타낸다.

이미지가 표시되지 못하는 경우에 화면에 표시되는 텍스트

src 속성은 이미지 파일 이름이다. 이미지 파일은 원칙적으로 서버 컴퓨터에서 다운로드 되지만, 만약 로컬 컴퓨터의 HTML 파일을 웹 브라우저로 열었을 경우에는, HTML 파일과 동일한 디렉토리에 있어야 한다. width와 height 속성은 이미지의 가로와 세로를 지정하는 데 사용된다. 기본적인 단위는 픽셀이다. 하지만 % 단위로 브라우저의 크기에 상대적으로 이미지의 크기를 지정할 수 있다. 이미지를 표시할 때는 반드시 이미지의 크기를 지정하는 것이 좋다. 크기가 지정되면 브라우저는 페이지를 로드할 때, 화면에 이미지를 표시하는 데 필요한 공간을 미리 확보한다. 만약 이들 정보가 없으면 브라우저는 이미지의 크기를 모르게 되고 따라서 페이지 로드 중에 레이아웃이 변경될 수 있다.

alt 속성은 브라우저가 어떤 이유로 이미지를 화면에 표시하지 못했을 경우에, 표시되는 대체 텍스트(alternate text)를 지정한다. alt 속성은 이미지가 표시되지 못하는 이유를 알려주기 때문에 유용하다. 웹 페이지에 이미지 3개를 표시하는 예제는 다음과 같다.

image.html

```
<!DOCTYPE html>
<html>
<body>
    <h2>1950년대 영화</h2>
    <img border="0" src="movie1.png" alt="오즈의 마법사">
    <img border="0" src="movie6.png" alt="모던 타임즈"
        width="200" height="300">
    <img border="0" src="movie9.png" alt="이브의 모든 것">
</body>
</html>
```

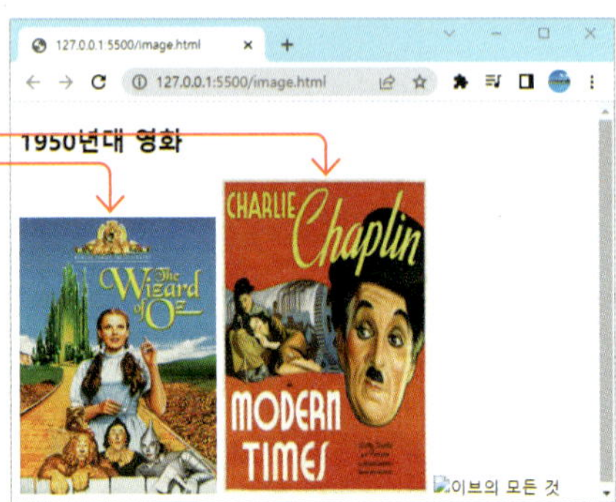

첫 번째 이미지는 크기가 지정되지 않았다. 이런 경우에는 이미지의 원래 크기로 표시된다. 두 번째 이미지는 크기가 200×300으로 지정되었다. 세 번째 이미지는 현재 디렉토리에 존재하지 않는다. 따라서 alt 속성의 텍스트만 화면에 표시되었다.

■ 블록 요소 vs 인라인 요소

HTML 요소에는 블록 요소(block element)와 인라인 요소(inline element)가 있다. 블록 요소인 경우에는 요소를 화면에 표시한 후에 항상 줄바꿈이 일어난다. 즉 블록 요소는 한 줄을 다 차지한다. 대표적인 블록 요소는 〈p〉 요소이다. 인라인 요소는 요소를 표시한 후에도 줄바꿈이 일어나지 않는다. 인라인 요소들은 한 줄에 차례대로 표시된다. 〈img〉 요소는 인라인 요소이다. 즉 이미지의 전후에 줄바꿈이 일어나지 않는다. 이것은 CSS로 변경이 가능하다.

(a) 블록 요소 (b) 인라인 요소

■ 브라우저가 이미지를 처리하는 방법

브라우저는 〈img〉 태그를 다른 태그들에 비하여 약간 다르게 처리한다. 〈p〉와 같은 태그들은 브라우저가 발견하면 단순히 화면에 표시하면 된다. 그러나 〈img〉 태그를 발견하면 서버와 통신하여 서버로부터 이미지를 다운로드받아서 표시하여야 한다. 물론 로컬 컴퓨터의 HTML 파일을 오픈한 경우라면, 로컬 컴퓨터의 현재 작업 디렉토리에서 이미지를 찾는다.

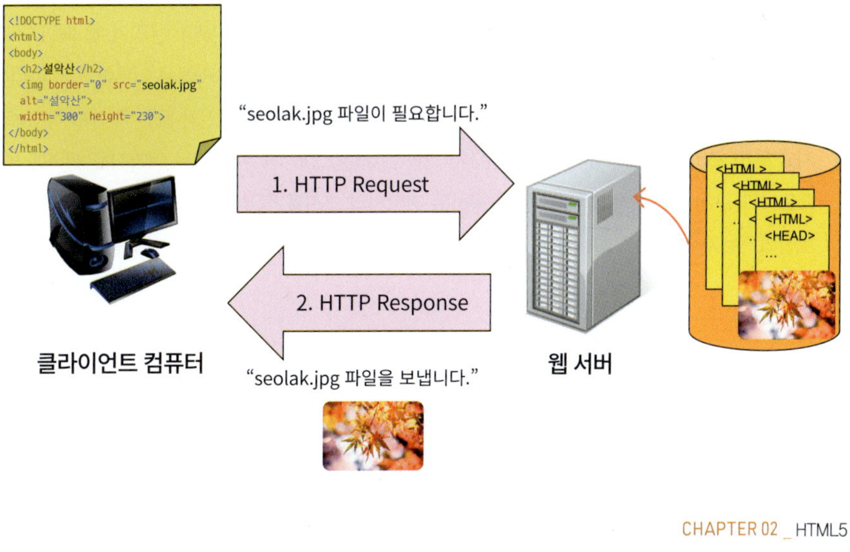

■ 웹에서 사용하는 이미지의 종류

이미지 파일의 종류에는 여러 가지가 있다. 웹에서 많이 사용되는 이미지 파일의 형식에는 JPEG, PNG, GIF가 있다. 이들 이미지 파일들은 각기 장점과 단점을 가지고 있다. 따라서 현명하게 선택하여 사용하는 것이 중요하다.

- JPEG

  JPEG는 실사 사진과 같이 복잡하고 많은 색상으로 이루어진 이미지에 적합하다. 1600만 개의 색상을 사용할 수 있으며 손실 압축 방식을 사용한다. 즉 압축 과정에서 약간의 데이터는 영구히 사라진다. 그리고 투명 배경을 지원하지 않는다. 하지만 파일 크기는 작고 애니메이션은 지원하지 않는다.

- PNG

  PNG는 클립아트와 같이 적은 수의 색상을 가진 이미지에 적합하다. PNG-8, PNG-24, PNG-32 등의 세부 종류가 있으며 얼마나 많은 색상을 지원하느냐에 따라서 나누어진다. PNG도 압축을 하지만 손실이 발생하지 않는 무손실 압축 방식을 사용한다. 투명 배경도 지원한다. 하지만 같은 품질의 이미지의 경우에 JPEG보다는 크기가 크다.

- GIF

  GIF도 PNG처럼 로고나 클립아트 형태의 이미지에 적합하다. GIF는 256 색상만을 지원한다. GIF도 무손실 압축 기법을 사용한다. 투명 배경도 지원하며 특이한 것은 애니메이션도 지원한다.

참고사항

이미지의 크기가 큰 경우 처리 방법

최근에는 스마트폰에서도 1200만 화소를 가지는 카메라를 사용할 수 있다. 이러한 카메라로 사진을 찍으면 이미지의 크기가 상당히 커질 수 있다. 예를 들어서 3000×3000 정도의 이미지도 가능하다. 물론 <img> 태그의 width와 height 태그를 이용하여 화면에서 이미지의 크기를 줄일 수 있다. 하지만 이미지의 원본의 크기는 그대로 두고 표시할 때만 크기를 작게 지정하는 방법은 문제점이 있다. 우리가 웹 페이지에서 이미지의 크기를 지정하면 이미지의 크기 변경은 클라이언트 컴퓨터의 브라우저에서 이루어진다. 따라서 먼저 크기가 큰 원본 이미지가 서버로부터 다운로드 되어야 한다. 이미지의 크기가 크면 페이지 적재 속도가 느려지고 특히 모바일 장치에서는 더욱더 문제가 된다. 따라서 가장 좋은 방법은 이미지를 서버에 올리기 전에 포토샵과 같은 사진 애플리케이션을 사용하여 이미지의 크기를 적절하게 줄여서 서버에 올리는 것이다. 포토샵의 "Save for Web" 메뉴를 사용하면 좋다. 일반적으로 웹에서의 이미지 크기는 800×800보다 작아야 한다.

중간 점검

01. <img> 태그는 이미지를 나타낸다. 이미지 파일은 어떤 속성으로 지정하는가?

02. 블록 요소와 인라인 요소는 어떻게 다른가?

Lab

커피 전문점 홈페이지 #2

화면에 이미지를 표시할 수 있다면 웹 페이지를 보다 흥미롭게 만들 수 있다. 앞에서 간단하게 작성해 보았던 커피 전문점 홈페이지를 이미지를 추가하여 다시 작성하여 보자.

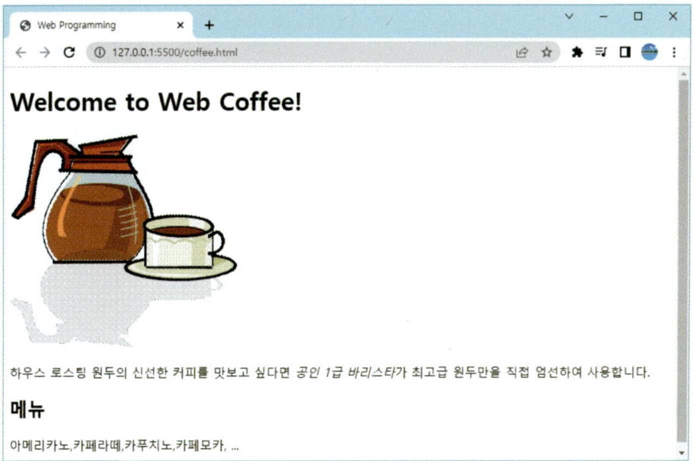

01. 먼저 이미지가 있어야 한다. 커피와 관련된 이미지를 구해서 coffee.gif로 저장한다.

02. 다음과 같은 HTML 문서를 메모장으로 작성한다.

coffee.html

```
<!DOCTYPE html>
<html>
<head>
    <title>Web Programming</title>  ⟶ 웹 페이지의 제목, 웹 브라우저에 나타난다.
</head>
<body>
    <h1>Welcome to Web Coffee!</h1>  ⟶ 헤딩
    <img src="coffee.gif">  ⟶ 이미지
    <p>  ⟶ 본문
        하우스 로스팅 원두의 신선한 커피를 맛보고 싶다면
        <em>공인 1급 바리스타</em>가 최고급 원두만을 직접 엄선하여 사용합니다.
    </p>                  ⟶ 강조
    <h2>메뉴</h2>
    <p>
        아메리카노,카페라떼,카푸치노,카페모카, ...
    </p>
</body>
</html>
```

2-06 링크

하이퍼링크(또는 링크)는 다른 문서로 점프할 수 있는 단어나 이미지이다. 〈a〉 태그가 하이퍼링크를 정의한다. a는 “anchor”의 약자이다. 사용자가 커서를 웹 페이지의 링크 위에 올리면 커서의 모양이 화살표에서 손 모양으로 변화한다. 〈a〉 요소의 가장 중요한 속성은 href 속성이다. 링크 주소는 “href” 속성으로 정의된다.

<a> 링크는 다른 페이지로 링크를 생성할 때 사용한다.

href 속성은 링크의 목적지를 나타낸다.

```
<a href="info.html">구글 사이트</a>
```

링크 텍스트이다. 클릭할 수 있다는 것을 나타내기 위하여 화면에서 밑줄이 그어진다.

화면에서 링크는 기본적으로 다음과 같은 색상으로 표시된다.

- 방문하지 않은 링크는 밑줄이 그어져 있고 청색이다.
- 방문한 링크는 밑줄이 그어져 있고 보라색이다.
- 활성 링크(active link)는 밑줄이 그어져 있고 빨간색이다.

link.html

```
<!DOCTYPE html>
<html>
<body>
    <a href="http://www.google.com" target="_blank">
      google.com 방문</a>
    <p>
       target 속성이 "_blank"이므로 ,
       링크는 새로운 탭에서 열립니다.
    </p>
</body>
</html>
```

<a> 요소를 클릭하면 구글 홈페이지를 새로운 윈도우에 오픈한다.

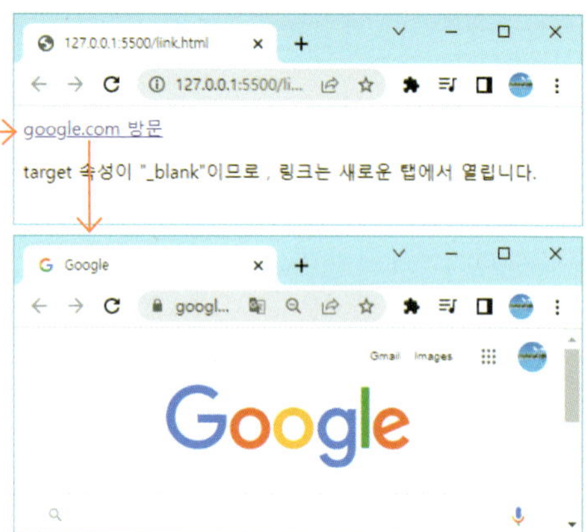

속성 href의 값은 “https://www.google.com”처럼 절대 경로로 지정할 수도 있고 “doc/info.html”처럼 현재 페이지 위치에 상대적으로 지정할 수도 있다.

범위	경로 예시	설명
절대 경로	href="https://www.google.com/	다른 웹 사이트의 페이지
상대 경로	href="../doc/info.html	웹 사이트 안에서의 다른 페이지
내부 파일	href="#anchor1	현재 페이지 안의 다른 위치

■ target 속성

target 속성은 각 링크가 클릭되었을 때, 새로운 페이지가 어디에 열리는지를 지정한다. 예를 들어서 새로운 윈도우가 열리는지 아니면 현재 윈도우에서 새로운 페이지가 열리는지를 지정한다.

target	설명
_blank	새로운 윈도우에서 새로운 페이지를 연다.
_self	현재 윈도우에 새로운 페이지를 적재한다.
_parent	부모 프레임에 새로운 페이지를 적재한다.
_top	현재 윈도우에 새로운 페이지를 적재하고 모든 프레임을 취소한다.

target 속성의 값 중에서 중요한 것은 "_blank"와 "_self"이다. "_self"가 디폴트값이다.

link1.html

```
<!DOCTYPE html>
<html>
<body>

   <a href="http://www.google.com" target="_self">
     google.com 방문1</a>
   <br />

   <a href="http://www.google.com" target="_blank">
     google.com 방문2</a>

</body>
</html>
```

■ id 속성

<a> 태그를 사용하여 사용자를 현재 페이지의 다른 위치로 이동시킬 수도 있다. 이때는 <a> 태그의 id 속성을 이용하여 HTML 문서 안에서 북마크를 생성하여야 한다. 북마크는 사용자에게는 표시되지 않지만 HTML 문서 중에서 어떤 위치를 가리킬 수 있다. 예를 들면 다음과 같이 북마크를 지정할 수 있다.

link_id.html

```
<!DOCTYPE html>
<html>
<body>
    <a href="#section1">참고 사항으로 가려면 여기를 클릭하세요.</a>
    <p> Hello World!</p>
    <p> Hello World!</p>
    <p> Hello World!</p>
    <hr />
    <a id="section1">참고 사항</a>
    <hr />
    <p> 동일한 페이지 안에서도 점프할 수 있습니다. </p>
</body>
</html>
```

클릭되면 문서 내의 section1 위치로 간다.

section1 위치를 정의한다.

■ 이메일 링크

이메일 링크를 생성하는 것도 간단하다. 만약 다른 사람들이 당신의 사이트에 관하여 이메일을 보낼 수 있도록 하려면 이메일 링크를 두는 것도 좋은 방법이다.

link_email.html

```
<a href="mailto:hong@google.com?subject=Feedback" >
hong@google.com</a>
```

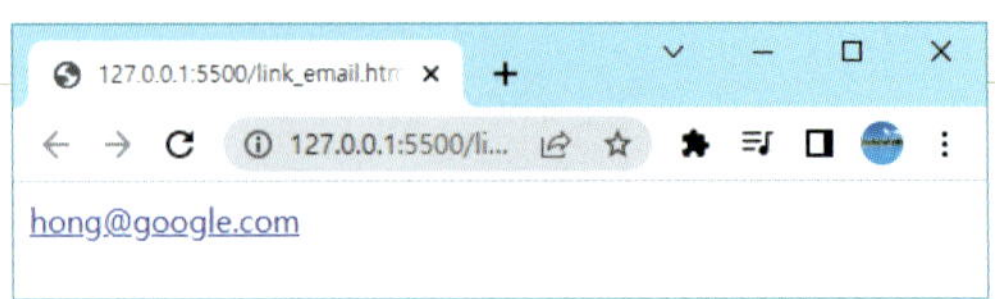

■ 다운로드 링크

파일을 다운로드할 수 있도록 링크에 연결하는 것도 거의 비슷한 방법으로 할 수 있다. 예를 들어서 압축 파일을 다운로드하게 하려면 다음과 같은 링크를 생성한다.

link_download.html

```
<a href="https://www.company.com/data.zip">
파일 다운로드</a>
```

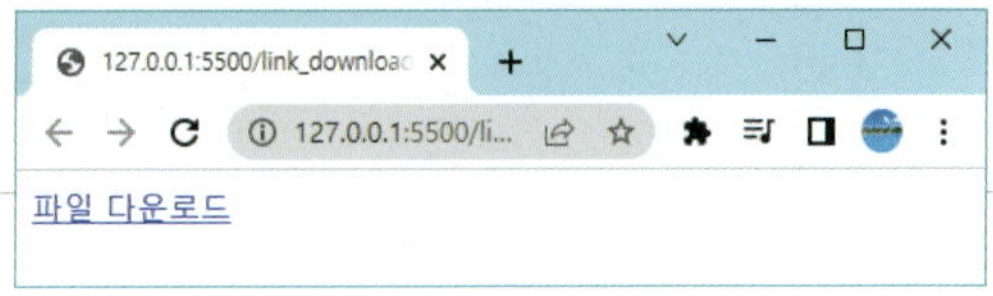

■ <base> 태그

헤드 섹션에서 <base> 태그를 사용하면 모든 링크에 대한 기본 디렉토리를 지정할 수 있다.

link_base.html

```
<head>
    <base href="https://www.company.com/" />
</head>

<a href="info.html" target="_blank">참고사항</a>
```

http://www.company.com/info.html을 의미한다.

중간 점검

01. 하이퍼링크를 만드는 태그 이름은?

02. 하이퍼링크 태그에서 href와 target 속성은 어디에 사용되는가?

Lab

썸네일

썸네일(thumbnail)은 작은 이미지를 말한다. 웹상에서 작은 이미지를 먼저 표시하고 이것을 클릭하면 더 큰 이미지가 나타나도록 해보자.

01. 몇 개의 이미지를 준비하여 images 폴더에 저장한다.

02. 썸네일 이미지를 포토샵과 같은 도구를 이용하여 생성한다. 썸네일 이미지들을 thumbnails 폴더에 저장한다. 폴더들은 다음과 같이 생성되어 있어야 한다.

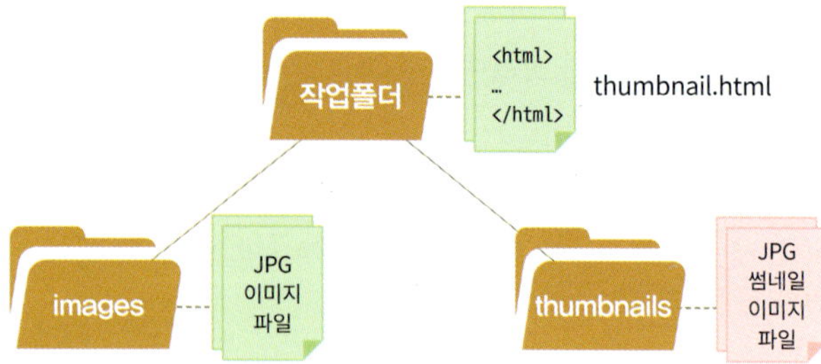

03. 다음과 같은 HTML 문서를 작성한다.

thumnail.html

```
<html>
<head>
    <title>NASA 이미지들</title>
</head>
<body>
    <h2> Hubble Images</h2>
    <a href="photo1.html">
        <img src="thumbnails/PIA12110_hithumb.jpg" alt="">
    </a>
    <img src="thumbnails/PIA03149_hithumb.jpg" alt="">
</body>
</html>
```

04. 위의 HTML 문서에서 썸네일 이미지를 클릭하면 원래의 이미지를 보여주는 다음과 같은 HTML 문서 파일을 생성한다.

photo1.html

```
<!doctype html>
<html>
<head>
    <title>Deep Field</title>
</head>
<body>
    <h1>Hubble Image #1</h1>
    <p>
        <img src="images/PIA03542_ip.jpg" alt="Deep Field">
    </p>
</body>
</html>
```

2-07 테이블

테이블(table)은 표 형태의 데이터를 표시하는 데 사용된다. 테이블은 <table> 태그로 정의된다. 2행 3열인 다음과 같은 테이블을 가지고 설명하여 보자.

HTML에서는 테이블의 하나의 행을 <tr> ... </tr>로 표현한다. tr은 "table row"의 약자이다. 행 안의 데이터들은 어떻게 표현할까? 하나의 데이터는 <td> ... </td> 요소로 표현한다. td는 "table data"의 약자이다. 학생들의 중간고사 성적과 기말고사 성적을 테이블로 표시해보자.

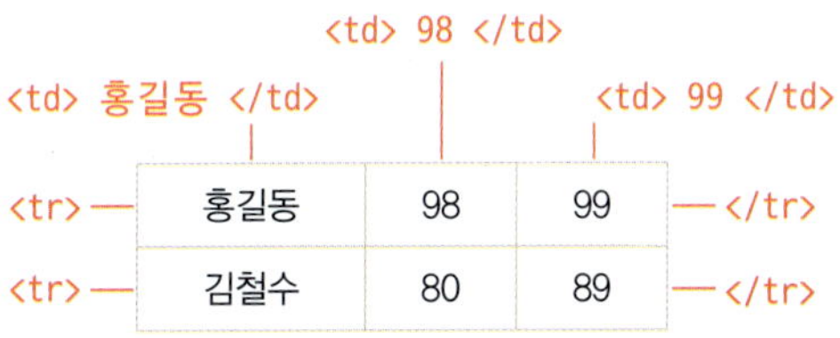

위의 테이블을 HTML 코드로 나타내면 다음과 같다.

```
<table>                       ← 테이블
    <tr>
        <td>홍길동</td>
        <td>98</td>           ← 첫 번째 행
        <td>99</td>
    </tr>
    <tr>
        <td>김철수</td>
        <td>80</td>           ← 두 번째 행
        <td>89</td>
    </tr>
</table>
```

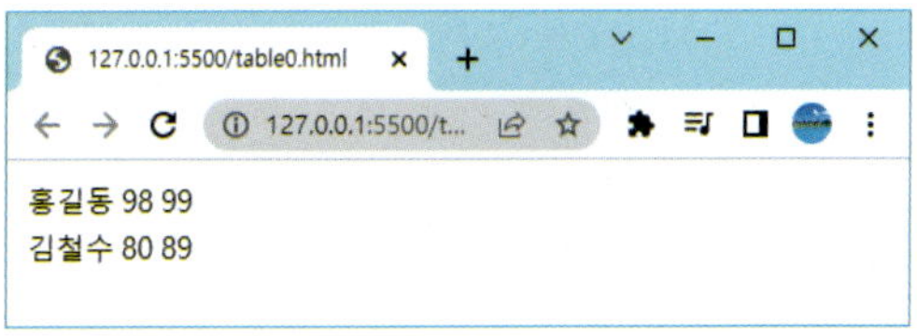

■ 테이블의 헤더, 본문, 경계, 제목

<thead>, <tbody>, <tfoot> 태그는 각각 테이블의 머리글, 본문, 바닥글을 지정하기 위하여 사용된다. 웹 브라우저는 이러한 요소를 사용하여 머리글 및 바닥글과 별도로 테이블 본문을 스크롤할 수 있다. 또한 여

러 페이지에 걸쳐 있는 큰 표를 출력할 때 이러한 요소를 사용하면 테이블 머리글과 바닥글을 각 페이지의 위쪽과 아래쪽에 출력할 수 있다. 또 테이블의 머리글, 본문, 바닥글을 분리하여 지정하면 CSS를 이용하여 각 부분에 다른 스타일을 적용할 수 있다.

<thead> 요소에서 각 열의 제목을 만들려면 <th>...</th>를 사용하면 된다. th는 "table header"의 약자이다. 모든 웹 브라우저는 <th> 요소를 볼드체, 중앙 정렬로 표시한다. 테이블의 제목을 삽입하려면 <caption>...</caption>을 사용한다. 테이블의 경계를 지정하지 않으면 테이블은 경계 없이 표시된다. 일반적인 경우에는 테이블의 경계를 표시하는 것이 낫다. 테이블의 경계나 배경색 등은 CSS를 사용하여 정의하는 것이 원칙이다. 하지만 table의 속성 border를 사용하여 간단하게 경계를 설정할 수도 있다. 앞의 테이블에 제목, 헤더, 경계를 설정해보면 다음과 같다.

table_border.html

```
...
<table border="1">
    <caption>
        학생 성적 테이블
    </caption>
    <thead>
        <tr>
            <th>학생이름</th>
            <th>중간고사</th>
            <th>기말고사</th>
        </tr>
    </thead>
    <tbody>
        <tr>
            <td>홍길동</td>
            <td>98</td>
            <td>99</td>
        </tr>
        <tr>
            <td>김철수</td>
            <td>80</td>
            <td>89</td>
        </tr>
    </tbody>
</table>
...
```

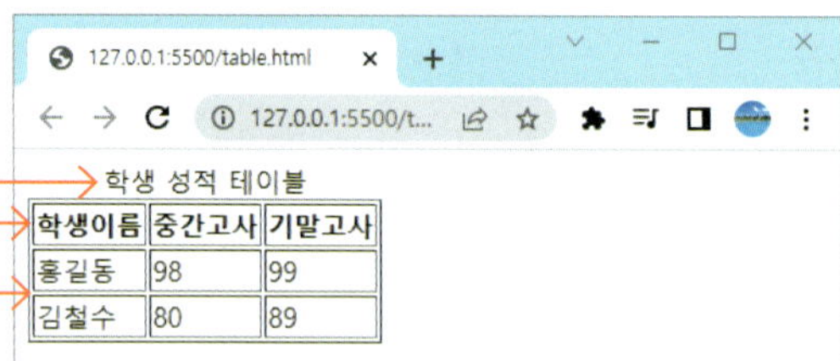

■ 테이블 열과 행의 병합

테이블에서 각 셀들은 필요에 따라서 얼마든지 병합될 수 있다. 행들이 병합되는 것을 행병합(row span)이라고 하고 열들이 병합되는 것을 열병합(column span)이라고 한다. rowspan을 3이라고 지정하면 현재 위치에서 3개의 행을 병합하겠다는 의미이다. colspan을 3이라고 지정하면 현재 위치에서 3개의 열을 병합하겠다는 의미이다.

table_span.html

```
<html>
<body>
    <table border="1">
        <tr>  <th colspan="5">시간표</th> </tr>
        <tr>
            <th>mon</th>
            <th>tue</th>
            <th>wed</th>
            <th>thu</th>
            <th>fri</th>
        </tr>
        <tr>
            <td>국어</td>
            <td>수학</td>
            <td>영어</td>
            <td>과학</td>
            <td rowspan="3">휴강</td>
        </tr>
        <tr> <th colspan="4">점심시간</th> </tr>
        <tr>
            <td>국어</td>
            <td>수학</td>
            <td>영어</td>
            <td>과학</td>
        </tr>
    </table>
</body>
</html>
```

colspan은 좌우의 셀들을 병합한다.

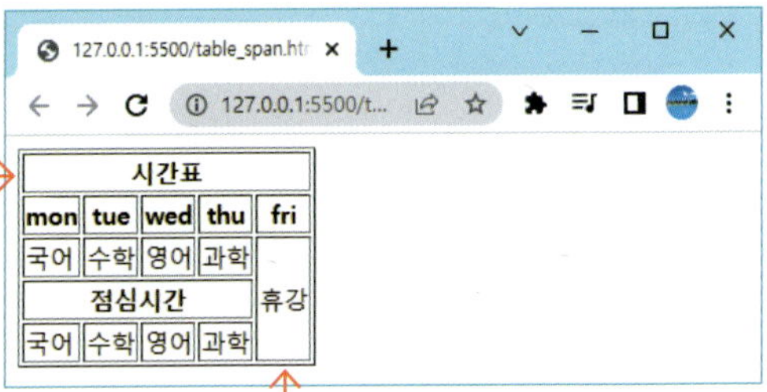

rowspan은 상하의 셀들을 병합한다.

예제 테이블을 이용한 이미지 갤러리 만들기

테이블의 셀 안에는 다른 HTML 요소들을 넣을 수 있다. 즉, 리스트나 이미지 등을 테이블의 셀 안에 넣을 수 있다. 따라서 이러한 특징을 이용하여 HTML 요소들을 표 형태로 가지런하게 정렬하는 데 테이블을 이용할 수 있다.

table_ex1.html

```
<table border="1">
    <caption>
        고전 영화 리스트
    </caption>
    <tr>
        <td><img src="movie1.png" width="100" height="200"/></td>
        <td><img src="movie2.png" width="100" height="200"/></td>
        <td><img src="movie3.png" width="100" height="200"/></td>
    </tr>
</table>
```

중간 점검

01. 테이블에서 한 개의 행을 정의하는 태그 이름은?

02. 테이블에서 셀들을 병합하려면 어떤 속성을 이용하여야 하는가?

2-08 멀티미디어 요소 추가하기

■ 웹 브라우저와 멀티미디어

유튜브와 같은 동영상 공유 사이트의 등장으로 사람들은 웹 브라우저로 비디오를 많이 보기 시작하였다. HTML5 이전에 웹 브라우저에서 오디오나 비디오를 재생하기 위해서는 상당한 수고가 필요하였다. HTML 안에서는 <embed>나 <object> 태그를 사용하여야 했고 웹 브라우저에는 플래시나 ActiveX

같은 플러그인(plug-in) 소프트웨어를 설치하여야 했다. 플러그인이란 웹 브라우저가 처리할 수 없는 형식의 데이터를 처리할 수 있는 내장 소프트웨어이다. 어도비사의 플래시가 대표적인 플러그인이었다.

HTML5에서는 〈audio〉와 〈video〉 태그가 추가되었고 이 태그들을 이용하여서 자연스럽게 오디오와 비디오를 추가할 수 있다. 물론 플러그인의 설치도 필요 없다.

■ 비디오

비디오는 〈video〉라는 태그를 사용한다. 비디오 파일은 src 속성을 이용하여 지정한다.

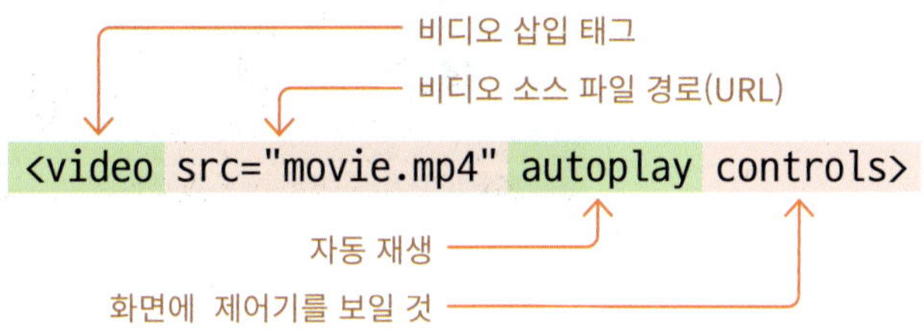

〈video〉 요소는 다음과 같은 속성을 지원한다.

속성	설명
autoplay	이 속성이 존재하면 비디오를 자동적으로 재생한다.
controls	이 속성이 존재하면 브라우저가 비디오 재생을 제어하는 컨트롤들을 표시한다.
loop	이 속성이 존재하면 브라우저가 비디오를 반복하여 재생한다.
poster	비디오를 다운로드 중일 때 표시하는 이미지
preload	사용자가 사용할 생각이 없더라도 전체 오디오를 다운로드한다.
muted	비디오의 오디오 출력을 중지한다.
src	재생할 오디오가 존재하는 URL을 지정한다.
width, height	비디오 재생기의 너비와 높이

간단히 비디오를 재생하는 HTML 문서를 작성해보면 다음과 같다. 〈video〉 ...〈/video〉 사이에는 브라우저가 지원하지 않는 비디오인 경우에 출력되는 텍스트를 넣는다.

video1.html

```
<!DOCTYPE html>
<html>
<head>
    <meta charset="utf-8">    <title>비디오 추가</title>
</head>
```

```
<body>
    <video controls src="movie.ogv">
        브라우저가 비디오 태그를 지원하지 않습니다.
    </video>
</body>
</html>
```

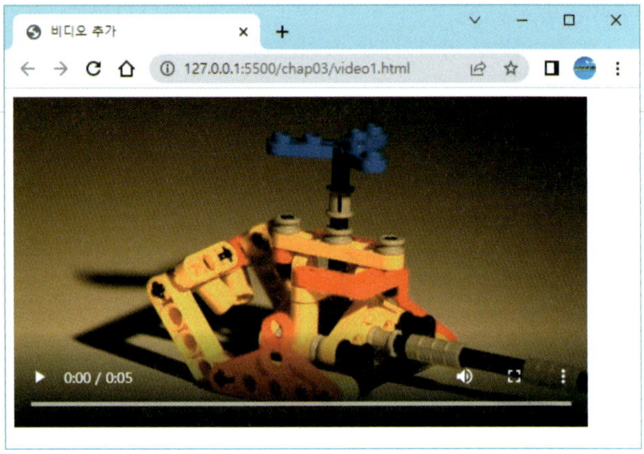

일부 브라우저(크로미늄 기반의 브라우저)는 보안상 이유로 autoplay를 허용하지 않는다. 하지만 "muted autoplay"는 항상 허용된다.

■ 비디오 파일 형식

많은 비디오 파일 형식이 있지만, HTML5 표준에서 지원하는 비디오 형식은 MP4, Ogg, WebM 등의 3가지이다.

형식	MIME-type	
MP4	video/mp4	'MPEG-4' 기술을 사용한다. MPEG-1과 MPEG-2에 비해 적은 용량으로도 고품질의 영상 및 음성을 구현할 수 있다. 코덱은 H.264를 사용한다.
Ogg	video/ogg	무료 비디오 압축 형식이다. Theora 비디오 압축 기술이라 불린다.
webm	video/webm	무료로 제공되는 개방형 고화질 영상 압축 형식의 영상 포맷이다. 구글이 지원하고 있다. 코덱은 VP8이라고 불린다.

일부 브라우저에서는 특정 형식의 동영상 파일이 지원되지 않는다. 어떻게 해야 호환성을 높일 수 있을까? 이럴 때는 <source> 태그를 이용하여 하나의 비디오 소스에 대해 여러 가지 파일 형식을 동시에 제공하면 된다.

```
<video controls autoplay >
    <source src="movie1.mp4" type="video/mp4">
    <source src="movie1.ogg" type="video/ogg">
</video>
```

위에서부터 파일 형식을 차례대로 검사한다.

웹 브라우저는 가장 앞에 있는 파일부터 재생이 가능한지 검사하게 되고, 만약 재생이 가능한 파일 형식을 찾으면 더 이상 파일을 검사하지 않는다. 재생이 가능한지는 파일 형식으로 검사한다. 〈source〉 태그에서 type 속성은 MIME 타입으로 표시된다. MIME는 "multipurpose internet mail extensions"의 약자로서 인터넷에서 멀티미디어 전송을 위한 규약을 의미한다. "video/mp4"의 의미는 video 데이터이고 그 중에서도 mp4 형식이라는 것을 의미한다.

예제 비디오 재생 예제

예를 들어서 HTML 문서가 위치하는 디렉토리에 비디오 파일 trailer.mp4가 존재한다고 가정하면 다음과 같이 HTML 문서를 작성할 수 있다. 웹 브라우저마다 지원하는 비디오 파일 형식이 다르기 때문에, 몇 개의 서로 다른 형식의 파일을 제공하는 것이 안전하다.

video2.html

```
<!DOCTYPE html>
<html>
<body>
  <video width="640" height="480" controls>
     <source src="trailer.mp4" type='video/mp4'>
     <source src="trailer.ogv"  type='video/ogg'>
     브라우저가 비디오 태그를 지원하지 않습니다.
  </video>
</body>
</html>
```

비디오 파일의 위치는 src 속성으로 지정한다.
width와 height로 너비와 높이를 지정한다.
controls 속성에 의하여 제어기가 화면에 나타난다.

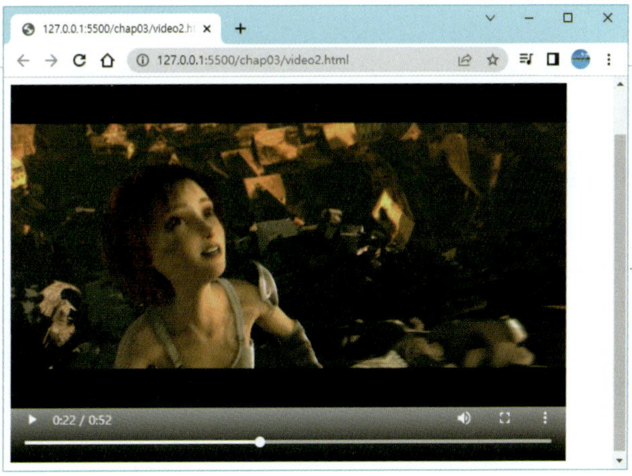

control 속성을 지정하면 비디오를 재생하고 중지할 수 있는 비디오 제어기를 표시한다. 비디오를 재생할 때는 width와 height 속성을 지정하는 편이 좋다. 높이와 폭이 지정되어 있으면, 비디오를 위한 공간을 웹 브라우저가 미리 가늠할 수 있다. 그러나 이들이 지정되어 있지 않으면 브라우저는 비디오의 크기를 모르게 되고 적절한 공간을 확보할 수 없다. 즉, 페이지 레이아웃이 비디오가 로딩되면서 변경될 수 있다. 또한 〈video〉 태그를 지원하지 않는 브라우저를 위하여 텍스트를 넣어주는 것도 좋다.

■ 오디오

웹 페이지에서는 흔히 자신이 좋아하는 음악을 배경으로 재생하곤 한다. HTML5에서는 오디오를 재생할 수 있는 〈audio〉 태그를 이용하여서 웹 페이지에서 음악을 재생할 수 있다.

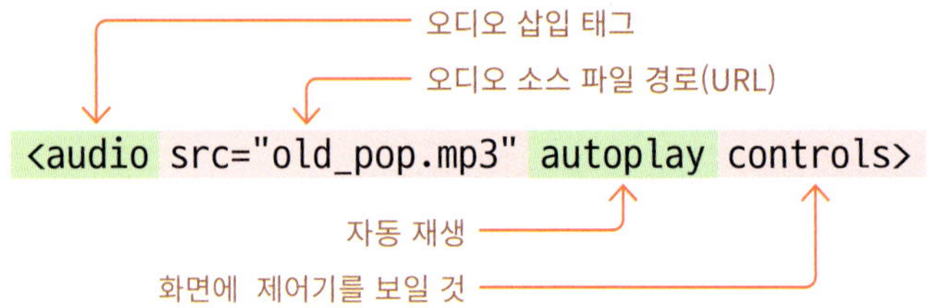

〈audio〉 요소는 다음과 같은 속성을 지원한다.

속성	설명
autoplay	이 속성이 존재하면 음악을 자동적으로 재생한다.
controls	이 속성이 존재하면 브라우저가 오디오 재생을 제어하는 제어기를 표시한다.
loop	이 속성이 존재하면 브라우저가 오디오를 반복하여 재생한다.
preload	사용자가 사용할 생각이 없더라도 오디오를 미리 다운로드한다.
src	재생할 오디오가 존재하는 URL을 지정한다.
volume	오디오의 재생 볼륨을 설정한다(0.0부터 1.0까지).

만약 자신의 홈페이지 배경 음악으로 오디오를 삽입하고 자동 재생을 원한다면 〈audio〉의 속성을 autoplay로 하여야 할 것이다.

■ 오디오 파일 형식

현재 많이 사용되는 오디오 형식은 MP3, Wav, Ogg 등의 3가지이다.

형식	MIME-type	설명
MP3	audio/mp3	MPEG-1 Audio Layer-3'의 약자로 MPEG 기술의 음성 압축 기술
wav	audio/wav	윈도우에서 사용되는 표준 사운드 포맷으로 마이크로소프트사와 IBM사가 만들었음. 파일의 크기가 큼
ogg	audio/ogg	MP3 대안으로 개발된 사운드 파일 포맷으로 디지털 오디오 포맷의 특허권을 반대하고 보다 좋은 음질을 위하여 오픈소스로 개발되었음

다음의 예제에서는 HTML 문서 안에서 old_pop.mp3 파일을 삽입하여 보았다. 〈audio〉 태그의 src 속성을 이용하여 파일을 지정하였다. 물론 old_pop.mp3은 HTML 문서와 같은 디렉토리에 존재하여야 한다.

audio.html

```
<!DOCTYPE html>
<html>
<body>
  <audio src="old_pop.mp3"" autoplay controls>
     브라우저가 오디오 태그를 지원하지 않습니다.
  </audio>
</body>
</html>
```

오디오 파일의 위치는 src 속성으로 지정한다.
autoplay 속성에 의하여 자동으로 재생을 시작한다.
controls 속성에 의하여 제어기가 화면에 나타난다.

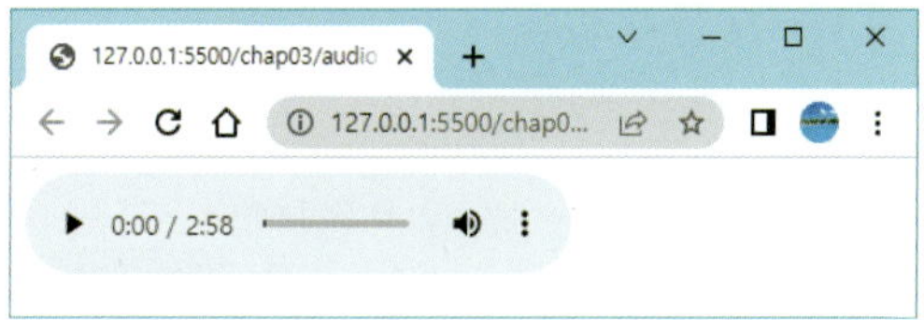

<audio>의 control 속성을 지정하면 재생이나 중지할 수 있는 컨트롤이 표시된다.

비디오와 마찬가지로 모든 브라우저가 지원하는 오디오 형식은 아직까지 없다! 어떻게 해야 호환성을 높일 수 있을까? 이럴 때는 <source> 태그를 이용하여서 하나의 오디오 소스에 대하여 여러 가지 파일 형식을 동시에 제공하면 된다.

예제 오디오 재생 예제

audio1.html

```
<!DOCTYPE html>
<html>
<body>
  <audio controls autoplay >
     <source src="old_pop.ogg" type="audio/ogg">
     <source src="old_pop.mp3" type="audio/mp3">
     브라우저가 오디오 태그를 지원하지 않습니다.
  </audio>
</body>
</html>
```

위에서부터 파일 형식을 차례대로 검사한다.

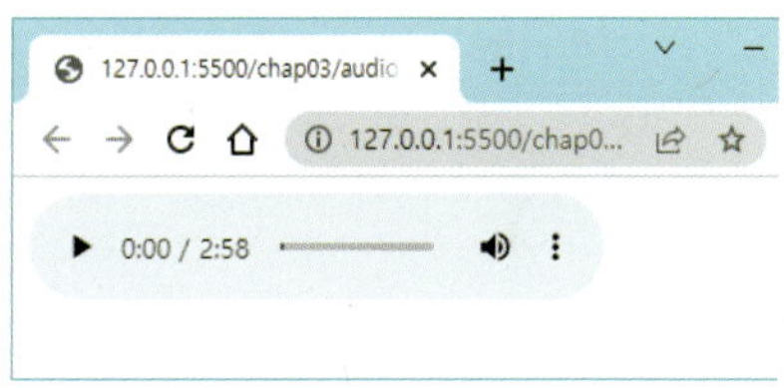

참고사항

preload 속성도 있다. preload를 지정하면 페이지가 로드됨과 동시에 오디오 파일을 다운로드한다. 따라서 빠르게 오디오 파일을 재생할 수 있다.

중간 점검

01. 음성파일 pop.mp3를 재생하는 태그를 만들어보자.

02. 비디오 파일 video.mp4를 재생하는 태그를 만들어보자.

Lab

개인 홈페이지 만들기

HTML을 이용하여서 자신을 간단히 소개하는 홈페이지를 작성하여 보자. 물론 웹 페이지의 내용은 각자 다르게 할 수 있다.

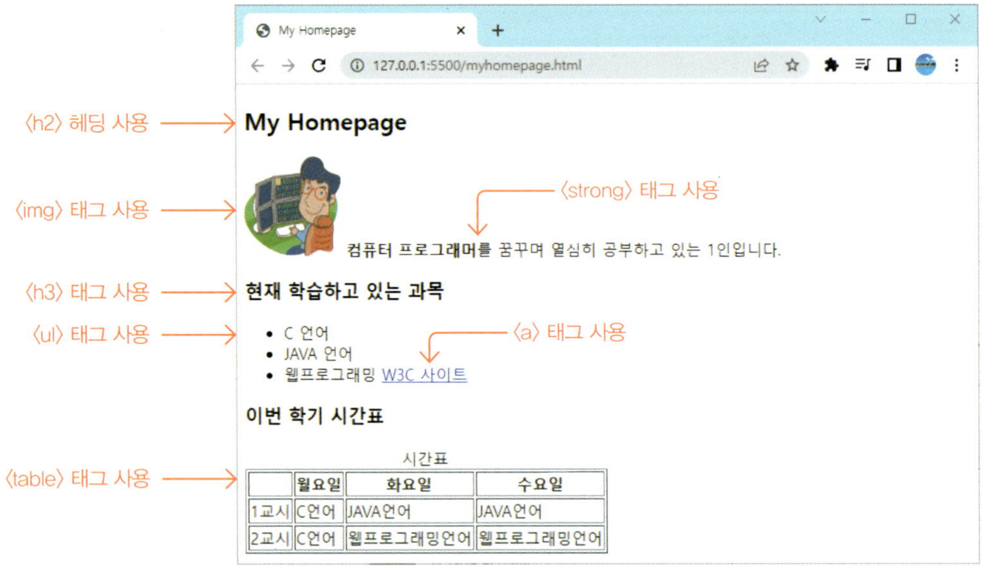

myhomepage.html

```
<!DOCTYPE html>
<html>
<head>
    <title>My Homepage</title>
    <meta charset="utf-8">
</head>
<body>
    <h2>My Homepage</h2>
    <p>
        <img src="programmer.png" width="100" height="100" alt="프로그래머 그림"/>
        <strong>컴퓨터 프로그래머</strong>를 꿈꾸며 열심히 공부하고 있는 1인입니다.
    </p>
    <h3>현재 학습하고 있는 과목</h3>
    <ul>
        <li>C언어 </li>
        <li>JAVA언어 </li>
        <li>웹프로그래밍 <a href="http://www.w3c.org" target="_blank">W3C 사이트</a></li>
```

```
        </ul>
        <h3>이번 학기 시간표</h3>
        <table border="1">
            <caption>          시간표          </caption>
            <thead>
                <tr>
                    <th> </th>
                    <th>월요일</th>
                    <th>화요일</th>
                    <th>수요일</th>
                </tr>
            </thead>
            <tbody>
                <tr>
                    <td>1교시</td>
                    <td>C언어</td>
                    <td>JAVA언어</td>
                    <td>JAVA언어</td>
                </tr>
                <tr>
                    <td>2교시</td>
                    <td>C언어</td>
                    <td>웹프로그래밍언어</td>
                    <td>웹프로그래밍언어</td>
                </tr>
            </tbody>
        </table>
    </body>
</html>
```

HTML에서 공백을 쓸 경우, 를 많이 쓴다. 줄 바꿈 없는 공백(non-breaking space)으로서 줄여서 nbsp라고 한다.

01. 각자의 생활에 맞추어서 홈페이지의 내용을 수정해보자.

02. 자신을 소개하는 동영상을 촬영하여 위의 홈페이지에 추가하여 보자.

Lab

커피 전문점 홈페이지 #3

앞에서 작성한 커피 전문점 홈페이지를 개선하여 보자. 먼저 메뉴를 누르면 커피 전문점의 메뉴에 대한 자세한 설명을 보여주는 웹 페이지로 연결되도록 하자. 메뉴를 리스트를 사용하여 화면에 표시한다.

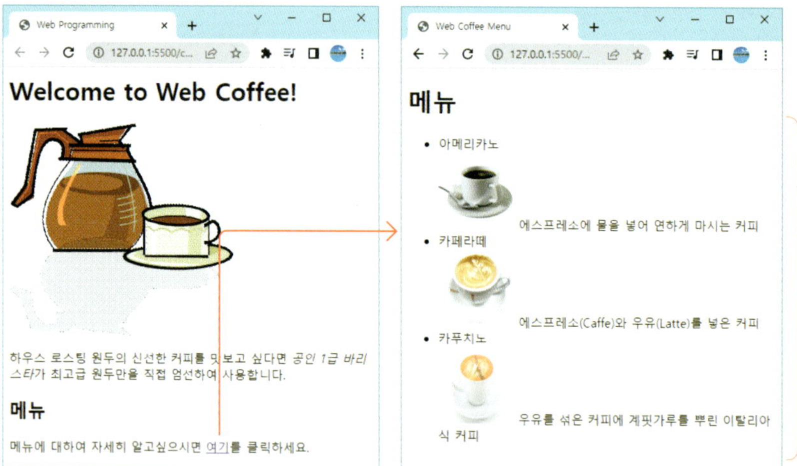

정렬되지 않은 리스트를 사용한다.

01. images 폴더를 생성하고 이 폴더에 아메리카노, 카페라떼, 카푸치노를 나타내는 이미지를 구하여 americano.jpg, cafelatte.jpg, cappuccinoi.jpg로 저장한다.

02. 다음과 같은 HTML 문서를 VS code로 작성한다.

coffee2.html

```
<html>
<head>
    <title>Web Programming</title>
    <meta charset="utf-8">
</head>
<body>
    <h1>Welcome to Web Coffee!</h1>
    <img src="images/coffee.gif">
    <p>
        하우스 로스팅 원두의 신선한 커피를 맛보고 싶다면
        <em>공인 1급 바리스타</em>가 최고급 원두만을 직접 엄선하여 사용합니다.
    </p>
    <h2>메뉴</h2>
    <p>
        메뉴에 대하여 자세히 알고 싶으시면 <a href="menu.html">여기</a>를 클릭하세요.
```

```
    </p>
</body>
</html>
```

03. 다음과 같은 HTML 문서를 VS code로 작성한다.

menu.html

```
<!DOCTYPE html>
<html>
<head>
<title>Web Coffee Menu</title>
    <meta charset="utf-8">
</head>
<body>
    <h1>메뉴</h1>
    <ul>
        <li>아메리카노<br />
            <img src="images/americano.jpg" width="100" height="100">
            에스프레소에 물을 넣어 연하게 마시는 커피
        </li>
        <li>카페라떼<br />
            <img src="images/cafelatte.jpg" width="100" height="100">
            에스프레소(Caffe)와 우유(Latte)를 넣은 커피
        </li>
        <li>카푸치노<br />
            <img src="images/cappuccino.jpg" width="100" height="100">
            우유를 섞은 커피에 계핏가루를 뿌린 이탈리아식 커피
        </li>
    </ul>
</body>
</html>
```

리스트 항목에 이미지와 텍스트를 넣었다.

노트

HTML 문서를 만들고 있자면 “내가 이러한 저수준 태그들을 이용하여 HTML 문서를 만들어야 할까?”라는 생각이 들 것이다. 워드프레스(WordPress)는 PHP로 작성되고 MySQL 또는 MariaDB 데이터베이스와 결합된 콘텐츠 관리시스템이다. 여기에는 플러그인 아키텍처와 템플릿 시스템이 있어서 사람들이 가장 많이 사용하는 “블로그 게시 시스템”, “메일링 목록”, “미디어 갤러리”, “회원 사이트”, “온라인 상점” 등의 전형적인 사이트를 메뉴 방식으로 빠르게 제작할 수 있다. 2021년 10월 기준 상위 1000만 웹 사이트 중 42.8%가 워드프레스를 사용하고 있다고 한다. 한마디로 “워드프레스는 웹 페이지를 만드는 공장이다”라고 할 수 있다. 하지만 우리는 웹 페이지만을 제작하는 것이 목표가 아니다. 이것을 자바스크립트로 제어하여 우리만의 작업을 하는 것이 목표이다. 따라서 HTML과 CSS의 기본적인 사항은 알고 있어야 한다.

Mini Project

쇼핑몰 웹 사이트 제작 #1: 설계

우리가 학습한 내용을 나의 것으로 만들려면 실제 웹 사이트를 제작해보아야 한다. 이론적으로만 학습하고 지나간 내용은 금방 잊어버린다. 하지만 자신이 실제 프로젝트를 진행하면서 찾아본 내용들은 절대 잊어버리지 않을 것이다.

어떤 웹 사이트를 만들 것인가? 많은 종류의 웹 사이트들이 있다. 회사의 정보를 제공하는 사이트처럼 간단하고 정적인 데이터만을 보여주는 사이트도 있다. 아니면 쇼핑몰처럼 사용자와 상호작용이 많은 사이트들도 있다. 여기서는 WebShop이라고 하는 가상적인 쇼핑몰 웹 페이지를 제작하여 본다. 쇼핑몰 사이트를 제작하다 보면 동적 웹 페이지가 왜 필요한지도 저절로 알게 될 것이다.

우리가 만들려고 하는 웹 사이트는 여러 개의 웹 페이지로 이루어져 있다. 우리는 HTML로 웹 페이지의 콘텐츠를 작성하고 CSS로 웹 페이지의 스타일을 설정하며, 자바스크립트로 웹 페이지의 동작을 추가할 것이다. 완성된 웹 페이지는 다음과 같다.

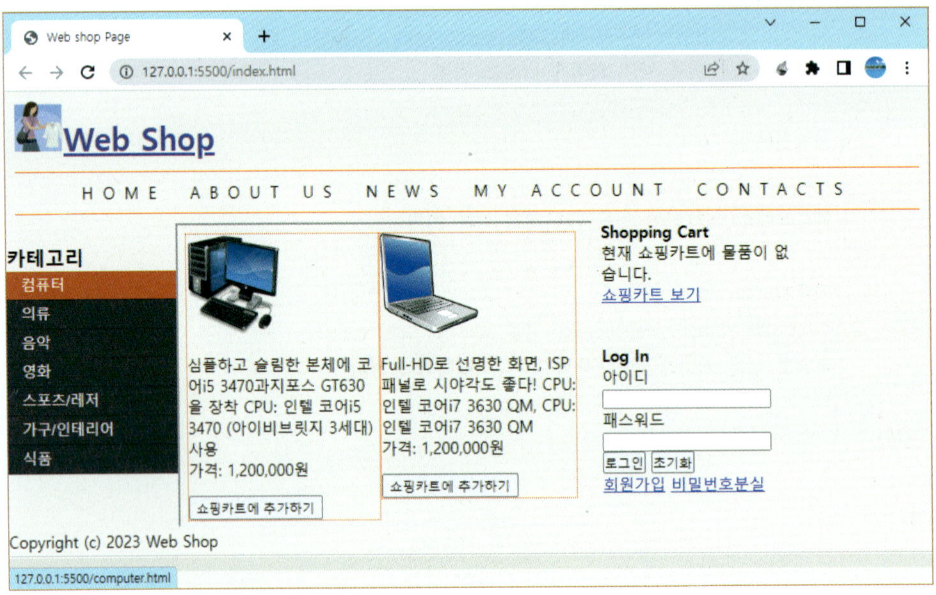

HTML을 학습한 후에 일단 HTML로만 웹 페이지들을 제작한다. CSS를 학습한 후에는 웹 페이지에 CSS를 추가할 것이다. 자바스크립트를 학습한 후에는 이 웹 페이지에 여러 가지 동작을 추가할 것이다. JSP를 학습한 후에는 간단하게 서버에 로그인하는 코드를 추가하여보자. 이번 장에서는 일반적으로 웹 사이트를 설계하려면 거쳐야 하는 과정을 살펴보자.

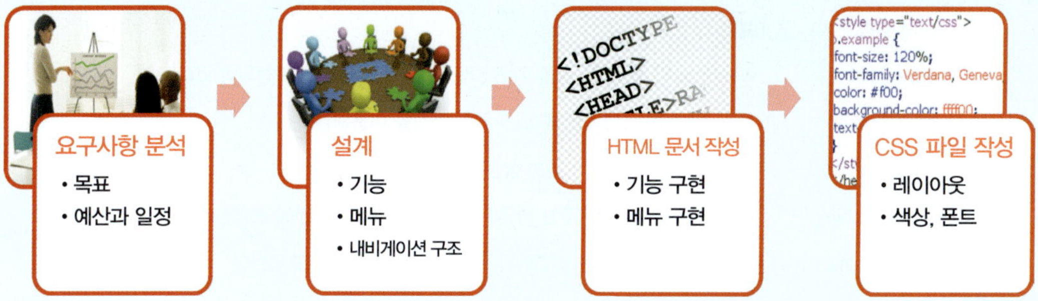

1. 요구사항 분석

가장 먼저 해야 할 일은 웹 사이트의 목표를 결정하여야 한다. 무엇을 위한 사이트인지를 분명하게 해야 시행착오를 줄일 수 있다. 단순히 뉴스나 정보를 제공하는 사이트인지, 상품을 판매하는 사이트인지를 정확하게 결정하여야 한다. 만약 분명하지 않은 사항이 있으면 개발자가 고객에게 질문을 해서 고객의 요구를 좀 더 정확하게 파악하여야 한다. 구체적으로 다음과 같은 사항을 파악하도록 한다.

- 웹 사이트의 목표
- 예산
- 일정

2. 설계(plan)

여기서는 다음과 같은 사항을 결정한다.

- 웹 사이트의 기능 나열
- 웹 사이트에서 필요한 웹 페이지 나열
- 웹 사이트의 메뉴 나열
- 내비게이션 구조(navigation) 결정 – 사이트 안에서 페이지들이 어떻게 연결되는지를 결정한다.

우리는 간단하게 다음의 내비게이션 구조도만을 그리고 넘어가자.

다음과 같은 HTML 문서들과 CSS 문서를 작성하게 된다.

문서 이름	설명
index.html	WebShop의 홈 화면, 상품 카테고리, 로고, 로그인 등이 포함되어 있다.
register.html	회원 가입 화면. 다양한 HTML5 입력 양식을 이용해본다.
shopcart.html	현재 쇼핑 카드에 들어 있는 상품들을 보여준다.
computer.html	컴퓨터 상품들을 보여주는 화면이다. index.html 화면 안에 포함된다.
clothing.html	의류 상품을 보여주는 화면이다. index.html 화면 안에 포함된다.
music.html	음악 파일들을 판매하는 화면이다. index.html 화면 안에 포함된다.
movie.html	영화 파일들을 판매하는 화면이다. index.html 화면 안에 포함된다.
mystyle.css	index.html에 대한 스타일을 가지고 있는 파일이다.

3. HTML 문서 작성

설계된 내용에 맞추어 웹 페이지들을 작성하고 테스트한다. HTML 요소들을 이용하여 설계에서 나열된 기능과 메뉴들을 구현하면 된다. 여기서는 웹 페이지의 콘텐츠만을 제작하는 것이고 스타일에 대해서는 신경 쓰지 않는다.

4. CSS 파일 작성

CSS 파일을 작성하여 웹 페이지에 스타일을 추가한다. 구체적으로 웹 페이지의 전체적인 레이아웃을 잡고 HTML 요소들의 크기, 위치, 색상, 폰트, 이미지 등을 지정한다.

2장

Summary

Q **웹 페이지의 구조를 설명할 수 있나요?**

A 웹 페이지는 크게 헤드와 바디로 구성된다고 할 수 있습니다. <head> 요소는 메타데이터(데이터에 대한 데이터)를 담는 컨테이너입니다. 메타데이터는 일반적으로 문서 제목, 문자 집합, CSS 스타일 시트, 자바스크립트 등을 정의합니다. 바디는 <body>와 </body> 태그로 둘러싸인 부분입니다. 문서의 내용에 해당하는 부분이죠. 텍스트나 이미지, 테이블, 리스트 등이 들어갑니다.

Q **웹 페이지에 텍스트를 의도대로 표시할 수 있나요?**

A 텍스트 안의 모든 공백은 무시됩니다. 따라서 텍스트는 <p> 태그를 이용하여 문단으로 분리하는 것이 좋습니다. 자신이 입력한대로 텍스트를 나오게 하려면 <pre> 태그를 사용합니다.

Q **웹 페이지에 리스트를 생성할 수 있나요?**

A 리스트는 순서 있는 리스트를 원하면 <ol>, 순서 없는 리스트를 원하면 <ul> 태그를 사용합니다. 리스트 항목은 <li> 태그로 생성합니다.

Q **웹 페이지에 이미지를 표시하려면 어떻게 하나요?**

A 이미지는 <img> 태그로 표시합니다. 가장 중요한 속성은 src로 이미지 파일 이름을 여기에 적어야 합니다.

Q **웹 페이지에 하이퍼링크를 생성하려면 어떻게 하나요?**

A <a> 태그를 생성하고 href 속성에 이동하는 주소를 적어줍니다.

Q **웹 페이지에 테이블을 생성할 수 있나요?**

A <table> 태그 안에 각 행을 나타내는 <tr> 태그를 만듭니다. <tr> 안에 <td>를 생성하여 각 셀을 만듭니다.

Q **오디오와 비디오를 웹 페이지에 추가할 수 있나요?**

A 오디오는 〈audio〉 태그를, 비디오는 〈video〉 태그를 이용하여 웹 페이지에 추가할 수 있습니다.

2장

Exercise

01. 다음 중 텍스트를 표시할 때 강제로 줄을 바꾸는 태그는? (　)

① <h1>　②
　③ <tr>　④ <td>

02. 다음 중 항목들의 리스트(목록)를 나타내는 태그가 아닌 것은? (　)

① <ul>　② <ol>　③ <dl>　④ <tl>

03. HTML의 올바른 주석문의 형태를 고르시오. (　)

① /* This is a comment. */　② <!- This is a comment. >

③ <!- This is a comment. ->　④ <!-- This is a comment. -->

04. 웹 브라우저에 시를 출력하고자 한다. 시의 공백이나 줄바꿈을 원문 그대로 나오게 하고 싶다. 어떤 태그를 사용하여야 하는가? (　)

① <p>　② <pre>　③ <hr>　④

05. HTML에서 공백을 나타내는 특수한 기호는? (　)

① 　② "　③ <　④ >

06. 가장 큰 헤딩을 만드는 태그는 무엇인가? (　)

① <h6>　② <heading>　③ <h1>　④ <head>

07. 정렬되지 않은 리스트를 나타내는 태그는? (　)

① <ui>　② <i>　③ <ol>　④ <ul>

08. 〈a〉은 무엇을 나타내는가? (　)

① 테이블　② 문단　③ 하이퍼링크　④ 제목

09. 〈a〉 태그에서 다른 곳으로 이동하는 링크를 나타내는 속성은 무엇인가? (　)

① link　② ref　③ href　④ hlink

10. 다음 중 하이퍼링크를 올바르게 생성한 것은? (　)

① `<a> http://www.example.com </a>`

② `<a href="http://www.example.com" Example /a>`

③ `<a href="http://www.example.com"> Example </a>`

④ `<a hlink="www.example.com"> Example </a>`

11. 테이블의 행을 생성하는 데 사용되는 태그는? (　)

① `<th>`　② `<td>`　③ `<tr>`　④ `<table>`

12. 〈img〉 태그 내부의 이미지 위치를 참조하는 데 사용되는 HTML 속성은 무엇인가? (　)

① src　② href　③ link　④ target

13. "images/toy1" 이미지를 HTML 문서 안에 포함시키는 문장을 작성하여 보라. 이미지의 크기는 300×200으로 하라.

14. "google 검색"을 누르면 구글의 홈페이지로 이동하도록 하이퍼링크를 작성해보자.

15. 다음의 테이블은 "이름"과 "나이"를 헤더로 가져야 한다. 빈칸을 채워보자.

```
<table>
  ________
    ________
    ________
  ________
  <tr>
    <td>홍길동</td>
    <td>22</td>
  </tr>
</table>
```

16. 〈video〉 요소에서 동영상 파일은 어떤 속성으로 지정하는가? (　)

① loop　② src　③ data　④ file

17. <video> 요소에서 영화가 다운로드 되고 있을 때, 화면에 영화 포스터를 표시하려고 한다. 어떤 속성으로 지정하는가? (　)

① screen　　② img　　③ poster　　④ src

18. 비디오 파일 dog.mp4을 재생하는 <video> 요소를 생성하는 문장을 쓰시오. 크기는 300×200으로 하고 제어기를 표시한다.

2장 Programming

01. 다음과 같은 시를 소개하는 HTML 문서를 작성해보자. HTML 문서에서 입력한 대로 표시되는 태그 〈pre〉를 사용해보자.

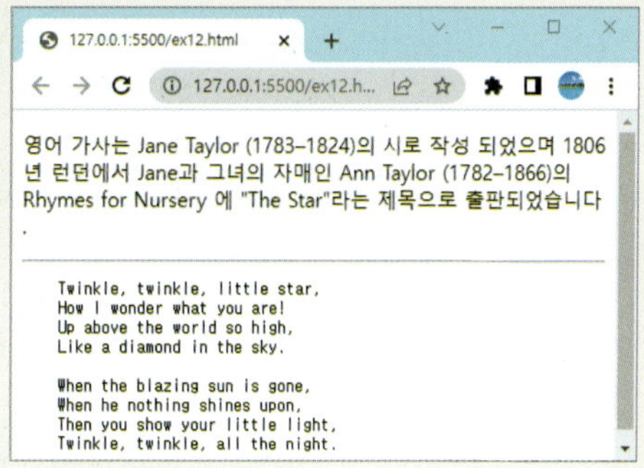

02. 다음과 같은 용어를 소개하는 HTML 문서를 작성해보자. 단어에 대한 설명을 만들 수 있는 〈dt〉 태그와 〈dd〉 태그 사용을 고려해보자.

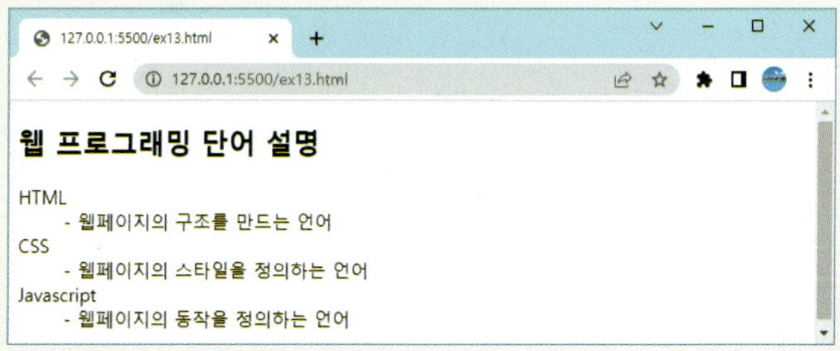

03. 다음과 같은 테이블을 생성하는 HTML 문서를 작성하라. 테이블의 셀들을 통합할 때는 colspan과 rowspan 속성을 지정한다.

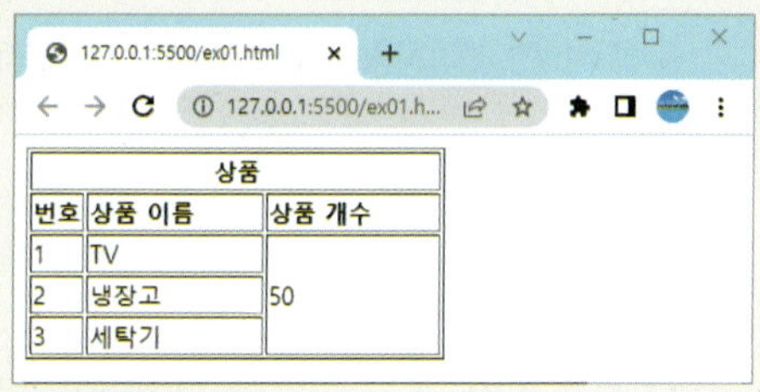

04. 다음과 같은 화면을 나타내는 HTML 문서를 작성하라. 리스트를 생성하는 태그를 사용한다. 추가적으로 요리에 관한 그림도 추가하여 본다. 그림은 〈img〉 태그를 사용한다.

05. 다음과 같은 화면을 나타내는 HTML 문서를 작성하라. <table> 태그를 사용한다.

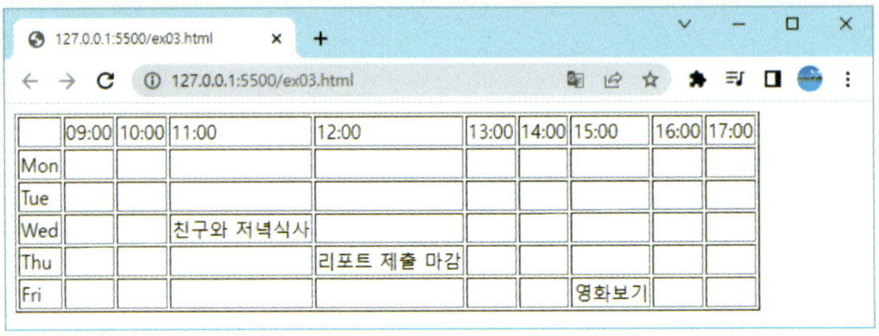

06. 다음과 같이 이미지를 보여주는 HTML 페이지를 작성해보자. 이미지의 크기는 100×100으로 한다. 수평선은
 태그를 사용한다.

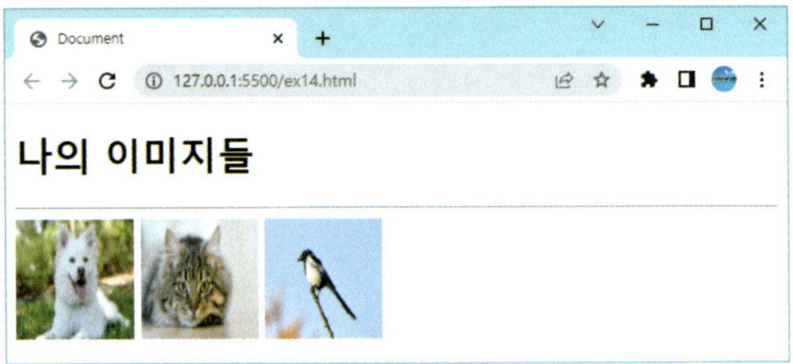

07. 다음과 같은 화면을 나타내는 HTML 문서를 작성하라. 위첨자는 <sup> 태그로, 아래첨자는 <sub> 태그로 작성한다.

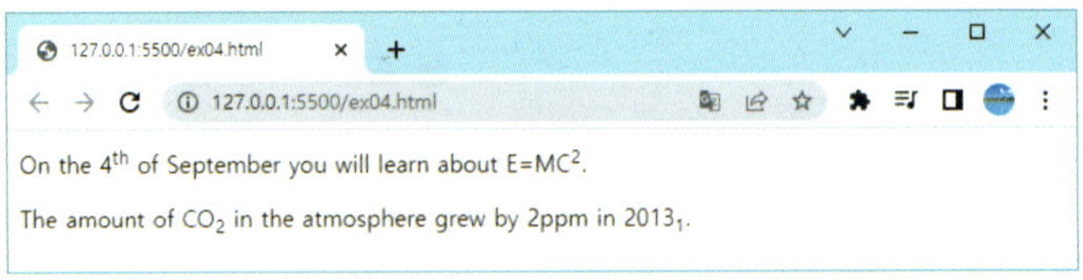

08. 화면의 이미지를 클릭하면 www.google.com으로 연결되도록 하이퍼링크를 만들어 보라. 또 "맨 끝으로 가기"를 클릭하면 페이지의 끝으로 이동하도록 하라. 하이퍼링크는 <a> 태그를 이용한다.

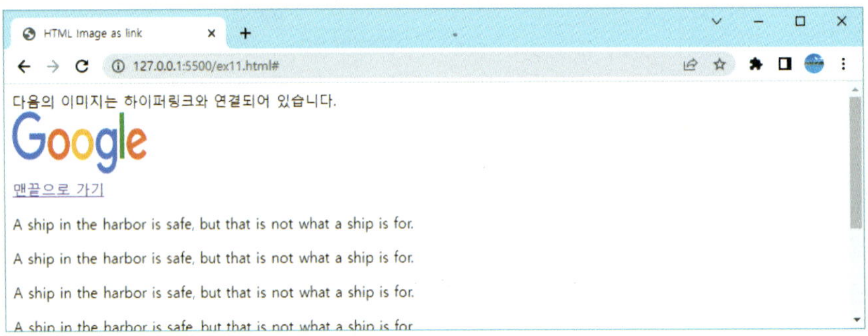

09. 다음과 같은 이력서 형식을 HTML 문서로 작성하여 보자. <table> 태그의 rowspan과 colspan을 이용하도록 하자. 들여쓰기는 를 사용한다. 이메일 연락처에는 하이퍼링크를 생성하여서 연락처를 누르면 이메일을 송신하는 페이지로 연결되도록 하자.

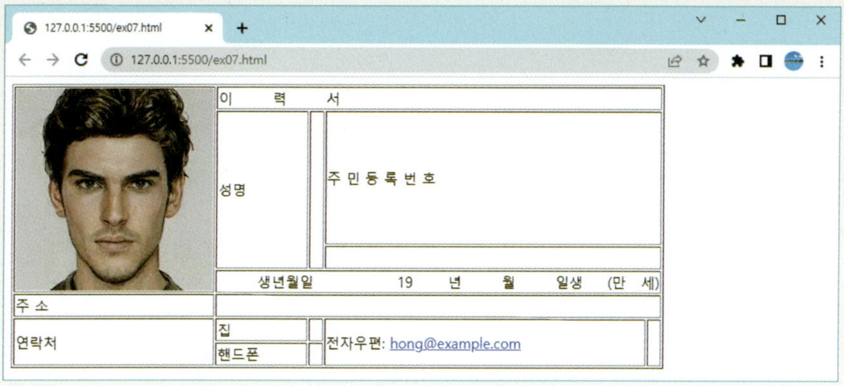

10. http://media.w3.org/2010/05/bunny/movie.ogv 비디오를 재생하는 HTML 문서를 생성하라. 크기는 300 ×200으로 하고 제어기를 표시한다.

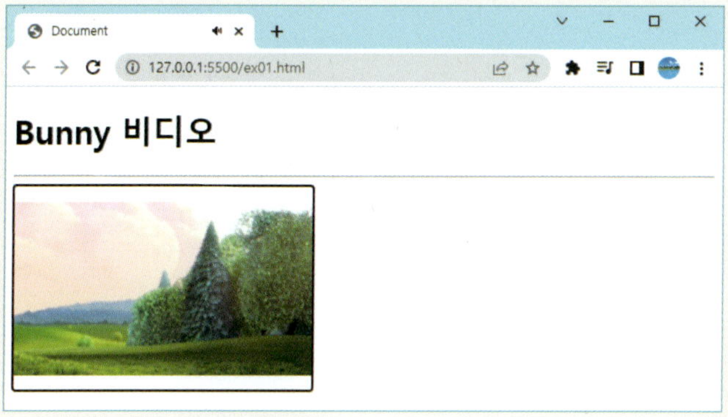

11. 자신이 좋아하는 음악을 재생하는 화면을 작성하라. 음악은 〈audio〉 태그를 이용한다.

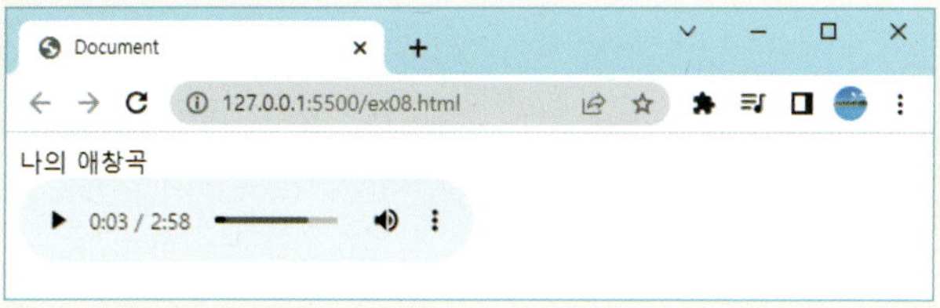

12. 자신을 소개하는 동영상을 제작하여 자신의 웹 페이지에 추가하여 보자. 동영상은 〈video〉 태그를 이용하여 추가할 수 있다.

HTML5+
CSS3+
JavaScript
웹프로그래밍

03

입력 양식과 시맨틱 태그

3-01 iframe

iframe은 웹 페이지 안에서 프레임을 만들고 여기에 다른 웹 페이지를 표시하고자 할 때 사용한다. iframe은 "inline frame"의 약자이다. 흔히 광고를 위하여 이것을 사용한다. 또는 하나의 페이지를 여러 프레임으로 나누어서 각각 다른 문서를 표시하고자 할 때도 사용한다. iframe은 특이하게도 인터넷 익스플로러가 페이지 안에 프레임을 놓기 위하여 사적으로 사용하던 태그였다. W3C는 이 iframe을 HTML 4.01부터 도입하였고 이제 거의 모든 브라우저들이 iframe을 지원한다.

예를 들어서 www.w3schools.com 사이트를 보면 왼쪽은 HTML 소스를 보여주고 오른쪽은 웹 브라우저의 출력을 보여주고 있다. 사용자가 왼쪽의 HTML 소스를 편집한 후에 실행 버튼을 누르면 HTML 소스의 출력이 오른쪽 윈도우에 나타난다. 어떻게 다른 웹 페이지를 현재의 웹 페이지 안에서 보여 줄까? 바로 〈iframe〉 태그를 사용하였기 때문이다.

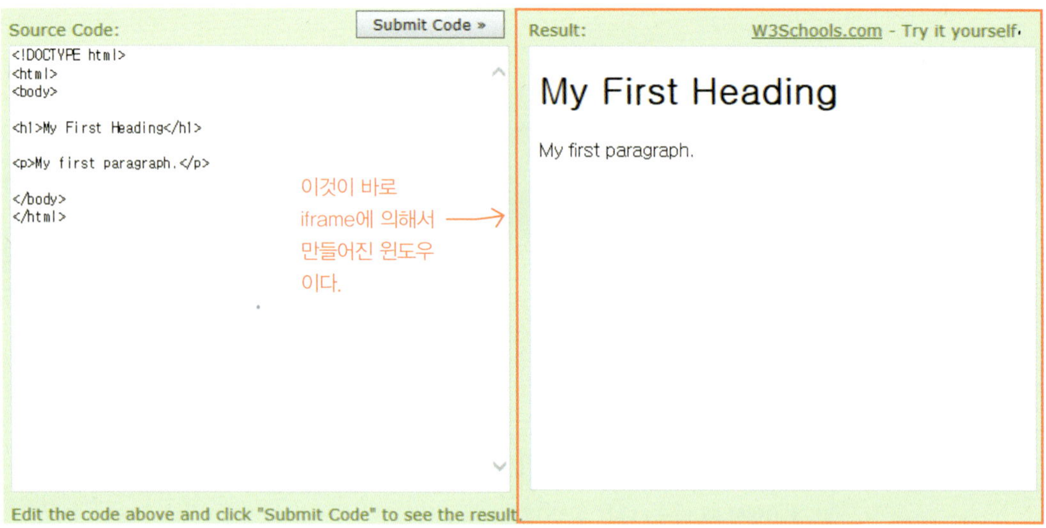

그림 출처: www.w3schools.com

예를 들어 inner.html 문서를 내부에서 표시하려면 다음과 같은 문장을 사용한다. iframe의 가로와 세로 길이를 300, 120으로 지정하였다. 단위는 픽셀이지만 퍼센트로도 변경할 수 있다.

```
<iframe src="inner.html" width="300" height="120"></iframe>
```

출력할 웹 페이지 URL 주소 (src="inner.html")

프레임의 크기 (width="300" height="120")

iframe.html

```
<!DOCTYPE html>
<html>
<body>
    <iframe src="inner.html" width="300" height="120"></iframe>
</body>
</html>
```

여기에 300×120 크기의 윈도우를 생성하고 윈도우 안에 inner.html을 표시한다.

inner.html

```
<html>
<head>
    <title>INNER</title>
</head>
<body>
    <h1>이 웹 페이지는 iframe 방식으로 표시됩니다.</h1>
</body>
</html>
```

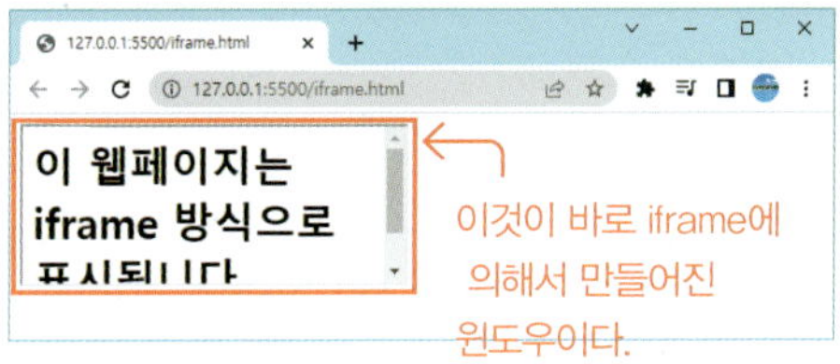

이것이 바로 iframe에 의해서 만들어진 윈도우이다.

예제 iframe 예제 #1

iframe은 링크의 타겟 프레임으로 사용될 수 있다. 하나의 예제로 사용자가 버튼을 누르면 iframe에 특정한 웹 페이지를 표시하는 HTML 소스를 작성하여 보자. 링크의 타겟 속성은 iframe에서 지정된 이름을 참조하여야 한다.

iframe2.html

```
<!DOCTYPE html>
<html>
<body>
    <iframe src="" name="iframe1"></iframe>
    <p><a href="http://www.w3.org" target="iframe1">
        월드와이드웹 컨소시엄</a></p>
    <p><b>참고:</b> 링크를 클릭하면 iframe 안에서 홈페
이지가 열립니다.</p>
</body>
</html>
```

예제 iframe 예제 #2

우리도 왼쪽은 HTML 소스를 보여주고 오른쪽은 HTML 소스의 출력을 보여주는 예제를 작성하여 보자. 생각보다 어렵지 않다. HTML 소스를 표시할 때는 〈textarea〉 요소를 사용한다. 출력을 표시할 때만 〈iframe〉 요소를 사용한다. 아직 CSS를 학습하지 않았으므로 왼쪽, 오른쪽으로는 배치하지 못한다. 단순히 위, 아래로 배치하자. 그리고 소스를 변경한다고 해서 출력이 변화하지는 않는다. 이것은 자바스크립트 기술을 적용하여야 한다.

iframe3.html

```
<!DOCTYPE html>
<html>
<body>
  <textarea rows="5" cols="56">
  &lt;html&gt;
     &lt;body&gt;
          &lt;h1&gt;This is a header. &lt;h1&gt;
    &lt;/body&gt;
  &lt;html&gt;
  </textarea>
  <br />
  <br />
  <iframe src="source.html" width="420" height="80"></iframe>
</body>

<html>
```

이곳에 HTML 소스를 보여준다.
이 소스는 source.html로 저장되어 있어야 한다.
〈와 〉를 사용하지 못하기 때문에 <와 >를 사용하였다.

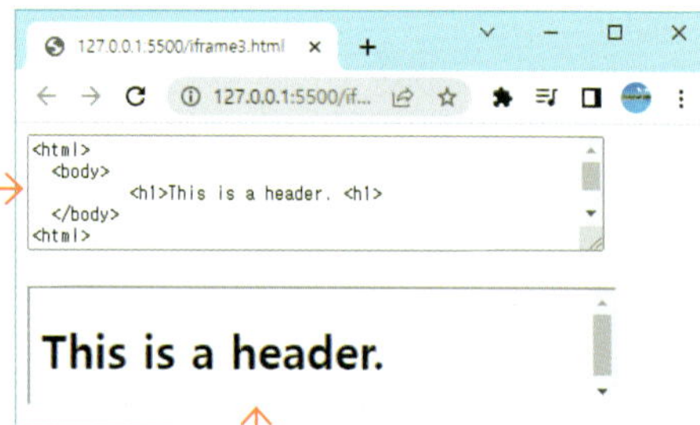

iframe을 이용하여 source.html을 읽어서 여기에 표시한다.

중간 점검

01. 〈iframe〉은 어떤 용도로 사용되는 태그인가?

02. 〈iframe〉의 target 속성은 어디에 사용되는가?

3-02 〈div〉 태그로 논리적인 구역 나누기

〈div〉와 〈span〉은 웹 사이트를 구축하는 데 반드시 필요한 도구이다. 〈div〉는 고층 건물을 짓는 철근과 같은 역할을 한다. 〈div〉은 "divide"의 약자로서 페이지를 논리적인 구역으로 분리하는 데 사용되는 태그이다. 논리적인 구역(logical section)은 무엇인가?

간단한 예를 들어보자. 아래 그림의 왼쪽을 보면 사자를 설명하는 〈h2〉 요소와 〈p〉 요소가 있다. 이것을 하나의 논리적인 구역으로 묶고 빨간색 경계선을 그리고자 한다. 어떤 태그로 〈h2〉 요소와 〈p〉 요소를 묶을 수 있을까? 생각해보면 딱히 떠오르는 태그가 없다. 기존의 〈p〉와 같은 태그도 물론 사용할 수 있겠지만 〈p〉 태그의 목적에는 어울리지 않는다. 이럴 때 사용하는 태그가 〈div〉이다.

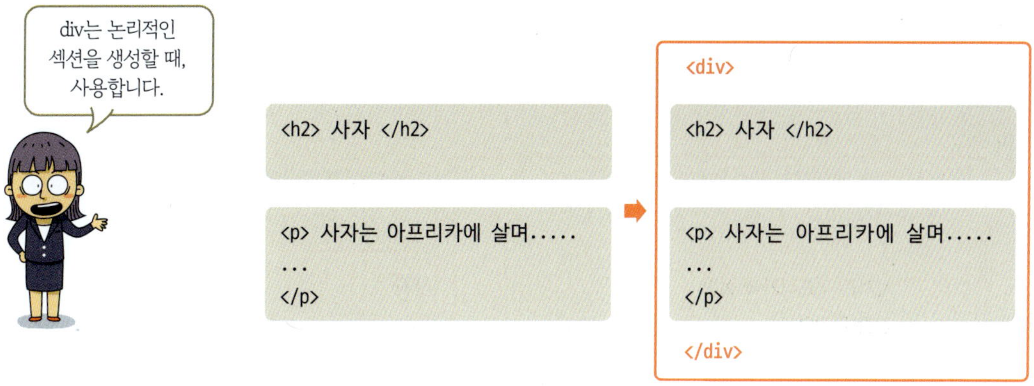


```
<div style="border: 3px solid red">
    <h2>사자</h2>
    <p>사자는 아프리카에 살며 ...</p>
</div>
```

위의 소스를 보면 〈div〉 요소 안에 〈h2〉 요소와 〈p〉 요소가 들어 있다. 따라서 〈div〉로 〈h2〉와 〈p〉를 묶은 것이 된다. 다른 말로 하면 〈div〉가 컨테이너가 되어서 〈h2〉와 〈p〉를 포함하고 있는 것이다. 〈div〉의 위치를 변경하면 〈h2〉와 〈p〉도 함께 이동한다. 위의 소스 중에서 `style="border: 1px solid red"` 부분은 너무 신경 쓰지 말자. 이것은 CSS를 이용하여 요소의 경계선을 그린 것이다. 즉, 〈div〉의 경계선이 빨간색으로 그려지게 된다.

HTML 요소들은 〈div〉와 〈span〉을 이용하여 묶을 수 있다. 〈div〉 요소는 블록 수준의 요소로서 HTML 요소들을 묶는 컨테이너로 사용할 수 있다. 〈div〉는 자체적으로는 특별한 의미가 없고, 블록 수준 요소이기 때문에 하나의 줄을 전부 차지한다. CSS와 함께 사용하면, 〈div〉 요소는 대량의 내용에 대하여 스타일 속성을 설정할 때 유용하게 사용할 수 있다.

〈span〉 요소는 인라인 요소로서 텍스트를 위한 컨테이너로 사용할 수 있다. 인라인 요소는 콘텐츠의 크기만 공간을 차지하는 요소이다. 〈span〉 태그도 자체로는 특별한 의미는 없으며 CSS와 함께 사용되어 텍스트 일부의 스타일 속성을 설정할 때 사용된다.

예제 〈div〉 예제 #1

〈div〉와 〈span〉 요소를 사용하는 기본적인 예제를 작성하여 보자. 앞의 설명처럼 〈div〉로 묶어서 경계선을 그려보고, 〈span〉으로 텍스트를 묶어서 색상을 변경해본다.

div1.html

```
<!DOCTYPE html>
<html>
<body>
    <div style="border: 3px solid red;">
        <h2>사자</h2>
        <p>
            사자는 아프리카에 살며
            강한 다리와 털,
            <span style="color: red;">긴 송곳니</span>를
            지니고 있다.
        </p>
    </div>
</body>
</html>
```

〈div〉로 하나의 블록 수준의 섹션을 생성하고 여기에 경계선을 설정하였다.

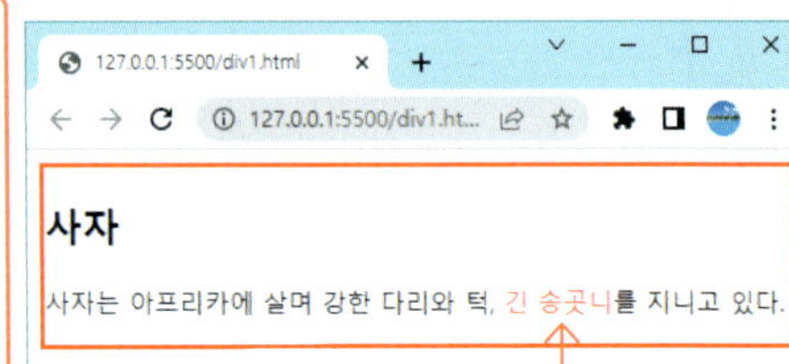

〈span〉으로 인라인 수준의 섹션을 생성하고 글자의 색상을 변경하였다.

예제 〈div〉 예제 #2

〈div〉가 많이 사용되는 경우 중의 하나가 화면에 빈 박스를 여러 개 생성하여 어떤 실험을 하고 싶은 경우이다. 이때도 〈div〉 요소를 생성한 후에 CSS로 높이와 너비를 설정해 주면 된다. 아래의 예제에서는 3개의 〈div〉 요소를 생성하였다. 각 요소의 배경색을 다르게 하였고 각 요소의 높이를 20픽셀로 설정하였다.

div2.html

```
<!DOCTYPE html>
<html>
<body>
    <div style="height:20px; background-color:yellow"></div>
    <div style="height:20px; background-color:green"></div>
    <div style="height:20px; background-color:purple"></div>
</body>
</html>
```

CSS의 의미는 높이를 20픽셀로 하고 배경색을 노란색으로 하라는 것이다.

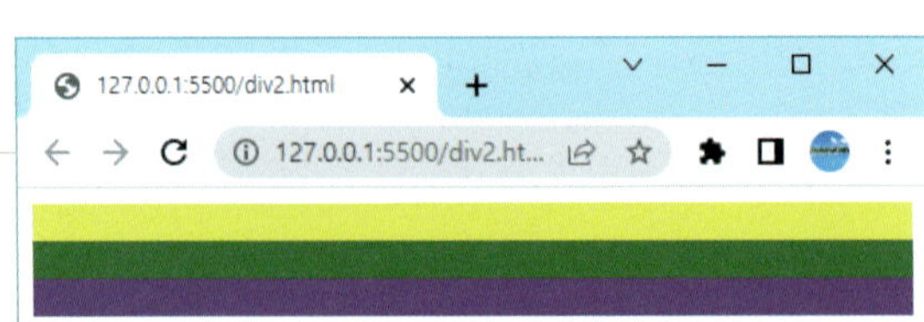

결론을 내려 보자. 〈div〉와 〈span〉은 요소들을 모아서 하나의 묶음으로 만든 후에 특정한 스타일이나 위치, 크기 등을 적용하려고 하는 경우에 많이 사용된다. 특히 전체 페이지의 레이아웃을 만들 때는 필수적이다. 이 내용은 6장에서 자세하게 학습할 예정이다.

중간 점검

01. 〈div〉은 어떤 용도로 사용되는 태그인가?

02. 〈span〉은 어떤 용도로 사용되는 태그인가?

3-03 HTML 문서 구조화와 시맨틱 요소

■ 시맨틱 웹

웹 3.0이라고도 하는 시맨틱 웹(semantic web)은 W3C에서 설정한 표준을 통해 웹을 확장한 것이다. 시맨틱 웹의 목표는 인터넷상의 데이터를 다양한 기계들이 읽고 이해할 수 있도록 만드는 것이다. 웹의 창시자 팀 버너스리는 1999년에 시맨틱 웹에 대한 자신의 비전을 다음과 같이 표현했다.

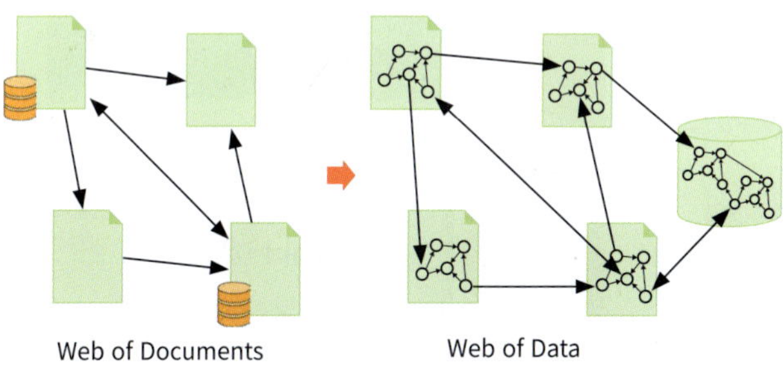

"나는 웹이 웹상의 데이터를 분석할 수 있게 되는 꿈을 가지고 있다. 이것을 가능하게 하는 '시맨틱 웹'은 아직 등장하지 않았지만, 등장하면 일상적인 거래는 기계와 기계가 서로 소통하여 자동적으로 처리될 것이다. 사람들이 오랫동안 기다려온 '지능형 에이전트'가 마침내 실현될 것이다."

(a) 기존의 웹은 문서 단위로 정보를 주고받는다. (b) 시맨틱 웹은 문서 구조를 알고 있다.

시맨틱 웹은 방대한 기술을 의미한다. 시맨틱 웹의 최종 목표인 자동화된 추론 시스템을 만들려면 광대함, 모호함, 불확실성, 불일치, 기만 등의 문제를 해결하여야 한다. 하지만 그 안에는 웹과 관련된 부분이 있다. 바로 시맨틱 요소이다.

■ 시맨틱 요소

우리가 이제까지 살펴본 웹의 태그들은 문서의 구조에 대해서는 별로 정보를 주지 않는다. 〈p〉, 〈h1〉, 〈img〉의 태그들을 생각해보자. 이들 태그들은 문서의 구조에 대한 정보는 주지 않는다. 예를 들어서 〈p〉는 문단이 있다는 것을 의미하지만 이 문단이 문서의 어떤 부분인지는 말해주지 않는다. 즉 문서의 서론 부분인지, 하나의 기사인지, 요약에 속하는 부분인지에 대한 정보를 주지 않는다.

앞 절에서 학습한 〈div〉 태그는 HTML 문서 중에서 논리적인 섹션을 나타내지만 〈div〉는 그 자체로는 아무런 의미가 없다. 단순히 컨테이너의 역할만 하는 것이다. 물론 개발자들은 id나 class 이름을 〈div〉와 함께 사용해서 의미를 전달할 수 있지만 브라우저는 이것을 인식하지 못한다.

```
<div id="header">
```

HTML5에서는 이러한 문제점을 해결하기 위하여 〈header〉와 같은 시맨틱 요소들을 정의하였다. **시맨틱 요소(Semantic elements)**들은 브라우저에게 요소의 의미나 목적을 명확하게 알려주는 요소이다. W3C는 많은 수의 웹 페이지를 분석하여 개발자들이 많이 사용하고 있는 아이디와 클래스 이름을 추출한 뒤 이것을 표준 태그로 만들었다. 시맨틱 태그 중의 일부는 다음과 같다.

태그	설명
<header>	문서의 머리말(header)
<hgroup>	<h1>에서 <h6> 요소들의 그룹
<nav>	내비게이션 링크
<article>	문서의 내용이나 블로그의 포스트
<section>	문서의 섹션
<aside>	사이드바와 같이 옆에 위치하는 내용
<footer>	문서의 꼬리말(footer)
<figure>	그림이나 도표
<time>	날짜와 시간을 표시

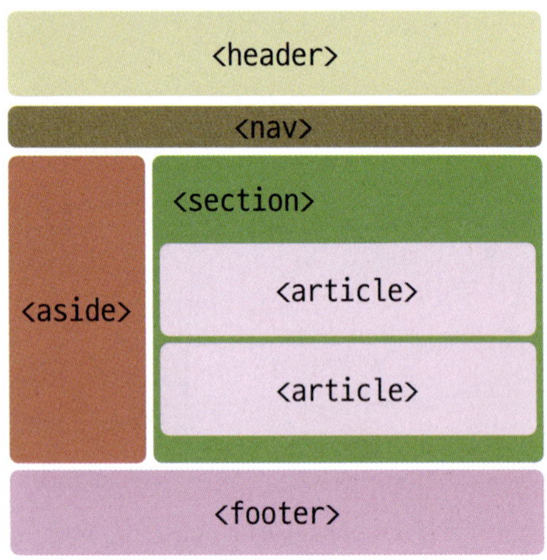

시맨틱 태그는 HTML5부터 새롭게 등장한 태그이다. 〈header〉, 〈section〉, 〈article〉, 〈summary〉 등의 문서의 구조나 의미를 나타내는 태그들이 추가되었다. 위의 태그들은 이름만 가지고도 어떤 역할을 하는지 추측할 수 있다. 〈header〉와 〈footer〉는 문서의 머리말과 꼬리말이고 〈nav〉는 내비게이션 링크나 메뉴바 등을 생성하는 데 사용된다. 〈section〉과 〈article〉은 문서의 내용을 그룹핑하는 데 사용된다. 〈aside〉는 보조적인 내용을 표시하는 데 사용된다. 예를 들어서 연관된 링크로 이루어진 사이드바를 나타낼 수 있다.

문서의 구조와 의미를 나타내는 이들 태그들이 HTML 문서에 있다면 구글과 같은 검색 엔진은 훨씬 쉽게 정확한 검색 결과를 제공할 수 있을 것이다. 시맨틱 웹을 사용하면 애플리케이션, 기업 및 커뮤니티에서 데이터를 공유하고 재사용할 수 있다. 아래 그림에서 기존의 웹과 시맨틱 요소를 사용한 웹 페이지를 비교하였다.

(a) 기존의 웹은 어질러진 책상과 같다. (b) 시맨틱 요소를 사용한 웹은 잘 정돈된 책상과 같다.

그림 3.1 기존의 웹과 시맨틱 웹의 비교

■ 기존의 웹 vs 시맨틱 태그 사용 웹

하나의 예로 다음 그림에서 왼쪽은 〈div〉만을 이용하여 웹 페이지를 구성하였고, 오른쪽은 HTML5의 시맨틱 요소들을 이용하여 구성한 것이다. 기존 웹 사이트에서는 내비게이션 섹션과 머리글 및 바닥글을 나타내기 위하여 `<div id = "nav">`, `<div id = "header">`, `<div id = "footer">`를 사용해 왔다.

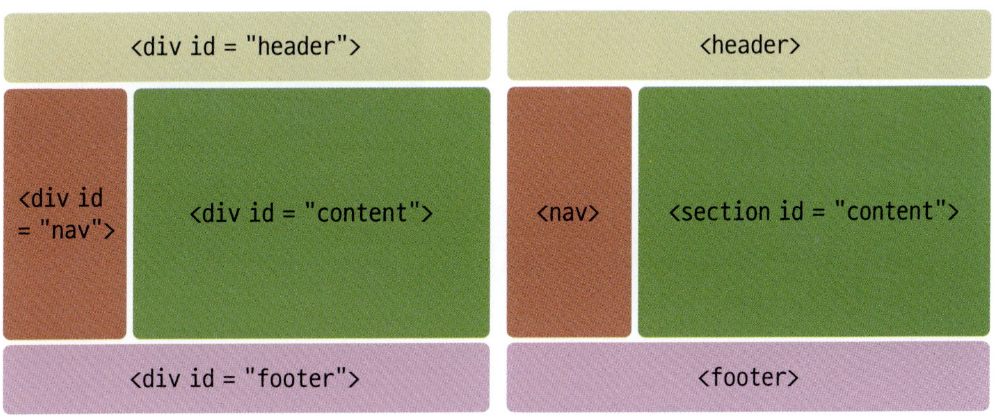

■ 문서의 구조와 스타일

우리가 시맨틱 태그를 사용하여 HTML 문서를 작성하더라도 웹 브라우저가 자동적으로 색칠을 하거나 위치를 잡아주지 않는다. 위치를 결정하고 스타일을 지정하는 것은 CSS의 영역이기 때문이다. 다음 코드에서 시맨틱 태그를 사용하였지만 출력되는 것은 텍스트뿐이라 아주 썰렁해 보인다.

semantic1.html

```
<!DOCTYPE html>
<html lang="ko">
<head>
    <meta charset="UTF-8">
    <title>시맨틱 태그의 사용</title>
</head>
<body>
    <header>This is a Header.</header>
    <nav>This is a Navigation Bar.</nav>
    <section>This is a Section.</section>
    <footer>This is a Footer.</footer>
</body>
</html>
```

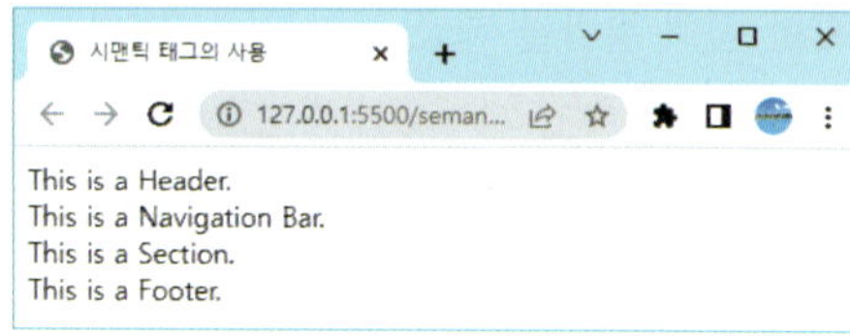

하지만 우리가 4장부터 학습하는 CSS를 사용하면 각 영역에 대하여 색상이나 크기, 위치를 결정할 수 있다. 다음 코드에서는 CSS를 적용해보았다.

semantic2.html

```
<!DOCTYPE html>
<html lang="ko">
<head>
    <meta charset="UTF-8">
    <title>시맨틱 태그의 사용</title>
    <style>
        html, body { height: 100%; }
        header { background-color: yellow; }
        nav {
          float: left;  width: 30%;  height: 70%;
          background: green;
        }
        section {
          float: left;  width: 70%;   height: 70%;
          background-color: olive;
        }
        footer { background-color: rgb(125, 125, 194); }
        </style>
</head>
<body>
    <header>This is a Header.</header>
```

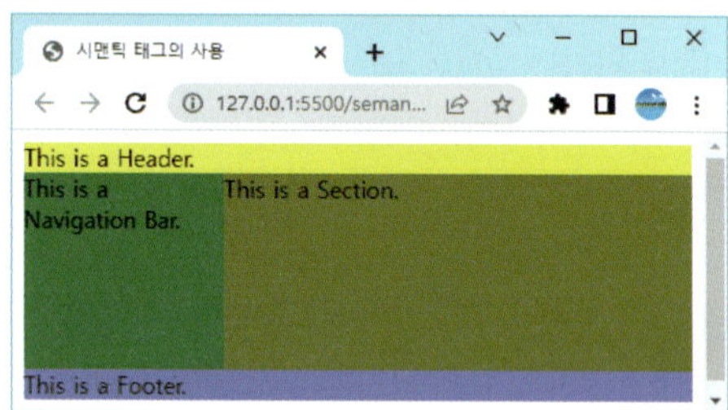

```
    <nav>This is a Navigation Bar.</nav>
    <section>This is a Section.</section>
    <footer>This is a Footer.</footer>
</body>
</html>
```

CSS를 이용하여 HTML 문서의 레이아웃을 결정하는 문제는 6장에서 상세하게 살펴볼 것이다.

중간 점검

01. 시맨틱 태그는 왜 만들어졌는가?

02. 몇 개의 시맨틱 태그를 설명해보자.

Lab

구조화된 HTML 문서 작성

우리가 이번 교재에서 배우는 주제인 HTML, CSS, JAVASCRIPT를 소개하는 문서를 시맨틱 태그를 사용하여 작성해보자.

기본적인 형식은 다음과 같다. 구체적인 내용을 추가해보자.

semantic3.html

```html
<!DOCTYPE html>
<html lang="ko">
<head>
    <meta charset="UTF-8">
    <title>시맨틱 태그의 사용</title>
</head>
<body>
    <header>
        <h1>HTML, CSS, JAVASCRIPT를 이용한 웹 페이지의 작성</h1>
        <p>HTML5를 사용하여 웹 페이지 작성하는 방법을 학습합니다.</p>
    </header>
    <nav>
        <h2>목차</h2>
        <ul>
            <li><a href=#html> HTML5 </a></li>
            <li><a href=#css> CSS3 </a></li>
            <li><a href=#js> JAVASCRIPT </a></li>
        </ul>
    </nav>
    <section>
        <article id="html">
            <h2>HTML5</h2>
            <p>HTML을 이용하여 문서의 구조와 내용을 기술합니다. </p>
        </article>
        <article id="css">
               <h2>CSS3</h2>
               <p>CSS을 이용하여 문서의 스타일을 기술합니다. </p>
        </article>
        <article id="js">
            <h2>JAVASCRIPT</h2>
            <p>JAVASCRIPT을 이용하여 문서의 동작을 기술합니다. </p>
        </article>
    </section>
    <footer>
        <p>Author: 홍길동 <a href="mailto:hong@example.com">hong@example.com</a></p>
    </footer>
</body>
</html>
```

3-04 HTML 입력 양식

지금까지는 모든 것이 일방통행이었다. 즉, 서버에서 사용자에게로 전달되거나 로컬 컴퓨터에서 실행되었다. 하지만 우리가 알다시피 웹은 쌍방향성이다. 즉, 사용자가 서버측으로 보낼 수도 있는 것이다.

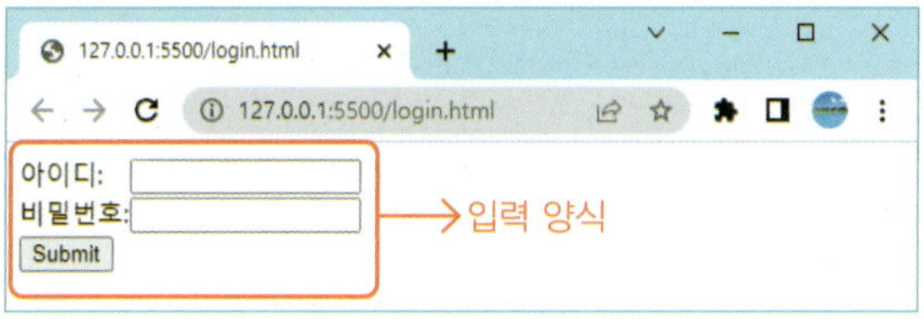

어떻게 보낼 수 있는가? 바로 입력 양식(form)을 사용하면 된다. 입력 양식은 사용자로부터 데이터를 받아서 서버로 넘기는 데 사용된다. 입력 양식을 사용하면 온라인 쇼핑몰에서 사용자로부터 주문을 받을 수도 있고, 사용자의 피드백을 받을 수 있다. 입력 양식에 채워진 데이터들은 서버로 전달된다. 서버에서는 받은 데이터를 처리하여 실행 결과를 사용자에게 돌려준다. 만약 검색 서버에 사용자로부터 검색어가 전달되었으면 검색 결과를 돌려주는 것이다. 이번 장에서 입력 양식들을 생성하기 위하여 필요한 HTML 요소들을 학습하여 보자.

■ 입력 양식의 작동 방식

입력 양식(form)은 기본적으로 사용자가 정보를 넣을 수 있는 입력 필드를 가지고 있는 웹 페이지이다. 입력 양식은 텍스트 필드, 라디오 버튼, 버튼 등과 같은 기본적인 입력 요소를 포함할 수 있다. 입력 양식이 제출되면 사용자가 입력한 정보는 포장되어서 서버로 전달된다. 최종적으로 서버에 존재하는 스크립트에 의하여 처리된다. 처리가 종료되면 처리 결과가 웹 페이지로 만들어져서 사용자에게 전달된다.

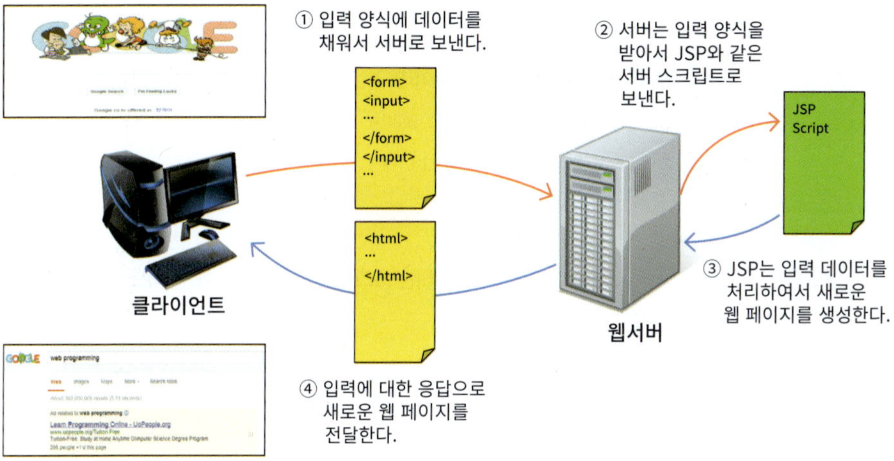

위의 과정을 조금 더 자세히 살펴보자.

01. 브라우저가 입력 요소들이 포함된 웹 페이지를 로드한다. 입력 양식은 단순히 입력 요소들이 들어 있는 웹 페이지이다. 브라우저들은 웹 페이지에 기술된 대로 입력을 받을 수 있는 텍스트 입력 박스나 버튼들을 화면에 생성한다.

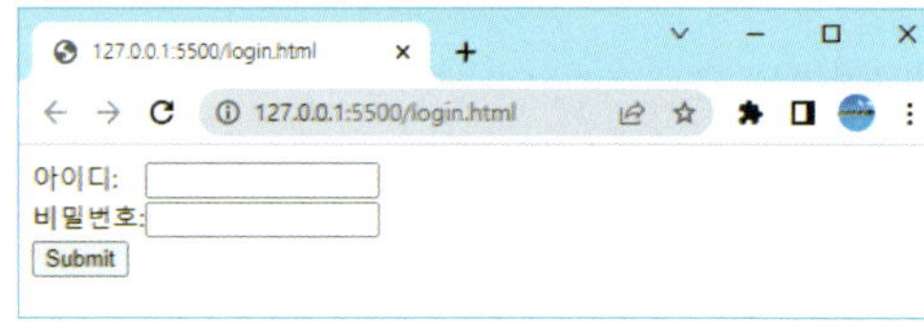

02. 사용자가 데이터를 입력한다.

03. 사용자가 "submit" 버튼을 눌러서 입력 양식을 웹서버로 제출한다.

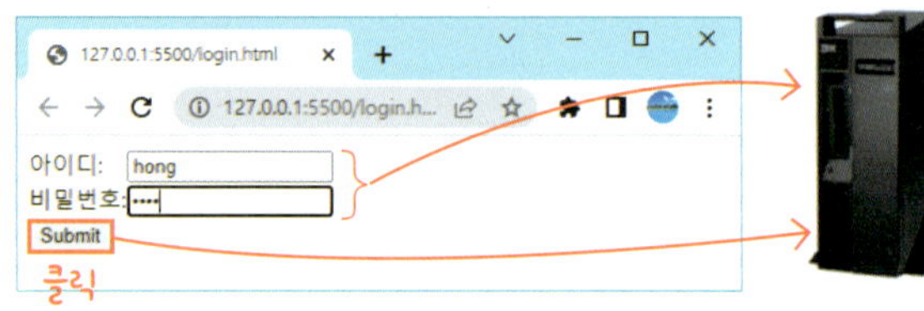

04. 웹서버는 입력 양식을 받아서 서버 스크립트를 통하여 처리하고 응답 페이지를 생성하여 사용자에게 보낸다.

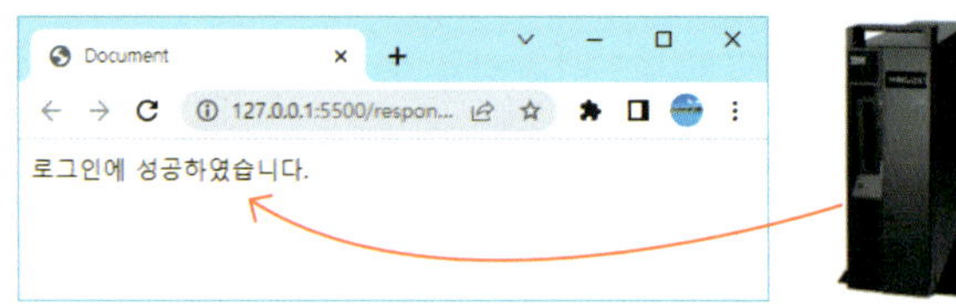

■ 입력 양식

<form> </form> 태그가 HTML 양식을 생성하는 데 사용된다.

입력 양식은 항상 <form>으로 시작한다.

여기에 입력을 처리하는 서버 스크립트의 주소를 적어준다.

입력 데이터가 서버로 보내지는 방법을 기술한다.
GET과 POST 방식이 있다. 차후에 학습한다.

```
<form action="input.jsp" method="post">
      아이디: <input type="text" name="input" />
      비밀번호: <input type="submit">
</form>
```

- action 속성에는 사용자가 입력한 데이터를 받아서 처리하는 스크립트의 주소를 URL 형식으로 적어준다. 예를 들어서 action="input.jsp"와 같다.
- method 속성에는 데이터를 보내는 방법을 기술한다. POST와 GET 방식이 있다. 예를 들어서 method="post"와 같이 적어준다.

<form>은 화면에 나타나지는 않는다. <form>은 입력 요소들을 담는 컨테이너의 역할만을 한다. 개발자가 <form> 요소 안에 실제로 입력을 받는 요소들을 넣어야 한다. 웹 사이트에 로그인할 때 많이 사용되는 로그인 페이지를 입력 양식으로 만들면서 자세히 설명해보자.

semantic2.html

```
<!DOCTYPE html>
<html>
<head>    <meta charset="UTF-8">    </head>

<body>
    <form action="input.jsp" method="post">
        아이디:    <input type="text" size= "15" value=""><br>
        비밀번호: <input type="password" size= "15" value=""><br>
        <input type="submit" value="Submit">
    </form>
</body>
</html>
```

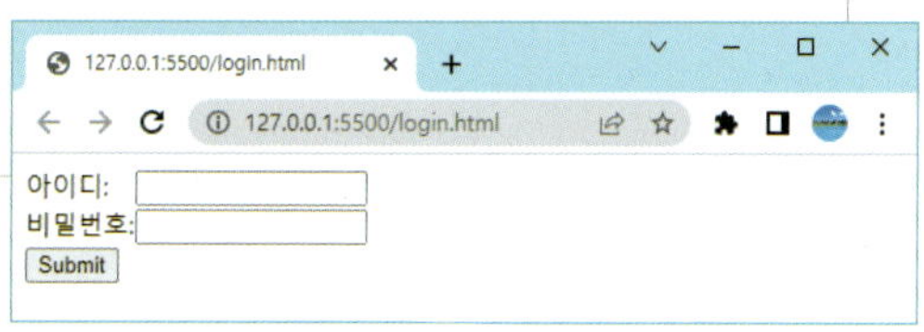

- <form action="input.jsp" method="post">

  POST 메소드를 이용하여 입력 양식을 만든다.

- <input type="text" size= "15" value="">

  사용자가 문자열을 입력할 수 있는 공간을 만드는 태그이다. 입력 공간의 크기는 15 문자 크기로 한다.

- <input type="password" size= "15" value="">

  사용자가 비밀번호를 입력할 수 있는 15 문자 크기의 공간을 만든다. type을 "password"로 하면 사용자가 입력한 문자가 보이지 않는다.

- <input type="submit" value="Submit">

  제출 버튼을 만드는 태그이다. 버튼에 "Submit" 텍스트가 출력된다. 이 버튼을 누르면 사용자가 입력한 내용이 웹서버로 전송된다. 이 예제에서는 action 속성에 입력된 input.jsp가 웹서버에 없기 때문에, 이 버튼을 눌러도 아무런 일도 일어나지 않는다.

GET 방식과 POST 방식

클라이언트 컴퓨터가 서버 컴퓨터로 데이터를 전달하는 방식에는 다음과 같이 2가지 방식이 있다.

- **GET 방식**: 주소줄 ? 뒤에 데이터가 붙여져서 전달되는 방식이다.
- **POST 방식**: HTTP Request 헤더 안에 데이터가 숨겨져서 전송되는 방식이다.

GET 방식

GET 방식은 URL 주소 뒤에 파라미터를 붙여서 데이터를 전달하는 방식이다. 간단한 예로 네이버에서 검색하면 GET 방식으로 서버에 데이터를 전달한다. 예를 들어서 네이버에서 "HTML"을 검색하면 다음과 같은 URL 주소를 만들어서 서버로 보낸다.

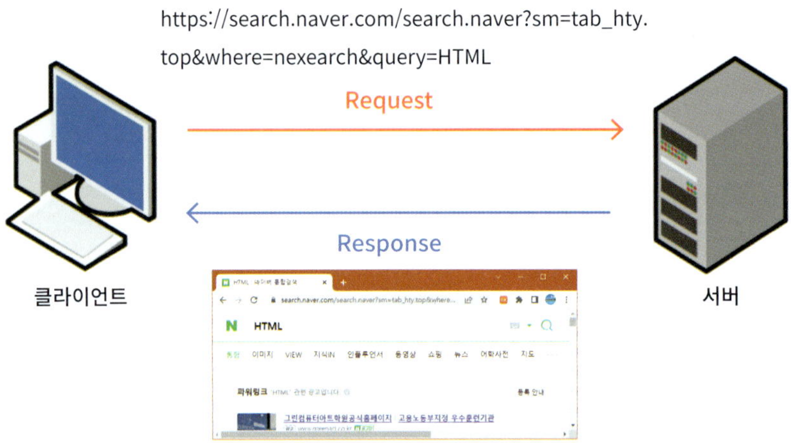

GET 방식은 URL 주소에 사용자가 입력한 데이터를 붙이는 방법이다. 어디까지가 URL 주소이고 어디가 파라미터일까? 위의 주소를 자세히 보면 "?" 기호 앞이 바로 URL 주소이고 "?" 기호 뒤에 오는 것이 바로 파라미터가 된다. 여기서 htps://search.naver.com/search.naver는 서버에서 검색을 담당하는 스크립트 이름이고 우리가 입력한 검색어 HTML은 주소의 끝 부분의 "query=HTML"에 의하여 서버로 전달된다. 즉, 사용자가 입력한 단어를 URL에 붙여서 서버로 보낸다. 일반적인 형태는 다음과 같다.

```
https://www.server.com/script.jsp?name1=value1&name2=value2
```

입력을 처리하는 스크립트 URL　　서버로 전달하는 데이터

GET 방식은 간단한 방법으로 장점도 많으나 단점도 상당하다. 먼저 GET 방식으로 보낼 수 있는 글자 수는 최대 2048글자로 제한되어 있다. 또 당연히 비밀이 보장되지 않는다. 주소만 보면 누구나 오고 가는 데이터를 알 수 있다. 따라서 패스워드 데이터를 GET 방식으로 보내면 큰일이 난다. 하지만 북마크가 가능하고 "뒤로 가기"가 보장된다는 점은 장점이다.

POST 방식

POST 방식은 사용자가 입력한 데이터를 URL 주소에 붙이지 않고 HTTP Request 헤더에 포함시켜서 전송하는 방식이다. 당연히 길이 제한이 없으며, 보안이 유지된다. 간단하게 HTTP request 헤더를 살펴보면 다음과 같다.

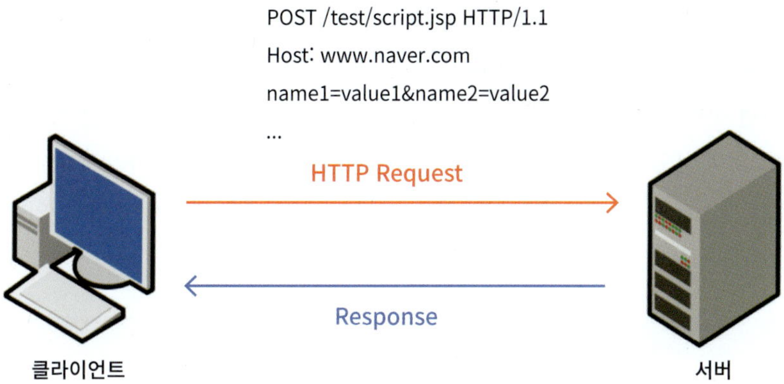

POST 요청은 캐시되지 않으며 브라우저 히스토리에도 남아있지 않다. 또 북마크가 불가능하다. POST 요청을 한 후에 "뒤로 가기" 버튼을 누르면 GET 방식은 문제없이 뒤로 가지만 POST 방식은 데이터를 다시 보내야 한다는 브라우저의 경고가 온다.

중간 점검

01. GET 방식과 POST 방식의 차이점을 설명해보자.

02. 입력 양식의 작동 순서를 설명해보자.

3-05 입력 요소

우리가 입력 양식에 사용하는 입력 요소들은 아래 표에서 보듯이 상당히 다양하다. 입력 요소들이 반드시 서버에서만 사용되는 것은 아니다. 클라이언트 컴퓨터에서만 사용될 수도 있다. 즉, HTML 문서에 포함된 자바스크립트가 입력을 받아서 어떤 작업을 할 때도 사용한다.

입력 요소	설명
<input>	아주 다양하게 사용되는 입력 요소이다. type 속성에 따라 입력의 형태가 달라진다.
<label>	입력 요소에 대한 레이블을 정의한다.
<select>	드롭다운 리스트를 정의한다.
<textarea>	다중 라인 입력 필드이다.
<button>	클릭 가능한 버튼을 생성한다.
<fieldset>	데이터를 그룹핑할 때 사용한다.
<datalist>	미리 정의된 옵션 목록을 지정한다.
<option>	선택될 수 있는 항목을 정의한다.

〈form〉 안에서 추가되는 입력 요소 중에 가장 중요한 요소는 〈input〉 요소이다. 〈input〉 요소는 사용자로부터 정보를 받아들이는 용도로 사용된다. 〈input〉 태그는 한 가지 형태만 있는 것이 아니다. type 속성을 변경하면 아주 다양한 형태가 나온다. 아마 하나의 태그가 이렇게 다양한 형태를 가지는 것도 〈input〉을 제외하면 없을 것이다. 〈input〉 요소는 type 속성에 따라서 여러 가지 형태로 변경될 수 있다. 〈input〉 요소는 텍스트 필드, 체크박스, 패스워드, 라디오 버튼, 제출 버튼 등이 될 수 있다. 많이 사용되는 〈input〉 요소를 생성한 페이지는 다음과 같다.

input1.html

```
<DOCTYPE html>
<html>
<body>
    <form action="input.jsp" method="post">
        이메일: <input type="email" name="email" /><br />
        URL:    <input type="url" name="url" /><br />
        전화번호:<input type="tel" name="tel" /><br />
        색상:    <input type="color" name="color" /><br />
        월:  <input type="month" name="month" /><br />
        날짜:   <input type="date" name="date" /><br />
        주:  <input type="month" name="week" /><br />
        시간:    <input type="time" name="time" /><br />
        지역 시간:   <input type="datetime-local" name="localdatetime" /><br />
        숫자:    <input type="number" name="number" min="1" max="10" step="2"/><br />
        범위:    <input type="range" name="range" min="1" max="10" step="2" /><br />
        <input type="submit" value="제출" />
    </form>
</body>
</html>
```

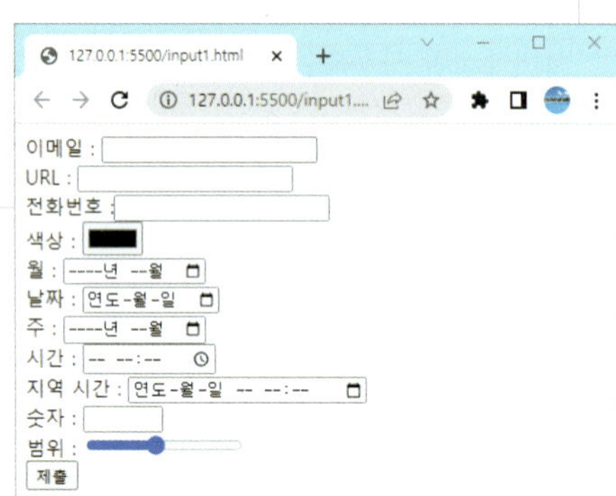

노트

입력 요소는 어디서나 사용할 수 있다.

입력 요소를 반드시 입력 양식 안에서만 사용해야 되는 것은 아니다. 웹 페이지 어디서나 사용할 수 있다. 자바스크립트 코드와 연결해서 로컬하게 사용하는 경우도 많다.

■ 〈input〉 형식

〈input〉 태그의 일반적인 구조는 다음과 같다.

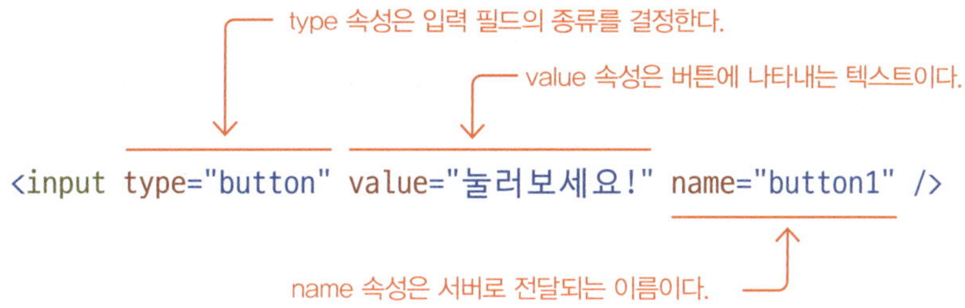

- type 속성 – 입력 요소의 유형(type)이다.
- value 속성 – 입력 요소의 초기값이다. 입력 요소에 따라서 사용자가 변경할 수도 있다.
- name 속성 – 입력 요소의 이름이며 서버로 변수의 이름처럼 전달된다.

많이 사용되는 입력 요소의 type 속성에는 다음과 같은 것들이 있다.

type 속성값	설명
text	텍스트를 입력할 수 있는 한 줄짜리 필드 생성
password	비밀번호를 입력할 수 있는 한 줄짜리 필드 생성
radio	라디오 버튼 생성
checkbox	체크 박스 생성
file	파일 이름 입력하는 필드 생성
reset	초기화 버튼 생성, 버튼을 누르면 모든 입력 필드가 초기화됨
image	이미지를 전송 버튼으로 만듦
hidden	사용자한테는 보이지 않지만 서버로 전송됨
submit	제출 버튼 생성

■ 텍스트 입력하기

<input type="text">는 사용자가 입력할 수 있는 한 줄짜리 입력 필드를 정의한다. 기본 크기는 20글자이다. size 속성으로 필드의 크기를 변경할 수 있다. name 속성을 줄 수 있는데, 서버에서는 name을 변수 이름처럼 생각한다.

<input type="password">는 패스워드 필드를 정의한다. 사용자가 입력한 글자는 보이지 않는다. 비밀번호 입력에 주로 사용한다.

<textarea>은 여러 줄의 텍스트를 입력받을 때 사용하는 태그이다. 영역의 크기는 rows와 cols로 설정한다. 사용자가 초기 공간보다 더 많은 텍스트를 입력하면 자동으로 스크롤바가 생성된다.

인터넷 쇼핑몰에서 상품에 대한 평가를 입력하는 화면을 작성해보자.

textf.html

```
...
<body>
    <h2>고객의 소리</h2>
    <form name="input" action="getfeedback.jsp" method="get">
        아이디: <input type="text" name="name"><br>
        구매번호: <input type="text" name="number" size=10><br>
        패스워드: <input type="password" name="pass"><br>
        제품을 평가해주세요.<br />
      <textarea name="feedback" rows="5" cols="50">
      </textarea>
    </form>
</body>
```

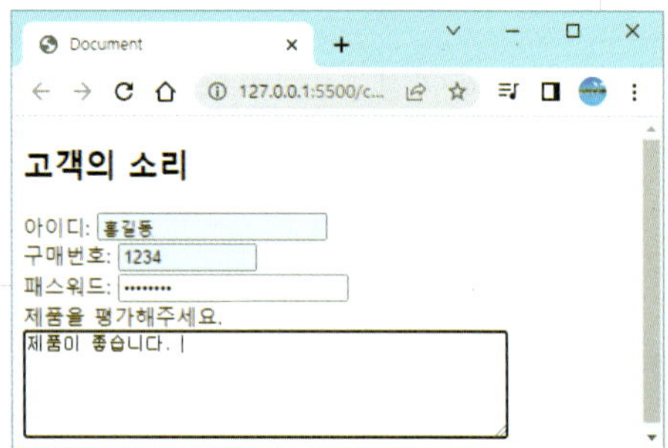

■ 체크 박스와 라디오 버튼 사용하기

웹 페이지에서는 사용자로부터 몇 가지를 선택받는 것도 매우 자주 일어난다. 이때 사용할 수 있는 요소가 체크 박스와 라디오 버튼이다.

<input type="radio">는 라디오 버튼을 정의한다. 사용자는 여러 항목 중에서 하나만을 선택할 수 있다. 예를 들어서 성별을 입력할 때 라디오 버튼을 사용하여서 사용자가 남성과 여성 중의 하나만을 선택하도록 할 수 있다. 이 때 type은 radio로 설정하여야 하고 name과 value 속성도 반드시 지정하여야 한다. 주의할 점은 name이 같아야 동일한 그룹으로 취급된다는 점이다. 동일한 그룹에서는 하나만 선택할 수 있다. 서버로는 선택된 라디오 버튼의 value 값이 "gender=male"과 같은 형태로 전달된다.

<input type="checkbox">는 체크 박스를 정의한다. 체크 박스는 사용자가 여러 개의 항목을 동시에 선택할 수 있다. name 속성은 동일하여야 한다. 미리 어떤 값을 체크하고 싶다면 checked 속성을 지정하면 된다.

성별에 따른 과일 선호도를 조사하는 웹 페이지를 만들어보자. 과일은 한 사람이 여러 개를 선택할 수 있음에 유의하자.

radiof.html

```
<body>
    <h2>선호도 조사입니다. </h2>
    <form>
        성별:
          <input type="radio" name="gender" value="male">남성
          <input type="radio" name="gender" value="female">여성 <br>
          과일 선택:
          <input type="checkbox" name="fruits" value="apple" checked>사과
          <input type="checkbox" name="fruits" value="grape">포도
          <input type="checkbox" name="fruits" value="orange">오렌지
    </form>
</body>
...
```

name 속성은 동일해야 한다.

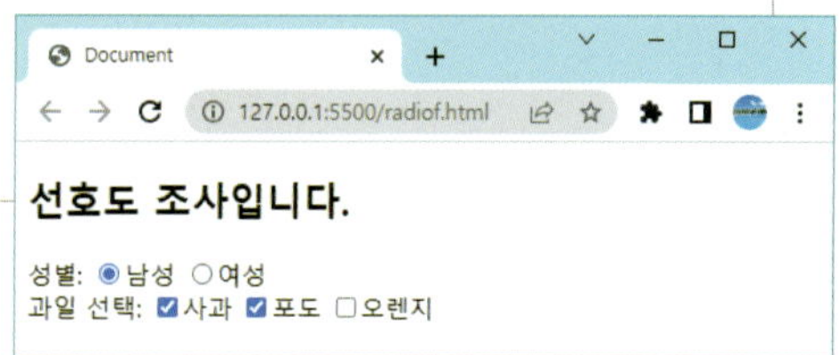

■ 제출 버튼과 초기화 버튼

<input type="submit">은 제출 버튼을 정의한다. 제출 버튼은 데이터를 서버로 전송하는 데 사용된다. 데이터는 "name1=value1&name2=value2..."의 형태로 action 속성에 지정된 스크립트로 보내진다. action 속성에 지정된 스크립트는 전송받은 입력에 대하여 어떤 처리를 한다.

<input type="reset">은 초기화 버튼이다. 이 버튼을 누르면 입력 필드에 입력한 값들이 모두 초기화된다. 일반적으로 입력 양식 안에는 제출 버튼과 초기화 버튼이 있는 것이 바람직하다.

사용자가 아이디와 패스워드를 누르고 로그인할 수 있는 웹 페이지를 작성해보자. 사용자가 입력을 끝내고 제출 버튼을 누르면 브라우저는 사용자가 입력한 값을 GET 방식으로 login.jsp라는 스크립트로 보낸다(물론 아직 서버가 없으므로 가상적인 스크립트이다).

sbmit.html

```
...
<body>
    <form name="input" action="login.jsp" method="get">
        아이디: <input type="text" name="user"><br />
        패스워드: <input type="password" name="pass"><br />
        <input type="submit" value="제출">
        <input type="reset" value="초기화">
    </form>
</body>
...
```

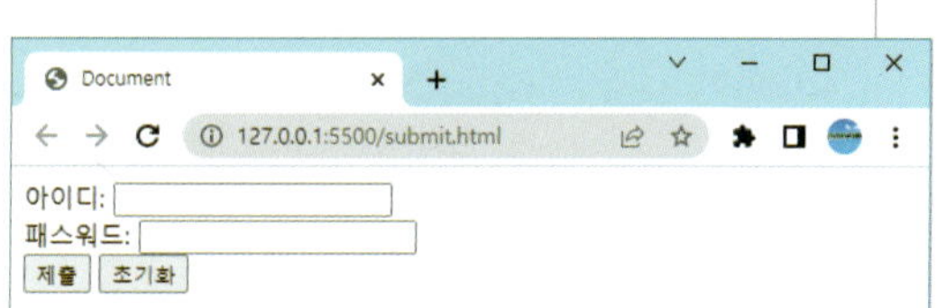

■ <input type="button">

일반적인 버튼은 〈input type="button"〉으로 생성할 수 있다. 버튼은 다양한 용도로 사용될 수 있다. 일반적으로 우리는 onclick 속성에 버튼이 클릭되면, 실행되는 자바스크립트를 지정할 수 있다. onclick은 **"버튼이 클릭이 되면"**이라는 의미이다. 여기서는 간단하게 경고 대화 상자를 화면에 표시하는 alert()를 실행한다.

buttonf1.html

```
...
<input type="button" value="눌러보세요" onclick="alert('안녕하세요?')">
...
```

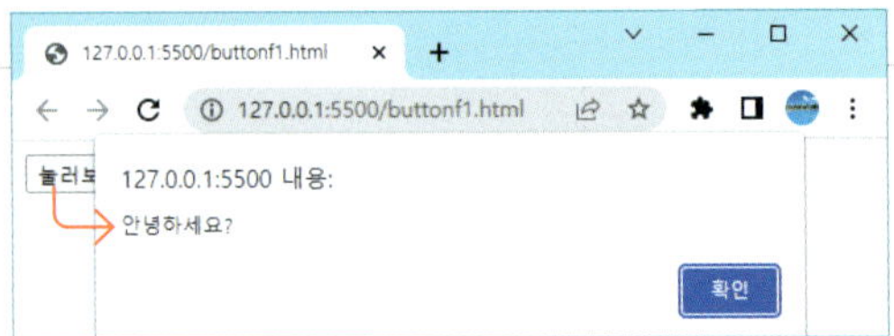

■ <button> 요소

버튼은 〈button〉 태그로도 정의할 수 있다. 〈button〉 요소 안에는 텍스트나 이미지와 같은 콘텐츠를 넣을 수 있다. 바로 이 점이 〈input type="button"〉 요소로 생성된 버튼과 다른 점이다. 반드시 〈button〉 요소의 type을 지정하도록 하자. type은 submit, reset, button으로 지정할 수 있다. 경우에 따라서 버튼을 이미지로 만들고 싶을 때가 있다. 이미지 버튼은 2가지 방법으로 가능하다.

- `<button type="button"> <img src="submit.png"> </button>`
- `<input type="image" src="submit.png" alt="버튼">`

〈button〉 태그 안에 이미지를 넣어서 이미지 버튼을 만들어보자.

bttonf.html

```
...
<body>
    <button type="button"><img src="dog.png"></button>
    <button type="button"><img src="cat.png"></button>
    <button type="button"><img src="bird.png"></button>
</body>
...
```

참고사항

만약 〈form〉...〈/form〉 안에 〈button〉 버튼을 사용할 경우, 제출 버튼처럼 동작하여서 이상한 값이 서버로 제출될 수 있다. 따라서 가급적 〈form〉...〈/form〉 안에서는 〈input〉을 사용하여 버튼을 생성하도록 하자. 불가피하게 〈form〉...〈/form〉 안에서 〈button〉 태그를 사용할 때는 반드시 type을 button으로 지정하자.

■ 〈select〉 요소

〈select〉 요소는 메뉴를 표시하고 사용자로 하여금 하나를 선택하게 한다. 〈select〉 요소는 항상 〈option〉 요소와 함께 사용된다. 〈option〉 요소는 반드시 value 속성을 가지고 있어야 한다. selected 속성을 이용하여서 특정 항목을 초기에 선택할 수 있다.

select.html

```
...
<form action="">
    <select name="cars">
      <option value="bmw">BMW</option>
      <option value="benz">Benz</option>
      <option value="hyundai" selected>현대자동차</option>
      <option value="kia">기아자동차</option>
    </select>
</form>
...
```

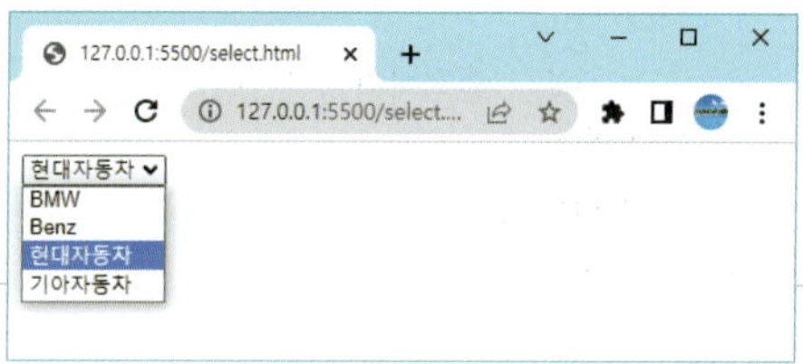

■ 〈datalist〉 요소

〈datalist〉 요소도 〈select〉와 마찬가지로 선택 항목들을 지정할 수 있다. 사용자는 데이터를 입력할 때 미리 정의된 옵션의 드롭다운 리스트를 볼 수 있다. 이때 〈datalist〉 요소의 list 속성은 〈input〉 요소의 id 속성과 일치하여야 한다. 〈select〉 요소에서는 사용자가 직접 입력하는 것이 금지되지만 〈datalist〉에서는 사용자의 직접 입력도 허용된다.

datalist.html

```
...
<body>
    <p>선호하는 브라우저를 선택해주세요.</p>
    <form action="process.jsp">
        <input list="browsers" name="browser">
        <datalist id="browsers">
            <option value="구글 크롬">
```

```
            <option value="엣지">
            <option value="오페라">
            <option value="사파리">
            <option value="파이어폭스">
        </datalist>
        <input type="submit">
    </form>
</body>
...
```

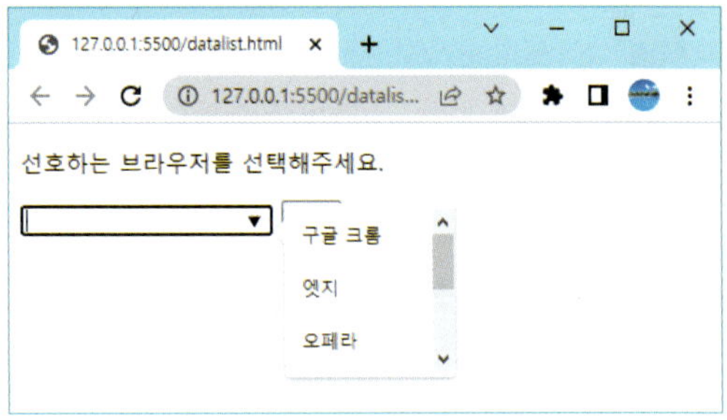

■ <fieldset> 요소

입력 요소들을 그룹핑하는 데 사용되는 태그이다. <fieldset> 요소 안에는 다양한 입력 요소들을 넣을 수 있으며 그룹의 경계에 선을 그려준다. <legend> 태그를 사용하면 그룹에 제목을 붙일 수 있다.

fieldset.html

```
...
<form>
    <fieldset>
        <legend>인적사항입력</legend>
        이름:       <input type="text"><br>
        전화번호:   <input type="text"><br>
        주소:       <input type="text">
    </fieldset>
</form>
...
```

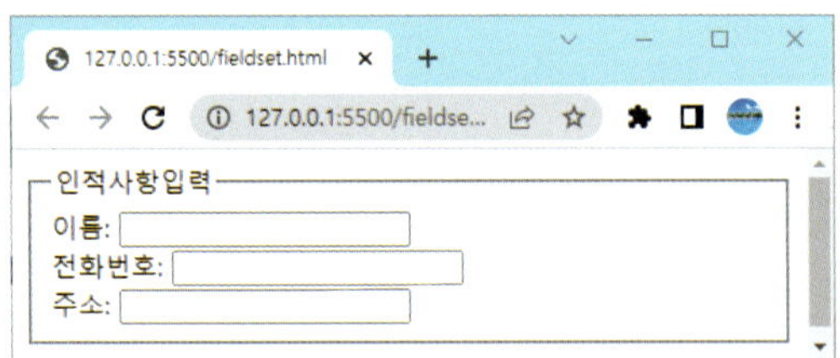

■ <label> 요소

<label> 태그는 <input> 요소를 위한 레이블(label)을 정의한다. <label> 태그의 속성 for는 <input> 요소의 id 속성과 일치하여야 한다. <label> 요소는 특히 마우스 사용자에게 편리한데, 마우스로 <label>을 클릭해도 <input> 요소를 클릭한 것과 똑같은 효과를 낸다.

label.html

```
...
<form action="proc_form.jsp">
    <label for="male">남성</label>
    <input type="radio" name="gender" id="male" value="male"><br>
```

```
    <label for="female">여성</label>
    <input type="radio" name="gender" id="female" value="female"><br>
    <input type="submit" value="제출">
</form>
...
```

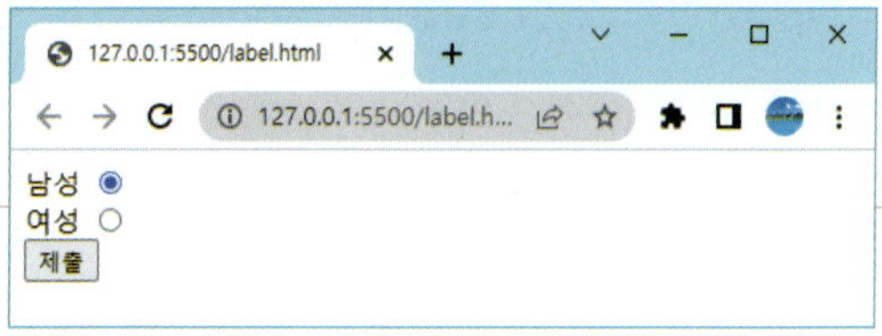

■ 파일 업로드 버튼

사용자가 파일을 선택하여서 서버로 업로드해야 하는 경우도 상당히 많다. 이런 경우에 유용하게 사용할 수 있는 태그가 있다. 바로 <input type="file">이다. 이 버튼을 누르면 파일 이름을 선택하는 대화 상자가 화면에 등장한다. 웹 브라우저마다 약간씩 다르게 구현하고 있다.

fileupload.html

```
...
<form enctype="multipart/form-data">
    <input type="file" accept="image/jpg,image/gif">
</form>
...
```

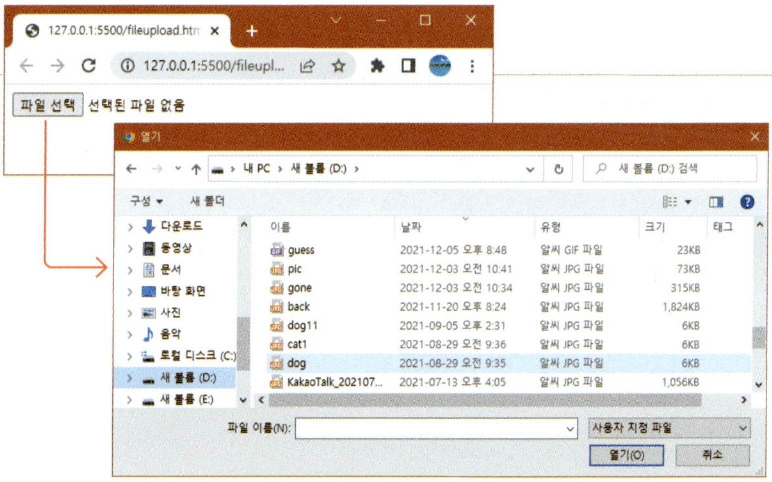

<form> 태그에 속성으로 enctype="multi-part/form-data"를 추가하는 것이 좋다. 이것은 파일을 올바르게 업로드하여 준다. <input> 태그의 accept 속성은 업로드시킬 파일의 MIME 타입을 브라우저에게 알려준다.

중간 점검

01. 사용자로부터 텍스트를 입력받을 때 사용하는 입력 양식은?

02. 3개 중에서 하나만 선택하고 싶을 때 사용하는 입력 양식은?

Lab

이메일 작성 화면 만들기

다음과 같이 이메일을 작성하여 보낼 수 있는 화면을 작성하여 보자.

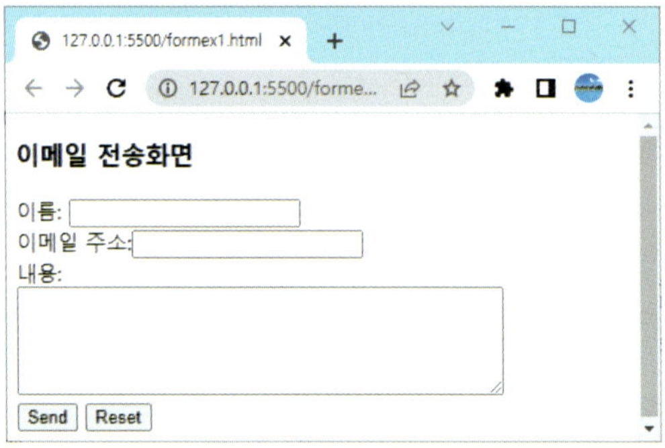

formex1.html

```
<!DOCTYPE html>
<html>
<body>
    <h3>이메일 전송화면</h3>
    <form action="MAILTO:hong1234@gmail.com" method="post" enctype="text/plain">
        이름:
        <input type="text" name="name" value=""><br>
        이메일 주소:<input type="email" name="mail" value=""><br>
        내용:<br>
        <textarea name="comment" rows="5" cols="50"></textarea><br>
        <input type="submit" value="Send"/>
        <input type="reset" value="Reset"/>
    </form>
</body>
</html>
```

01. 이메일의 제목도 입력할 수 있도록 수정해보자.

02. 첨부 파일도 선택할 수 있도록 수정해보자.

Lab

회원 정보 입력 화면 만들기

여러 가지 입력 요소들을 사용하여 회원 정보를 입력받는 페이지를 작성하여 보자.

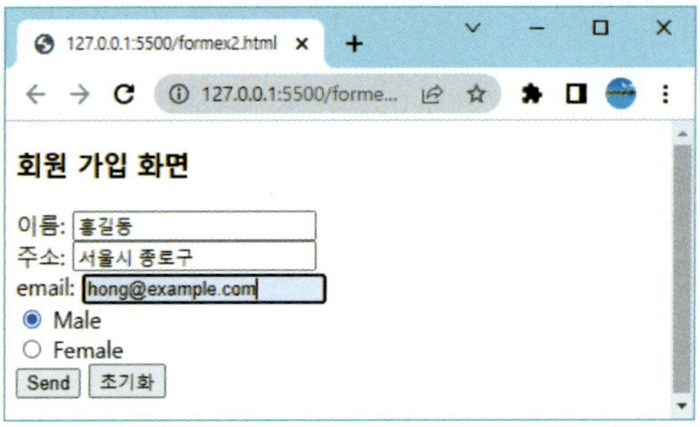

formex2.html

```
<!DOCTYPE html>
<html>
<body>
    <h3>회원 가입 화면</h3>
    <form action="adduser.jsp" method="post">
        <p>
            이름: <input type="text" name="name"><br>
            주소: <input type="text" name="address"><br>
            email:
            <input type="email" name="email" required ><br>
            <input type="radio" name="gender" value="Male">
            Male<br>
            <input type="radio" name="gender" value="Female">
            Female<br>
            <input type="submit" value="Send">
            <input type="reset">
        </p>
    </form>

</body>
</html>
```

도전

01. <select>나 <datalist> 요소를 이용하여 관심분야도 선택할 수 있도록 해보자.

02. 관심 분야를 체크 박스를 이용하여 선택할 수 있도록 해보자.

3-06 HTML5 입력 요소

HTML5에는 〈input〉 태그에 아주 많은 type 속성이 추가되었다. 새로운 입력 타입은 개발자의 수고를 많이 덜어준다. 또 새로운 입력 타입은 자체적으로 입력을 어느 정도 검증한다. 예를 들어서 〈input type="email"〉이라고 지정하면 사용자가 올바른 이메일 주소를 입력하였는지를 어느 정도 검사해준다. 만약 올바르지 않은 이메일 주소라면 입력 태그 아래에 경고 메시지가 나타난다.

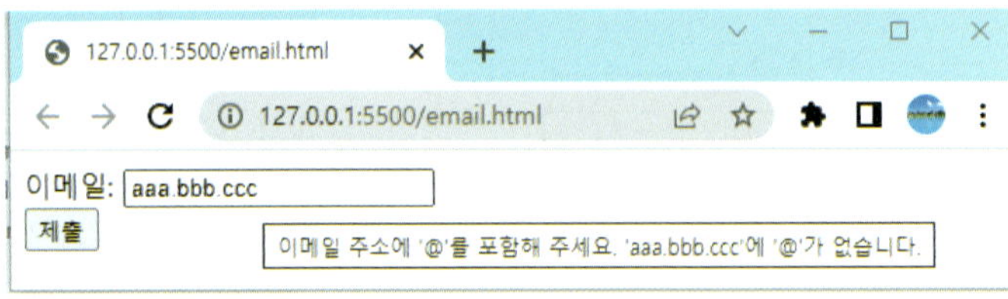

따라서 예전처럼 자바스크립트와 정규식을 이용하여 검사할 필요를 많이 줄여준다. 물론 진지하게 검사하려면 자바스크립트를 사용하여야 한다.

추가된 〈input〉 type	설명
date	날자를 입력할 수 있는 컨트롤
datetime	UTC 날짜/시간 형식을 이용한 날짜와 시간 표시 컨트롤
datetime-local	현지 날짜/시간
month	월/연도
time	시간
week	주와 연도를 선택할 수 있는 컨트롤
color	색상 코드를 입력할 수 있는 컨트롤
email	표준 이메일 주소를 입력받아서 검증하는 컨트롤
tel	전화번호를 입력받아서 검증하는 컨트롤
search	검색어 입력 양식을 생성
range	2개의 숫자 사이의 숫자를 선택할 수 있는 슬라이더 컨트롤
number	숫자만 입력받는 컨트롤
url	URL만 입력받는 컨트롤

■ 추가된 속성

HTML5에서는 새로운 〈input〉 태그의 속성들도 많이 추가되었다. 몇 개만 살펴보자.

〈input〉 속성들	설명
autocomplete	자동으로 입력을 완성한다.
autofocus	페이지가 로드되면 자동으로 입력 포커스를 갖는다.
placeholder	입력 힌트를 희미하게 보여준다.
readonly	읽기 전용 필드
required	입력 양식을 제출하기 전에 반드시 채워져 있어야 함을 나타낸다.
pattern	허용하는 입력의 형태를 정규식으로 지정한다.

■ 한눈에 보기

HTML5에서 새롭게 추가된 입력 양식들을 한 페이지에 만들어보자. 출력 형태는 브라우저마다 상당한 차이가 있다.

html5form.html

```
...
<body>
    <form>
        date: <input type="date"/>  <br />
        datetime: <input type="datetime"/>  <br />
        datetime-local: <input type="datetime-local"/>
        <br />
        month: <input type="month"/>  <br />
        time: <input type="time"/>  <br />
        week: <input type="week"/>  <br />
        color: <input type="color"/>  <br />
        email: <input type="email"/>  <br />
        tel: <input type="tel"/>  <br />
        search: <input type="search"/>  <br />
        range: <input type="range"/>  <br />
        number: <input type="number"/>  <br />
        url: <input type="url"/>  <br />
        <input type="submit"/>
    </form>
</body>
</html>
...
```

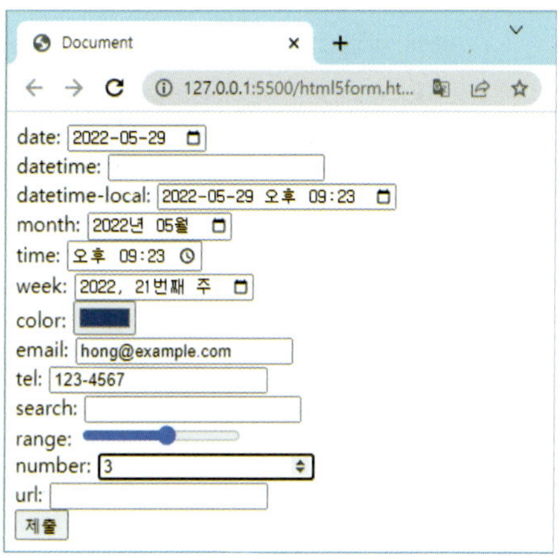

■ 시간 입력 요소들

인터넷에서 의외로 많은 작업이 날짜를 입력하는 작업이다. 따라서 사용자가 날짜를 쉽게 입력할 수 있도록 하는 것은 대단히 중요하다. HTML5에서는 브라우저 자체가 날짜를 선택하는 픽커(picker) 기능을 내장하고 있다. 날짜와 시간을 입력하기 위한 〈input〉 요소의 속성에는 다음과 같은 종류가 있다.

- date – 날짜 입력
- month – 월 입력
- week – 주 입력
- time – 시간 입력
- datetime – 날짜와 시간을 입력할 수 있는 양식 제공, 국제 표준 시간대
- datetime-local – 날짜와 시간을 입력할 수 있는 양식 제공, 지역 표준 시간대

다양한 입력 요소들을 이용하여 2023년 3월 1일 9시 정각을 입력해보자.

date.html

```
...
<body>
    <h2>2023년 3월 1일 9시 정각을 입력해보세요.</h2>
    <form>
        date 타입<input type="date" value="2023-03-01"><br>
        datetime-local 타입<input type="datetime-local"><br>
        time 타입<input type="time"><br>
        month 타입<input type="month"><br>
        week 타입<input type="week">
    </form>
</body>
...
```

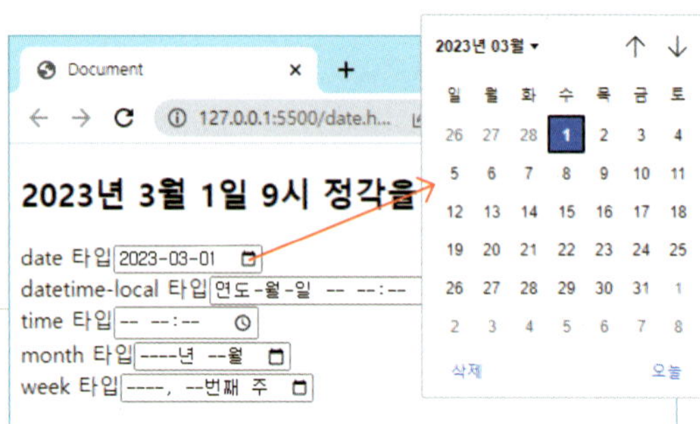

사용자는 달력 위에서 자신이 필요한 날짜를 선택할 수 있다. 여기서도 min, max를 사용하여 어떤 특정한 기간에서만 사용자가 날짜를 선택할 수 있도록 강제할 수 있다.

```
<input type="date" min="1960-07-01" max="2023-07-30" name="date">
```

■ 색상 입력

〈input〉 요소의 type을 “color”로 지정하면 색상을 입력받을 수 있다.

color.html

```
...
   색상선택: <input type="color" value="#FF00FF" name="color"/>
...
```

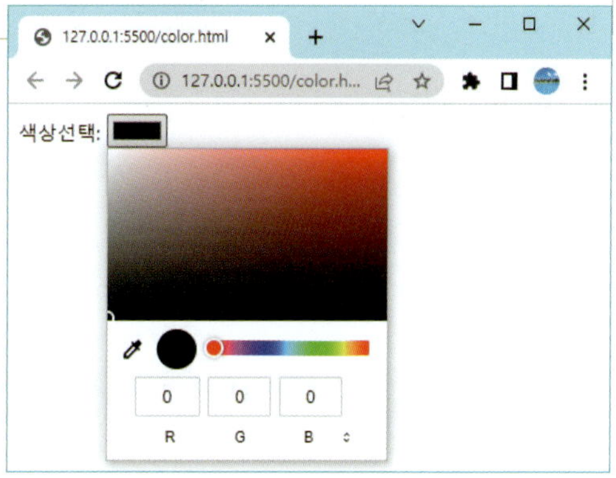

HTML에서 색상은 빛의 3원색인 red, green, blue의 비율을 이용하여 표현한다. 색상의 초기값은 #RRGGBB의 형식으로 표시할 수 있다. 여기서 RR은 빨강, GG는 초록, BB는 파랑의 농도를 나타내며, 각 색상은 0x00(0)부터 0xFF(255)까지의 16진수를 이용하여 표기한다. 예를 들어서 #FF0000은 순수한 빨강색을 나타낸다. 사용자로부터 색상을 입력받는 요소는 <input type=“color”>이다.

■ 편리한 숫자 데이터 입력

〈input〉 요소의 type을 “number”로 지정하면 정수를 입력받을 수 있다. max, min, step 속성을 이용하여 최대값, 최소값, 단계값도 지정할 수 있다. number 타입은 브라우저에 따라서 상당히 다르게 표시된다. 〈input〉 요소의 type을 “range”로 지정하면 어떤 범위에 속하는 정수를 입력받을 수 있다. 오페라, 사파리, 구글 등은 모두 range를 슬라이더로 화면에 표시한다.

테니스부에서 부원들을 모집한다고 하자. 신청자들은 자신의 테니스 스킬을 1부터 10 사이로 입력한다. 또 신입부원들은 선물로 운동화를 받게 된다. 운동화의 크기를 230부터 290 사이(10단위로 증가한다)로 입력하는 웹 페이지를 작성해보자.

number.html

```
...
<body>
   <h2>신입부원들을 환영합니다. </h2>
   이름: <input type="text"><br>

   신발사이즈(230-290, 10단위)
   <input type="number" min="230" max="290" step="10" value="260"><br>
```

```
    테니스 스킬(1부터10) <input type="range" min="1" max="10" value="1"><br>

    <input type="submit"><input type="reset">
</body>
```

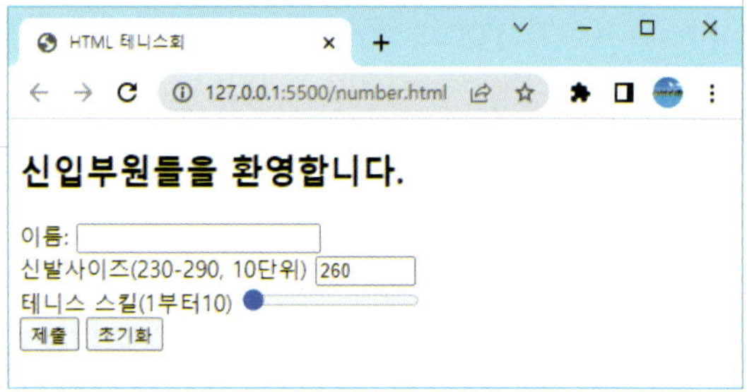

■ 이메일 타입

〈input〉 요소의 type을 "email"로 지정하면 이메일 주소를 입력받을 수 있다. 이것도 마찬가지로 text 타입으로 지정하는 것과 외양은 비슷하지만 required 속성을 설정하면 브라우저가 유효한 이메일 주소인지를 검사할 수 있다. 크롬 브라우저에서는 입력을 하는 즉시 검사가 시작된다.

email.html

```
...
  이메일: <input type="email" name="email" required><br>
...
```

실행 결과에서 잘못된 이메일 주소에 대하여 브라우저가 경고 메시지를 표시하는 것을 볼 수 있다. 만약 좀 더 정교하게 검사하려면 pattern 속성을 지정하면 된다. pattern 속성에는 정규식(regular expression)을 넣어준다. 기본적으로는

```
/^[a-zA-Z0-9.!#$%&'*+/=?^_`{|}~-]+@[a-zA-Z0-9-]+(?:\.[a-zA-Z0-9-]+)*$/
```

과 같은 정규식으로 이메일 주소를 검사하게 된다. 여러 개의 이메일 주소를 쉼표로 구분하여 입력하고 싶다면 multiple 속성을 지정한다.

■ URL 타입

url 타입은 웹 주소를 입력하기 위한 입력 필드를 생성한다. multiple이라는 속성을 사용하면 하나 이상의 URL도 입력할 수 있다. 브라우저는 입력된 주소에 대하여 약간의 검증 작업을 한다. 검증 작업을 시키려면 required 속성을 설정하도록 하자.

url.html

```
...
   URL: <input type="url" name="url" required><br>
...
```

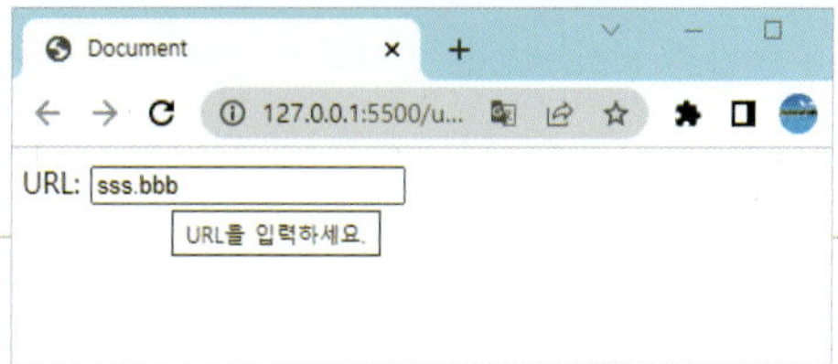

■ 정규식

정규식(regular expression)이란 특정한 규칙을 가지고 있는 문자열들을 표현하는 수식이다. 정규식은 많은 텍스트 에디터와 프로그래밍 언어에서 문자열의 검색과 치환을 위해 사용되고 있다. 정규 표현식은 /과 / 내부에 위치한다. 자바스크립트의 정규식에서 사용되는 메타 문자를 요약하면 다음과 같다.

식	기능	설명
.	문자	한 개의 어떤 문자와도 일치
\d	숫자	한 개의 숫자와 일치
\w	문자와 숫자	한 개의 문자나 숫자와 일치
\s	공백문자	공백, 탭, 줄바꿈, 캐리지리턴 문자와 일치
^	시작	패턴의 시작을 표시
$	끝	패턴의 끝을 표시
[ ]	문자 종류, 문자 범위	[abc]는 a 또는 b 또는 c를 나타낸다. [a-z]는 a부터 z까지 중의 하나, [1-9]는 1부터 9까지 중의 하나를 나타낸다.

정규 표현식에는 메타문자 뒤에 수량 한정자(quantifier)를 붙일 수 있다. 수량 한정자는 문자가 몇 번 반복되느냐를 나타낸다.

수량 한정자	기능	설명
()	문자들을 그룹핑	"abc¦adc"와 "a(b¦d)c"는 같은 의미를 가진다.
*	0회 이상 반복	"a*b"는 "b", "ab", "aab", "aaab"를 나타낸다.
+	1회 이상	"a+b"는 "ab", "aab", "aaab"를 나타내지만 "b"는 포함하지 않는다.
?	0 또는 1회	"a?b"는 "b", "ab"를 나타낸다.
{m}	m회	"a{3}b"는 "aaab"와 매칭된다.

많이 사용되는 정규식 패턴들을 잘 모아놓은 사이트는 http://regexlib.com/이다. 참고하도록 하자.

■ 전화번호 타입

tel 타입은 전화번호를 입력하기 위한 필드를 생성한다. 전화번호는 브라우저에서 별다른 검증은 하지 않는데 이유는 전 세계적으로 너무 다양한 형태의 전화번호들이 사용되고 있기 때문이다. 검증을 올바르게 하려면 pattern 속성에 정규식을 지정해준다. 예를 들어서 "###-####-####." 패턴의 전화번호를 입력받으려면 다음과 같이 패턴을 지정하면 된다.

tel.html

```
...
<form>
    전화번호:
    <input type="tel" name="tel" required
    pattern="[0-9]{3}-[0-9]{4}-[0-9]{4}"
    title="####-####-####"><br>
    <input type="submit" />
</form>
...
```

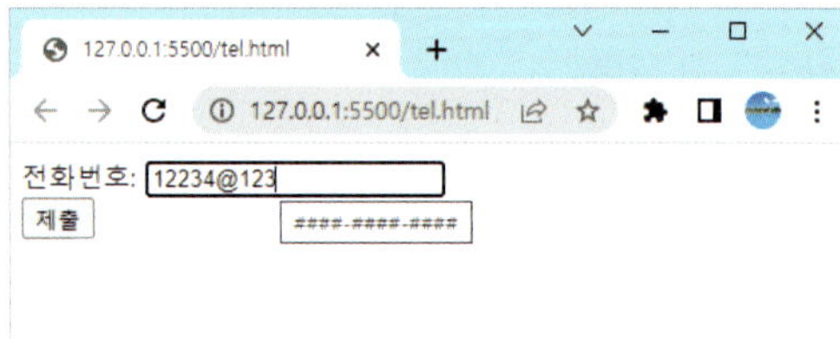

입력 검증을 하려면 반드시 title에 올바른 입력 형태를 지정하여야 한다. 위의 예제에서 pattern에 입력된 정규식의 의미는 "[0부터 9 사이의 정수]를 3번 반복, - 기호, [0부터 9 사이의 정수]를 4번 반복, - 기호, [0부터 9 사이의 정수]를 4번 반복"이다.

중간 점검

01. 사용자로부터 시간을 입력받을 때는 어떤 입력 양식을 사용하는 것이 좋은가?

02. 사용자로부터 이메일을 입력받을 때는 어떤 입력 양식을 사용하는 것이 좋은가?

Mini Project

쇼핑몰 웹 사이트 제작 #2: 콘텐츠 작성

이 단계에서는 스타일을 고려하지 않고 HTML만 사용하여 웹 페이지의 콘텐츠만을 작성한다. 5장과 6장에서 CSS 파일을 작성하여서 웹 페이지의 스타일과 레이아웃을 지정할 것이다. 현재까지 작성된 페이지의 모습은 다음과 같다. 아직 요소들이 배치되지 않아서 세로로 길쭉한 모습이 된다. 전부 블록 요소라서 그렇다.

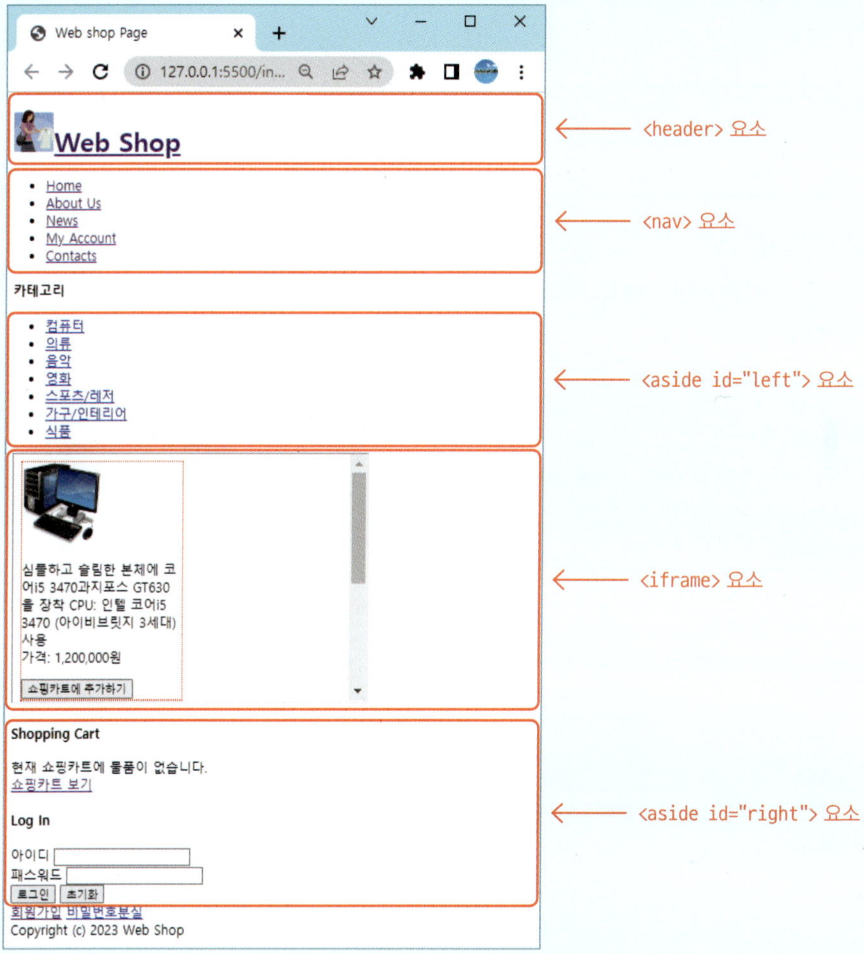

쇼핑몰 사이트의 홈 페이지는 HTML5에서 문서 구조를 나타내는 시맨틱 태그를 이용하여 다음과 같은 레이아웃을 가지도록 작성해 본다. 일단 HTML 요소들의 배치에는 신경 쓰지 말자. 여기서는 문서의 구조만을 HTML을 이용하여 정의한다.

위의 그림을 HTML 코드로 변환하면 다음과 같은 구조가 된다.

```
<!DOCTYPE html>
<html>
<head>
...
</head>
<body>

    <header>
        <!-- 헤더에 해당되는 콘텐츠를 여기에 둔다. -->
    </header>

    <nav>
        <!-- 내비게이션 메뉴는 여기에 둔다. -->
    </nav>

    <aside id="left">
        <!-- 상품 카테고리 메뉴는 여기에 둔다. -->
    </aside>

    <section>
        <article>
            <!-- 상품에 대한 정보를 여기서 보여준다. -->
        </article>
    </section>

    <aside id="right">
        <!-- 쇼핑카트와 로그인 정보를 보여준다. -->
    </aside>

    <footer>
        <!-- 각주에 해당되는 콘텐츠는 여기에 둔다. -->
    </footer>

</body>
</html>
```

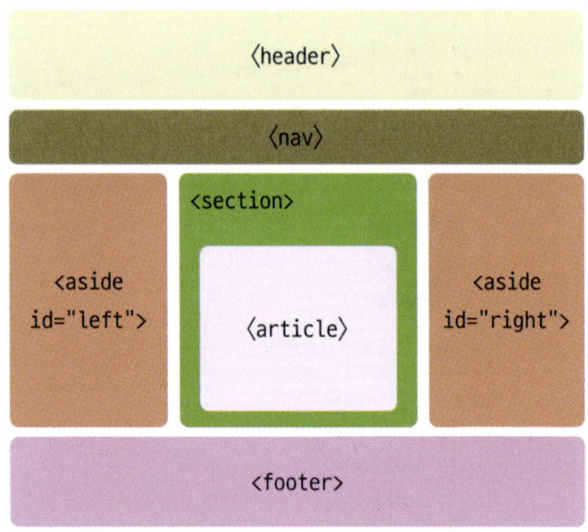

지금부터는 페이지의 한 부분씩 구현하여 보자. 오른쪽에 현재의 모습을 보였다.

1. 헤더

index.html

```
<header>
    <h1><img src="images/shop.png" width="50" height="50" /><a href="index.html">
      Web Shop</a></h1>
</header>
```

이미지 삽입

하이퍼링크를 생성한다.

2. 내비게이션 메뉴

여기서는 수평 메뉴를 구현한다. 정렬되지 않은 리스트를 작성해놓고 나중에 CSS에서 수평으로 만들면 된다. 메뉴에 해당되는 페이지가 아직 구현이 안 되어 있으므로 사용자가 메뉴 항목을 클릭하면 무조건 index.html로 연결되도록 해놓자.

index.html

```
<nav>
    <ul>
        <li><a href="index.html">Home</a></li>
        <li><a href="index.html">About Us</a></li>
        <li><a href="index.html">News</a></li>
        <li><a href="index.html">My Account</a></li>
        <li><a href="index.html">Contacts</a></li>
    </ul>
</nav>
```

메뉴 항목에 하이퍼링크를 생성한다.

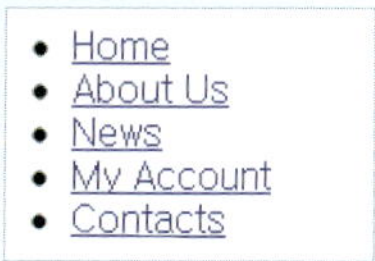

3. 왼쪽 수직 메뉴

index.html

```
<aside id="left">
    <h4>카테고리</h4>
    <ul>
        <li><a target="iframe1" href="computer.htm">컴퓨터</a></li>
        <li><a target="iframe1" href="clothing.html">의류</a></li>
        <li><a target="iframe1" href="music.html">음악</a></li>
        <li><a target="iframe1" href="movie.html">영화</a></li>
        <li><a target="iframe1" href="computer.html">스포츠/레저</a></li>
        <li><a target="iframe1" href="computer.html">가구/인테리어</a></li>
        <li><a target="iframe1" href="computer.html">식품</a></li>
    </ul>
</aside>
```

<aside>가 여러 개이므로 id를 지정한다.

target을 지정하여 링크를 클릭하면 새로운 페이지가 target에서 오픈되도록 한다.

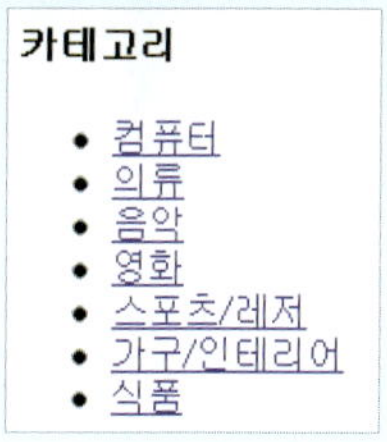

4. 섹션

HTML5의 시맨틱 요소 중에서 메인 콘텐츠를 보여주는 요소는 주로 <section>이나 <article>로 구현하게 된다. 둘 중에서 무엇을 사용하여야 하는가? 결론부터 이야기하면 개발자의 선호에 따라서 그냥 사용하면 된다. 다음과 같이 권고하고 있다.

- <article>: 뉴스 항목과 같은 독립적인 콘텐츠를 포함한다.
- <section>: 여러 가지 목적에 의하여 여러 아티클을 그룹핑할 때 사용된다. 또는 반대로 하나의 아티클을 여러 섹션으로 나눌 때도 사용된다.

우리는 섹션을 먼저 정의하고 섹션 안에 아티클을 포함시키도록 하자.

index.html

```
<section id="main">
    <article id="article1">
        <iframe name="iframe1" src="computer.html"
          width="440" height="300" seamless></iframe>
    </article>
</section>
```

<iframe>요소를 생성한다. <iframe>은 페이지 안에 페이지를 표시하는 틀이다.

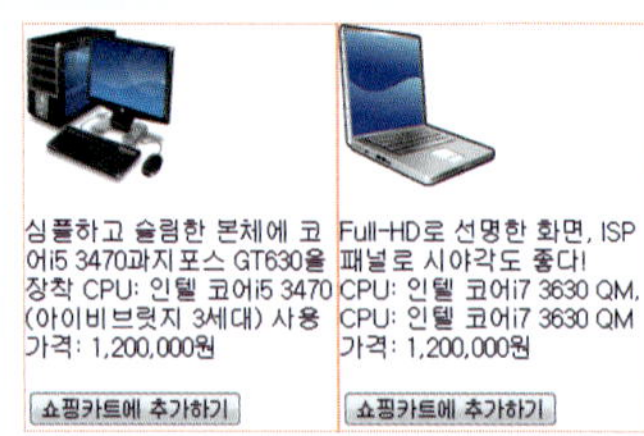

아티클 안에는 무엇을 넣어야 되는가? 상품 정보를 넣어야 한다. index.html 안에 직접 상품 정보를 넣을 수도 있지만 상품 정보는 시간이 흘러감에 따라서 변화하기 때문에 다른 문서로 독립시키는 것이 바람직하다. 더욱 바람직한 것은 상품 데이터베이스에서 데이터를 추출하여 직접 동적 콘텐츠를 생성하는 것이다. 하지만 아직은 JSP나 자바스크립트를 학습하지 않았으므로 동적 콘텐츠를 생성시킬 수는 없다. 여기서는 기존에 존재하는 computer.html을 불러들여서 표시하도록 하자.

이때 유용하게 사용할 수 있는 태그가 바로 <iframe>이다. <iframe> 태그는 하나의 페이지 안에서 다른 페이지를 불러서 표시할 수 있는 프레임(틀)이다. 예전부터 많이 사용해왔던 태그이지만 HTML5에서는 <iframe>의 일부 속성들을 사용할 수 없게 하였다. 하지만 아직도 특별한 경우에는 유용하다. 우리는 <iframe>을 삽입하고 속성 src를 이용하여서 이미 작성되어 있는 computer.html을 읽어서 표시한다. 속성 중에서 seamless는 이음새 없이 화면에 표시하라는 것인데 크롬에서만 정상적으로 잘 동작한다.

도전

01. 쇼핑몰 사이트의 나머지 페이지들을 구현해보자. 입력 양식과 시맨틱 요소들을 사용한다.

3장

Summary

Q 웹 페이지 안에 다른 웹 페이지를 넣을 수 있나요?

A 하나의 웹 페이지 안에 다른 웹 페이지를 넣으려면 `<iframe>` 태그를 사용합니다. `target` 속성을 이용하여 포함시키고자 하는 웹 페이지의 주소를 표기할 수 있습니다.

Q 시맨틱 태그들을 사용할 수 있나요?

A 시맨틱 태그란 `<header>`, `<section>`, `<article>`, `<main>`처럼 문서의 구조를 나타내는 태그입니다. 시맨틱 태그를 사용하면 웹 브라우저나 검색엔진 등이 더 많은 정보를 얻을 수 있습니다.

Q 사용자로부터 데이터를 받아서 서버로 보낼 수 있나요?

A 입력 요소(form)를 사용하면 사용자에게서 데이터를 받아서 서버로 보낼 수 있습니다. 또 사용자로부터 데이터를 받아서 로컬 컴퓨터의 자바스크립트가 사용할 수도 있습니다.

Q 사용자들로부터 날짜와 시간을 입력받을 수 있나요?

A 날짜와 시간을 입력받는 것은 상당히 자주 등장하는 작업입니다. HTML5에서는 `<input type"datetime">`과 같은 특수 태그를 이용하여 사용자로부터 아주 쉽게 정확한 날짜와 시간을 입력받을 수 있습니다.

3장

Exercise

01. <form> 요소의 action 속성은 무엇을 정의하는가? (   )

① 제출 시 입력 양식 데이터를 보낼 위치

② 입력 양식 데이터를 보내는 HTTP 메소드

③ 콘텐츠를 인코딩하는 데 사용되는 MIME 유형

④ 대상 URL을 여는 위치

02. 어떤 태그가 화면에 라디오 버튼을 표시하는가? (   )

① `<radio>` ② `<input type="radiobutton">`

③ `<radiobutton>` ④ `<input type="radio">`

03. 패스워드를 입력받는 올바른 방법은? (   )

① `<input type='text'/>`

② `<input type='password'>`

③ `<input type='text' name='password' />`

④ `<password> </password>`

04. 다음 설명에 맞는 입력 양식을 작성해보자.

a. 1에서 5까지의 숫자 입력이 가능한 입력 양식

b. 날짜를 입력받을 수 있는 입력 양식

c. 색상을 입력받을 수 있는 입력 양식

d. HTML, CSS, JavaScript 중에서 하나만 선택하는 라디오 버튼

e. 자전거, 자동차, 보트를 가지고 있으면 체크하는 체크 박스

3장

Programming

01. <iframe> 태그를 이용하여 2장의 동영상 재생 웹 페이지를 내부에 표시하는 HTML 소스를 작성하라.

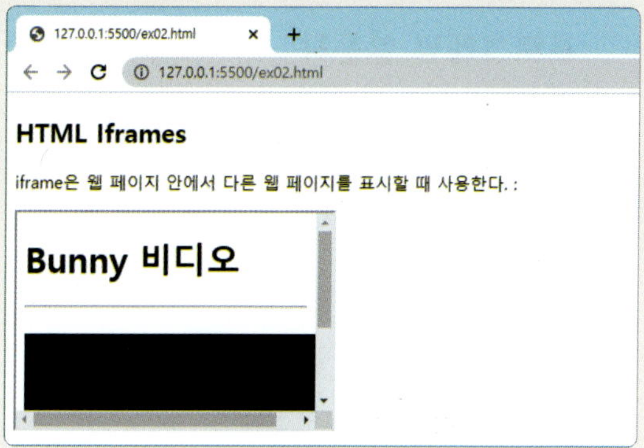

02. 다음과 같은 화면을 가지는 HTML 소스를 작성하라. 테이블의 각 셀에 〈input〉 태그를 넣어서 사용자로부터 값을 입력받게 하라.

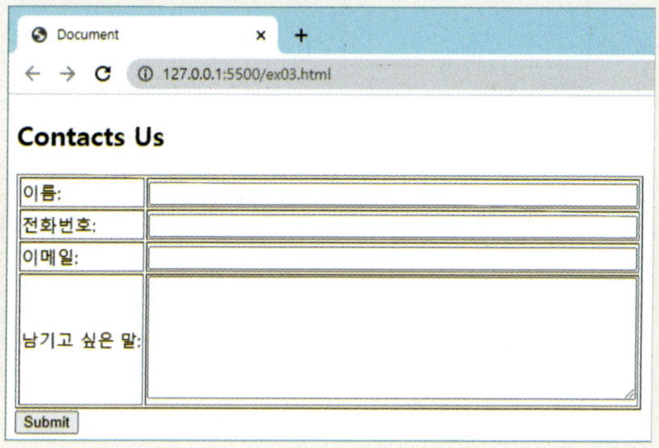

03. 다음과 같은 계산기 화면을 가지는 HTML 소스를 작성하라. 테이블의 각 셀에 버튼을 추가한다. 버튼은 〈input〉 태그나 〈button〉 태그로 만들 수 있다.

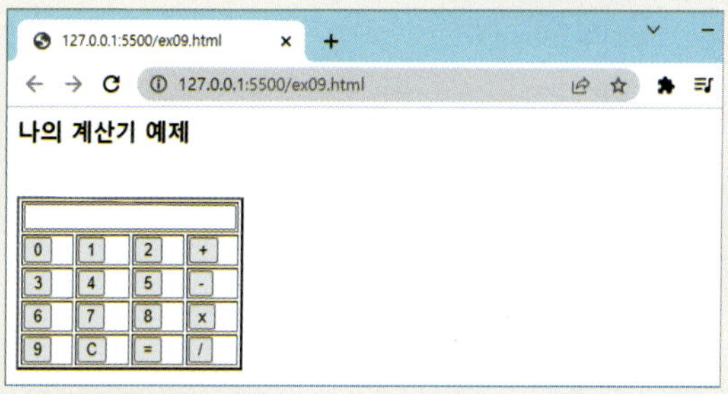

04. 다음과 같은 화면을 가지는 HTML 소스를 작성하라. 〈select〉태그나 〈input type="color"〉 등의 태그를 활용한다.

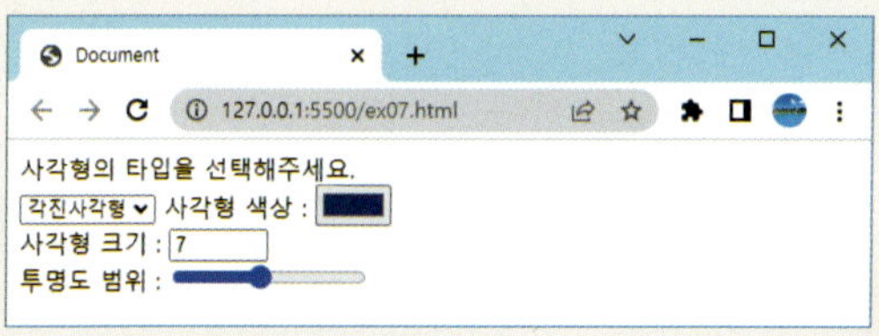

05. 이번 장에서 학습한 내용을 바탕으로 다음과 같은 설문지 형식을 작성해보자. 가능하다면 HTML5 입력 요소들을 많이 사용해보자.

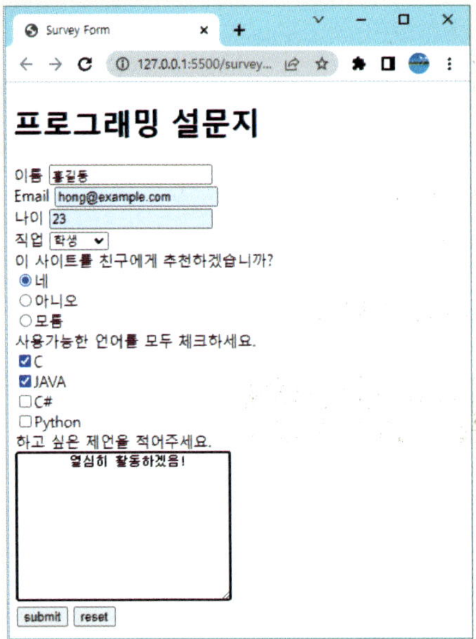

06. 다음과 같은 화면을 가지는 HTML 소스를 작성하라. 가능하다면 HTML5 입력 요소들을 많이 사용해보자.

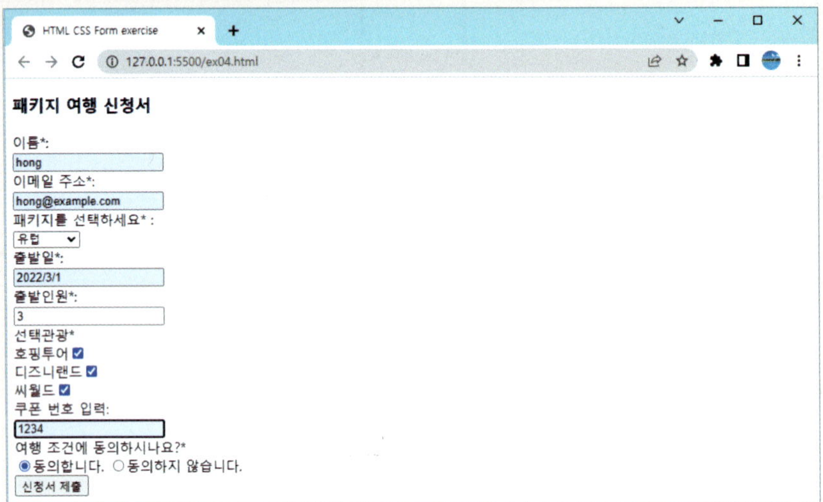

04

CSS3 스타일시트 기초

4-01 CSS의 개념

우리는 앞에서 HTML 요소들을 이용하여서 HTML 문서를 작성해보았다. 하지만 무엇인가 빠져있다는 것을 느꼈을 것이다. 문서의 내용(콘텐츠)은 HTML로 정의할 수 있었지만, 문서가 화면에 표시되는 스타일은 지정할 수 없었다. 즉, 색상, 폰트, 크기와 같은 스타일은 지정하지 않았다. 스타일이 지정되지 않으면 아주 밋밋한 웹 페이지가 된다. 예를 들어 네이버의 홈페이지에서 스타일을 강제로 삭제하게 되면 다음과 같이 보일 것이다.

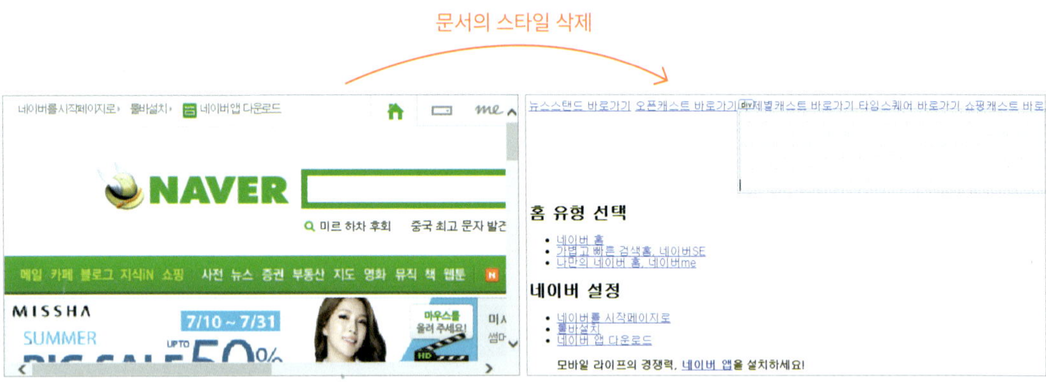

우리는 어디서 스타일을 지정하여야 할까? 예전에는 HTML 태그를 이용하여서 스타일도 지정했었다. 하지만 이 방법은 문제가 많았다. 따라서 전문가들은 다음과 같이 결정하였다.

최근의 웹 표준 개발 방법론에 따르면, 문서의 구조(HTML)와 스타일(CSS), 동작(Javascript)은 서로 분리하여야 한다. 우리는 HTML을 사용하여서 문서의 구조를 정의한다. 즉, 어느 것이 문서의 제목이고 어느 것이 본문인지 지정한. 우리는 CSS를 이용하여 문서의 스타일을 지정한다. 즉, 제목이나 본문의 글자 크기, 폰트의 종류, 배경색 등을 결정한다. 우리는 자바 스트립트를 이용하여 문서의 동작을 정의한다. 즉, 버튼을 클릭했을 경우 어떤 동작이 이루어져야 하는지를 정의한다.

예전에는 HTML에 문서의 구조를 지정하는 태그와 스타일을 지정하는 태그가 섞여 있었지만, HTML이 색상이나 폰트와 같은 문서의 서식을 지정할 목적으로 제작되지 않았다는 것을 알아야 한다. 초기부터 HTML은 문서의 구조(내용)를 정의하기 위해서 제작되었다. 다음과 같은 문장을 예로 들어서 설명해 보자.

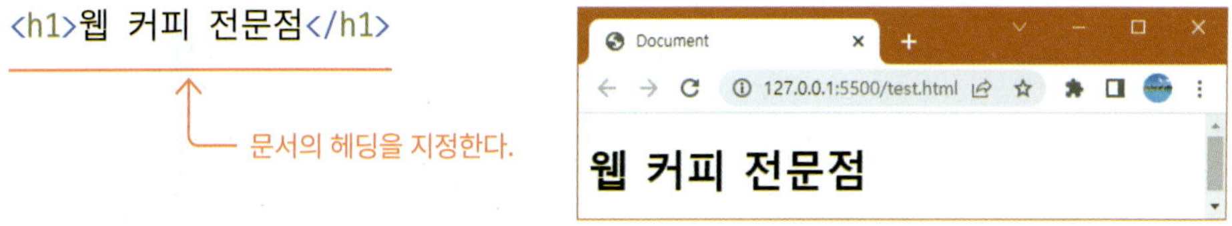

위의 문장을 실행하면 폰트도 커지면서 화면에 "웹 커피 전문점"이 표시되지만, 엄밀히 말하면 여기서 〈h1〉는 폰트의 크기를 지정하는 것이 아니다. "웹 커피 전문점"이라는 문자열이 웹 페이지의 머리기사(헤드라인)라는 것만 말하고 있는 것이다. 폰트의 크기에 대해서는 아무것도 가정하고 있지 않다.

월드와이드웹이 나타나기 훨씬 전부터 전자 문서 전문가들은 문서의 외양(appearance)과 문서의 구조(structure)를 분리하는 것이 중요하다고 생각해왔다. 팀 버너스리도 이와 같은 생각으로 웹을 만들었다. 하지만 웹의 폭발적인 인기와 함께 페이지의 외양을 코딩하는 태그들이 HTML에 포함되기에 이른다. 예를 들어서 〈font〉나 〈b〉와 같은 태그들이 포함되었다. 그리고 요소들의 속성에도 스타일이 지정하는 부분이 포함되었다. 예를 들어서 〈p〉 태그의 align 속성은 텍스트 정렬을 설정한다. 그러나 이것들은 오히려 HTML의 정체성을 해치게 되었다. 따라서 최신 버전인 HTML5에서는 문서의 스타일은 반드시 CSS에서 정의할 것을 적극적으로 권장하고 있다.

HTML 요소들을 어떻게 화면에 표시할 것인지를 정의하는 시트가 바로 CSS(Cascading Style Sheets)이다. 문서의 색이나 모양, 위치 등을 결정하는 CSS 문서를 스타일 시트라고 한다. CSS는 HTML 4.0부터 추가되었고, 스타일에 관련된 많은 작업을 간편하게 하였다.

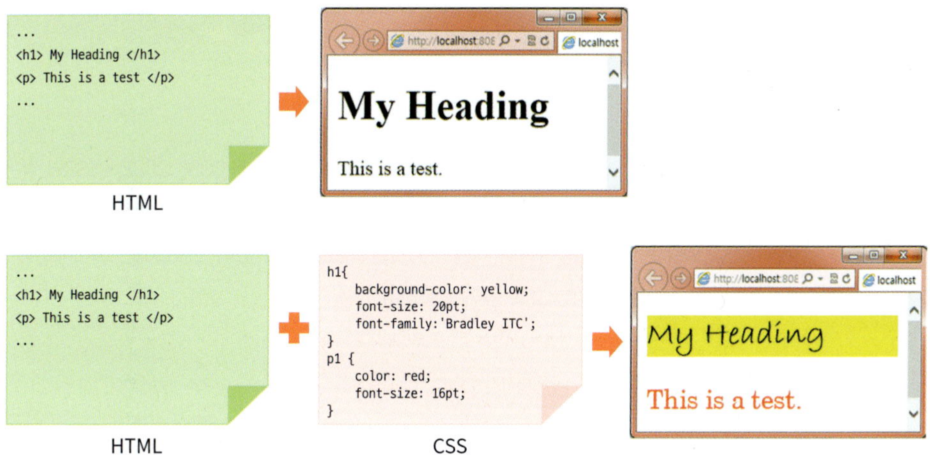

같은 요소들을 가진 웹 페이지라고 할지라도 CSS가 달라지면 아주 달라 보인다. 아래 그림에서 집 안에 있는 가구들의 숫자나 종류는 동일하지만, CSS에 따라서 가구의 색상이나 크기가 달라진다. HTML은 콘텐츠를 제공하는 작가들이 작성하고 CSS는 웹 디자이너들이 작성한다고 생각하자.

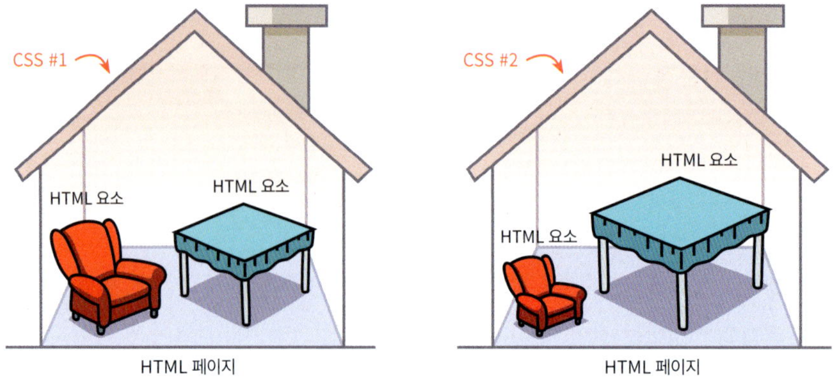

CSS3는 모듈(module)로 구성되어 있어서 필요한 부분만을 선별하여 탑재할 수 있도록 되어 있다. 중요한 모듈은 다음과 같다.

- 선택자(selectors)
- 박스 모델(Box Model)
- 배경 및 경계선(Backgrounds and Borders)
- 텍스트 효과(Text Effects)
- 2차원 및 3차원 변환(2D/3D Transformations)
- 애니메이션(Animations)
- 다중 컬럼 레이아웃(Multiple Column Layout)
- 사용자 인터페이스(User Interface)

참고사항

CSS의 역사

Cascading Style Sheets(CSS)는 W3C의 권고사항이다. W3C는 최근까지 CSS1, CSS2, CSS3와 같은 3개의 CSS 권고사항을 출간하였다. CSS1은 1996년에, CSS2는 1998년에 권고사항이 되었다. CSS3는 가장 최종 규격이며 HTML5에서는 CSS3를 완전히 지원하는 것을 목표로 하고 있다. CSS3에는 애니메이션, 장면 전환, 2차원 변환, 3차원 변환, 다양한 효과 등이 포함되어 있다.

■ CSS의 필요성

웹 페이지의 스타일을 HTML 태그로 적어주는 것보다 CSS로 분리하는 것이 어떤 장점이 있는지를 고찰해보자. 많은 페이지로 이루어진 사이트가 개발되고 있다고 가정하자.

전통적인 방식은 모든 스타일 정보를 HTML 태그로 적어준다. 예를 들어서 페이지의 텍스트를 녹색의 굴림체로 하고 싶다고 하면 다음과 같이 HTML 페이지 안에 적어주어야 한다.

```
<body>
    <p>
        <font size="5" color="green" face="굴림">
            예전에는 이렇게 폰트를 지정하였습니다.
        </font>
    </p>
</body>
```

폰트를 설정하는 태그 <font>를 사용한다.

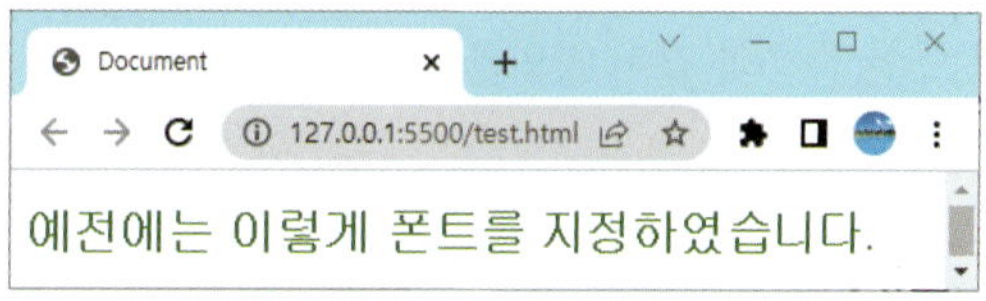

그런데 마음이 바뀌어서 폰트를 명조체, 검정색으로 하고 싶다면 어떻게 하여야 할까? 사이트의 모든 페이지를 다시 편집하여야 한다. 따라서 HTML 안에 기술하는 방식은 문제가 있다.

만약 CSS에 이러한 스타일 정보를 저장하였다면 스타일 정보는 한 번만 입력되면 된다. 각 페이지는 CSS 파일을 참조하게 되고 이 파일만 변경하면 전체 웹 페이지의 스타일이 변경된다. 따라서 웹 페이지의 외양을 변경하는 것도 쉽다. 특히 CSS가 필요한 때는, 아주 거대하고 복잡한 사이트를 관리할 때이다. 이때는 모든 페이지들이 동일한 CSS 파일을 공유하게 된다. CSS에서 어떤 요소의 스타일을 변경하면, 전체 페이지의 내용이 한꺼번에 변경되므로, 문서 전체의 일관성을 유지할 수 있고 작업 시간도 단축된다.

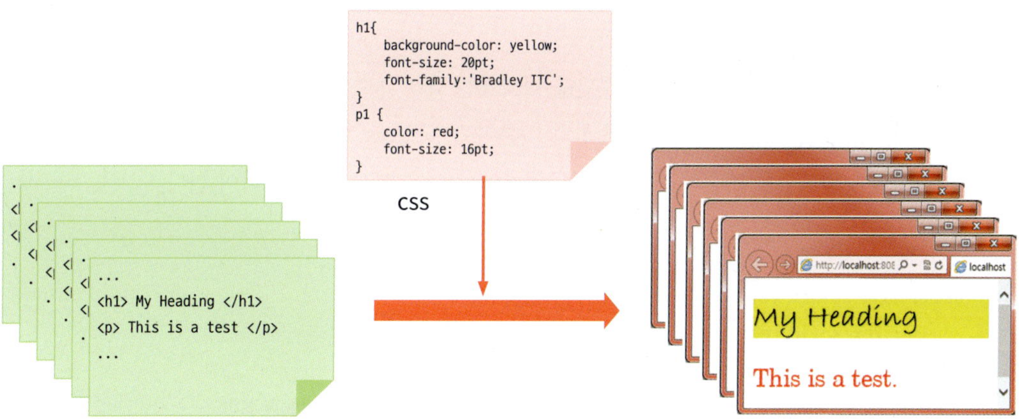

따라서 웹 개발자들은, 더욱 풍부한 디자인으로 웹을 설계할수 있고, 글자의 크기, 글자체, 줄 간격, 배경 색상, 위치 등을 자유롭게 선택하거나 변경할 수 있으며 유지 · 보수도 간편하게 할 수 있다.

Q 왜 Cascading인가요?

A CSS의 "cascading(계단식)"은 스타일 지정 규칙이 여러 소스에서 "계단식"으로 내려온다는 사실을 나타낸다. 즉, CSS에는 고유한 계층 구조가 있으며, 우선순위가 높은 스타일이 우선순위가 낮은 규칙을 덮어쓴다. 하나의 요소에 여러 개의 CSS가 충돌할 수 있다. 이 경우에는 즉 우선순위가 계산되고 여기에 따라서 CSS의 충돌이 처리된다.

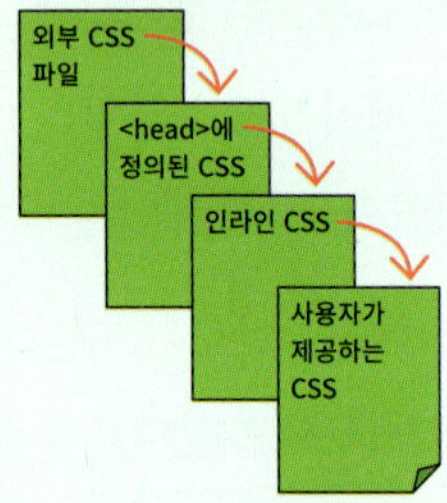

하나의 요소에 여러 개의 CSS가 충돌한다면 위와 같은 순서대로 우선순위를 가지고 적용된다.

■ CSS 문법

CSS는 다음과 같이 정의한다.

1. 스타일을 변경하고 싶은 HTML 요소를 선택한다. 이것을 선택자(selector)라고 한다.
2. 선택자 뒤에 중괄호를 붙이고 이 중괄호 안에는 이들 요소를 어떻게 그리는지를 기술한다. 이 부분을 선언(declaration)이라고 한다. 속성은 "이름:값"의 형식으로 기술한다.

예를 들어서 〈p〉 요소의 배경색을 노란색으로 설정하는 CSS 선언을 살펴보자.

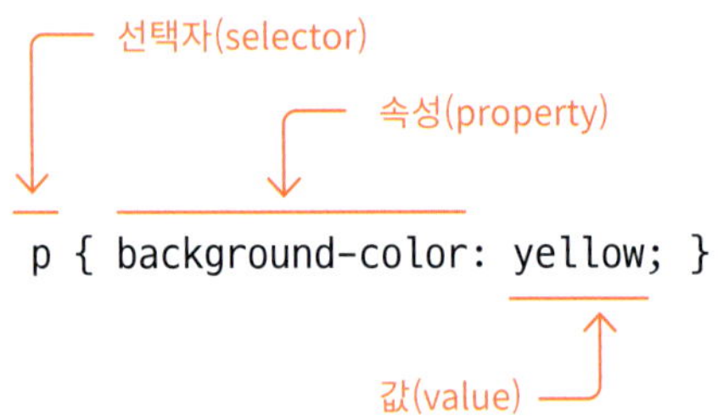

위의 선언에서 선택자는 "p"이다. 이것은 문단을 나타내는 〈p〉 요소를 의미한다. 중괄호 안에 들어 있는 것이 선언이다. "background-color"는 속성의 이름이고 "yellow"는 속성의 값이다. 위의 선언은 〈p〉 요소의 배경색이 노란색임을 기술하고 있다. 각각의 CSS 선언은 항상 ;으로 끝나야 한다.

```
p {
    background-color: yellow;
    border: 2px solid red;
}
```

<p> 요소는 경계선을 가지며 경계선은 1픽셀 두께이고, 솔리드, 빨강색임을 기술한다.

■ CSS의 위치

그렇다면 CSS는 어디에 있어야 하는가? 기본적으로 CSS는 HTML의 〈head〉 요소 안의 〈style〉 ... 〈/style〉 안에 적어주면 된다. 간단한 웹 페이지에 CSS를 추가하여 그 효과를 체험해보자. 〈head〉 안에 〈style〉 태그를 삽입하고 여기에 〈p〉 요소의 배경색을 변경하는 CSS 문장을 추가해본다.

css1.html

```
<!doctype html>
<html>
<head>
   <title>My Web Page</title>
   <style>
      p { background-color: yellow; }
   </style>
</head>
<body>
   <p>This is a paragraph.</p>
</body>
</html>
```

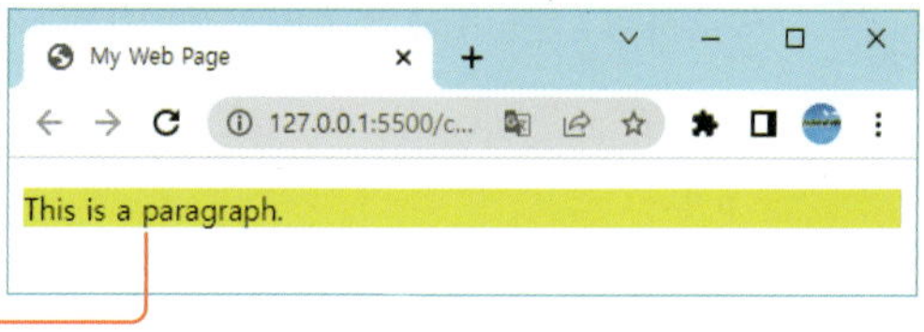

여기에 CSS를 추가한다.

하지만 스타일 시트는 외부 파일로도 존재할 수 있으며, 인라인 방식으로도 지정할 수도 있다. 스타일 시트의 위치에 대해서는 차후에 다시 학습하기로 하자.

예제 CSS 예제

이번에는 좀 더 충격적으로 변화를 주어보자. 〈h1〉 요소에 경계선을 그리고, 배경색을 노란색으로 변경하여 보자. 하나의 요소에 대하여 2개의 속성을 변경하였다.

css2.html

```
<!DOCTYPE html>
<html>
<head>
    <title>My Web Page</title>
    <style>
        h1 {
            background-color: yellow;
            border: 2px solid red;
        }
    </style>
```

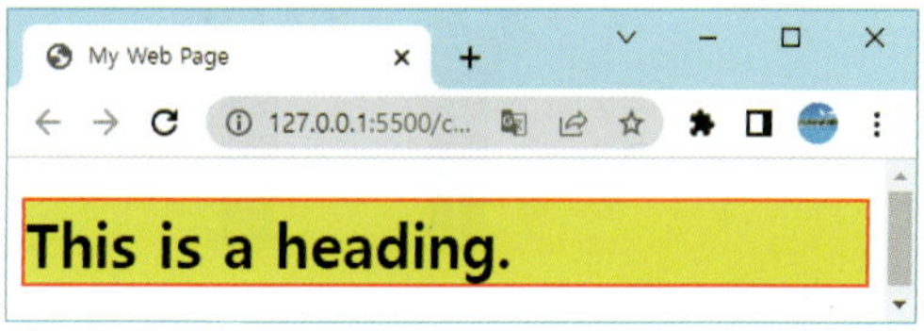

```
</head>
<body>
    <h1>This is a heading.</h1>
</body>
</html>
```

참고사항

CSS의 코드를 설명하기 위한 주석(comment)을 둘 수도 있다. 주석은 /*로 시작하여 */로 종료된다. C언어와 유사하다. 문장 뒤에 ;를 붙이는 것도 그렇다.

```
/* 여기가 주석입니다. */   ← 주석
p {
    background-color: yellow;
}
```

중간 점검

01. CSS가 하는 역할은 무엇인가?

02. HTML 파일에서 CSS는 어떤 태그 내부에 기술하여야 하는가?

4-02 선택자

CSS에서 가장 중요한 부분이 선택자(selector)이다. 선택자란 용어 그대로 HTML 요소를 선택하는 부분이다. 왜 선택자가 필요할까? 스타일을 지정하려면 먼저 우리가 원하는 요소를 선택할 수 있어야 하기 때문이다. 일반적으로는 모든 요소에 동일한 스타일을 적용하는 일은 드물다. 특정한 요소를 선택한 후에 여기다가 우리가 원하는 스타일을 적용하게 된다.

CSS 선택자는 jQuery와 같은 라이브러리에서도 사용된다. 따라서 완벽하게 이해하고 넘어가야 한다. 선택자 문법은 상당히 복잡하지만, 실제 작업에서 가장 많이 사용되는 것은 다음과 같은 6가지 정도이다. 우리는 가장 많이 사용되는 선택자만을 선별하여서 학습하기로 하자.

- 타입 선택자(type selector)
- 아이디 선택자(ID selector)
- 클래스 선택자(class selector)
- 전체 선택자(universal selector)
- 속성 선택자(attribute selector)
- 의사 선택자(pseudo-class)

선택자 설명을 위하여 다음과 같은 홈페이지를 가정하자. CSS 코드는 〈style〉...〈/style〉 사이에 추가된다.

selectors.html

```
<!DOCTYPE html>
<html>
<head>
    <style>     </style>
</head>
<body>
    <h1>웹프로그래밍</h1>
    <p>HTML 학습하기</p>
    <p>CSS 학습하기</p>
    <p>JAVASCRIPT 학습하기</p>
    <a href="https://www.w3.org">참고 사이트 W3C</a>
</body>
</html>
```

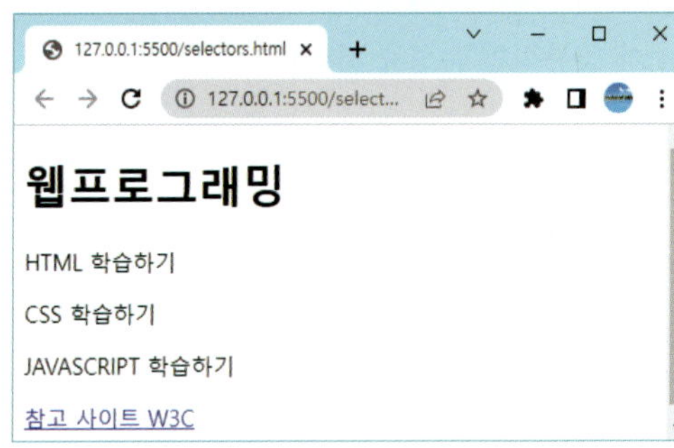

■ 타입 선택자

가장 기본적인 선택자는 HTML 요소 이름을 사용하는 것이다. 예를 들어서 모든 〈h1〉 요소를 선택하려면 다음과 같이 h1이라고 적어주면 된다. 이것을 타입 선택자(type selector)라고 한다.

타입 선택자

```
h1 {
    color: red;
}
```

selector1.html

```
...
<style>
    h1 { color: red; }
</style>

<body>
    <h1>웹프로그래밍</h1>
</body>
...
```

모든 h1 요소를 선택한다.

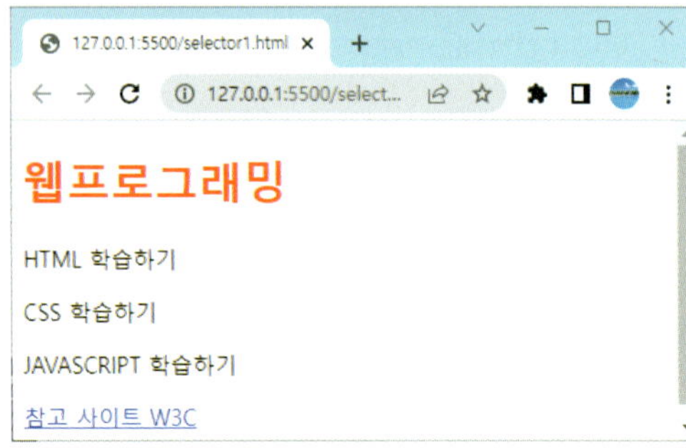

■ 전체 선택자

전체 선택자(univrsal selector)는 * 기호로 표시되며 페이지 안의 모든 요소를 선택할 때 사용된다. 모든 요소에 공통적인 속성을 지정할 때에 사용된다.

전체 선택자

```
* {
    color: blue;
}
```

selector2.tml

```
...
<style>

* { color: blue; }
</style>
...
```

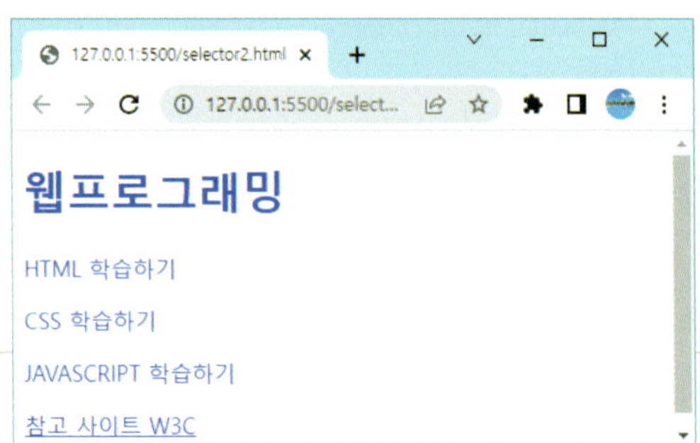

■ 아이디 선택자

아이디 선택자(id selector)를 사용하면 특정한 요소를 쉽게 선택할 수 있다. 아마 가장 많이 사용되는 선택자일 것이다. 아이디 선택자를 사용하려면 먼저 HTML 요소를 정의할 때, id를 부여하여야 한다. 예를 들어서 〈p〉 요소에 id "special"을 부여하고 CSS에서 아이디가 "special"인 요소를 선택하려면 다음과 같이 한다.

```
<p>HTML 학습하기</p>
<p id="special">CSS 학습하기</p>
<p>JAVASCRIPT 학습하기</p>
```

```
#special {
    background-color: yellow;
    color: red;
}
```

selector3.html

```
<!DOCTYPE html>
<html>
<head>
    <style>
        #special {
            background-color: yellow;
            color: red;
        }
    </style>
</head>
<body>
    <h1>웹프로그래밍</h1>
    <p>HTML 학습하기</p>
    <p id="special">CSS 학습하기</p>
    <p>JAVASCRIPT 학습하기</p>
    <a href="https://www.w3.org">참고 사이트 W3C</a>
</body>
</html>
```

id가 special인 요소를 선택하여 배경을 노란색으로, 글자색은 빨간색으로 변경한다.

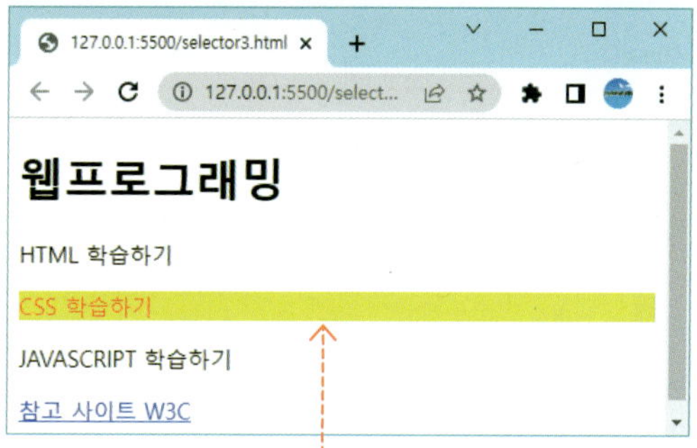

p#special이라고 하면 <p> 요소 중에서 아이디가 special인 요소만을 선택한다. 반면에 #special은 아이디가 special인 모든 요소를 선택한다.

■ 클래스 선택자

HTML 요소를 정의할 때 `<p class="type1">`와 같이 클래스 이름을 부여할 수 있다. 클래스 선택자(class selector)는 . 다음에 클래스 이름을 적어서 요소를 선택하는 방법이다.

```
<p class="type1">HTML 학습하기</p>
<p class="type1">CSS 학습하기</p>
<p>JAVASCRIPT 학습하기</p>
```

```
.type1  {
    color:  red;
}
```

클래스 선택자는 몇 개의 요소들을 하나의 클래스로 묶어서 스타일을 지정하려고 할 때 사용된다. id 선택자는 하나의 요소만을 선택할 수 있는 반면에, 클래스 선택자는 여러 개의 요소를 한꺼번에 선택할 수 있다. 우리가 학습한 내용의 색상만 변경하여 보자.

select4.html

```html
<!DOCTYPE html>
<html>
<head>
    <style>
        .type1 {
            background-color: yellow;
            color: red;
        }
    </style>
</head>
<body>
    <h1>웹프로그래밍</h1>
    <p class="type1">HTML 학습하기</p>
    <p class="type1">CSS 학습하기</p>
    <p>JAVASCRIPT 학습하기</p>
    <a href="https://www.w3.org">참고 사이트 W3C</a>
</body>
</html>
```

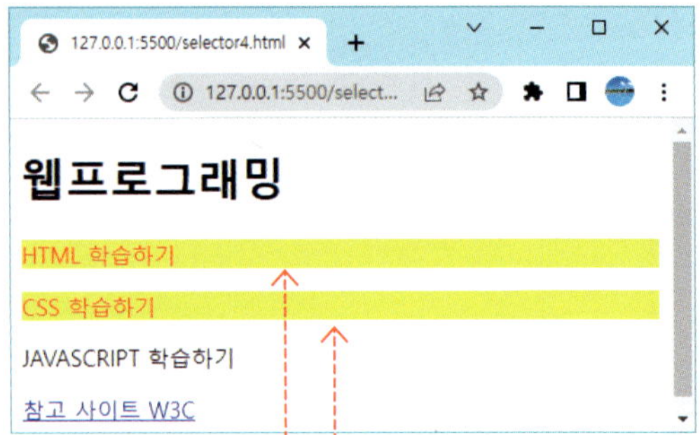

여기서 클래스에 의하여 영향을 받는 HTML 요소를 구체적으로 명시할 수도 있다. 예를 들어서 p.type1이라고 하면 〈p〉 요소 중에서 클래스가 type1인 요소를 선택한다. 클래스 이름은 숫자로 시작하면 안 된다.

■ 선택자 그룹

만약 선택자를 콤마(,)로 분리하여 나열한다면, 이것은 각 선택자들에 의하여 선택된 요소들의 합을 의미한다. 이것을 선택자 그룹이라고 한다.

```css
h1, h2, h3 { color: red; }
```

선택자 그룹을 사용하면 동일한 규칙을 가지는 선언을 하나로 축약할 수 있다. 위의 선언은 아래의 선언과 동일하다.

```
h1 { color: red; }
h2 { color: red; }
h3 { color: red; }
```

selector5.html

```
<!DOCTYPE html>
<html>
<head>
    <style>
        h1, p {
            background-color: yellow;
            color: red;
        }
    </style>
</head>
<body>
    <h1>웹프로그래밍</h1>
    <p>HTML 학습하기</p>
    <p>CSS 학습하기</p>
    <p>JAVASCRIPT 학습하기</p>
    <a href="https://www.w3.org">참고 사이트 W3C</a>
</body>
</html>
```

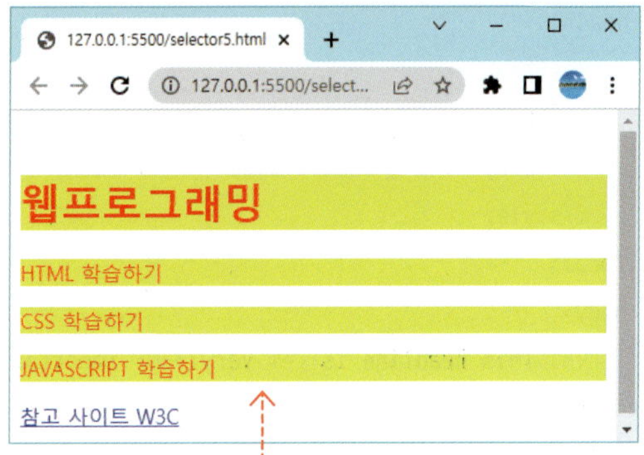

■ 자손, 자식 선택자

이들은 모두 선택자들을 결합하여 특정한 요소를 선택한다. 특정한 요소의 후손을 선택할 수도 있고 자식 요소만을 선택할 수도 있다.

선택자	설명
s1 s2	s1 요소의 후손 요소인 s2 요소를 선택한다(후손 관계).
s1 > s2	s1 요소의 직계 자식 요소인 s2를 선택한다(자식 관계).

후손과 자식 요소를 잘 구별하여야 한다. HTML에서는 모든 요소들을 가계도 형태로 그릴 수 있다. 후손이란 손자, 손녀도 포함되는 관계이고 자식이란 아들, 딸만 포함된다고 생각하면 된다.

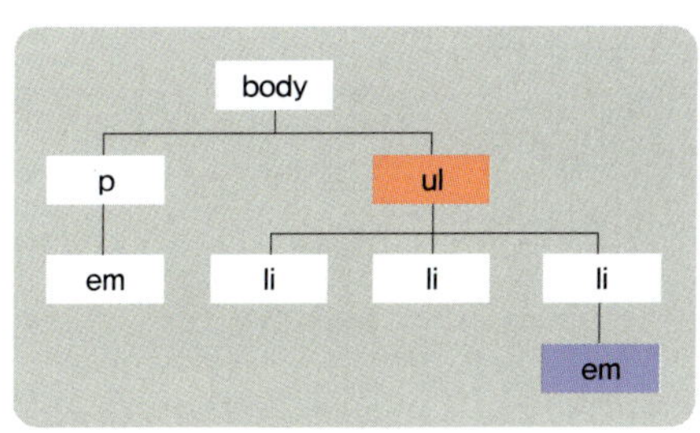

앞의 그림에서 〈em〉 요소는 〈body〉 요소의 후손이고 〈ul〉 요소는 자식요소이다.

css_desc.html

```
<!DOCTYPE html>
<html>
<head>
    <style>
        body em { color: red; }   /* body 안의 em 요소 */
        body > h1 { color: blue; }   /* body 안의 h1 요소 */
    </style>
</head>
<body>
    <h1>This headline is <em>very</em> important</h1>
</body>
</html>
```

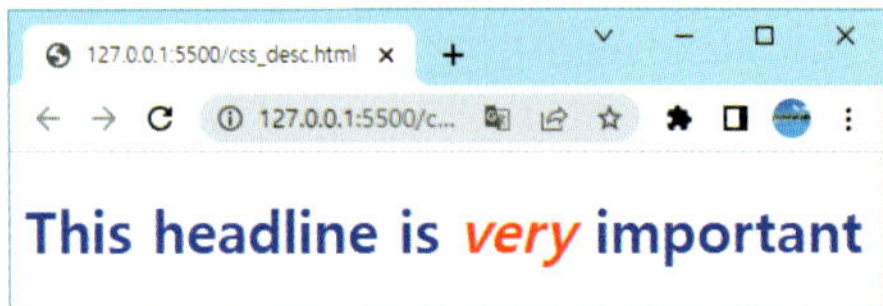

다음의 선택자는 〈body〉 요소 안의 후손인 〈em〉 요소를 선택한다.

```
body  em { color:red;  }   /* body 안의 em 요소 */
```

다음의 선택자는 〈body〉 요소 안의 직계후손인 〈h1〉 요소를 선택한다.

```
body > h1 { color:blue;  } /* body 안의 h1 요소 */
```

■ 의사 클래스

의사 클래스(pseudo-class)는 콜론(:)을 사용하여 표기한다. 의사 클래스는 우리가 어떤 요소에 별도의 클래스를 정의하지 않아도, 마치 클래스가 정의된 것처럼 간주한다는 의미이다. 예를 들어서 하이퍼링크의 방문 전 색상과 방문 후의 색상을 다르게 할 수 있다. a:visited라고 하면 〈a〉 요소에 클래스 visited가 선언된 것처럼 생각하고 선택자를 만드는 것이다. visited는 하이퍼링크가 방문되었다는 상태를 나타낸다. 이때 콜론(:) 앞뒤에 빈칸을 두면 안 된다. 붙여서 써야 한다. 의사 클래스는 복잡하지만 우리는 많이 사용되는 것만 살펴보자.

의사 클래스	설명
::before	요소의 시작 부분에 콘텐츠를 추가한다.
::after	요소의 끝 부분에 콘텐츠를 추가한다.
:first-child	현재 요소의 첫 번째 자식 요소를 선택한다.
::first-letter	요소의 첫 글자에 스타일을 정의한다.

의사 클래스	설명
:link	아직 방문되지 않은 하이퍼링크
:visited	방문된 하이퍼링크
:hover	요소 위에 마우스가 있는 상태
:nth-child()	요소의 n번째 자식을 선택한다.

하이퍼링크에는 :link, :visited, :hover가 의사 클래스로 정의되어 있다.

```
a:link  { color: blue; } /* 아직 방문되지 않은 링크의 색상을 파랑색으로 한다. */
a:visited { color: green; } /* 방문된 링크의 색상은 녹색으로 한다.  */
a:hover   { color: green; }/* 사용자가 링크 위에 있을 때 */
```

예를 들어서 하이퍼링크가 방문되었으면 색상을 녹색으로 바꾸고, 〈p〉 요소 위에 마우스가 있으면 배경색과 텍스트 색상을 변경하여 보자.

selector6.html

```
<DOCTYPE html>
<html>
<head>
    <style>
        a:link { color: blue; }
        a:visited { color: green; }
        p:hover {
            color: red;
            background-color: yellow;
        }
    </style>
</head>
<body>
    <h1>웹프로그래밍</h1>
    <p>HTML 학습하기</p>
    <p>CSS 학습하기</p>
    <p>JAVASCRIPT 학습하기</p>
    <a href="https://www.w3.org">참고 사이트 W3C</a>
</body>
</html>
```

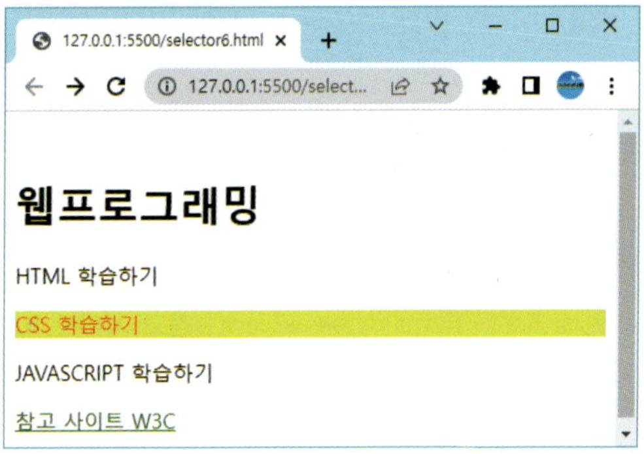

어떤 요소의 n번째 자식 요소는 다음과 같이 나타낸다. 예를 들어서 테이블의 짝수 번째 행과 홀수 번째 행의 색상을 다르게 하려면 다음과 같이 한다.

```
table:nth-child(2n+1) { color: navy; }  /* HTML 테이블의 홀수 번째 행 */
table:nth-child(2n+0) { color: maroon; } /* HTML 테이블의 짝수 번째 행 */
```

::before 선택자는 선택한 요소의 내용 앞에 무언가를 추가하는 데 사용된다. content 속성을 사용하여 삽입할 콘텐츠를 지정한다. ::after 선택자를 사용하여 요소 뒤에 무언가를 삽입할 수 있다.

selector7.html

```
<!DOCTYPE html>
<html>
<head>
    <style>
        p::before {
            content: "이것은 중요합니다. -";
            background-color: yellow;
            color: red;
            font-weight: bold;
        }
    </style>
</head>
<body>
    <h1>웹프로그래밍</h1>
    <p>HTML 학습하기</p>
    <p>CSS 학습하기</p>
    <p>JAVASCRIPT 학습하기</p>
    <a href="https://www.w3.org">참고 사이트 W3C></a>
</body>
</html>
```

<p> 요소의 시작 부분에 콘텐츠를 추가하고 스타일도 지정한다.

Q&A

Q 이것을 전부 외워야 할까요?

A 선택자의 문법은 복잡하다. 전부 외울 필요는 전혀 없고 일단은 가장 중요한 3가지만 철저히 알아둔다. 90% 정도는 이것만 사용해도 된다. 즉, 타입 선택자, 아이디 선택자, 클래스 선택자이다. 보다 완전한 내용을 알고 싶은 사람은 www.w3.org/TR/css3-selectors/을 참고하도록 하자.

중간점검

01. 아이디 선택자와 클래스 선택자의 차이점은 무엇일까?

02. 전체 선택자는 어떻게 만드는가?

CSS 검증하기

노트

W3C에서는 개발자가 작성한 HTML과 CSS를 검증해주는 서비스를 제공한다. CSS 검증기는 다음 주소에서 찾을 수 있다. 개발자는 파일을 업로드하거나 직접 입력하여 자신이 개발한 HTML이나 CSS가 올바른지를 검사할 수 있다.

http://jigsaw.w3.org/css-validator/#validate_by_input

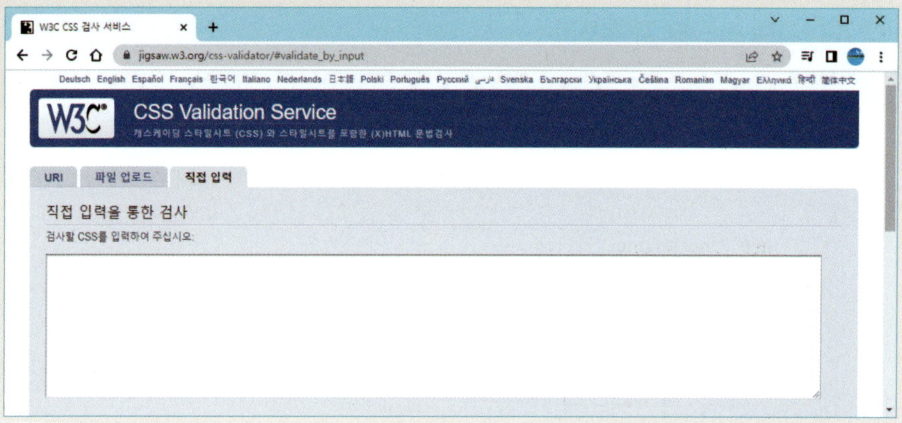

Lab

웹 페이지에 스타일 지정하기

앞장에서 작성한 커피 전문점 홈페이지에 CSS를 적용해보자. 홈페이지에는 2개의 <p> 요소가 있다. 만약 이들 <p> 요소의 색을 따로 따로 지정할 수 있을까? 예를 들어서 첫 번째 <p>는 녹색으로, 두 번째 <p>는 파랑색으로 지정할 수 있을까?

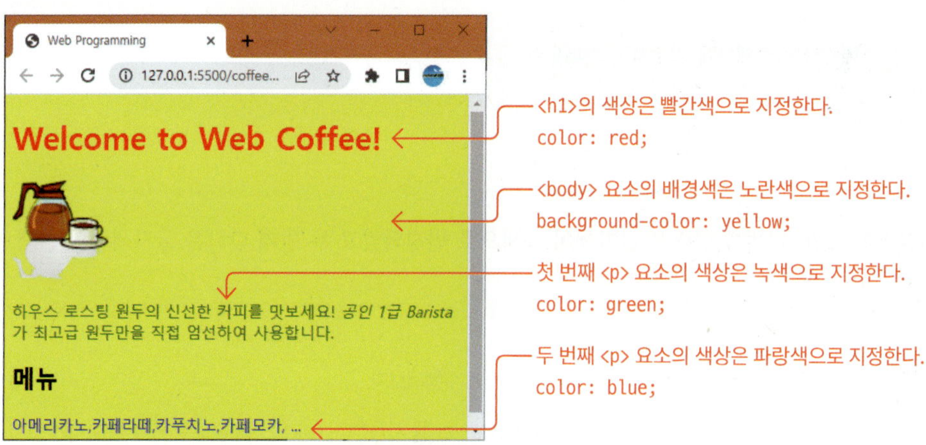

이런 경우에는 앞에서 학습하였던 클래스(class)나 아이디의 개념을 사용하면 된다. 우리는 요소들의 클래스를 지정할 수 있고 이들 클래스에 대하여 개별적으로 스타일을 다르게 지정할 수 있다. HTML 파일에서는 <p class="first"> 형식을 사용하여 <p> 요소를 정의할 때 클래스를 지정한다.

Solution

웹 페이지에 스타일 지정하기

coffee1.html

```
<!DOCTYPE html>
<html>
<head>
    <title>Web Programming</title>
    <style>
        body { background-color: yellow; }
        h1 { color: red; }
        p.first { color: green; }
        p.second { color: blue; }
    </style>
</head>
body>
    <h1>Welcome to Web Coffee!</h1>
    <img src="coffee.gif" width="100" height="100">
    <p  class="first">
        하우스 로스팅 원두의 신선한 커피를 맛보세요!
        <em>공인 1급 Barista</em>가
        최고급 원두만을 직접 엄선하여 사용합니다.
    </p>
    <h2>메뉴</h2>
    <p class="second">
        아메리카노,카페라떼,카푸치노,카페모카, ...
    </p>
</body>
</html>
```

← <p> 요소의 클래스를 "first"로 지정한다.

← <p> 요소 중에서 클래스가 first인 요소의 글자색을 green으로 한다.

실행 결과를 보면 첫 번째 단락은 글자색이 녹색으로 변경되었고 두 번째 단락은 글자색이 파란색으로 변경된 것을 알 수 있다.

도전

01. 동일한 작업을 아이디 선택자를 이용하여 수행해보자.

02. 텍스트를 중간 정렬하려면 text-align: center;를 사용한다. <p> 요소들을 모두 중간 정렬 시켜 보자.

4-03 CSS를 추가하는 방법

스타일 시트를 문서에 추가하는 3가지의 방법이 있다.

- 내부 스타일 시트(internal style sheet)
- 외부 스타일 시트(external style sheet)
- 인라인 스타일 시트(inline style sheet)

■ 내부 스타일 시트

내부 스타일 시트는 HTML 안에 CSS를 정의하는 것이다. 우리에게 제일 친근한 방법이다. 〈style〉 태그를 이용하여 스타일을 정의하여 〈head〉 요소 안에 넣으면 된다.

intstyle.html

```
<!DOCTYPE html>
<html>
<head>
    <style>
        h1 { color: red; }
        p { color: #0026ff; }
    </style>
</head>
<body>
    <h1>This is a headline.</h1>
    <p>This is a paragraph.</p>
</body>
</html>
```

HTML 파일 안에 CSS 선언을 넣는다.

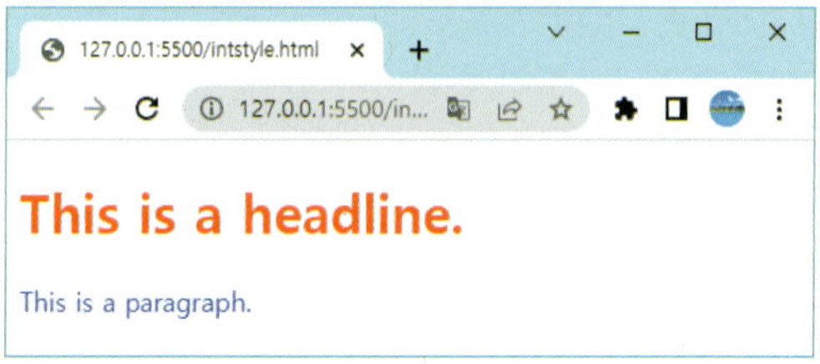

■ 외부 스타일 시트

외부 스타일 시트는 CSS를 외부에 파일로 저장하는 것이다. 이 방법은 많은 페이지에 동일한 스타일을 적용하려고 할 때 좋은 방법이다. 외부 스타일 파일을 사용하면 특정 웹사이트의 전체 웹 페이지 스타일을 쉽게 변경할 수 있다.

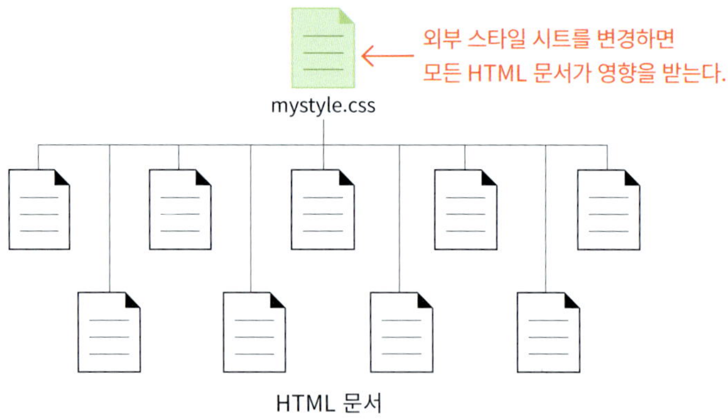

각 HTML 페이지는 〈link〉 태그를 이용하여 스타일 파일에 연결해야 한다. 〈link〉 태그는 헤드 부분에 있어야 한다.

외부 스타일 시트도 단순한 텍스트 파일이다. 따라서 어떤 텍스트 편집기로도 작성이 가능하다. 이 파일은 HTML 태그는 포함하지 않아야 한다. 그리고 .css라는 확장자를 가져야 한다. 예를 들어서 다음과 같이 파일을 작성할 수 있다.

mystyle.css

```
h1 { color: red; }
p { color:#0026ff; }
```

extstyle.html

```
<!DOCTYPE html>
<html>
<head>
    <link type="text/css" rel="stylesheet" href="mystyle.css">
</head>
<body>
    <h1>This is a headline.</h1>
```

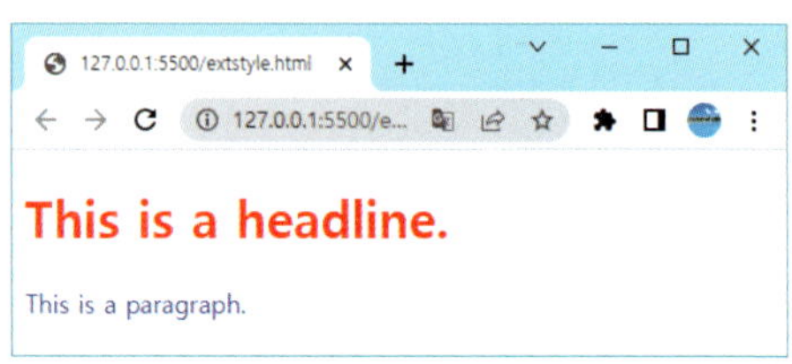

```
    <p>This is a paragrph.</p>
</body>
</html>
```

일단 CSS 파일이 작성되면 다른 HTML 파일에서도 이 CSS 파일을 불러들여서 사용할 수 있다. 외부 스타일 시트를 @import 문장을 이용하여 불러올 수도 있다. 이때는 HTML 문서의 〈style〉...〈/style〉 태그 안에서 @import url(mystyle.css)이라고 하면 된다.

■ 인라인 스타일 시트

인라인 스타일 시트는 용어 그대로 각각의 요소마다 스타일을 지정하는 것이다. 사실 이 방법을 사용하면 스타일 시트의 장점을 잃게 된다. 하지만 간편하게 요소에 스타일을 지정할 수 있다는 장점도 있다. 따라서 필요한 경우에만 사용하도록 하자. 인라인 스타일 시트를 사용하려면 각 요소의 style 속성을 정의하여 주면 된다.

inlinestyle.html

```
<!DOCTYPE html>
<html>
<head> </head>
<body>
    <h1 style="color: red">This is a headline.</h1>
    <p style="color: #0026ff">This is a paragraph.</p>
</body>
</html>
```

각 요소에 스타일을 직접 적용한다. 인라인 방식은 하나의 요소에만 적용된다.

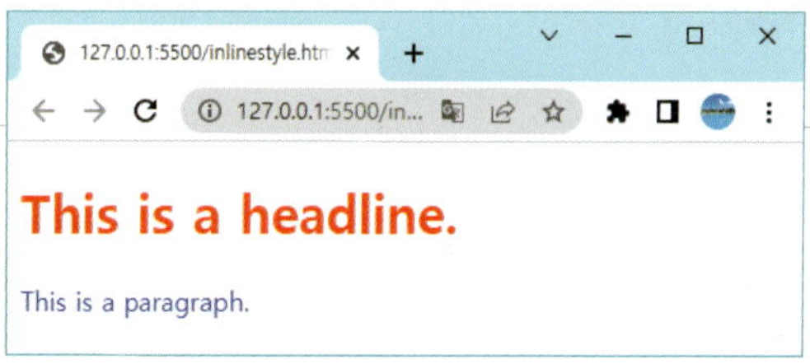

■ 다중 스타일 시트

일반적으로 모든 스타일 시트는 다음과 같은 규칙에 의하여 하나의 가상적인 스타일로 통합된다고 할 수 있다.

1. 웹 브라우저 디폴트 값
2. 외부 스타일 시트
3. 내부 스타일 시트
4. 인라인 스타일 시트

우선순위가 높아진다.

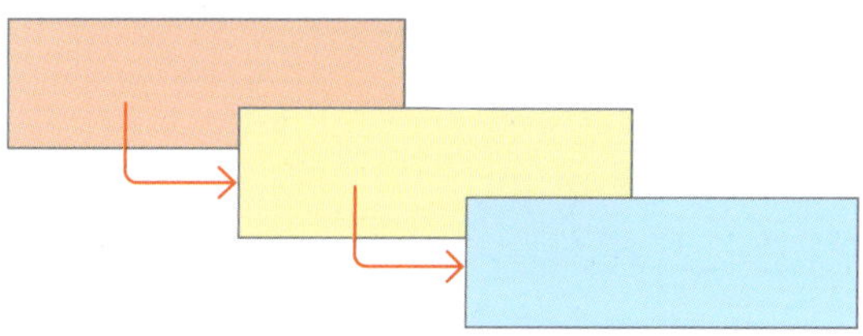

우선순위는 ④의 인라인 스타일 시트가 가장 높다. 즉, 인라인 스타일은 내부 스타일 시트나 외부 스타일 시트보다 우선적으로 적용된다. 하나의 요소에 적용되는 여러 스타일 시트가 있을 수 있다. 이들의 조합과 어떤 요소의 스타일을 지정하기 위해 어떤 스타일을 우선적으로 적용해야 되는지를 파악하는 프로세스가 계단(또는 폭포)을 닮았다고 해서 캐스케이드(CSS의 첫 번째 "C")라고 한다.

상속

부모 요소의 스타일은 자식 요소에게 상속된다. 예를 들어 〈body〉 요소 안에 〈p〉 요소가 포함되어 있다고 하자. 〈body〉 요소 스타일은 〈p〉 요소로 상속된다. 아래와 같이 내부 스타일 시트에서 〈body〉의 색상이 다음과 같이 정의되었다고 하자.

```
...
<head>
    <style>
        body { color: blue; }
    </style>
</head>
<body>
    <p>나의 색상은 어떻게 될까?</p>
</body>
...
```

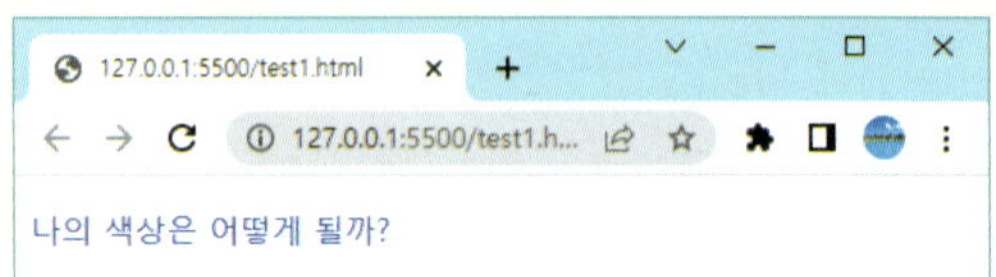

〈p〉의 색상은 지정하지 않았지만 〈p〉가 〈body〉에 포함되어 있으므로 〈p〉의 색상도 〈body〉의 속성이 상속되어서 파랑색이 된다.

우선순위

하나의 요소에 대하여 외부, 내부, 인라인 스타일이 서로 다르게 지정되었다면 과연 어떤 스타일이 사용될까? 예를 들어 〈p〉 요소에 대한 스타일이 외부 스타일 시트와 내부 스타일 시트, 인라인 스타일 시트에서 다음과 같이 서로 다르게 정의되었다고 하자.

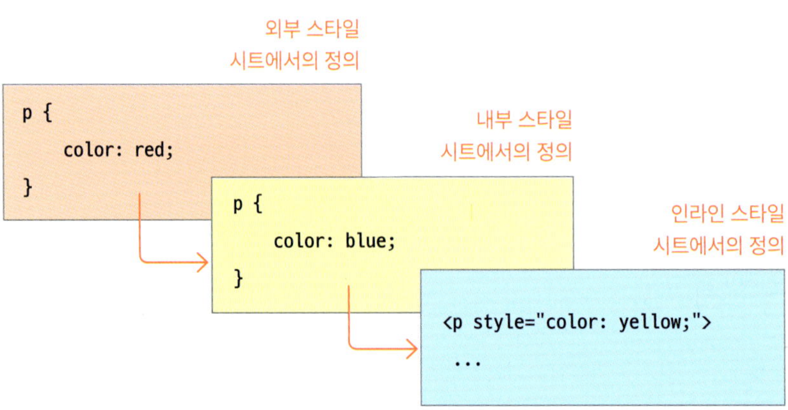

인라인 스타일 시트가 외부나 내부 스타일 시트보다 우선순위가 높으므로 인라인 스타일 시트에서 정의된 값 color: yellow;가 최종적으로 사용된다.

■ 많이 사용되는 속성들

이제까지 CSS의 기본적인 개념에 대하여 학습하였다. 지금부터는 CSS로 지정할 수 있는 스타일에 대하여 살펴보자. 이번 장에서는 여러 스타일 중에서 색상, 폰트, 배경을 설정하는 방법을 살펴본다. 각 요소의 위치나 레이아웃과 관련된 스타일은 다음 장에서 학습하게 된다. CSS에서 사용되는 속성(porperty)들의 이름은 어떻게 알 수 있을까? 프로그래밍에서는 항상 정해진 키워드만을 사용하여야 한다. 일단 가장 많이 사용되는 속성들의 이름을 정리하여 보자.

특성	설명
color	텍스트 색상
font-weight	볼드체 설정
padding	요소의 가장자리와 내용 간의 간격
font-size	폰트의 크기
backgroud-color	배경색
border	요소를 감싸는 경계선
font-style	이탤릭체 설정
backgroud-image	배경 이미지
text-align	텍스트 정렬
list-style	리스트 스타일

지금부터 색상, 폰트, 배경을 설정하는 방법에 대하여 자세히 살펴보자.

중간 점검

01. 외부에 있는 myfile.css를 HTML 파일로 불러들이는 문장을 작성해보자.

02. 내부, 외부, 인라인 CSS 중에서 가장 우선순위가 높은 것은 무엇인가?

Lab

외부 CSS 파일 이용하기

커피 전문점 홈페이지에 외부 CSS 파일을 작성하여 적용해보자. 외부 스타일 파일 coffee2.css를 생성하고 여기에 CSS 문장들을 저장한 후에 coffee2.html에서 coffee2.css 파일을 읽어 들여 보자.

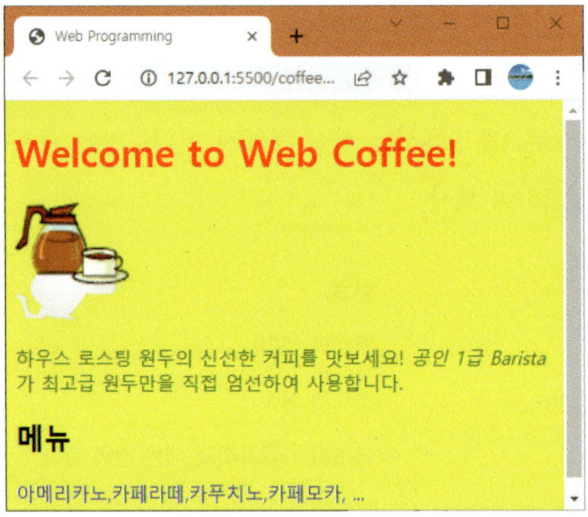

먼저 다음과 같이 외부 스타일 파일을 작성한다.

coffee2.css

```
body { background-color: yellow; }
h1 { color: red; }
p.first { color: green; }
p.second { color: blue; }
```

이어서 HTML 파일에서 coffee2.css를 불러들이도록 헤드 섹션에 <link> 태그를 추가한다.

coffee2.html

```
<!DOCTYPE html>
<html>
<head>
    <title>Web Programming</title>
    <link type="text/css" rel="stylesheet" href="coffee2.css">
</head>
<body>
    <h1>Welcome to Web Coffee!</h1>
    <img src="coffee.gif" width="100" height="100">
    <p>
```

외부에 있는 coffee.css 파일을 여기로 불러들인다.

```
        하우스 로스팅 원두의 신선한 커피를 맛보세요!
        <em>공인 1급 Barista</em>가
        최고급 원두만을 직접 엄선하여 사용합니다.
    </p>
    <h2>메뉴</h2>
    <p>
        아메리카노,카페라떼,카푸치노,카페모카, ...
    </p>
</body>
</html>
```

여기서 한 가지 유의해야 할 사항은 조상에서 지정된 속성은 후손 노드들로 상속된다는 점이다. 예를 들어 〈p〉 요소 안에 포함된 요소들은 〈p〉 요소의 스타일이 변경되면 영향을 받는다. 그렇기 때문에 〈p〉 요소 안의 〈em〉 요소의 색상이 파랑색으로 변경된 것을 볼 수 있다. 이것을 트리 형태로 그려보면 더욱 분명하게 이해할 수 있다.

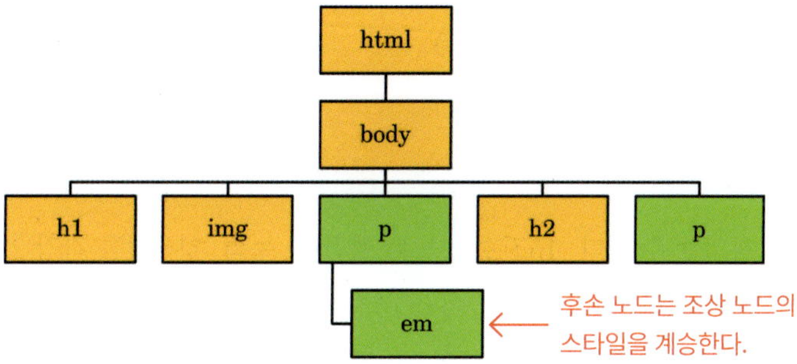

이러한 성질을 이용하면 보다 간결하게 CSS를 작성할 수 있다. 즉, 모든 요소에 공통적인 스타일은 〈body〉와 같은 조상 노드에 배치하는 것이다. 예를 들어서 앞의 CSS 파일은 다음과 같이 정리할 수 있다. 공통적으로 사용되는 스타일은 〈body〉 요소의 스타일에 정의하였다. 실행 결과는 동일하다.

coffee2.css

```
body {
    background-color: yellow;
    font-family: serif;
    color: blue;
}
h1 {
    border-bottom: 1px solid gray;
    color: red;
}
```

← 공통적인 스타일을 여기에 정의한다.

← 차이가 나는 부분만 여기서 정의한다.

도전

글자색 특성을 <body> 요소에서 정의하면 페이지의 모든 글자색이 변경된다. 하지만 어떤 특정한 요소의 글자색은 다른 색으로 하고 싶다면 어떻게 하여야 할까? 이때는 재정의 기능을 사용하면 된다. 예를 들어서 <em> 요소의 글자색을 빨간색으로 하여보자.

4-04 색상

컴퓨터에서 색상은 빛의 3원색인 빨간색(red), 녹색(green), 청색(blue)을 혼합하여 만들어진다. CSS에서 색상을 표현하는 몇 가지의 방법이 있다. 이름으로 표현할 수도 있고 16진수, 10진수, 퍼센트로도 표현할 수 있다. 간단하게 정리한 것이 다음 표이다.

방법	설명
이름으로 표현	"red"
16진수로 표현	#FF0000
10진수로 표현	RGB(255, 0, 0)
퍼센트로 표현	RGB(100%, 0%, 0%)

■ 16진수로 색상을 나타내는 방법

색상은 16진수 코드로 정의할 수 있다. 16진수 코드는 빨간색, 녹색, 청색값을 각각 2자리의 16진수로 표시한 것이다. 각 기본 색상에 대한 가장 낮은 값이 0(16진수로 00)이고 가장 높은 값은 255(16진수로 FF)이다. 하나의 컬러값은 총 6개의 16진수로 되어 있으며 앞에 # 기호를 가지고 있다.

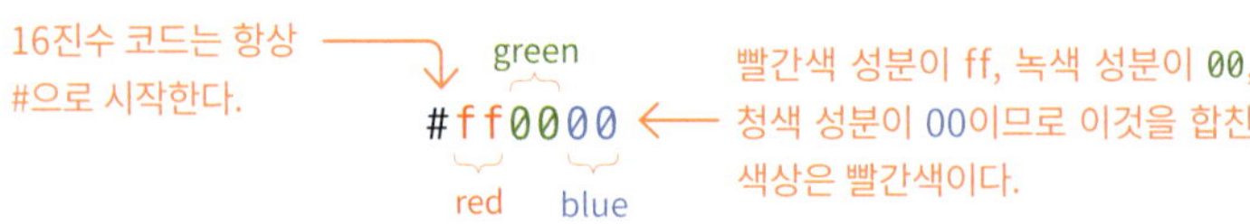

위와 같이 빨간색, 녹색, 청색값은 0에서 255까지 변화할 수 있으므로 총 조합의 수는 256×256×256이 되어서 약 1600만 가지가 된다. 회색값(gray color)은 빛의 3원색의 값을 동일하게 하면 만들어진다. 예를 들어서 #080808, #101010, #505050은 모두 회색값이다.

색상을 나타내는 데 3개의 16진수만 사용하는 방법도 있다. 이 경우에는 빨간색, 녹색, 청색 값을 각각 1자리의 16진수로 표시한다.

몇 년 전까지만 해도 컴퓨터는 256가지 정도의 색상만을 지원하였다. 따라서 모든 컴퓨터에서 지원되는 색상만을 사용하려면 안전한 색상을 사용하는 것이 좋다. 이것은 web safe color라는 이름으로 불리며 약 216가지의 색상이 여기에 해당한다. 다음 그림은 216 색상 중의 일부를 보여준다.

000000	000033	000066	000099	0000CC	0000FF
003300	003333	003366	003399	0033CC	0033FF
006600	006633	006666	006699	0066CC	0066FF
009900	009933	009966	009999	0099CC	0099FF
00CC00	00CC33	00CC66	00CC99	00CCCC	00CCFF
00FF00	00FF33	00FF66	00FF99	00FFCC	00FFFF

예를 들어서 〈body〉 요소의 배경색을 16진수 색상 코드로 변경해보면 다음과 같다.

```
body
{
    background-color: #ffd800;
}
```

red: ff, green: d8, blue; 00

■ 이름으로 색상을 나타내는 방법

이름을 사용하여 특정 색상을 지정하는 방법이다. 16가지의 기본 색상이 있고 추가로 150가지의 색상 이름을 사용할 수 있다. 가장 많이 사용되는 16가지의 이름은 다음과 같다.

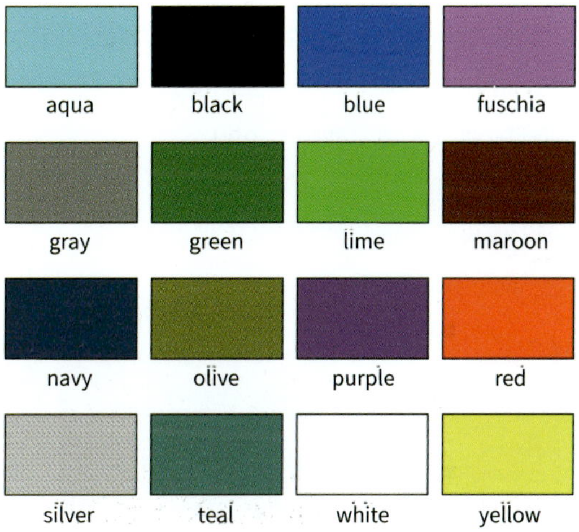

예를 들어서 〈body〉 요소의 배경색을 aqua 색상으로 변경하는 코드는 다음과 같다.

```
body
{
    background-color: aqua;
}
```

배경색 속성

색상 이름

■ RGB값으로 색상 표현하기

RGB값을 퍼센트로 표현할 수도 있다. 예를 들어 <body> 요소의 배경색을 60% red, 40% green, 10% blue로 변경하는 코드는 다음과 같다.

```
body
{
    background-color: rgb(60%, 40%, 10%);
}
```

배경색 속성

reg, green, blue 색상의 함량을 퍼센트로 표현한다.

퍼센트 대신에 0에서 255 사이의 정수를 이용하여도 된다.

```
body
{
    background-color: rgb(153, 102, 25);
}
```

reg, green, blue 색상의 함량을 0에서 255까지의 정수로 표현한다.

■ 원하는 색상을 찾는 방법

가장 일반적인 방법은 컬러 차트를 이용하거나 포토샵과 같은 애플리케이션을 이용하는 것이다. VS code에서는 색상을 나타내는 이름을 입력하면 해당 색상을 보여주고, 이것을 클릭하면 다음과 같은 화면이 등장한다. 여기에서 편리하게 원하는 색상을 지정할 수도 있다.

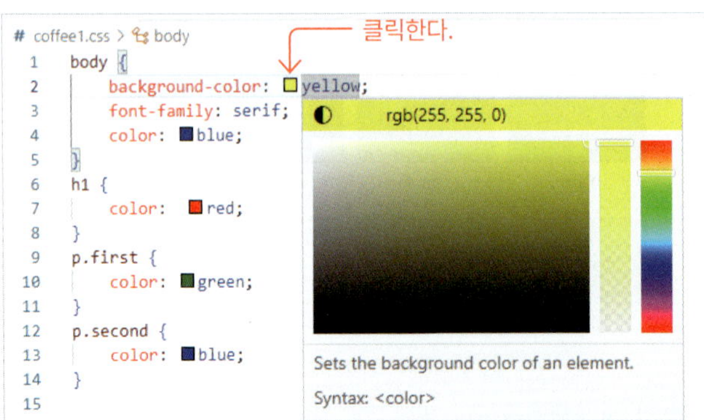

예제 간략한 컬러 차트 작성

몇 개의 단락을 생성하고 단락의 색상을 다르게 하여 보자. 단락에 클래스를 부여하고 클래스마다 색상을 다르게 지정한다.

css_color.html

```
<!DOCTYPE html>
<html>
<head>
    <style>
        h1 { background-color: #6495ed; }
        p.a { background-color: #ff0000; }
        p.b { background-color: #00ff00; }
        p.c { background-color: #0000ff; }
        p.d { background-color: #888888; }
    </style>
</head>
<body>
    <h1>CSS Color Chart</h1>
    <p class="a">Color #1</p>
    <p class="b">Color #2</p>
    <p class="c">Color #3</p>
    <p class="d">Color #4</p>
</body>
</html>
```

각 요소의 색상을 16진수로 정의한다.

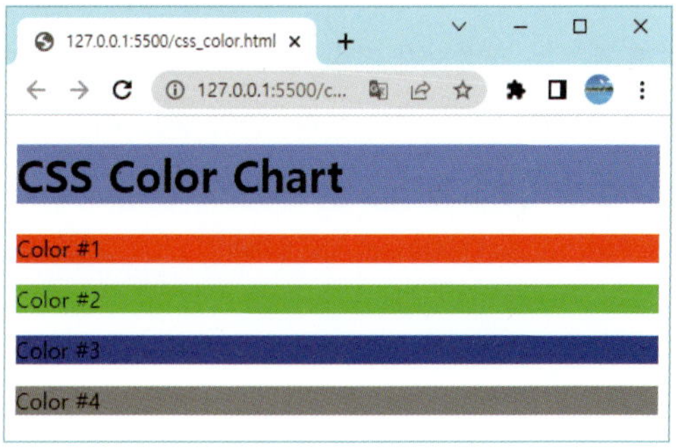

중간 점검

01. 흰색을 나타내는 16진수 리터럴를 만들어보자.

02. <body> 요소의 배경색을 녹색으로 지정하는 CSS 문장을 작성해보자.

4-05 폰트

웹 페이지에서도 텍스트를 통하여 많은 정보를 전달하게 된다. 따라서 텍스트의 스타일은 무척이나 중요하다. 특히 폰트는 페이지의 디자인에 절대적인 영향을 준다. CSS font 속성을 이용하면 폰트의 종류, 색상, 장식, 크기 등을 지정할 수 있다. 폰트에서는 다음과 같은 속성을 사용할 수 있다.

속성	설명
font	한 줄에서 모든 폰트 속성을 설정할 때 사용
font-family	폰트 패밀리 설정
font-size	폰트의 크기 설정
font-style	폰트 스타일 설정
font-weight	폰트의 볼드체 여부 설정

■ 폰트의 종류

텍스트의 폰트는 font-family 속성을 이용해서 설정된다. font-family 속성을 설정할 때는 여러 개의 폰트 이름을 제공하는 것이 좋다. 왜냐하면 각 컴퓨터마다 사용가능한 폰트가 다를 수 있기 때문이다. 브라우저가 HTML 파일을 표시할 때, 첫 번째 폰트가 없으면 자동적으로 다음 폰트를 사용한다. 따라서 폰트를 나열할 때 첫 번째 폰트는 개발자가 가장 원하는 폰트, 맨 마지막에는 가장 일반적인 폰트를 지정하여야 한다. 만약 폰트 이름이 여러 단어로 되어 있다면 큰 따옴표를 사용하여 묶어야 한다.

Arial
Arial (Bold)
Arial (Italic)
Arial (Bold Italic)
Arial Black
Comic Sans MS
Comic Sans MS (Bold)
Courier New
Courier New (Bold)
Courier New (Italic)
Courier New (Bold Italic)
Georgia
Georgia (Bold)
Georgia (Italic)
Georgia (Bold Italic)
Impact
Times New Roman
Times New Roman (Bold)
Times New Roman (Italic)
Times New Roman (Bold Italic)

```
body {
    font-family:"Times New Roman", Times, serif;
}
```

- "Times New Roman": 가장 선호하는 폰트
- font-family: 폰트의 종류 속성
- serif: 마지막에는 항상 일반적인 폰트를 지정하여야 한다.

폰트가 선택되는 과정을 다시 한번 살펴보면 다음과 같다.

```
body {
    font-family:"Times New Roman", Times, serif;
}
```

① 이 폰트가 사용자의 컴퓨터에 설치되어 있는지 체크한다. 설치되어 있으면 이 폰트가 선택된다.
② "Times New Roman"이 없으면 Times 폰트를 조사한다.
③ Times 폰트도 없으면 브라우저가 serif로 간주하는 폰트가 선택된다.

■ Serif와 Sans-serif의 차이

serif는 삐침을 말한다. sans는 부정을 나타내는 접두사이므로 sans-serif은 삐침이 없다는 의미이다.

■ 폰트 패밀리

폰트 패밀리란 어떤 특징을 공유하는 폰트들의 집합을 의미한다. 크게 5개의 폰트 패밀리가 있다. sans-serif, serif, monospace, cursive, fantasy가 그것이다. 각 폰트 패밀리는 많은 폰트들을 포함하고 있다. 예를 들면 다음과 같은 폰트 패밀리들이 있다.

serif 폰트는 우아하고 전통적인 느낌이며 sans-serif은 깔끔하고 가독성이 좋다. monospace는 타자기 서체이다. cursive와 fantasy 폰트는 장난스러우며 스타일리쉬한 느낌을 준다.

일반 패밀리	폰트 패밀리	설명
Serif	Times New Roman Georgia	Serif 폰트는 글자의 끝에 삐침이 있다.
Sans-serif	Arial Verdana	글자의 끝에 삐침을 가지지 않는다.
Monospace	Courier New Lucida Console	모든 글자들의 폭이 같다.

■ 폰트 크기 설정

font-size 속성은 텍스트의 크기를 설정한다. 텍스트의 크기를 조절하는 것은 웹디자인에 있어서 아주 중요하다.

20포인트를 의미한다.

```
body {
    font-size: 20pt;
}
```

폰트 크기를 나타내는 속성

폰트의 크기는 절대 크기와 상대 크기로 설정될 수 있다. 절대 크기는 텍스트를 지정된 크기로 설정한다. 절대 크기는 출력의 물리적인 크기가 알려져 있는 경우에만 유용하다. 상대 크기는 주위의 요소들의 크기에 상대적으로 폰트 크기를 설정한다.

① px 단위로 설정하기

px는 픽셀을 의미한다. 폰트의 크기도 픽셀 단위로 지정할 수 있다. 지정된 숫자는 폰트의 높이가 된다.

```
body {
    font-size: 12px;
}
```

폰트의 높이가 12픽셀이라는 것을 의미한다.

② % 단위로 설정하기

폰트 크기를 퍼센트로 설정할 수 있다. 퍼센트는 기준 폰트의 크기에 비하여 어느 정도인지를 나타낸다. 근데 어떤 폰트가 기준이 될까? 바로 부모 요소의 폰트 크기가 기준이 된다.

```
body {
    font-size: 12px;
}
h2 {
    font-size: 200%;
}
```

부모 요소인 <body>의 200%이므로 24px가 된다.

③ em 단위로 설정하기

em 크기 단위는 W3C에서 권장하는 단위로서 배수(scaling factor)를 의미한다. em도 %와 마찬가지로 상대적인 크기이다. 역시 기준은 부모 요소의 폰트 크기이다. 1em은 부모 요소의 폰트 크기와 같다.

```
body {
    font-size: 12px;
}
h2 {
    font-size: 2.0em;
}
```

부모 요소인 <body>의 2배이므로 24px가 된다.

④ 키워드로 설정하기

옷의 사이즈와 비슷하게 xx-small, x-small, small, medium, large, x-large, xx-large와 같은 키워드를 사용하여서 폰트의 크기를 지정할 수 있다.

```
body {
      font-size: small;  ——> 대부분의 브라우저에서 이것은 12px에 해당한다.
}
```

참고사항

폰트의 크기를 지정하는 방법

폰트의 크기를 지정하는 방법은 아주 많다. 그러면 가장 바람직한 방법은 무엇인가? 먼저 〈body〉 요소의 폰트 크기는 키워드 small이나 medium으로 지정하는 것이 좋다. 이것이 기준 폰트 크기로 동작한다. 상대적인 단위 즉 em이나 %를 사용하는 것도 바람직하다.

경고

만약 폰트의 크기를 지정할 때 단위를 명시하지 않으면 오류가 된다. HTML5에서는 수치의 단위를 반드시 써주어야 한다.

```
font-size: 10; /* 오류!! */
font-size: 10pt; /* OK!! */
```

예제 폰트 크기 예제

폰트의 크기를 설정하는 예제를 작성하고 실행하여 보자.

fontsize.html

```
<!DOCTYPE html>
<html>
<head>
    <style>
        body { font-size: medium;
        }
        p#t1 { font-size: 1.0em; }  <——  부모 크기의 1배
        p#t2 { font-size: 1.5em; }  <——  부모 크기의 1.5배
        p#t3 { font-size: 2.0em; }  <——  부모 크기의 2배
    </style>
</head>
<body>
    <p id="t1">paragraph.</p>
    <p id="t2">paragraph.</p>
```

```
    <p id="t3">paragraph.</p>
</body>
</html>
```

■ font-weight 속성

font-weight는 폰트를 볼드체로 할 것인지를 지정한다. 볼드체가 되면 글자의 무게가 증가하므로 font-weight라는 이름을 붙였다. font-weight는 bold나 normal 중에 하나로 설정할 수 있다.

```
h1#s1 { font-weight: normal; }
h1#s2 { font-weight: bold; }
```

볼드체로 설정

heading 1

heading 1

■ font-style 속성

font-style은 이탤릭 텍스트로 설정할 것인지를 지정한다. normal, italic, oblique 중에서 하나로 설정하면 된다. italic과 oblique는 아주 흡사한데, italic은 미리 만들어진 폰트가 존재하는 경우이고 oblique는 정상적인 폰트를 그리는 과정에서 기울인 폰트이다. 그냥 똑같다고 생각하여도 된다.

```
h1#s1 { font-style: normal; }
h1#s2 { font-style: italic; }
```

이탤릭체로 설정

heading 1

heading 1

예제 폰트 속성 설정

앞에서 학습한 내용들을 실제 코드로 실습하여 보자. 폰트의 여러 가지 속성은 한 줄에서 모두 설정될 수 있다. 이것을 축약(shorthand) 기법이라고 한다. 폰트의 속성을 나열하는 순서는 "font-style font-variant font-weight font-size font-family" 순이다. font-size와 font-family는 반드시 필요하다. 나머지 값들은 선택 사항이다. 만약 하나가 생략되면 디폴트값이 사용된다.

fontstyle.html

```
<!DOCTYPE html>
<html>
<head>
    <style>
```

```
    p.style1 {
        font: italic 30px arial,sans-serif;
    }
    p.style2 {
        font: bold 40px Georgia,serif;
    }
  </style>
</head>
<body>
  <p class="style1">font: italic 30px arial,sans-serif</p>
  <p class="style2">font: bold 40px Georgia,serif</p>
</body>
</html>
```

font-style은 italic,
font-size은 30px,
font-family은 arial,sans-serif;

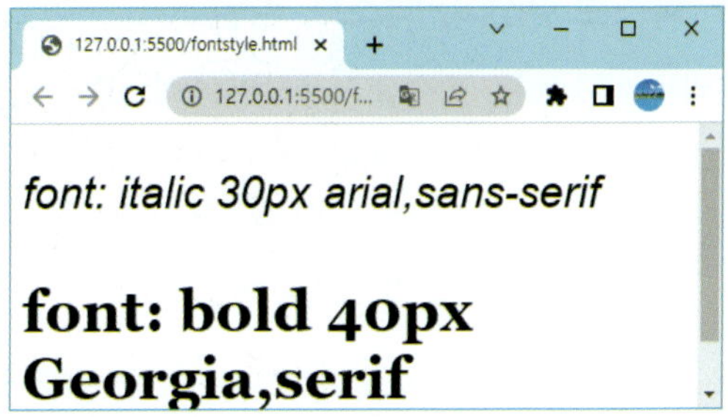

중간 점검

01. 폰트의 크기를 어떻게 지정할 수 있는가?

02. 〈body〉 요소의 폰트를 "굴림체"로 지정하는 CSS 문장을 작성해보자.

4-06 텍스트 스타일 설정

CSS에서는 다채로운 텍스트 장식 기능을 제공한다. 텍스트 정렬, 텍스트 색상, 텍스트 변환 등이 가능하다. 텍스트 스타일과 관련해서는 다음과 같은 속성을 사용할 수 있다.

속성	설명
color	텍스트의 색상을 지정한다.
direction	텍스트 작성 방향을 지정한다(가로쓰기, 세로쓰기).
letter-spacing	글자 간 간격을 지정한다.
line-height	텍스트 줄의 높이를 지정한다.
text-align	텍스트의 수평 정렬을 지정한다.
text-decoration	텍스트 장식을 지정한다.
text-indent	텍스트의 들여쓰기를 지정한다.
text-shadow	그림자 효과를 지정한다.
text-transform	대소문자 변환을 지정한다.

■ 텍스트 색상과 텍스트 정렬

우리는 이미 color 속성을 사용하여서 텍스트의 색상을 설정하는 방법을 알고 있다. 예를 들어서 〈body〉 요소의 텍스트의 색상을 파란색으로 지정하는 코드는 다음과 같다.

```
body { color:blue; }
```

텍스트 정렬도 지정할 수 있는데 왼쪽 정렬, 중앙 정렬, 오른쪽 정렬, 양쪽 정렬(justified)로 지정될 수 있다. 양쪽 정렬이란 양쪽을 가지런하게 맞춰 주는 정렬 방식으로 가장 널리 쓰이는 정렬 방식이다. 다음의 예제를 보자.

text_align.html

중앙 정렬, 텍스트 색상은 빨간색

```
<!DOCTYPE html>
<html>
<head>
    <style>
        h1 { text-align: center;         color: red; }  /* 중앙 정렬*/
        p.date { text-align: right;         color: indigo; }  /* 오른쪽 정렬*/
        p.poet { text-align: justify;         color: blue; }  /* 양쪽 정렬*/
  </style>
</head>
<body>
    <h1>CSS 텍스트 정렬 예제</h1>
    <p class="date">2022년 3월 1일</p>
    <p class="poet">
       삶이 그대를 속일지라도 슬퍼하거나 노여워하지 말라
       우울한 날을 견디면 믿으라, 기쁨의 날이 오리니
       마음은 미래에 사는 것, 현재는 슬픈 것,
       모든 것은 순간적인 것, 지나가는 것이니
       그리고 지나가는 것은 훗날 소중하게 되리니
    </p>
    <p><em>참고 푸시킨의 시</em></p>
</body>
</html>
```

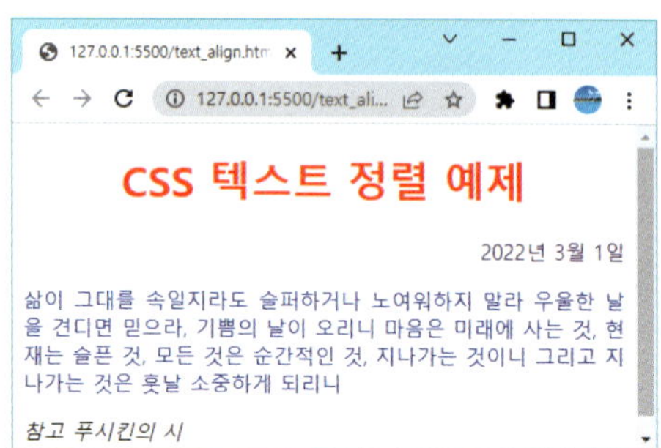

■ 텍스트 장식

텍스트 장식(text-decoration)은 텍스트에 붙이는 선을 지정한다.

text_deco.html

```
<!DOCTYPE html>
<html>
<head>
<style>
    h1 { text-decoration:overline; }
    h2 { text-decoration:line-through; }
    h3 { text-decoration:underline; }
</style>
</head>
<body>
    <h1>텍스트 장식의 예입니다.</h1>
    <h2>텍스트 장식의 예입니다.</h2>
    <h3>텍스트 장식의 예입니다.</h3>
</body>
</html>
```

텍스트 장식 지정

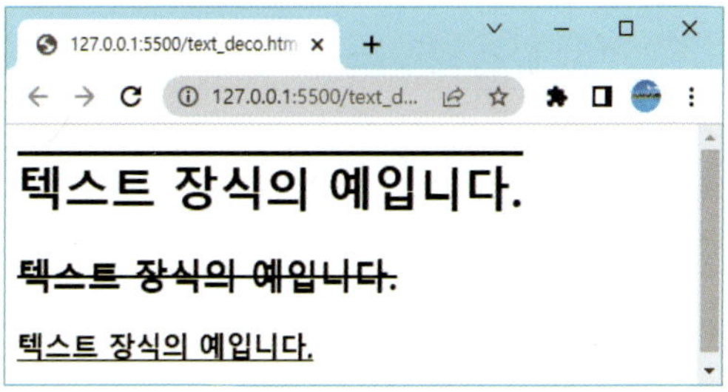

■ 텍스트 변환

텍스트 변환(text-transform)은 텍스트 안에서 모든 문자를 소문자나 대문자로 변환할 때나 각 단어의 첫 글자를 대문자화할 때 사용된다.

text_trans.html

```
<!DOCTYPE html>
<html>
<head>
<style>
    p.upper { text-transform:uppercase; }
    p.lower { text-transform:lowercase; }
    p.capit { text-transform:capitalize; }
</style>
</head>
<body>
    <p class="upper">text_transform is uppercase.</p>
    <p class="lower">text_transform is lowercase.</p>
    <p class="capit">text_transform is capitalize.</p>
</body>
</html>
```

텍스트 변환 지정

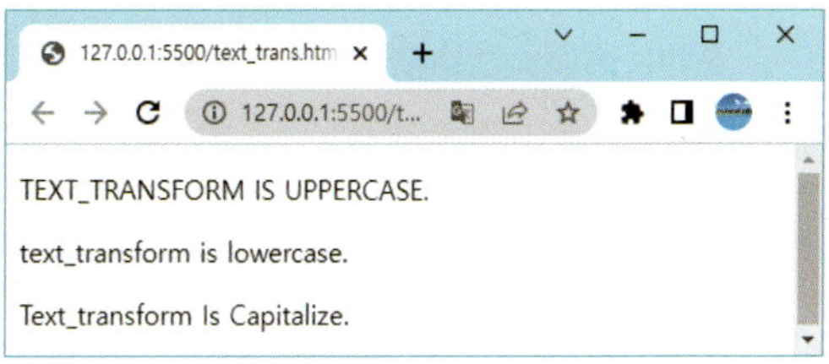

■ 텍스트 그림자

CSS3에서는 text-shadow 속성을 지정하면 텍스트에 그림자를 설정할 수 있다.

y 방향 이동거리 　 텍스트 그림자 색상

```
h1 {
    text-shadow: 3px 5px 10px #000;
}
```

x 방향 이동거리 　 흐림 정도

text_shadow.html

```
<!DOCTYPE html>
<html>
<head>
    <style>
        h1 {
            text-shadow: 5px 5px 5px #FF0000;
        }
    </style>
</head>
<body>
    <h1>Text-shadow 처리!</h1>
</body>
</html>
```

텍스트 그림자 지정
x-방향 이동거리: 5, y-방향 이동거리: 5
흐림 정도(blur): 5, 색상: #FF0000

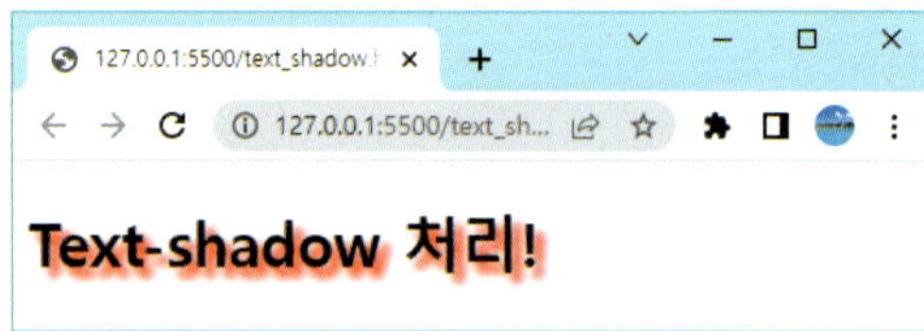

■ Word Wrapping

word-wrap 속성은 하나의 단어가 너무 길어서 영역 안에 들어가지 않는 경우에 자동으로 단어를 잘라서 다음 줄로 넘기는 기능이다.

word_wrap.html

```
<!DOCTYPE html>
<html>
<head>
    <style>
        p.test {
            width: 11em;
            border: 1px solid #000000;
            word-wrap: break-word;
        }
```

단어가 길 때, 적절하게
자동으로 줄바꿈을 한다.

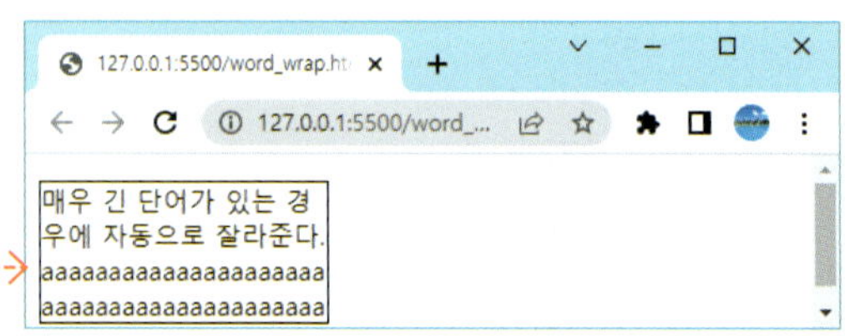

```
    </style>
</head>
<body>
    <p class="test">
        매우 긴 단어가 있는 경우에 자동으로 잘라준다.
        aaaaaaaaaaaaaaaaaaaaaaaaaaaaaaaaaaaaaaaaaa
    </p>
</body>
</html>
```

break-word로 지정되지 않은 경우

■ 다중 컬럼

CSS3를 사용하면 신문처럼 텍스트를 배치하는데, 다중 컬럼을 생성할 수 있다. 다중 컬럼은 다음과 같은 속성을 이용한다.

- column-count: 분할해야 하는 컬럼의 수를 지정한다.
- column-gap: 컬럼 사이의 간격을 지정한다.
- column-rule: 컬럼 분리하는선의 너비, 스타일 및 색상을 설정한다.

다음은 박인환 시인의 〈목마와 숙녀〉 시를 2-컬럼으로 나타낸 것이다.

css_multi_col.html

```
<!DOCTYPE html>
<html>
<head>
    <style>
        .poet {
        column-count: 2;
        column-gap: 40px;
        column-rule: 4px double #ff00ff;
        }
    </style>
</hea>
<body>
    <div class="poet">
        한잔의 술을 마시고
        우리는 버지니아 울프의 생애와
        목마(木馬)를 타고 떠난 숙녀(淑女)의 옷자락을 이야기한다
        목마(木馬)는 주인을 버리고 그저 방울 소리만 울리며
```

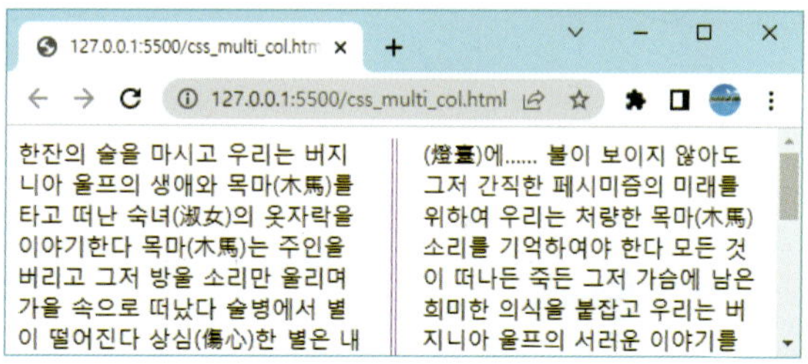

```
        가을 속으로 떠났다 술병에서 별이 떨어진다
      ...
    </div>
</body>
</html>
```

중간 점검

01. 〈body〉 요소의 글자들을 모두 대문자로 바꾸는 CSS 문장을 작성해보자.

02. 〈body〉 요소의 글자색을 "파랑색"으로 지정하는 CSS 문장을 작성해보자.

Mini Project

CSS로 스타일 꾸미기

이번 장에서 학습한 내용을 바탕으로 다음과 같은 웹사이트를 작성하여 보자.

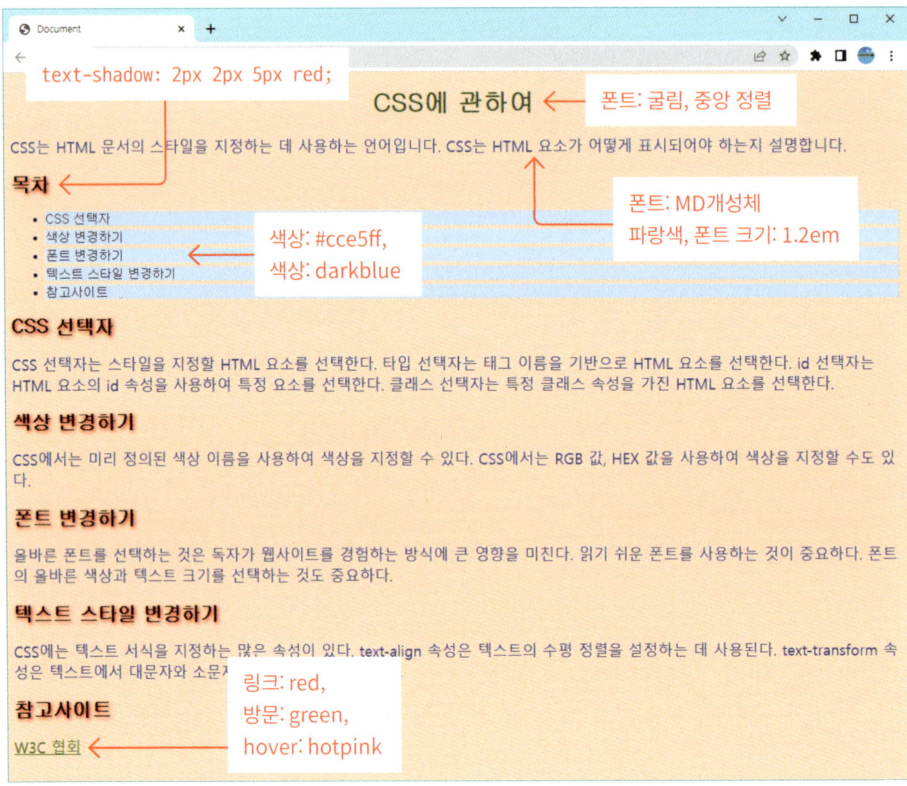

4장

Summary

Q HTML과 CSS의 관계를 설명할 수 있나요?

A HTML은 문서의 구조를 표현하고 CSS는 문서의 스타일을 지정합니다.

Q CSS의 선택자를 사용하여 원하는 요소를 지정할 수 있나요?

A CSS 선택자는 스타일을 지정할 HTML 요소를 선택합니다. 타입 선택자는 태그 이름을 기반으로 HTML 요소를 선택합니다. id 선택자는 HTML 요소의 id 속성을 사용하여 특정 요소를 선택합니다. 클래스 선택자는 특정 클래스 속성을 가진 HTML 요소를 선택합니다.

Q CSS를 이용하여 색상, 폰트들을 변경할 수 있나요?

A 색상은 16진수를 이용하거나 색상 이름을 이용하여 지정할 수 있습니다. 폰트는 폰트 이름을 font-family 속성에 나열하면 됩니다.

Q CSS를 외부 파일에 저장하여 여러 웹 페이지에서 공유할 수 있나요?

A CSS를 .css 확장자를 가진 외부 파일에 저장한 후에 HTML 파일에서 <link href="abc.css" type="text/css" rel="stylesheet">를 사용하여 불러올 수 있습니다.

Q 중요한 CSS 속성 이름을 몇 가지 말할 수 있나요?

A 텍스트 색상을 변경하려면 color 속성을 사용합니다. 폰트 크기를 변경하려면 font-size 속성을 사용합니다. 배경색을 변경하려면 background-color를 사용합니다.

4장

Exercise

01. 외부 스타일 시트를 포함시키는 올바른 문장은?

① <css>mystyle.css</css>

② <!DOCTYPE css>

③ <link rel="stylesheet" type="text/css" href="mystyle.css">

④ <stylesheet src="mystyle.css">

02. 스타일 시트는 HTML 문서의 어떤 섹션에 들어가야 하는가?

① 〈body〉 섹션　　② 〈head〉 섹션

③ HTML 문서의 맨 처음에　　④ 어디나 상관없다.

03. 내부 스타일 시트를 정의하는 데 사용되는 태그는?

① 〈css〉　　② 〈style〉　　③ 〈stylesheet〉　　④ 〈sheet〉

04. 다음 중에서 문법적으로 올바른 스타일 시트를 모두 선택하시오.

① p { color:red; }　　② { p:color=red; }

③ p: { color=red; }　　④ p { color=red; }

05. 어떤 요소의 배경색을 변경할 때 사용하는 CSS 속성 이름은 무엇인가?

① back-color　　② background-color

③ bgcolor　　④ color

06. 어떤 요소의 텍스트 색상을 변경할 때 사용하는 CSS 속성 이름은 무엇인가?

① text-color　　② text:color

③ color　　④ font-color

07. 인라인 스타일 시트를 이용하여 〈p〉 요소의 배경색을 "#00FF00"로 변경하는 문장을 작성해보자.

08. 아이디가 special인 <h1> 요소의 배경색을 "red"로 변경하는 CSS 문장을 작성해보자.

09. 클래스가 special인 <p> 요소의 폰트(서체)를 "Arial"로 변경하는 CSS 문장을 작성해보자.

10. CSS3를 이용하여 텍스트 그림자를 생성하고자 한다. 빠져 있는 부분은 무엇인가?

```
h1 {
    text-shadow: 1px 1px 3px;
}
```

11. 다음의 선택자를 설명해보자.

(a) body h1 { color:yellow; }

(b) body, h1 { color:yellow; }

(c) body > h1 { color:yellow; }

4장 Programming

01. 아래의 HTML 문서가 다음과 같이 보이도록 내부 스타일 시트를 추가하라. 다양한 선택자를 사용하도록 한다. 주로 색상을 변경한다.

var1.html

```
<!DOCTYPE html>
<html>
<head>
    <title>Exercise</title>
    <style>
        ----------------------------------
        ----------------------------------
        ----------------------------------
    </style>
</head>
<body>
    <h1>웹 프로그래밍 교과목</h1>
    <p>웹 프로그래밍에서는 많은 관심을 받고 있는 <strong>HTML5</strong>와 <strong>CSS3</strong>
    를 중심으로 학습합니다. HTML5의 <em>많은 새로운 기능</em>들을 학습합니다.    </p>
    <h2>다루는 주제들</h2>
    <ul>
        <li>HTML5</li>
        <li>지오 로케이션</li>
        <li>드래그와 드롭</li>
    </ul>
</body>
</html>
```

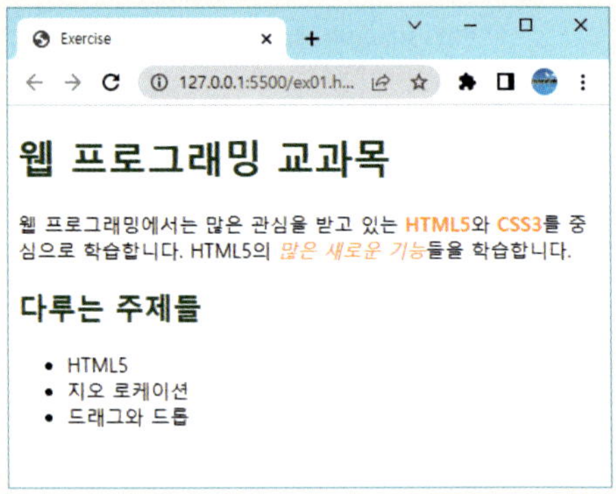

02. 1번의 HTML 문서가 다음과 같이 보이도록 외부 스타일 시트를 추가하라. 다양한 선택자를 사용하도록 한다. 주로 서체를 변경한다.

- <h1>, <h2>는 "휴먼편지체" 서체에 25pt로 한다.
- <p> 안의 <strong>과 <em>은 "궁서체"와 15pt, 이탤릭으로 한다.
- <li>는 "휴먼매직체"에 18pt, 볼드체로 한다.

03. 색을 나타내는 코드와 해당되는 색상을 함께 보여주는 페이지를 작성해보자.

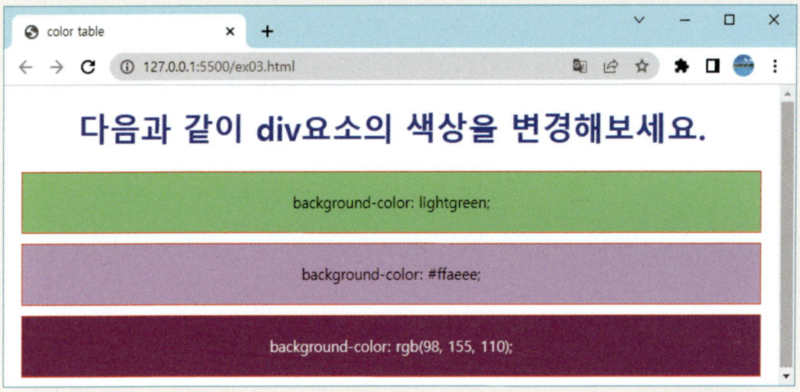

04. 선택자 중에서 "hover"를 이용하여 <div> 요소 위에 마우스를 두면 텍스트 그림자(text-shadow) 효과를 생성해보자.

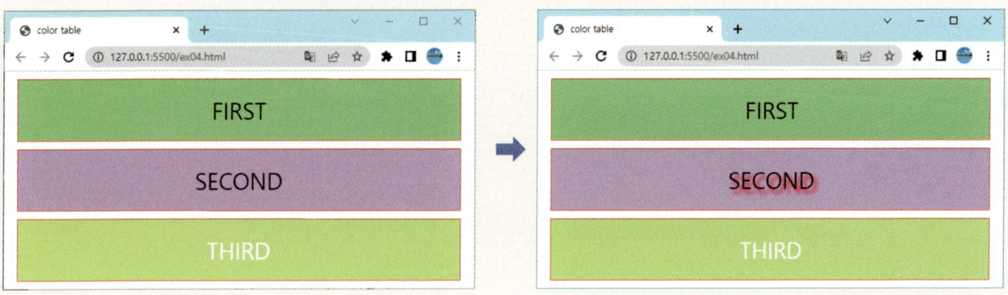

05. CSS를 이용하여 최대한 아래와 유사한 화면을 만들어보자.

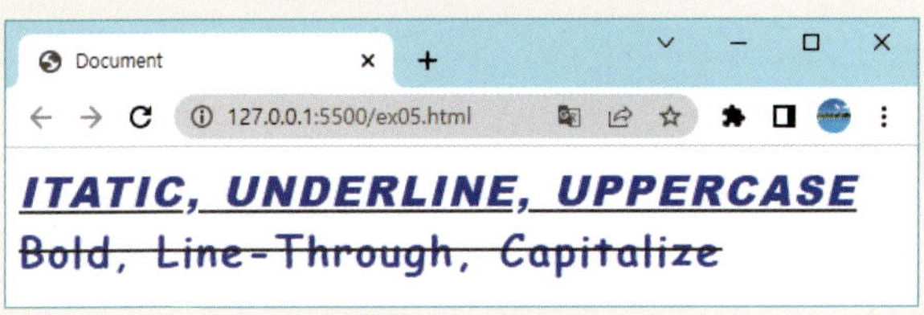

HTML5+
CSS3+
JavaScript
웹프로그래밍

05

CSS3 박스 모델과 응용

5-01 박스 모델

우리는 앞장에서 선택자, 색상, 폰트와 같은 기본적인 CSS3 기능을 살펴보았다. 이제 나머지 CSS3 기능들을 이번 장에서 살펴보자.

■ 박스 모델

웹 브라우저는 각 HTML 요소들을 사각형으로 간주하고 웹 페이지 위에 그리게 된다. 요소들을 배치할 때도 사각형으로 간주한다. 이런 식으로 요소들을 박스(사각형) 형태로 그리는 것을 박스 모델(box model)이라고 부른다. 다음 코드에서는 모든 요소의 경계선을 빨간색 선으로 표시하였다. 우리는 실제로 박스를 볼 수 있다.

```
<!DOCTYPE html>
<html>
  <head>
    <style>
      * { border: 1px solid red; }
    </style>
  </head>
  <body>
    <h1>쇼핑 리스트</h1>
      <p>특히 다음을 <strong>반드시</strong> 사와야 함.</p>
    <ul>
      <li>우유</li>
      <li>토마토</li>
      <li>수박</li>
    </ul>
  </body>
</html>
```

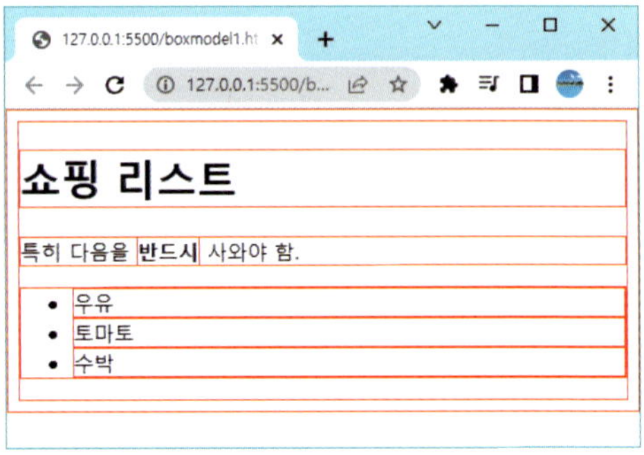

CSS 박스 모델은 기본적으로 HTML 요소를 감싸는 가상적인 박스를 생각하는 것이다. 웹 브라우저는 각 요소들을 박스(box)로 간주하고 화면에 배치한다. 각 박스는 마진, 경계, 패딩을 가진다. 이것들을 정확히 이해해야만 깔끔한 디자인을 할 수 있다.

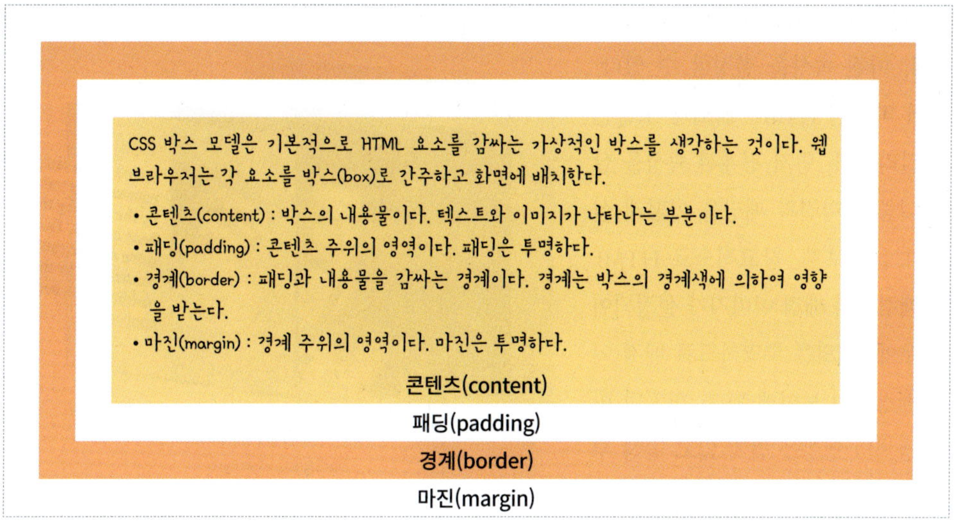

- **콘텐츠**(Content): 박스의 내용물이다. 텍스트와 이미지가 나타나는 부분이다.
- **패딩**(Padding): 콘텐츠와 경계 사이의 영역이다. 패딩은 투명하다.
- **경계**(Border): 패딩과 내용물을 감싸는 경계이다. 경계는 박스의 경계색에 의하여 영향을 받는다.
- **마진**(Margin): 경계선과 다른 요소 사이의 공간이다. 마진은 투명하다.

웹 페이지에서 HTML 요소의 박스 모델을 보려면 크롬 브라우저의 개발자 도구를 이용한다. 마우스 오른쪽 버튼을 누르고 "검사"를 선택하면, 오른쪽 하단의 윈도우에서 선택한 요소의 박스 모델을 그림으로 볼 수 있다.

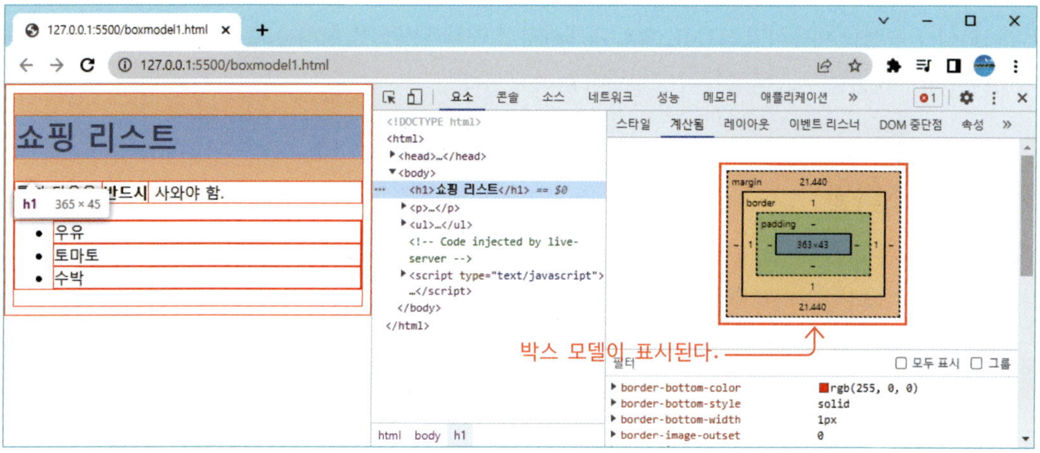

CSS를 사용하면 각 HTML 요소들의 패딩, 경계, 마진 속성을 설정할 수 있다. 설정값에 따라서 HTML 요소의 모습은 상당히 달라진다. 먼저 경계선 속성을 살펴보고 나중에 마진과 패딩을 어떻게 설정하는지 살펴보자. 참고적으로 HTML 요소에 배경색과 배경 이미지가 설정되어 있는 경우에, 패딩은 투명하므로 배경 이미지와 배경색이 보이게 된다. 하지만 마진은 배경색의 영향을 받지 않고 항상 투명하다. 오른쪽 그림은 3차원 그래픽을 사용하여서 마진, 패딩, 경계들이 배경색과 배경 이미지가 설정되어 있는 경우에 어떻게 보이는지 잘 보여주고 있다.

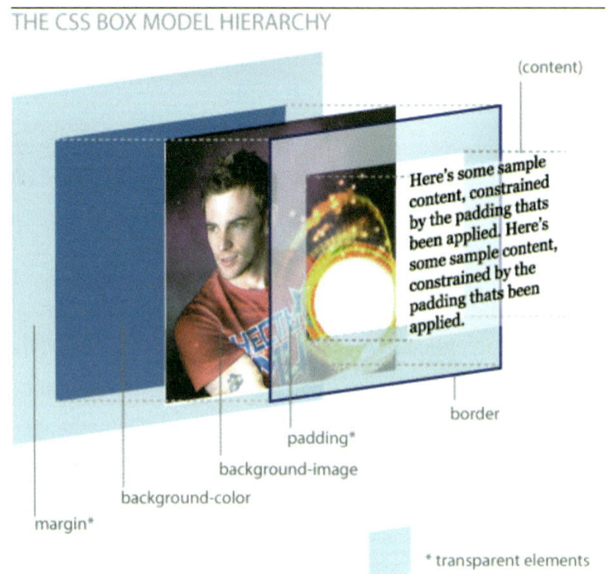

그림 출처: Jon Hicks

중간 점검

01. 박스 모델을 이루는 요소들은 무엇인가?

02. 패딩과 마진은 어떻게 다른가?

5-02 경계선

CSS border 속성을 이용하면 HTML 요소 경계선의 스타일과 색상을 지정할 수 있다. 경계선 속성을 지정하려면 먼저 border-style 속성이 설정되어 있어야 한다.

■ 경계선 스타일

경계선 스타일은 border-style로 설정할 수 있다. 아래 예제에서는 인라인 스타일 시트를 이용하여서 각 단락의 경계선 스타일을 다르게 하여 화면에 표시하였다.

border_style.html

```
<!DOCTYPE html>
<html>
<body>
    <p style="border-style: none">none.</p>
    <p style="border-style: dotted">dotted</p>
```

```
    <p style="border-style: dashed">dashed</p>
    <p style="border-style: solid">solid</p>
    <p style="border-style: double">double</p>
    <p style="border-style: groove">groove</p>
    <p style="border-style: ridge">ridge</p>
    <p style="border-style: inset">inset</p>
    <p style="border-style: outset">outset</p>
</body>
</html>
```

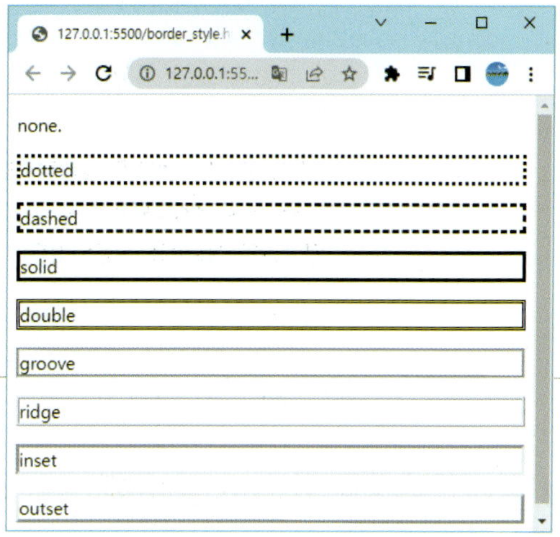

border-style이 groove, ridge, inset, outset으로 설정되면 약간의 3D 효과를 발생시킨다.

■ 경계선의 폭과 색상

border-width 속성은 경계선의 폭을 지정한다. 단위는 픽셀이거나 thin, medium, thick 중의 하나일 수 있다. border-style이 설정되어 있어야 border-width가 동작을 한다. HTML 요소의 경계선 색상은 border-color로 지정한다.

border_width.html

```
<!DOCTYPE html>
<html>
<head>
    <style>
        p.thick {
            border-style: solid;
            border-width: thick;
            border-color: green;
        }
        p.medium {
            border-style: solid;
            border-width: medium;
            border-color: red;
        }
        p.thin {
            border-style: solid;
            border-width: 1px;
            border-color: blue;
```

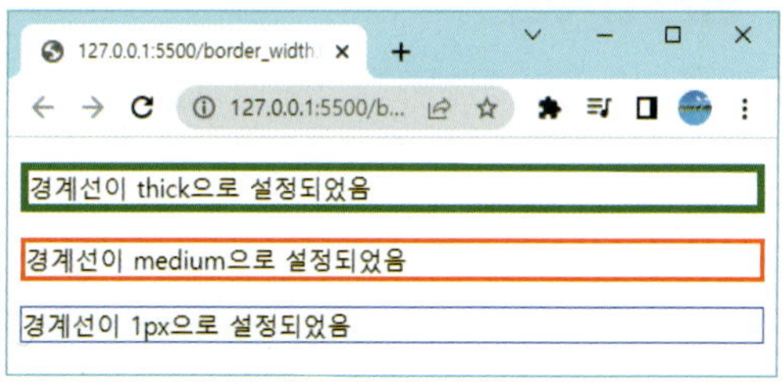

```
        }
    </style>
</head>
<body>
    <p class="thick">경계선이 thick으로 설정되었음</p>
    <p class="medium">경계선이 medium으로 설정되었음</p>
    <p class="thin">경계선이 1px으로 설정되었음</p>
</body>
</html>
```

■ 경계선 속성을 한 줄로 정의하기

경계선의 스타일을 한 줄에 한꺼번에 설정할 수도 있다. 이것을 약어 속성(shorthand property)이라고 한다. 반드시 border-width, border-style(필수), border-color 순서로 적어주어야 한다.

경계선의 두께

```
border: 5px solid red;
```

경계선의 색상

경계선의 스타일

■ 둥근 경계선

CSS3에서는 둥근 경계선, 그림자 경계선, 경계 이미지 같은 고급 기능을 포토샵 프로그램 없이도 생성할 수 있다. 하나씩 살펴보자. border-radius는 둥근 경계선을 만드는 속성이다.

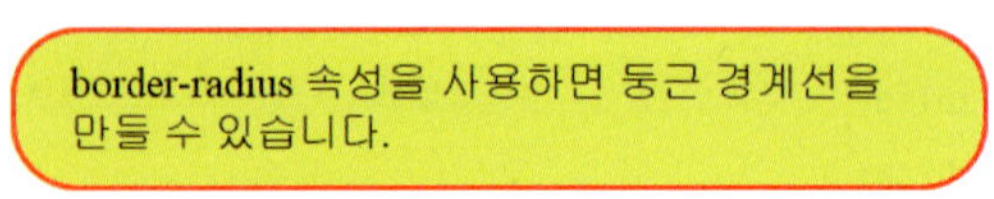

border-radius는 둥근 경계선의 반지름을 설정한다.

```
border-radius: 25px;
```

둥근 코너의 반지름

border_round.html

```
<!DOCTYPE html>
<html>
<head>
    <style>
        div {
            border: 2px solid red;
            border-radius: 25px;
        }
    </style>
</head>
<body>
    <div>border-radius 속성을 사용하면 둥근 경계선을 만들 수 있습니다.</div>
</body>
</html>
```

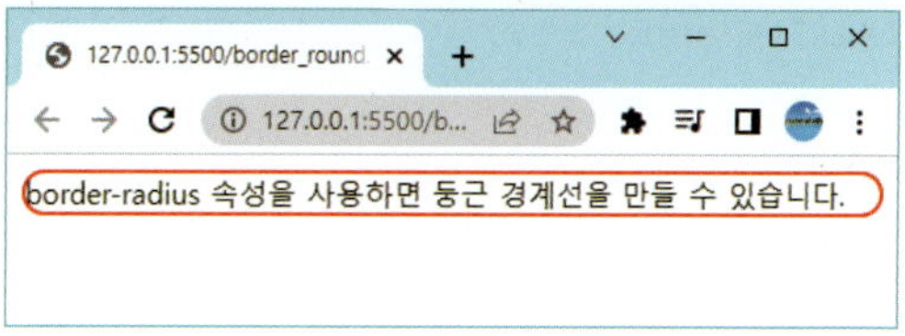

■ 경계 이미지

border-image 속성을 사용하면 이미지로 경계선을 만들 수 있다. 경계선을 만드는 이미지는 9구역으로 나누어져서 다음과 같이 사용된다. 따라서 이미지를 제작할 때부터 신경을 써야 한다.

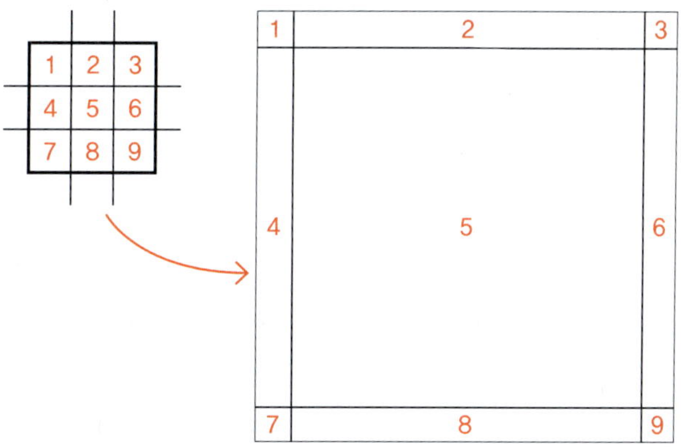

우리는 다음과 같은 이미지를 사용하여이미지를 사용한 경계선을 생성하여 보자. 다음 이미지는 81×81 크기로서 9개의 동일한 부분으로 나누어져 있다.

border_image.html

```
<!DOCTYPE html>
<html>
<head>
    <style>
        div {
            border: 30px solid transparent;
            width: 300px;
            height: 50px;
            border-image: url(border.png) 30 30 round;
        }
    </style>
</head>
<body>
    <div>경계 이미지가 반복되면서 그려진다. </div>
</body>
</html>
```

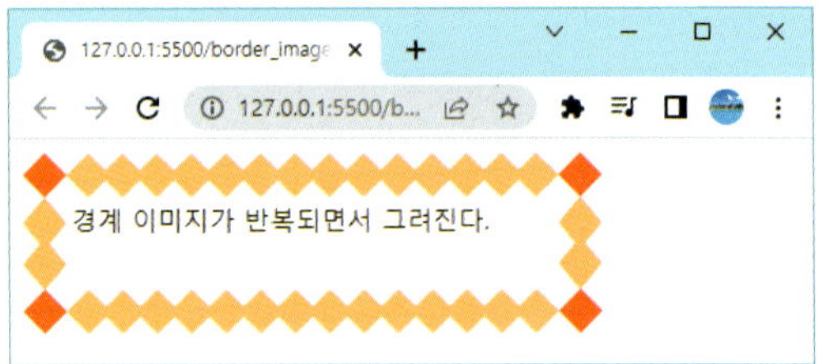

중간 점검

01. 경계선은 어떤 CSS 속성들을 사용하는가?

02. 2px 두께이고 솔리드 타입, 파랑색의 경계선을 정의해보자.

5-03 요소의 크기 설정, 마진, 패딩

■ 요소 크기 설정

먼저 HTML 요소의 크기를 설정하는 방법을 살펴보자. 이제까지는 HTML 요소의 크기를 설정하지 않았다. 콘텐츠의 자연스러운 크기를 사용하였다. 하지만 CSS에서는 모든 요소의 크기를 width와 height 속성을 이용하여 설정할 수 있다.

elem_size.html

```
<!DOCTYPE html>
<html>
<head>
```

```
    <style>
        #target1 {
            width: 100px;
            height: 50px;
            background-color: yellow;
        }
        #target2 {
            width: 100px;
            height: 50px;
            background-color: lightgreen;
        }
    </style>
</head>
<body>
    <p id="target1">이것은 p요소입니다. </p>
    <div id="target2">이것은 div요소입니다.</div>
</body>
</html>
```

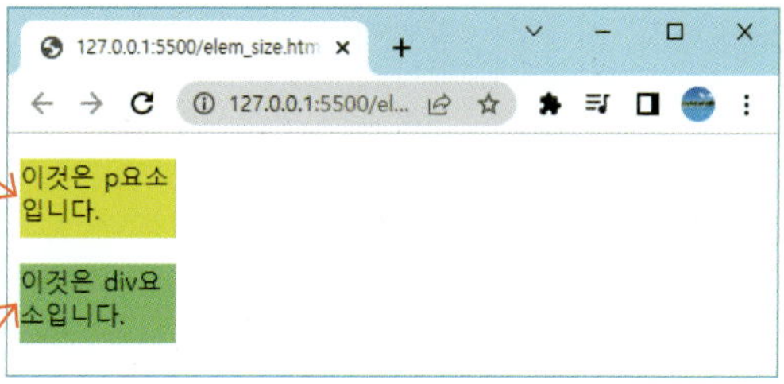

요소의 크기를 지정할 때 다양한 단위를 사용할 수 있다. 높이 및 너비 속성에는 패딩, 경계선, 마진은 포함되지 않는다.

값	설명
auto	브라우저가 크기를 계산한다. 이것이 디폴트값이다.
length	크기를 px, pt, cm 단위로 지정할 수 있다.
%	크기를 컨테이너 블록의 퍼센트로 지정한다.
initial	크기를 디폴트값으로 설정한다.
inherit	마진이 부모 요소로부터 상속된다.

■ 마진 설정하기

마진(margin)은 CSS에서 지정이 가능하다. 다음과 같은 값들이 가능하다.

값	설명
auto	브라우저가 마진을 계산한다.
length	마진을 px, pt, cm 단위로 지정할 수 있다. 디폴트는 0px이다.
%	마진을 요소 폭의 퍼센트로 지정한다.
inherit	마진이 부모 요소로부터 상속된다.

마진은 음수로 지정될 수 있다. 이 경우에는 요소들이 중첩된다. 따라서 이런 효과를 원한다면 음수를 지정하도록 하자. 지정하는 방법에는 2가지가 있다.

- 마진의 각 변을 별도로 지정하는 방법

```
margin-top: 10px;
margin-right: 20px;
margin-bottom: 30px;
margin-left: 40px;
```

- 한 줄에서 모든 변에 대한 값을 지정하는 방법

```
margin: 10px 20px 30px 40px;
```

top right bottom left

```
margin: 10px;
```

top, right, left, bottom

■ 패딩 설정하기

패딩은 콘텐츠와 경계 사이의 간격이다. 패딩은 다음과 같은 값들이 가능하다.

값	설명
length	px, pt, em 단위로 패딩을 설정한다.
%	패딩을 내용물의 퍼센트로 지정한다.

패딩을 지정하는 방법에도 마진과 마찬가지로 2가지의 방법이 있다.

- 마진의 각 변을 별도로 지정하는 방법

```
padding-top: 10px;
padding-right: 20px;
padding-bottom: 30px;
padding-left: 40px;
```

- 한 줄에서 모든 변에 대한 값을 지정하는 방법

```
padding: 10px 20px 30px 40px;
padding: 10px;        /* 모든 패딩이 10px로 설정된다. */
```

예제 패딩과 마진 예제

margin_padding.html

```
<!DOCTYPE html>
<html>
<head>
    <style>
        body {
            margin: 0px;
            padding: 0px;
        }
        p {
            margin: 0px;
            padding: 0px;
            background-color: yellow;
            border: 1px solid red;
        }
        #target {
            margin: 10px;
            padding: 20px;
            background-color: lightgreen;
            border: 1px solid red;
        }
    </style>
</head>
<body>
    <p>margin: 0px, padding: 0px인 단락입니다.</p>
    <p id="target">margin: 10px, padding: 20px인 단락입니다.</p>
</body>
</html>
```

좀 더 확실하게 마진과 패딩을 표시하기 위하여 <body> 요소의 마진과 패딩을 모두 0으로 설정하였다.

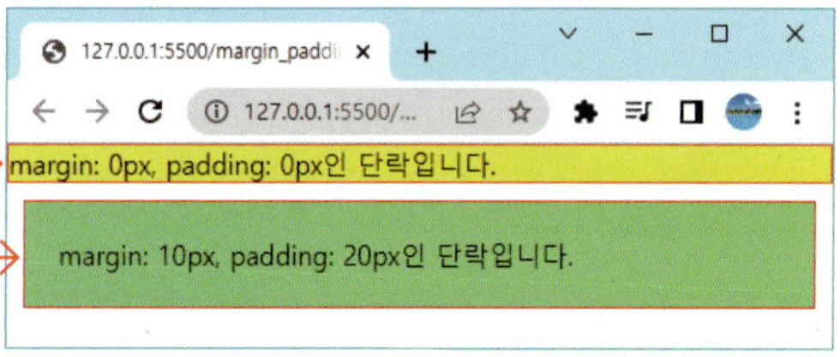

참고사항

마진의 값을 설정할 때 음수로 설정할 수도 있다. 이 경우에는 요소들이 겹쳐서 보이게 된다. 웹 디자인에서 이것을 고의적으로 이용하는 경우도 많다. 특히 이미지와 텍스트를 나란히 표시할 때 많이 사용한다.

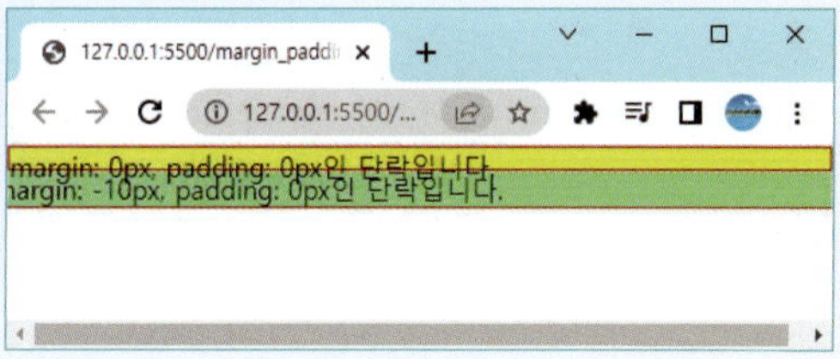

■ 박스의 크기 계산

CSS를 통하여 요소의 width와 height 속성을 설정하면 요소 안의 콘텐츠 영역의 크기가 설정된다. 요소의 전체 크기를 계산하려면 여기에 패딩, 경계, 마진을 더해야 한다. 예를 들어 아래와 같이 요소들의 속성이 지정되었다고 가정하고 요소의 전체 크기를 계산하여 보자. 요소 전체 크기는 270px이 된다.

```
#target {
    width: 200px;
    padding: 10px;
    border: 5px solid red;
    margin: 20px;
}
```

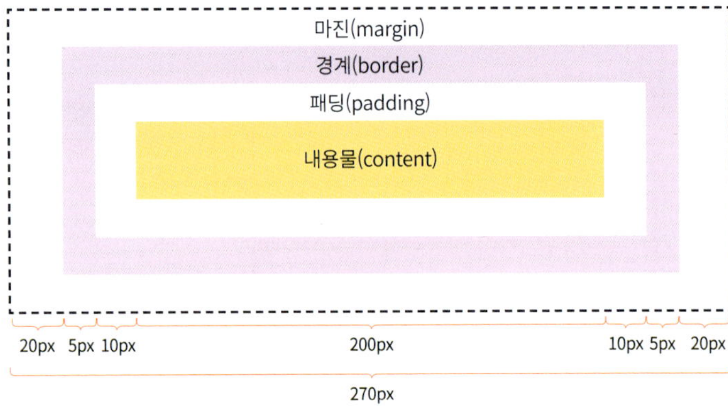

간단한 예제를 작성하여 위의 사항들을 확하여 보자.

box_model.html

```
<!DOCTYPE html>
<html>
<head>
    <style>
        div.test {
            background-color: yellow;
            width: 200px;
            padding: 10px;
            border: 5px solid red;
            margin: 20px;
        }
    </style>
</head>
<body>
    <div class="test">이것은 div 요소로서 전체 폭은 270픽셀이다.</div>
</body>
</html>
```

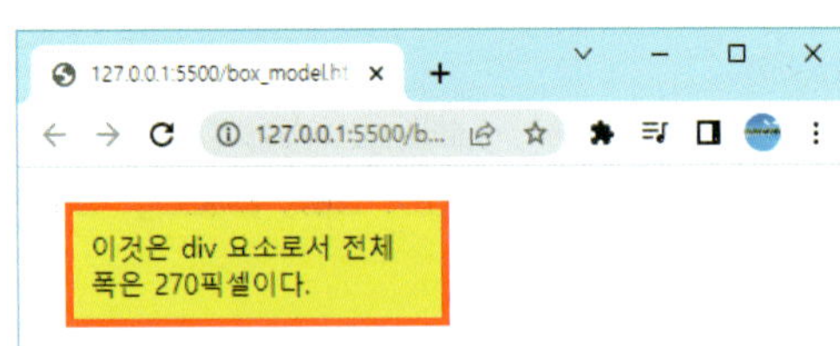

위의 결과에서 주의해야 할 점은 패딩은 요소 배경색의 영향을 받는 것이다. 패딩도 노란색으로 표시되었다. 반면에 마진은 투명하게 표시된다.

■ margin을 이용한 수평 정렬

여기서 어떤 HTML 요소를 화면의 중앙에 위치시키고자 한다. 어떻게 하면 될까? CSS만을 사용하여 어떤 요소를 중앙 정렬하려면 어떻게 해야 하는가? 인라인 요소와 블록 요소를 나누어서 생각해보자.

인라인 요소

인라인 요소란 콘텐츠의 크기만큼만 자리를 차지하는 요소들이다. 〈em〉과 같은 인라인 요소를 컨테이너의 중앙에 놓으려면 컨테이너의 text-align 속성을 사용하면 된다. 그렇게 하면 블록 수준의 컨테이너 안에서 인라인 요소가 중앙 정렬된다. 예를 들어 〈em〉 요소를 〈p〉 안에서 중앙 정렬하는 예제를 작성하여 보자.

text_align.html

```
<!DOCTYPE html>
<html>
<head>
    <style>
        p, em, strong, div { border: dotted 3px red; }
    </style>
</head>
<body>
    <p style="text-align: center">
        <em>My Text</em>
    </p>
</body>
</html>
```

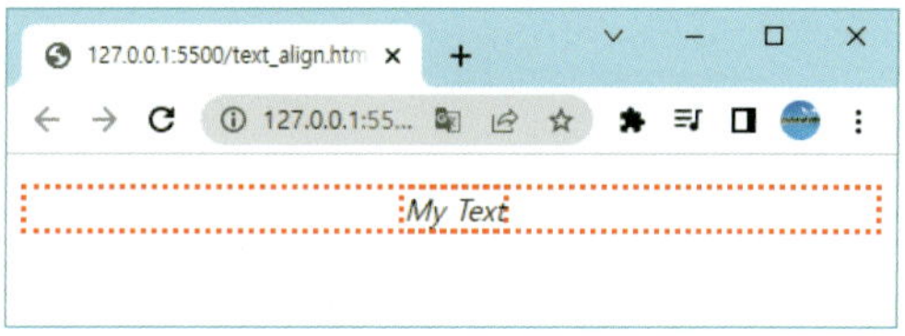

블록 요소

블록 요소는 무조건 한 줄 전체를 차지한다. 〈h1〉, 〈h2〉, 〈p〉, 〈table〉, 〈div〉와 같은 블록 요소들을 중앙 정렬하려면 왼쪽 마진과 오른쪽 마진을 auto로 설정하면 된다.

margin_auto.html

```
<!DOCTYPE html>
<html>
<head>
    <style>
        p, h1 { border: dotted 3px red; }
    </style>
```

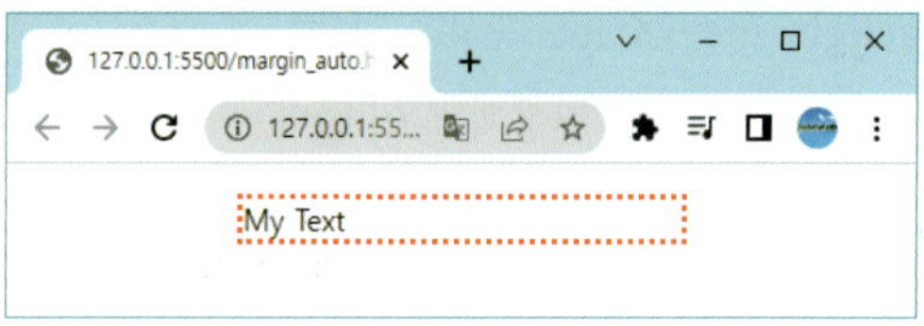

```
</head>
<body>
    <p style="margin-left: auto; margin-right: auto; width: 50%">
        My Text
    </p>
</body>
</html>
```

여기서 만약 블록 요소의 width를 지정하지 않으면 블록 요소가 전체 너비를 다 차지하여 중앙 정렬의 효과를 확인할 수 없다. 따라서 위의 예제처럼 〈p〉 요소의 width를 지정하여야 효과를 확인할 수 있다.

중간 점검

01. HTML 요소의 크기를 설정하려면 어떤 CSS 속성들을 사용하는가?
02. HTML 인라인 요소를 중앙 정렬시키려면 어떻게 하는가?
03. HTML 블록 요소를 중앙 정렬시키려면 어떻게 하는가?

5-04 배경 설정하기

CSS를 이용하면 요소의 배경을 설정할 수 있다. 배경과 관련된 속성들은 다음과 같다.

속성	설명
background	한 줄에서 모든 배경 속성을 정의한다.
background-attachment	배경 이미지가 고정되어 있는지, 스크롤되는지를 지정한다.
background-color	배경색을 정의한다.
background-image	배경 이미지를 정의한다.
background-position	배경 이미지의 시작 위치를 지정한다.
background-repeat	배경 이미지의 반복 여부를 지정한다.

■ 배경 이미지 설정

background-image 속성을 사용하여 배경으로 사용할 이미지를 지정할 수 있다. 예를 들어 back.gif 이미지로 설정하려면 다음과 같이 한다.

```
body { background-image: url('back.gif'); }
```

배경 이미지는 수평이나 수직 방향으로 반복되면서 칠해진다. 이미지에 따라서는 수평이나 수직으로만 반복되는 것이 필요할 수 있다. 이런 경우에는 backgroud-repeat 특성을 설정하여 준다.

```
body
{
        background-image: url('back.gif');
        background-repeat: repeat-x;        /*  x 방향으로만 반복한다. */
}
```

만약 이미지를 한 번만 표시하고 반복하지 않는 경우에는 no-repeat로 지정한다.

back_image1.html

```
<!DOCTYPE html>
<html>
<head>
    <style>
        body {
            background-image: url('back1.jpg')
        }
    </style>
</head>
<body>
    <h1>삶이 그대를 속일지라도</h1>
    <p>삶이 그대를 속일지라도
    슬퍼하거나 노하지 말아라.
    ...
   지나가 버린 것 그리움이 되리니.    </p>
</body>
</html>
```

<body>의 배경 이미지를 back1.jpg로 설정한다.

■ 배경에 대한 속성을 한 줄로 설정하기

배경에 관한 특성은 상당히 많다. 따라서 이것을 한 번에 표시할 수 있는 방법이 있다.

```
body { background:#ffffff url('back.gif') no-repeat right top; }
```

- background:#ffffff — 배경색을 흰색으로 설정
- url('back.gif') — 배경 이미지 설정
- no-repeat — 반복하지 않음
- right top — 오른쪽 상단에 표시

예를 들어서 고정된 위치를 가지고 이미지를 한 번만 화면에 표시하는 예를 작성하여 보자. background-size 속성은 배경 이미지의 크기를 지정한다. CSS3 이전에는 배경 이미지 크기가 이미지의 실제 크기에 의하여 결정되었다. CSS3에서는 배경 이미지의 크기를 지정할 수 있다. 픽셀(px) 또는 퍼센트(%) 단위로 지정이 가능하다. 만약 퍼센트를 사용하면 기준이 되는 크기는 부모 요소의 가로와 세로이다.

back_image2.html

```
<!DOCTYPE html>
<html>
<head>
    <style>
        body {
            background-image: url('back.jpg');
            background-repeat: no-repeat;
            background-attachment: fixed;
            background-size: 150px 150px;
        }
    </style>
</head>
<body>
    <p>이미지는 한번만 표시되고 위치가 고정되어 있다.</p>
</body>
</html>
```

배경 이미지는 back2.jpg
이미지는 반복되지 않음
이미지의 위치는 고정된다(스크롤되지 않는다).

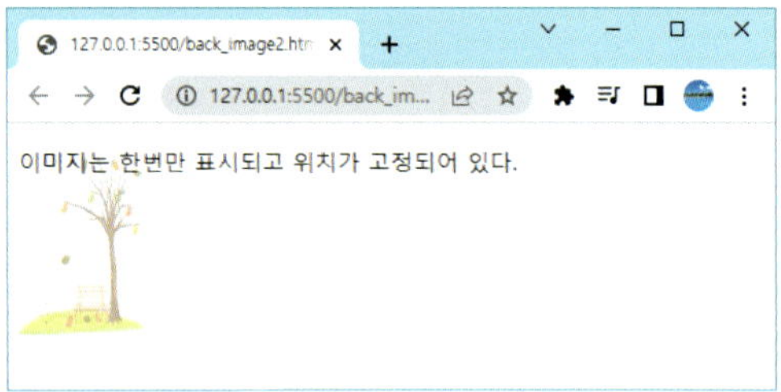

5-05 하이퍼링크 스타일

하이퍼링크는 사용자가 클릭하면 정해진 웹 페이지로 이동하는 수단이다. CSS에서는 링크의 스타일도 여러 가지로 설정할 수 있다.

■ 링크 스타일

링크는 어떤 상태이냐에 따라서 스타일을 다르게 할 수 있다. 링크는 다음과 같이 가상적인 상태를 가진다.

- `a:link`: 방문되지 않은 링크의 스타일
- `a:visited`: 방문된 링크의 스타일
- `a:hover`: 마우스가 위에 있을 때의 스타일
- `a:active`: 마우스로 클릭되는 때의 스타일

링크의 스타일을 설정할 때는 반드시 지켜야 할 규칙이 있다. a:hover는 a:link와 a:visited 다음에 위치하여야 한다. a:active는 a:hover 다음에 위치하여야 한다. 왜냐하면 링크가 호버 상태이면서도 방문되지 않을 수도 있기 때문이다. a:hover가 a:link보다 앞에 있다면 호버 상태일지라도 a:link 상태가 적용된다.

link1.html

```
<!DOCTYPE html>
<html>
<head>
    <style>
        a:link { color: red; }
        a:visited { color: green; }
        a:hover { color: blue; }
        a:active { color: yellow; }
    </style>
</head>
<body>
    <p><a href="https://www.example.com"target="_blank">여기가 링크입니다.</a>
    </p>
</body>
</html>
```

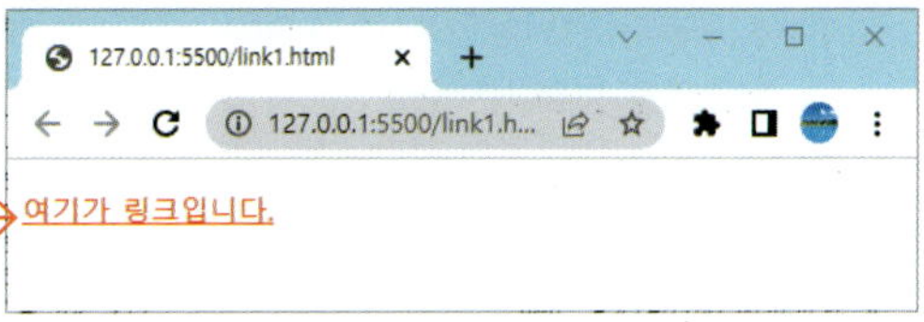

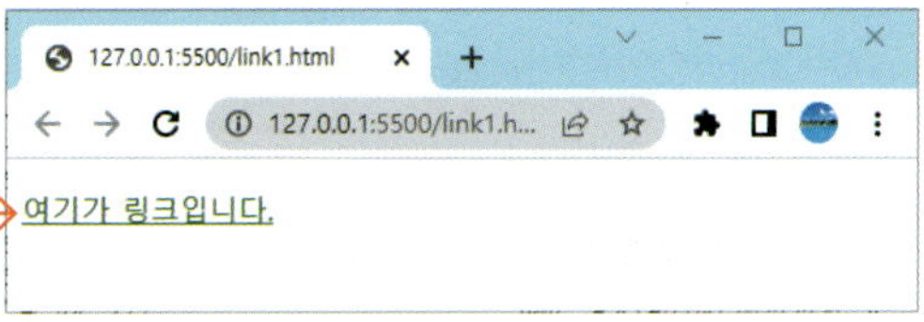

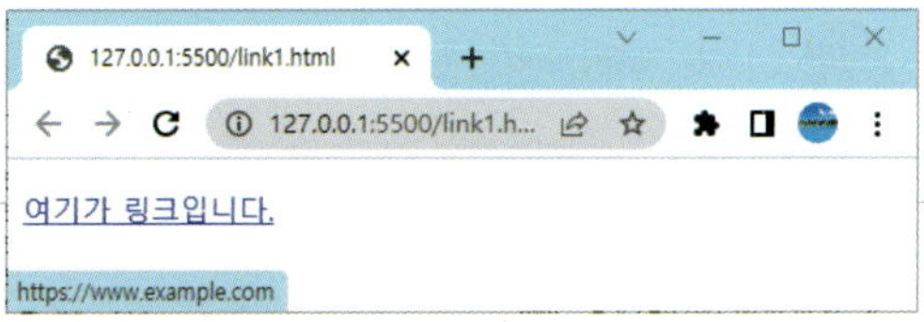

■ 링크의 다른 스타일

앞에서는 링크의 색상만 변경되었다. 하지만 링크의 텍스트 크기가 변경되도록 할 수도 있다. 예를 들어서 링크에 마우스 커서가 위치하면 텍스트의 크기가 커지도록 설정할 수도 있다. 아니면 배경색을 변경하도록 할 수도 있다. 간단한 예제로 살펴보자.

link2.html

```
<!DOCTYPE html>
<html>
<head>
    <style>
        a.style1:link { color: #ff0000; }
        a.style1:visited { color: #0000ff; }
        a.style1:hover { font-size: 150%; }
        a.style2:link { color: #ff0000; }
        a.style2:visited { color: #0000ff; }
        a.style2:hover { background: #66ff66; }
```

마우스가 위에 있으면 폰트의 크기가 1.5배로 커진다.

마우스가 위에 있으면 배경색이 변화한다.

```
    </style>
</head>
<body>
    <p>마우스를 올려놓으면 스타일이 변경됩니다.</p>
    <p><a class="style1" href="index.html" target="_blank">
        폰트크기를 변경하는 링크</a></p>
    <p><a class="style2" href="index.html" target="_blank">
        배경색을 변경하는 링크</a></p>
</body>
</html>
```

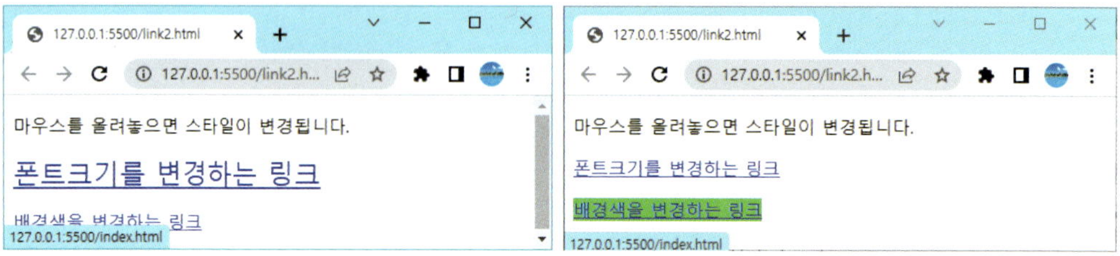

중간 점검

01. 하이퍼링크 요소에 마우스를 올리면 색상이 변경되게 하고 싶다. 어떻게 해야 하는가?

02. 하이퍼링크가 클릭되면 폰트 크기가 변경되게 하고 싶다. 어떻게 해야 하는가?

5-06 리스트 스타일

리스트의 스타일도 CSS로 지정이 가능하다. 리스트에서 사용되는 속성에는 다음과 같은 것들이 있다.

속성	설명
list-style	리스트에 대한 속성을 한 줄로 설정한다.
list-style-image	리스트 항목 마커를 이미지로 지정한다.
list-style-position	리스트 마커의 위치를 안쪽인지 바깥쪽인지를 지정한다.
list-style-type	리스트 마커의 타입을 지정한다.

CSS를 리스트에 사용하면 리스트 항목 마커를 변경할 수 있고 이미지를 마커로 사용할 수도 있다.

```
ul.style1 { list-style-type: circle; }
ul.style2 { list-style-type: square; }
```

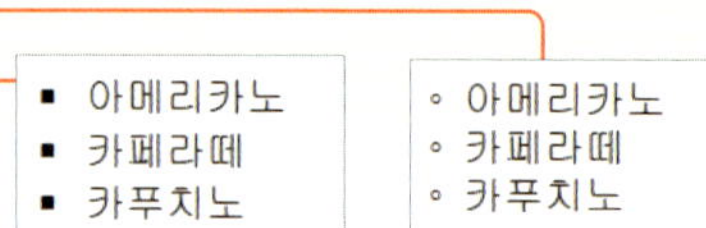

```
ol.style3 { list-style-type: upper-roman; }
ol.style4 { list-style-type: lower-alpha; }
```

a. 아메리카노
b. 카페라떼
c. 카푸치노

I. 아메리카노
II. 카페라떼
III. 카푸치노

이미지를 리스트 항목 마커로 사용하려면 list-style-image 속성을 사용한다.

```
ul {  list-style-image: url('bullet.png'); }
```

예제 리스트 예제

기본적인 예제를 작성하여 보자. 리스트의 스타일을 CSS로 지정하고 <ul>을 이용하여 순서 없는 리스트를 생성한다.

listyle1.html

```
<!DOCTYPE html>
<html>
<head>
    <style>
        ul.a { list-style-type: circle; }
        ul.b { list-style-type: disc; }
        ul.c { list-style-type: square; }
    </style>
<head>
<body>
    <ul class="a">
        <li>HTML5</li>
        <li>CSS3</li>
        <li>JAVASCRIPT</li>
    </ul>
    <ul class="b">
        <li>HTML5</li>
        <li>CSS3</li>
        <li>JAVASCRIPT</li>
    </ul>
    <ul class="c">
```

리스트의 스타일을 지정한다.

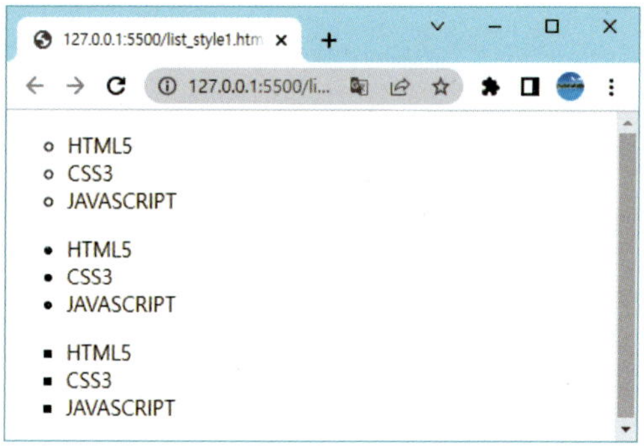

```
        <li>HTML5</li>
        <li>CSS3</li>
        <li>JAVASCRIPT</li>
    </ul>
</body>
</html>
```

예제 내비게이션 바 만들기

일반적으로 많이 사용되는 내비게이션 바를 CSS로 작성하여 보자. 우리가 아직 학습하지 않은 내용도 있지만 워낙 많이 사용되고 있어서 예제로 채택하였다.

liststyle2.html

```
<!DOCTYPE html>
<html>
<head>
    <style>
        ul {
            list-style: none;           ← 아무런 불릿을 붙이지 않는다.
            text-align: center;         ← 리스트 안의 텍스트가 중앙 정렬
            border-top: 1px solid red;
            border-bottom: 1px solid red;   ← 리스트의 위와 아래에 경계선을 그린다.
            padding: 10px 0;
        }
        ul li {
            display: inline;            ← 리스트 항목들이 한 줄에 차례로 배치된다.
            text-transform: uppercase;
            padding: 0 10px;            ← 대문자
            letter-spacing: 10px;       ← 항목 간의 간격과 글자 간격 설정
        }
        ul li a {
            text-decoration: none;
            color: black;
        }
        ul li a:hover {
            text-decoration: underline;     ← 마우스가 위에 오면 밑줄이 그려진다.
        }
    </style>
</head>
```

```
<body>
    <ul>
        <li><a href="#">Home</a></li>
        <li><a href="#">Blog</a></li>
        <li><a href="#">About</a></li>
        <li><a href="#">Contact</a></li>
    </ul>
</body>
</html>
```

먼저 리스트 항목에 불릿을 표시하지 않기 위하여 list-style을 none으로 설정하였다. 〈a〉 요소에 자동적으로 그려지는 밑줄을 표시하지 않기 위하여 ul li a { text-decoration:none; color:black; }라고 설정한다. 또 리스트 항목 위에 마우스가 오면 밑줄을 그리기 위하여 ul li a:hover { text-decoration:underline; }라고 설정하였다. ul li와 같은 선택자가 의미하는 것은 〈ul〉 요소 안의 〈li〉 요소에 대한 스타일이라는 의미이다.

중간 점검

01. 수직 방향의 리스트를 수평 방향의 리스트로 바꾸려면 어떻게 해야 하는가?

02. 리스트 항목 마커를 속이 채워진 원으로 하려면 어떤 CSS 속성을 어떻게 지정해야 하는가?

5-07 테이블 스타일

테이블의 스타일도 CSS를 사용하면 굉장히 개선될 수 있다. 테이블에서 많이 사용되는 속성은 다음과 같다.

속성	설명
border	테이블의 경계선
border-collapse	이웃한 셀의 경계선을 합칠 것인지 여부
width	테이블의 가로 길이
height	테이블의 세로 길이
border-spacing	테이블 셀 사이의 거리
empty-cells	공백 셀을 그릴 것인지 여부
table-align	테이블 셀의 정렬 설정

설명을 위하여 학생들의 성적이 저장된 테이블을 작성해보자.

css_table.html

```
<!DOCTYPE html>
<html>
<body>
    <table>
        <thead>
            <tr> <th>학번</th>  <th>이름</th>
            <th>성적</th>  <th>학점</th> </tr>
        </thead>
        <tbody>
            <tr> <td>1</td> <td>Bill</td>  <td>98</td> <td>A+</td> </tr>
            <tr> <td>2</td> <td>Steve</td> <td>89</td> <td>B+</td> </tr>
            <tr> <td>3</td> <td>Larry</td> <td>93</td> <td>A-</td> </tr>
        </tbody>
    </table>
</body>
</html>
```

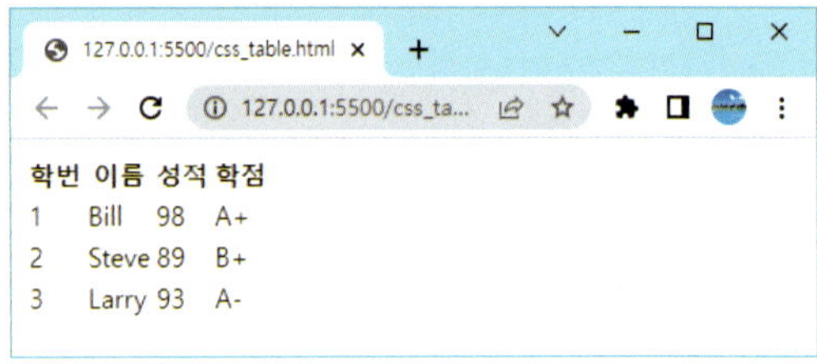

■ 테이블의 경계

테이블의 경계를 CSS로 설정하려면 border 속성을 사용한다. 경계선은 border 속성을 사용하는데 이 border 속성은 테이블에만 사용되는 속성은 아니다. border 속성은 HTML 요소의 경계선을 설정할 때 사용하는 아주 중요한 속성이다. border는 스타일, 색상, 두께 등의 많은 속성을 가지고 있다. 이것을 다음과 같이 한 줄로 설정할 수도 있다.

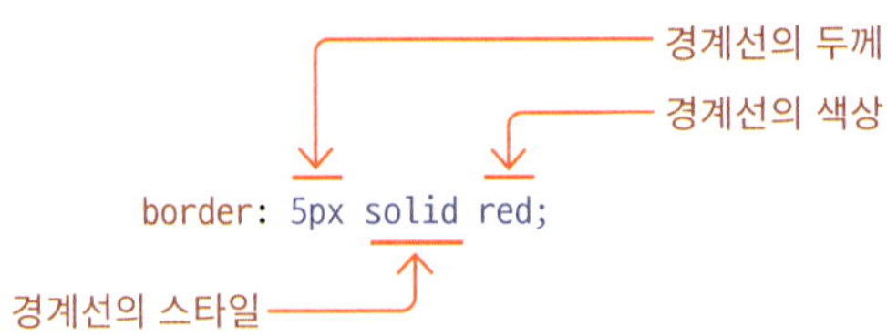

경계선의 속성을 한 줄로 설정할 때는 반드시 border-width, border-style, border-color 순서로 적어주어야 한다. 아주 많이 사용되니 외어두도록 하자. 테이블의 <table>, <th>, <td> 요소의 경계선을 1px 두께의 파란색 실선으로 설정하는 예제를 작성하여 보자. 앞으로 이 예제에서 스타일 부분만을 변경하게 될 것이다.

css_table.html

table, td, th 요소의 경계선을
1px 두께의 파란색 실선으로 설정

```
...
    <style>
        table, td, th {
            border: 1px solid blue;
        }
    </stle>
...
```

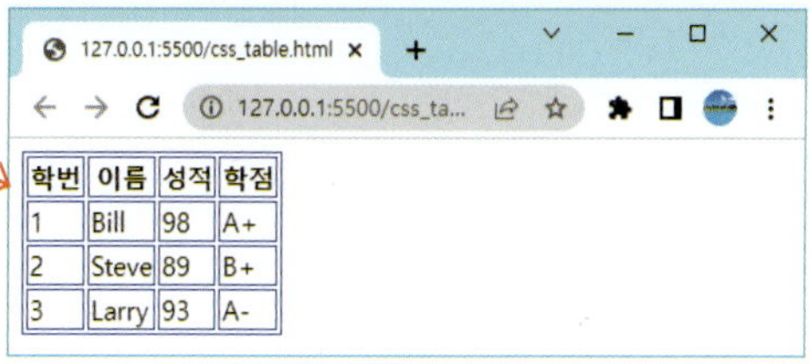

실제로 위의 코드를 실행하여 보면 이중선이 나오는데 그 이유는 table 요소와 td 요소가 모두 별도의 경계선을 가지고 있기 때문이다. 만약 단일선을 원한다면 border-collapse 속성을 설정하면 된다.

■ 경계 통합하기

border-collapse는 테이블이나 셀들의 경계선의 표시 방법을 지정하는 속성이다. 속성값으로는 collapse와 separate를 사용할 수 있다.

- collapse: 이웃하는 셀의 경계선을 합쳐서 단일선으로 표시한다.
- separate: 이웃하는 셀의 경계선을 합치지 않고 분리하여 표시한다.

css_table_coll.html

이웃한 경계선들을 합친다.

```
<style>
    table {
        border-collapse: collapse;
    }

    table, th, td {
        border: 1px solid blue;
    }
<style>
```

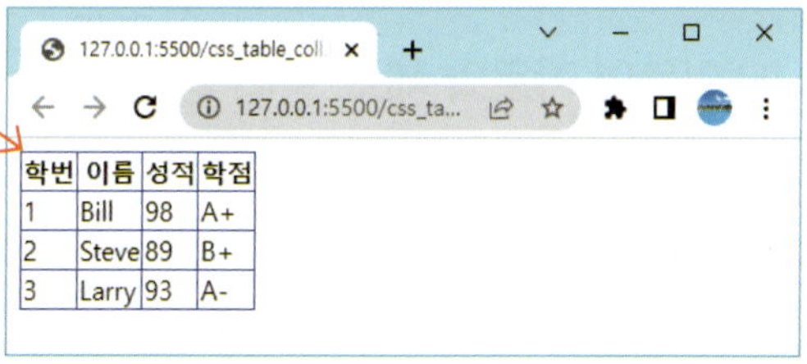

■ 테이블의 배경색

테이블의 배경색과 텍스트 색상을 변경하면 상당히 다른 테이블을 생성할 수 있다. 앞의 코드에서 스타일 부분만을 다음과 같이 변경해보자.

css_table_back.html

```
...
<style>
    td, th {
        color: white;
        background-color: green;
    }
<style>
...
```

td와 th 요소의 배경색을 녹색으로, 텍스트 색상은 흰색으로 지정한다.

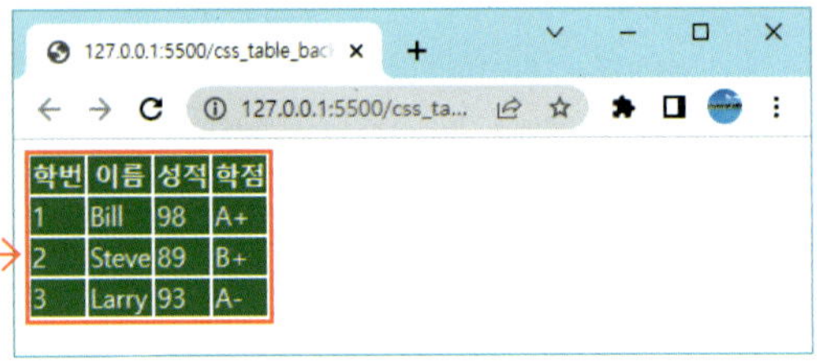

■ 테이블 텍스트 정렬

text-align 속성은 테이블 안의 텍스트의 정렬을 설정한다. left, right, center 등으로 설정할 수 있다.

css_table_align.html

```
...
<style>
    table, td, th { border: 1px solid blue; }
    table { width: 100%; }
    td { text-align: center; }
<style>
```

td의 텍스트 정렬을 중앙 정렬로 설정한다.

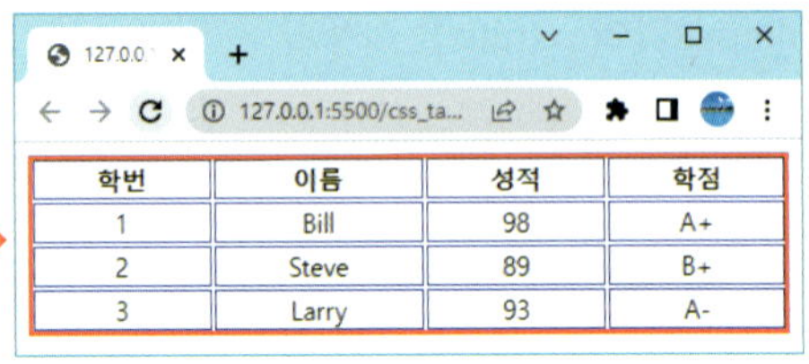

■ 테이블의 가로와 세로 길이 지정

테이블의 가로와 세로 길이는 width와 height 속성으로 설정할 수 있다. 다음 예제는 테이블의 너비를 브라우저 크기의 100%로 하고 〈th〉 요소의 높이는 30px로 설정한다.

css_table_size.html

```
...
<style>
    table, td, th { border: 1px solid blue; }
    table { width: 100%; }
    th { height: 30px; }
<style>
...
```

th의 높이를 30px로 한다.

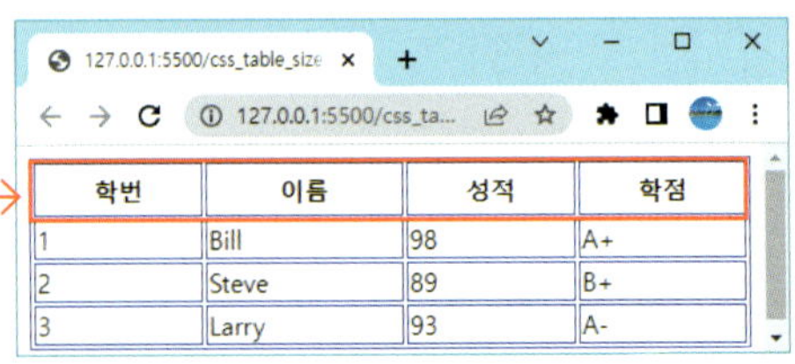

테이블의 각 셀의 크기도 지정하면서 각 요소의 색상이 다른 테이블을 작성하여 보자. 상당히 다른 테이블로 보인다.

css_table_color.html

```
<style>
    table {
        border-collapse: collapse;
    }
    td, th {
        border-bottom: 1px solid green;
        width: 100px;
    }
    th {
        background-color: green;
        color: white;
    }
</style>
...
```

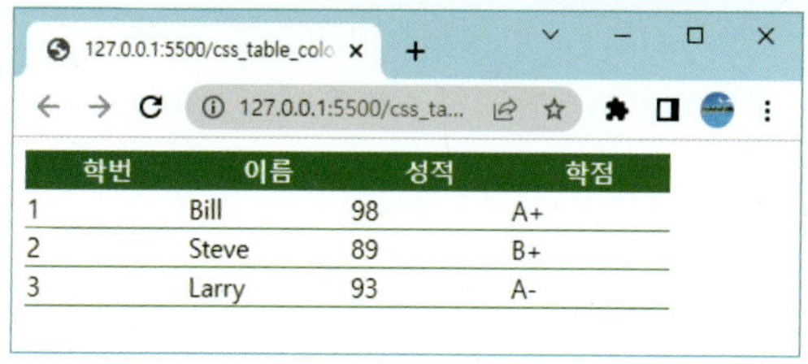

<table>, <td>, <th> 요소의 경계선을 1px, 솔리드, 녹색으로 설정

<th> 요소의 배경색을 녹색으로, 텍스트 색상은 흰색으로 설정

■ 테이블 캡션

테이블에는 캡션을 추가할 수 있다. caption-side 속성으로 캡션의 위치를 지정한다(top | bottom | inherit). 앞의 테이블에 캡션을 추가해보자.

css_table_caption.html

```
...
<head>
    <style>
        table {
            border-collapse: collapse;
        }
        td, th {
            border-bottom: 1px solid green;
            width: 100px;
        }
        th {
            background-color: green;
            color: white;
        }
    </style>
</head>
<body>
    <table>
        <caption>기말고사 성적 리스트</caption>
...
```

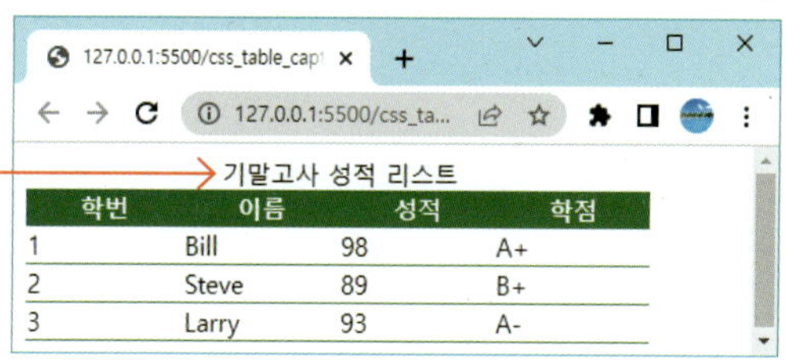

예제 테이블 예제

테이블에서 짝수행과 홀수행을 다르게 만들어 보자. nth-child 선택자를 사용한다. 또 마우스를 올렸을 때, 배경색과 글자 색상을 바꾸어보자. hover 선택자를 이용한다.

css_table_alt.html

```
...
<head>
    <style>
        table {
            border-collapse: collapse;
        }
        td, th {
            border-bottom: 1px solid green;
            width: 100px;
        }
        th {
            background-color: green;
            color: white;
        }
        tr:nth-child(even) {
            background-color: bisque;
        }
        tr:hover {
            background-color: brown;
            color: white;
        }
    </style>
</head>
...
```

짝수행이면 배경색을 bisque색으로 변경한다.

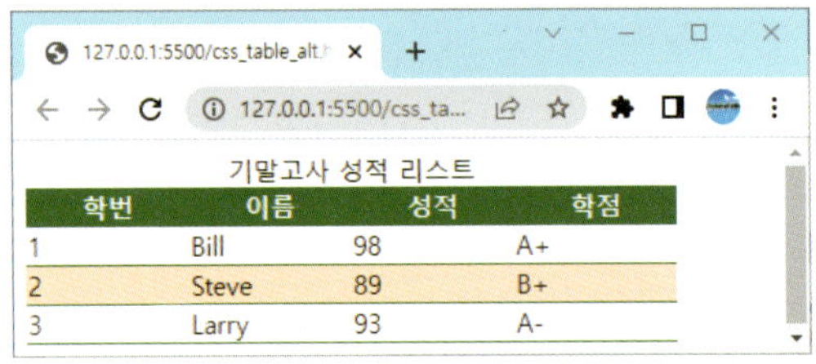

중간 점검

01. 테이블의 경계선을 한 줄로 하고 싶으면 어떤 CSS 속성을 어떻게 지정해야 하는가?

02. 테이블의 짝수행과 홀수행의 색상을 다르게 하고 싶으면 어떻게 하는가?

5-08 입력 양식 꾸미기

CSS를 사용하면 HTML 입력 양식의 모양을 크게 개선할 수 있다. 상품의 평가를 입력하는 예제를 가지고 입력 양식의 스타일을 설명해보자.

input1.html

```
<!DOCTYPE html>
<html>
<head>
    <style></style>
</head>
<body>
    <h2>상품 평</h2>
    <p>받으신 상품을 평가해주세요.</p>
    <div>
        <form action="process.jsp">
            <label for="name">이름</label>
            <input type="text" id="name" name="name" placeholder="이름"><br>
            <label for="email">이메일</label>
            <input type="text" id="email" name="email" placeholder="이메일"><br>
            <label for="subject">상품 평</label>
            <textarea id="subject" name="subject" placeholder="상품을 평가해주세요."
            style="height:100px"></textarea>
            <br>
            <input type="submit" value="Submit">
        </form>
    </div>
</body>
</html>
```

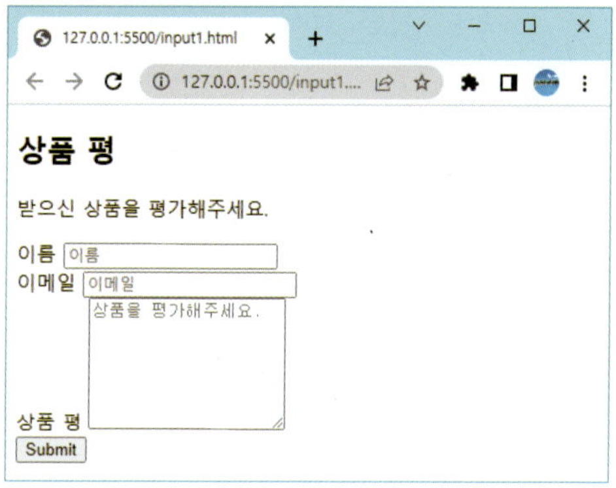

■ 입력 요소의 색상과 경계선 변경하기

많은 입력 요소는 〈input〉 태그의 type 속성을 변경하여 만들 수 있다. 특정 속성을 가지는 입력 요소를 선택하려면 input[type=text]와 같은 형식을 사용한다. 예를 들어 이름을 입력받는 〈input〉 요소의 경계선과 글자색을 변경하려면 다음과 같은 형식을 사용한다.

```
<style>
    input[type=text] {
        color:blue;
        border: 2px solid red;
    }
<style>
```

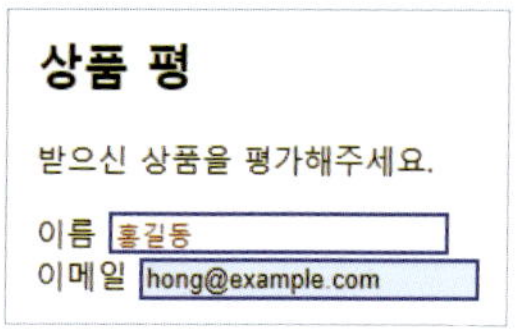

■ 마우스 이벤트 처리

입력 요소 위에 마우스가 올라올 때, 입력 요소의 배경색을 변경해보자.

```
input[type=text]:hover {
    background-color: bisque;
}
```

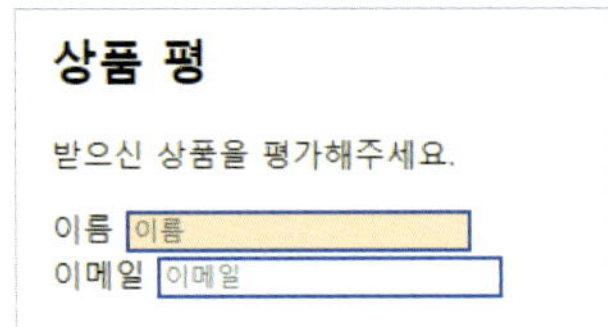

이번에는 입력 요소가 키보드 포커스를 가지고 있을 때, 글자 크기를 증가시켜보자.

```
input[type=text]:focus {
    font-size: 1.2em;
}
```

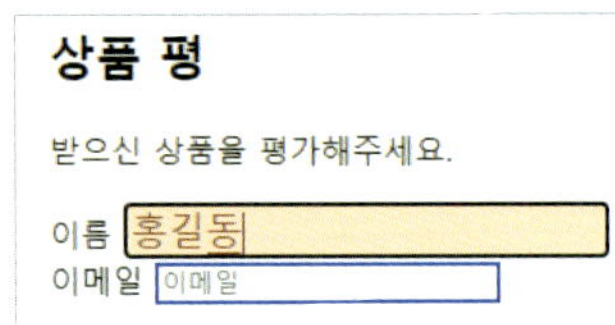

■ 버튼 스타일 변경하기

제출 버튼의 스타일을 변경하여 보자. 배경색과 경계선, 글자색, 패딩을 변경해보았다.

```
input[type=submit] {
    background-color: #04AA6D;
    border: none;
    color: white;
    padding: 16px 32px;
}
```

■ 입력 요소의 스타일 변경 예제

앞에서 학습한 내용을 바탕으로 상품평을 입력하는 페이지의 스타일을 변경해보자. 이번 코드에서는 입력 요소의 크기와 마진, 패딩, 배경색도 변경해보았다.

input2.html

```
...
<head>
    <style>
        input[type=text], textarea {
            width: 90%;
            padding: 6px 10px;
```

```
            margin: 10px 0;
            display: inline-block;
            border: 2px solid rgb(50, 16, 161);
            border-radius: 4px;
        }
        input[type=text]:hover {
            background-color: bisque;
        }
        input[type=text]:focus {
            font-size: 1.2em;
        }
        input[type=submit] {
            background-color: #04AA6D;
            border: none;
            color: white;
            padding: 16px 32px;
        }
    </style>
</head>
...
```

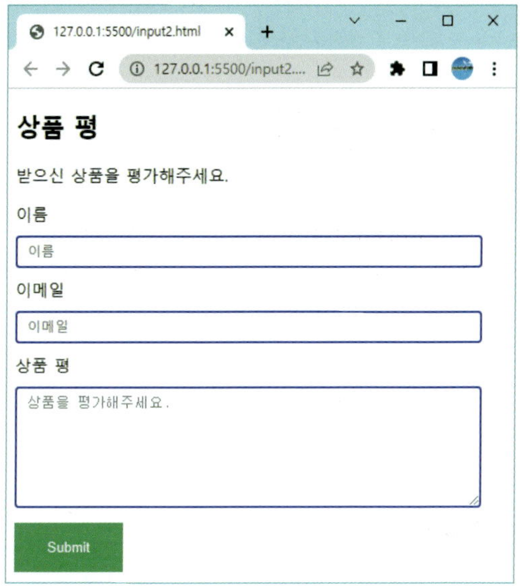

중간 점검

01. 입력 요소 위에 마우스가 있을 때, 입력 요소의 배경색을 파랑색으로 변경해보자.

02. 제출 버튼의 스타일을 변경하려면 어떻게 하는가?

5-09 효과

CSS3에는 많은 효과들이 포함되어 있다. 가장 대표적인 것만을 살펴본다.

■ 투명도

opacity 속성을 이용하면 요소의 투명도를 조절할 수 있다. 투명도는 실수 0.0에서 1.0을 사용해서 지정한다. 0.0이면 완전히 투명한 것이고 1.0이면 불투명한 것이다. 이미지를 대상으로 많이 사용된다. 하나의 예제로 마우스를 이미지 위에 올리면 불투명하게 보이고 그렇지 않은 상태에서는 희미하게 보이는 이미지를 만들어 보자.

css_opacity.html

```
<!DOCTYPE html>
<html>
<head>
    <style>
        img { opacity: 0.4; }
        img:hover { opacity: 1.0; }
    </style>
</head>
<body>
    <h1>Opacity 속성</h1>
    <img src="lion.png" width="150" height="120" alt="lion">
    <img src="audio.png" width="150" height="120" alt="audio">
</body>
</html>
```

호버링 상태이면 불투명하게 된다.

■ 가시성

가시성이란 어떤 요소를 보이거나 안보이게 하는 것이다. 속성으로는 visibility가 사용된다.

- hidden: 요소를 보이지 않게 한다.
- visible(기본값): 요소를 보이게 한다.

css_visibility.html

```
<!DOCTYPE html>
<html>
<head>
<style>
        #a {
            visibility: hidden;
            border:1px dotted red;
        }
        #b {
            visibility: visible;
            border:1px dotted red;
        }
    </style>
</head>
<body>
    <h1>Visibility 속성</h1>
```

첫 번째 이미지를 보이지 않게 설정한다.

보이지는 않지만 자리는 차지하고 있다.

```
    <img id="a" src="lion.png" width="150" height="120" alt="lion">
    <img id="b" src="audio.png" width="150" height="120" alt="audio">
</body>
</html>
```

비슷한 것으로 display:none;이 있다. 하지만 display:none으로 설정하면 화면에서 자리도 차지하지 않고 완전히 제외된다. 따라서 일시적으로 어떤 요소를 보이지 않게 하려면 visibility 또는 display 중에서 하나를 골라서 사용하면 된다.

■ 전환(transitions)

CSS3를 사용하면 하나의 형태에서 다른 형태로 변화되는 효과를 추가할 수 있다. 예전에는 플래시나 자바스크립트를 사용하여야 얻을 수 있었던 효과를 CSS3에서 쉽게 지정이 가능하다. 이것을 전환(transitions)이라고 한다. 전환은 요소들이 하나의 스타일에서 다른 스타일로 점진적으로 변화되는 것이다. 전환을 지정하기 위해서는 다음과 같은 2가지를 지정하여야 한다.

- 효과를 추가하고 싶은 CSS 속성을 지정한다.
- 효과의 지속 시간을 지정한다.

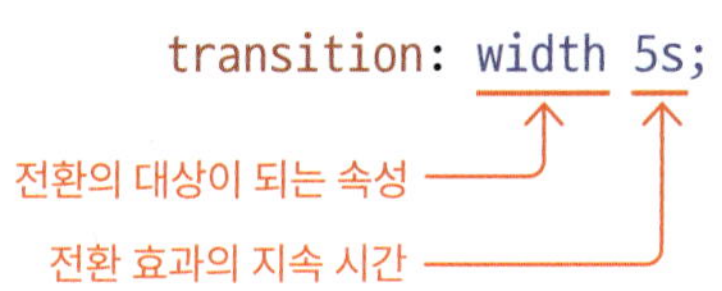

만약 지속 시간이 지정되지 않으면 0으로 간주되기 때문에 전환 효과가 발생하지 않는다. 전환 효과는 지정된 CSS 속성의 값이 변경될 때 시작된다. 예를 들어서 사용자가 요소 위로 마우스를 이동시키면 width를 200px로 변환시키라고 지정할 수 있다. 만약 사용자가 요소 위로 마우스를 이동시키면 width가 변경되고 이때부터 전환 효과가 시작된다.

css_transition.html

```
<!DOCTYPE html>
<html>
<head>
    <style>
        div {
            width: 100px;
            height: 50px;
            border: 1px solid black;
```

```
        background: yellow;
        transition: width 5s;
    }
    div:hover {
        width: 200px;
    }
  </style>
</head>
<body>
  <div>마우스를 올려보세요.</div>
</body>
</html>
```

<div> 요소의 width가 변경되면 5초에 걸쳐서 서서히 변하도록 전환효과를 준다.

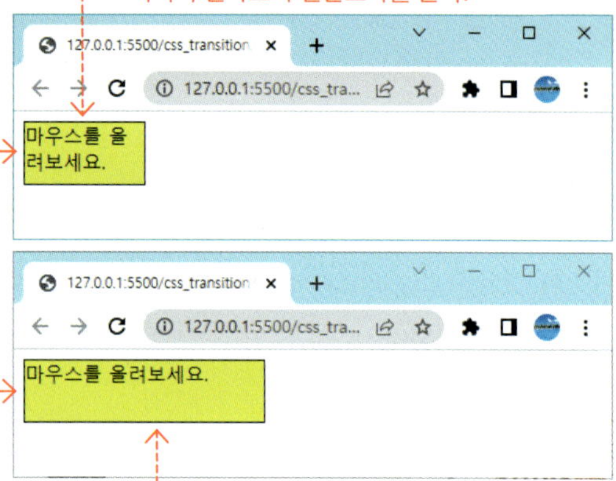

마우스가 위에 오면 크기를 200px로 한다.

예제 다중 전환

앞에서는 크기만 전환하였지만 뭐든지 전환 효과를 줄 수 있다. 이번에는 너비, 길이, 회전 등의 변환에 전환 효과를 주어보자.

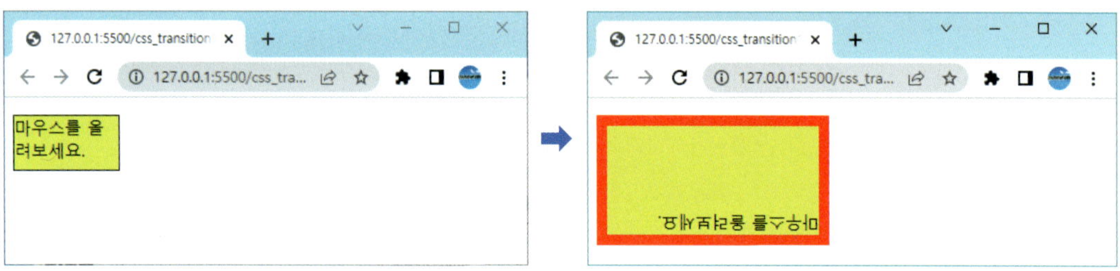

css_transition1.html

```
<!DOCTYPE html>
<html>
<head>
    <style>
        p {
            width: 100px;
            height: 50px;
            border: 1px solid black;
            background: yellow;
            transition: width 5s height 5s border 5s, transform 5s;
            -webkit-transition: width 5s, height 5s, border 5s, -webkit-transform 5s;
        }
```

호버링 시에 너비와 높이가 변경되고 회전되는 전환 효과를 준다.

```
        p:hover {
            width: 200px;
            height: 100px;
            border: 10px solid red;
            transform: rotate(180deg);
            -webkit-transform: rotate(180deg);
        }
    </style>
</head>
<body>
    <p>마우스를 올려보세요.</p>
</body>
</html>
```

→ 호버링시에 너비와 높이가 변경되고 회전된다.

5-10 CSS3 변환

CSS3 변환(transformation) 기능을 이용하여 우리는 도형을 이동하고, 도형의 크기를 변환하며, 도형을 회전할 수 있다. 변환은 요소들의 크기나 형태, 위치를 변환하는 효과이다. 요소는 2차원 또는 3차원적으로 변환될 수 있다.

CSS의 transform 속성을 사용하여 좌표공간을 변형함으로써, 다른 요소에 영향을 미치지 않고 특정 요소의 위치를 바꿀 수 있다. CSS 속성을 이용하여 요소에 2차원 선형 변환을 적용할 수 있다. 여기에는 회전(rotation), 비틀기(skewing), 확대/축소(scaling), 평행이동(tranlation) 등이 있다.

- `transform: translate(10px, 10px)`: 평행이동
- `transform: rotate(45deg)`: 회전
- `transform: scale(2, 1.2)`: 크기 변환
- `transform: skew(20deg, 10deg)`: 비틀기 변환
- `transform: matrix()`: 일반적인 변환

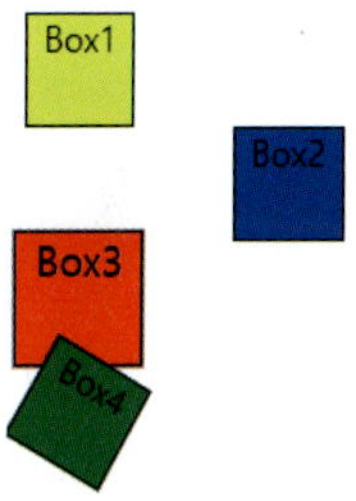

■ 평행이동, 회전, 확대/축소

먼저 평행이동과 크기 변환, 회전하는 코드를 살펴보자.

- translate(100px, 0px)는 (100, 0)만큼 평행이동하여 박스를 그린다.
- scale(1.2, 1.2)는 x 방향으로 1.2배 확대, y 방향으로 1.2배 확대해서 그린다.
- rotate(30deg)는 30°만큼 박스를 회전하여서 그린다.

기준 위치는 박스의 정상적인 위치가 된다. 즉 박스가 정상적으로 배치되었을 때의 위치가 기준 위치가 된다.

css_translate.html

```
<!DOCTYPE html>
<html>
<head>
    <style>
        div{
            width: 50px;
            height: 50px;
            background-color: yellow;
            border: 1px solid black;
            text-align: center;
        }
        div#box2 {
            transform: translate(100px, 0px);
            background-color: blue;
        }
        div#box3 {
            transform: scale(1.2, 1.2);
            background-color: red;
        }
        div#box4 {
            transform: rotate(30deg);
            background-color: green;
        }
    </style>
</head>
<body>

    <div id="box1">Box1</div>
    <div id="box2">Box2</div>
    <div id="box3">Box3</div>
    <div id="box4">Box4</div>
</body>
</html>
```

■ 비틀기 변환

비틀기 변환은 x 방향과 y 방향으로 박스를 비틀어서 그리는 변환이다.

css_skew.html

```
<!DOCTYPE html>
<html>
<head>
    <style>
        div {
            width: 50px;
            height: 50px;
            background-color: yellow;
            border: 1px solid black;
            text-align: center;
        }
        div#box2 {
            transform: skew(30deg, 20deg);
            background-color: blue;
        }
    </style>
</head>
<body>
    <div id="box1">Box1</div>
    <div id="box2">Box2</div>
</body>
</html>
```

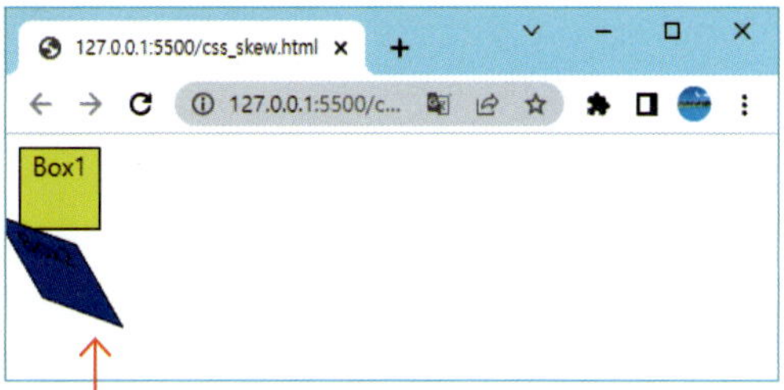

■ 복합 변환

하나의 요소에 여러 가지 변환이 차례대로 적용될 수도 있다. 예를 들면 다음과 같이 지정할 수 있다.

```
div {
    height: 100px; width: 100px;
    transform: translate(80px, 80px) scale(1.5, 1.5) rotate(45deg);
}
```

최종적인 형태는 다음과 같이 된다.

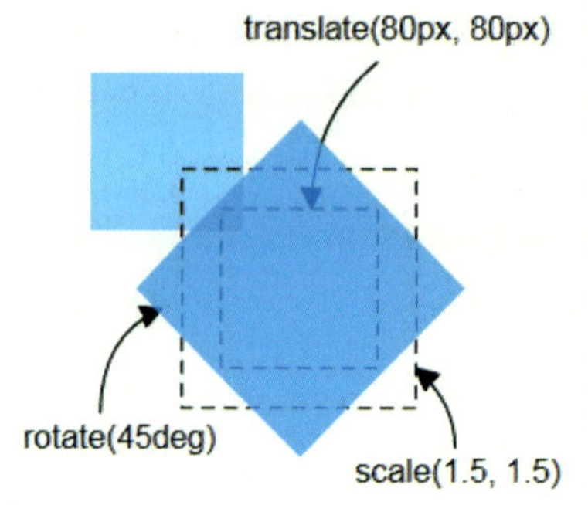

복합 변환

■ matrix()

matrix() 메소드는 모든 2차원 변환을 하나로 결합한다. matrix() 메소드는 6개의 매개 변수를 가진다. 이들은 rotate, scale, translate, skew를 나타낸다. 2D 변환을 값 6개로 이루어진 변환 행렬에 저장한다. matrix(a, b, c, d, e, f)는 변환 행렬 [a b c d e f]에 해당된다.

$$\begin{bmatrix} a & c & e \\ b & d & f \\ 0 & 0 & 1 \end{bmatrix}$$

2차원 변환을 위한 3×3 행렬

css_matri.html

```
...
        div#box2 {
            transform: matrix(0.9,0.5,-0.5,0.9,0,0);
            background-color: blue;
        }
...
```

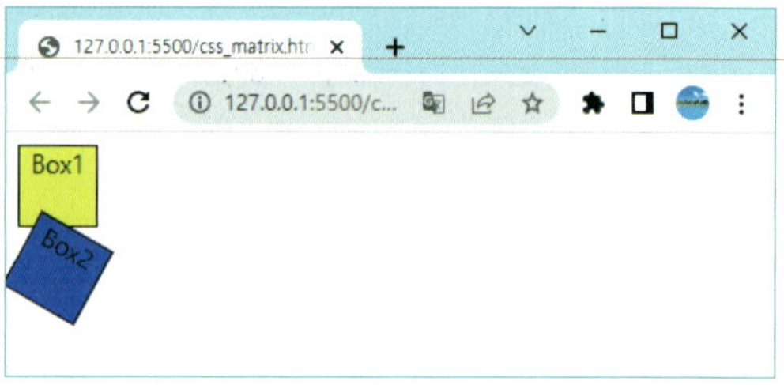

5-11 CSS3 3차원 변환

CSS3에는 3차원 변환 효과를 줄 수 있는 여러 가지 속성들과 메소드를 제공한다. 이것들을 전부 살펴보는 것은 이 책의 범위를 넘어간다. 따라서 우리는 아주 간단한 예제만을 살펴보고 지나가고자 한다.

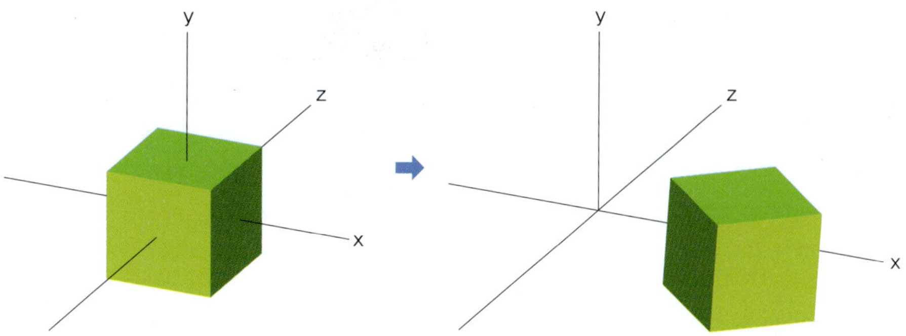

메소드	설명
translate3d(x,y,z)	3차원 평행이동
translateX(x)	3차원 평행이동(x축)
translateY(y)	3차원 평행이동(y축)
translateZ(z)	3차원 평행이동(z축)
scale3d(x,y,z)	3차원 크기 변환
scaleX(x)	3차원 크기 변환(x축)
scaleY(y)	3차원 크기 변환(y축)
scaleZ(z)	3차원 크기 변환(z축)
rotate3d(x,y,z,angle)	3차원 회전 변환
rotateX(angle)	3차원 회전 변환(x축)
rotateY(angle)	3차원 회전 변환(y축)
rotateZ(angle)	3차원 회전 변환(z축)
perspective(n)	원근 변환

가장 대표적인 3차원 변환은 박스를 약간 옆으로 회전시키는 것이다. RotateY()를 사용한다. 이때 원근 변환을 주게 되면 입체적으로 회전한 것으로 보인다. 최근에는 거의 모든 웹 브라우저들이 3차원 변환을 어느 정도 지원하고 있다.

transf3d.html

```
<!DOCTYPE html>
<html>
<head>
    <style>
        div {
            background-color: green;
            height: 150px;
            width: 150px;
        }
        .container {
            background-color: yellow;
            border: 1px solid black;
        }
        .transformed {
            backface-visibility: visible;
            transform-origin: 50% 42%;
            transform: perspective(500px) rotateY(59deg) rotateX(0deg);
        }
    </style>
</head>
<body>
    <div class="container">
        <div class="transformed"></div>
    </div>
</body>
</html>
```

컨테이너 박스로, 배경색을 노란색으로 한다.

3차원 변환되는 박스이다.
backface-visibility는 후면을 보이게 하는 속성이다.
transform-origin은 변환 원점을 설정한다.
transform은 3차원 변환을 정의한다.
perspective()는 원근 변환에서 거리를 설정한다.
rotateY()는 Y축을 중심으로 하는 변환이다.
rotateX()는 X축을 중심으로 하는 변환이다.

원근 변환은 우리 눈과 마찬가지로 멀리 떨어진 물체는 작게 변환하는 방법이다. perspective(d)로 호출되는데, 여기서 인수 d는 관측자와 화면 간의 거리라고 생각하면 된다.

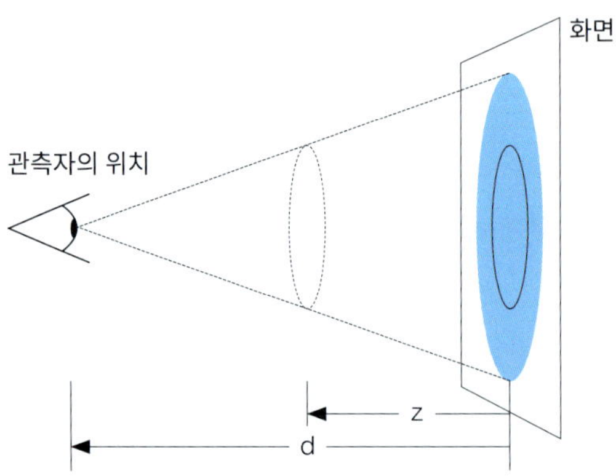

Mini Project

쇼핑몰 웹 사이트 제작 #3: 스타일 붙이기

우리의 쇼핑몰 프로젝트에서 몇 개의 페이지에 대하여 스타일을 추가해보자.

1. 다음과 같이 네비게이션 바를 만들어보자.

내비게이션 메뉴 부분에서는 상당히 신경을 써야 한다. 우선 수직 메뉴를 수평 메뉴로 전환해야 한다. 이것은 어떻게 가능한가? 리스트 항목을 나타내는 요소인 <li>의 display 속성을 inline으로 변경시키면 된다. 입력은 다음과 같다.

index.html

```
<nav>
    <ul>
        <li><a href="index.html">Home</a></li>
        <li><a href="index.html">About Us</a></li>
        <li><a href="index.html">News</a></li>
        <li><a href="index.html">My Account</a></li>
        <li><a href="index.html">Contacts</a></li>
    </ul>
</nav>
```

메뉴 항목에 하이퍼링크를 생성한다.

2. 다음과 같은 왼쪽 수직 메뉴에 스타일을 추가해보자.

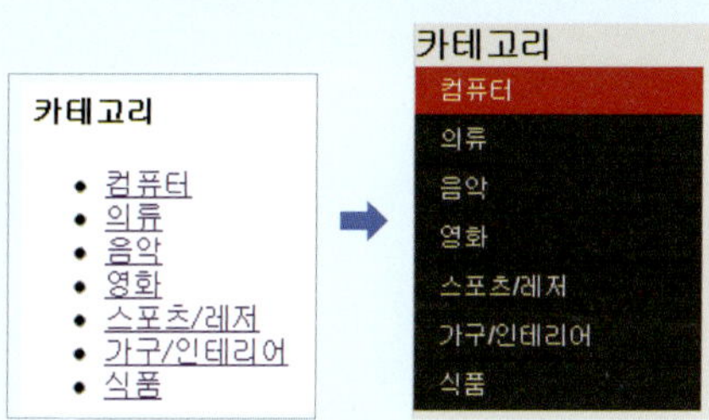

입력은 다음과같다.

index.html

```
<aside id="left">
    <h4>카테고리</h4>
    <ul>
        <li><a target="iframe1" href="computer.html">컴퓨터</a></li>
        <li><a target="iframe1" href="clothing.html">의류</a></li>
        <li><a target="iframe1" href="music.html">음악</a></li>
        <li><a target="iframe1" href="movie.html">영화</a></li>
        <li><a target="iframe1" href="computer.html">스포츠/레저</a></li>
        <li><a target="iframe1" href="computer.html">가구/인테리어</a></li>
        <li><a target="iframe1" href="computer.html">식품</a></li>
    </ul>
</aside>
```

→ target을 지정하여 링크를 클릭하면 새로운 페이지가 target에서 오픈되도록 한다.

3. 회원 가입 페이지

회원 가입 페이지도 다음과 같이 스타일을 변경해보자.

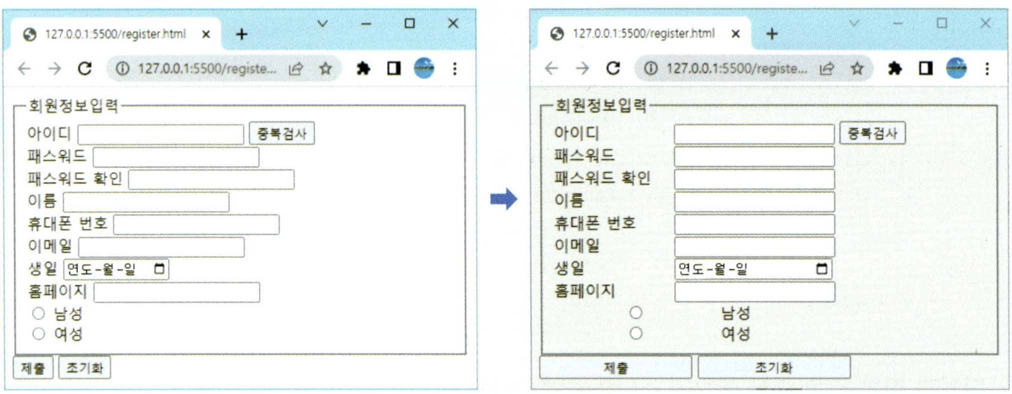

register.html

```
<!DOCTYPE html>
<html>
<body>
    <div id="page-wrap">
        <form method="post" action="process.jsp">
            <fieldset>
                <legend>회원정보입력</legend>
                <label for="name">아이디</label>
                <input type="text" name="name" id="text1"/>
```

```
                <button>중복검사</button><br />
                <label for="password1">패스워드</label>
                <input type="password" name="password1"/><br />
                <label for="password2">패스워드 확인</label>
                <input type="password" name="password2"/><br />
                <label for="name">이름</label>
                <input type="text" name="name"/><br />
                <label for="tel">휴대폰 번호</label>
                <input type="tel" name="tel"/>          <br />
                <label for="email">이메일</label>
                <input type="email" name="email"/>          <br />
                <label for="dob">생일</label>
                <input type="date"name="dob"/>          <br />
                <label for="url">홈페이지</label>
                <input type="url"name="url"/>          <br />
                <input type="radio" name="gender" value="Male">          남성<br>
                <input type="radio" name="gender" value="Female">          여성<br>
            </fieldset>
            <input type="submit" name="submit" value="제출"/>
            <input type="reset" name="reset" value="초기화"/>
        </form>
    </div>
</body>
</html>
```

5장

Summary

Q 박스 모델은 무엇인가요?

A 모든 HTML 요소들을 사각형 형태로 간주하는 것입니다. 사각형들을 경계선과 배경색 등의 속성을 가지고 있다고 가정합니다.

Q CSS를 이용하여 경계선과 마진 패딩을 변경할 수 있나요?

A 경계선은 border: 5px solid red;와 같이 속성을 지정합니다. 마진과 패딩은 margin: 25px 50px 75px 100px;와 같이 상하좌우를 지정할 수 있습니다.

Q CSS를 이용하여 리스트의 스타일을 변경할 수 있나요?

A list-style-type: square;와 같이 스타일을 지정할 수 있습니다. list-style-image: url('sqpurple.gif');와 같이 이미지로도 지정이 가능합니다.

Q CSS를 이용하여서 하이퍼링크의 스타일을 변경할 수 있나요?

A a:link { color: red; }와 같이 지정할 수 있습니다. 또한 링크는 상태에 따라 다르게 스타일이 지정될 수 있습니다. 4가지 링크 상태는 다음과 같습니다.

- `a:link` – 방문하지 않은 정상적인 링크
- `a:visited` – 사용자가 방문한 링크
- `a:hover` – 사용자가 마우스를 가져가면 링크
- `a:active` – 클릭하는 순간 링크

Q CSS를 이용하여 테이블의 스타일을 변경할 수 있나요?

A 테이블을 이루는 모든 요소들의 스타일을 CSS로 지정할 수 있습니다. table, th, td { border: 1px solid;}와 같습니다.

Q CSS를 이용하여 입력 양식의 스타일을 변경할 수 있나요?

A input { width: 100%; }와 같이 스타일을 지정할 수 있습니다. 만약 특별한 타입의 <input> 요소만을 스타일하고 싶으면 input[type=text]와 같은 형식을 사용합니다.

5장

Exercise

01. 하이퍼링크를 화면에 밑줄 없이 표시하려면 어떻게 하면 되는가?

① a {text-decoration:no-underline;}　② a {text-underline:true;}

③ a {text-decoration:none;}　④ a {decoration:no-underline;}

02. 다음과 같이 요소의 경계선을 표시하고자 한다. CSS로 올바르게 지정한 것은?

- 경계선의 두께 = 1 pixels
- 실선(solid)
- 색상: 빨간색

① border: 1px solid red;　② border: solid 1px red;

③ border: red solid 1px;　④ border: solid red 1px;

03. HTML 요소 간의 간격을 생성하는 데 사용되는 속성은?

① padding　② margin　③ border　④ spacing

04. 다음 중 올바르지 않은 경계선 스타일은?

① border-style:solid;　② border-style:dotted;

③ border-style:italic;　④ border-style:groove;

05. 배경에 이미지를 표시하려면 어떻게 하여야 하는가?

① image-background:url('image.jpg')　② background:('image.jpg')

③ image:src('image.jpg')　④ background-image:url('image.jpg')

06. 〈div〉 요소의 폭을 200px로 하고 경계선은 2px 두께의 빨간색, 패딩은 25px, 마진은 20px로 만드는 CSS를 만들어보자.

```
<style>
div {
  _______________;
  _______________;
  _______________;
  _______________;
}
</style><body><div>This is a sample.</div></body>
```

07. 링크의 기본 밑줄 스타일을 제거하고, 링크 위로 마우스를 가져갈 때 밑줄을 추가하는 CSS를 작성해보자.

```
<style>
/* 방문하지 않은 링크  */
______________ {text-decoration: none;}

/* 방문한 링크  */
______________  {text-decoration: none;}

/* 마우스를 올릴 때 링크 */
______________  {text-decoration: underline;}
</style>
```

08. 정렬된 리스트 스타일을 1, 2, 3 대신 I, II, III으로 설정하는 CSS를 작성해보자.

```
<style>
ol {  ____________________: __________________;   }
</style>
```

09. 테이블 테두리를 단일 테두리로 축소하고 경계선을 1px 두께의 솔리드 녹색으로 지정해보자.

```
<style>
table {  _______________: __________________;  }
table, th, td { _______________: __________________; }
</style>
```

10. 입력 양식을 다음과 같이 변경하기 위한 CSS 코드를 작성하시오.

```
input[type=text] {
_________________________;
_________________________;
_________________________;
_________________________;
_________________________;
_________________________;
_________________________;
}
```

Programming

01. 다음과 같은 화면과 최대한 비슷하게 보이는 HTML 문서를 작성하시오.

- <body> 요소의 왼쪽 마진은 200px로 한다.
- <body> 요소의 배경색은 녹색고 image.png라는 이미지를 한 번만 왼쪽 상단에 표시한다.
- <div>로 컨테이너를 생성하고 <h1>과 <p>를 내부에 정의하였다.
- 컨테이너의 경계선은 6px 두께의 빨간색 점선이다.

02. 이미지를 사용하지 않고 HTML5와 CSS3만을 사용하여 다음과 같은 화면을 만들 수 있는가? 최대한 비슷하게 작성해보자.

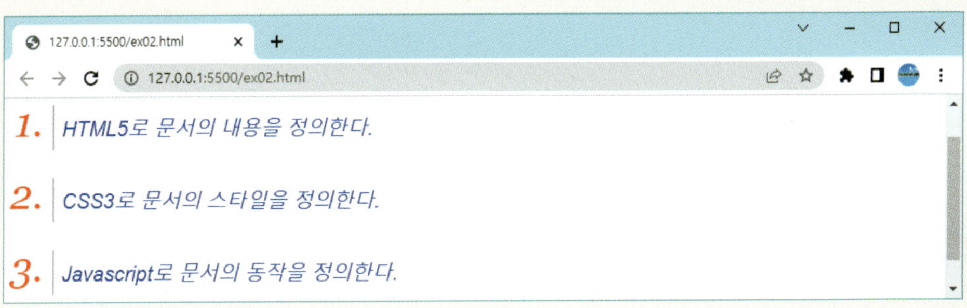

03. 다음과 같은 테이블을 생성는 HTML 소스를 작성하시오. 테이블의 모든 스타일은 CSS로 정의한다.

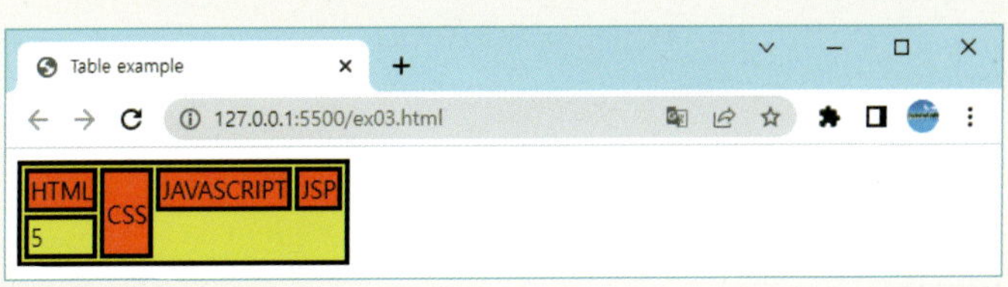

04. 다음과 같이 변화하는 하이퍼링크를 CSS로 정의하여 보자.

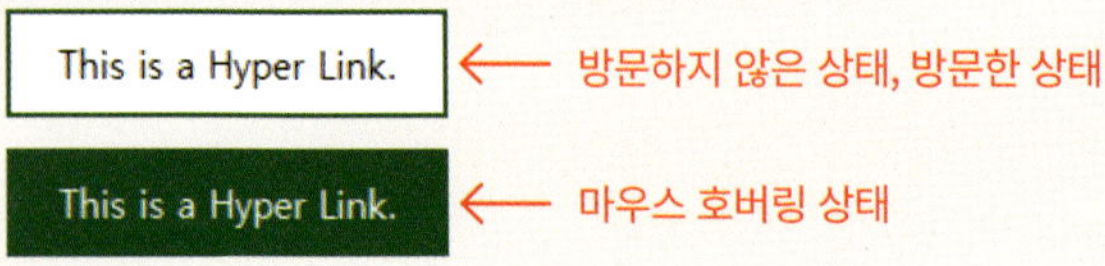

05. 다음과 같이 입력 양식을 CS로 정의하여 보자.

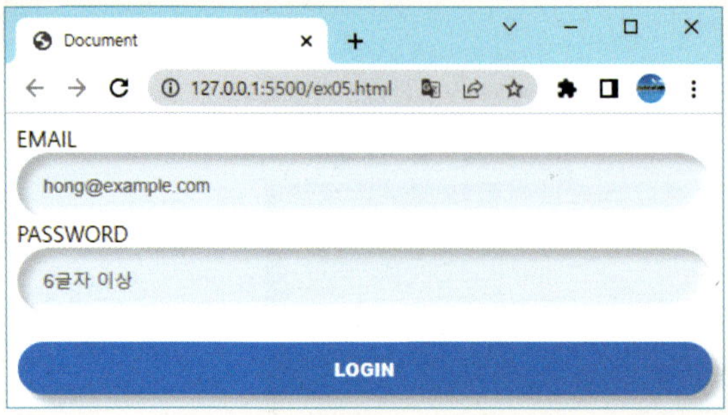

힌트 둥근 경계선은 border-rdius: 20px;로 만든다. 그림자 box-shadow: 6px 6px 6px #cccccc, -6px -6px6px white;로 만든다.

06

CSS3 레이아웃과 애니메이션

6-01 레이아웃의 기초

앞장에서 CSS를 이용하여서 HTML 요소의 색상이나 폰트의 크기를 설정해보았다. 하지만 결정적으로 빠진 부분이 있다. HTML 요소들의 위치와 크기를 설정하는 부분이 빠져있다. 이것은 웹 페이지의 레이아웃이라고 불린다. 레이아웃은 "집안에서 가구들을 어떻게 배치할 것인가"하는 문제와 비슷하다. 이사할 때 제일 중요한 것은 집안의 가구들을 어디에 배치하느냐이다. 웹 페이지를 제작할 때도 HTML 요소들의 위치와 크기를 결정하는 것이 가장 큰 작업이다.

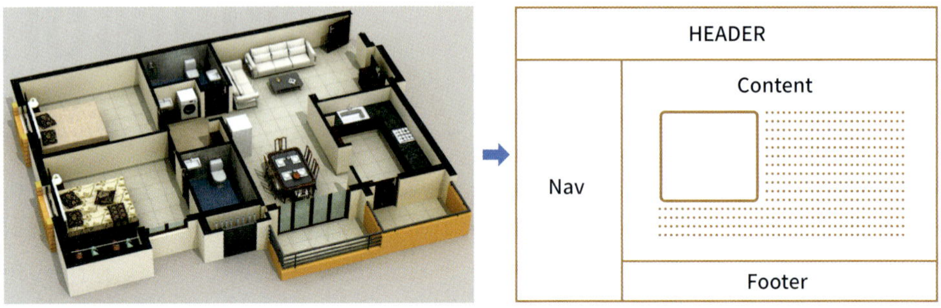

■ 박스 모델

앞장에서 박스 모델을 학습한 바 있다. 박스 모델(box model)이란 웹 브라우저가 각 요소들을 화면에 그릴 때는 무조건 사각형으로 간주한다는 것이다. 사각형에는 패딩, 경계선, 마진이 붙어 있다. 웹 브라우저가 요소들을 배치할 때도 요소들을 사각형으로 간주하고 배치한다. 박스 모델은 다음과 같은 속성을 가지고 있다.

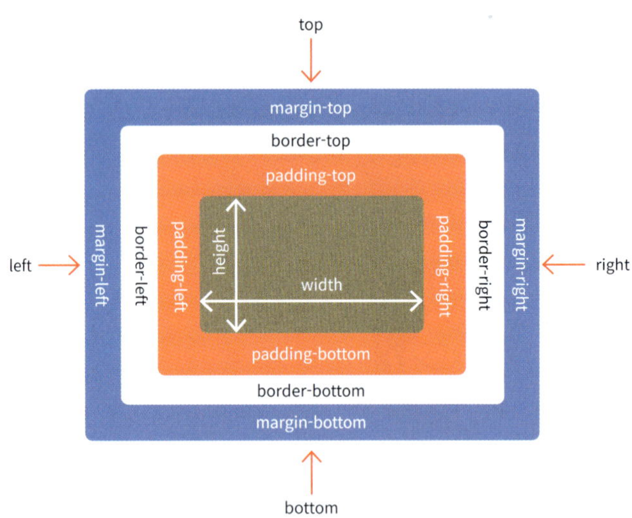

■ 블록 요소와 인라인 요소

HTML 요소들은 블록 요소이거나 인라인 요소 중의 하나에 속한다. HTML 요소들은 블록 요소이냐 인라인 요소이냐에 따라서 다음과 같이 화면에 표시된다.

- **블록(block) 요소**: 화면의 한 줄을 전부 차지한다. 위치와 크기 지정이 가능하다.
- **인라인(inline) 요소**: 한 줄에 차례대로 배치된다. 현재 줄에서 필요한 만큼의 너비만을 차지한다. 위치와 크기가 지정되어도 무시된다.
- **인라인 블록(inline-block) 요소**: 기본적으로 인라인 요소처럼 줄바꿈 없이 한 줄에 다른 요소들과 함께 배치된다. 하지만 블록 요소처럼 위치와 크기 지정이 가능하다.

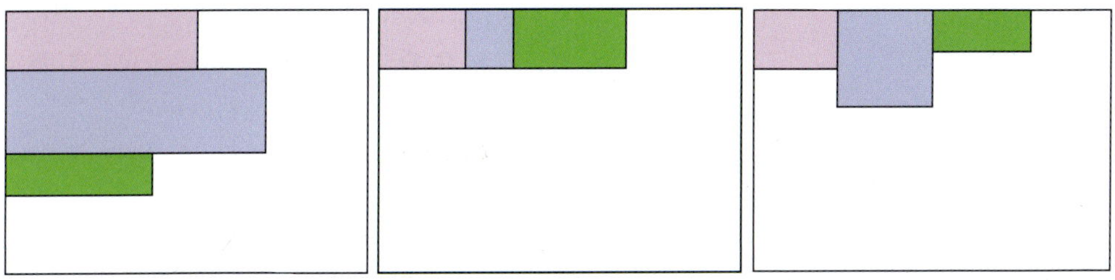

블록(block) 인라인(inline) 인라인 블록(inline-block)

블록 요소

블록 요소들은 브라우저의 한 줄을 모두 차지한다. 예를 들면 <h1>, <p>, <ul>, <li>, <table>, <blockquote>, <pre>, <div> <form>, <header>, <nav> 요소들이 블록 요소이다. 즉, 한 줄에 하나의 요소씩 배치된다. 간단하게 이것을 실습하여 보자.

block.html

```
...
<body>
    <h1 style="background-color: red">h1으로 정의된 부분입니다.</h1>
    <div style="background-color: aqua">div로 정의된 부분입니다.</div>
    <p style="background-color: yellow">p로 정의된 부분입니다.</p>
    <pre style="background-color: green">pre로 정의된 부분입니다.</pre>
</body>
...
```

<div>는 논리적인 섹션을 생성하기 위한 요소이다.

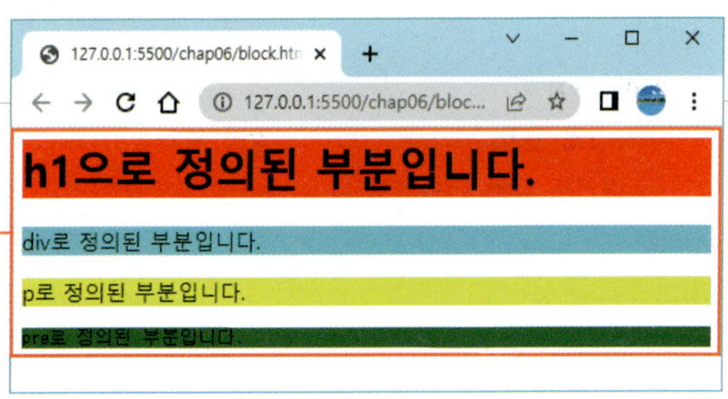

실행 결과를 보면 요소 들이 위에서 아래로 박스처럼 차곡차곡 쌓이는 것을 알 수 있다.

인라인 요소

인라인 요소들은 정상적으로는 한 줄 안에 차례대로 배치된다. 예를 들어서 〈a〉, 〈img〉, 〈strong〉, 〈em〉, 〈br〉, 〈input〉, 〈span〉 요소들이 인라인 요소이다. 간단한 예제로 이것을 살펴보자.

inline.html

```
...
<body>
    <em style="background-color: red">em 요소</em>
    <span style="background-color: aqua">span 요소</span>
    <img src="pome.png" width="60" height="60" />
    <a href="http://www.w3c.org">a 요소</a>
</body>
...
```

<span>은 논리적인 섹션을 생성하기 위한 요소이다.

실행 결과에서 인라인 요소들은 한 줄에 차례대로 배치되는 것을 볼 수 있다.

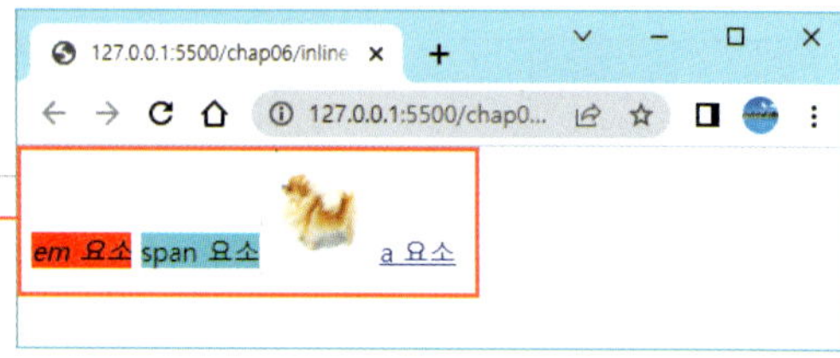

■ 블록 요소와 인라인 요소의 혼합

일반적인 웹 페이지에는 블록 요소와 인라인 요소가 혼합되어 있다. 이 경우에는 블록 요소가 나타날 때까지 인라인 요소들은 같은 줄에 배치된다. 블록 요소가 나타나면 줄이 분리되고 블록 요소는 새로운 줄에 배치된다. 하나의 예로 인라인 요소인 〈em〉, 〈strong〉과 블록 요소인 〈p〉를 혼합하여서 웹 페이지를 작성하여 보자. 이 경우에는 다음과 같이 화면에 표시된다.

general.html

```
<!DOCTYPE html>
<html>
<head>
    <style>
        p, em, strong {
            border: dotted 3px red;
        }
    </style>
</head>
<body>
    body 안에
    <em>강조 문자</em>와 <strong>강한 문자</strong>를 가지고 있습니다.
    <p>여기는 다른 단락입니다. </p>
</body>
</html>
```

p, em, strong 요소들의 경계선을 그린다.

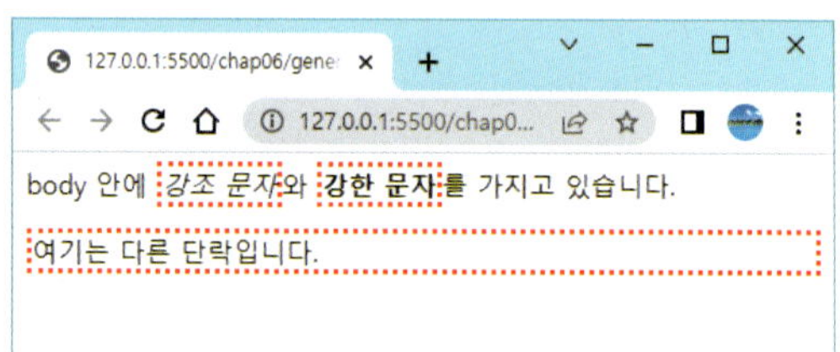

■ CSS로 display 속성 변경하기

비록 HTML 요소들이 자동적으로 블록 요소와 인라인 요소로 나누어지지만 이 속성은 얼마든지 CSS 코드를 통하여 변경될 수 있다. 속성 display를 block으로 설정하면 블록 요소처럼 배치되고 display를 inline으로 설정하면 인라인 요소처럼 배치된다. 예를 들어서 〈div〉 요소는 본질적으로 블록 요소이지만 다음과 같이 display를 inline으로 설정하여 인라인 요소로 변경할 수 있다.

display 속성은 블록 요소나 인라인 요소냐를 결정한다.

```
div { display; inline; }
```

inline이 설정되면 인라인 요소처럼 배치된다.

이것은 페이지의 레이아웃을 작성할 때 아주 유용하게 사용된다. 즉, 필요에 따라서 요소들을 블록 요소 또는 인라인 요소로 만들 수 있는 것이다. 한 가지 전형적인 예를 들어보자. 리스트(목록) 항목을 나타내는 데 사용되는 〈li〉 요소는 태생적으로 블록 요소이다.

```
<ul>
    <li><a href=""#"">홈으로</a></li>
    <li><a href=""#"">회사 소개</a></li>
    <li><a href=""#"">제품 소개</a></li>
    <li><a href=""#"">질문과 대답</a></li>
    <li><a href=""#"">연락처</a></li>
</ul>
```

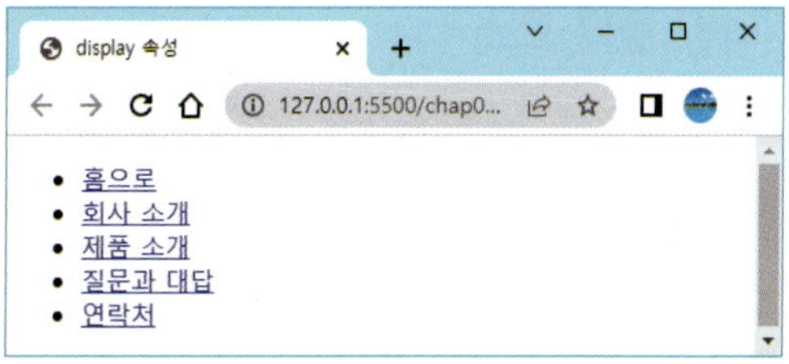

하지만 우리는 이 리스트를 수평 메뉴로 사용하고자 한다. 어떻게 하면 될까? 이런 경우에 〈li〉 요소들을 인라인 속성으로 변경하면 된다.

display.html

```
<!DOCTYPE html>
<html>
<head>
    <title>display 속성</title>
    <style>

.menubar li {
            display: inline;
            background-color: yellow;
            border: 1px solid;
            border-color: red;
            margin: 0;
```

여기서 <li>의 display 속성을 인라인으로 변경하였다.

```
            padding: .5em;
        }
    </style>
</head>

<body>
    <ul class="menubar">
        <li><a href="">홈으로</a></li>
        <li><a href="">회사 소개</a></li>
        <li><a href="">제품 소개</a></li>
        <li><a href="">질문과 대답</a></li>
        <li><a href="">연락처</a></li>
    </ul>
</body>
</html>
```

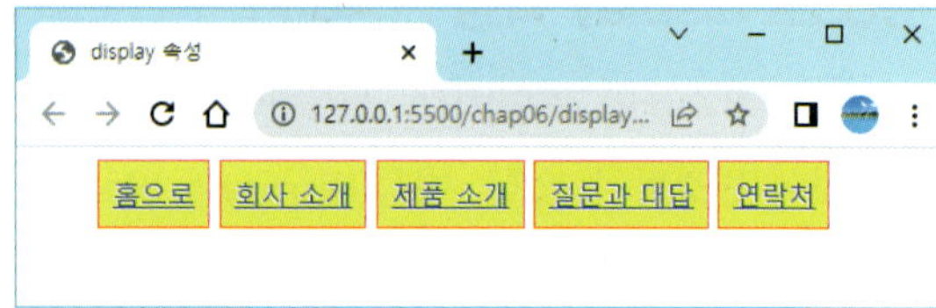

■ 인라인 블록 요소

인라인 요소와 블록 요소의 특징을 혼합한 것이다. 인라인 요소는 위치나 크기를 지정할 수 없다는 치명적인 단점이 있다. 인라인 블록 요소는 인라인 요소처럼 배치되면서도 크기는 지정할 수 있다는 큰 장점이 있다. 인라인 블록 요소로 만들려면 display 속성을 inline-block으로 지정하여야 한다. 다음과 같이 3가지 방법을 비교한 웹 페이지이다.

inline_block.html

```
<!DOCTYPE html>
<html lang="en">
<head>
    <meta charset="UTF-8">
    <meta http-equiv="X-UA-Compatible" content="IE=edge">
    <meta name="viewport" content="width=device-width, initial-scale=1.0">
    <title>Document</title>
    <style>
        span.a {
            display: inline;
            width: 100px;
            height: 60px;
            padding: 5px;
            border: 1px solid rgb(136, 230, 152);
            background-color: rgb(123, 214, 146);
        }
```

→ 인라인으로 지정하였다. 크기를 지정하였지만 무시된다.

```
        span.b {
            display: inline-block;
            width: 100px;
            height: 60px;
            padding: 5px;
            border: 1px solid blue;
            background-color: rgb(132, 109, 196);
        }
        span.c {
            display: block;
            width: 100px;
            height: 60px;
            padding: 5px;
            border: 1px solid blue;
            background-color: rgb(224, 166, 176);
        }
    </style>
</head>
<body>
    <p>
        <span class="a">INLINE</span>
        <span class="a">INLINE</span>
    </p>
    <p>
        <span class="b">INLINE_BLOCK</span>
        <span class="b">INLINE_BLOCK</span>
    </p>
    <p>
        <span class="c">BLOCK</span>
        <span class="c">BLOCK</span>
    </p>
</body>
</html>
```

→ 인라인-블록으로 지정하였다. 인라인처럼 배치되지만 크기를 지정할 수 있다. 크기는 width와 height로 지정한다.

→ 블록으로 지정하였다. 크기는 width와 height로 지정한다.

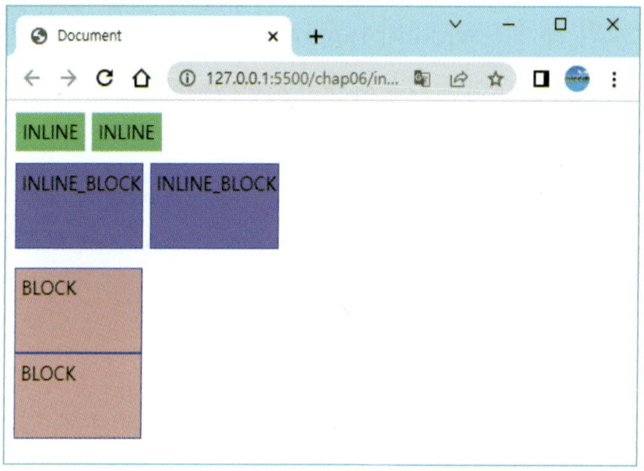

참고사항

display 속성의 다른 값으로는 display:none과 display:hidden이 있다. display:none은 문서의 흐름에서 해당 요소를 완전히 배제하고자 할 때 사용된다. display:hidden은 문서의 흐름에서 요소가 배제되지 않지만 보이지 않는 상태이다.

- display:none: 없는 것으로 간주됨
- display:hidden: 화면에서 감춰짐

참고사항

반응형 레이아웃을 위한 새로운 display 속성이 최근에 많이 등장하였다. 대표적으로 flex, grid를 들 수 있다. 이것은 13장에서 다루도록 하자.

- `display:flex`: 플렉스 박스 레이아웃
- `display:grid`: 그리드 레이아웃

중간 점검

01. 인터넷과 웹은 어떻게 다른가?

02. 웹이 문자 기반의 인터넷 서비스와 달랐던 점은 무엇인가?

6-02 요소 크기와 위치 정하기

요소의 크기 설정

요소의 크기는 width와 height 속성으로 결정된다. 만약 개발자가 요소의 width와 height를 명확하게 설정하지 않으면 브라우저가 요소 안의 콘텐츠의 크기를 계산하여 요소의 크기를 결정한다.

- `width, height`: 요소의 크기
- `min-width, min-height`: 요소의 최소 크기
- `max-width, max-height`: 요소의 최대 크기

요소의 크기는 1000px와 같이 픽셀로 지정할 수도 있지만 30%처럼 퍼센트로 지정할 수도 있다. 퍼센트를 사용하는 경우, 부모 컨테이너의 크기를 100%로 가정한다. 퍼센트를 사용하는 것이 웹을 반응형으로 만든다. 요소의 크기는 박스 모델에서 콘텐츠의 크기를 의미한다. 즉, 아래 그림에서 화살표에 해당한다. 패딩과 경계선은 포함되지 않는다. 이것이 표준 모델이다.

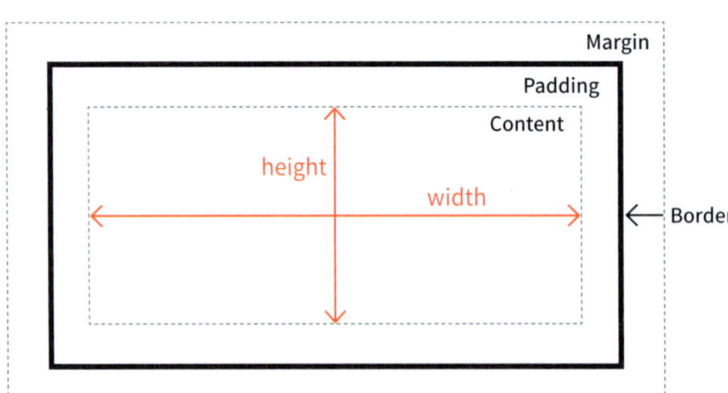

박스의 실제 크기를 얻기 위해 테두리와 패딩을 추가해야 하는 것이 다소 불편하다고 생각할 수 있다. 이러한 이유로 CSS는 표준 박스 모델 이후에 대체 박스 모델을 도입했다. 즉, 대체 박스 모델에서는 width와 height가 패딩과 경계선을 포함하게 된다.

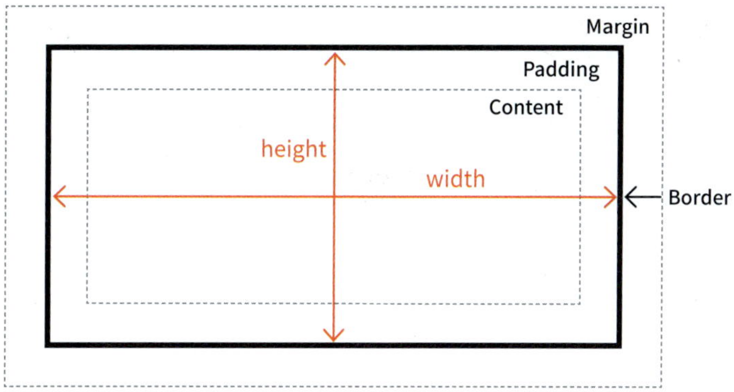

대체 박스 모델을 사용하려면 다음과 같이, box-sizing: border-box하면 된다.

```
.box {
  box-sizing: border-box;
}
```

■ 요소의 위치 설정

요소의 위치는 top, bottom, left, right 속성으로 지정한다. 예를 들어서 다음과 같이 지정하면 기준 위치에서 (100, 200)만큼 떨어진 곳에 요소가 배치된다.

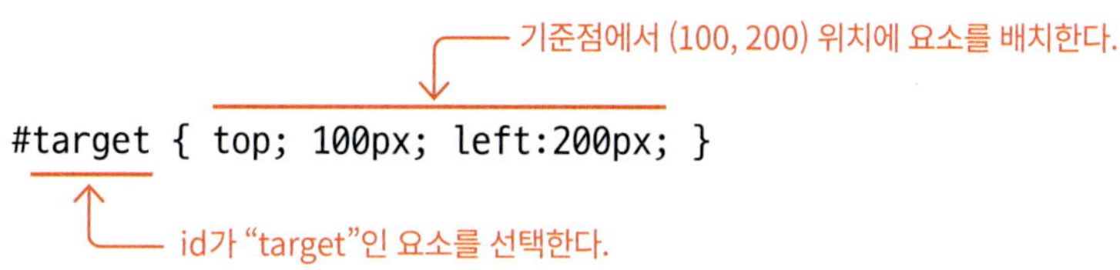

top, bottom, left, right의 의미는 다음 그림과 같다. 주의할 점은 top, bottom, left, right는 모두 컨테이너 경계선에서의 오프셋(offset, 편차, 차이)이라는 점이다. 즉, right:100px이라고 하면 컨테이너의 오른쪽 경계에서 100px만큼 떨어진 곳을 의미한다.

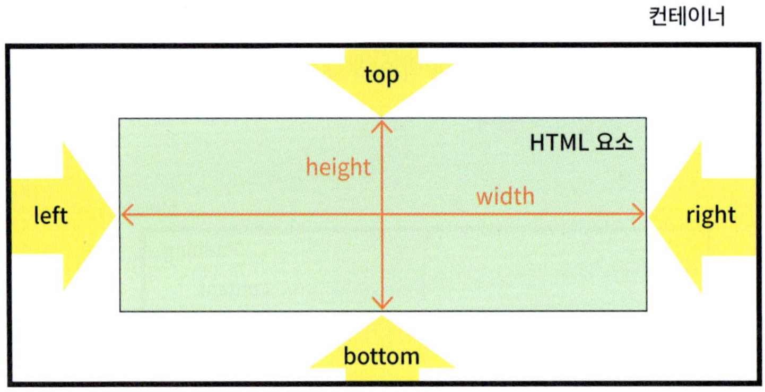

기준 위치는 무엇으로 결정하는가? 바로 position 속성으로 결정한다. CSS의 position 속성은 요소들의 위치 설정 방법을 나타내는데, 절대적인 위치 설정이냐 아니면 상대적인 위치 설정이냐를 나타낸다. top, bottom, left, right 속성은 position 속성이 먼저 설정되지 않으면 동작하지 않는다. 즉, position을 설정하지 않으면 top, bottom, left, right 속성을 아무리 설정하여도 소용없다.

CSS에는 기본적으로 4가지의 위치 설정 방법이 존재한다.

- **정적 위치 설정**(static positioning): 정상적인 흐름에 따른 배치
- **상대 위치 설정**(relative positioning): 정상적인 위치가 기준점이 되고 여기에 상대적으로 배치된다.
- **절대 위치 설정**(absolute positioning): 컨테이너의 원점이 기준점이 된다.
- **고정 위치 설정**(fixed positioning): 윈도우의 원점이 기준점이 된다.

■ 정적 위치 설정

정적 위치 설정(static positioning)이란 페이지의 정상적인 흐름에 따라 요소들의 위치가 결정되는 방법이다. 즉, 블록 요소들은 박스처럼 상하로 쌓이게 되고 인라인 요소들은 한 줄에 차례대로 배치된다. 정적 위치 설정을 사용하면 요소의 위치는 top, bottom, left, right 속성의 영향을 받지 않는다. 간단하게 3개의 블록을 생성하고 중간 블록을 static으로 지정하여 보자.

static.html

```
<!DOCTYPE html>
<html>
<head>
    <style>
        #one {
            background-color: cyan;
            width: 200px;
```

```
        height: 50px;
    }

    #two {
        position: static;
        background-color: yellow;
        width: 200px;
        height: 50px;
    }

    #three {
        background-color: lightgreen;
        width: 200px;
        height: 50px;
    }
  </style>
</head>
<body>
  <p id="one">block #1</p>
  <div id="two">
      block #2<br />
      position:static;<br />
  </div>
  <p id="three">block #3</p>
</body>
</html>
```

여기서는 position을 static으로 선언하면 문서의 정상적인 흐름에 따라서 배치된다. static으로 선언하지 않은 것과 결과는 같다.

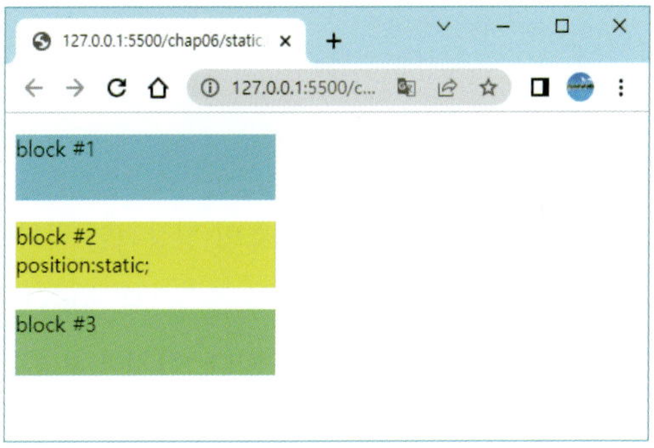

■ 상대 위치 설정

상대 위치 설정(relative positioning)은 정상적인 위치에서 상대적으로 요소가 배치되는 방법이다. 앞의 코드에서 #two에 해당하는 블록을 relative로 지정하고 left 속성에 30px를 지정하여 본다. 상대 위치 설정은 정상적인 위치가 기준점으로 참조된다.

relative.html

```
  <style>
   ...
    #two {
        position: relative;
        left: 30px;
        background-color: yellow;
```

```
        width: 200px;
        height: 50px;
      }
    ...
  </style>
  ...
```

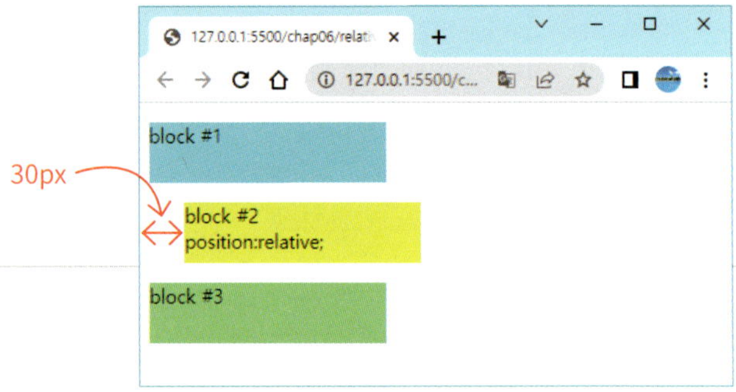

상대 위치에서 주의할 점은 요소의 정상적인 위치에 상대적이라는 점이다. 즉, 위의 그림에서 노란색 블록은 원래의 정상적인 위치에서 오른쪽으로 30px만큼 이동된 것이다. 상대 위치로 설정된 요소는 다른 요소 위에 겹쳐지거나 이동될 수 있다. 하지만 요소를 위하여 할당된 정상적인 공간은 없어지지 않는다.

■ 절대 위치 설정

절대 위치(absolute positioning)는 전체 페이지를 기준으로 배치하는 방법이다. 즉, 페이지의 시작 위치에서 top, left, bottom, right만큼 떨어진 위치에 배치된다. 절대 위치 설정은 정상적인 위치의 개념이 없어진다. 즉, 겹쳐서 배치된다. 앞의 코드에서 id="two"인 블록을 absolute로 지정하고 top, left 속성에 30px을 지정하여 본다. id="two"인 블록은 페이지의 시작 위치부터 (30, 30)만큼 떨어진 위치에 block #2가 배치된다.

absolute.html

```
<style>
    ...
    #two {
        position: absolute;
        top: 30px;
        left: 30px;
        background-color: yellow;
        width: 200px;
        height: 50px;
    }
    ...
 </style>
 ...
```

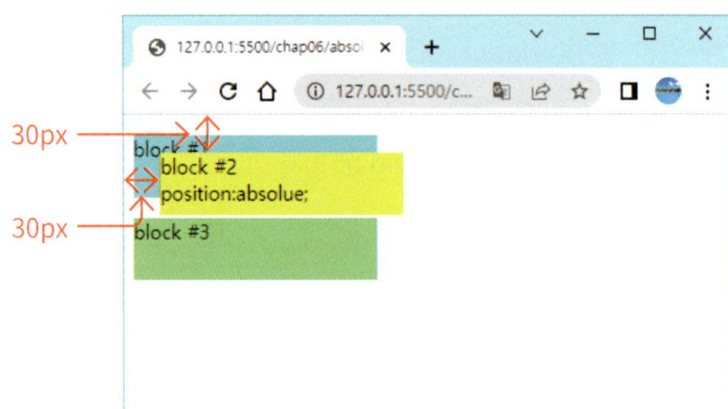

절대 위치로 설정된 요소는 문서의 정상적인 흐름에서 제거되고 페이지 안의 고정된 위치에 표시된다. 또 top, left, bottom, right 속성은 모두 오프셋(offset)으로 생각하여야 한다. 즉, right 2px은 오른쪽으로 2px만큼 이동하라는 의미가 아니고 페이지의 오른쪽 경계선에서 2px 만큼 떨어진 위치라는 의미이다.

만약 컨테이너가 있다면 컨테이너에 상대적으로 배치된다. 즉, 컨테이너의 시작 위치로부터 top, left, bottom, right 만큼 떨어진 위치에 배치된다. 컨테이너는 일반적으로 relative로 선언되어야 한다.

absolute1.html

```
<head>
    <style>
      ...
        #two {
            position: absolute;
            top: 30px;
            left: 30px;
            background-color: yellow;
            width: 200px;
           height: 50px;
        }
      ...
    </style>
</head>
<body>
    <p id="one">block #1</p>
    <div id="container">
        container<br />
        <div id="two">
            block #2<br />
            position:absolute;<br />
            top:30px; left:30px;
        </div>
    </div>
    <p id="three">block #3</p>
</body>
...
```

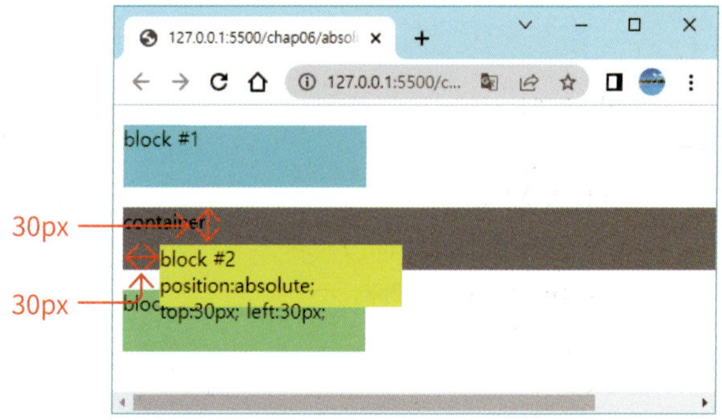

■ 고정 위치 설정

고정 위치(fixed positioning)란 브라우저 윈도우에 상대적으로 요소의 위치를 잡는 것이다. 고정 위치 설정도 정상적인 위치의 개념이 없고 다른 요소와 겹쳐서 배치된다. 만약 웹 페이지가 스크롤된다고 하여도 화면에서 요소는 움직이지 않는다. 혹시 인터넷 서핑 중에 페이지를 스크롤하여도 계속해서 같은 위치에 표시되면서 귀찮게 하는 광고를 본적이 있다면 여러분들은 이미 고정 위치 설정을 경험한 것이다.

fixed.html

```
<!DOCTYPE html>
html>
<head>
    <style>
        p {
            background-color: lightgreen;
            width: 200px;
            height: 50px;
        }
        #two {
            background-color: yellow;
            position: fixed;
            top: 0px;
            right: 0px;
        }
    </style>
</head>
<body>
    <p>block #1</p>
    <p id="two">
        block #2<br />
        position: fixed;<br />
        top:0px; right:10px;
   </p>
    <p>block #</p>
    <p>block #4</p>
    <p>block #5</p>
    <p>block #6</p>
    <p>block #7</p>
    <p>block #8</p>
    <p>block #9</p>
    <p>block #10</p>
    <p>block #11</p>
</body>
</html>
```

→ <p> 요소의 공통적인 속성을 여기서 정의한다.

→ 브라우저 윈도우를 기준으로 고정된 위치에 배치한다.

스크롤되었어도 fixed 블록은 동일한 위치에 표시된다.

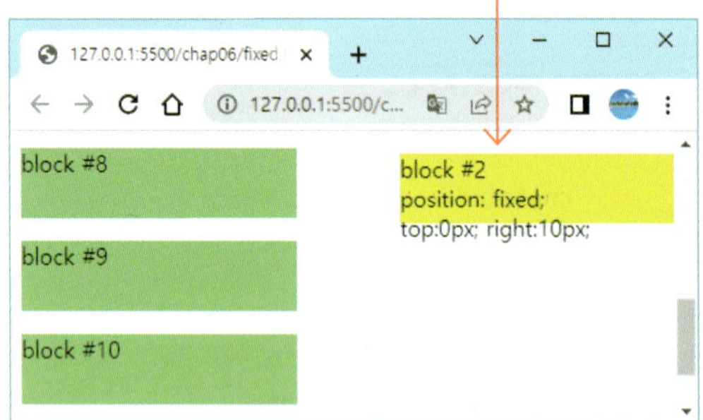

실행 결과에서 보면 블록 #2는 스크롤하고는 상관없이 항상 고정된 위치에 표시되는 것을 알 수 있다. 고정 위치 요소는 다른 요소와 중첩될 수 있다. 다른 요소들은 고정 위치 요소가 없는 것처럼 배치된다. 절대 위치와 고정 위치는 어떤 점이 다른가? 절대 위치는 컨테이너에서 고정된 위치에 배치된다. 하지만 고정 위치는 현재 윈도우에서 고정된 위치에 배치된다. 박스를 여러 개 생성하여 스크롤을 시켜보면 차이를 알 수 있다.

■ float 속성

float 속성은 요소들의 위치를 잡을 때 아주 중요한 역할을 하는 스타일 속성이다. float는 알다시피 "부유한다", "떠있다"는 의미이다. 이제까지 많은 위치 설정 방법들을 학습하였지만 하나의 콘텐츠 주위로 다른 콘텐츠들이 물처럼 흘러가는 스타일을 만들 수는 없었다. 다음과 같이 강물 위에 바위가 하나 있고 바위 주위로 물이 흘러가는 장면을 상상해보자. 이때 바위를 왼쪽에 배치하고 싶으면 float:left라고 설정한다. 즉 바위가 왼쪽에 떠있으라고 설정하는 것이다.

그렇다면 어떤 때에 float를 사용하는가? 첫 번째 경우는 이미지와 텍스트를 화면에 함께 표시할 때이다. 이미지를 화면의 오른쪽이나 왼쪽에 띄울 때 유용한 속성이 float이다. 이미지의 float 속성을 left로 하면 이미지는 왼쪽으로 배치되고 뒤따르는 텍스트는 이미지를 감싸며 표시된다. 만약 이미지의 float 속성이 right로 설정되면 이미지는 오른쪽에 배치되고 뒤따르는 텍스트들은 이미지를 감싸면서 왼쪽으로 배치된다. float 속성을 사용하지 않고 이미지와 텍스트를 단순히 배치하게 되면 어떻게 표시되는지를 먼저 살펴보자. 이미지는 인라인 요소이고 문단은 블록 요소여서 다음과 같이 배치된다.

자 이번에는 이미지를 표시할 때 floa 속성을 left로 설정하여 실행하여 보자.

float.html

```
<!DOCTYPE html>
<html>
<head>
    <style>
        img.a { float: left }
    </style>
</head>

<body>
    <img class="a" src="sunshine.jpg"
      width="160" height="120" />
    <p>
       생활이 그대를 속일지라도
       슬퍼하거나 노여워 말라.
      ...
    </p>
</body>
</html>
```

이미지가 왼쪽에 떠있게 한다.

일반적으로는 어떤 요소든지 float 속성을 적용할 수 있다. float된 요소는 부모 컨테이너의 가장 왼쪽이나 가장 오른쪽으로 이동한다. float된 요소 후에 추가되는 요소들은 float 요소를 감싸면서 배치된다. float된 요소 이전에 추가된 요소는 float의 영향을 받지 않는다. float 속성으로는 요소들을 컨테이너의 왼쪽이나 오른쪽으로만 배치될 수 있다. 위쪽이나 아래쪽으로 float할 수는 없다.

요소의 위치를 float로 설정하면 다음과 같이 이미지의 크기 변화가 있는 경우에도 유용하다. 즉, 이미지의 크기가 변경되어도 텍스트는 적당한 간격을 유지하며 다시 배치된다. 만약 이미지를 배치하는데 상대적인 위치나 절대적인 위치를 이용하였다면 텍스트와 충돌하게 되었을 것이다.

이미지가 커지면 텍스트가 다시 배치된다.

■ float를 여러 번 적용할 경우

첫 번째 요소의 float 속성이 left로 설정되어 있다. 두 번째 요소의 float도 left로 설정하면 어떻게 될까? 이때에는 만약 화면에 여유가 있다면 이전 요소에 이어서 두 번째 요소가 왼쪽으로 배치된다. 이것을 다음과 같이 상상하자. 개울에 여러 개의 돌을 왼쪽에서 하나씩 차례대로 배치한다고 가정하자.

이 성질을 이용하여 이미지 갤러리를 작성하여 보자.

gallery.html

```
<!DOCTYPE html>
<html>
<head>
    <style>
        img {
            float: left;
            width: 110px;
            height: 90px;
            margin: 5px;
        }
    </style>
</head>

<body>
    <h3>이미지 갤러리</h3>
    <img src="sunshine.jpg" width="100" height="90">
    <img src="lion.png" width="100" height="90">
    <img src="storm.jpg" width="100" height="90">
    <img src="sunshine.jpg" width="100" height="90">
    <img src="lion.png" width="100" height="90">
    <img src="storm.jpg" width="100" height="90">
</body>
</html>
```

모든 이미지를 float:left로 설정한다.

■ float는 어디에 이용되는가?

float는 웹 페이지의 레이아웃을 잡을 때도 사용할 수 있다. 다음은 4개의 〈div〉로 레이아웃을 잡은 화면이다. 〈div〉 요소는 근본적으로 블록 요소이다. 따라서 한 줄 전체를 차지한다.

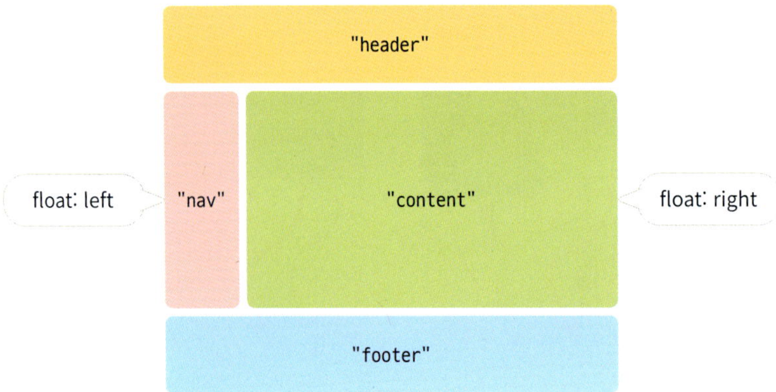

하지만 nav와 content은 한 줄에 같이 배치하고자 한다. 이런 경우에 float 속성을 사용하면 좋다. 위의 그림에서 nav와 content 부분은 각각 "float: left"와 "float: right"로 선언되어서 배치된다. 위의 레이아웃은 다음 절에서 실제로 생성하여 보기로 하자.

■ float 속성을 없애는 방법

float와 불가분의 관계에 있는 속성이 clear이다. clear는 float의 흐름을 제거하는 속성이다. 예를 들어서 다음과 같은 레이아웃을 생각하여 보자.

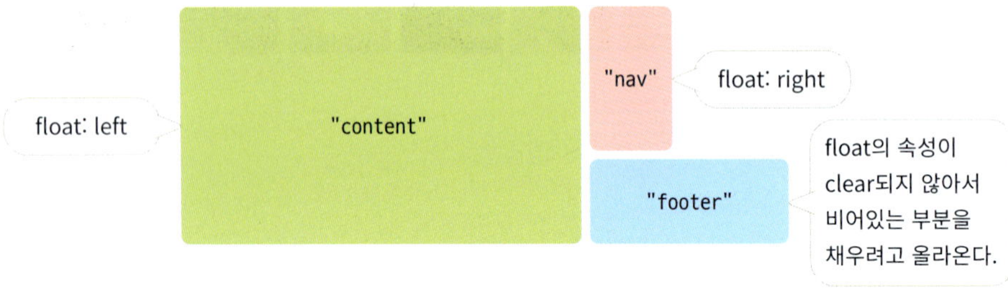

content의 내용이 많은 반면에 nav 부분은 오른쪽으로 float되어 있으면서 짧게 끝난다고 가정하자. 이 빈곳을 채우기 위하여 footer 부분이 올라오게 된다. 이러한 문제를 해결하려면 다음과 같이 footer에 clear 속성을 지정하면 된다.

```
#footer {
   clear: both;
}
```

역시 자세한 코딩은 다음 절에서 살펴보자.

■ z-index

요소들이 정상적인 흐름에서 벗어나서 배치되는 경우에 흔히 겹침이 발생한다. z-index 속성은 요소의 스택 순서(즉, 요소들이 다른 요소의 앞에 위치하느냐 뒤에 위치하느냐)를 지정한다. 요소는 양수 혹은 음수의 스택 순서를 가질 수 있다. 일단은 z-index를 설정하지 않았을 때, 자연스러운 스택킹 순서는 아래 오른쪽 그림과 같다.

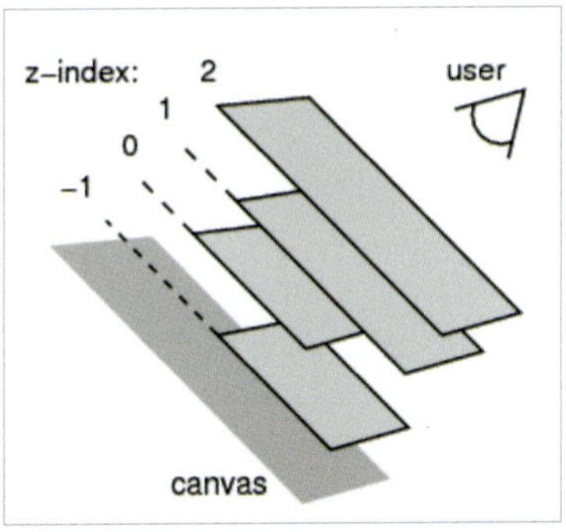

(출처: www.w3c.org 문서)

이번에는 z-index를 설정하고 어떻게 변경되는지를 관찰해보자.

z-index.html

```
<!DOCTYPE html>
<html>
<head>
    <style>
        #box1 {
            position: absolute;
            top: 0px; left: 0px;
            width: 100px; height: 100px;
```

```
        background: blue;
        z-index: 200;
    }

    #box2 {
        position: absolute;
        top: 30px; left: 30px;
        width: 100px; height: 100px;
        background: yellow;
        z-index: 100;
    }

    #box3 {
        position: absolute;
        top: 60px; left: 60px;
        width: 100px; height: 100px;
        background: green;
        z-index: 0;
    }
  </style>
</head>
<body>
  <div id="box1">box #1 </div>
  <div id="box2">box #2 </div>
  <div id="box3">box #3 </div>
</body>
</html>
```

z-index: 200; → z값이 클수록 앞에 놓여진다.

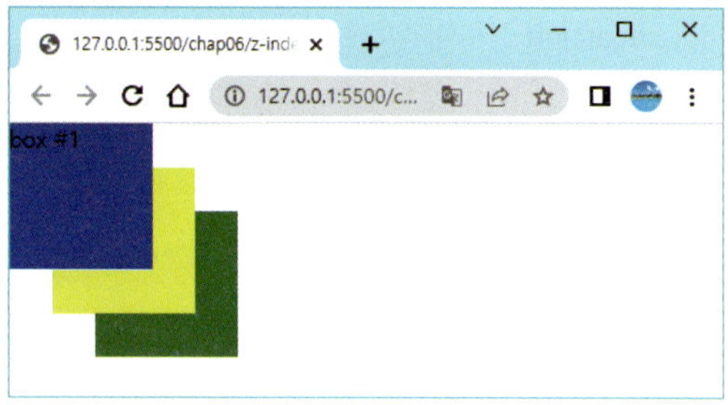

박스들은 position: absolute 속성을 이용하여서 페이지 안에서 절대 위치로 배치되었고 약간 겹치도록 설정되었다. z-index는 요소들이 겹쳐지는 순서를 제어할 때 사용된다. z-index 값이 큰 요소가 앞에 놓이게 된다. 여기서 주의하여야 할 점은 z-index는 요소의 position 속성이 absolute나 fixed로 설정되어 있어야지 작동한다는 점이다.

예제 z-index 사용 예제

이미지와 텍스트가 겹친다고 가정하자. 이미지의 z-index값을 조정하여서 텍스트의 뒤에 나타나도록 하여 보자.

z-index2.html

```
<!DOCTYPE html>
<html>
<head>
    <style>
        img {
            position: absolute;
            left: 0px;
            top: 0px;
            z-index: -1;
        }
    </style>
</head>

<body>
    <img src="pome.png" width="200" height="200" />
    <p>img 요소의 z-index가 -1이므로 다른 요소의 뒤에 위치한다. </p>
</body>
</html>
```

■ overflow 속성

overflow 속성은 자식 요소가 부모 요소의 범위를 벗어났을 때, 어떻게 처리할 것인지를 지정한다. overflow 속성에는 hidden, scroll 중의 하나를 지정할 수 있다.

- hidden: 부모 영역을 벗어나는 부분을 보이지 않게 한다.
- scroll: 부모 영역을 벗어나는 부분을 스크롤할 수 있도록 한다.
- auto: 자동으로 스크롤바가 나타난다.

overflow.html

```
<!DOCTYPE html>
<html>
<head>
    <style>
        p {
            background-color: lightgreen;
            width: 200px;
            height: 50px;
        }
```

```
        #target {
            border: 1px solid black;
            width: 300px;
            height: 100px;
            overflow: scroll;
        }
    </style>
</head>
<body>
<div id=target>
    <p>block #1</p>
    <p>block #2</p>
    <p>block #3</p>
    <p>block #4</p>
    <p>block #5</p>
</div>
</body>
</html>
```

overflow가 scroll로 설정되어 있다. 넘어가는 콘텐츠는 스크롤된다.

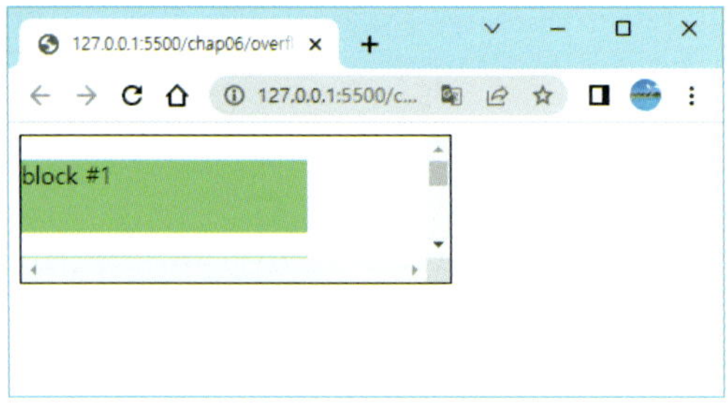

overflow를 hidden으로 설정하면, 넘어가는 콘텐츠는 보이지 않는다.

overflow 속성을 설정하지 않으면 단순히 콘텐츠가 넘쳐버린다.

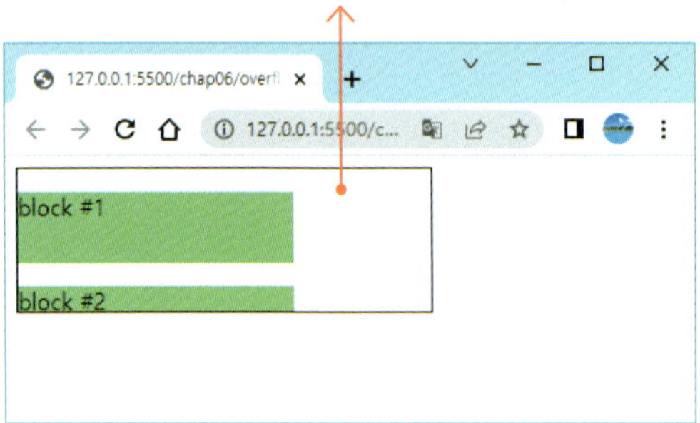

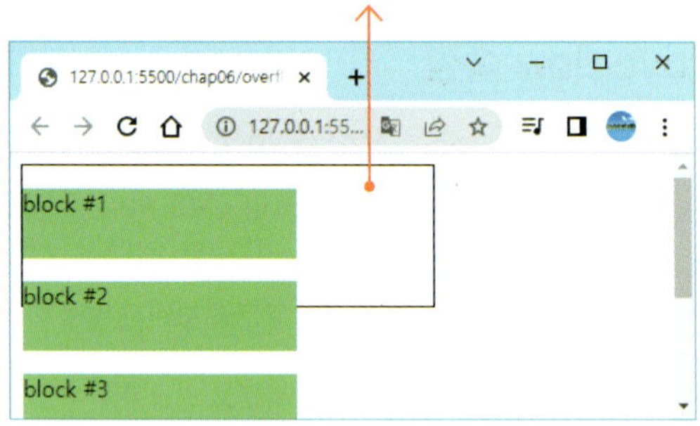

■ 정리

지금까지 학습한 내용을 다음의 표를 이용하여서 다시 한번 정리하여 본다.

속성	설명
position	static: 디폴트 위치; 요소들은 정상적인 흐름에 따라서 배치된다. top/left/bottom/right 속성은 무시된다.
	relative: 요소들은 정상적인 위치에서 오프셋만큼 떨어진 곳에 배치된다.
	absolute: 요소들은 컨테이너 안에서 고정된 위치에 배치된다.
	fixed: 브라우저 윈도우 안에서 고정된 위치에 배치된다(페이지가 스크롤되어도 움직이지 않는다).

속성	설명
top, bottom, left, right	이들 속성은 요소의 위치를 결정한다. 이들 값들은 모두 오프셋(offset)이다. top: 위로부터의 오프셋 left: 왼쪽으로의 오프셋 bottom: 아래로부터의 오프셋 right: 오른쪽으로부터의 오프셋
width, height	요소의 너비와 높이를 설정한다.
float	이 속성은 "position:static"의 블록 요소에 사용된다. 이 속성이 사용되면 컨테이너 안의 다른 요소들이 이 요소를 감싸며 배치된다(이 속성이 사용되면 position과 offset 설정은 몽땅 무시된다).

중간 점검

01. 원래 자리에 대한 개념이 남아 있는 위치 설정 방식은 어떤 것들인가?

02. float:left와 같이 지정하면 어떤 일이 발생되는가?

03. float 효과를 없애려면 어떻게 하는가?

6-03 페이지 레이아웃

웹 페이지 레이아웃은 웹 사이트를 보기 좋게 하는데 결정적인 역할을 한다. 웹 사이트의 레이아웃을 만드는 방법에는 다음과 같이 몇 가지의 방법이 있다.

- **〈table〉 요소를 사용한 레이아웃**: 테이블을 사용하는 방법은 전통적인 방법이고 경우에 따라서는 아주 편리한 방법이지만 테이블의 원래 용도와는 어긋난다. 이 책에서는 다루지 않지만, 이 방법은 display:table과 display:grid 레이아웃으로 계승되었다. 13장을 참조한다.
- **〈div〉 요소를 사용한 레이아웃**: 〈div〉 요소를 생성하고 요소의 위치를 지정하여 레이아웃을 만드는 방법이다. 지금도 많이 사용된다. 간단히 살펴보자.
- **HTML5의 〈nav〉, 〈section〉, 〈aside〉 등의 시맨틱 요소를 사용한 레이아웃**: 현재는 HTML에서 추가된 여러 가지 시맨틱 요소들을 이용하여 레이아웃을 잡는 방법이 가장 권장된다.

■ 〈div〉를 이용한 레이아웃

일단 아주 간단한 예제를 작성하고 실행하여 개념을 잡아보자. 다음과 같은 레이아웃을 만들고 싶다고 가정하자.

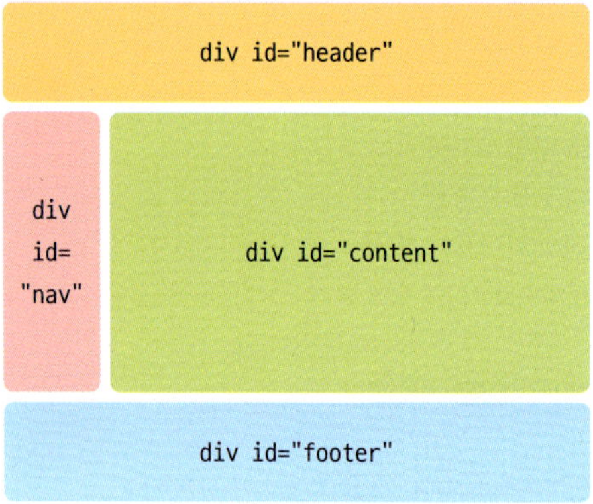

01. 먼저 웹 페이지의 내용을 입력한다. 다음과 같은 html 파일을 작성한다.

layout1.html

```
<!DOCTYPE html>
<html>
<head>
    <title>My Blog Page</title>
    <style></style>
</head>
<body>
    <div id="wrapper">
        <div id="header">header</div>
        <div id="nav">nav</div>
        <div id="content">content</div>
        <div id="footer">footer</div>
    </div>
</body>
</html>
```

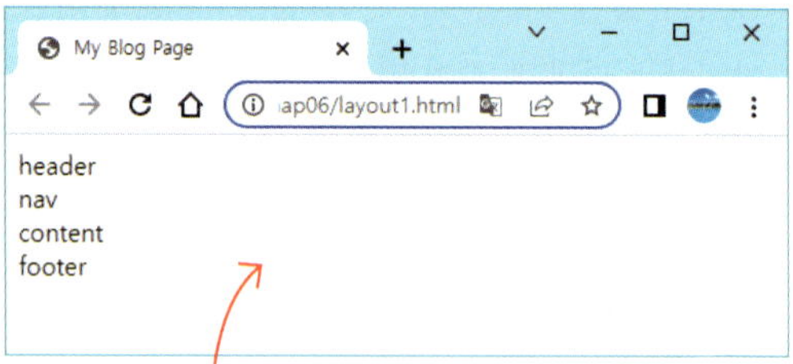

CSS 파일을 작성하지 않은 상태에서 위의 파일을 실행하여 보면 위와 같이 아주 볼품없는 결과가 출력된다.

02. 다음과 같이 <style>...</style> 안에 다음과 같은 내용을 추가한다.

layout1.html

```
...
<style>
    #header {
        background-color: yellow;
        width: 100%;
        height: 50px;
    }
```

div 요소이므로 블록 요소이기 때문에
한 줄 전체를 차지하면서 크기에 따라 배치된다.

```
    #nav{
        width: 30%;
        background-color: red;
        height: 100px;
        float: left;
    }
    #content {
        width: 70%;
        background-color: blue;
        float: right;
        height: 100px;
    #footer {
        background-color: aqua;
        width: 100%;
        height: 50px;
        clear: both;
    }
</style>
...
```

→ 블록 요소이지만 float 속성이 left로 되어 있기 때문에 한 줄에서 왼편의 크기만큼 배치된다.

→ 블록 요소이지만 float 속성이 right로 되어 있기 때문에 같은 줄에서 오른편의 크기만큼 배치된다.

→ clear 속성이 both로 되어 있기 때문에 한 줄 전체를 차지한다.

CSS 파일을 작성한 상태에서 HTML 파일을 실행하여 보면 아래와 같은 결과가 나온다.

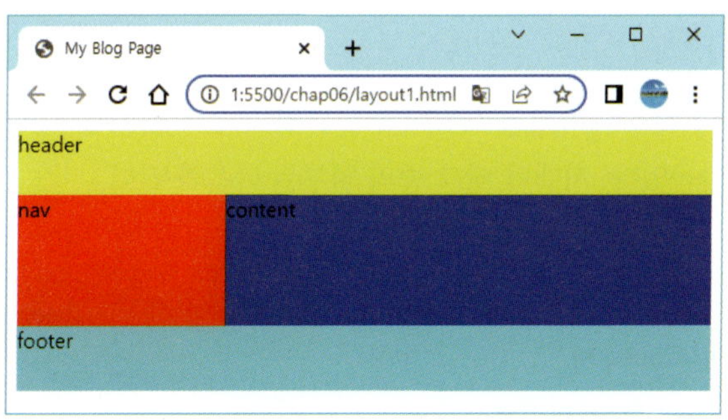

■ 의미적 요소를 이용한 레이아웃

의미적 요소(Semantic elements)들은 브라우저에게 요소의 의미나 목적을 명확하게 알려주는 요소이다. 앞에서 학습한 〈div〉 태그는 HTML 문서 중에서 논리적인 섹션을 나타내지만 〈div〉는 그 자체로는 아무런 의미가 없다. 단순히 컨테이너의 역할만 하는 것이다. 물론 개발자들은 id나 class 이름을 〈div〉와 함께 사용해서 의미를 전달할 수 있지만 브라우저는 이것을 인식하지 못한다.

```
<div id="header">
```

HTML5에서는 이러한 문제점을 해결하기 위하여 시맨틱 요소들을 정의하였다. 시맨틱 요소는 브라우저와 개발자에게 명확하게 그 의미를 설명하는 요소이다.

```
<header>
```

하나의 예로 다음 그림에서 왼쪽은 〈div〉만을 이용하여 웹 페이지를 구성하였고 오른쪽은 HTML5의 시맨틱 요소들을 이용하여서 구성한 것이다. 기존 웹 사이트에서는 내비게이션 섹션과 머리글 및 바닥글을 나타내기 위하여 <div id = "nav">, <div id = "header">, <div id = "footer">를 사용했다.

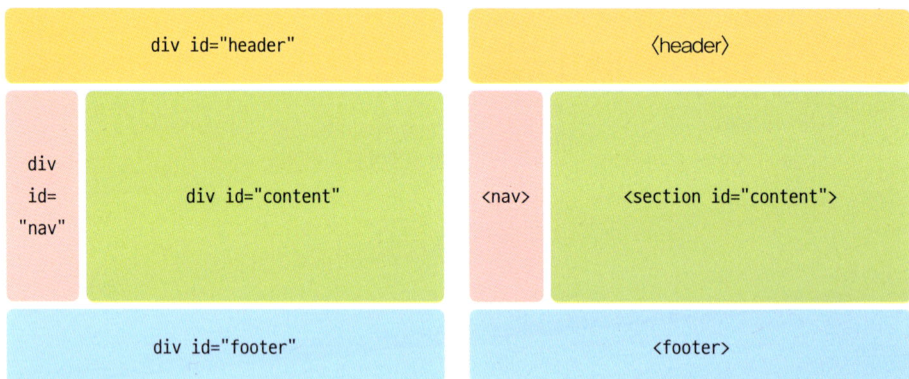

■ 시맨틱 요소

W3C는 많은 수의 웹 페이지를 분석하여서 개발자들이 많이 사용하고 있는 아이디와 클래스 이름을 추출하여 이것을 표준 태그로 만들었다. 시맨틱 태그 중의 일부는 다음과 같다.

태그	설명
<header>	문서의 머리말(header)
<hgroup>	〈h1〉에서 〈h6〉 요소들의 그룹
<nav>	내비게이션 링크
<article>	문서의 내용이나 블로그의 포스트
<section>	문서의 섹션을 의미
<aside>	사이드바와 같이 옆에 위치하는 내용
<footer>	문서의 꼬리말(footer)
<figure>	그림이나 도표
<time>	날짜와 시간을 표시

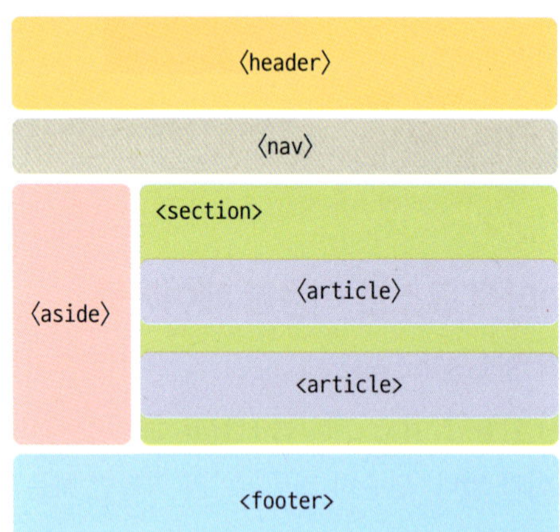

위의 태그들은 이름만 가지고도 어떤 역할을 하는지 대강 추측할 수 있다. 〈header〉와 〈footer〉는 문서의 머리말과 꼬리말이고 〈nav〉는 내비게이션 링크나 메뉴바 등을 생성하는 데 사용된다. 〈section〉과 〈article〉은 문서의 내용을 그룹핑하는데 사용된다. 〈aside〉는 보조적인 내용을 표시하는 데 사용된다. 예를 들어서 연관된 링크로 이루어진 사이드바를 나타낼 수 있다.

자 그렇다면 앞 절에서 작성한 레이아웃을 시멘틱 요소들로 교체하고 약간의 내용을 넣어서 다음과 같은 블로그 페이지를 작성하여 보자.

layout2.html

```
<!DOCTYPE html>
<html>
<head>
    <title>My Blog Page</title>
    <style>
        body {
            background-color: #efe5d0;
            font-family: Arial, "Trebuchet MS", sans-serif;
            margin: 0px;
        }
        header {
            background-color: #e3afed;
            color: #000000;
            margin: 0px;
            text-align: center;
            padding: 5px;
        }
        h1 {
            margin: 0px;
        }
```

```
        section#main {
            float: right;
            width: 70%;
            height: 200px;
            background-color: yellow;
        }
        nav {
            float: left;
            width: 30%;
            height: 200px;
            background-color: #ffd800;
        }
        footer {
            background-color: #954b4b;
            color: #efe5d0;
            text-align: center;
            padding: 10px;
            margin: 0px 0px 0px 0px;
            font-size: 90%;
            clear: both;
        }
    </style>
</head>
<body>
    <header>
        <h1>My Blog Page</h1>
    </header>
    <nav>
        <h1>Links</h1>
        <ul>
            <li><a href="http://www.w3c.org/">W3C</a></li>
            <li><a href="http://developer.mozilla.org/">MOZILLA</a></li>
            <li><a href="http://htmldog.com/guides/">HTML Dogs</a></li>
        </ul>
        <figure>
            <img width="85" height="85" src="man.png" alt="홍길동"/>
            <figcaption>홍길동</figcaption>
        </figure>
    </nav>
    <section id="main">
        <article>
            <h1>Semantic Tags</h1>
```

```
            <p>
                시맨틱 요소(Semantic elements)들은 브라우저에게 요소의 의미나 목적을 명확하게 알려주는
요소이다.
            </p>
        </article>
        <article>
            <h1>div와 span</h1>
            <p>  div은 "divide"의 약자로서 페이지를 논리적인 섹션으로 분리하는데 사용되는 태그이다. span
요소는 인라인 요소로서 텍스트를 위한 컨테이너로 사용할 수 있다.      </p>
        </article>
    </section>
    <footer>Copyright (c) 2023 Hong</footer>
</body>
</html>
```

〈nav〉과 〈section〉을 배치할 때, float:left와 float:right를 사용하였다.

중간 점검

01. 항상 화면을 꽉 채우면서 배치되게 하려면 어떤 단위를 사용하여야 하는가?

02. 시맨틱 요소 중에서 메인 컨텐츠가 주로 배치되는 태그들은 어떤 것들인가?

6-04 CSS3 애니메이션

CSS3 변환(transition)을 이용하면 어느 정도 애니메이션의 효과를 낼 수 있다. 하지만 변환에서는 개발자가 중간 단계의 프레임에 대해서는 제어를 할 수 없다. 개발자가 애니메이션 프레임을 제어하려면 정의된 애니메이션(defined animation) 기능을 사용하여야 한다. 이 기능을 사용하면 개발자가 키프레임들을 정의하여 CSS 특성값들의 변화를 지정할 수 있다. 키프레임(keyframe)이란 애니메이션 중간의 프레임으로 여기서 객체들의 위치와 크기를 지정할 수 있다. 개발자가 키프레임만 작성해주면 컴퓨터는 그 사이의 프레임들은 자동으로 생성한다. 이것을 키프레임 애니메이션이라고 한다. CSS3에서는 키프레임 애니메이션을 지원한다. 이 기능은 GIF 애니메이션이나 플래시, 자바스크립트를 대체할 수 있다.

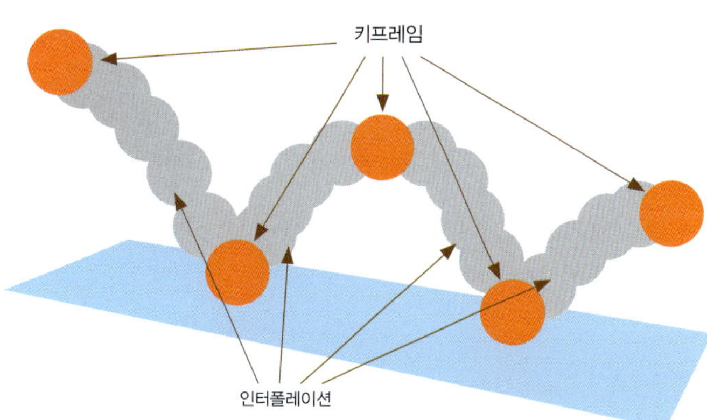

@keyframe

먼저 @keyframe을 이용하여 키프레임을 지정한다. 키프레임의 위치는 퍼센트로 지정하며 각 키프레임에서 HTML 요소의 속성값을 지정하면 된다. 예를 들어 아래의 키프레임 정의에서는 속성 left와 속성 top의 값을 변화시키고 있다.

```
@keyframes myanim
{
    0%   {left: 0px; top: 0px;}
    25%  {left: 100px; top: 0px;}
    50%  {left: 200px; top: 0px;}
    75%  {left: 100px; top: 0px;}
    100% {left: 0px; top: 0px;}
}
```

키프레임을 지정한다. (@keyframes)
애니메이션의 이름을 지정한다. (myanim)
25%일 때의 키프레임 지정

@keyframes 규칙 안에서 CSS 스타일을 지정하면 애니메이션은 현재의 스타일에서 새로운 스타일로 점진적으로 변화하게 된다. 애니메이션은 요소가 점차 하나의 스타일에서 다르게 변경하는 효과이다. 스타일의 개수는 원하는 만큼 변경할 수 있고 또 횟수도 지정할 수 있다.

키프레임은 퍼센트(%) 단위로 지정한다. 아니면 "from"과 "to"를 사용할 수도 있다. 0%는 "from"과 같고 "100%"는 "to"와 같다. 0%는 애니메이션의 시작이고 100%는 애니메이션의 종료점이다. 키프레임들을 정의하였으면 애니메이션의 대상이 되는 요소에 다음과 같이 지정한다.

```
div {
    animation: 2s myanim;
    animation-iteration-count: 10;
}
```

애니메이션 지속 시간과 키프레임 규칙 이름을 지정한다. (animation: 2s myanim;)
애니메이션 반복횟수 (animation-iteration-count: 10;)

animation1.html

```
<!DOCTYPE html>
<html>
<head>
    <style>
        div {
            width: 100px;
            height: 100px;
            background: red;
            position:relative;
```

애니메이션의 대상이 되는 박스
2초 동안 지속되고 10번 반복한다.

```
            animation: 2s myanim;
            animation-iteration-count: 10;
        }

        @keyframes myanim {
            0%   {background-color: red; left:0px; top:0px;}
            25%  {background-color: red; left:100px; top:0px;}
            50%  {background-color: yellow; left:200px; top:0px;}
            75%  {background-color: blue; left:100px; top:0px;}
            100% {background-color: blue; left:0px; top:0px;}
        }
    </style>
</head>
<body>
    <div></div>
</body>
</html>
```

왼쪽에서 오른쪽으로 왔다 갔다 한다.
색상도 변화된다.

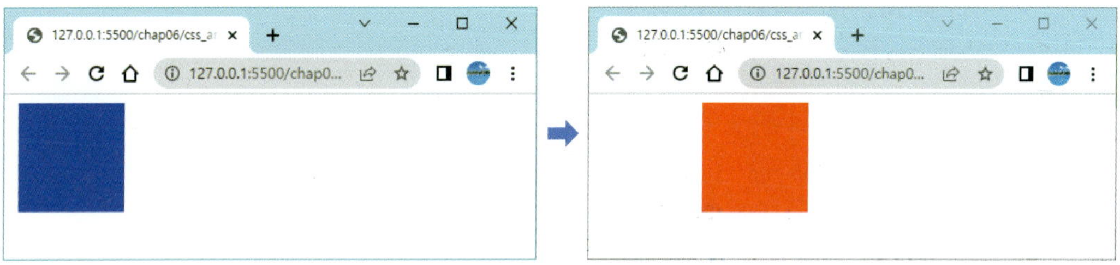

속도효과

CSS3를 사용하면 요소에 애니메이션을 적용할 때, 속도효과(easing effect)를 지정할 수 있다: linear, ease, ease-in, ease-out, ease-in-out. 또 커스텀 속도효과를 위하여 3차 베지어 곡선으로 지정할 수 있다.

- ease: 느린 속도로 시작했다가 빨라지고 다시 느린 속도 종료된다(기본값).
- linear: 처음부터 끝까지 같은 속도로 애니메이션을 지정한다.
- ease-out: 끝날 때 속도가 줄어든다.
- ease-in: 시작을 천천히 한다.

위의 4가지의 속도 지정을 가지는 4개의 박스를 만들어서, 왼쪽에서 오른쪽으로 움직이면서 상대적인 속도를 비교해보자.

css_anim3html

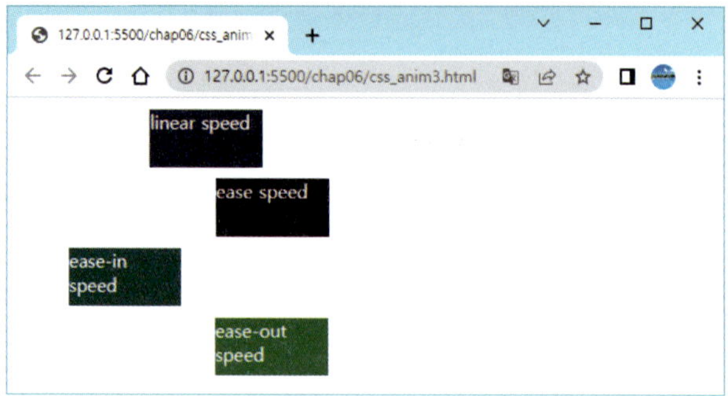


```
<!DOCTYPE html>
<html>
<head>
    <style>
        div {
            width: 100px;
            height: 50px;
            color: white;
            position: relative;
            margin: 10px;
            animation: myanim 5s infinite;
        }
        #div1 {
            animation-timing-function: linear;
            background-color: rgb(49, 12, 92);
        }
        #div2 {
            animation-timing-function: ease;
            background-color: rgb(43, 8, 25);
        }
        #div3 {
            animation-timing-function: ease-in;
            background-color: rgb(18, 94, 83);
        }
        #div4 {
            animation-timing-function: ease-out;
            background-color: rgb(32, 126, 52);
        }
        @keyframes myanim {
            from { left: 0px; }
            to { left: 500px; }
        }
    </style>
</head>
<body>
    <div id="div1">linear speed</div>
    <div id="div2">ease speed</div>
    <div id="div3">ease-in speed</div>
    <div id="div4">ease-out speed</div>
</body>
</html>
```

예제 튀어오르는 공 애니메이션

간단하게 공이 바닥에서 튀어오르는 애니메이션을 작성하여 보자.

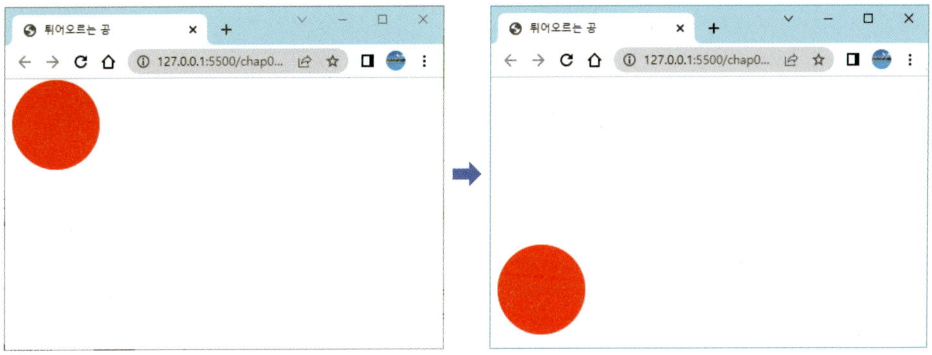

먼저 공을 어떻게 만들면 좋을까? CSS에서는 사각형은 아주 쉽게 만들 수 있다. 그러나 원은 어떻게 그릴 수 있을까? 물론 자바스크립트를 사용하면 아주 쉽게 그릴 수 있지만 여기서는 CSS만을 이용해보자. 한 가지 방법이 있다. 사각형을 그리는데 경계선을 둥글게 만들면 원처럼 보인다.

css_anim_ball.html

```
<!DOCTYPE html>
<html>
<head>
    <title>튀어오르는 공</title>
    <style>
        @keyframes bounce {
            from,
            to {
                bottom: 0px;
                animation-timing-function: ease-out;
            }
            50% {
                bottom: 200px;
                animation-timing-function: ease-in;
            }
        }
        #ball {
            position: absolute;
            width: 100px;
            height: 100px;
            background: red;
            border-radius: 50px;
```

ease-out은 움직임이 멈출 때 끝에 이르러 변화의 정도가 서서히 감소하는 것이다. 공의 위치는 바닥이 된다.

ease-in은 천천히 시작하는 것 공의 위치는 바닥에서 200px이 된다.

```
            animation-name: bounce;
            animation-iteration-count: infinite;
            animation-duration: 5s;
        }
    </style>
</head>
<body>
    <div id="ball"></div>
</body>
</html>
```

Lab

구조화된 HTML 문서 작성

이번 장에서 학습한 CSS 애니메이션을 이용하여 동물들의 경주 애니메이션을 제작해보자.

str_literalhtml

```
<!DOCTYPE html>
<html><head>
    <style>
        img {
            width: 100px;
            display: block;       // 이미지를 블록 요소로 만든다.
            position: relative;
            margin: 10px;
            animation: myanim 5s infinite;
        }
        #img1 { animation-timing-function: ease-out; }
        #img2 { animation-timing-function: ease-in; }
        @keyframes myanim {
            from { left: 0px; }
            to { left: 500px; }
        }
    </style>
</head>
<body>
    <img id="img1" src="rabbit.png"></div>
    <img id="img2" src="turtle.png"></div>
</body>
</html>
```

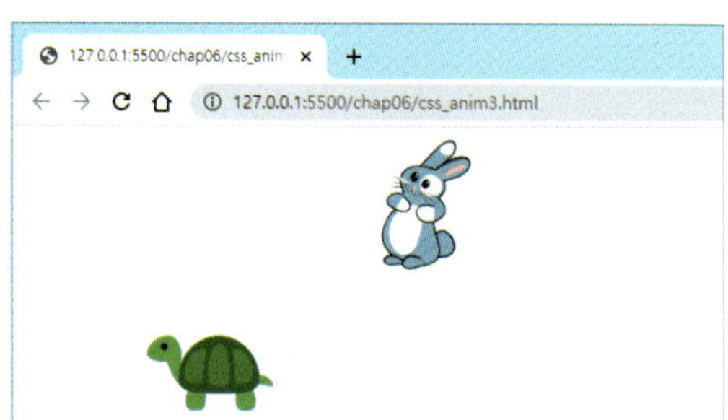

Mini Project

쇼핑몰 웹 사이트 제작 #4

앞장에서는 HTML 태그들을 이용하여 쇼핑몰에 필요한 콘텐츠를 생성하였다. 콘텐츠로 채워진 페이지를 작성한 것이다. 이제부터는 생성된 페이지의 스타일을 CSS로 지정, 즉 요소들의 색상을 지정하고 요소들을 화면에 배치하며 요소들의 크기를 지정하여 보자.

일반적으로 스타일 시트는 외부 파일 참조 방식으로 지정된다. 즉, 스타일 시트는 외부 파일로 작성하여 HTML 파일에 다음과 같은 문장으로 추가하게 된다. 아래 문장은 "mystyle.css" 파일을 찾아서 HTML 파일에 포함시키게 된다.

```
<link rel="stylesheet" type="text/css" href="mystyle.css" />
```

화면에 HTML 요소들을 배치하는 데는 수많은 방법이 있다. 가장 기본적인 원칙은 무엇인가? 몇 가지를 정리하고 지나가자.

- 블록 요소는 한 줄을 다 차지하고 인라인 요소는 한 줄에서 필요한 너비만을 차지한다.
- 요소들의 크기는 width와 height로 지정한다.
- 요소들의 위치는 정상적인 흐름에 따라서 결정되지만 필요에 따라서는 top, bottom, left, right로 결정된다.

일단 다음과 같이 각 요소들을 배치하는 것이 첫 번째 작업이다. 어떻게 해야 하는가?

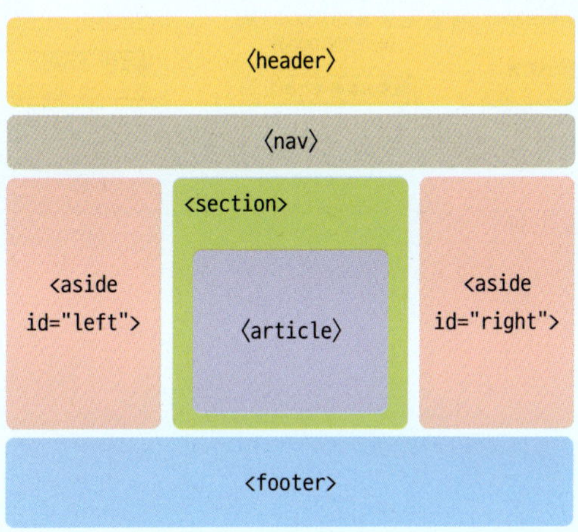

1. 위의 그림을 자세히 보자. <header>와 <nav> 요소는 기본적으로 블록 요소이니 그냥 두면 된다. 요소의 높이를 조절하고 싶으면 height 속성을 이용하여 하면 된다.

2. 중간에 있는 <aside id="left">, <section>, <aside id="right">가 문제이다. 이들은 기본적으로 블록 요소이므로 그대로 두면 세로로 배치된다. 따라서 가로로 배치할 방법을 찾아야 하는데, 이는 여러 가지 방법이 있다. 가장 기본적인 방법은 display=inline하여서 인라인 요소로 변경하는 것이다. 그 중에서도 가장 많이 사용되는 방법은 <aside id="left"> 요소를 float="left"라고 지정하는 것이다. float="left"라고 지정하면 <aside id="left"> 요소는 왼쪽에 떠 있게 된다. 나머지 요소들을 지정된 요소를 감싸면서 배치된다. 나머지 요소들도 동일하게 float="left"라고 지정하면 한 줄에 차곡차곡 배치된다.

3. <footer>도 블록 요소이므로 그냥 두면 된다. 하지만 float="left"의 영향에서 벗어나기 위하여 clear="both"를 해주어야 한다. 그렇지 않으면 윗줄에 붙어서 배치될 수도 있다.

지금부터 CSS 파일인 "mystyle.css" 파일을 하나씩 작성하여 쇼핑몰 사이트가 다음과 같은 모습이 되도록 하자.

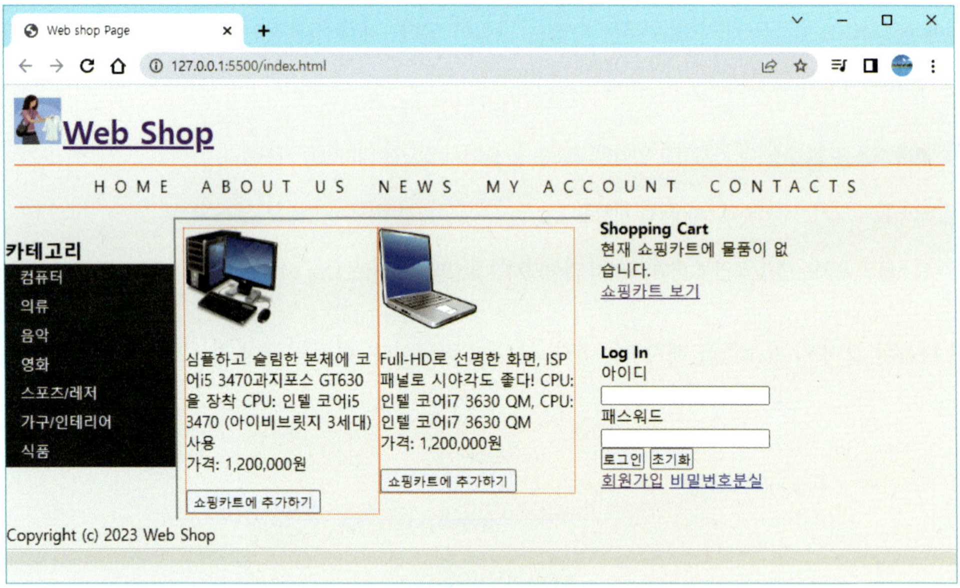

6장

Summary

Q 레이아웃의 기본이 되는 블록 요소와 인라인 요소를 설명할 수 있나요?

A 블록 요소는 크기를 지정할 수 있으며 한줄 전체를 차지합니다. 인라인 요소는 한 줄에서 콘텐츠 크기만큼의 공간만 차지하며 차례대로 배치됩니다.

Q HTML 요소의 크기는 어떻게 설정하나요?

A 기본적으로 width 속성과 height 속성을 이용하여 지정합니다.

Q HTML 요소의 위치는 어떻게 설정하나요?

A 기본적으로 top, left, bottom, right 속성을 이용하여 지정합니다. 이들 속성은 오프셋의 개념, 즉 컨테이너로부터 얼마나 떨어져 있는지를 나타냅니다.

Q <div>를 이용하여 웹 페이지의 레이아웃을 설정할 수 있나요?

A <div id="header">와 같이 아이디가 다른 여러 개의 <div>를 작성하여 <div> 안에 콘텐츠를 기술하고 각 요소들의 위치와 크기를 지정하는 방법입니다.

Q HTML5의 시맨틱 태그들을 사용하여 웹 페이지의 레이아웃을 설정할 수 있나요?

A HTML5에서 추가된 <header>, <section>, <footer>와 같은 시맨틱 태그들을 이용하여 콘텐츠를 기술하고 각 요소들의 위치와 크기를 지정하는 방법입니다.

Q CSS만을 이용하여 애니메이션을 만들 수 있나요?

A 키프레임 애니메이션 기능을 사용합니다. 각 키프레임에서 요소들의 위치나 크기, 속성을 세밀하게 지정할 수 있습니다.

6장

Exercise

01. 요소들이 정상적인 흐름에 따라서 배치되는 배치 방법은 무엇인가?

① absolute ② static ③ relative ④ fixed

02. 특정한 요소를 화면의 어떤 위치에 고정시키고 싶다. 사용자가 스크롤을 하더라도 위치가 움직이지 않게 하려면 어떻게 position 속성을 지정하여야 하는가?

① absolute ② static ③ relative ④ fixed

03. 요소의 위치는 top, bottom, left, right를 사용하여 설정할 수 있다. 하지만 어떤 배치 방법에서는 이들 값이 전혀 적용되지 않는다. 어떤 배치 방법인가?

① absolute ② static ③ relative ④ fixed

04. CSS를 이용하여 내비게이션 메뉴를 생성한다면 어떤 HTML 요소가 가장 적합한가?

① 정렬되지 않은 리스트(〈ul〉 요소) ② 테이블

③ 〈div〉 요소 ④ 〈span〉 요소

05. 박스의 크기보다 콘텐츠가 많은 경우, 콘텐츠를 자르거나 넘치도록 할 수 있다. 어떤 속성을 이용하는가?

① hidden ② display ③ position ④ overflow

06. HTML 문서를 화면에 그릴 때, 특정 요소를 그리고 싶지 않다면 어떤 속성을 사용하여야 하는가?

① display ② visibility ③ delete ④ overflow

07. float 속성이란 어떤 경우에 사용되고 장점은 무엇인가?

08. CSS를 이용하여서 다음과 같이 2개의 <div>를 배치하는 HTML 문서를 작성하시오.

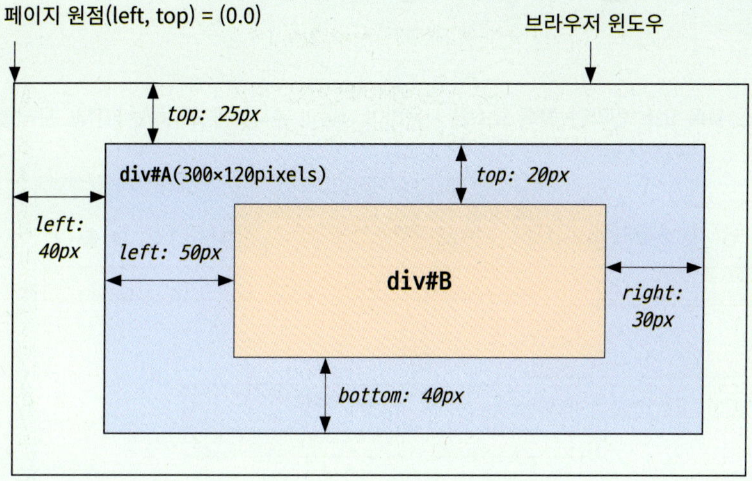

6장

Programming

01. 인라인 요소, 블록 요소, 인라인-블록 요소를 사용하여 다음과 유사하게 표시하는 HTML 문서를 작성해보자.

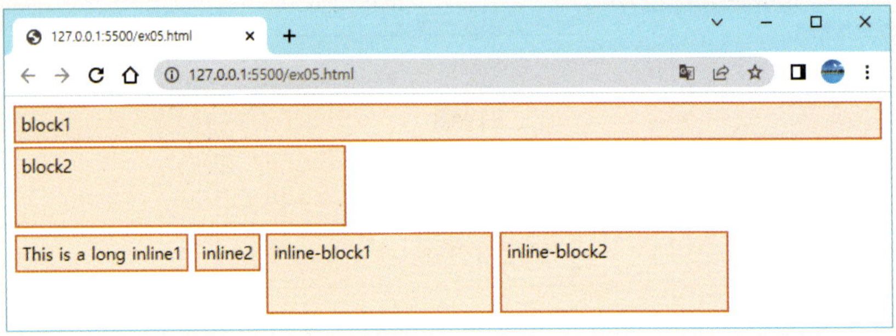

02. 다음과 같이 〈div〉 요소를 배치하는 HTML 문서를 작성해보자.

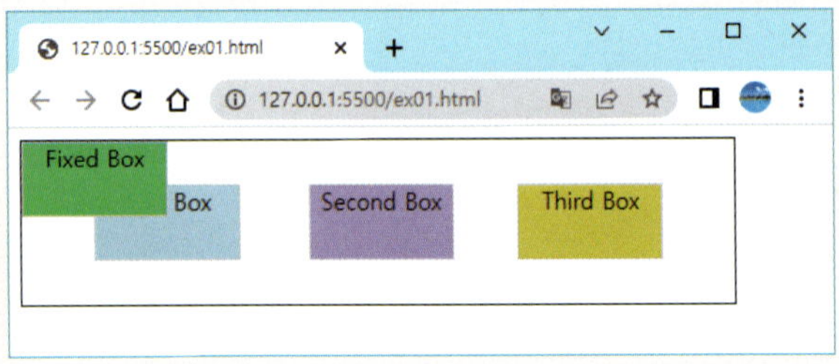

03. 절대 위치 설정(absolute positioning)을 이용하여 그림자 효과를 만들어 보자.

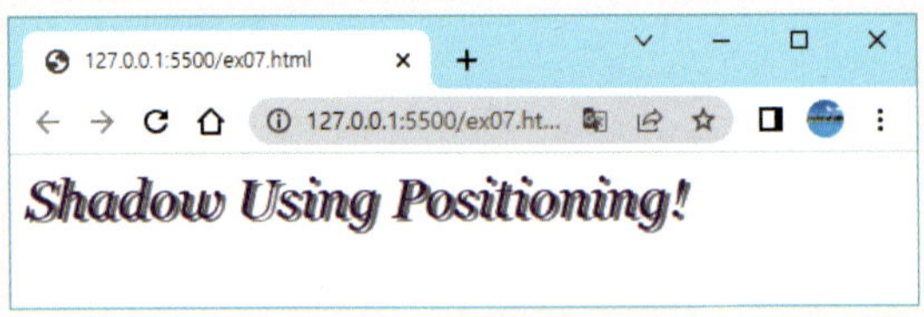

04. 상대 위치 설정(relative positioning)을 이용하여 다음과 같은 〈div〉 블록들을 표시해보자.

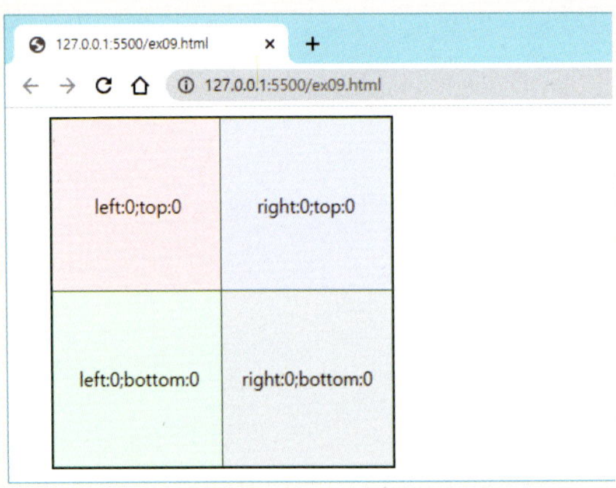

05. CSS를 이용하여서 다음과 같은 레이아웃을 갖는 HTML 문서를 작성하시오.

06. CSS를 이용하여서 다음과 같은 레이아웃을 갖는 HTML 문서를 작성하시오.

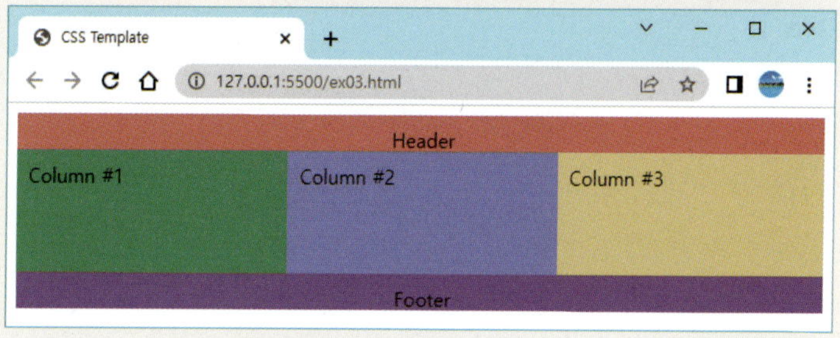

07. CSS를 이용하여서 다음과 같은 레이아웃을 갖는 HTML 문서를 작성하시오.

08. CSS의 @keyframes을 이용하여서 다음과 같이 움직이는 애니메이션을 구현해보자.

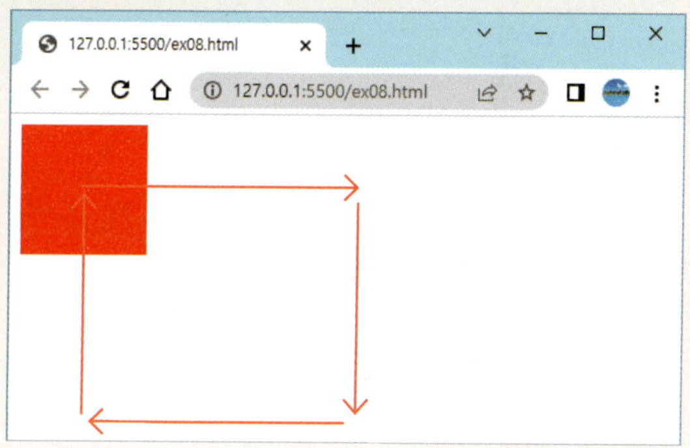

HTML5+
CSS3+
JavaScript
웹프로그래밍

07

자바스크립트 기초

- 자바스크립트를 HTML에 추가할 수 있나요?
- 자바스크립트를 외부와 내부에 저장할 수 있나요?
- 자바스크립트에서 변수를 선언하고 사용할 수 있나요?
- 자바스크립트에서 조건문과 반복문을 사용할 수 있나요?
- 자바스크립트에서 함수를 정의하고 호출할 수 있나요?

7-01 자바스크립트의 소개

HTML로 웹 페이지의 내용을 만들고 CSS로 웹 페이지의 스타일을 정의하여서 멋진 웹 페이지를 만들 수 있다고 하더라도 무엇인가 부족하다. 어떤 점이 부족할까? 웹 페이지는 항상 똑같은 내용만을 보여준다! 시간이 흘러가거나 사용자가 버튼을 클릭하여도 웹 페이지의 내용이 변경되지 않는다. 우리는 변하지 않는 콘텐츠만을 보여주는 정적인 웹 페이지에는 금방 지루함을 느낀다.

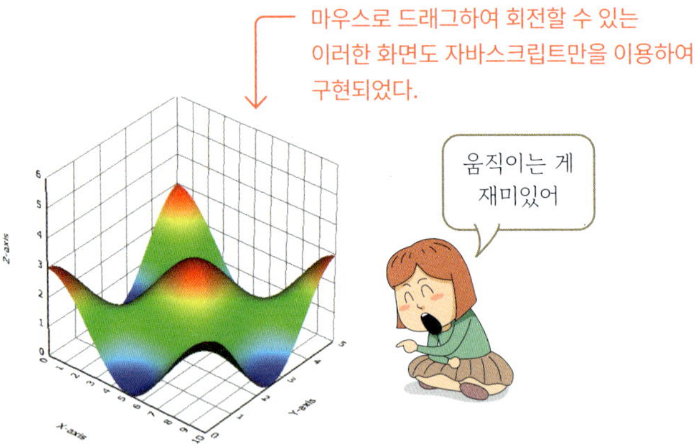

그렇다면 어떻게 해야 사용자와 페이지 간의 상호작용이 이루어지는 동적인 웹 페이지를 작성할 수 있을까? 예를 들어 구글의 검색 페이지처럼 사용자가 무엇인가를 입력하면 페이지의 내용이 동적으로 변경되게 할 수 있을까? 웹 페이지로 게임을 작성할 수도 있을까? 모두 가능하다. 동적인 웹 페이지를 작성하려면 반드시 프로그래밍 언어를 사용하여야 한다. 동적인 웹 페이지를 작성하기 위하여 가장 많이 사용되는 언어가 바로 자바스크립트(JavaScript)이다. 자바스크립트는 웹의 표준 프로그래밍 언어이다. 모든 웹 브라우저들은 자바스크립트를 디폴트로 지원한다. 자바스크립트는 HTML5의 공식적인 스크립트 언어가 되었다.

자바스크립트는 모든 웹 개발자들이 필수적으로 학습하여야 하는 3가지 중의 하나이다. 3가지는 무엇일까? 다시 한번 복습해보자. 첫 번째는 웹 페이지의 콘텐츠를 정의하는 HTML이고 두 번째는 웹 페이지의 스타일을 지정하는 CSS이다. 세 번째가 바로 자바스크립트로 웹 페이지의 동작을 지정한다. 자바스크립트가 없었다면 수동적이고 정적인 웹 페이지만 존재했을 것이다. 자바스크립트는 웹 페이지에 생명력을 불어넣어서 역동적인 웹 페이지를 만든다.

■ 자바 vs 자바스크립트

"자바스크립트"라는 용어는 흔히 "자바(Java) 언어"와 혼동을 일으키기 쉽다. 물론 구문은 유사하지만, 자바스크립트는 "자바 언어"와는 상당히 다른 언어이다(하지만 일부 라이브러리는 유사하다). 어떤 사람들은 "자바 언어"와 "자바스크립트"의 관계를 "햄"과 "햄스터"에 비유하기도 한다. 글자는 유사하지만 그만큼 차이가 있다는 의미이다. 차이점을 살펴보자.

특징	자바 언어	자바스크립트
언어 종류	소스 파일을 컴파일하여 실행하는 컴파일 언어	웹 브라우저가 소스 코드를 직접 해석하여 순차적으로 실행하는 인터프리트 언어
실행 방식	자바 가상 기계 위에서 실행	브라우저 위에서 실행
작성 위치	별도의 소스 파일에 작성	HTML 파일 안에 삽입 가능
변수	변수의 타입을 반드시 선언하여야 함	변수의 타입을 선언하지 않아도 사용 가능
유사점	C언어와 비슷한 구문, 둘 다 객체 지향을 지원.	

자바스크립트는 자바 언어보다는 훨씬 배우기 쉬우며 사용하기도 쉽다. 특히 변수의 데이터 타입을 선언할 필요가 없으므로 입문자들도 아주 쉽게 사용할 수 있다. 어떤 면에서는 자바스크립트가 C나 자바보다 학습하기가 쉽다. 게다가 그래픽도 마음대로 사용할 수 있다! 만약 이 책을 읽는 독자가 다른 프로그래밍 언어를 이미 학습한 상태라면 자바스크립트는 이미 알고 있는 것이나 마찬가지이다. 최근에는 자바스크립트에 클래스나 상속 등의 개념이 자바 언어와 아주 유사하게 추가되고 있어서 강력한 언어가 되고 있다.

■ 자바스크립트의 역사

자바스크립트는 넷스케이프 회사에서 근무하던 브렌던 아이크(Brendan Eich)가 개발한 것으로, 처음에는 라이브스크립트(LiveScript)라는 이름이었고, 최종적으로 자바스크립트가 되었다. 자바스크립트는 웹 사이트에서 각종 액션들을 처리하는 데 사용되었고 웹 브라우저의 내장 객체에도 접근할 수 있었다.

ECMA(European Computer Manufacturer's Association)가 ECMAScript라는 이름으로 자바스크립트 표준을 발표하고 있다. 가장 최근 버전은 2015년도에 발표된 ES6이고 해마다 조금씩 업데이트되고 있다. 자바스크립트는 유럽이 표준이 주도하는 언어이다.

■ 자바스크립트의 설치

자바스크립트는 다른 프로그래밍 언어들과는 아주 다르다. 설치할 필요가 없다. 자바스크립트는 PC, 태블릿, 스마트폰의 브라우저에서 이미 실행되고 있기 때문이다. 자바스크립트는 누구나 무료로 사용할 수 있다. 개발 도구는 설치해야 하지 않을까? 그렇지 않다. 크롬 브라우저의 개발자 도구에는 자바스크립트 디버거가 내장되어 있다. VS Code에도 디버거가 내장되어있다.

■ 자바스크립트의 특징

- **인터프리트 언어:** 인터프리트 언어란, 컴파일 과정을 거치지 않고 한 줄씩 해석하여 실행하는 언어이다.
- **동적 타이핑(dynamic typing):** 변수의 데이터 타입을 선언하지 않고도 변수를 사용할 수 있는 특징이 있다. 이를테면 C언어처럼 int x;할 필요가 없이 단순히 모든 변수는 let x;와 같이 선언할 수 있다.
- **구조적 프로그래밍 지원:** C언어의 구조적 프로그래밍을 지원한다. 즉 if-else, while, for 등의 제어 구조를 완벽하게 지원한다.
- **객체 기반:** 자바스크립트는 객체 지향 언어이다. 최근에는 class 키워드도 사용할 수 있다.
- **함수형 프로그래밍 지원:** 자바스크립트에서 함수는 일급객체(first-class object)이다. 즉, 함수는 그 자체로 객체이다. 람다식도 지원한다.

■ 자바스크립트로 할 수 있는 일

자바스크립트는 HTML 요소의 속성을 변경할 수 있다. 간단한 동적 웹 페이지를 작성하여 보자. 우리가 버튼을 누를 때마다 탁상 램프에 불이 켜지는 웹 페이지를 작성해보자. 자바스크립트는 여러 곳에 추가할 수 있다. 여기서는 자바스크립트를 인라인 방식으로 버튼에 추가하였다.

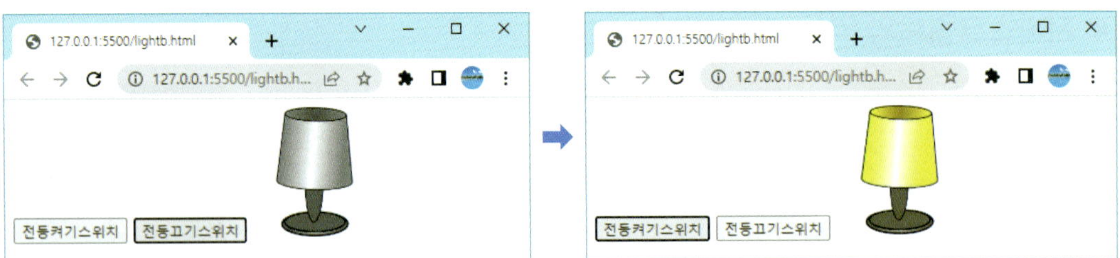

desklamp.html

```
<!DOCTYPE html>
<html>
<body>
                                          이것이 자바스크립트이다.

    <button onclick="document.getElementById('lightb').src='light-bulb1.png'">
          전등켜기스위치</button>
    <button onclick="document.getElementById('lightb').src='light-bulb2.png'">
          전등끄기스위치</button>
```

```
    <img id="lightb" src="light-bulb2.png" style="width:120px">
</body>
</html>
```

버튼은 클릭 이벤트를 발생시킨다. 이것을 처리하는 자바스크립트를 버튼에 붙일 수 있다. 〈button onclick="document.getElementById('lightb').src='light-bulb1.png'"〉의 의미는 버튼에 클릭 이벤트가 발생하면 아이디가 "lightb"인 요소를 찾아서 src 속성을 'light-bulb1.png'으로 변경하라는 의미이다. 아이디가 "lightb"인 요소는 〈img〉 요소이다. 즉 이미지를 나타내는 〈img〉 요소의 속성 src가 변경되는 것이다. 아직 DOM을 학습하지 않았지만 하나는 미리 알아두자. document.getElementById() 함수는 CSS 아이디를 받아서 해당되는 HTML 요소를 찾아 객체로 반환한다. 우리는 반환된 객체의 속성을 바꿀 수 있다.

■ 자바스크립트의 용도

우리는 자바스크립트를 이용하여 무엇을 할 수 있는가? 무엇 때문에 자바스크립트를 이용하는가? 자바스크립트의 대표적인 용도를 간단히 살펴보고 지나가자.

- HTML 콘텐츠를 변경할 수 있다.
- 이벤트에 반응하는 동작을 구현할 수 있다. 이것은 앞의 예제에서 간단하게 살펴보았다.
- HTML 요소들의 속성을 동적으로 변경할 수 있다. 즉, 색상과 같은 요소들의 스타일(CSS)을 변경할 수 있다.
- HTML 요소를 표시하거나 숨길 수 있다.
- 사용자가 입력한 값들을 검증하는 작업도 자바스크립트를 이용한다.
- 게임이나 애니메이션과 같은 상호대화적인 콘텐츠를 구현할 수 있다.

여기서는 대표적으로 이벤트 처리 코드를 자바스크립트로 어떻게 작성하는지를 살펴보고 지나가자. 자바스크립트는 사용자의 입력에 반응할 수 있다. 예를 들어 자바스크립트로 이미지 위에 마우스 커서가 위치했을 때 이미지를 커지게 하는 코드를 작성해보자.

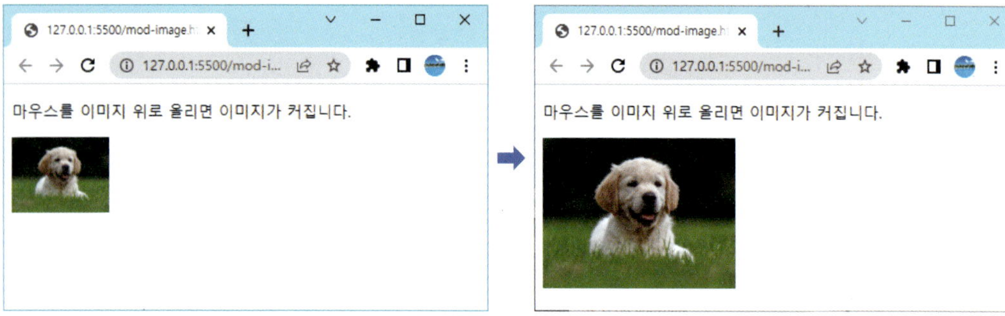

mod-image.html

```
<!DOCTYPE html>
<html>
<body>
    <p>마우스를 이미지 위로 올리면 이미지가 커집니다.</p>
    <img onmouseover="this.style.width='200px'" onmouseout="this.style.width='100px'"
          src="dog.jpg" width="100px">
</body>
</html>
```

위의 코드를 간단히 설명해보자. 마우스가 〈img〉 요소의 위에 위치하면 mouseover 이벤트가 발생하고 요소의 너비를 200px로 만든다. 마우스가 요소를 벗어나는 mouseout 이벤트가 발생하면 요소의 너비를 100px로 만든다.

■ 자바스크립트의 미래

자바스크립트는 본래 클라이언트 웹 페이지를 위한 프로그래밍 언어였지만 그 용도는 점점 더 확장되고 있다. 특히 최근에는 Node.js처럼 자바스크립트를 서버 프로그래밍 언어로 변화시키려는 시도가 진행되고 있다. Node.js는 웹 서버와 같은 애플리케이션을 작성하기 위하여 설계된 서버-사이드 소프트웨어 시스템이다. 특히 이벤트-구동형이고 비동기적 입출력을 채택하여 병렬처리 코어가 많은 컴퓨터에서 효율적으로 실행된다고 한다.

결론적으로 현재의 웹 프로그래밍 기술에서 자바스크립트는 아주 중요한 역할을 하고 있다. 우리는 웹 또는 모바일 애플리케이션을 개발할 때 자바스크립트만 사용하면 되는 시기에 와 있는 것 같다. 각종 프로그래밍 언어 중에서도 자바스크립트는 인기가 많다.

중간 점검

01. 자바스크립트의 용도를 몇 가지 말해보자.

02. 자바스크립트는 누가 해석하여 실행하는가?

7-02 자바스크립트의 위치

CSS와 마찬가지로 자바스크립트도 다음과 같은 3가지 방법으로 HTML 문서에 삽입될 수 있다.

- 내부 자바스크립트
- 외부 자바스크립트
- 인라인 자바스크립트

■ 내부 자바스크립트

자바스크립트는 〈script〉와 〈/script〉 태그 사이에 위치한다. 〈script〉 와 〈/script〉는 자바스크립트가 시작하고 종료되는 위치를 표시한다. 자바스크립트는 HTML 문서의 〈head〉 섹션이나 〈body〉 섹션 안에 위치할 수 있다. 자바스크립트를 입력할 때 사용하는 태그는 〈script〉이다. HTML 내부 어디라도 자바스크립트를 넣을 수 있다.

js_int.html

```
<!DOCTYPE HTML>
<html>
<head>
<title> My First Javascript </title>
    <script>
        document.write("Hello World!");
    </script>
</head>
<body>
</body>
</html>
```

보통은 <head> 태그 안에 자바스크립트를 넣는다.

자바스크립트는 <script>...</script> 사이에 입력한다.
자바스크립트는 <head> 또는 <body> 부분에 있을 수 있다.

큰따옴표의 텍스트를 HTML 문서에 출력하게 되고
이것이 화면에 보이게 된다.

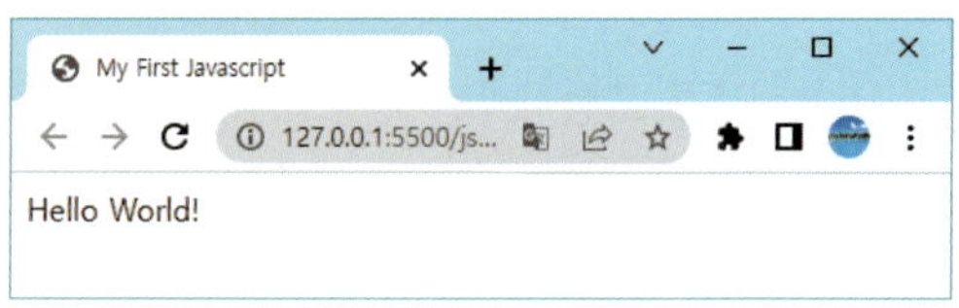

document.write()는 document 객체의 write() 메소드를 호출하는 문장이다. 아직은 객체와 메소드라는 단어가 생소할 것이다. 객체는 속성과 동작을 한데 모아둔 것으로 메소드는 동작에 해당된다. document 객체는 웹 페이지를 나타내는 객체이다. document.write()는 동적으로 HTML 파일의 콘텐츠를 생성하는 메소드이다. write() 메소드는 큰따옴표 안의 텍스트를 HTML 문서에 추가한다. 위의 코드의 〈body〉...〈/body〉 사이에는 아무것도 없지만 document.write()가 "Hello World!"를 HTML 문서에 추가하기 때문에 화면에 "Hello World!"가 나타난다.

참고사항

document.write()를 사용할 때는 약간 주의할 점이 있다. document.write()는 HTML 문서에 콘텐츠를 추가하는 메소드이지만 HTML 페이지가 완전히 로드된 후에 document.write()를 호출하게 되면 기존의 HTML 문서의 내용을 모두 지우고 다시 쓴다. 따라서 기존의 내용이 없어지게 된다.

■ 외부 자바스크립트

자바스크립트는 외부 파일에 저장될 수도 있다. 외부 자바스크립트 파일은 흔히 여러 웹 페이지에서 공통적으로 사용되는 코드들을 포함하고 있다. 외부 자바스크립트 파일은 .js라는 확장자를 가진다. 외부 스크립트 파일을 사용하기 위해서는 〈script〉 태그의 src 속성값으로 외부 스트립트 파일의 이름을 입력하여야 한다.

js_ext.html

```
<!DOCTYPE html>
<html>
<head>
    <script src="myscript.js"></script>
</head>
<body>
<body>
</html>
```

→ 자바스크립트가 들어 있는 외부 파일 myscript.js를 포함시킨다.

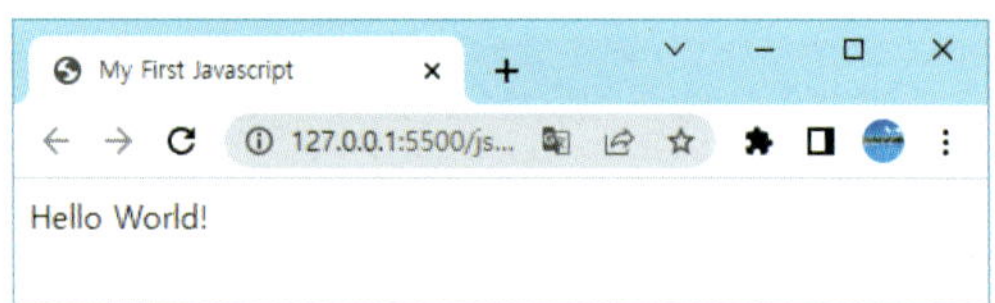

myscript.js

```
document.write("Hello World!");
```

외부 스크립트를 포함시키는 문장도 〈head〉나 〈body〉에 놓일 수 있다. 외부 스크립트에서는 〈script〉 태그를 사용하지 않는다. 순수한 자바스크립트 코드만을 포함한다.

■ 인라인 자바스크립트

자바스크립트는 HTML 태그 내부에 이벤트 속성으로 삽입될 수도 있다. 요소의 이벤트를 처리하는 코드는 이런 방법으로 많이 추가된다.

js_inline.html

```
<!DOCTYPE html>
<html>
<body>
    <button type="button" onclick="alert('반갑습니다.')">버튼을 누르세요!</button>
</body>
</html>
```

→ onclick 이벤트가 발생하면 alert()를 호출한다.

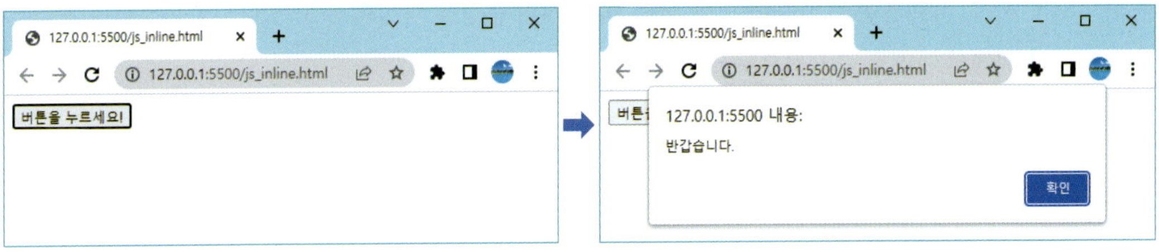

참고사항

자바스크립트 소스에서 디버깅 용도로 출력을 할 때는 콘솔을 사용하는 것도 방법이다. console.log() 함수를 사용한다. console.log() 함수의 출력은 크롬의 개발자 도구의 콘솔에 출력된다.

Q&A

Q 자바스크립트는 〈head〉 또는 〈body〉에 넣을 수 있다는데, 어떤 차이가 있는가?

A 대원칙은 자바스크립트는 읽혀지면서 바로 실행된다는 점이다. 즉, 브라우저가 읽는 동안에 동시에 실행된다. 〈head〉는 메타 정보들만 있으므로 여기에 자바스크립트를 넣으면 반드시 〈body〉에 위치한 콘텐츠보다 먼저 실행되는 것이 보장된다. 만약 자바스크립트로 콘텐츠를 처리한다면 〈body〉에서 콘텐츠 다음에 위치시켜야 한다. 안전하게 하려면 〈body〉의 맨 끝에 두는 것이 좋다.

중간 점검

01. 외부의 자바스크립트 파일 test.js를 불러들이려면 어떻게 해야 하는가?

02. HTML 파일 안에 자바스크립트 코드를 추가하려면 어떤 태그를 사용해야 하는가?

03. 3. 자바스크립트가 헤드에 있는 경우와 바디에 있는 경우는 어떤 차이가 있는가?

7-03 문장

자바스크립트는 브라우저에 의하여 실행되는 문장들의 순서 있는 집합이다. 먼저 문장의 개념부터 살펴보자. 만약 독자가 C언어나 자바의 문법을 잘 알고 있다면 이 부분은 건너뛰어도 좋을 것이다.

■ 문장

다른 프로그래밍 언어들과 마찬가지로 자바스크립트 문장(statement)들은 웹 브라우저에게 내리는 명령이라고 간주할 수 있다. 각각의 문장은 웹 브라우저가 무엇을 해야 하는지를 지시한다.

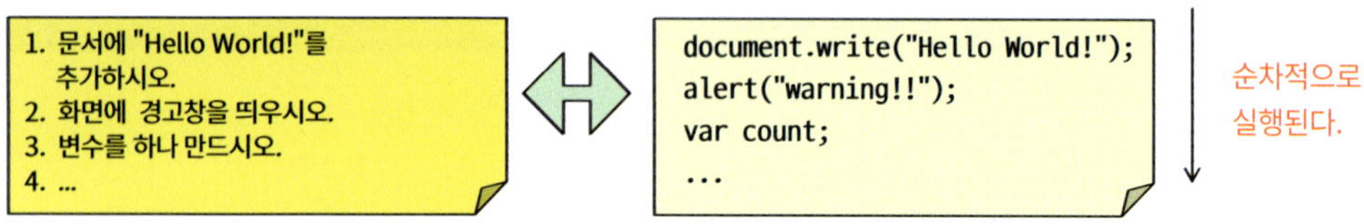

각 문장들의 끝에는 ;(세미콜론)을 붙인다. 세미콜론은 자바스크립트 문장들을 분리한다. 세미콜론은 생략하여도 된다. 자바스크립트에서는 줄이 바뀌면 하나의 문장이 끝난 것으로 판단하지만 가급적 세미콜론을 붙이도록 하자. 세미콜론을 사용하여 한 줄에 여러 개의 문장을 작성할 수도 있다. 각 문장들은 브라우저에 의하여 위에서 아래로 순차적으로 실행된다.

■ 블록

자바스크립트 문장들은 블록(block)이라는 단위로 묶일 수 있다. 블록은 {로 시작하고 }로 끝난다. 블록의 목적은 여러 개의 문장들을 묶어서 함께 실행하기 위해서이다. 아래 예제는 2개 문장을 블록으로 묶은 것이다. 블록은 차후에 학습하게 되는 조건문이나 반복문, 함수에서 필요하다.

```
{
        document.write("Hello World!");
        document.write("How are you?");
}
```

■ 문자 집합과 대소문자 구별

자바스크립트는 유니코드(unicode) 문자 집합 버전 3을 지원한다. 유니코드는 아스키 코드의 슈퍼 집합으로 전 세계의 모든 문자를 나타낼 수 있다.

자바스크립트는 대소문자를 구별한다. init() 함수는 INIT() 함수와 동일하지 않다. 또 myName 변수는 MyName 변수와 같지 않다. 여기서 주의할 점은 HTML은 대소문자를 구별하지 않는다는 점이다. 이것 때문에 혼동이 올 수 있는데 자바스크립트에서 HTML의 태그와 속성 이름들은 소문자로 적어주어야 한다. 즉, onclick 속성은 HTML에서는 onClick이라고 하여도 되지만 자바스크립트에서는 반드시 소문자 onclick으로만 적어야 한다.

자바스크립트는 공백 문자들을 모두 무시한다. 따라서 개발자는 가독성을 위하여 공백문자들을 추가할 수 있다. 다음의 두 문장은 완전히 동일하다.

```
document.write("How are you?");
            document.write(            "How are you?");
```

다만 붙여써야 하는 부분에 공백을 두면 컴파일 오류가 발생한다. 예를 들어서 document.과 write() 사이에 공백을 두면 컴파일 오류가 발생한다.

> **인터프리트 언어과 컴파일 언어**
> 참고사항
> 자바스크립트는 인터프리트 언어이다. 스크립팅 언어는 브라우저가 각 줄을 읽을 때마다 즉시 실행된다. 반면에 C언어와 같은 프로그래밍 언어는 실행되기 전에 모두 컴파일되어야 한다.

■ 주석문

자바스크립트에서도 주석(comment)을 이용하여서 소스를 보다 읽기 쉽도록 만들 수 있다. 주석문은 실행되지 않는다. 단일 문장 주석은 //으로 시작한다. 다음의 예제에서는 주석을 사용하여 코드를 보다 읽기 쉽게 만들고 있다.

```
// id가 heading1인 헤딩요소를 찾아서 내용을 바꾼다.
document.getElementById("heading1").innerHTML = "My HomePage";
```

처음 나왔죠? 웹 페이지에서 특정한 아이디가 붙여진 요소를 찾아서 그 콘텐츠를 변경하는 문장입니다.

다중 문장 주석은 /*로 시작하여 */로 종료된다. 다음 문장에서는 코드를 설명하기 위하여 다중 문장 주석을 사용한다.

```
/*
    이 코드는 웹 페이지의 헤딩의 내용을 변경한다.
*/
document.getElementById("heading1").innerHTML = "My HomePage";
```

7-04 변수

프로그래밍 언어에서 변수(variable)는 데이터를 저장하는 데 사용되는 컨테이너이다. 변수는 어디에 필요할까? 사용자가 입력한 값이나 텍스트 등을 저장할 때도 필요하고 계산 도중에 중간 결과를 저장할 때도 필요하다. 자바스크립트로 게임을 작성하는 경우에는 생각보다 복잡한 코드가 필요하다. 이때는 많은 변수들이 필요하다.

■ 변수 선언

자바스크립트에서 변수를 선언하는 3가지의 방법이 있다.

- var 키워드를 사용하여 변수를 선언할 수 있다. 이 var 키워드는 1995년부터 2015년까지 모든 자바스크립트 코드에 사용되었다. 이전 버전의 브라우저에서도 실행하려면 var를 사용하여야 한다.
- let 키워드는 2015년에 자바스크립트에 추가되었다. var에 비하여 장점이 있어서 사용이 권장된다.
- const 키워드는 상수(변하지 않는 변수)를 선언하기 위하여 도입되었다. 개발자가 변경시킬 필요가 없는 객체는 const로 정의하는 것이 권장된다.

let 키워드를 이용하여 변수 x를 선언(declare)해보면 다음과 같다.

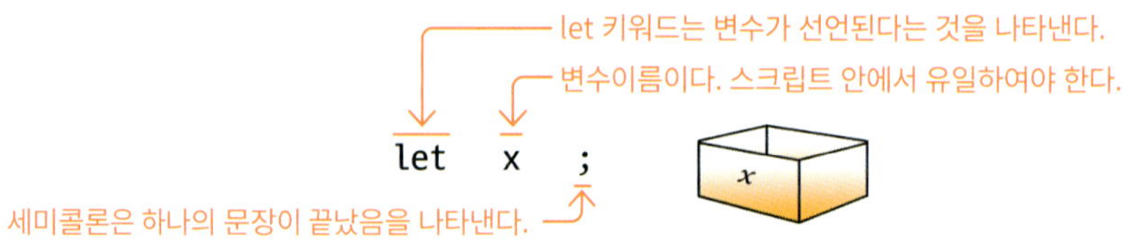

변수에 값을 저장하는 것은 어떻게 할까? 등호(=)를 사용한다. 예를 들어 변수 x에 10을 저장하는 작업은 다음과 같은 문장을 사용한다. 여기서 = 기호는 왼쪽 변수에 오른쪽 값을 저장한다는 의미이다.

```
x = 10;
```

=은 변수에 초기값을 저장한다.

변수 이름은 어떻게 지으면 좋을까? 우리는 아기가 태어나면 신중하게 이름을 짓는다. 변수도 마찬가지로 하여야 한다. 변수 이름은 x나 y와 같은 짧은 이름보다는 name, sum, count와 같이 변수의 역할을 설명하는 이름으로 하는 것이 좋다.

변수 이름을 짓는 몇 가지의 규칙이 있다.

- 변수 이름에는 문자, 숫자, 밑줄(_), $가 포함될 수 있다.
- 변수 이름은 문자로 시작하여야 한다(숫자로 시작하면 안 된다).
- 변수 이름은 $이나 _로 시작할 수 있다.
- 변수 이름은 대소문자를 구별한다(count와 Count는 서로 다른 변수이다).

예제 변수 사용하기

변수를 3개 선언하고 z = x + y; 문장을 실행한 후에 아이디가 "test"인 요소 안에 변수 z 의 값을 출력하여 보자.

js_var.html

```
<!DOCTYPE html>
<html>
<body>
    <h1 id="test"></h1>
    <script>
        let x = 5;
        let y = 6;
        let z = x + y;
        document.getElementById("test").innerHTML =  z;
    </script>
</body>
</html>
```

→ 변수 x, y, z를 선언하고 z = x+y 문장을 실행한다.

→ 아이디 test를 가진 요소를 찾아서 요소 안의 콘텐츠를 변수 z의 값으로 변경한다.

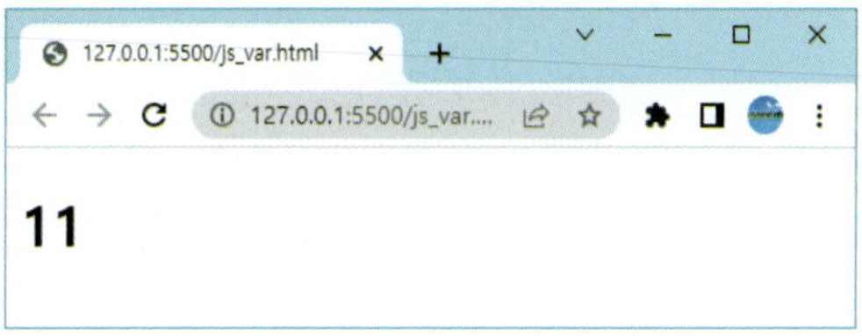

innerHTML 속성은 요소의 내부를 나타낸다.

참고사항

자바스크립트 변수

자바스크립트 변수 선언과 다른 언어의 변수 선언과의 차이점은 없을까? 자바스크립트 변수 선언에서는 데이터 타입을 지정하지 않는다. 즉, int x; 나 double y;처럼 변수가 저장하는 값의 유형을 지정하지 않는다. 자바스크립트 변수는 어떤 형태의 값도 모두 저장할 수 있다.

참고사항

변수 선언의 위치

필요한 변수를 코드의 첫 부분에 선언하는 것도 좋은 프로그래밍 방법이다.

참고사항

변수 표기법

자바스크립트에서는 종종 변수이름을 표시할 때 낙타체(CamelCase)를 사용한다. 낙타체란 식별자가 한 단어 이상일 때 첫 번째 단어는 소문자로, 나머지 단어들은 대문자로 시작하는 표기법을 말한다.

```
let numHouses; // 변수 이름
let alarmStatus;
let userName;
getElementById(); // 함수 이름
```

참고사항

let 키워드가 등장하게 된 이유

그동안 사용해왔던 var 키워드 대신에 let 키워드가 권장되는 이유로는 변수 재정의 문제가 있다. var 키워드로 동일한 이름의 변수를 재정의하면 변수의 값이 없어지는 것은 아니다.

```
var name="Hong";
var name;
```

위의 두 문장이 실행이 되어도 변수 name은 "Hong"이라는 값을 유지한다. 이것 때문에 많은 혼란이 발생하였다. let으로 정의된 변수는 재정의할 수 없다.

중간 점검

01. 자바스크립트에서 변수 x를 정의해보자. 어떤 키워드를 사용할 수 있는가?

02. const 키워드는 어떤 경우에 사용하는가?

7-05 데이터 타입

데이터 타입(data type)은 변수가 가질 수 있는 값의 종류이다. 자바스크립트에는 다음과 같은 데이터 타입들이 있다.

- 수치형(number): 정수나 실수가 될 수 있다.
- 문자열(string): 문자들이 연결된 것을 의미한다. 텍스트라고 생각하면 된다.
- 부울형(boolean): true 또는 false 값만을 가질 수 있다. 둘 중의 하나를 표현하는 데 사용된다.
- 객체형(object): 객체를 나타내는 타입이다. 차후에 학습하기로 하자.
- undefined: 변수는 선언되었지만 아직 값이 정해지지 않은 상태를 나타낸다.

(수치형, 문자열, 부울형: 기본 자료형이라고 한다.)

자바스크립트에서 변수가 선언되면 데이터 타입은 정해지지 않은 채, undefined 상태로 시작한다. 하지만 특정한 값이 변수에 저장되는 순간, 데이터 타입은 내부적으로 결정된다. 자바스크립트에서 변수들은 어떤 타입의 값이라도 가질 수 있다.

```
let x;                  // x의 값은 undefined가 된다.
let n = 100;            // n은 수치값을 가진다.
let name = "홍길동";     // name은 문자열을 가진다.
```

자바스크립트에서는 데이터 타입을 표현하지 않지만 변수의 내부 속성으로 데이터 타입을 가지고 있다. 변수의 데이터 타입은 typeof라는 연산자를 변수에 적용하면 알 수 있다. 자바스크립트에서 변수의 데이터 타입은 동적이다. 즉, 동일한 변수에 여러 데이터 타입을 저장할 수 있다.

js_var_type.html

```
<!DOCTYPE html>
<html>
<body>
    <script>
        let x;        // x의 값은 undefined가 된다.
        document.write(x + "<br>");
        document.write(typeof x + "<br><br>");

        x = 100;      // x은 수치값을 가진다.
        document.write(x + "<br>");
        document.write(typeof x + "<br><br>");

        x = "홍길동"; // x는 문자열을 가진다.
        document.write(x + "<br>");
        document.write(typeof x + "<br><br>");
    </script>
</body>
</html>
```

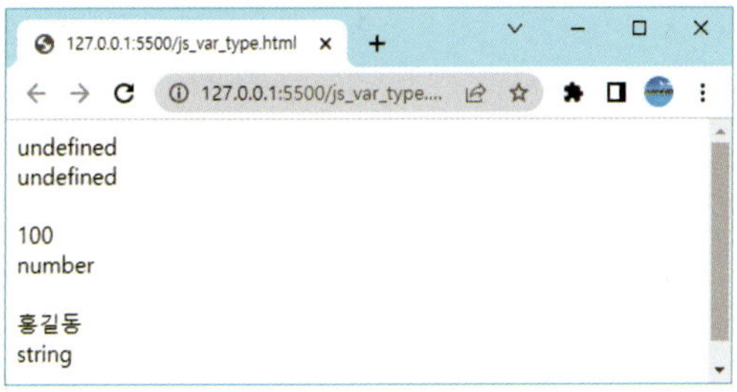

■ 수치형(number)

수치형은 정수 혹은 실수가 가능하다. 실수는 e를 사용하여 지수형으로 표시할 수 있다. 즉 1,000,000과 같이 상당히 큰 수는 1e6과 같이 지수를 이용하여 표시할 수 있다.

```
let x = 123.00;      // 실수
let y = 123;         // 정수
let z1 = 123e3;      // 123000
let z2 = 123e-3;     // 0.123
```

■ 부울형(booelan)

부울형은 true(참)와 false(거짓)값을 가진다. 부울형은 일반적으로 조건문에서 실행 조건을 검사하는 데 사용된다.

```
let x = (20 > 10);  // x는 true가 된다.
let y = (10 > 20);  // y는 false가 된다.
```

■ 문자열(string)

문자열은 연속된 문자들로서 "abc", 또는 'abc'와 같이 나타낸다. 문자열 내의 문자는 유니코드로 표현된다.

```
let s1 = "abc"; // s는 문자열 "abc"를 저장한다.
let s2 = 'abc'; // OK!
let s3 = "그는 '슈퍼맨'이라고 불린다";  // 문자열 안에 작은따옴표를 사용할 수 있다.
```

문자열의 길이는 내부에 들어 있는 문자들의 개수이다. 문자들의 위치는 0부터 시작한다. 문자열의 길이는 문자열 length 속성으로 알 수 있다. 즉, 문자열 s의 길이는 다음과 같은 문장으로 알 수 있다.

```
let s = "abc";        // s는 문자열 "abc"를 저장한다.
alert(s.length);      // 3이 출력된다.
```

자바스크립트에서는 + 연산자를 사용하면 두 개의 문자열을 합칠 수 있다.

```
t = "Hello " + "World";  // 문자열 "Hello World"가 된다.
```

그 외에도 문자열에는 많은 메소드들이 준비되어 있다. 그 중에서 중요한 것만 살펴보면 다음과 같다.

```
let s = "Hello World";
s.charAt(0);                // => "H": 첫 번째 문자
s.replace("e", "E");        // => "HEllo World": E를 e로 변경한다.
s.toUpperCase();            // => "HELLO WORLD": 대문자로 변경한다.
```

문자열 처리에서 주의할 점은 문자열을 변경하는 메소드는 새로운 문자열을 생성하여 반환한다는 점이다. 기존의 문자열을 수정하여 반환하는 것이 아니다. 문자열 처리를 실습하여 보자.

js_var_str.html

```
<!DOCTYPE html>
<body>
    <script>
        let s = "Hello World";
        let t = "How are you" + " today?";

        document.write(s + "<br>");
        document.write(t + "<br>");
        document.write(s.toUpperCase() + "<br>");
    </script>
</body>
</html>
```

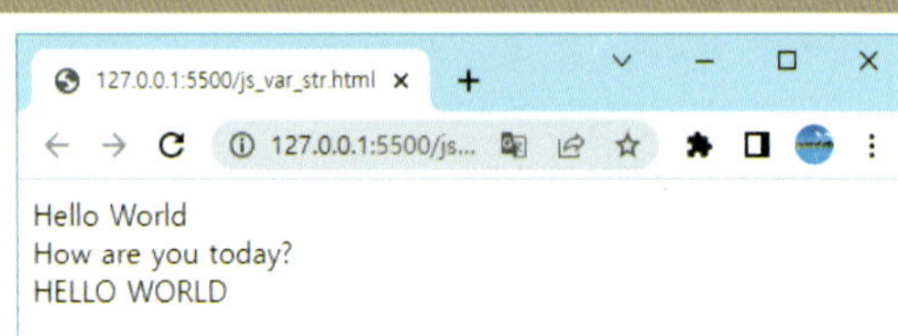

■ 템플릿 리터럴

자바스크립트에서 문자열 안에 변수값을 넣으려면 **`${ 변수 }`** 형태의 문자열을 사용하는 것이 좋다. 이 백틱기호(`)를 사용한 문자열은 자바스크립트 ES6 버전에서 추가된 것으로 템플릿 리터럴(template literal)이라고 부른다. 내장된 수식을 허용하는 문자열 리터럴이다.

```
`Hello ${x}번`
```

변수 x의 값을 문자열 안에 넣는다.
만약 x가 10이라면 "Hello 10번"이 된다.

간단한 예를 들면 다음과 같다. ${} 문자열을 사용하려면 문자열을 `` 형태로 기술하여야 한다. ` ` 기호를 사용하여 문자열을 정의하여야 한다. 변수 대신에 수식을 ${} 안에 넣어도 된다.

```
let x = 10;
cosole.log(`Hello ${x} 번`); // "Hello 10번"이 된다.
```

■ 객체형(object)

자바스크립트에서 기본 데이터 타입을 제외하면 모두 객체형(Object)이라고 할 수 있다. 객체를 생성하고 사용하는 것은 차후 자세하게 학습하기로 하고 여기서는 간단하게 객체를 생성하는 방법만 살펴보자. 객체(object)는 사물의 속성과 동작을 묶어서 표현하는 기법 중의 하나이다. 예를 들어 자동차는 메이커, 모델, 색상, 마력과 같은 속성도 있고 출발하기, 정지하기 등의 동작도 가지고 있다. 객체는 이것을 묶어서 다음과 같이 표현한다.

```
let myCar = { model: "bmz", color: "red", hp: 100 };
```

위의 객체에 동작을 나타내는 메소드들을 추가하면 완전한 객체가 된다.

객체의 속성을 사용할 때는 도트(.) 연산자를 사용한다.

```
document.write(myCar.model + "<br>");
document.write(myCar.color + "<br>");
document.write(myCar.hp + "<br>");
```

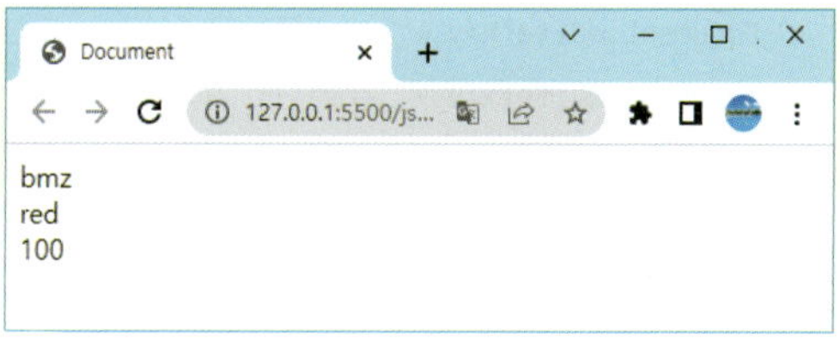

01. 자바스크립트에서 나타날 수 있는 데이터 타입을 정리해보자.

02. 문자열 `Hello ${x} 번`의 의미는 무엇인가?

7-06 연산자

자바스크립트에서 제공되는 각종 연산자에 대하여 살펴본다. 덧셈, 뺄셈, 곱셈, 나눗셈 같은 산술 연산이 포함된다. 하지만 컴퓨터는 산술 연산만을 수행하는 것은 아니다. 값을 비교하는 관계 연산자, 논리적인 판단을 할 수 있는 논리 연산자 등도 포함되어 있다.

■ 산술 연산자

연산자는 수학에서 사용되는 연산자와 유사하다. 즉, +, −, *, /는 덧셈, 뺄셈, 곱셈, 나눗셈을 의미한다.

연산자	설명	예	수식의 값
+	덧셈	x=3+2	5
-	뺄셈	x=3-2	1
*	곱셈	x=3*2	6
/	나눗셈	x=3/2	1.5
%	나머지	x=3%2	1
++	증가	++x	x의 값 3->4
--	감소	--x	x의 값 3->2

산술 연산자를 이용한 간단한 예제를 작성하여 보자.

js_op_arith.html

```
...
<script>
    let x = 10;
    let y = 20;

    document.write(x+y + "<br>");
    document.write(x-y + "<br>");
    document.write(x*y + "<br>");
    document.write(x/y + "<br>");
    document.write(x%y + "<br>");
</script>
```

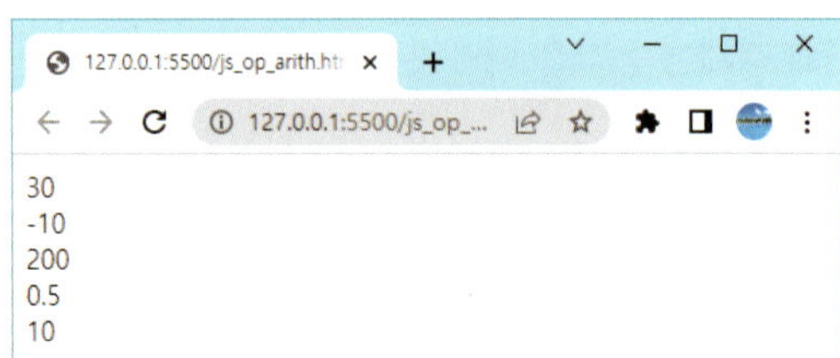

나머지 연산이다.
10을 20으로 나눈 나머지를 반환한다.

증감 연산자는 ++ 기호나 -- 기호를 사용하여 변수의 값을 1만큼 증가시키거나 감소시키는 연산자이다. ++x는 변수 x의 값을 1만큼 증가시킨다. --x 연산자는 변수 x의 값을 1만큼 감소시킨다.

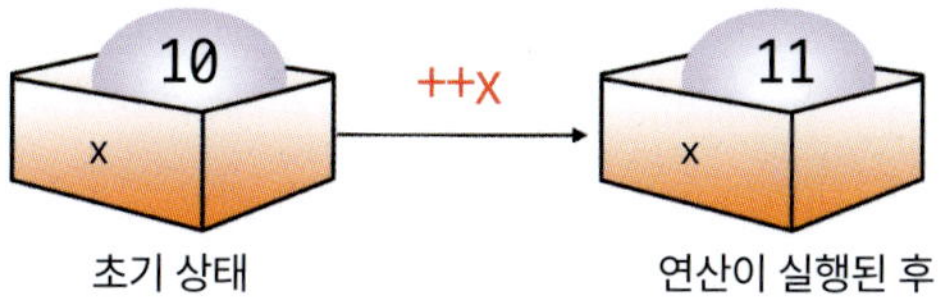

증감 연산자는 피연산자의 앞이나 뒤에 올 있다. ++x는 x의 값을 먼저 증가시키고 증가된 x의 값을 수식에 사용한다. x++는 x의 이전 값을 수식에 사용한 후에 x의 값을 증가시키게 된다.

■ 할당 연산자

할당 연산자는 변수에 값을 할당한다. 수식 z=x+y을 그림으로 표현하면 다음과 같다.

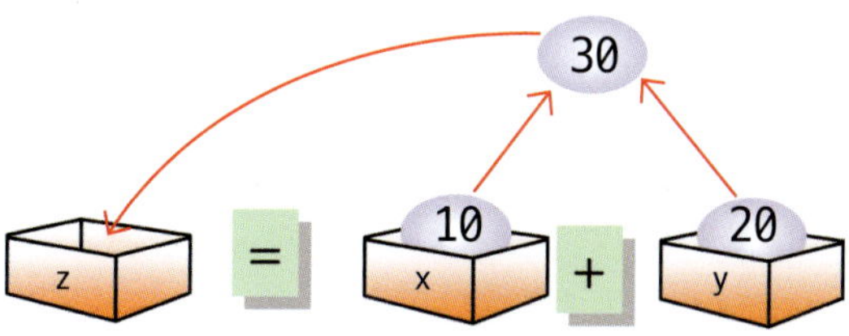

복합 할당 연산자란 +=처럼 대입 연산자와산술 연산자를 합쳐 놓은 연산자이다. x += y의 의미는 x = x + y와 같다. 복합 할당 연산자는 소스를 간결하게 만들 수 있다. 다음 표는 x=10, y=5라고 가정하고 복합 할당 연산이 어떻게 수행되는지를 설명한다.

연산자	예	동일한 수식	결과
+=	x += y	x=x+y	x=15
-=	x -= y	x=x-y	x=5
*=	x *= y	x=x*y	x=50
/=	x /= y	x=x/y	x=2
%=	x %= y	x=x%y	x=0

■ 문자열에서의 + 연산자

js_op_arith.html

```
<!DOCTYPE html>
<body>
    <script>
        let x, y;
        x = 1 + 1 + "Car";
        y = "Car" + 1 + 1;
        document.write(x + "<br>");
        document.write(y + "<br>");
    </script>
</body>
</html>
```

→ 1+1 연산이 먼저 실행되어 2가 되고 이어서 문자열과 결합된다.

→ 문자열 "Car" 뒤에 1이 문자열로 결합되고 이어서 1이 문자열로 변환된 후에 결합된다.

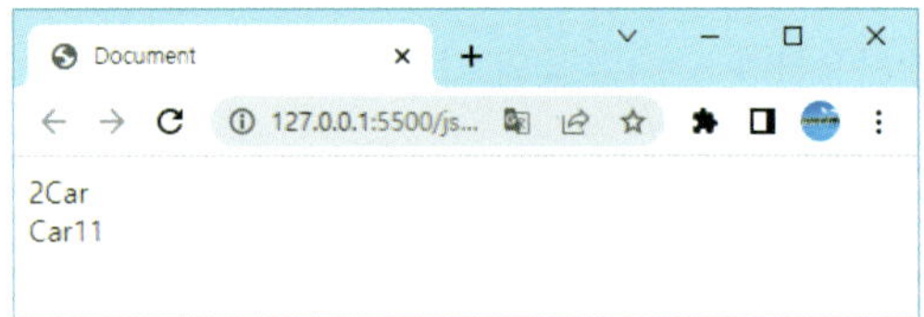

■ 비교 연산자

비교 연산자는 논리 문장에서 값들을 비교하는 용도로 사용된다. 다음 표에서 x의 값은 1이라고 가정하자.

연산자	설명	예	결과값
==	값이 같으면 참	x==1	true
		x==2	false
!=	값이 다르면 참	x!=2	true
>	크면 참	x>2	false
<	작으면 참	x<2	true
>=	크거나 같으면 참	x>=2	false
<=	작거나 같으면 참	x<=2	true

비교 연산자는 다음과 같이 조건문에서 많이 사용된다. 아직 학습하지 않았지만 다음 문장의 의미를 추리하여 보자.

```
if (age > 18)
    msg = "입장하실 수 있습니다.";
```

변수 age의 값이 18보다 크면 참이 된다.

js_op_compa.html

```
<script>
    let x = 10;
    let y = 20;

    document.write((x > y) + "<br>");
    document.write((x < y) + "<br>");
    document.write((x == y) + "<br>");
    document.write((x != y) + "<br>");
</script>
```

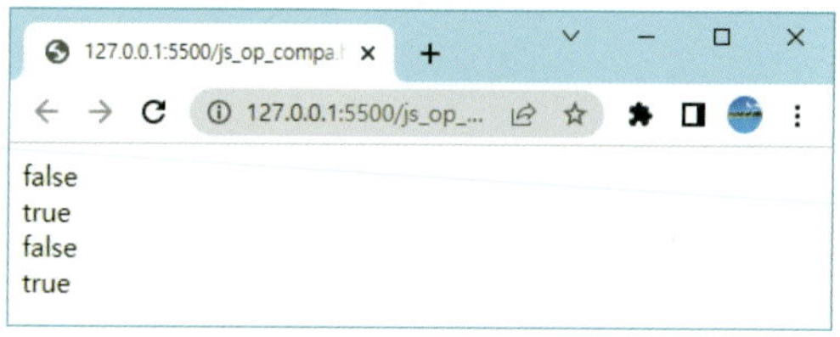

자바스크립트에서 약간 특이한 점은 === 연산자와 !== 연산자의 존재이다. === 연산자는 피연산자의 값과 데이터 타입이 모두 일치할 때만 참을 반환한다. !== 연산자는 값이 다르거나 데이터 타입이 다르면 참이 된다. 아래 표에서 변수 x는 정수 1을 저장하고 있다고 가정하자.

연산자	설명	예	결과값
===	값과 타입이 모두 같으면 참	x===1	true(값도 같고 타입도 같다)
		x==="1"	false(값은 같으나 타입이 다르다)
!==	값이나 타입이 다르면 참	x!==1	false(값도 같고 타입도 같다)
		x!=="1"	true(값은 같으나 타입이 다르다)

■ 논리 연산자

논리 연산자는 여러 개의 조건을 조합하여 참인지 거짓인지를 따질 때 사용한다. 예를 들어 "비가 오지 않고 휴일이면 테니스를 친다"라는 문장에는 "비가 오지 않는다"라는 조건과 "휴일이다"라는 조건이 동시에 만족이 되면 테니스를 친다는 의미가 포함되어 있다.

연산자 기호	사용 예	의미
&&	x && y	AND 연산, x와 y가 모두 참이면 참, 그렇지 않으면 거짓
||	x || y	OR 연산, x나 y중에서 하나만 참이면 참, 모두 거짓이면 거짓
!	!x	NOT 연산, x가 참이면 거짓, x가 거짓이면 참

js_op_logic.html

```
...
    <script>
        var x = 3;
        var y = 4;
```

```
        document.write((x == 3 && y == 7) + "<br>");
        document.write((x == 3 || y == 4) + "<br>");
    </script>
```

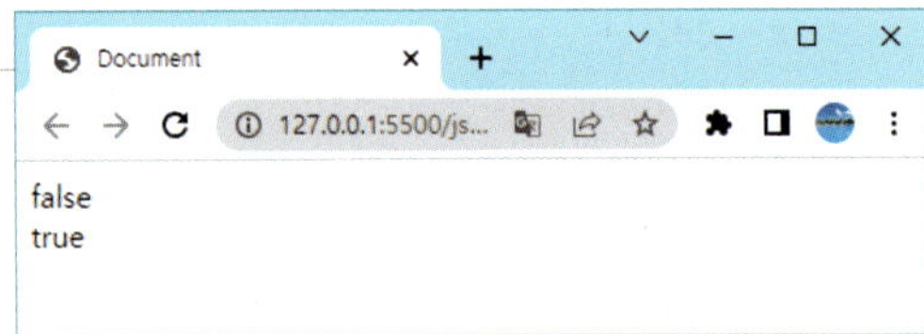

논리 연산자도 조건식에서 많이 사용된다.

■ 조건 연산자

조건 연산자는 유일하게 3개의 피연산자를 가지는 삼항 연산자이다.

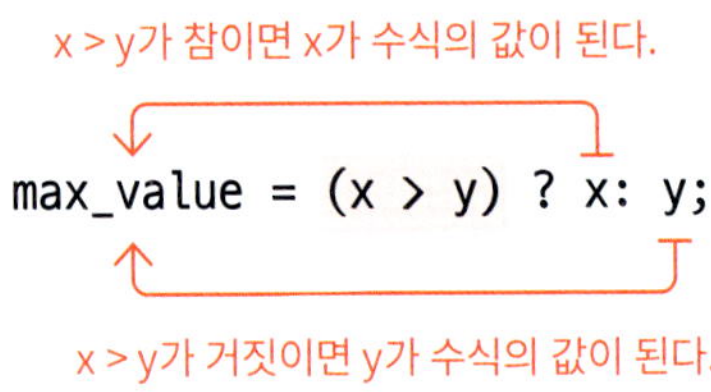

위의 식에서 x가 y보다 크면 x가 수식의 결과값이 된다. 그렇지 않다면 y가 수식의 결과값이 된다.

■ 연산자 우선순위

연산자 우선순위는 어떤 연산자가 먼저 계산되느냐를 결정한다. 우선순위가 높은 연산자는 먼저 계산된다. 가장 흔한 예제는 다음과 같다.

```
result = 3 + 4 * 5;                    // 23으로 계산된다.
```

곱셈 연산자 *은 덧셈 연산자 +보다 우선순위가 높기 때문에 먼저 계산된다. 아래에 전체 연산자에 대한 우선순위표를 참고하자.

우선순위	연산자
1	. [] new
2	()
3	++ --
4	! ~ + - typeof void delete
5	* / %
6	+ -
7	<< >>
	>>>

<table>
<tr><th>우선순위</th><th>연산자</th></tr>
<tr><td>8</td><td>< <= > >= in instanceof</td></tr>
<tr><td>9</td><td>== != === !==</td></tr>
<tr><td>10</td><td>&</td></tr>
<tr><td>11</td><td>^</td></tr>
<tr><td>12</td><td>|</td></tr>
<tr><td>13</td><td>&&</td></tr>
<tr><td>14</td><td>||</td></tr>
<tr><td>15</td><td>?:</td></tr>
<tr><td>16</td><td>yield</td></tr>
<tr><td>17</td><td>= += -= *= /= %= <<= >>= >>>= &= ^= |=</td></tr>
<tr><td>18</td><td>,</td></tr>
</table>

7-07 자바스크립트 입출력

자바스크립트는 어떤 입출력 방법들을 가지고 있을까? 앞에서 alert() 함수는 많이 사용하였으므로 설명을 생략하고 나머지 함수들을 살펴보자.

■ prompt() 함수

사용자에게 어떤 사항을 알려주고 사용자가 답변을 입력할 수 있는 윈도우를 화면에 띄운다. 사용자가 입력한 내용을 문자열로 반환한다.

js_prompt.html

```
<script>
    let age = parseInt(prompt("나이를 입력하세요", "만나이로 입력합니다."));
    document.write("당신의 나이는 " + age +"입니다.");
</script>
```

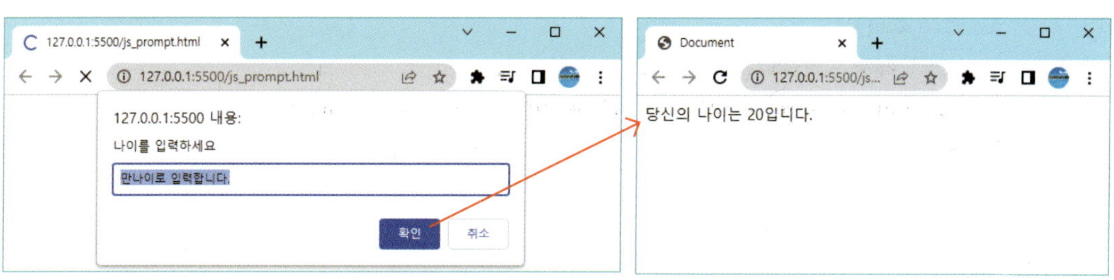

prompt()은 항상 사용자 입력을 문자열로 반환한다. 즉, 사용자가 20을 입력하면 prompt()는 "20"으로 반환한다. 프로그래밍 세계에서 10과 "10"은 아주 다르다. 10의 데이터 타입은 수치형이다. "10"은 문자열이다. 프로그래밍을 하다 보면 가끔은 숫자를 문자열로 변환해야 하는 경우도 있고 그 반대의 경우도 발생한다. 문자열을 숫자로 변환할 때는 parseInt() 함수를 사용한다. 반대로 숫자를 문자열로 변환할 때는 String() 함수를 사용한다.

■ confirm() 함수

사용자에게 어떤 사항을 알려주고 확인이나 취소를 요구하는 윈도우를 화면에 띄운다. 사용자가 확인을 클릭하면 true를 반환하고 그렇지 않으면 false를 반환한다.

js_confirm.html

```
<script>
    let user = confirm("confirm()은 사용자의 답변을 전달합니다.");
</script>
```

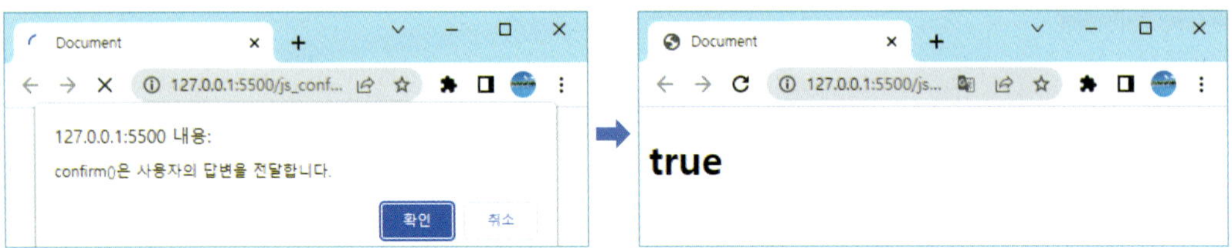

예제 변수에 문자열 저장하기

사용자에게 이름을 입력받아서 환영 문구를 출력하는 프로그램을 작성해보자.

js_var2.html

```
<!DOCTYPE html>
<head>
    <script>
        function sub() {
            const name = prompt('이름을 입력해주세요:');
            document.getElementById("test").innerHTML = "Welcome " + name;
        }
    </script>
</head>
```

```
<body>
    <button onclick="sub()"">눌러주세요!</button>
    <h2 id=" test"></h2>
</body>
</html>
```

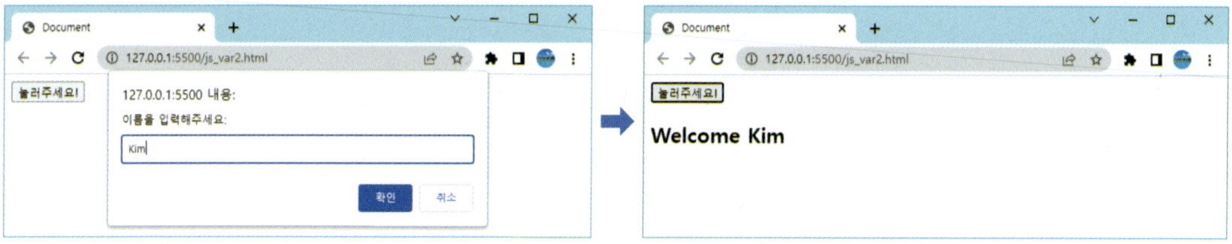

예제 덧셈 프로그램

예를 들어서 사용자로부터 2개의 숫자를 받아서 덧셈을 하고 그 결과를 화면에 표시하는 자바스크립트 프로그램을 작성하여 보자.

js_parse.html

```
<script>
    let x, y;
    let input;

    input = prompt("정수를 입력하시오", "정수로");
    x = parseInt(input);

    input = prompt("정수를 입력하시오", "정수로");
    y = parseInt(input);

    document.write(x+y + "<br>");
</script>
```

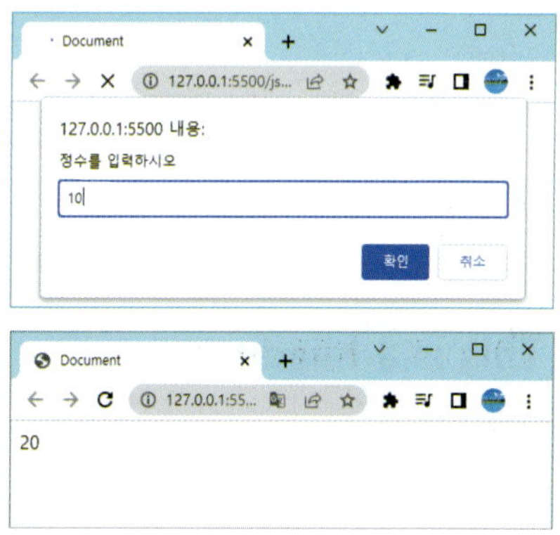

■ HTML 문서에 쓰기

자바스크립트는 웹 브라우저 안에서 실행된다. 자바스크립트의 입력과 출력은 모두 HTML 문서이다. 따라서 자바스크립트의 HTML 문서의 요소들을 읽을 수 있어야 하고, HTML 문서에 요소를 출력할 수 있어야 한다. HTML 문서에 출력하는 방법과 특정 HTML 요소에 접근하는 방법을 살펴보자.

앞의 예제에서도 살펴보았지만 자바스크립트에서 HTML 문서에 어떤 요소를 추가하려면 document.write()를 사용한다. 따옴표 안의 내용이 HTML 문서로 출력된다. 아래 예제에서는 〈p〉 요소를 직접 HTML 문서에 쓴다.

```
<script>
    document.write("<p>자바스크립트가 동적으로 생성한 단락입니다.</p>");
</script>
```

여기서 한 가지 주의해야 할 점이 있다. 페이지가 로딩된 후에 document.write()를 호출한다면 전체 HTML 페이지가 다시 씌여진다. 즉, 이전에 만들어졌던 요소들이 전부 삭제된다.

js_write.html

```
<!DOCTYPE html>
<html>
<body>
    <h1 id="test">This is a heading.</h1>
    <script>
        function func() {
            document.write("페이지가 적재된 후에 write()를 사용하면 다시 씌여집니다.");
        }
    </script>
    <button type="button" onclick="func()">클릭하세요!</button>
</body>
</html>
```

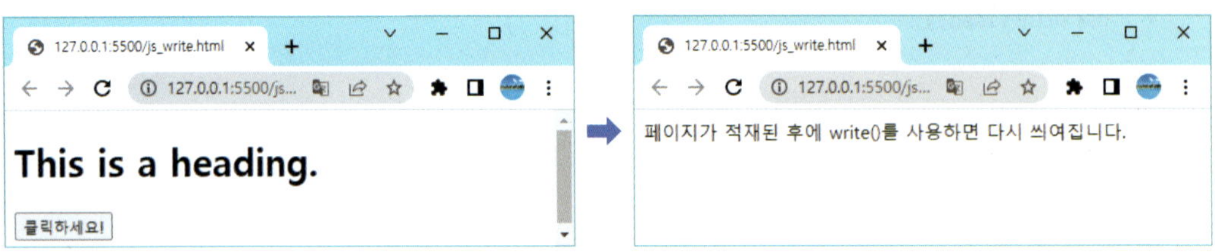

■ HTML 요소에 접근하기

자바스크립트에서 HTML 요소에 접근하기 위해서는 document.getElementById(id) 메소드를 사용한다. HTML 요소를 식별하기 위해서 "id" 속성을 사용한다. 여기서는 아이디가 test인 요소에 접근하여 요소의 색상을 변경하는 예제를 살펴보자.

js_get_elem.html

```
<!DOCTYPE html>
<html>
<body>
    <h1 id="test">This is a heading.</h1>
    <script>
        function func() {
            e = document.getElementById("test");
            e.style.color = "red";
        }
    </script>
    <button type="button" onclick="func()">클릭하세요!</button>
</body>
</html>
```

document.getElementById("test") → id가 "test"인 요소를 가져온다.

e.style.color = "red"; → id가 "test"인 요소의 style 속성을 변경한다.

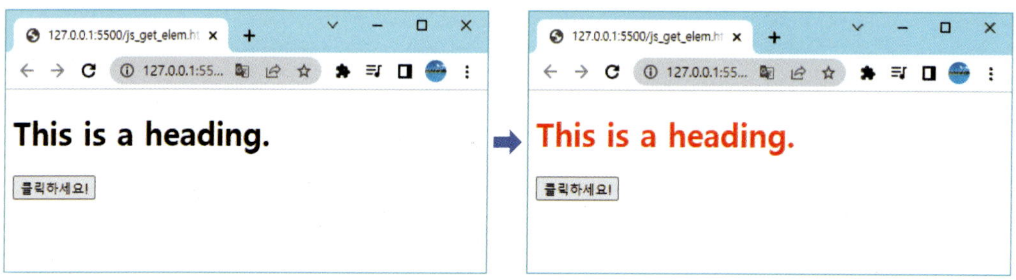

■ console.log()

자바스크립트 코드를 디버깅할 때 많이 사용하는 함수가 console.log()이다. 이 함수는 수식의 값을 웹 브라우저의 콘솔에 출력하는 함수이다. document.write() 함수는 HTML 문서를 변경해버리는 문제점이 있다. console.log()는 이러한 문제점 없이 디버깅 시에 변수나 수식의 값을 출력해볼 수 있다. 간단한 예제를 실행해보자.

console.html

```
<!DOCTYPE html>
<html lang="ko">
<head>
    <meta charset="UTF-8">
</head>
<body>
    <script>
        let x = 100;
        let y = 'Hello';
```

```
        console.log(x, y);
    </script>
</body>
</html>
```

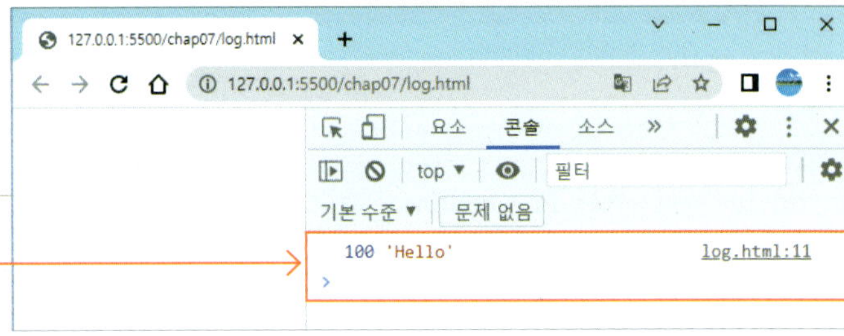

중간 점검

01. document.getElementById(id)의 의미를 설명해보자.

02. HTML 문서가 전부 로딩된 후에 document.write()가 실행되면 어떤 일이 발생하는가?

Lab

덧셈 프로그램 작성

앞의 덧셈 예제는 계속하여서 팝업 창이 뜨는 관계로 사용하기 너무 불편하다. 따라서 다음과 같은 입력 양식을 이용하여 덧셈 계산기를 다시 작성하여 보자.

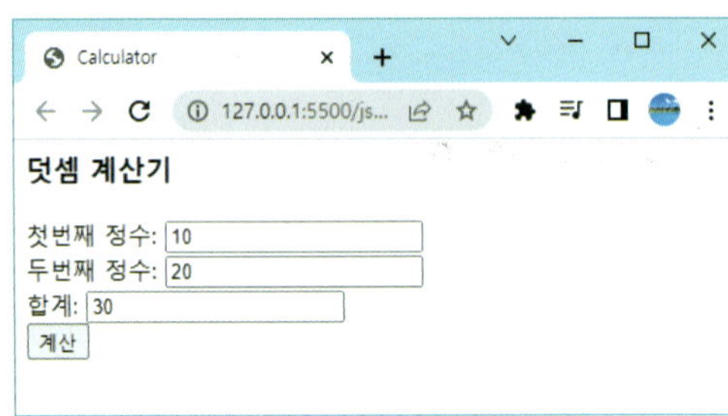

js_parse1.html

```
<html>
<head>
<title>Calculator</title>
    <script>
        function calc() {  ⟶ 이것을 함수라고 한다. 함수도 문장들의 집합이다.
            let x = document.getElementById("x").value;  ⟶ id가 "x"인 요소의 값을 가져온다.
            let y = document.getElementById("y").value;  ⟶ id가 "y"인 요소의 값을 가져온다.
            let sum;
            sum = parseInt(x) + parseInt(y);  ⟶ x와 y는 모두 문자열이므로 정수로 변환하여 합한다.
            document.getElementById("sum").value = sum;  ⟶ id가 "sum"인 요소에
                                                           변수 sum의 값을 대입한다.
        }
    </script>
</head>

<body>
```

```
    <h3>덧셈 계산기</h3>
    <form name="myform" action="..." method="POST">
        첫번째 정수:          <input id="x" /><br />
        두번째 정수:          <input id="y" /><br />
        합계:         <input id="sum" /><br />
        <input type="button" value="계산" onclick="calc();" />
    </form>
</body>
</html>
```

버튼이 클릭되면 calc()라는 이름의 함수를 호출한다. 호출한다는 것은 함수를 불러서 실행한다는 의미이다.

자바스크립트에서 HTML 요소에 접근하기 위해서는 document.getElementById(id) 메소드를 사용한다. HTML 요소를 식별하기 위해서 "id" 속성을 사용한다. 예를 들어서 id가 "x"인 입력 요소의 값은 `document.getElementById("x").value`이다. 여기에서 값을 가져올 수도 있고 값을 대입할 수도 있다.

7-08 조건문

자바스크립트의 문장들은 순차적으로 실행된다. 즉, <script>...</script> 안에 들어 있는 문장들은 한 번에 한 문장씩 차례대로 실행된다. 그러나 이런 식으로만 실행해서는 복잡하고 다양한 문제를 해결할 수 없다. 현실 세계의 문제를 해결하려면 조건에 따라서 실행을 다르게 하거나 동일한 단계를 반복할 수 있어야 한다. 문장들이 실행되는 순서에 영향을 주는 문장을 제어문라고 한다. 제어문에는 조건문과 반복문이 있다.

이번 절에서는 조건문(conditional statement)을 살펴본다. 조건문은 어떤 조건이 만족되었을 때만, 특정 문장을 실행하는 제어 구조로서 세분하면 다음과 같다.

- **if...else 문**: 조건이 참이면 어떤 코드를 실행하고 조건이 거짓이면 다른 코드를 실행하고 싶은 경우에 사용
- **switch 문**: 많은 코드 중에서 하나를 선택하여 실행하고 싶은 경우에 사용

■ if-else 문

조건에 따라서 결정을 내려야 하는 경우는 많이 있다. 예를 들어 현재 시각이 12시 전이면 웹 페이지에서 "Good Morning"을 출력하고, 12시 이후이면 "Good Afternoon"을 출력해야 한다고 하자. 이러한 상황을 흐름도로 그려보면 다음 그림과 같다.

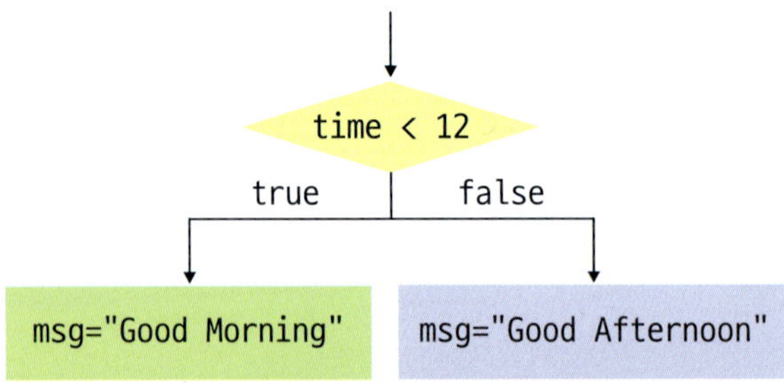

if-else 문법은 다음과 같다.

```
if (time < 12) {
    msg = "Good Morning"; ←——— 조건식이 참이면 이 문장이 실행된다.
else {
   msg = "Good Afternoon"; ←——— 조건식이 거짓이면 이 문장이 실행된다.
}
```

예제를 살펴보자. time이 12보다 적으면 "Good Morning"을 출력하고 그렇지 않으면 "Good afternoon"을 출력한다.

if-else.html

```
<!DOCTYPE html>
<html>
<body>
    <h1 id="test1"></h1>
    <h1 id="test2"></h1>
    <script>
        let time = new Date().getHours();
```

Date 객체를 생성하고 getHours()를 호출하면 현재 시각을 얻을 수 있다.

```
        let msg;
        document.getElementById("test1").innerHTML = "time=" + time;
        if (time < 12) {
            msg = "Good Morning";
        } else {
            msg = "Good Afternoon";
        }
        document.getElementById("test2").innerHTML = msg;
    </script>
</body>
</html>
```

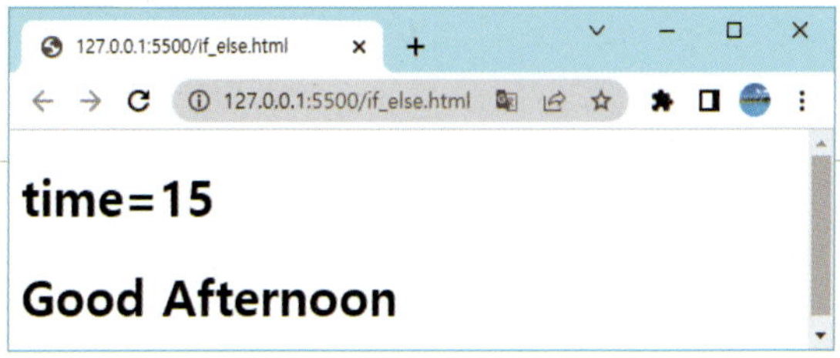

여기서 else 문은 경우에 따라 없을 수도 있다.

■ 연속적인 if 문

종종 우리는 조건에 따라서 다중으로 분기되는 결정을 내려야 하는 경우가 있다. 이 경우 가장 자연스러운 방법은 if 문 다음에 else if 문을 연속적으로 사용하는 것이다. 만일 이중 하나의 조건식이 참이면 관련된 문장이나 블록이 수행되고 더 이상의 비교는 이루어지지 않는다.

js_if.html

```
    <script>
        let time = new Date().getHours();
        let msg;
        document.getElementById("test1").innerHTML = "time=" + time;
        if (time < 12) {           // 12시 이전이면
            msg = "Good Morning";
        }
        else if(time < 18){        // 18시 이전이면
            msg = "Good Afternoon";
        }
        else {                     // 그렇지 않으면
            msg = "Good Evening";
        }
        document.getElementById("test2").innerHTML = msg;
    </script>
```

→ 웹 브라우저로부터 현재 시간을 얻는다. (new Date().getHours())

위의 코드에서 Date는 현재 시간을 우리에게 알려주는 객체이다. Date 객체의 getHours()를 호출하면 현재 시간이 반환된다.

■ switch 문

switch 문도 if 문과 비슷하게 조건에 따라 프로그램의 흐름을 분기시키기 위하여 사용된다. if 문에서는 조건식이 참이냐 거짓이냐에 따라서 실행할 문장이 둘 중에서 하나로 결정된다. 따라서 if 문에서 가능한 실행 경로는 두개이다. 만약 가능한 실행 경로가 여러 개인 경우에는 switch 문을 사용하는 것이 좋다. switch 문은 제어식의 값에 따라 다음에 실행할 문장을 결정하게 된다.

```
switch(제어식)
{
      case c1:
            문장1;      → 제어식의 값이 c1이면 실행된다.
            break;
      case c2:
            문장2;      → 제어식의 값이 c2이면 실행된다.
            break;
      ...
      default:
            문장d;      → 일치하는 값이 없으면 실행된다.
            break;
}
```

switch에서는 제어식(control expression)을 계산하여 그 값을 각 case절의 c1, c2, ... 등과 비교한다. c1, c2, ... 중에서 제어식의 값과 일치하는 값이 있으면 관련된 case 절의 문장들이 차례로 실행되다가 break 문에 도달하면 switch 문은 종료된다. 만약 case 절에서 일치하는 값을 찾지 못하면 default 절이 실행된다. 현재 요일을 얻어서 주중인지, 주말인지를 출력하는 프로그램을 작성하여 보자.

js_switch.html

```
<!DOCTYPE html>
<html>
<body>
    <h1 id="test"></h1>
    <script>
        let day = new Date().getDay();
        switch (day) {
            case 0:
            case 6:
                day = "주말";
                break;
            case 1:
            case 2:
```

```
            case 3:
            case 4:
            case 5:
                day = "주중";
                break;
        }
        document.getElementById("test").innerHTML = "오늘은 " + day + "입니다";
    </script>
</body>
</html>
```

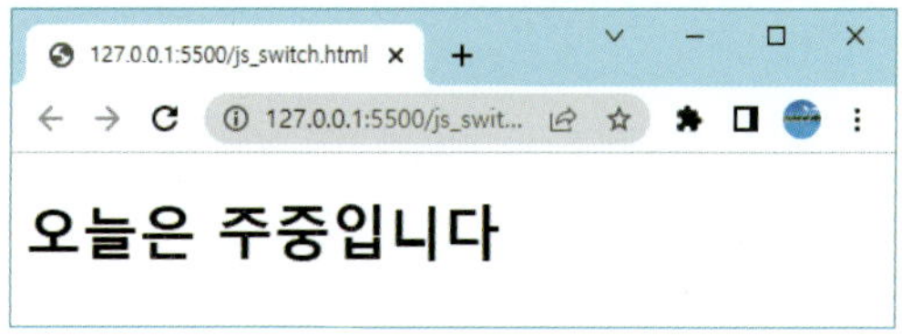

7-09 반복문

반복 처리는 같은 처리 과정을 여러 번 되풀이하는 것이다. 반복 처리는 왜 필요한가? 학생들의 국어, 영어, 수학 성적의 평균을 구하는 작업을 생각하여 보자. 학생 수가 30명이라면 각 학생들의 국어, 영어, 수학 성적을 합하여 3으로 나누는 처리 과정을 30번 반복하여야 할 것이다. 만약 학생 수가 10,000명이라면 10,000번을 반복하여야 한다. 이러한 반복적인 작업을 사람이 하는 것은 아주 비효율적이다. 여기에 컴퓨터의 강점이 있다. 컴퓨터는 인간이 수행할 경우 막대한 시간이 소요되는 반복 작업을 빠르고 정확하게 처리할 수 있다. 이와 같이 어떤 대상에 대하여 같은 처리 과정을 반복하는 것은 프로그래밍에 있어서 자주 발생한다.

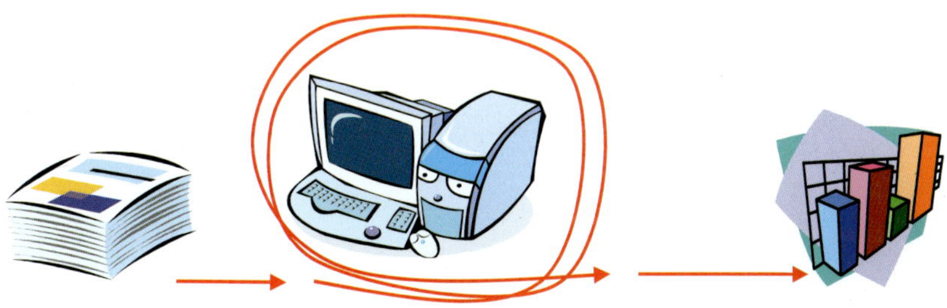

자 이제 실제적인 예를 들어 설명하여 보자. “Hello World!”를 화면에 5번 출력하는 코드를 작성하여 보자. 반복문을 사용하지 않는다면 다음과 같이 하나하나 문장을 작성하여 출력하여야 한다.

```
document.write("Hello World! <br>");
document.write("Hello World! <br>");
document.write("Hello World! <br>");
document.write("Hello World! <br>");
document.write("Hello World! <br>");
```

하지만 우리가 반복문을 사용한다면 간략하게 작성할 수 있다. 기본적인 반복문의 종류는 다음과 같다.

- while: 지정된 조건이 참이면 반복 실행한다.
- for: 정해진 횟수 동안 코드를 반복 실행한다.

■ while 루프

while 문은 주어진 조건이 만족되는 동안, 문장들을 반복 실행하는 제어 구조이다. while 문의 형식은 다음과 같다.

```
let i = 0;

while( i < 10 )
{
      document.write(i + " <br>");
      i++;
}
```

- `i < 10` → 반복 조건, 변수 i가 10보다 작으면 반복 계속
- `document.write(i + " <br>");` → 반복되는 문장, i를 화면에 출력한다.
- `i++;` → 한 번의 반복마다 i를 하나 증가시킨다. 이 문장이 없으면 무한히 반복한다.

여기서 조건문에 주의하자. 변수 i의 값은 0→1→...→9까지 증가하면서 반복되고 i가 10으로 증가되면 조건식이 거짓이 되어 반복이 종료된다.

일단 가장 기본적인 예제로 변수 i의 값을 0부터 9까지 하나씩 증가시키면서 브라우저의 화면에 출력하는 예제를 살펴보자.

js_while.html

```
<script>
    let i = 0;
    while (i < 10) {
        document.write("카운터 : " + i + "<br />");
        i++;
    }
</script>
```

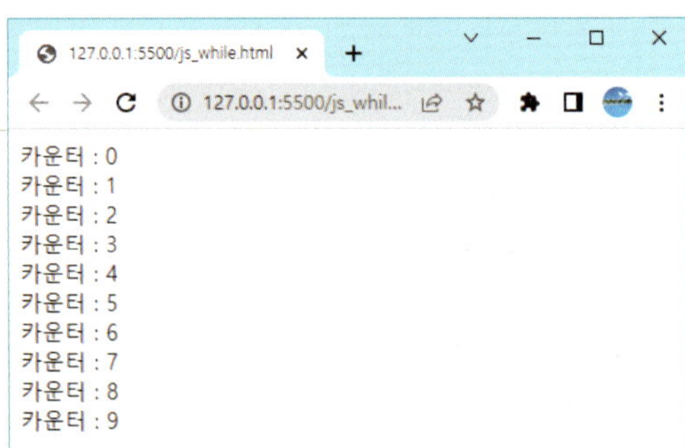

■ for 루프

for 문은 문장을 정해진 횟수만큼 반복하여 실행하는 반복 구조이다. for 루프(loop)라고도 한다. for 문은 초기식(initialization), 조건식(expression), 증감식(increment)의 3부분으로 구성된다. 이들 3부분은 세미콜론으로 분리되어 있다.

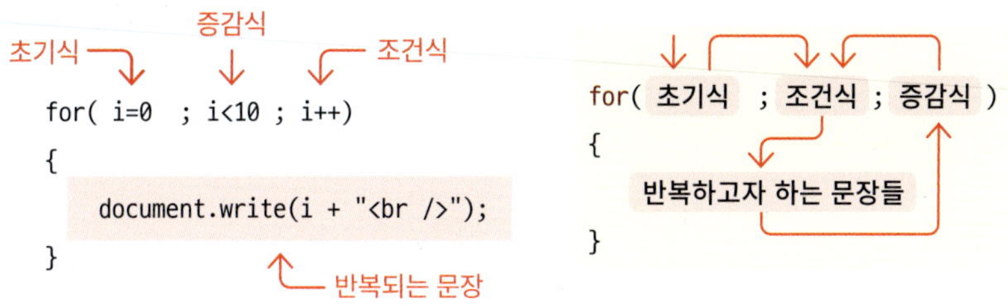

초기식은 반복 루프를 시작하기 전에 한 번만 실행된다. 주로 변수값을 초기화하는 용도로 사용된다. 위의 예에서는 변수 i의 값을 0으로 설정하였다. i는 루프 제어에 사용되는 변수가 된다. 조건식은 반복을 계속할 것인지 중단할 것인지를 결정하는 수식이다. 따라서 수식의 값이 참이나 거짓으로 계산될 수 있는 관계식이나 논리식이어야 한다. 한 번의 루프 실행이 끝나면 증감식이 실행된다. 루프를 제어하는 변수를 증가시킬 수도 있고 감소시킬 수도 있다. 위의 예제에서는 i++;가 여기에 해당하고 변수 i의 값을 1 증가시키는 역할을 한다.

초기식에서는 다음과 같이 여러 개의 문장이 콤마로 연결될 수 있다.

콤마 연산자를 사용하여 여러 문장을 집어넣을 수도 있다.
콤마 연산자는 ,로서 순차적으로 문장들을 실행한다.

```
for (let i = 0, len = fruits.length; i < len; i++) {
    document.write(fruits[i] + "<br>");
 }
```

초기식이나 증감식은 생략도 가능하다.

```
let i = 2, len = fruits.length;
for (; i < len; i++) {
    document.write(fruits[i] + "<br>");
}
```

앞에서 나왔던 예제인 변수 i의 값을 0부터 9까지 하나씩 증가시키면서 브라우저의 화면에 출력하는 예제를 for 문을 사용하여 다시 작성해보면 다음과 같다.

js_for.html

```
<script>
    let i = 0;
    for (i = 0; i < 10; i++) {
        document.write("카운터 : " + i + "<br />");
    }
</script>
```

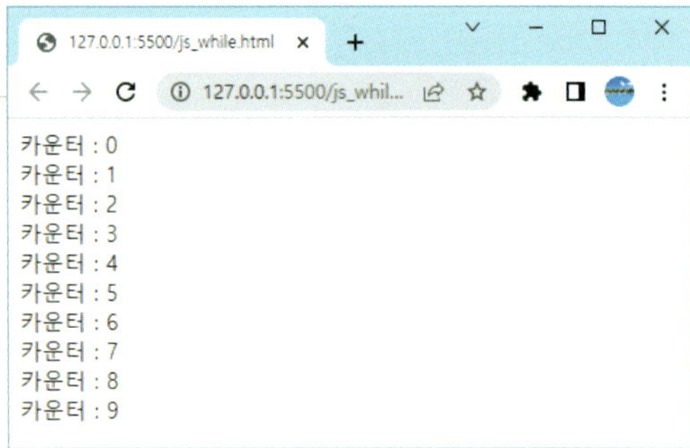

예제 헤딩 요소 출력하기

반복문을 사용하여 〈h1〉요소부터 〈h6〉 요소까지를 화면에 출력해보자.

js_for1.html

```
<script>
    for (i = 1; i <= 6; i++) {
        document.write("<h" + i + ">header" + i)
        document.write("</h" + i + ">")
    }
</script>
```

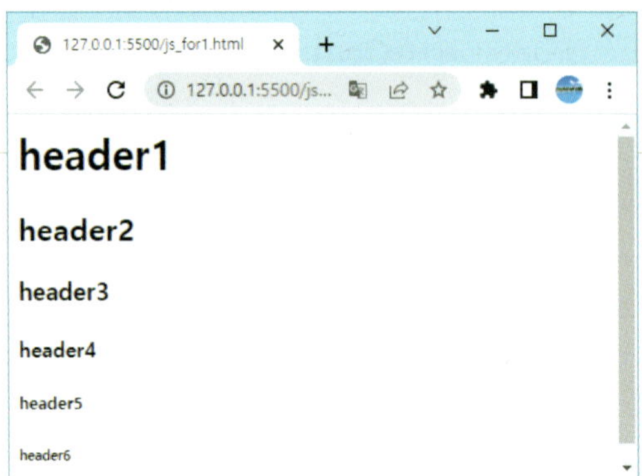

예제 온도 변환하기

반복문의 또 다른 예제로 섭씨 온도를 화씨 온도로 변환하는 예제를 작성하여 보자.

js_temp.html

```
<html>
<head>
    <title>온도 변환기</title>
</head>

<body>
    <table border="3">
        <tr>
            <td>섭씨온도</td>
            <td>화씨온도</td>
        </tr>
        <script>
            for (celsius = 0; celsius <= 10; celsius = celsius + 1) {
                document.write("<tr><td>" + celsius + "</td><td>"
                + ((celsius * 9.0 / 5) + 32) + "</td></tr>");
            }
        </script>
    </table>
</body>
</html>
```

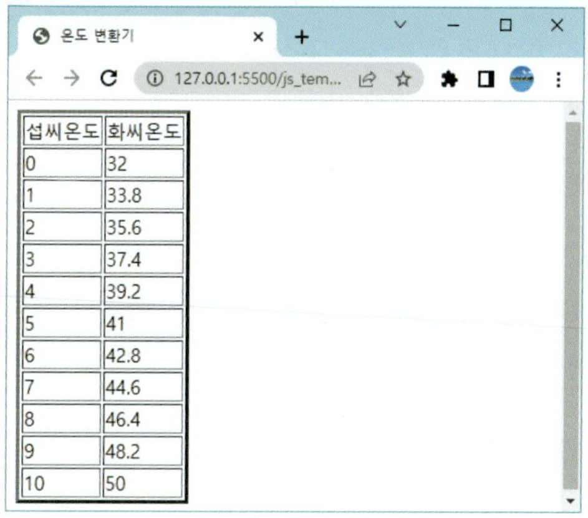

celsius 변수가 0에서 10까지 반복하면서 섭씨 온도와 변환된 화씨 온도를 화면에 출력한다.

■ 중첩 반복문

하나의 for 루프 안에 다른 for 루프가 내장될 수 있다. 다음 예제는 구구단표를 중첩된 for루프를 이용하여 화면에 표시하였다. 루프가 중첩될 때는 루프 제어 변수로 서로 다른 변수를 사용하여야 한다.

js_nested_loop.html

```
<script>
    document.write("<h1>구구단표</h1>");
    document.write("<table border=2 width=50%");

    for (let i = ; i <= 9; i++) {
        document.write("<tr>");
        document.write("<td>" + i + "</td>");

        for (let j = 2; j <= 9; j++) {
            document.write("<td>" + i * j + "</td>");
        }
        document.write("</tr>");
    }
```

외부 반복문

내부 반복문

```
    document.write("</table>");
</script>
```

■ do/while 루프

do/while 문은 while 문과 비슷하나 반복 조건을 루프의 처음이 아니라 루프의 끝에서 검사한다는 것이 다르다. do/while은 일단 문장들을 한번 실행하고 나서 조건을 검사하고 싶을 때 사용한다. do/while 문의 구조는 다음과 같다.

js_do_while.html

```
<script>
    let i = 0;
    do {
        document.write("카운터 : " + i + "<br />");
        i++;
    } while (i < 10);
</script>
```

일단 한번 문장들을 실행한 후에 조건을 검사한다.
while()의 끝에 ;을 붙이는 것을 잊으면 안 된다.

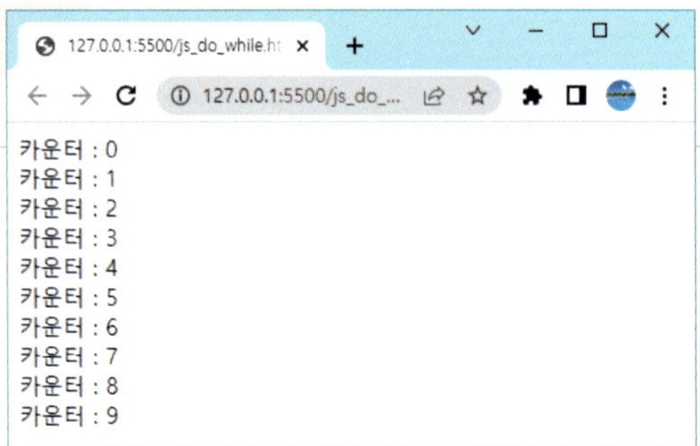

■ break 문

break 문은 반복 루프를 벗어나기 위하여 사용한다. 반복 루프 안에서 break 문이 실행되면 반복 루프를 빠져 나오게 된다.

js_break.html

```
<script>
    let msg = "";
    for (let i = 0; i < 10; i++) {
        if (i == 3) break;
        msg += i + "<br>";
    }
    document.write(msg);
</script>
```

i의 값이 3이면 반복을 중단하고
반복 루프를 빠져나간다.

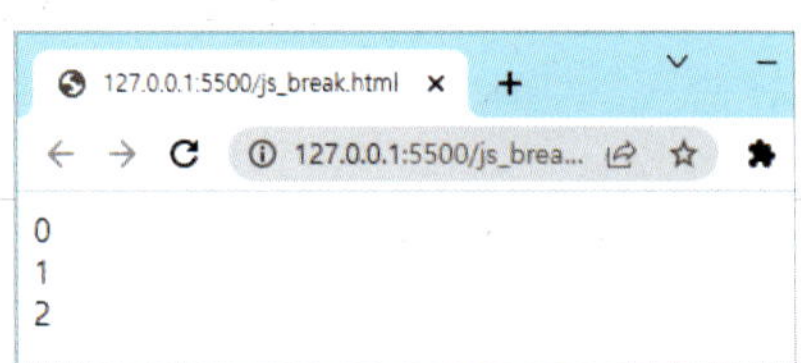

■ continue 문

continue 문은 현재 실행하고 있는 반복 과정의 나머지를 생략하고 다음 반복을 시작하게 만든다. 예를 들어서 0부터 10까지의 정수 중에서 3만 제외하고 출력하는 예제를 가지고 설명하여 보자. 0부터 10까지의 정수를 하나씩 조사하다가 현재 정수가 3이면 continue를 실행하여서 현재 반복을 중지하고 다음 반복을 시작한다.

js_cont.html

```
<script>
    let msg = "";
    for (let i = 0; i < 10; i++) {
        if (i == 3) continue;
        msg += i + "  ";
    }
    document.write(msg);
</script>
```

i의 값이 3이면 반복을 중단하고 반복 루프를 빠져나간다.

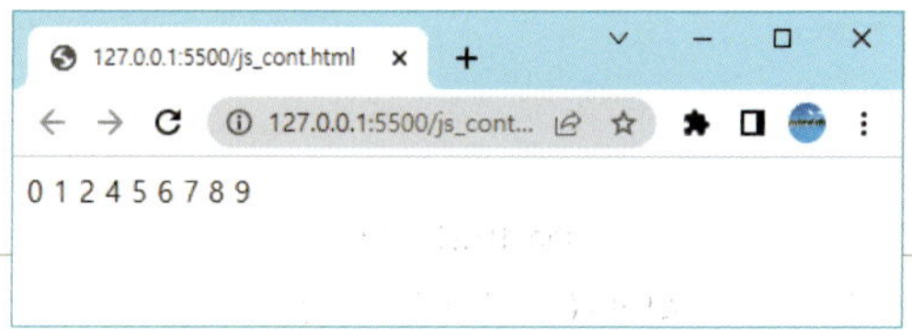

7-10 함수

함수는 입력을 받아서 특정한 작업을 수행하여 결과를 반환하는 블랙박스와 같다. 함수 안의 코드들은 외부에서 호출했을 때만 실행된다.

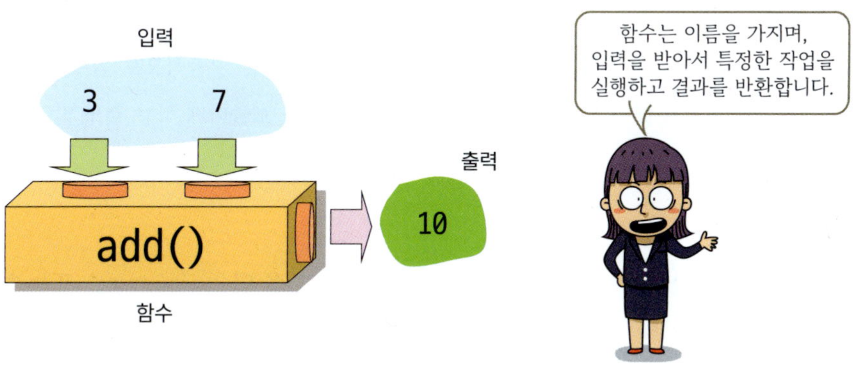

함수는 다음과 같이 정의된다. 함수는 키워드 function 다음에 중괄호로 둘러싼 코드 블록을 만들어 주면 된다.

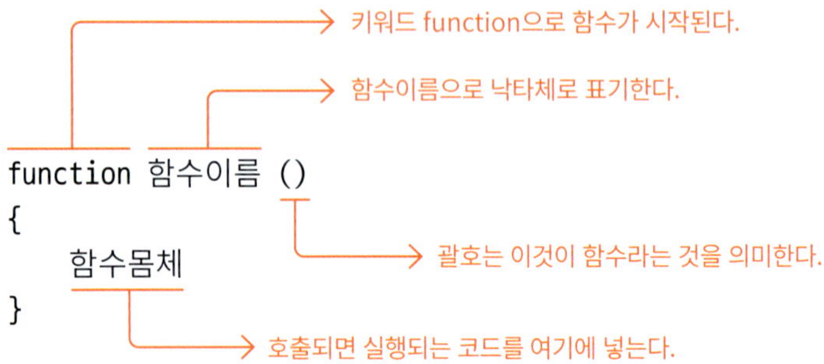

예를 들어 웹 페이지에서 버튼을 누르면 대화상자를 나타내는 코드를 작성하여 보자.

js_func.html

```
<!DOCTYPE html>
<html>
<head>
    <script>
        function showDialog() {
            alert("안녕하세요?");
        }
    </script>
</head>

<body>
    <button onclick="showDialog()">대화상자오픈</button>
</body>
</html>
```

함수 showDialog() 정의

함수 showDialog() 호출

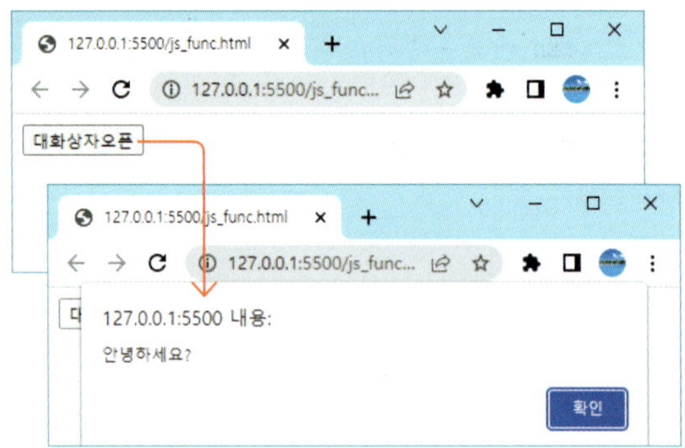

외부에서 함수가 호출되면 함수의 내부에 들어 있는 코드가 실행된다. 일반적으로 함수는 자바스크립트 코드의 어떤 부분에서도 호출될 수 있다. 이벤트가 발생하면 함수를 호출하게 하는 것도 많이 사용된다.

■ 인수와 매개 변수

함수를 호출할 때는 어떤 값들을 함수로 전달할 수 있다. 이들 값들을 인수(argument), 또는 인자라고 한다. 이들 인수는 함수 내부에서 사용될 수 있다. 콤마로 구분하기만 하면 얼마든지 많은 인수를 보낼 수 있다. 함수를 선언할 때, 인수를 받을 변수로 선언하여야 한다. 이것을 매개 변수(parameter)라고 한다.

```
function showDialog(para1, para2)      매개 변수
{
  ...
  ...
}

showDialog(arg1, arg2);      인수
```

인수와 매개 변수는 선언된 순서대로 매칭된다. 즉, 첫 번째 매개 변수는 첫 번째 인수의 값을 전달받는다.

js_func_arg.html

```html
<!DOCTYPE html>
<html>
<head>
    <script>
        function greeting(name, position) {
            alert(name + " " + position +
                    "님을 환영합니다.");
        }
    </script>
</head>
<body>
    <button onclick="greeting('홍길동', '부장')">눌러보세요!</button>
</body>
</html>
```

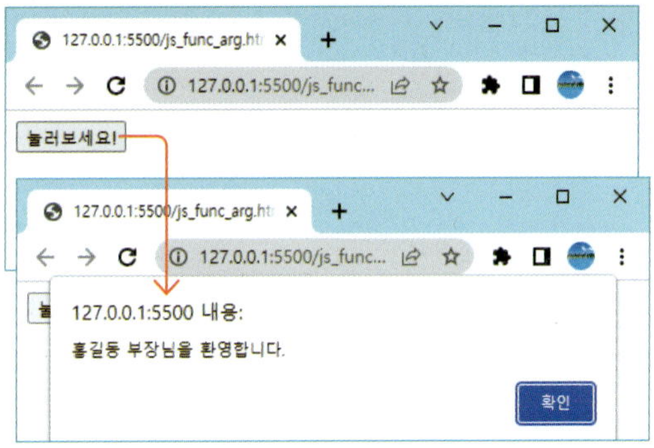

위의 함수는 버튼이 눌려지면 "홍길동 부장님을 환영합니다."를 경고창에 띄운다. 위와 같은 함수는 한번 작성해두면 필요할 때마다 얼마든지 다른 인수로 호출하여서 다른 환영 메시지를 표시할 수 있다.

■ 무명 함수

무명 함수(anonymous function)라고 한다. 람다식이라고도 한다. 앞에 등장하였던 showDialog() 함수를 무명 함수 형식으로 작성하여 보자.

```
function showDialog() {
    alert("안녕하세요?");
}
```

➡

```
let greeting = function()
{
    alert("안녕하세요?");
};
greeting();
```

→ 이것이 바로 이름이 없는 무명 함수이다.

자바스크립트에서 함수는 객체처럼 취급된다. 즉, 변수에 저장되었다가 나중에 호출될 수 있다. 무명 함수는 함수를 만들어서 한 번만 사용하는 경우에 유용하다. 주로 많이 사용되는 곳은 이벤트 처리 함수를 작성할 때이다. 이벤트 처리 함수를 바로 즉석에서 만들어서 이벤트에 붙이는 경우에 많이 사용한다.

■ 화살표 함수

화살표 함수(arrow function)는 ES6에 도입되었다. 화살표 함수를 사용하면 더 짧은 함수 구문을 작성할 수 있다. 화살표 함수는 자바 언어의 람다식과 유사하다. 예를 들어서 왼쪽과 같은 일반 함수가 있다고 하자. 이 함수는 오른쪽과 같이 화살표 함수로 바꿀 수 있다.

```
function sub(a, b){
  return a + b;
}
```

➡

```
(a, b) => { return a+b; }
또는
(a, b) => return a+b;
또는
(a, b) => a + b;
```

함수 몸체의 문장이 하나인 경우에는 중괄호가 생략될 수 있지만 여러 개의 문장이라면 중괄호와 return을 반드시 넣어야 한다.

```
function sub(a, b){
  let data = 29;
  return a + b + data;
}
```

➡

```
(a, b) => {
  let data = 29;
  return a + b + data;
}
```

간단한 예제를 작성하면 다음과 같다.

arrow_func.html

```
<!DOCTYPE html>
<html>
<body>
    <p id="test"></p>
    <script>
        let func = (a, b) => a * b;
        document.getElementById("test").innerHTML = func(4, 5);
    </script>
</body>
</html>
```

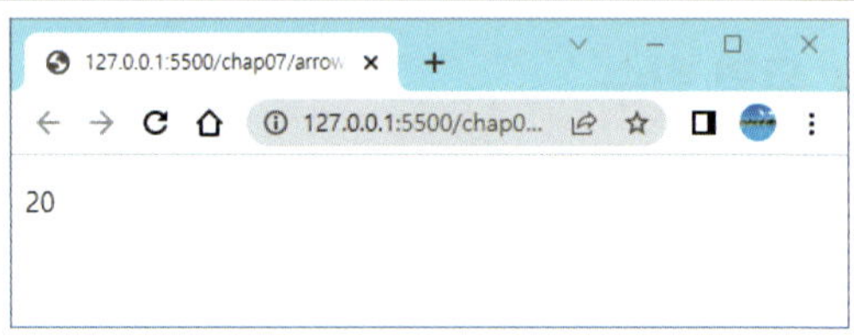

■ 함수의 반환값

가끔은 함수가 값을 반환하는 것이 편리한 경우도 있다. 함수 내부에서 return 문장을 사용하면 값을 반환할 수 있다. return 문장을 사용하면 함수가 실행을 중지하고 지정된 값을 호출한 곳으로 반환하며 함수를 종료한다.

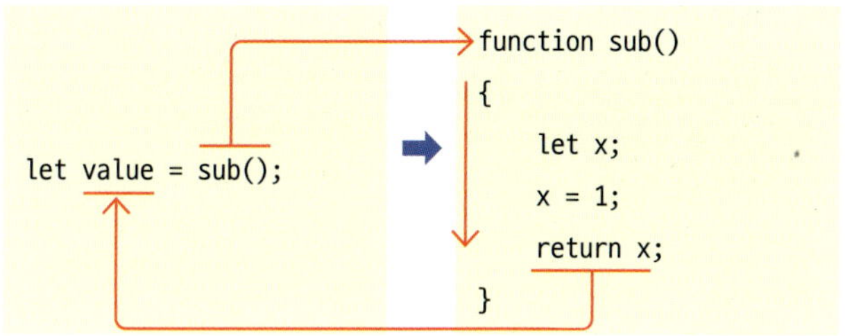

위의 함수는 값 1을 반환한다. 함수 호출은 반환값으로 대치된다. 위의 문장에서 value는 1값을 가지는데 이것이 바로 함수 sub()이 반환한 값이다. 반환된 값을 어디에 저장하지 않고 바로 수식에 사용하여도 된다.

```
document.getElementById("para1").innerHTML = sub();
```

위의 문장은 "para1" 요소의 innerHTML가 1로 설정된다. 1은 함수 "sub()"가 반환한 값이다.

return 문장은 단순히 함수를 종료하고 싶은 경우에도 사용할 수 있다.

```
function divide(a, b) {
    if (b == 0) {
        return;      → 만약 분모가 0이면 나눗셈을 할 수 없으므로
                       함수를 종료한다.
    }
    return a / b;
}
```

■ 지역 변수

함수 안에서 선언된 변수는 **지역 변수(local variable)**가 된다. 따라서 함수 안에서만 사용이 가능하다. 다른 함수에서도 똑같은 이름으로 선언이 가능하다. 지역 변수는 함수가 종료되면 자동적으로 소멸된다.

```
function add(a, b) {
    let sum = 0;      → 지역 변수로서 add() 내부에서만 사용이 가능하다.

    sum = a + b;
    return sum;
}
```

변수들은 선언될 때부터 사용이 가능하다. 지역 변수는 함수가 종료되면 소멸된다.

■ 전역 변수

함수 외부에서 선언된 변수는 전역 변수(global variable)가 된다. 웹 페이지 상의 모든 스크립트들과 모든 함수들은 전역 변수를 사용할 수 있다.

```
let sum = 0;        → 전역 변수로서 누구나 사용할 수 있다.

function add(a, b) {
    sum = a + b;
    return sum;
}
```

전역 변수는 사용자가 웹 페이지를 닫으면 소멸된다.

> **참고사항**
>
> **선언되지 않는 변수에 값을 대입하는 경우**
>
> 선언되지 않은 변수에 값을 대입하면 그 변수는 자동적으로 전역 변수가 된다. 예를 들어서 다음과 같은 문장은 함수 안에서 실행되더라도 변수 name을 전역 변수로 선언하는 것이나 마찬가지이다.
>
> ```
> name = "Hong";
> ```

> **중간 점검**
>
> 01. 주어진 값에 1을 더해서 반환하는 함수를 무명 함수로 만들어보자.
>
> 02. 주어진 값에 1을 더해서 반환하는 함수를 화살표 함수로 만들어보자.

Mini Project

숫자 맞추기 게임

이 예제는 프로그램이 가지고 있는 정수를 사용자가 알아맞히는 게임이다. 사용자가 답을 제시하면 프로그램은 자신이 저장한 정수와 비교하여 제시된 정수가 더 높은지 낮은지 만을 알려준다. 정수의 범위를 1부터 100까지로 한정한다. 게임이 끝나면 몇 번만에 맞추었는지도 함께 출력하자.

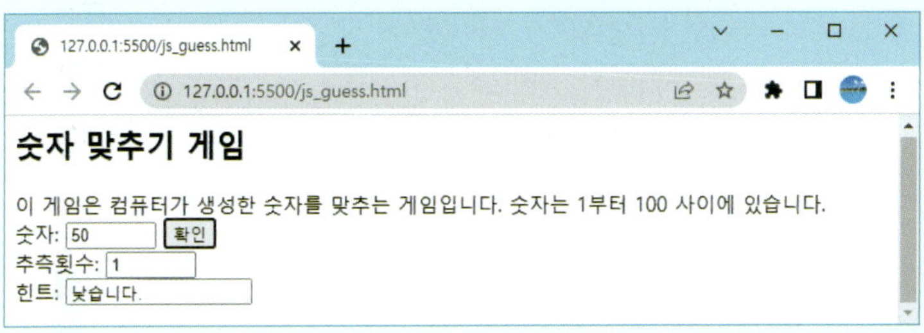

CSS를 사용하여 스타일을 변경해보자.

7장

Summary

Q 자바스크립트를 HTML에 추가할 수 있나요?

A 자바스크립트는 <script></script> 사이에 추가됩니다. HTML 파일의 헤드와 바디 부분에 추가될 수 있습니다.

Q 자바스크립트를 외부와 내부에 저장할 수 있나요?

A 자바스크립트는 외부, 내부, 인라인으로 작성할 수 있습니다. 외부에 작성하려면 텍스트 파일을 생성하고 여기에 자바스크립트 코드를 저장한 후에, <script src="test.js"></script>와 같이 HTML에 추가하면 됩니다.

Q 자바스크립트에서 변수를 선언하고 사용할 수 있나요?

A 자바스크립트에서 변수는 var, let 키워드로 선언할 수 있습니다. 보다 권장되는 키워드는 let입니다. 변수 안에는 여러 가지 데이터 타입을 저장할 수 있습니다.

Q 자바스크립트에서 조건문과 반복문을 사용할 수 있나요?

A 자바스크립트에서 if-else 구문, switch 구문 등의 조건문을 사용할 수 있습니다. 또한 while 루프, for 루프 등의 반복문도 사용할 수 있습니다.

Q 자바스크립트에서 함수를 정의하고 호출할 수 있나요?

A 함수는 function 키워드를 사용하여 정의합니다. 람다식과 같은 무명 함수도 정의가 가능합니다.

7장

Exercise

01. 자바스크립트를 삽입할 때 필요한 태그는?

① <style>...</style>　　② <vbscript>...</vbscript>

③ <script>...</script>　　④ <javascript>...</javascript>

02. 외부 자바스크립트를 참조하기 위한 방법으로 올바른 것은?

① <script src="test.js">　　② <script name="test.js">

③ <script href="test.js">　　④ <script source="test.js">

03. 변수를 선언하는 올바른 방법은?

① int value;　　② variable value;

③ let value;　　④ dim value;

04. 문자열 "Hello"를 가지고 있는 변수 s를 선언하는 올바른 방법은?

① string s = "Hello";　　② let s = "Hello";

③ String s = "Hello";　　④ dim s = "Hello";

05. 자바스크립트의 주석으로 올바른 것은?

① // 이것은 주석입니다.　　② <!-- 이것은 주석입니다. -->

③ "이것은 주석입니다."　　④ '이것은 주석입니다.'

06. 다음과 같은 함수가 실행된다면 화면에 나타나는 값은?

```
function() {
    let a = 10;
    if(a > 5) {
        a = 7;
    }
    alert(a);
}
```

07. 만약 변수 x의 값이 4라고 가정하자. "document.write(x++);" 문장이 실행된다면 브라우저에 표기되는 값은 얼마인가?

① 4　　② 5　　③ 3　　④ undefined

08. 다음 중에서 비교 연산자가 아닌 것은?

① == ② != ③ >= ④ +=

09. 자바스크립트에서 함수를 선언하는 형식으로 올바른 것은?

① `int getMax(int x, int y) { }`

② `int getMax(x, y) { }`

③ `function getMax(int x, int y) { }`

④ `function getMax(x, y) { }`

7장

Programming

01. 1부터 사용자가 입력한 숫자까지의 합을 구하는 프로그램을 작성해본다. 결과는 웹 페이지로 표시한다. 어떤 반복문을 사용해도 된다.

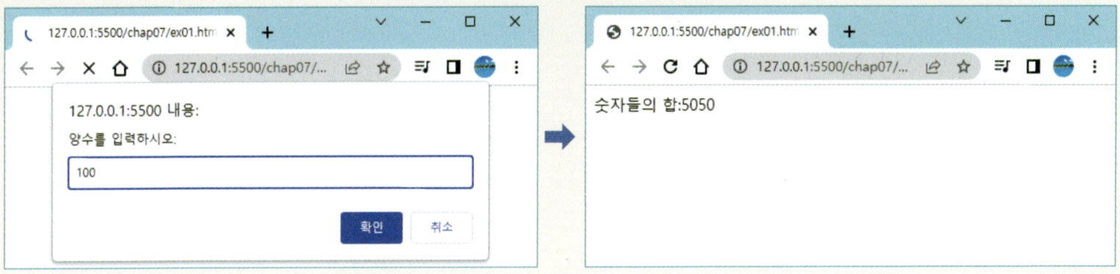

02. 주어진 숫자의 팩토리얼을 계산하는 프로그램을 작성해보자.

03. 사용자의 이름을 입력받아서 <p> 요소의 내용을 변경하는 프로그램을 작성해보자.

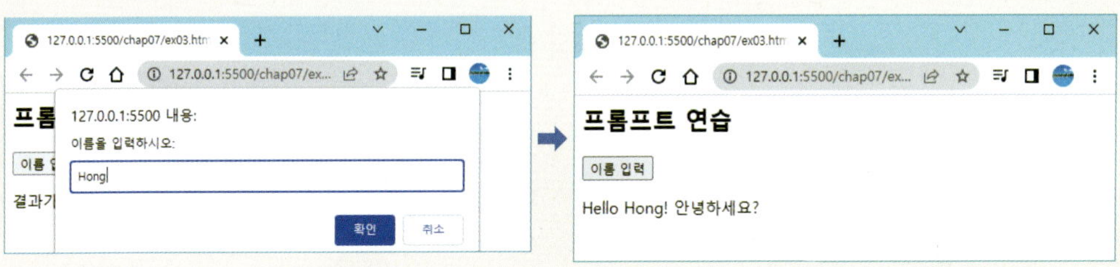

04. 버튼을 누르면 웹 페이지의 배경색을 랜덤하게 변경하는 프로그램을 작성해보자. 배경색은 document.body.style.background = bgColor;로 변경이 가능하다. 0에서 255 사이의 난수는 let x = Math.floor(Math.random() * 256);으로 생성할 수 있다.

HTML5+
CSS3+
JavaScript
웹프로그래밍

08

자바스크립트 객체와 배열

8-01 객체

객체 지향 프로그래밍(OOP: object-oriented programming)은 우리가 사는 실제 세계가 객체(object)들로 구성된 것과 비슷하게, 소프트웨어도 객체로 구성하는 방법이다. 실제 세계에는 사람, 자동차, 텔레비전, 세탁기, 냉장고 등의 많은 객체가 존재한다. 객체들은 객체 나름대로 고유한 기능을 수행하면서 다른 객체들과 메시지를 통하여 상호 작용한다.

그림 8.1 객체들은 메시지를 주고받는다.

예를 들면, 사람이 리모콘을 이용하여서 텔레비전을 조작하는 상황을 생각해보자. 티비와 리모콘은 모두 특정한 기능을 수행하는 객체이고, 티비와 리모콘은 메시지를 통하여 서로 상호 작용한다. 소프트웨어 개발도 이와 같이 하는 방식을 객체 지향이라고 한다. 다양한 기능을 하는 소프트웨어 객체들을 작성하고, 이러한 객체들을 조합하여 자기가 원하는 기능을 구현하는 기법이다.

객체는 데이터와 동작을 가지고 있다. 객체의 데이터(data)는 객체가 가지고 있는 특성값이다. 예를 들어, 자동차를 예로 들면, 모델, 속도, 색상 등이 데이터이다. 객체의 동작(action)은 객체가 수행할 수 있는 행동이다. 자동차를 예로 들면, 감속하기, 가속하기 등을 생각할 수 있다. 실제 세계에서는 사물의 데이터와 동작이 분리되지 않고 하나로 합쳐져 있다. 소프트웨어를 작성할 때도 이와 같이 데이터와 동작을 하나로 합쳐서 프로그램을 작성하는 기법이 객체 지향 프로그래밍이다.

자바스크립트에서 객체의 데이터와 동작은 각각 변수와 함수로 표현할 수 있다. 객체 안의 변수를 속성(property)이라고 하고, 객체 안의 함수를 메소드(method)라고 부른다. 즉, 객체는 속성과 메소드로 이루어져 있는 하나의 엔터티(묶음)라 할 수 있다.

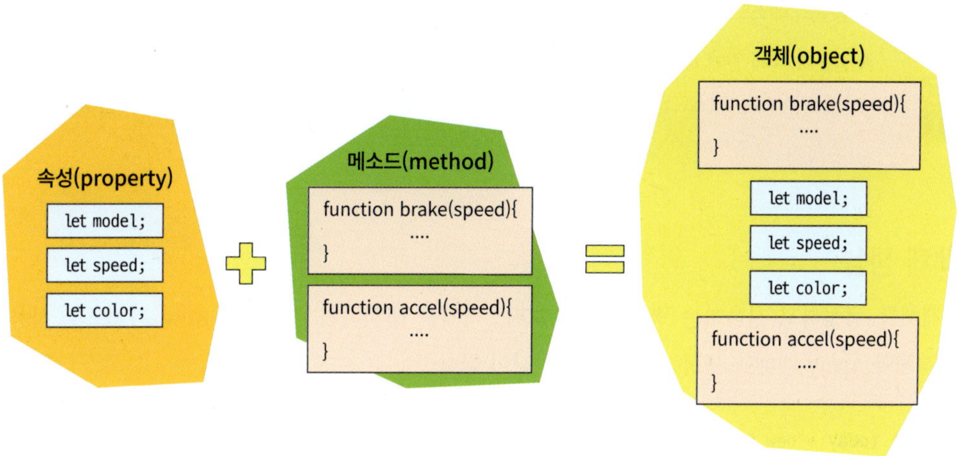

■ 자바스크립트에서의 객체

자바스크립트에서는 Array와 같은 핵심 기능부터 HTML 문서에 대한 API에 이르기까지 대부분의 것이 객체로 제공된다. 또 개발자가 함수와 변수를 묶어서 사용자 정의 객체를 생성할 수도 있다. 자바스크립트에서 사용되는 객체를 크게 2가지로 나누면 내장 객체와 사용자 정의 객체로 나눌 수 있다.

- **내장 객체**(built-in object): 자바스크립트에 내장된 객체이다. 생성자들이 이미 정의되어 있다. Date, String, Array와 같은 객체들이 내장 객체이다. 또 HTML 문서를 나타내는 객체인 document도 내장 객체라고 생각할 수 있다.
- **사용자 정의 객체**(custom object): 개발자가 정의하여 사용하는 객체이다. 객체와 클래스를 정의하는 여러 가지 방법이 있다.

내장 객체는 다시 핵심 객체와 DOM, BOM 객체로 나눌 수도 있다.

- **핵심 객체**: 자바스크립트가 제공하는 기본적인 객체인 Date, String, Array들이 핵심 객체이다.
- DOM(Document Object Model): 브라우저가 HTML 문서를 파싱하여서 각 요소들을 객체 트리로 정의한 것이다. 사용자의 요구가 있으면 브라우저가 언제든지 제공한다.
- BOM(Brower Object Model): 웹 브라우저 안의 모든 정보가 저장된 객체이다.

이번 장에서는 핵심 객체만 설명한다. DOM과 BOM은 9장과 10장에서 설명된다. 먼저 핵심 객체들을 사용하는 방법을 설명하고, 이어서 사용자 정의 객체를 만드는 방법을 설명하고자 한다. 많은 경우에 자바스크립트 내장 객체만 사용하여도 프로그램을 개발하기에 충분하다. 개발자가 내장 객체를 능숙하게 사용할 수 있다면 작업이 훨씬 쉬워질 것이다.

Q 함수와 메소드는 어떻게 다른가요?

A 함수가 객체 안에 내장되어 있으면 메소드라고 합니다. 자바스크립트에서는 거의 모든 함수가 객체 안에 내장되어 있는 메소드입니다. 예를 들어서 alert() 함수는 window 객체의 하나의 메소드입니다.

■ 객체 생성

핵심 객체를 생성하고 사용하는 방법을 살펴보자. 객체를 생성하기 위해서는 new 키워드를 사용한다. Date 객체와 Array 객체를 생성하려면 다음과 같이 한다.

```
let today = new Date();                    // 현재 날짜가 저장된 Date 객체가 생성된다.
let books = new Array("HTML", "Java", "C++"); // 배열이 생성된다.
```

today나 books와 같은 변수는 생성된 객체를 가리키는 참조 변수이다. 즉, 객체의 이름이라고 할 수 있다. 다음과 같은 그림을 기억해두자.

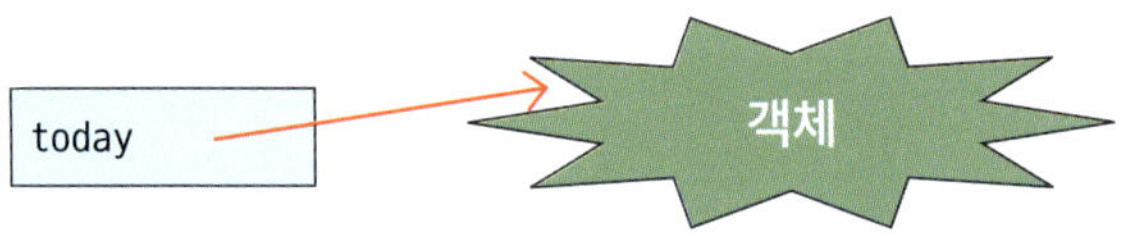

■ 객체 멤버 사용하기

객체 안의 속성과 메소드를 객체 멤버라고 한다. 객체 멤버들을 사용하기 위해서는 점(dot) 연산자를 사용한다. 먼저 어떤 객체에 속해있는지를 말하고 나중에 멤버 이름을 말하는 것이다. 이것은 우리가 자신을 소개할 때, 소속 회사를 먼저 말하고 이름을 말하는 것과 유사하다. 즉, "저는 자바전자의 홍길동입니다."와 같이 소개하는 것이다.

구체적으로 today가 가리키는 객체 안의 메소드 getDate()도 점 연산자 형식으로 호출할 수 있다. getDate()는 날짜를 반환하는 메소드이다.

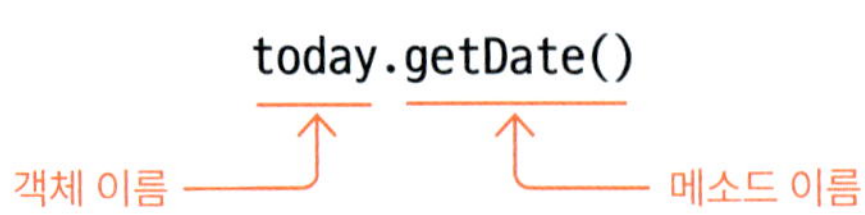

books 안의 length 속성은 다음과 같이 접근이 가능하다.

```
books.length
```

객체 이름 → books, 속성 이름 → length

중간 점검

01. 객체는 무엇과 무엇이 합쳐진 것인가?

02. 객체 안의 속성에 접근하려면 어떤 연산자를 사용하는가?

03. 객체를 생성하는 키워드는 무엇인가?

8-02 Date 객체

Date 객체는 날짜와 시간을 저장하고 있는 객체이다. 자바스크립트의 내장 객체 중에서도 Date 객체는 상당히 많이 사용된다. 웹 프로그래밍에서는 날짜를 사용하는 작업이 많기 때문이다. 이런 작업을 위하여 Date 객체는 완전히 파악하여야 한다. 여기서는 날짜를 저장하고 달력과 타이머를 만드는 방법까지 살펴본다.

■ Date 객체 생성 방법

Date 객체를 생성하는 함수는 아주 다양하게 지원된다. Date 객체를 생성하는 기본적인 4가지의 방법이 있다. Date 객체를 생성할 때, 문자열을 인수로 줄 수 있고 정수를 줄 수도 있다. Date 객체는 다음과 같이 new 키워드를 사용하여 생성한다.

```
new Date()                // 현재 날짜와 시간
new Date(milliseconds)    // 1970/01/01 이후의 밀리초
new Date(dateString)      // 다양한 문자열
new Date(year, month, date[, hours[, minutes[, seconds[,ms]]]]) // 상세한 날짜 지정
```

Date 객체를 생성할 때 아무런 인수를 주지 않으면 현재 날짜를 가지는 Date 객체가 생성된다. Date 객체는 매우 강력한 날짜 파서를 가지고 있어서 문자열로 날짜를 지정하는 많은 방법을 지원한다. 가장 기본적인 방법은 연, 월, 일, 시, 분, 초, 밀리초의 순서대로 정수를 입력하는 방법이다. 여기서 주의할 점은 월은 0부터 시작한다는 점이다. 1월이면 0을 입력한다.

```
let d1 = new Date();                                   // 현재 날짜와 시간
let d2 = new Date(2023, 7, 21);                        // 2023년 8월 21일, 7월이 아니다.
let d3 = new Date("August 24, 2023 18:30:00");         // 문자열로도 생성 가능
let d4 = new Date(2023, 7, 21, 18, 30, 0, 0);          // 시간도 지정 가능
```

위와 같이 생성하면 Date 객체는 특정 날짜와 특정 시각을 저장하게 된다. 시간은 GMT이나 UTC 기준으로 표시된다. GMT는 런던 그리니치 천문대의 시각을 의미한다. 특정한 날짜로 Date 객체를 생성하는 예제를 작성하여 보면 다음과 같다.

obj_date.html

```
...
    <script>
        let d1 = new Date(2023, 7, 21, 0, 0, 0);
        let d2 = new Date("January 20, 2023  11:13:00");
        document.write("2023, 7, 21 ====>    " + d1 + "<br>");
        document.write("January 20, 2023  11:13:00 ====>    " + d2 + "<br>");
    </script>
```

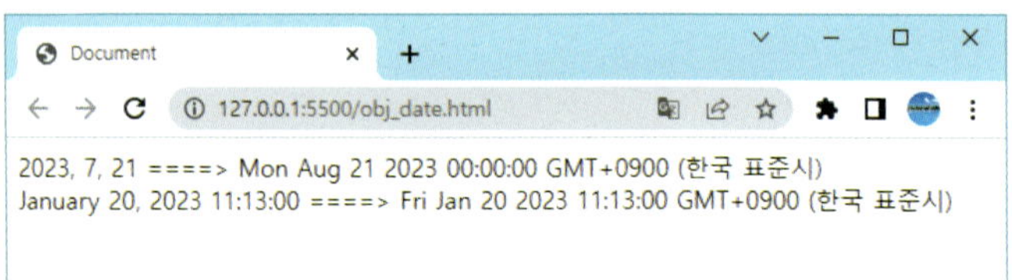

Date의 메소드

Date 객체는 아주 많은 메소드를 가진다. Date 객체에서 getFullYear(), getMonth(), getDate(), getDay() 메소드를 사용하면 우리는 연도, 월, 일, 시, 분 값을 모두 알 수 있다.

- getDate() (1-31 반환)
- getDay() (0-6 반환)
- getFullYear() (4개의 숫자로 된 연도 반환)
- getHours() (0-23 반환)
- getMilliseconds()(0-999)
- getMinutes()(0-59)
- getMonth()(0-11)
- getSeconds()(0-59)

- setDate()
- setDay()
- setFullYear()
- setHours()
- setMilliseconds()
- setMinutes()
- setMonth()
- setSeconds()

객체 지향에서 getXXX() 타입의 메소드는 접근자로서 객체의 속성을 추출하는 데 사용된다. setXXX() 타입의 메소드는 설정자로서 객체의 속성을 설정하는 데 사용된다. 여기서도 월이 0부터 시작하는 것에 유의하자. toXXXString() 형태의 메소드는 날짜를 문자열 형태로 변환하는 데 사용된다. 현재 날짜를 저장하는 Date 객체를 생성하여 다양한 메소드를 호출해보자.

obj_date1.html

```
<script>
    let today = new Date();
    document.write(today + "<br>");
    document.write(today.getFullYear() + "년<br>");
    document.write(today.getMonth() + 1 + "월<br>");
    document.write(today.getDate() + "일<br>");
    document.write(today.getHours() + "시<br>");
    document.write(today.getMinutes() + "분<br>");
    document.write(today.getSeconds() + "초<br>");
    document.write(today.toLocaleString() + "<br>");
</script>
...
```

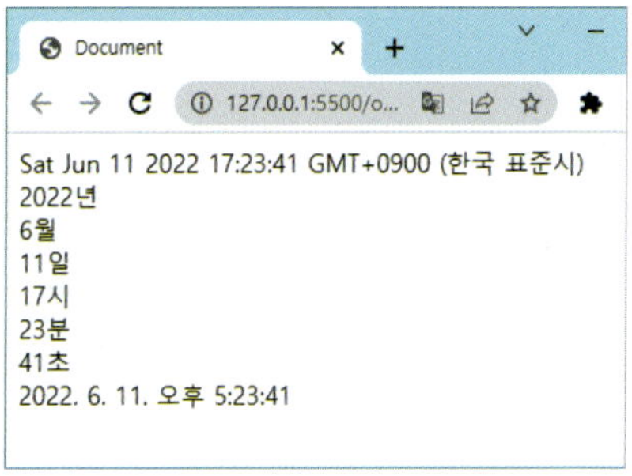

노트

자바스크립트는 월을 반환할 때 0에서 11을 사용한다. 즉, 0은 1월이고 11은 12월이다.

■ 두 개의 날짜 비교하기

Date 객체는 2개의 날짜를 비교하는 데도 사용된다. 예를 들어서 사용자로부터 받은 날짜를 특정한 날짜와 비교할 수 있다. 두 개의 날짜를 비교하는 것은 생각보다 무척 어렵다. 연도, 월, 일, 윤년 등을 따져야 하기 때문이다. 예를 들어서 2022년 7월 30일부터 2022년 8월 30일까지 날짜가 며칠이나 지났을까? 여러분이 한번 알고리즘을 생각해보자. 머리가 아플 것이다.

하지만 좋은 방법이 있다. 자바스크립트에서는 유닉스 운영체제에서 사용하였던 방법을 이용한다. 두 개의 날짜를 비교할 때는 먼저 모든 날짜를 1970년 1월 1일 이후의 밀리초로 변환한다. getTime()이라는 메소드를 사용하면 된다. 날짜 간격을 구할 때는 밀리초의 차이값을 (1000*60*60*24)로 나누어주면 된다. 인터넷 쇼핑몰에서는 구입한 지 30일 지난 물건은 교환이 안 된다는 규정이 있다. 2022년 7월 30일과 2022년 8월 30일 사이의 총 일수를 계산해보자. 이것을 검사하려면 다음과 같이 한다.

obj_date2.html

```
<script>
    let date1 = new Date("07/30/2022");
    let date2 = new Date("08/30/2022");

    let diff = date2.getTime() - date1.getTime();
    let diff_days = diff / (1000 * 3600 * 24);
        date1 + "<br> 와 <br>"
        + date2 + " <br> 날짜 간의 총 일수: "
        + diff_days);
</script>
```

→ 날짜 간격을 밀리초 단위로 계산한다.

→ 밀리초 차이값을 나누어서 날짜 간격을 구한다.

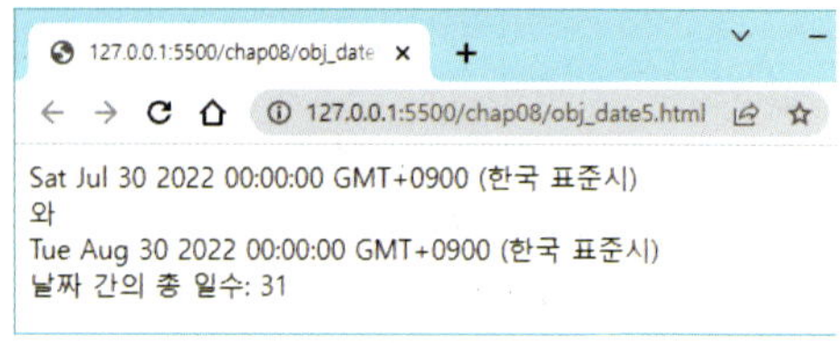

참고사항

유닉스 시간

유닉스 시간은 1970년 1월 1일을 기준으로 얼마나 많은 밀리초가 흘렀는지를 기준으로 한다. 밀리초는 1초를 1000으로 나눈 숫자여서 아주 많을 거 같지만 컴퓨터는 이 정도 숫자는 순식간에 처리한다. 예를 들어서 이 책을 쓰고 있었을 때에 기준일로부터 1,368,365,191,627 밀리초가 흘렀다. 실제로 이 방법은 유닉스(UNIX) 운영체제에서 맨 처음 도입한 방법이다. 날짜를 비교할 때는 아주 유용하다.

예제 카운트다운 타이머 만들기

지금부터 특정 날짜까지 남은 날짜를 표시하는 코드를 작성하여 보자. 예를 들어서 크리스마스까지, 남은 날짜를 웹 페이지에 표시하는 예제를 작성하여 보자. 먼저 현재 날짜와 12월 25일 사이의 날짜를 계산하여 보자.

```
let now = new Date();
let newYear = new Date('December 25, ' + (now.getFullYear()));
let diff = newYear - now;
```

문제는 diff가 밀리초 단위라는 것이다. 이것을 나눗셈과 나머지 연산을 통하여 초, 분, 시간, 날짜 단위로 계산하면 된다. 전체 소스는 다음과 같다.

obj_date3.html

```
<!DOCTYPE html>
<body>
    <h2 id='remaining'></h2>
    <script>
        function datesUntilXmas() {
            let now = new Date();
            let newYear = new Date('December 25, ' + (now.getFullYear()));
            let diff = newYear - now;
            let milliseconds = Math.floor(diff % 1000);
            diff = diff / 1000;
            let seconds = Math.floor(diff % 60);
            diff = diff / 60;
            let minutes = Math.floor(diff % 60);
            diff = diff / 60;
            let hours = Math.floor(diff % 24);
            diff = diff / 24;
            let days = Math.floor(diff);
            let outStr = '금년 크리스마스까지 ' + days + '일, ' + hours + '시간, '
                    + minutes;
            outStr += '분, ' + seconds + '초' + ' 남았습니다.';
            document.getElementById('remaining').innerHTML = outStr;
            // 1초가 지나면 다시 함수를 호출한다.
            setTimeout("datesUntilXmas()", 1000);
        }
        // 타이머를 시작한다.
        datesUntilXmas();
    </script>
</body>
</html>
```

새로 나온 함수이다. 이것은 두 번째 인수의 시간(밀리초)만큼 지난 후에 첫 번째 인수를 호출한다. 즉, 여기서는 1초가 지난 후에 datesUntilXmas()을 호출한다.

예제 시계 만들기

시계를 만드는 것도 타이머와 아주 비슷하다. 새로운 Date 객체를 생성하고 시간, 분, 초를 계산하면 된다.

```
obj_date4.html
<h2 id='clock'></h2>
<script>
    function setClock() {
        let now = new Date();
        let s = now.getHours() + ':' + now.getMinutes() + ':' + now.getSeconds();
        document.getElementById('clock').innerHTML = s;
        setTimeout('setClock()', 1000);
    }
    setClock();
</script>
```

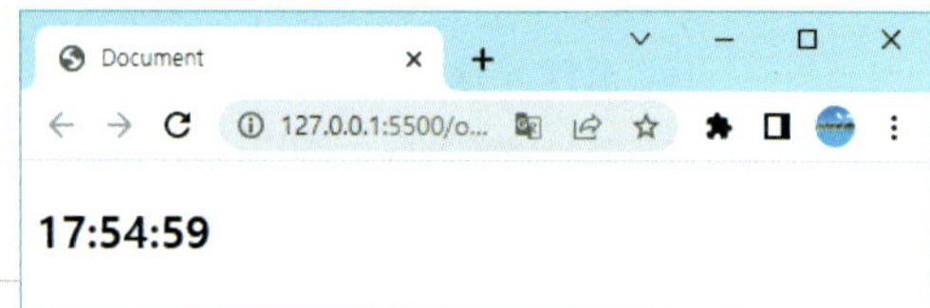

■ 자바스크립트 디버깅하기

참고로 자바스크립트 프로그램을 작성하다 보면 결과가 제대로 나오지 않는 경우가 많다. 이때에는 크롬의 개발자 도구를 이용하여 디버그하면 편리하다. 다음과 같은 디버그 도구들을 사용하도록 하자. 웹 페이지에서 마우스 오른쪽 버튼을 누르고 "검사"를 선택하면 개발자 모드가 나타난다. 여기서 "소스" 탭을 선택하고 소스 파일을 더블클릭하면 자바스크립트 소스를 볼 수 있다. 중단점(breakpoint)도 설정할 수 있고 한 문장씩 실행하는 디버그 도구들이 제공된다.

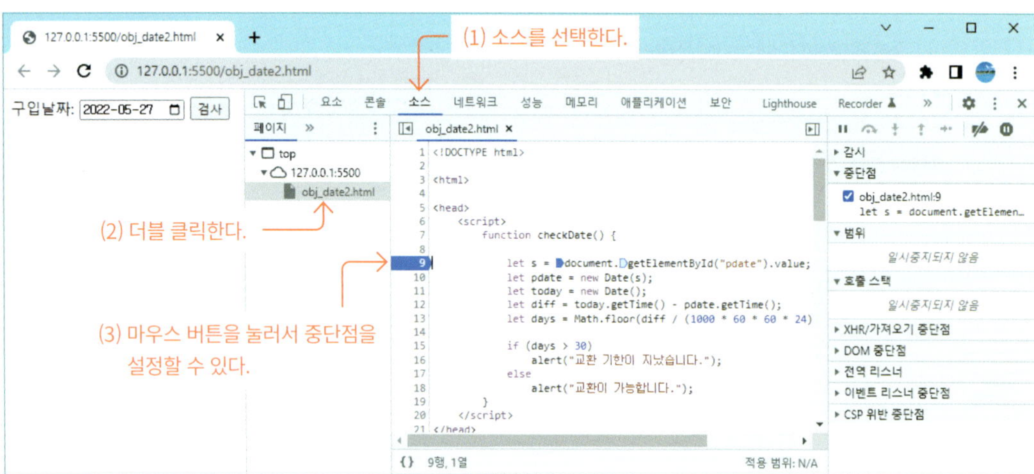

중간 점검

01. Date 객체를 생성하는 몇 가지 방법을 이야기해보자.

02. 첫 번째 날짜에서 두 번째 날짜까지 며칠이나 흘렀는지를 계산하려면 어떻게 하는 것이 좋은가?

8-03 String 객체

String 객체는 텍스트를 저장하고 조작하는 객체로 아주 많이 사용된다. String 클래스의 메소드를 잘 알아두어야 편리하다. 웹 프로그래밍에서도 텍스트를 조작해야 하는 경우가 상당히 많기 때문이다. String에서 가장 많이 사용되는 작업 중 일부는 문자열의 길이를 확인하고 , + 및 += 연산을 이용하여 문자열을 결합하거나 indexOf() 메소드로 부분 문자열의 위치를 확인하거나, substring() 메소드로 부분 문자열을 추출하는 것이다. 이들은 모두 자바 언어와 아주 유사하다.

■ String 객체

자바스크립트에서 문자열(String)에는 2가지 종류가 있다. 문자열 리터럴(String Literal)과 문자열 객체(String Object)가 바로 그것이다. 문자열 리터럴은 따옴표로 생성된다. 문자열 객체는 키워드 new를 이용하여 생성된다.

```
let s1 = "ABCD";
let s2 = new String("ABCD");
```

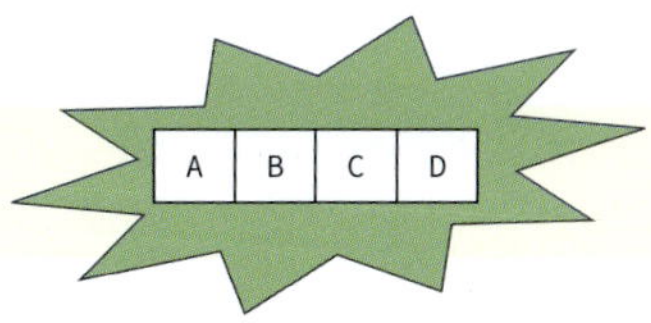

리터럴로 만들어진 문자열이나 new로 만들어진 문자열 객체는 대부분의 상황에서 서로 바꿔서 사용할 수 있다. 간단한 예제를 만들어서 살펴보자.

str_literal.html

```
<script>
    let sLiteral = "문자열 리터럴";
    sObject = new String("문자열 객체");

    document.writeln(typeof (sLiteral) + '<br>'); // string
    document.writeln(typeof (sObject) + '<br>');  // object
</script>
```

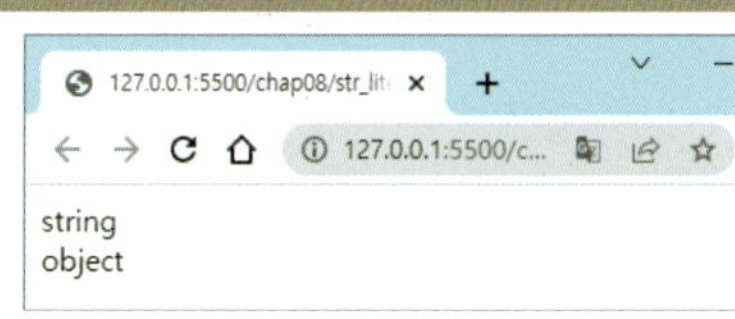

그런데 문자열 리터럴도 String 객체의 모든 속성과 메소드를 사용할 수 있는데, 자바스크립트가 임시적으로 문자열 리터럴을 문자열 객체로 형변환을 하기 때문이다.

```
let sLiteral = "문자열 리터럴";
sLiteral = sLiteral.concat('123');
document.writeln(sLiteral + '<br>');  // 문자열 리터럴123
```

■ 문자열의 길이와 개별 문자 접근

String 객체의 속성 length는 문자열의 길이를 나타낸다.

```
let s = "abcdef";
let length = s.length;      // 6이 된다.
```

문자열 안의 개별적인 문자에 접근하려면 배열처럼 [ ] 안에 인덱스를 넣으면 된다. 인덱스는 0부터 시작한다.

```
let s = "abcdef";
let ch  = s[1];             // ch는 'b'가 된다.
```

예를 들어 웹 사이트에 회원으로 가입할 때 아이디를 6자 이상으로 해달라고 할 때도 length 속성을 이용한다.

obj_string.html

```
<!DOCTYPE html>
<html>
<head>
    <script>
        function checkID() {
            let s = document.getElementById("id").value;
            if (s.length < 6)
                alert("아이디는 6글자 이상이어야 합니다.");
        }
    </script>
</head>
<body>
        아이디: <input type="text" id="id" size=10>
        <button onclick="checkID()">검사</button>
</body>
</html>
```

id가 "id"인 요소의 value 속성을 읽어 온다.
입력 요소의 값을 읽을 때는 속성 value를 사용한다.

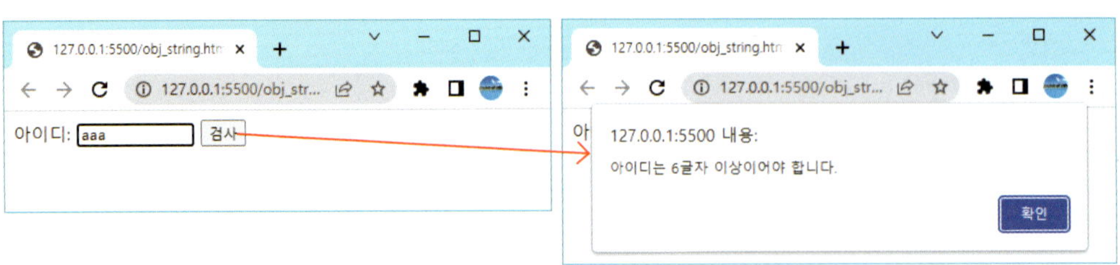

■ String 객체의 메소드

String 객체는 아주 많은 메소드를 제공한다.

방법	설명
charAt(위치)	지정된 위치의 문자를 반환한다.
indexOf(검색 문자열, 위치)	지정된 숫자 인덱스에서 시작하여 지정된 문자열이 처음 나타나는 인덱스를 반환한다. 찾을 수 없으면 -1을 반환한다.
replace(검색값, 대체값)	지정된 값을 검색하고 대체값으로 바꾸고 새 문자열을 반환한다.
match(RegExp)	지정된 정규식을 기반으로 일치하는 항목을 검색한다.
slice(시작 위치, 종료 위치)	지정된 시작 및 끝 인덱스를 기반으로 문자열의 일부를 추출하고 새 문자열을 반환한다.
split(분리자, 제한 길이)	지정된 분리자에 따라 문자열을 문자열 배열로 분할한다.
substr(시작, 길이)	지정된 시작 위치에서 지정된 문자 수(길이)까지 문자열의 일부를 반환한다.
substring(시작, 끝)	시작 인덱스와 끝 인덱스 사이의 문자열에서 부분 문자열을 반환한다.
toLowerCase()	소문자로 변환한다.
toUpperCase()	대문자로 변환한다.
valueOf()	문자열을 수치값으로 변환한다.

대소문자 변환

toUpperCase()와 toLowerCase()를 사용하면 문자열의 글자들을 대문자, 혹은 소문자로 변환할 수 있다.

str_case.html

```
<script>
    let s = 'aBcDeF';
    let result1 = s.toLowerCase();
    let result2 = s.toUpperCase();
    document.write(result1 + "<br>");
    document.write(result2 + "<br>");
</script>
```

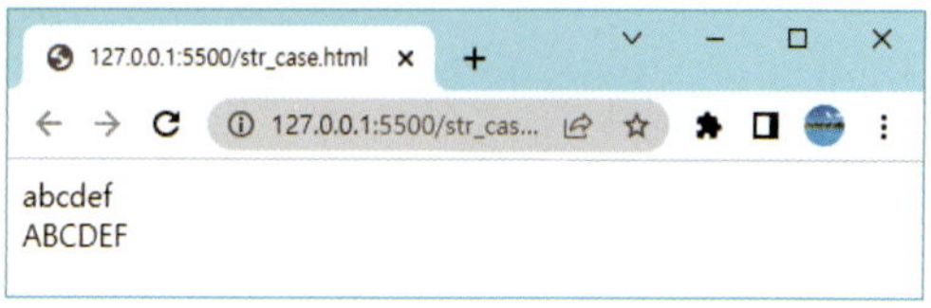

여기서도 주의할 점이 하나 있다. s.toLowerCase()를 호출하면 문자열 s가 변경되는 것이 아니다. 변환된 문자열은 함수의 반환값으로 반환된다. 따라서 다음과 같이 작성하면 올바르게 변환된 문자열이 출력되지 않는다. 이것은 모든 문자열 메소드에서 마찬가지이다. 반드시 toLowerCase()가 반환하는 값을 변수에 저장하여 사용해야 한다.

```
s.toLowerCase();
document.writeln(s); // 출력: aBcDeF
```

문자열 비교

문자열을 비교하는 가장 쉬운 방법은 == 연산자를 사용하는 것이다.

```
if( "apple" == "apple" ){  // true
      ...
}
```

문자열의 사전적인 순서를 알려면 〈이나 〉 연산자를 사용한다.

```
if( "cat" < "dog" ){              // true
      ...
}
```

문자열 연결

concat() 메소드는 하나의 문자열을 다른 문자열과 합친다. 결과는 새로운 문자열이 된다. + 연산자를 사용하여도 동일한 결과를 얻을 수 있다.

```
let s1 = " 문자열 1 ";
let s2 = " 문자열 2 ";

s3 = s1.concat(s2);
document.writeln(s3 + '<br>'); // "문자열 1  문자열 2"
```

문자열 검색

indexOf() 메소드는 문자열 안에서 주어진 텍스트가 처음 등장하는 위치를 반환한다. 아주 편리한 메소드이다.

str_indexOf.html

```
<script>
    let s = "A bad workman always blames his tools.";
    let n = s.indexOf("workman");
    document.write(n + '<br>'); // 6
</script>
```

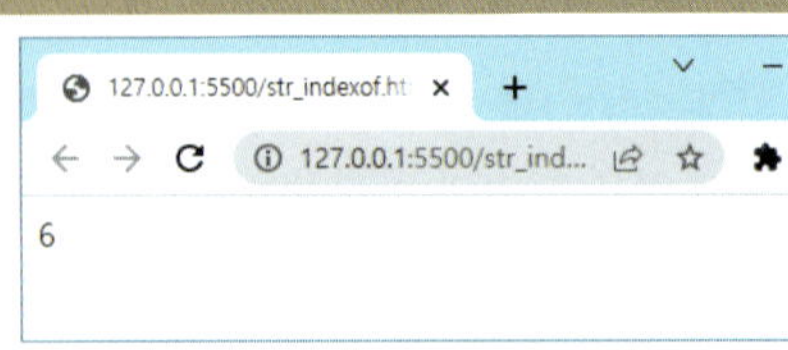

서브 문자열 반환

substring()은 문자열 안의 서브 문자열을 반환한다.

```
let str = 'Javascript';
document.write(str.substring(0, 4));        // "Java"
document.write(str.substring(2));           // "vascript"
```

문자열 매칭

match() 메소드는 문자열 안에서 일치하는 컨텐츠를 탐색하는 데 사용된다. match() 메소드에서는 정규식(regular expression)을 사용할 수 있다. 즉 ?, *, ^ 등의 기호를 사용할 수 있다. 정규식은 입력값 검증에서 간단히 학습할 것이다.

str_match.html

```
<script>
    let str = 'Like father, like son.';
    // like를 찾는다. i와 g는 옵션으로 대소문자 가리지 않고 전역적인 탐색을 의미한다.
    result = str.match(/like/ig);
    document.write(result + '<br>');
</script>
```

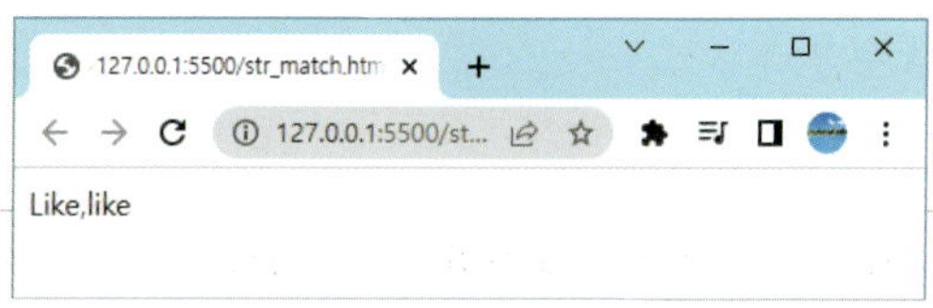

문자열 대체

replace() 메소드는 문자열 안에서 주어진 값을 다른 값으로 대체한다. replace()도 정규식을 사용할 수 있어서 강력한 기능 중의 하나이다. replaceAll()은 일치되는 모든 문자열을 바꾼다.

str_replace.html

```
<script>
    let p = 'The quick brown fox jumps over the lazy dog.';
    document.write(p.replace('dog', 'cat')+"<br>");
    let regex = /Dog/i;
    document.write(p.replace(regex, 'cat'))+"<br>";
</script>
```

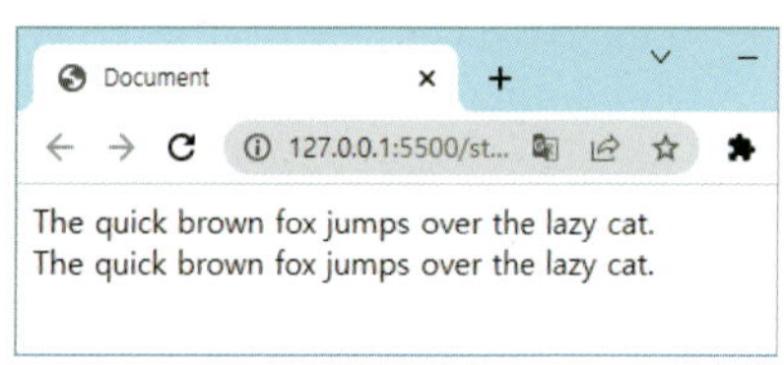

만약 대소문자에 관계없이 "Dog"나 "dog"를 모두 "cat"으로 바꾸고 싶으면 위와 같이 정규식 "/Dog/i"을 사용한다. 이것은 대소문자에 관계없이 찾으라는 의미이다.

문자열 분할

이것도 강력한 기능 중의 하나이다. split()는 첫 번째 인수를 분리자로 하여 주어진 문자열을 분리한 후에 각 항목들을 가지고 있는 배열을 반환한다. split()를 이용하여 문자열을 배열로 변환할 수 있다.

str_split.html

```
<script>
    let s = "One,Two,Three,Four,Five";
    array = s.split(',');
    for (i = 0; i < array.length; i++) {
        document.write(i + '-' + array[i] + '<br>');
    }
</script>
```

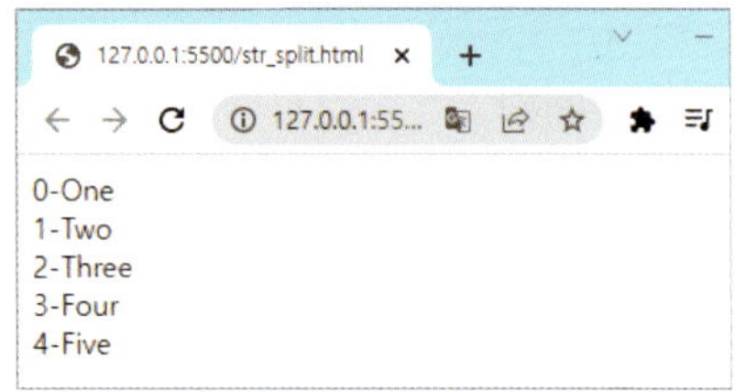

■ startsWith()와 endsWith()

startsWith() 메서드는 문자열이 지정된 문자열로 시작하면 true를 반환한다. endsWith()는 지정된 문자열로 종료되면 true를 반환한다. 예를 들어서 문자열이 확장자 ".html"로 종료하는지를 검사하는 데 사용할 수 있다.

```
let s = "examples.html";
document.write(s.startsWith("exa"));        // true
document.write(s.endsWith(".html"));        // true
```

■ 문자열 전후의 공백 제거

문자열 앞뒤에 붙은 공백 문자들을 제거하는 데는 trim() 메소드를 사용할 수 있다. trim() 메소드는 문자열의 양쪽 끝에서 공백을 제거하고 원래 문자열을 수정하지 않고 새 문자열을 반환한다. 모든 공백 문자(스페이스, 탭 등) 및 모든 줄바꿈 문자(LF, CR 등)를 삭제한다.

```
let s = "   Hello world!   ";
s = s.trim();           // s="Hello World!"
```

trim() 메소드가 왜 필요할까? 사용자가 문자열을 입력할 때 실수로 앞뒤에 공백을 추가하는 일도 매우 흔하게 발생하기 때문이다. 컴퓨터는 앞에 하나의 공백만 있어도 완전히 다른 문자열로 간주한다. 인간하고 다르다.

■ 문자열을 정수나 실수로 변환하는 방법

사용자로부터 문자열을 받아서 정수나 실수로 변환하여서 사용하는 경우도 매우 흔하다. 이때는 parseInt()와 parseFloat()를 사용하자.

```
let n = parseInt("100");          // n은 100
let f = parseFloat("100.99");    // n은 100.99
```

■ eval()

eval() 함수는 문자열로 표현되는 자바스크립트 코드를 실행한다. 최근 보안 문제로 eval()을 사용하지 말라는 권고가 많다. 하지만 어떤 경우에는 eval()이 너무 편리한 경우가 있다. 바로 사용자로부터 문자열 형태로 받은 수식을 바로 실행하여 결과를 얻고 싶은 경우이다.

```
let text = "(10 * 20) / 2.0";
let result = eval(text);         // result는 100이 된다.
```

예제

버튼을 누르면 문단의 "HTML"이 "JAVASCRIPT"로 변경되는 웹 페이지를 만들어보자.

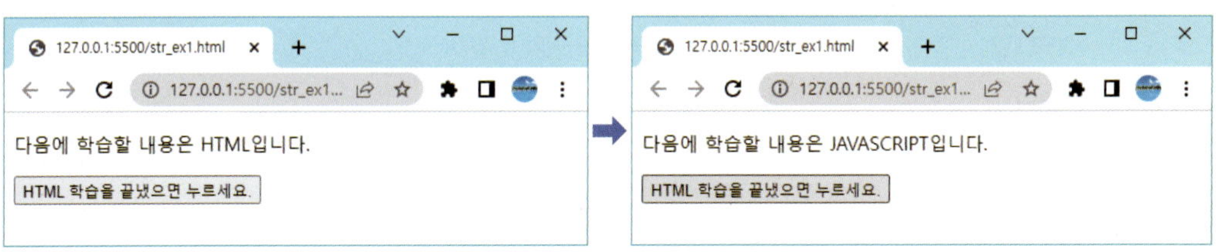

str_ex1..html

```
<!DOCTYPE html>
<html>
<body>
    <p id="test">다음에 학습할 내용은 HTML입니다. </p>
    <button onclick="myFun()">HTML 학습을 끝냈으면 누르세요. </button>
    <script>
        function myFun() {
            let text = document.getElementById("test").innerHTML;
            document.getElementById("test").innerHTML =
                text.replace("HTML", "JAVASCRIPT");
```

```
        }
    </script>
</body>
</html>
```

중간 점검

01. 문자열 주위의 공백을 제거하려면 어떤 메소드를 사용하는가?

02. ','와 같은 분리자 문자를 이용하여 문자열을 분리하려면 어떤 메소드를 사용하는가?

8-04 Math 객체

Math 객체는 수학적인 작업을 위한 객체이다. Math는 new를 통하여 객체를 생성할 필요 없이 바로 이용하면 된다. 수학 계산에 사용되는 상수와 거의 모든 함수는 가지고 있다고 봐야 한다. 많이 사용되는 것만 살펴보자.

속성	설명
E	오일러의 상수(약 2.718)
LN2	자연 로그(밑수: 2)(약 0.693)
LN10	자연 로그(밑수: 10)(approx. 2.302)
PI	파이 상수(약 3.14)
SQRT1_2	1/2의 제곱근(약 0.707)
SQRT2	2의 제곱근(약 1.414)

메소드도 웬만한 것은 전부 가지고 있다.

메소드	설명
abs(x)	절대값
acos(x), asin(x), atan(x)	아크 삼각함수
ceil(x), floor(x)	실수를 정수로 올림, 내림 함수
cos(x), sin(x), tan(x)	삼각함수
exp(x)	지수함수
log(x)	로그함수
max(x,y,z,...,n)	최대값
min(x,y,z,...,n)	최소값

메소드	설명
pow(x,y)	지수함수 x^y
random()	0과 1 사이의 난수값 반환
round(x)	반올림
sqrt(x)	제곱근

■ 난수 발생

Math.random()을 호출하면 0에서 1 미만의 난수가 발생된다. 따라서 여기에 적당한 수를 곱해서 사용하면 된다. 예를 들어서 0~100 미만의 난수를 생성하려면 다음과 같이 random()에 100을 곱하고 floor()를 호출하여 소수점 미만을 제거하면 된다.

```
let f = Math.random() * 100;        // f는 0.0~100.0 미만의 실수
let n = Math.floor(f);              // n은 0~99 사이의 정수
```

예제 공학용 계산기 작성

몇 가지만 계산하는 공학용 계산기 프로그램을 작성해보자.

math.html

```
<html>
<head>
    <script>
        function calc(type) {
            let x = parseFloat(document.calculator.number1.value);
            if (type == 1)
                y = Math.sin((x * Math.PI) / 180.0);
            else if (type == 2)
                y = Math.log(x);
            else if (type == 3)
                y = Math.sqrt(x);
            else if (type == 4)
                y = Math.abs(x);
            document.calculator.total.value = y;
        }
    </script>
```

→ 입력 양식의 number1 객체의 value 값을 parseFloat()를 이용하여 실수로 변환한다.

→ 입력 양식의 total 객체의 value 값을 계산 결과로 설정한다.

```
</head>

<body>
    <form name="calculator">
        입력:       <input type="text" name="number1"><br />
        계산 결과:   <input type="text" name="total"><br />
        <input type="button" value="SIN" onclick="calc(1);">
        <input type="button" value="LOG" onclick="calc(2);">
        <input type="button" value="SQRT" onclick="calc(3);">
        <input type="button" value="ABS" onclick="calc(4);">
    </form>

</body>
</html>
```

버튼이 클릭되면 calc(1)으로 호출한다.

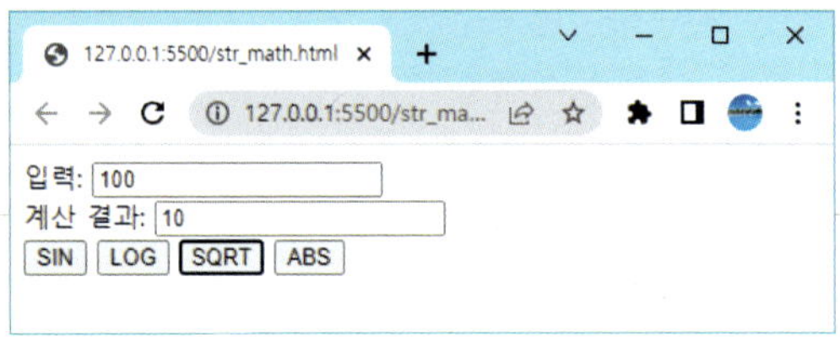

중간 점검

01. 자바스크립트에서 0에서 99 사이의 난수를 생성하려면 어떻게 해야 하는가?

02. 문자열을 부동소수점 수로 변환할 때 사용하는 함수는?

8-05 배열

먼저 왜 배열이 필요한지에 대하여 살펴보자. 예를 들어서 학생이 10명이 있고 이들의 성적의 평균을 계산한다고 가정하자. 평균을 계산하려면 먼저 각 학생들의 성적을 읽어서 어딘가에 저장하여야 한다. 데이터를 저장할 수 있는 곳은 변수이다. 학생이 10명이므로 10개의 변수가 필요하다.

```
let s0, s1, s2, s3, s4, s5, s6, s7, s8, s9;
```

만약 학생이 30명이라면 어떻게 해야 할까? 위의 방법대로라면 30개의 정수 변수를 선언하여야 한다. 만약 100명이라면, 아니 10,000명이라면 어떻게 할 것인가? 이런 식으로 변수를 일일이 선언하다가는 프로그래머의 생활이 아주 힘들어질 것이다.

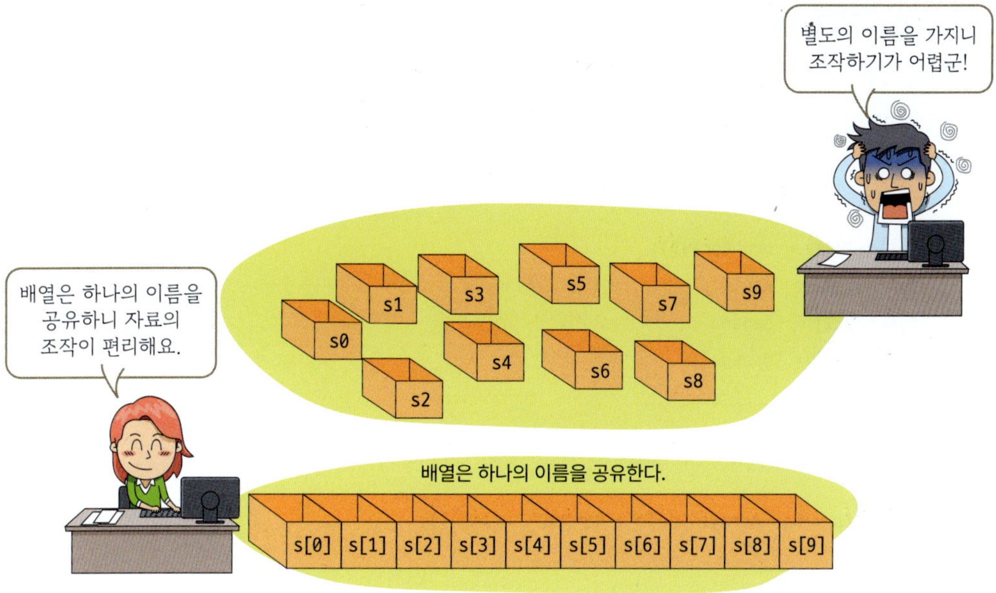

지금까지 학습하였던 변수는 오직 하나의 값만을 저장할 수 있었다. 하지만 복잡한 응용 프로그램에서는 많은 값을 한꺼번에 저장할 수 있는 저장 장소가 필요하다. 배열(array)은 이런 목적으로 만들어진 데이터 타입이다. 배열을 사용하면 많은 값을 저장할 수 있는 공간을 할당받을 수 있다. 배열은 대용량의 자료를 저장하는 기본적인 구조 중의 하나이다. 자바스크립트에서 배열은 다음과 같은 2가지 방법으로 생성할 수 있다.

■ 리터럴로 배열 생성

구체적인 값을 가지고 배열을 생성할 수 있다.

대괄호로 값들을 둘러싼다.

```
let fruits = ["Apple", "Banana", "Orange"];
```

초기값들을 콤마로 구분한다.

배열에 저장된 값은 정수 인덱스를 가지고 접근할 수 있다. 이것이 배열의 가장 큰 특징이면서 편리한 점이다. 배열의 인덱스는 0부터 시작한다. 즉, 배열의 첫 번째 요소는 fruits[0]이고 두 번째 요소는 fruits[1]이다.

```
for (i = 0; i < fruits.length; i++) {
    document.write(fruits[i]+"<br>");
}
```

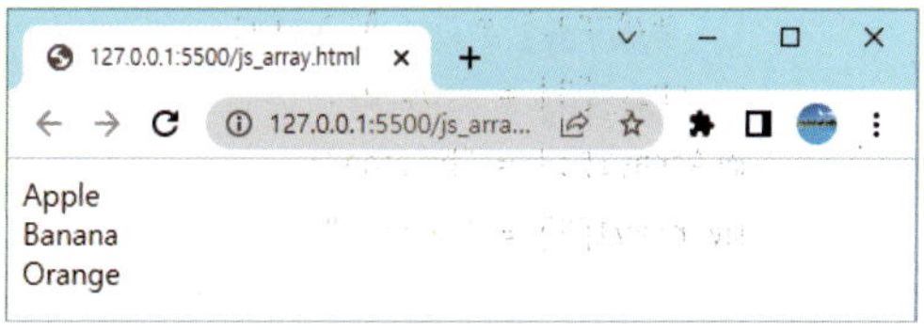

■ Array 객체로 배열 생성

자바스크립트에서는 배열도 객체이다. 배열을 나타내는 객체는 Array이다. Array 객체를 new 연산자로 생성하고 배열 요소에 데이터를 넣으면 된다. 배열에 값을 저장할 때는 인덱스를 사용한다. 인덱스는 0부터 시작한다.

```
let myArray = new Array();
myArray[0] = "Apple";
myArray[1] = "Banana";
myArray[2] = "Orange";
```

Array는 배열을 나타내는 객체이다.
배열에 저장되는 값
인덱스

다음과 같이 생성시켜도 된다.

```
let fruits = new Array("Apple","Banana","Orange");
```

■ 배열의 속성

가장 많이 사용되는 속성은 배열의 크기인 length이다. 배열 요소를 반복하면서 처리할 때 사용한다.

```
for (i = 0; i < fruits.length; i++) {
    ...
}
```

간단한 예제를 작성하여 다양한 배열의 생성 방법을 실습하여 보자.

obj_array.html

```
<html>
<head></head>
<body>
    <script>
        function printArray(a) {
            document.write("[ ");
            for (let i = 0; i < a.length; i++)
                document.write(a[i] + " ");
            document.write(" ] <br>");
        }

        let myArray1 = new Array();
        myArray1[0] = "apple";
        myArray1[1] = "banana";
        myArray1[2] = "orange";
```

배열 요소들을 [a b c]와 같은 형태로 화면에 출력하는 함수이다.

3개의 방법이 모두 동일한 배열 객체를 생성한다.

①

```
② let myArray2 = new Array("apple", "banana", "orange");
③ let myArray3 = ["apple", "banana", "orange"];

        printArray(myArray1);
        printArray(myArray2);
        printArray(myArray3);
    </script>
</body>
</html>
```

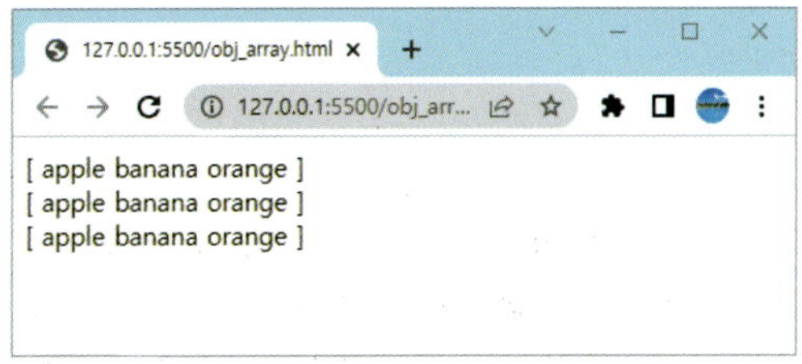

■ 자바스크립트 배열의 특징

- 배열의 크기가 자동으로 조절된다. C언어에서는 배열의 크기가 고정되어 있다. 하지만 자바스크립트에서 배열의 크기는 현재 배열의 크기보다 큰 인덱스를 사용하면 자동으로 증가한다.

```
let myArray = new Array();
myArray[0] = "apple";
myArray[99] = "banana";
```

배열의 99번째 요소에 데이터를 추가하면 fruits 배열의 크기가 100으로 변한다.

- 자바스크립트에서는 하나의 배열에 여러 가지 자료형을 혼합하여 저장할 수 있다. 즉, 데이터의 종류를 다르게 하면서 배열에 저장할 수 있는 것이다. 하나의 배열에 정수와 문자열을 동시에 저장하는 것이 가능하다.

```
let myArray = new Array();
myArray[0] = "apple";      // 문자열 저장
myArray[1] = new Date();   // 객체 저장
myArray[2] = 3.14;         // 실수 저장
```

- 만약 배열의 크기보다 큰 인덱스값으로 배열 요소에 접근하면 오류가 발생하지 않고 undefined 값이 반환된다. 따라서 프로그래밍 실수가 있더라도 프로그램이 중지되지 않는다.

예제 로그인 시스템 만들기

컴퓨터 관리자들의 아이디를 배열에 저장한다. 관리자의 아이디가 입력되면 "로그인 성공"을 출력한다. 관리자의 아이디가 아니면 "로그인 실패"를 화면에 출력한다.

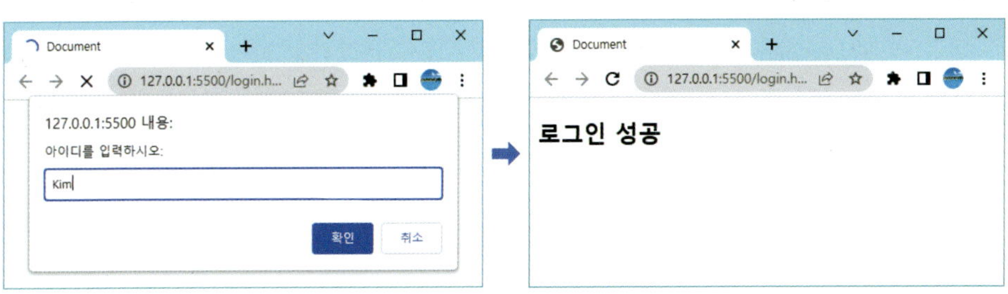

iframe2.html

```
<!DOCTYPE html>
<head></head>
<body>
    <h2 id="test"></h2>
    <script>
        let admin = ["Kim", "Lee", "Choi"]
        person = prompt("아이디를 입력하시오: ", "");
        document.getElementById("test").innerHTML = "로그인 실패";
        for (i = 0; i < admin.length; i++) {
            if (person == admin[i]) {
                document.getElementById("test").innerHTML = "로그인 성공";
                break;
            }
        }
    </script>
</body>
</html>
```

■ Array의 메소드

Array 객체도 상당한 양의 메소드를 가지고 있다. 놀라운 것은 이들 메소드 중에는 기본적인 자료 구조에 속하는 스택(stack)과 큐(queue)를 구현하는 메소드도 있다는 것이다. 아주 중요한 메소드만 살펴보자.

concat(value1[value2[value...]]))

concat() 메소드는 전달된 인수를 배열의 끝에 추가한다. 인수는 배열일 수도 있다.

array_concat.html

```
<script>
    let x = [1, 2, 3];
    let y = [4, 5, 6];
    let joined = x.concat(y);
    document.writeln(x + "<br>");       // 출력: 1,2,3
    document.writeln(joined + "<br>"); // 출력: 1,2,3,4,5,6
</script>
```

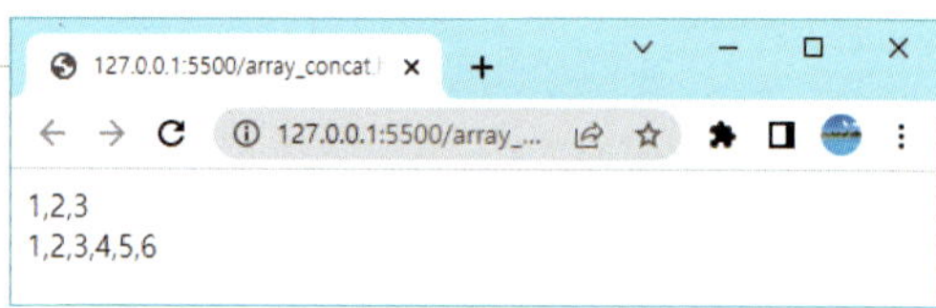

indexOf(searchStr[, startIndex])

indexOf() 메소드는 요소의 값을 가지고 요소의 인덱스를 찾을 때 사용한다.

array_indexof.html

```
<script>
    let fruits = ["apple", "banana", "grape"];
    document.writeln(fruits.indexOf("banana"));      // 출력: 1
</script>
```

push(value), pop()

push()는 스택(stack)에 데이터를 삽입하는 메소드이다. pop()은 스택에서 데이터를 꺼내는 메소드이다. 스택에 데이터를 넣었다가 꺼내면 순서가 반대로 된다.

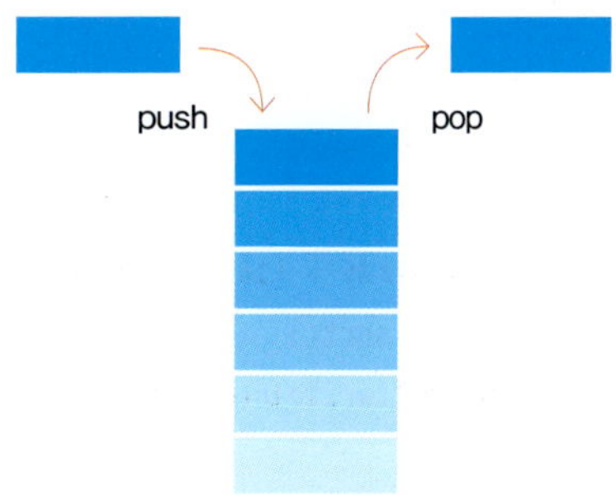

array_push.html

```
<script>
    let numbers = [1, 2, 3, 4, 5];

    numbers.push(6);
    document.writeln(numbers + '<br>');      // 출력: 1,2,3,4,5,6
    item = numbers.pop();
    document.writeln(numbers + '<br>');      // 출력: 1,2,3,4,5,
</script>
```

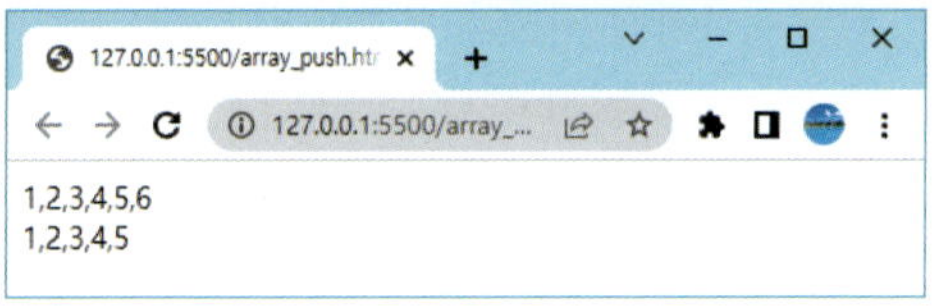

shift(), unshift()

shift() 메소드는 배열의 첫 번째 요소를 반환하고 이 첫 번째 요소를 배열에서 제거한다. push()와 함께 사용하면 자료구조 중의 하나인 큐를 구현할 수 있다.

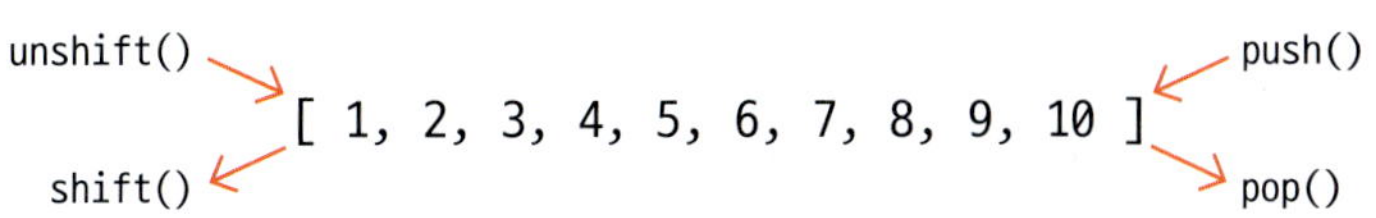

array_shift.html

```
<script>
    let numbers = [1, 2, 3, 4, 5, 6, 7, 8, 9, 10];

    let item = numbers.shift();
    document.writeln(item + '<br>');        // 출력: 1
    document.writeln(numbers + '<br>');     // 출력: 2,3,4,5,6,7,8,9,10
</script>
```

sort()

sort() 메소드는 배열을 알파벳 순으로 정렬한다. 숫자를 정렬하면 우리의 예상과 다를 수 있다.

array_sort.html

```
<script>
    let myArray = [10, 7, 23, 99, 169, 19, 11, 1];
    myArray.sort()
    document.writeln(myArray);
</script>
```

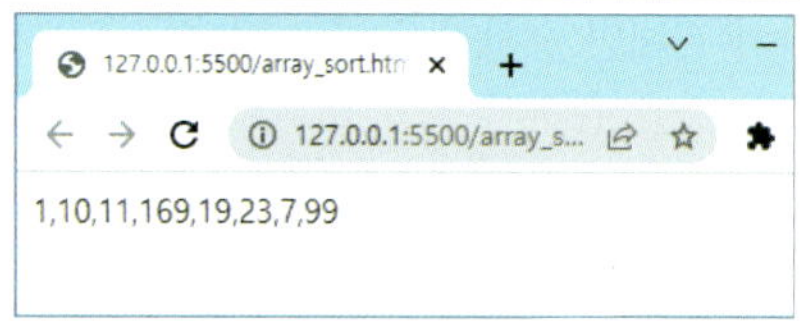

실행 결과를 보면 우리의 예상과는 조금 다르게 나온 것을 알 수 있다. 알파벳 순서로 정렬하였기 때문이다. 만약 사용자가 기준을 지정하려면 sort() 메소드에 정렬 기준 함수를 제공하여야 한다. 예를 들어서 수치값으로 정렬하려면 function (a,b) { return a−b }이라는 정렬 기준 함수를 인수로 제공하면 된다. 다음 예제를 보자.

array_sort1.html

```
<script>
    let myArray = [10, 7, 23, 99, 169, 19, 11, 1];
    myArray.sort(function (a, b) { return a - b });
    document.writeln(myArray);
</script>
```

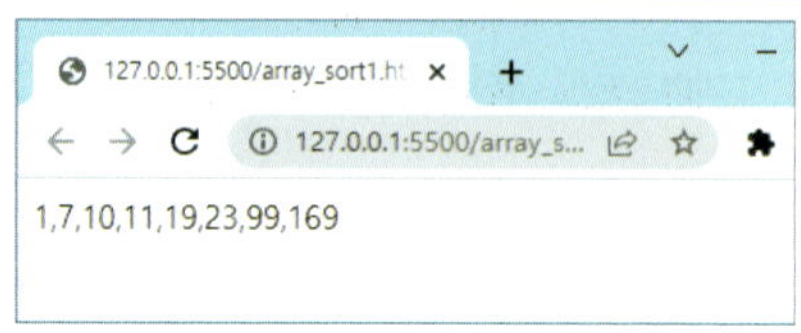

slice([begin[, end]])

slice() 메소드는 배열의 일부를 복사하여 새로운 배열로 반환한다. 시작 인덱스가 없으면 0으로 가정한다. 종료 인덱스가 없으면 배열의 끝까지 복사한다.

array_slice.html

```
<script>
    let numbers = [1, 2, 3, 4, 5, 6, 7, 8, 9, 10];
    let newArray = numbers.slice(5);
    document.writeln(newArray + '<br>');  // 출력: 6,7,8,9,10
</script>
```

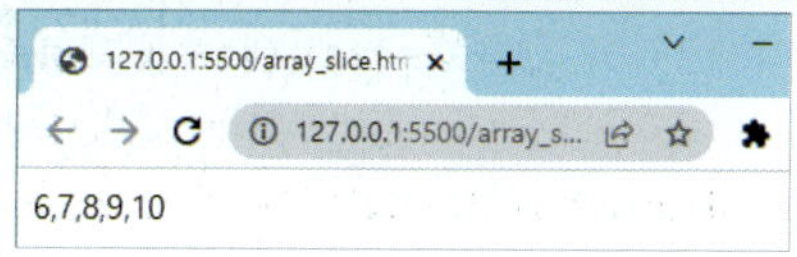

join(delimeter)

join()은 배열의 요소들을 하나의 문자열로 합쳐서 출력한다.

array_join.html

```
<script>
    let fruits = ["apple", "banana", "peach" ];
    let s = fruits.join("+");
    document.writeln(s + '<br>'); // 출력: apple+banana+peach
</script>
```

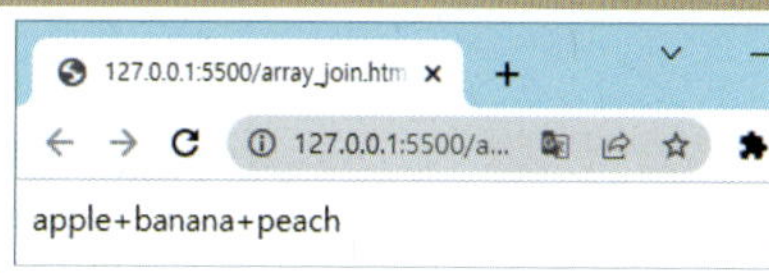

filter()

filter() 메소드는 어떤 조건에 부합하는 요소만을 선택하여 새로운 배열로 만들어서 반환한다. 요소를 선택하는 함수를 작성하여 인수로 전달한다.

array_filter.html

```
<script>
    let numbers = [10, 20, 30, 40, 50];
    function isBigEnough(element, index, array)
        return (element >= 30);
    }
    let filtered = numbers.filter(isBigEnough);
    document.write("필터링 된 배열: " + filtered);
</script>
```

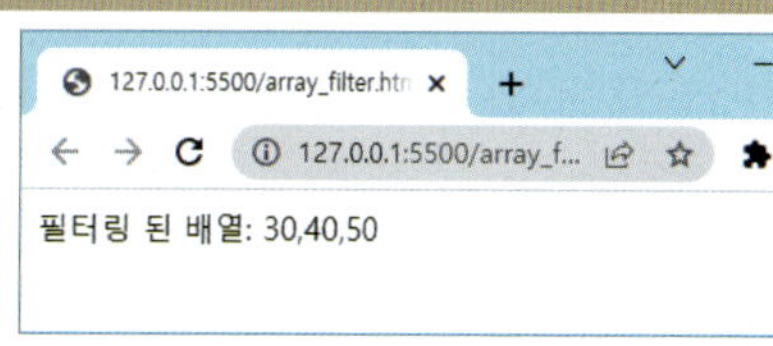

■ 2차원 배열

자바스크립트에서는 2차원 배열이 가능한가? 가능하다! Array 객체는 다른 Array 객체를 포함할 수 있기 때문이다. 다음 문장을 살펴보자.

```
let z = [ [1, 2, 3], [4, 5, 6] ]
```

위의 예제에서 배열 z는 1차원 배열을 요소로 가지고 있다. 따라서 배열 z는 2차원 배열이 된다. 만약 우리가 z[0]의 값을 출력한다면 첫 번째 배열의 요소들이 전부 출력될 것이다.

```
document.writeln(z[0] + "<br>");      // 출력: 1, 2, 3
document.writeln(z[1] + "<br>");      // 출력: 4, 5, 6
document.writeln(z[0][2] + "<br>");  // 출력: 3
```

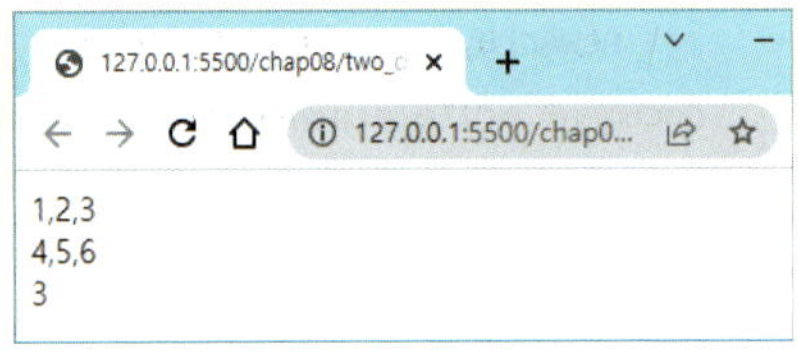

01. 정수 1, 2, 3을 저장하는 배열을 리터럴 방법으로 생성해보자.

02. 정수 1, 2, 3을 저장하는 배열을 Array 객체를 사용하는 방법으로 생성해보자.

8-06 사용자 객체 생성하기 #1

이제까지는 자바스크립트가 기본적으로 제공하는 객체만을 사용하였다. 물론 이것만 사용하여도 충분한 경우도 많지만 아무래도 복잡한 프로그램을 작성하려면 사용자가 객체를 정의할 수 있어야 한다.

속성
- WEIGHT: 20
- AGE: 6
- NAME:

메소드
- RUN()
- PLAY()
- EAT()

자바스크립트에는 새로운 객체를 생성하는 많은 방법이 있다. 우리는 그중에서도 몇 가지만 살펴보자.

- 객체 리터럴로부터 직접 생성한다. – 객체 하나만 생성할 수 있다.
- Object 객체를 이용하여 사용자 객체를 생성한다. – 객체 하나만 생성할 수 있다.
- 생성자 함수를 이용하여 객체를 정의하고 new를 통하여 객체를 생성한다. – 여러 개의 객체를 생성할 수 있다.
- class 키워드를 이용하여 클래스를 정의하고 객체를 찍어낸다(2015년에 발표된 ES6 버전부터 가능하다) – 여러 개의 객체를 생성할 수 있다.

■ 객체 리터럴 사용

이것이 아마 자바스크립트 객체를 생성하는 가장 쉬운 방법이다. 객체 리터럴을 사용하면 하나의 명령문에서 객체를 정의하고 생성할 수 있다. 객체 리터럴은 중괄호 { } 안에 있는 이름:값 쌍(예: speed:60)의 목록이다. 다음 예제에서는 3개의 속성과 2개의 메소드가 있는 객체를 만든다.

```
let myCar = {
    model: "520d",
    speed: 60,                                          → 객체의 속성
    color: "red",
    brake: function() { this.speed -= 10; },
    accel: function() { this.speed += 10; }         → 객체의 메소드
};
```

위의 문장이 실행되면 바로 객체가 생성되고 객체의 이름이 myCar가 된다. 메소드 안의 this는 현재 객체를 의미한다. this를 붙이지 않으면 지역 변수나 전역 변수가 되어버리니 조심하여야 한다. 이후부터는 다음과 같이 바로 사용하면 된다.

```
myCar.color = "yellow";
myCar.brake();
```

이 방법은 간단하기는 하지만 객체를 하나만 생성할 수 있다. 추가로 객체를 생성하려면 동일한 코드를 반복하여야 한다. 따라서 이런 식으로 정의된 객체를 싱글톤(singleton)이라고 불린다. 싱글톤이란 객체가 하나만 생성된다는 것을 의미한다.

■ Object 객체로 사용자 객체 생성하기

new Object() 문장으로 속성이 없는 비어 있는 객체를 생성하고, 이 객체에 속성과 메소드를 추가하는 방법이다. 강아지 객체를 이 방법으로 생성해보자.

```
let dog = new Object();              // let dog = { };도 가능하다.
dog.name = "Merry";
dog.age = 6;
dog.weight = 20;
```

생성된 객체를 사용하는 것은 다음과 같이 가능하다.

```
document.getElementById("test").innerHTML =
    dog.name + "은 " + dog.age + "살입니다.";
```

이 방법도 충분히 사용할 수 있는 방법이지만, 어차피 단일 객체만 생성할 것이라면, 객체 리터럴을 사용하는 것이 권장된다.

■ 생성자 함수를 이용한 객체 생성

이 방법은 생성자 함수를 정의하고 이 함수를 여러 번 호출하여 원하는 만큼의 객체를 생성하는 방법이다. 앞의 방법들은 모두 한 개의 객체를 생성할 수 있었다. 생성자 함수를 이용하면 여러 개의 객체를 생성할 수 있다. 생성자(constructor)는 객체를 생성하면서 초기화한다.

생성자도 함수이다.
생성자 이름은 항상 대문자로 한다.

```
function Car(model, speed, color) {
    this.model = model;
    this.speed = speed;
    this.color = color;
    this.brake = function () {
        this.speed -= 10;
    }
    this.accel = function () {
        this.speed += 10;
    }
}
```

this 키워드로 일반 변수와 객체 속성을 구별한다.
객체의 속성
객체의 메소드

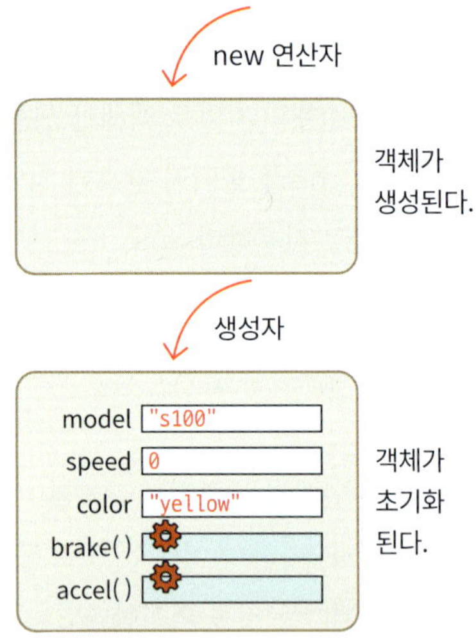

this는 코드를 실행하는 현재 객체를 의미한다. 생성자는 전달된 매개변수값으로 현재 객체의 속성들을 설정한다. this가 없다면 속성을 지역변수로 혼동할 수 있기 때문에 객체의 속성에는 반드시 this를 붙인다. 앞에 this가 붙은 변수는 속성이고 앞에 this가 붙는 함수는 메소드이다.

생성자를 정의하였으면 객체는 다음과 같이 생성할 수 있다.

이 변수에 객체가 저장된다.
new 연산자는 새로운 객체를 만든다.
이 인수들로 객체가 초기화된다.

```
let myCar = new Car("520d", 60, "white");
myCar.color = "yellow";
myCar.brake();
```

객체를 생성하려면 먼저 new 연산자를 쓰고 그 뒤에 생성자를 호출하는 문장을 작성하면 된다. new 연산자가 객체를 생성하고 생성자가 객체를 초기화한다. new 연산자를 생략하고 생성자만을 호출하면 객체가 만들어지지 않는다. 항상 new 연산자를 사용하여야 한다.

이 방법의 장점은 개발자가 원하는 개수만큼 객체를 쉽게 만들 수 있다는 점이다. 내장 객체는 미리 생성자 함수가 작성되어 있다. 따라서 내장 객체의 경우에는 생성자를 작성할 필요가 없이 new 하여 객체를 생성하고 사용하면 된다. 예를 들어 Date 객체의 생성자는 이미 만들어져 있기 때문에 new Date();라고 하여 객체를 생성할 수 있는 것이다.

Q&A

Q 객체를 생성하려면 항상 생성자를 먼저 작성하여야 하나요?

A 그렇지 않습니다. 자바스크립트에서는 객체 리터럴을 가지고 직접 객체를 생성할 수도 있습니다. 이런 경우 생성자 없이도 객체 생성이 가능합니다. 다만 이런 경우에는 객체 여러 개를 만들려면 상당히 번거롭습니다. 생성자를 만드는 것이 객체지향의 개념에 더 부합됩니다.

참고사항

메소드 표기

객체 지향 언어에서는 메소드의 이름을 표기할 때 낙타체(camel-case) 방식을 사용한다. 즉 get_value()라고 하는 대신에 getValue()로 표기하는 것이다.

예제 객체 생성 예제

자동차를 객체로 모델링하고 생성자를 정의한 후에 객체를 생성하고 객체의 멤버에 접근하여 사용하는 예제를 작성하여 본다.

object_car.html

```
<!DOCTYPE html>
<html>
<body>
<script>
    function Car(model, speed, color)
    {
        this.model=model;
        this.speed=speed;
        this.color = color;
        this.brake = function() {        → 생성자를 정의한다.
            this.speed -= 10;
        }
        this.accel = function() {
            this.speed += 10;
        }
    }                                    → 객체를 생성한다.
    myCar = new Car("520d", 60, "red");                → 객체의 멤버를 사용한다.
    document.write("모델:" + myCar.model + " 속도:" + myCar.speed + "<br />");
    myCar.accel();
    document.write("모델:" + myCar.model + " 속도:" + myCar.speed + "<br />");
    myCar.brake();
    document.write("모델:" + myCar.model + " 속도:" + myCar.speed + "<br />");
```

```
    </script>
<body>
</html>
```

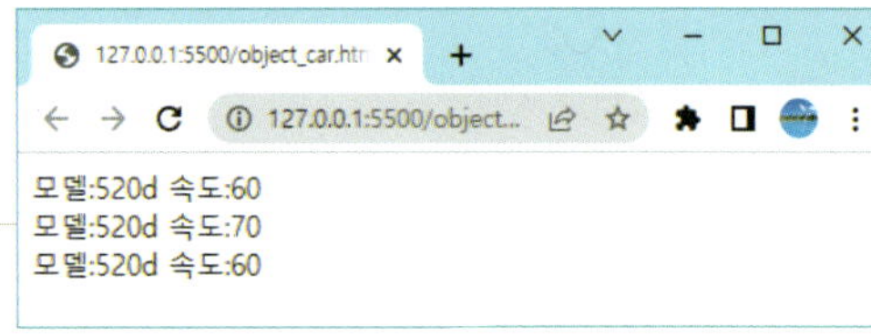

■ 기존의 객체에 속성과 메소드 추가하기

자바스크립트에서는 기존에 존재하고 있던 객체에도 속성을 추가할 수 있는데, 생성자를 변경할 필요 없이 단순히 값을 대입하는 문장을 적어주면 된다. 예를 들어서 앞에서 정의한 myCar 객체가 이미 존재하고 있었다고 가정하자. 새로운 속성 turbo와 새로운 메소드 showModel()을 myCar 객체에 추가하려면 다음과 같이 하면 된다.

```
// 기존의 myCar 객체가 있다고 가정하자.
myCar.turbo = true;
myCar.showModel = function() {
    alert( "모델은 " + this.model + "입니다." )
}
```

새로운 속성과 메소드가 객체에 추가된다.

■ for/in 루프

for/in 루프는 객체 안의 속성들에 대하여 어떤 처리를 반복할 수 있는 구조이다. for/in 루프를 이용하면 객체 안의 모든 속성에 대하여 어떤 연산을 실행할 수 있다.

```
for ( 변수 in 객체 )
{
        문장;
}
```

변수에 객체의 속성이
하나씩 대입되면서 반복한다.

예를 들어서 아래 코드에서는 myCar라는 이름의 객체를 정의하고 객체의 속성들을 문자열 형태로 변수 txt에 누적한 후에 화면에 출력한다.

js_for_in.html

```
<script>
    let myCar = { make: "BMW", model: "X5", year: 2013 };
    let txt="";

    for (let x in myCar) {
        txt += myCar[x] + "";
    }
    document.write(txt);
</script>
```

자동차를 나타내는 객체와 속성

객체의 모든 속성에 대하여 반복한다.

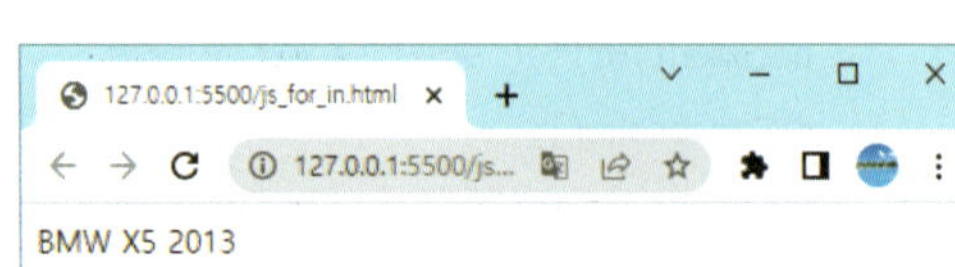

중간 점검

01. 학생 정보를 저장하는 객체 student를 리터럴 방법으로 만들어보자.

02. 학생 정보를 저장하는 객체 student를 생성자 방법으로 만들어보자.

8-07 사용자 객체 생성하기 #2

앞의 생성자 함수를 이용하는 방식은, 여러 개의 객체를 생성할 수 있는 방법이지만, 상속에서 문제가 발생한다. 따라서 이것을 해결하기 위하여 프로토타입(prototype)이라는 방법을 사용해왔다. 하지만 프로토타입은 사용하기가 만만치 않았다. 따라서 ECMAScript 2015부터 class라고 하는 키워드를 도입하였다. 이것은 파이썬이나 자바 언어의 클래스와 동일한 개념으로 이것을 사용하면 상당히 편리하게 클래스를 정의하고 객체를 찍어낼 수 있다.

예제 class 키워드를 사용하여 객체 생성하기

class_obj.html

```
<!DOCTYPE html>
<html>
<body>
    <h2 id="test"></h2>
    <script>
        class Dog {
            constructor(name, adoptedYear) {
                this.name = name;
                this.adoptedYear = adoptedYear;
            }
            age() {
                let date = new Date();
                return date.getFullYear() - this.adoptedYear;
            }
        }
        let myDog = new Dog("Mary", 2013);
        document.getElementById("test").innerHTML =
            "나의 강아지의 이름은 " + myDog.name + "이고, 나이는 " + myDog.age() + "살입니다.";
    </script>
</body>
</html>
```

- 생성자 함수: constructor(name, adoptedYear) { … }
- 속성 정의: this.name = name; this.adoptedYear = adoptedYear;
- 메소드 정의 — 현재 연도에서 입양된 연도를 빼서 나이를 계산한다.
- 객체 생성: let myDog = new Dog("Mary", 2013);

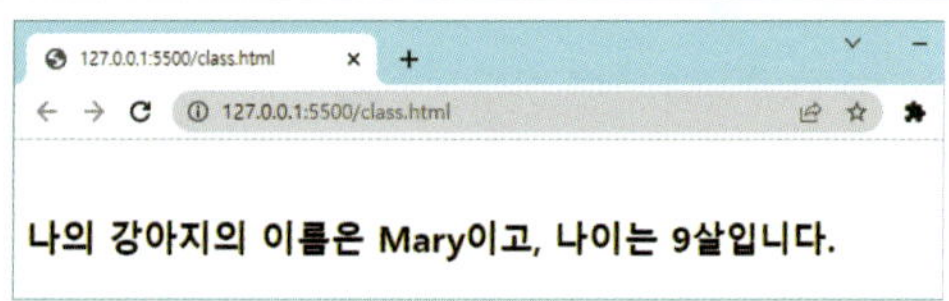

앞의 예에서는 "Dog"라는 클래스를 생성한다. Dog 클래스에는 "name"과 "adoptedYear"의 두 가지 초기 속성이 있다. 클래스는 객체가 아니다. 객체를 위한 템플릿이다. 클래스가 있으면 new 키워드를 사용하여 객체를 만들 수 있다. 위의 예에서는 Dog 클래스를 사용하여 하나의 Dog 객체를 만든다.

위의 코드에서 constructor() 함수는 생성자 메소드이다. 생성자 메소드는 특수 메소드이다. 반드시 이름이 "constructor"여야 한다. 생성자는 새로운 객체가 생성되면 자동으로 실행되고 객체 속성을 초기화하는 데 사용된다. 생성자 메소드를 정의하지 않으면 자바스크립트는 빈 생성자 메소드를 추가한다. 클래스 안에는 원하는 만큼의 메소드를 정의할 수 있다. 위의 코드에서는 강아지의 나이를 동적으로 계산하여 반환하는 age()라는 메소드만 정의되었다.

■ 상속이 가능하다!

자바스크립트의 새로운 버전에서는 자바 언어와 동일한 방법으로 상속을 사용할 수 있다. 예를 들어 Animal을 상속하여서 Dog 클래스를 만들 수 있다. Animal 클래스를 먼저 정의하고, 이것을 상속받아서 Dog 클래스를 정의하면 다음과 같다. 상속은 extends 키워드로 표시한다.

예제 상속의 예

class_inheri.html

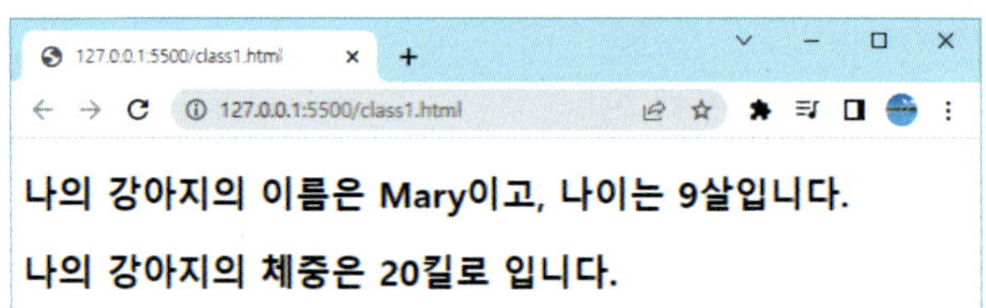


```
<!DOCTYPE html>
<html>
<body>
    <h2 id="test"></h2>
    <h2 id="test1"></h2>
    <script>
        class Animal {
            constructor(weight) {
                this.weight = weight;
            }
        }
        class Dog extends Animal {
            constructor(name, adoptedYear, weight) {
                super(weight);
                this.name = name;
                this.adoptedYear = adoptedYear;
            }
            age() {
                let date = new Date();
```

부모 클래스

Animal 클래스를 상속받아서 Dog 클래스를 정의한다는 의미이다.

```
                return date.getFullYear() - this.adoptedYear;
            }
        }
        let myDog = new Dog("Mary", 2013, 20);
        document.getElementById("test").innerHTML =
            "나의 강아지의 이름은 " + myDog.name + "이고, 나이는 "
            + myDog.age() + "살입니다.";
        document.getElementById("test1").innerHTML =
            "나의 강아지의 체중은 " + myDog.weight + "킬로 입니다.";
    </script>
</body>
</html>
```

Dog 클래스의 객체는 부모 클래스에서 정의된 속성과 메소드를 자유롭게 사용할 수 있다. 위의 코드에서도 부모 클래스에서 정의된 속성 weight를 사용하고 있다.

중간 점검

01. 학생 정보를 저장하는 객체 student를 클래스 Student를 정의하는 방법으로 만들어보자.

02. 클래스 Student를 인간을 나타내는 Person 클래스로부터 상속받아서 작성해보자.

8-08 자바스크립트에서의 오류 처리

완벽한 프로그램은 없다. 자바스크립트 프로그램도 마찬가지이다. 앞 절의 프로그램에서 의도적으로 document를 document1으로 변경하여 오류를 발생시켰다. 오류가 발생되면 자동적으로 실행이 중단되면서 콘솔을 통하여 다음과 같이 오류가 보고된다.

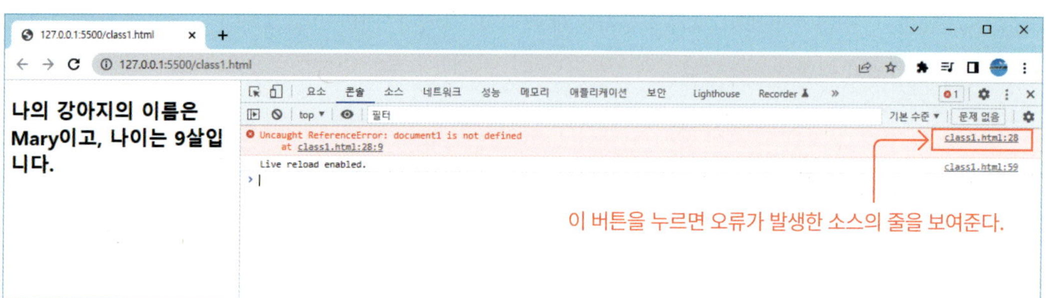

위의 화면에서는 오류가 발생한 위치를 보여준다. 따라서 이것을 참고하여 오류를 수정하면 된다.

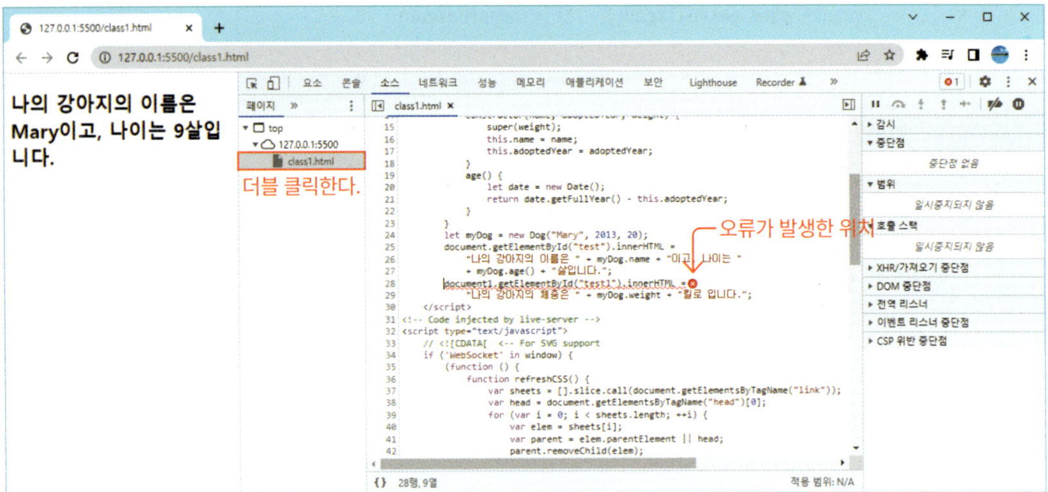

자바스크립트에서는 오류를 예외라는 이름으로 부른다. 예외(exception)란 "exceptional event"의 약자이다. 즉, 예외는 프로그램의 실행 중에 발생하는 이벤트라는 의미이다. 예외는 왜 발생하는 것일까? 여러 가지의 원인이 있을 수 있다.

- 개발자의 타이핑 오류 때문에 문법적인 오류가 발생할 수 있다.
- 브라우저마다 지원하는 특징이 다르므로 발생할 수 있다.
- 사용자로부터 잘못된 입력 때문에 발생할 수 있다.
- 인터넷 서버 오류 때문에도 발생할 수 있다.

오류가 발생했을 때, 프로그램을 중단시키는 것이 최선일까? 무조건 종료하는 것보다 프로그램에서 오류를 감지하여 우아하게 프로그램을 종료하거나 오류를 처리한 후에 계속 실행할 수 있다면 더 나은 프로그램이 될 수 있다. 이것을 자바스크립트에서는 예외 처리(exception handling)라고 한다. 자바스크립트에서는 try-catch 구조를 사용하여 예외를 우아하게 처리할 수 있다. 자바 프로그래밍 언어와 자바스크립트는 동일한 예외 처리 기법을 사용한다.

■ Try-Catch 구조

자바스크립트에서의 예외 처리기는 try 블록과 catch 블록으로 이루어진다. try 블록에서는 예외가 발생할 수 있다. 발생된 예외는 catch 블록에서 처리한다.

예외 처리기의 기본 형식은 다음과 같다.

```
try
{
        // 예외가 발생할 수 있는 코드
}
catch (변수)
{
        // 예외를 처리하는 코드
}
```

예제로 살펴보자. 아래 예제에서는 고의적으로 try 블록에서 alert()를 allert()로 타이핑 오류를 발생시켰다. catch 블록은 try 블록에서의 오류를 잡아서 처리한다.

try_catch.html

```
<!DOCTYPE html>
<html>
<head>
    <script>
        let msg = "";
        function test() {
            try {
                allert("Hello World!");
            }
            catch (error) {
                msg = "다음과 같은 오류가 발생하였음: " + error.message;
                alert(msg);
            }
        }
    </script>
</head>
<body>
    <input type="button" value="try-catch 시험" onclick="test()" />
</body>
</html>
```

함수 이름이 잘못 입력되었다.

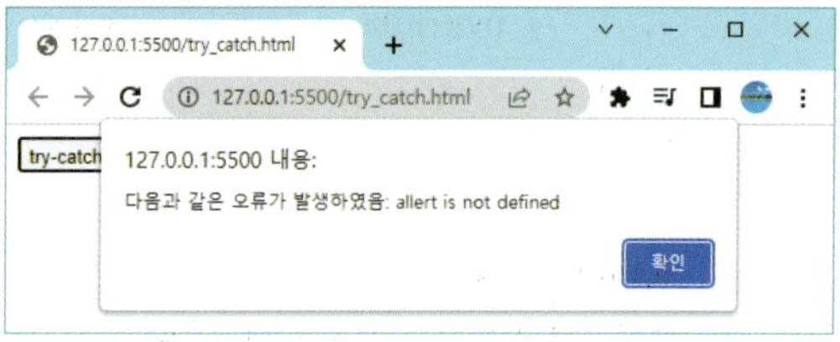

■ throw 문장

throw 문장은 개발자가 오류를 생성할 수 있도록 한다. 예외를 발생시키는 것을 예외를 던진다(throw)고 표현한다. 예외는 왜 고의적으로 발생시키는 것일까? 개발자는 자신이 어떤 기준을 정하고 이 기준에 맞지 않으면 사용자에게 어떤 경고 메시지를 줄 수 있다. 이러한 경우에 throw 문장이 try-catch 문장과 함께 사용된다. 예를 들어서 사용자가 음수를 입력하면 안 되는 상황에서 경고를 하고 싶은 경우도 있을 것이다. 이러한 상황을 예외로 처리하면 보다 깔끔해진다. 개발자는 다음과 같은 문장으로 예외 객체를 발생시킬 수 있다.

```
throw "예외 메시지";
```

사용자가 1부터 100 사이에 있는 특정 숫자를 추측하는 게임을 작성하여 보자. throw 문장과 try-catch 구조를 사용하여 정답과 사용자 입력값을 비교해본다. 값을 정답과 비교하여 높은지, 낮은지를 예외로 생성한다. 물론 값을 잘못하는 경우에도 예외가 생성된다. 이 예외는 즉시 catch 문장에 의하여 잡히고 예외에 포함된 메시지가 화면에 표시된다.

throw.html

```
<!DOCTYPE html>
<html>
<body>
    <script>
        let solution= 53;
        function test() {
            try {
                let x = document.getElementById("number").value;
                if (x == "") throw "입력 없음";
                if (isNaN(x)) throw "숫자가 아님";
                if (x > solution) throw "너무 큼";
                if (x < solution) throw "너무 작음";
                if (x == solution) throw "성공";
            }
            catch (error) {
                let y = document.getElementById("message");
                y.innerHTML = "힌트: " + error;
            }
        }
    </script>
    <h1>Number Guess</h1>
    <p>1부터 100 사이의 숫자를 입력하시오.</p>
    <input id="number" type="text">
```

```
    <button type="button" onclick="test()">숫자 추측</button>
    <p id="message"></p>
</body>
</html>
```

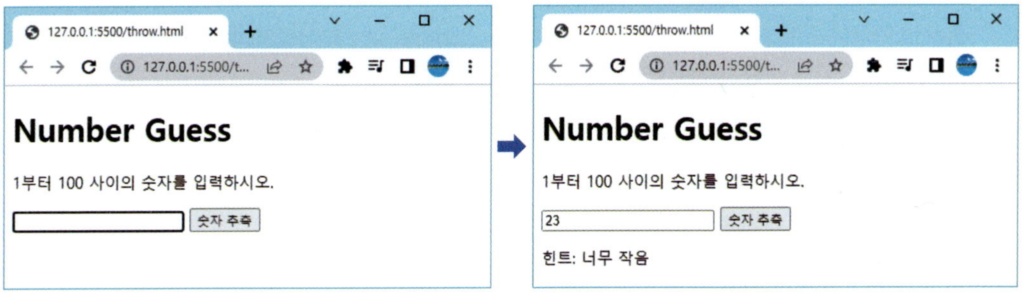

Mini Project

배열에 값 저장하기

다음과 같은 화면을 HTML로 작성한다. 버튼을 누르면 〈input〉 요소의 값을 읽어서 배열에 저장한다. 그리고 배열에 저장된 값을 모두 꺼내서 화면의 아래쪽에 표시한다.

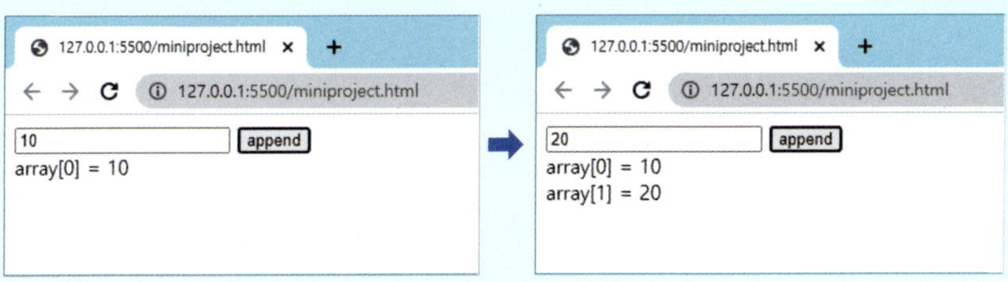

아이디가 "text1"인 요소의 값은 `document.getElementById("text1").value;`로 읽을 수 있다. 이것을 배열에 추가하면 된다.

배열에서 값을 모두 꺼내서 화면에 표시하는 것은 다음의 코드를 참고한다.

```
let str = "";
for (let i = 0; i < array.length; i++) {
    str += "array[" + i + "] = " + array[i] + "<br/>";
}
document.getElementById("result").innerHTML = str;
```

8장

Summary

Q String 객체, Date 객체, Array 객체를 자유자재로 사용할 수 있나요?

A String 객체는 문자열을 나타냅니다. let s = new String("aaa");와 같이 객체를 생성할 수 있습니다. Date 객체는 날짜와 시각을 나타냅니다. 그러므로 let d = new Date();와 같이 객체를 생성하면 객체 안에 현재 날짜와 시각이 저장됩니다. Array 객체는 배열을 나타낸다. 이는 let a = new Array("aaa", "bbb", "ccc");와 같이 생성할 수 있습니다.

Q 객체를 생성하는 방법을 설명할 수 있나요?

A 자바스크립트에서 객체를 생성하려면 2가지의 방법이 있습니다. 리터럴을 사용하여 생성할 수도 있고, 아니면 new 키워드를 사용하는 방법이 있습니다.

Q 배열을 사용하여 여러 개의 값을 저장하고 추출할 수 있나요?

A 배열은 ["aaa", "bbb", "ccc"]의 형식을 이용하여 값들을 나열해서 생성할 수도 있고, 아니면 a = new Array();를 먼저 실행하여 배열 객체를 생성한 후에 a[0] = "aaa";와 같이 요소들을 하나씩 추가해도 됩니다.

Q 클래스를 정의하여 객체를 찍어낼 수 있나요?

A 이제 자바스크립트에서도 다른 언어들처럼 클래스를 먼저 정의하고 클래스를 이용하여 객체를 원하는 만큼 찍어낼 수 있습니다. class A { ... }와 같이 정의하고 let obj = new A();와 같이 객체를 생성합니다.

8장

Exercise

01. 객체를 생성하는 키워드는?

① instance ② object ③ new ④ create

02. 자바스크립트에서 키워드 this가 의미하는 것은?

① 현재 스크립트 ② 현재 문서

③ 현재 객체 ④ 현재 브라우저

03. 다음과 같은 문장을 실행하면 어떤 날짜가 출력되는가?

```
const d2 = new Date(2020, 1, 1)
document.write(d2)
```

① 2020년 1월 1일 ② 2020년 2월 1일

③ 2020년 2월 2일 ④ 오류가 발생한다.

04. 다음 중 어떤 문장이 문자열을 생성하는가?

① 'Hello' ② "Hello"

③ `Hello` ④ 앞의 모든 문장이 문자열을 생성한다.

05. 다음 문장을 실행하면 어떻게 될까?

```
let str = "Hello World";
str[0] = "K";
document.write(str);
```

① 아무 문제없이 문자열이 변경된다.

② 문자열은 변경될 수 없는 객체라서 오류가 발생하고 아무 것도 출력되지 않는다.

③ 문자열은 변경되지 않고, "Hello World"가 출력된다.

06. Array 객체를 생성하는 방법 중에서 올바른 것을 모두 선택하시오.

① let myArray = [10, 20, 30]; ② let myArray = { 10, 20, 30 };

③ let myArray = new Array(); ④ let myArray = new Array(10, 20, 30);

07. 자바스크립트에서 배열을 생성하는 올바른 방법을 모두 고르시오.

① Array() 생성자　　② [ ] 리터럴 방법

③ { } 리터럴 방법　　④ contructor() 메소드 호출

08. 배열 arr = [10, 20, 30]의 두 번째 요소는 어떻게 접근하는가?

① arr.indexOf(2)　　② arr.indexOf(1)　　③ arr[2]　　④ arr[1]

09. 배열 arr = [10, 20, 30]에서 arr.indexOf(0)과 arr.indexOf(20)의 값은 얼마인가?

① 1과 −1　　② −1과 1　　③ −1과 0　　④ 0과 20

10. 다음 중 객체를 올바르게 생성하는 문장은?

① let dog = {age=2, hair='blue'};

② let dog = {age: 2, hair: 'blue'};

③ let dog = {age:2 hair:'blue'};

④ let dog = {let age=2, let hair='blue'};

11. 객체 dog에 color라는 속성을 저장하고자 한다. 올바르게 저장하는 문장은?

① dog.color = 'orange';　　② dog[color] = 'orange';

③ dog_color = 'orange';　　④ let dog.color = 'orange';

12. 객체에 존재하지 않은 속성을 꺼내려고 하면 어떤 값이 반환되는가?

① null　　② undefined　　③ −1　　④ 0

8장

Programming

01. 다음과 같은 화면을 가지는 일력을 작성하여 본다. Date 객체를 이용하여야 한다.

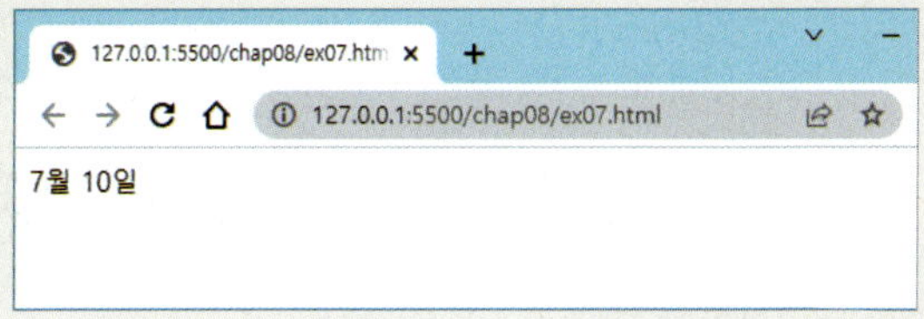

02. 쇼핑몰이라고 가정하자. 구입한 지 30일 지난 물건은 교환이 안 된다는 규정이 있다. 현재 날짜를 기준으로 30일이 지났으면 교환 기간이 지났다는 메시지를 출력한다.

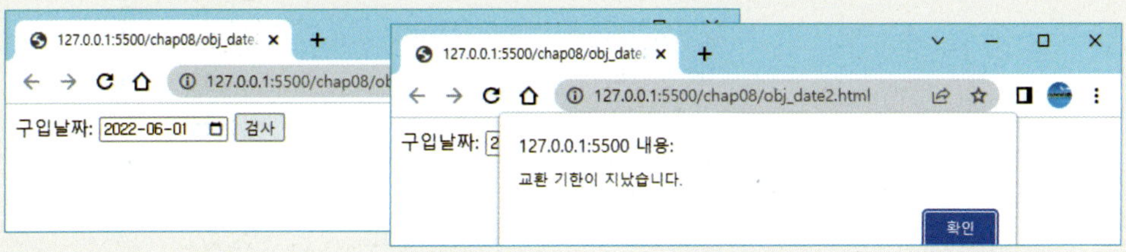

03. 0부터 1000000까지 합하는 코드의 실행 시간을 측정하는 자바스크립트 프로그램을 작성하시오.

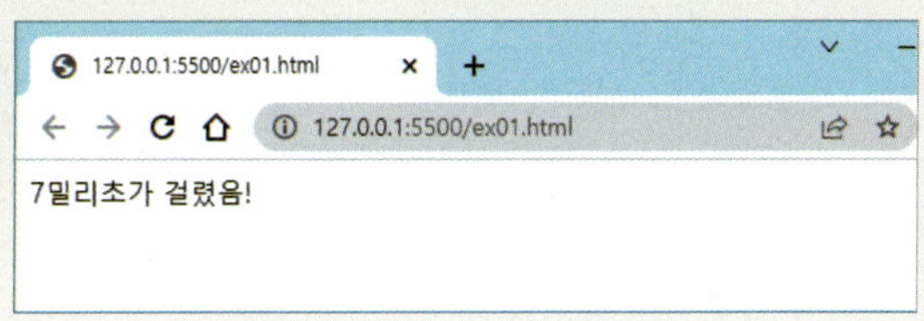

04. 문자열을 받아서 문자열의 첫 번째 글자를 대문자로 변환하는 strCap(str)를 작성해보자. 예를 들어 `strCap("hong") == "Hong"`이 된다.

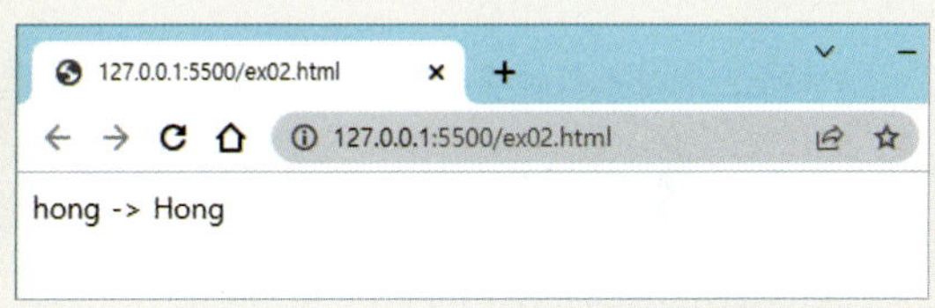

05. 인터넷에서 비속어가 사용되면 이것을 검출할 수 있는 함수 check(str)를 작성하여 보자. check()는 문자열이 "XXX"나 "xxx"를 포함하고 있으면 true를 반환한다. 그렇지 않으면 false를 반환한다. 예를 들어서 다음과 같다.

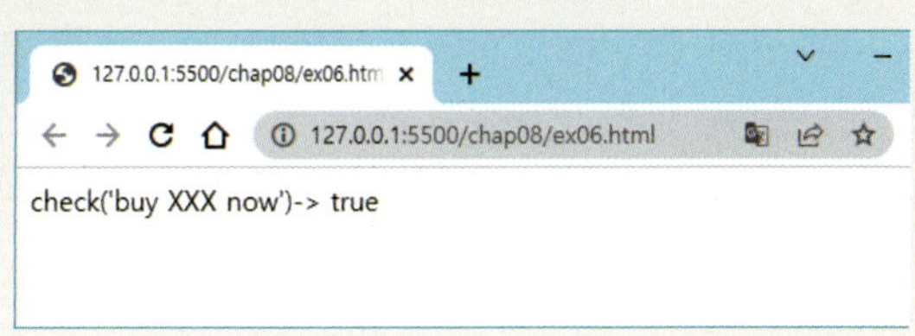


```
check('buy XXX now') == true
```

06. Date 객체의 getMonth() 메소드를 이용하여 현재 월의 이름을 영어로 출력하는 프로그램을 작성하라. 월 이름은 배열에 저장한다.

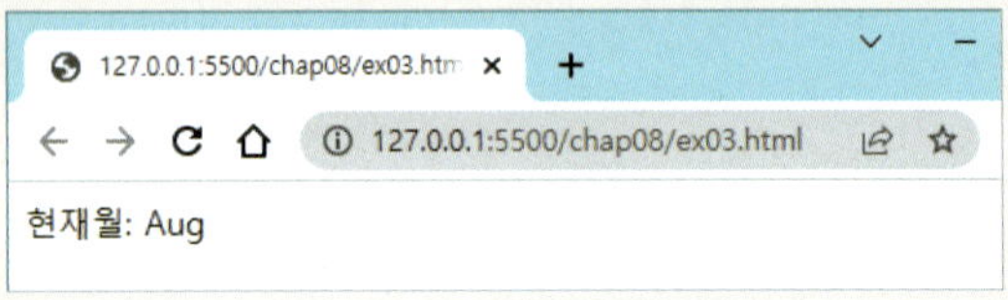

07. 다음과 같은 순서대로 자바스크립트 프로그램을 작성한다.

- "터미네이터", "트랜스포머"를 배열 요소로 가지고 있는 배열 movies를 생성한다.
- "맨오브스틸"을 배열에 추가한다.
- 배열의 뒤에서부터 2번째 요소를 "스파이더맨"으로 변경한다.
- 배열의 전체 내용을 화면에 출력한다.

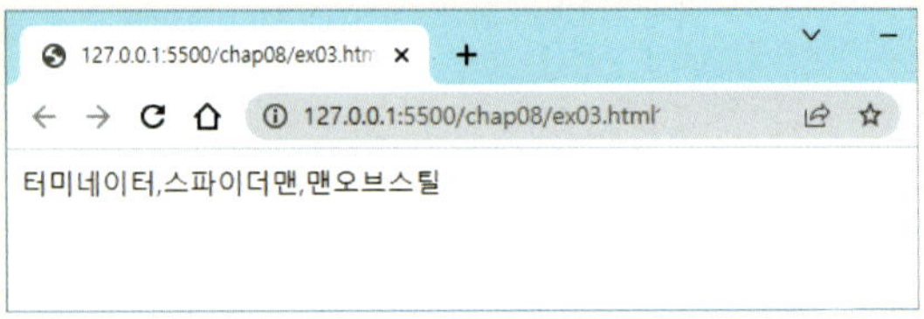

08. Math.random()을 이용하여 배열에서 랜덤하게 하나의 요소를 선택해서 출력하는 프로그램을 작성해보자.

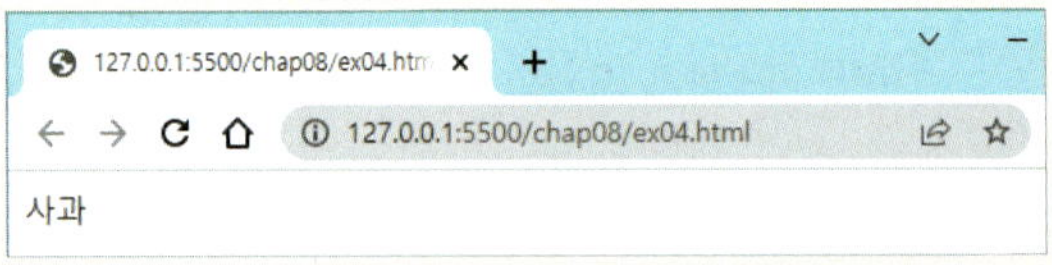


```
let arr = ["사과","오렌지","귤","당근","케일"];
```

09. 배열 요소의 값을 받으면 그 요소를 배열에서 찾아서 인덱스를 반환하는 함수 find(arr, value)를 작성해보자. 예를 들면 다음과 같다. indexOf()를 사용하지 않고 작성해보자.

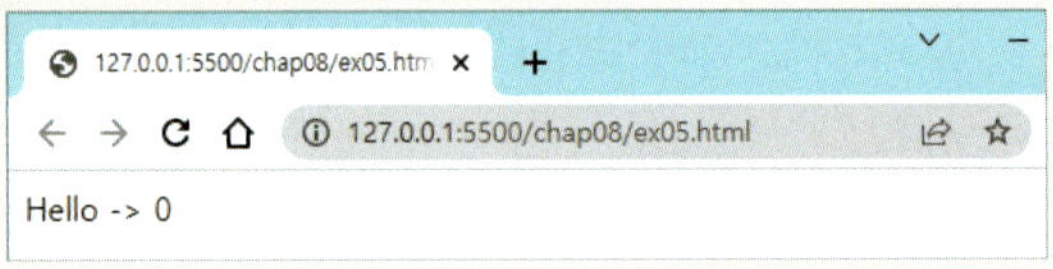


```
arr = [ "Hello", 10, 32.6, true ];
```

위와 같은 배열에서 find(arr, "Hello")를 호출하면 0을 반환한다.

10. 사용자를 나타내는 객체를 정의한다. 객체는 아이디, 나이, 패스워드 속성을 가지고 있다. { Kim, 20, 1234 } 값을 이용하여 객체 하나를 생성한 후에 객체의 모든 속성을 웹페이지에 출력하는 프로그램을 작성해보자. 객체를 생성하는 어떤 방법을 사용해도 좋다.

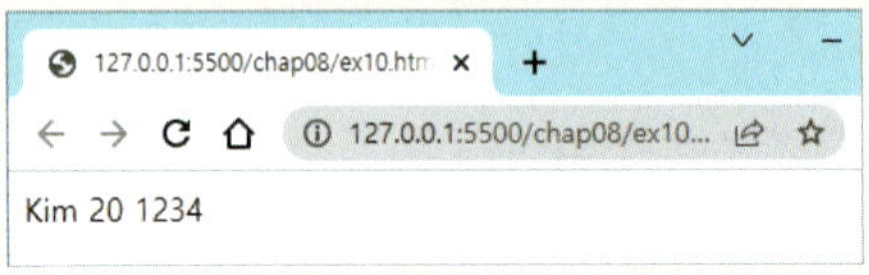

09

DOM(Document Object Model)

- DOM(Document Object Model)을 설명할 수 있나요?
- 웹 페이지에서 HTML 요소의 내용을 자바스크립트 코드로 변경할 수 있나요?
- 웹 페이지에서 HTML 요소의 스타일을 자바스크립트 코드로 변경할 수 있나요?
- 웹 페이지에 새로운 요소를 추가할 수 있나요?
- 웹 페이지의 요소를 삭제할 수 있나요?

9-01 문서 객체 모델(DOM)

웹프로그래밍에서 DOM(Document Object Model)이라는 용어가 자주 언급된다. DOM은 무엇일까? 한마디로 이야기하자면 HTML 문서 안의 모든 요소를 객체로 만들어 놓은 것이다. 무엇 때문에 HTML 요소를 객체로 만들어 놓을까? 몇 가지 이유가 있겠지만, 가장 큰 이유는 자바스크립트를 위해서이다. 즉, 자바스크립트가 간편하게 HTML 문서에 접근하여 수정할 수 있도록 HTML 요소를 객체로 만들어 놓는 것이다. DOM이 제공되지 않는다면 자바스크립트에서 직접 HTML 문서를 파싱해서 정보를 찾고 변경해야 할 것이다.

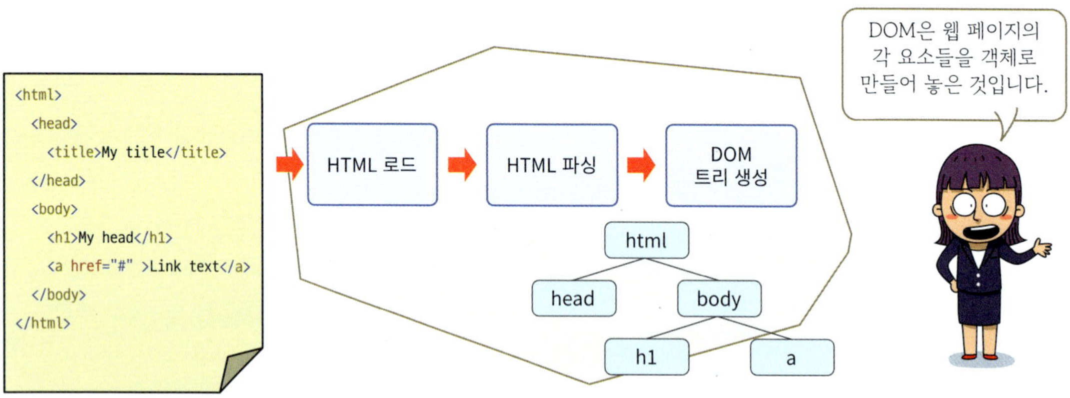

웹 페이지가 로드되면, 브라우저는 DOM을 생성한 후에 이 DOM을 순회하면서 웹 페이지를 화면에 표시한다. DOM은 HTML 문서의 계층적인 구조를 트리(tree)로 표현한다. 트리라는 용어는 형태가 나무와 비슷하기 때문이다. 트리에 있는 하나의 잎을 노드(node)라고 한다. DOM에서 노드는 문서 안에 들어 있는, 하나의 HTML 요소를 나타낸다. 예를 들면 다음과 같다.

```
<html>
    <head>
        <title>My title</title>
    </head>
    <body>
        <h1>My head</h1>
        <a href="#" >Link text</a>
    </body>
</html>
```

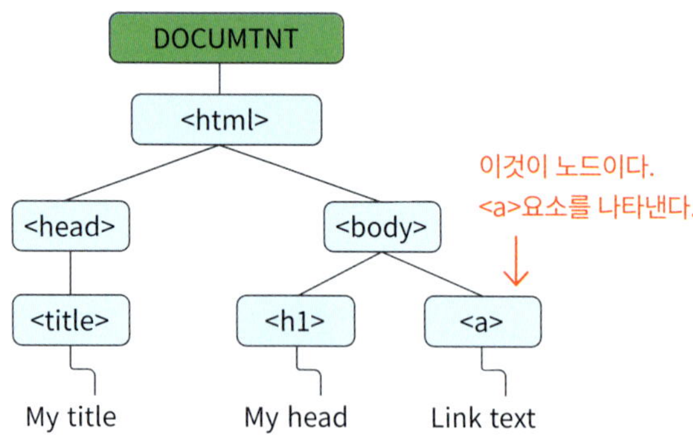

위의 트리를 보면 HTML 요소마다 하나의 객체가 생성된 것을 볼 수 있다. 객체의 이름은 HTML 태그 이름과 같다. 예를 들어 html 객체는 〈html〉 요소의 모든 속성과 스타일 정보를 가지고 있다. 같은 이름의

HTML 요소가 여러 개 있다면, 각 요소마다 객체가 별도로 생성된다. 예를 들어 <p> 태그가 2개 있다고 하면 DOM에서도 2개의 p 객체가 생성된다.

■ 웹 페이지의 DOM 트리 확인하는 방법

웹 페이지의 DOM 트리는 어디서 볼 수 있을까? 크롬 브라우저에서 마우스 오른쪽 버튼을 누르고 [검사]를 선택하면 다음과 같은 화면이 등장한다. 화면의 중앙을 보면, 눕혀진 DOM 트리를 볼 수 있다.

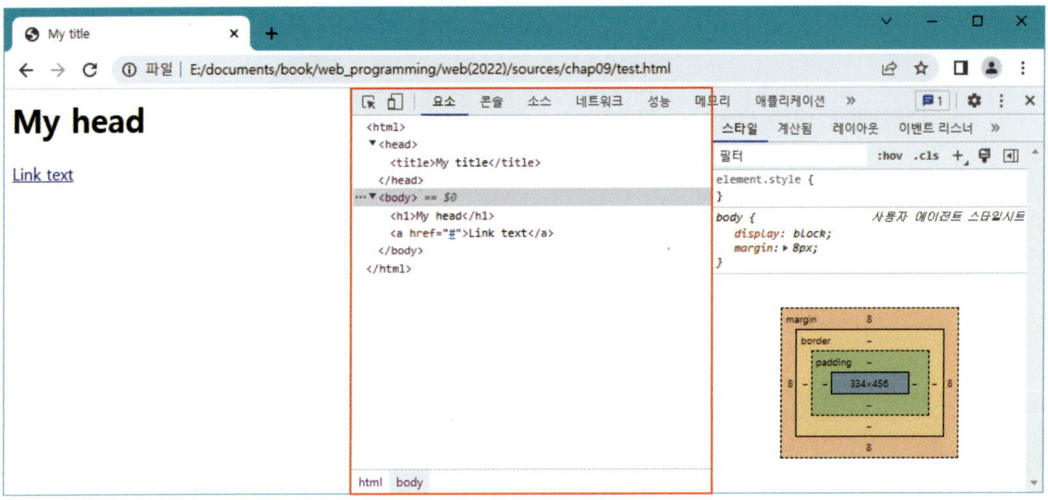

Ian Hickson's Live DOM viewer를 이용하면 다음과 같은 트리를 볼 수 있다.

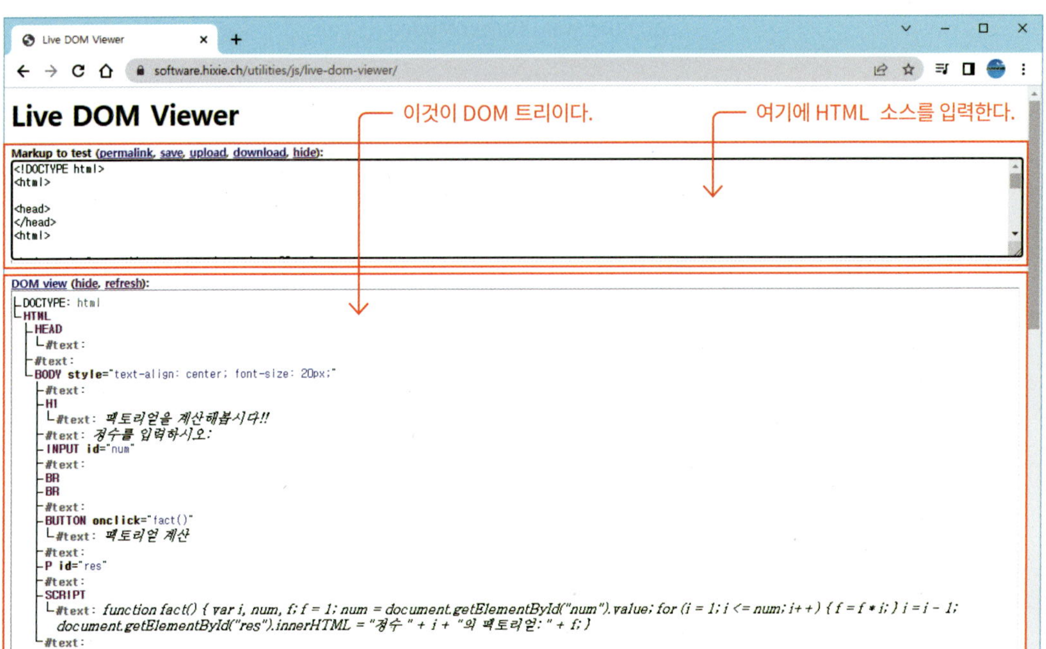

■ DOM을 이용하여 무엇을 할 수 있을까?

DOM을 이용하여 우리는 무엇을 할 수 있을까? 우리는 자바스크립트를 사용하여 DOM 트리를 순회하면서 페이지 안의 HTML 요소들의 내용(콘텐츠)이나 속성, CSS 스타일을 우리 마음대로 변경할 수 있다. 즉, 동적으로 웹 페이지의 내용과 스타일을 변경할 수 있는 것이다. 또 각각의 요소에서 발생하는 이벤트에 반응하는 코드를 작성할 수 있다. 예를 들어 버튼을 눌렀을 때 〈a〉 요소의 내용을 바꿀 수 있다.

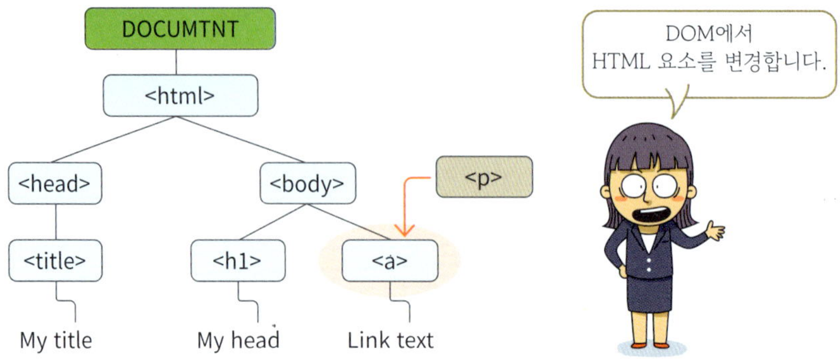

■ 자바스크립트에서 사용할 수 있는 객체들의 종류

자바스크립트에서는 HTML 문서와 웹브라우저를 모두 객체로 간주하여 처리하게 된다. HTML 문서를 객체로 표현한 것을 DOM이라고 하고 웹브라우저를 객체로 표현한 것을 BOM(Browser Object Model)이라고 한다. DOM과 BOM을 그림으로 그려보면 다음 그림과 같다.

BOM(Browers Object Model)

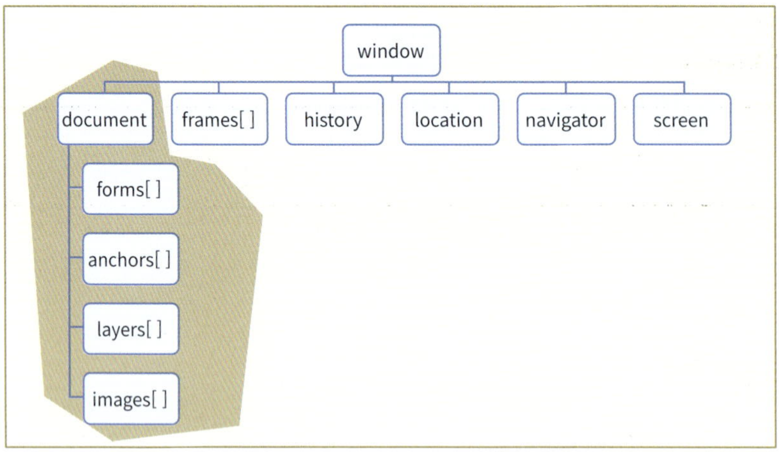

DOM(Document Object Model)

위의 그림에서 알 수 있듯이 BOM이 DOM을 포함하고 있다. BOM 트리의 최상위 노드는 window 객체로서, window 객체는 브라우저 그 자체를 표현한다. window 객체 안에는 많은 자식 객체들이 있는데, 그중의 하나가 document 객체이다. 브라우저에 있는 모든 것이 객체로 표현되어 있으므로, 자바스크립트에서는 이들 객체의 속성을 변경하고 객체의 메소드를 호출해주면 웹브라우저에 대한 거의 모든 것을 제어할 수 있다.

중간 점검

01. 왜 브라우저에서는 DOM 트리를 생성하는 것인가?

02. BOM 트리와 DOM 트리의 관계를 설명해보자.

9-02 DOM 객체

DOM에 존재하는 객체들은 다음과 같이 분류할 수 있다.

- **documents 객체**: DOM 트리의 루트 노드이며 HTML 문서 전체를 나타낸다. window.document가 바로 Document 객체이다.
- **element 객체**: HTML 요소를 나타내는 객체이다. 즉, 〈body〉, 〈a〉, 〈p〉, 〈script〉, 〈style〉, 〈html〉, 〈h1〉 등의 HTML 요소를 나타내는 객체이다.
- **styles 객체**: CSS 속성을 나타내는 객체이다. 즉, 배경색이나 경계선에 대한 정보를 가지고 있는 객체이다.
- **attributes 객체**: HTML 요소의 속성을 나타내는 객체이다.
- **events 객체**: HTML에서 발생하는 이벤트를 나타내는 객체이다.
- **collection 객체**: HTML 요소의 배열과 같은 컬렉션을 나타내는 객체이다.

document 객체

document 객체는 웹 페이지를 나타낸다. HTML 페이지의 요소에 접근하려면 항상 document 객체에 접근하는 것으로 시작하여야 한다. 요소를 찾는 메소드 중 일부는 다음과 같다. 다음 절에서 상세하게 설명된다.

메소드	설명
`document.getElementById(id)`	ID로 요소를 찾는다.
`document.getElementsByTagName(name)`	태그 이름으로 요소를 찾는다.
`document.getElementsByClassName(name)`	클래스 이름으로 요소를 찾는다.

■ element 객체

element 객체는 HTML 요소를 나타낸다. element 객체의 중요한 속성과 메소드들을 살펴보자.

속성이나 메소드	설명
addEventListener()	요소에 이벤트 처리기를 붙인다.
children	자식 요소들을 컬렉션으로 만들어서 반환한다.
firstChild	첫 번째 자식 노드를 반환한다.
innerHTML	요소의 내용을 가져오거나 설정한다.
innerText	자손 노드의 텍스트를 가져오거나 설정한다.
lastChild	마지막 자식 노드를 반환한다.
outerHTML	요소의 내용을 가져오거나 설정한다(시작 태그와 종료 태그 포함).
parentNode	부모 요소를 반환한다.
style	요소의 스타일을 가져오거나 설정한다.
appendChild()	자식 노드를 요소에 추가한다.
removeChild()	자식 노드를 요소로부터 삭제한다.

HTML 요소를 변경하는 방법 중에서 중요한 것들을 간략히 정리해보면 다음과 같다. 자세히 설명할 예정이다.

속성이나 메소드	설명
element.innerHTML = 새로운 콘텐츠	HTML 요소의 콘텐츠를 변경한다.
element.attribute = 새로운 값	HTML 요소의 속성값을 변경한다.
element.style.property = 새로운 스타일	HTML 요소의 스타일을 변경한다.
element.setAttribute(attribute, value)	HTML 요소의 속성값을 변경한다.

이벤트 처리 속성도 객체의 속성처럼 저장된다. 예를 들어 어떤 요소에 onclick 이벤트 처리기가 붙어 있다면 객체의 속성값 onclick에 이벤트 처리기가 저장된다. 어떤 객체에 저장된 속성들을 가상적으로 그려보면 다음과 같다.

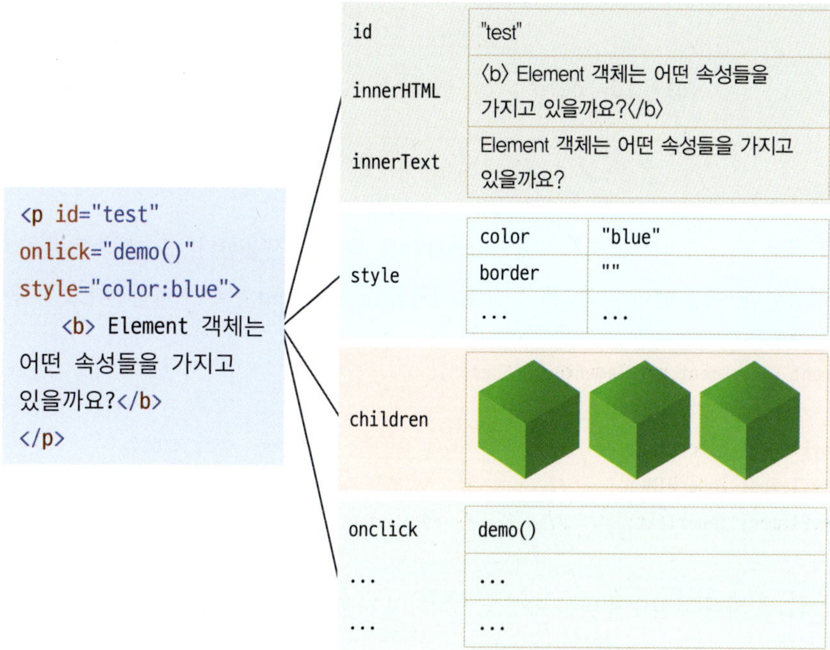

■ 크롬 브라우저에서 DOM 객체의 속성 보는 방법

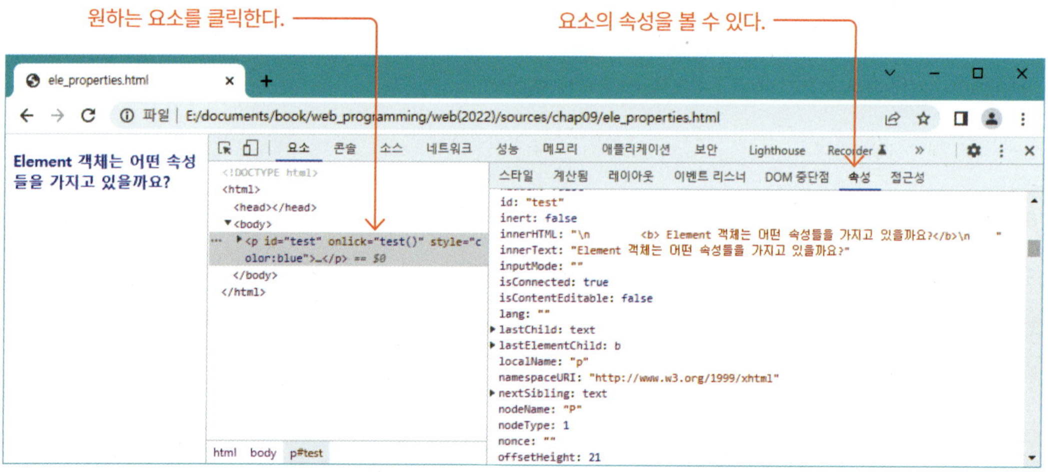

■ innerHTML, innerText 속성

element 객체의 속성 innerHTML은 우리가 가장 많이 사용하는 속성이다. innerHTML은 요소의 시작 태그와 종료 태그 사이에 포함된 콘텐츠를 가져오거나 설정할 때 사용한다. 콘텐츠 안에는 HTML 태그가 포함될 수 있다.

```
                       innerHTML
          <div id="demo"><b> My Web Pages </b></div>
                       outerHTML
```

시작 태그와 종료 태그까지를 포함하려면 outerHTML 속성을 사용한다. 또, 텍스트만을 추출하려면 innerText 사용한다. 예를 들어 위의 〈div〉 요소 객체를 myElement 변수가 가리킨다고 하자.

```
let myElement = document.getElementById("demo");

let s1 = myElement.outerHTML;      //      <div> <b> My Web Pages </b> </div>
let s2 = myElement.innerHTML;      //      <b> My Web Pages </b>
let s3 = myElement.innerText;      //      My Web Pages
```

따라서 개발자들은 자신의 필요에 맞는 속성을 선택하여 사용하면 된다.

■ style 속성

style 속성은 요소의 CSS 스타일 속성값을 반환한다. 다음과 같이 요소의 스타일 값을 설정할 수 있다. 이것은 다음 절에서 좀 더 자세하게 살펴보자.

```
document.getElementById("demo").style.backgroundColor = "red";
```

■ children 속성

children 속성은 자식 요소들의 컬렉션을 반환한다. 일반적으로 자식 요소는 여럿일 수 있으므로 컬렉션이 되는 것이다. 예를 들어 다음과 같은 HTML 코드에서 〈body〉 요소의 자식 요소 컬렉션을 가져와 보자.

children.html

```
<!DOCTYPE html>
<html>
<body>
    <h2>children 속성 테스트 페이지</h2>
    <p>body 요소의 자식 요소들은 다음과 같습니다:</p>
    <p id="test"></p>
    <script>
        let collection = document.body.children;
```

```
        let s = "";
        for (let i = 0; i < collection.length; i++) {
            s += collection[i].tagName + "<br>";
        }
        document.getElementById("test").innerHTML = s;
    </script>
</body>
</HTML>
```

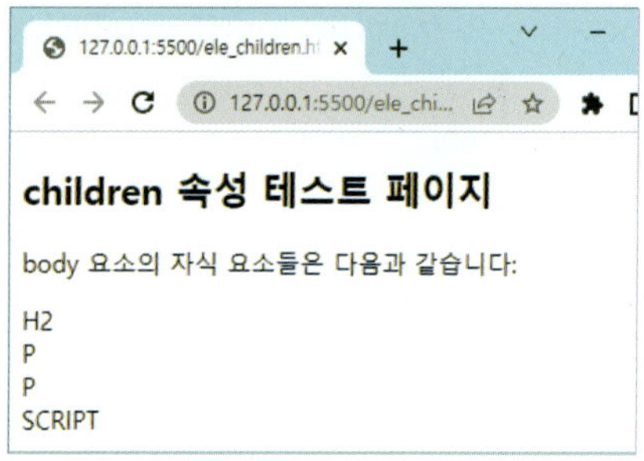

■ classList

classList 속성은 CSS에서 정의된 클래스 이름을 리스트 형태로 반환한다. 어떤 요소에 특정한 클래스를 지정하거나 토글할 때 사용하면 편리하다. 물론 요소의 스타일을 직접 변경해도 되지만, CSS로 특정 스타일을 적용한 후에, 요소에 클래스를 지정하는 편이 편리한 경우가 많다. 예를 들어 버튼을 누르면 <p> 요소의 클래스를 "style1"으로 지정하는 예제를 보자.

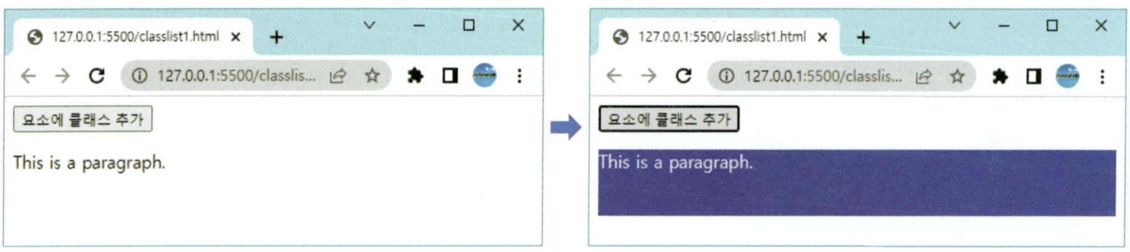

classlist.html

```
<!DOCTYPE html>
<html>
<style>
    .style1 {
        background-color: rgb(89, 65, 199);
        color: aliceblue;
        height: 60px;
    }
</style>
<body>
    <button onclick="sub()">요소에 클래스 추가</button>
    <div id="special">
        <p>This is a paragraph.</p>
    </div>
    <script>
        function sub() {
            document.getElementById("special").classList.add("style1");
```

```
            // document.getElementById("special").classList.toggle("style1");
        }
    </script>
</body>
</html>
```

만약 위의 코드에서 add() 대신에 주석과 같이 toggle()을 사용한다면 클래스 지정이 토글된다. 즉, style1 클래스 지정이 토글된다. 많이 사용하는 기능이다.

01. 왜 브라우저에서는 DOM 트리를 생성하는 것인가?

02. BOM 트리와 DOM 트리의 관계를 설명해보자.

9-03 HTML 요소 찾기

자바스크립트로 HTML 요소(element)들을 조작하여 동적인 웹 페이지를 작성하려면 먼저 원하는 요소를 찾아야 한다. 다음과 같은 방법들이 있다.

- ID로 HTML 요소 찾기
- 태그 이름으로 HTML 요소 찾기
- 클래스 이름으로 HTML 요소 찾기
- CSS 선택자로 HTML 요소 찾기

여기서는 ID와 태그 이름으로 찾는 방법만을 살펴본다.

■ id로 HTML 요소 찾기

DOM에서 HTML 요소를 찾는 가장 쉬운 방법은 요소의 id를 이용하는 것이다. 다음과 같은 문장은 id="main"을 가지는 요소를 찾는다.

```
x = document.getElementById("main");
```

문서 안에서 id가 "main"인 요소를 찾아서 반환한다.

만약 요소가 발견되면 getElementById()는 요소를 객체 형태로 반환한다. 요소가 발견되지 않으면 x는 null이 된다. 요소의 내용을 추출하거나 변경할 때 사용할 수 있다. 이제까지 우리가 많이 사용하였던 메소드이다. 비어 있는 <p> 요소에 자바스크립트로 콘텐츠를 추가하는 예제는 다음과 같다.

get_elem_id.html

```
<DOCTYPE html>
<html>
<body>
    <p id="special"></p>
    <script>
        document.getElementById("special").innerHTML
            = "Hello World!";
    </script>
</body>
</html>
```

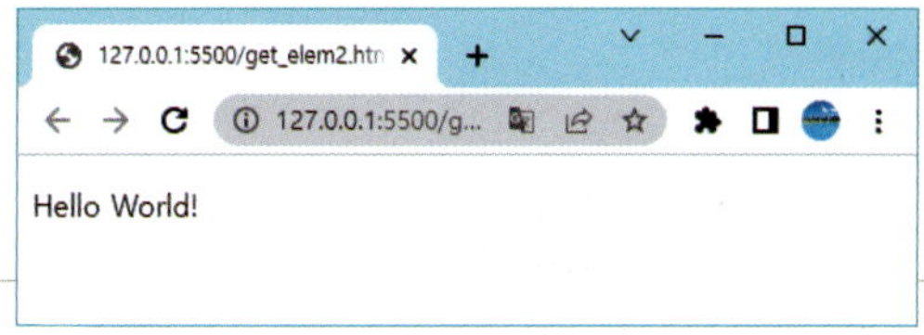

■ 태그 이름으로 HTML 요소 찾기

비슷한 메소드로 getElementsByTagName() 메소드가 있다. 이 메소드는 태그의 이름을 인수로 받아서 이 태그를 사용하는 모든 요소들을 배열에 넣어서 반환한다.

```
eleArray = document.getElementsByTagName("p");
```

→ 문서 안의 <p> 태그를 모두 찾아서 반환한다.

→ 배열로 반환된다. 첫 번째 요소는 eleArray[0]이다.

예를 들어 문서 전체에서 〈p〉 요소를 전부 찾은 후에, 첫 번째 〈p〉 요소만을 출력하는 코드를 작성해 보자.

get_elem_tag2.html

```
<!DOCTYPE html>
<html>
<body>
    <p>첫번째 p 요소</p>
    <p>두번째 p 요소</p>
    <p id="special"></p>
    <script>
        let eleArray = document.getElementsByTagName("p");
        document.getElementById("special").innerHTML = 'eleArray[0]: ' + eleArray[0].innerHTML;
    </script>
</body>
</html>
```

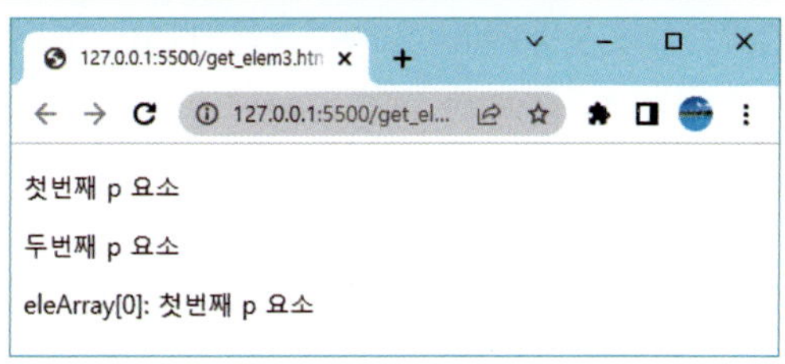

예제 리스트 항목 출력 예제

getElementByTagName() 메소드를 이용하여 리스트 항목들을 전부 출력하는 코드를 작성해보자.

get_elem_tag.html

```
<!DOCTYPE >
<html>
<body>
    <ul>
        <li>List item 1</li>
        <li>List item 2</li>
        <li>List item 3</li>
        <li>List item 4</li>
        <li>List item 5</li>
</ul>
    <script>
        let list = document.getElementsByTagName('ul')[0];
        let allItems = list.getElementsByTagName('li');

        for (let i = 0, length = allItems.length; i < length; i++) {
            alert(allItems[i].innerHTML);
        }
    </script>
</body>
</html>
```

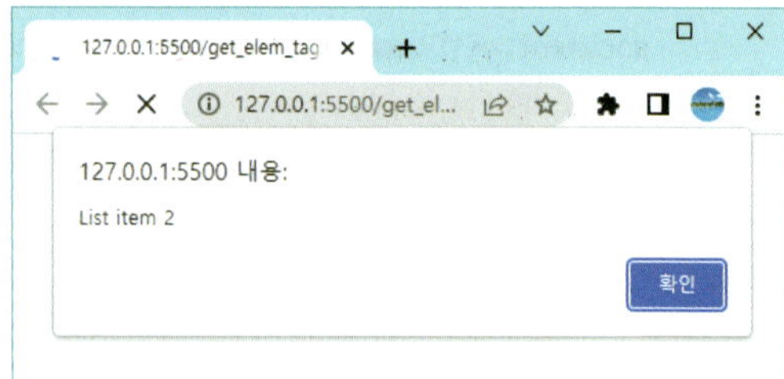

먼저 문서 내의 첫 번째 <ul> 요소를 찾는다.

list 안에서, 즉 첫 번째 <ul> 안에서 <li> 요소들을 전부 찾는다.

for 반복 루프를 이용하여 첫 번째 자식 노드의 innerHTML를 출력한다.

▪ CSS 선택자로 HTML 요소 찾기

지정된 CSS 선택자와 일치하는 모든 HTML 요소를 찾으려면 querySelectorAll() 메소드를 사용한다. 이것도 꽤 자주 사용된다. 예를 들어서 〈p〉 요소 중에서 클래스가 special인 요소를 모두 찾아보자. CSS 선택자 "p.special"을 이용하여 찾는다.

get_elem_css.html

```
<!DOCTYPE html>
<html>
<body>
    <p class="special">This is a first paragraph.</p>
    <p class="special">This is a second paragraph.</p>
    <p id="result"></p>
    <script>
```

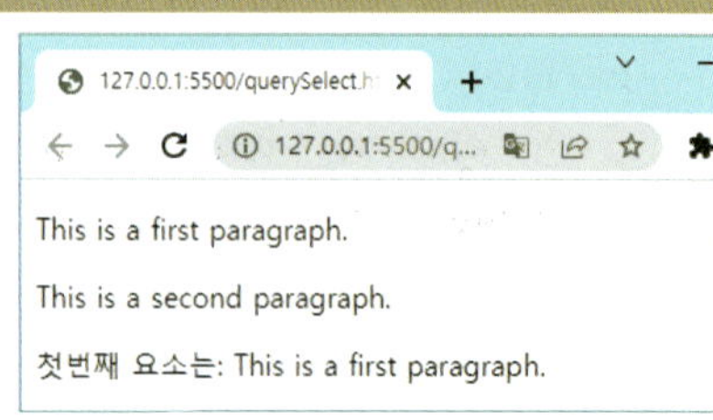

```
        let arr = document.querySelectorAll("p.special");
        document.getElementById("result").innerHTML =
            '첫번째 요소는: ' + arr[0].innerHTML;
    </script>
</body>
</html>
```

querySelector() 메소드는 일치하는 첫 번째 요소만을 찾아서 반환한다.

■ 객체들 간의 관계를 이용한 DOM 트리 순회

트리에서는 부모 노드, 자식 노드, 형제 노드의 개념이 있다. 이것들은 쉽게 알 수 있을 것이다. 하나의 노드가 많은 자식 노드를 가지고 있는 경우에는 다음과 같은 관계가 성립된다.

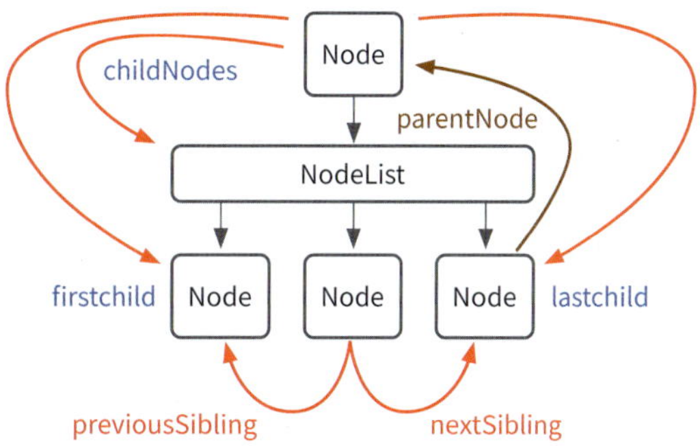

DOM 트리를 순회하는 한 가지 방법은 자식 노드와 부모 노드 관계를 이용하여 한 노드씩 방문하는 방법이다. 이 방법에서는 childNodes[ ], nextSibling[ ], parentNode[ ]를 이용한다.

- childNodes: 한 요소의 모든 자식 요소에 접근할 수 있다. 배열이 반환된다.
- firstChild: 'childNodes' 배열의 첫 번째 자식 노드가 반환된다. 'childNodes[0]'과 같다.
- lastChild: 'childNodes' 배열의 마지막 자식 노드가 반환된다. 'childNodes[childNodes.length-1]'과 같다.
- parentNode: 현재 노드의 부모 노드를 반환한다.
- nextSibling: 현재 노드의 다음 형제 노드를 반환한다.
- previousSibling: 현재 노드의 이전 형제 노드를 반환한다.

다음 그림을 참고한다.

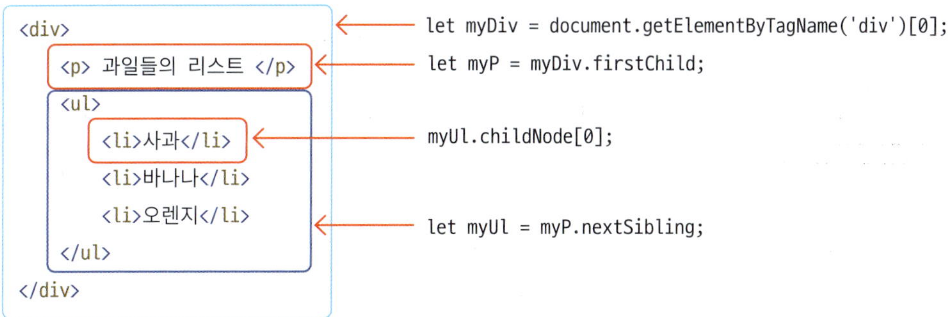

중간 점검

01. id(아이디)로 요소를 찾을 때, 이용하는 메소드는?

02. 태그 이름으로 요소를 찾을 때, 이용하는 메소드는?

03. CSS 선택자로 요소를 찾을 때, 이용하는 메소드는?

9-04 HTML 요소의 값 읽기

■ 입력 양식에서 사용자 입력값 읽기 #1

일반 HTML 요소에서는 innerHTML 속성을 이용하여 요소 안의 내용을 읽으면 된다. 하지만 〈input〉과 같은 입력 양식에서는 어떻게 읽어야 할까? 입력 양식에 속하는 요소들은 inner HTML 속성을 사용하지 않는다. 입력 양식 안에 사용자가 입력한 값은 value라고 불리는 속성에 저장된다. innerHTML이 아니다. 주의하도록 하자.

get_elem_input.html

```
<!DOCTYPE >
<html>
<head>
    <script>
      function process() {
            let obj = document.getElementById("target");
            alert(obj.value);
        }
</script>
</had>
<body>
    <form name="myform">
        <input type="text" id="target" name="text1">
        <input type="submit" value="제출" onclick="process()">
    </form>
</body>
</html>
```

id가 "target"인 요소를 찾는다.

그 요소의 속성 value를 출력한다.

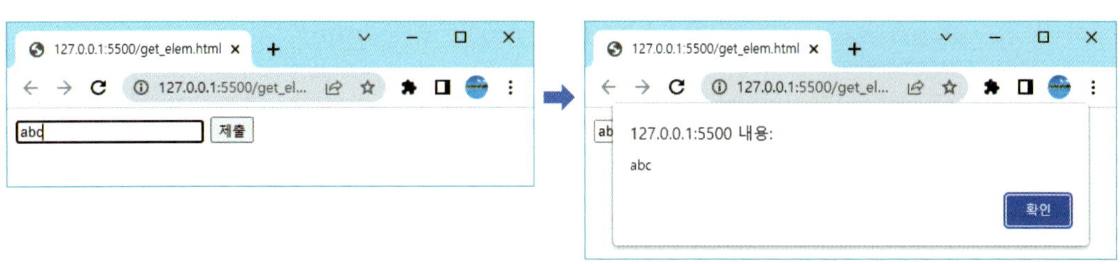

위의 코드에서는 버튼이 클릭되면 process()가 호출되고 process()에서는 getElementById() 메소드를 이용하여 id가 "target"인 요소를 찾은 후에, 요소의 value 속성을 출력한다. 입력 요소이기 때문에 innerHTML이 아니고 value 속성을 참조해야 한다.

■ 입력 양식에서 사용자 입력값 읽기 #2

입력 요소를 찾을 때, 많이 사용되는 방법이 하나 더 있다. document 객체 안에 forms라는 배열 객체가 있다. forms 객체는 document 객체 안에 존재하는 모든 입력 양식을 저장한다. 즉, HTML 문서 안의 모든 입력 양식(form)은 이 배열 안에 전부 들어 있다. 따라서 이 배열 안에서 원하는 입력 양식을 찾아도 된다. forms 배열 안에 입력 양식들은 어떤 순서대로 들어가 있을까? HTML 문서 안에서 등장하는 순서대로 입력 양식들이 들어가 있다. 예를 들어 다음과 같이 입력 양식이 하나만 포함되어 있다고 하면 아래와 같이 참조할 수 있다.

```
<form> ←——————————————— document.forms[0]
    <input type="text" value=''> ←—— document.forms[0].elements[0]
    <input type="text" value=''> ←—— document.forms[0].elements[1]
    <input type="submit">
</form>
```

만약 입력 양식과 입력 필드에 name 속성이 지정되어 있다면 요소를 찾기는 더욱 쉽다. 자바스크립트에서 배열의 요소는 name 속성으로 찾을 수도 있게 되어 있다. 이것을 연관 배열기능이라고 한다.

```
<form name="myform"> ←——————————————— document.myform
  <input type="text" id="target1" name="text1"> ←—— document.myform.text1
  <input type="text" id="target2" name="text2"> ←—— document.myform.text2
  <input type="submit">
</form>
```

위의 방법을 사용한다면 앞의 예제를 다음과 같이 작성할 수도 있다.

get_elem_input1.html

```
<!DOCTYPE >
<html>
<head>
    <script>
        function process() {
            let obj = document.myform.text1;
            alert(obj.value);
        }
```

→ document 안의 myform 안의 text1 객체

→ 그 요소의 value 속성을 출력한다.

```
</script>
</head>
<body>
    <form name="myform">
        <input type="text" id="target" name="text1">
        <input type="submit" value="제출" onclick="process()">
    </form>
</body>
</html>
```

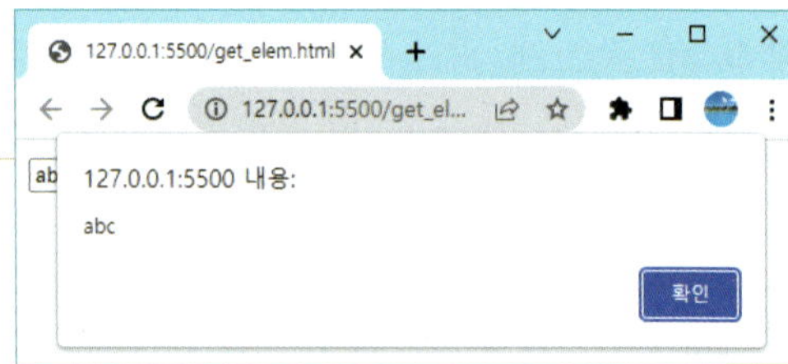

■ 텍스트 영역에서 입력값 읽기

입력 양식 중에서 텍스트 영역이 있다. 여기서는 어떻게 사용자가 입력한 텍스트를 읽을 수 있을까? 역시 value 속성을 사용하면 된다.

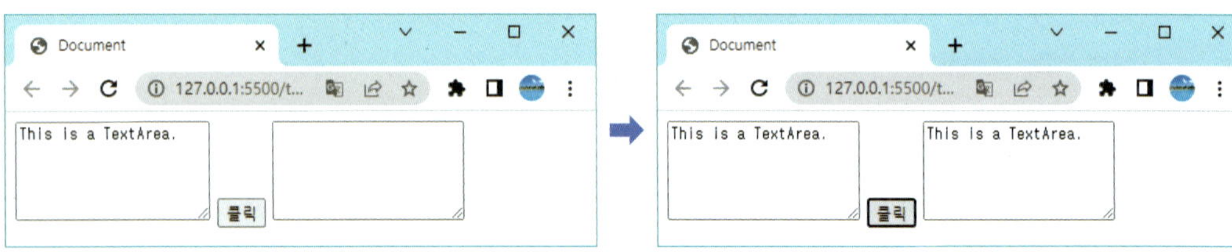

ge_textarea.html

```
<!DOCTYPE html>
<html lang="ko">
<head>
    <script>
        function getTextAreaValue() {
            let s;
            s = document.getElementById("textArea").value;
            document.getElementById("result").value = s;
        }
    </script>
</head>
<body>
    <textarea id="textArea" rows=5 cols=20>This is a TextArea.</textarea>
    <input type="button" onclick="getTextAreaValue();" value="클릭">
    <textarea id="result" rows=5 cols=20></textarea>
</body>
</html>
```

■ 체크 박스, 라디오 버튼에서 값 읽기

체크 박스에서는 다음과 같이 읽으면 된다.

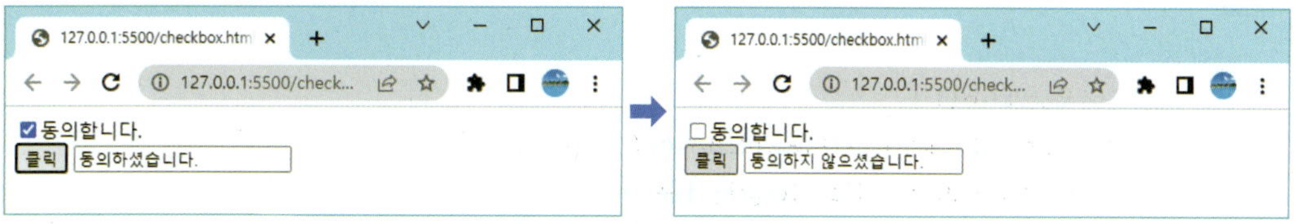

get_elem_check.html

```
<!DOCTYPE html>
<html lang="ko">
<head>
    <script>
        function get() {
            if (document.getElementById("myCheckBox").checked) {
                document.getElementById("result").value = "동의하셨습니다.";
            } else {
                document.getElementById("result").value = "동의하지 않으셨습니다.";
            }
        }
    </script>
</head>
<body>
    <input type="checkbox" id="myCheckBox">동의합니다.<br>
    <input type="button" onclick="get();" value="클릭">
    <input type="text" id="result" value="">
</body>
</html>
```

라디오 버튼에서는 다음과 같이 읽는다.

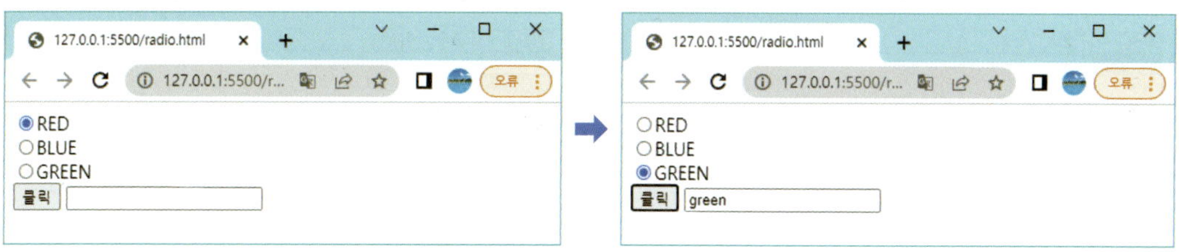

get_elem_radio.html

```
<!DOCTYPE html>
<html lang="en">
<head>
    <script>
        function getValue() {
            let list = document.getElementsByName('color');
            for (let i = 0; i < list.length; i++) {
                if (list[i].checked) {
                    document.getElementById("result").value = list[i].value;
                    break;
                }
            }
        }
    </script>
</head>
<body>
    <input type="radio" name="color" CHECKED value="red">RED<br>
    <input type="radio" name="color" value="blue">BLUE<br>
    <input type="radio" name="color" value="green">GREEN<br>
    <input type="button" onclick="getValue();" value="클릭">
    <input type="text" id="result" value="">
</body>
</html>
```

■ SelectList에서 값 읽기

SelectList는 풀다운 메뉴의 기능을 하는 입력 양식 요소이다. 여기서는 다음과 같이 사용자가 선택한 값을 읽을 수 있다.

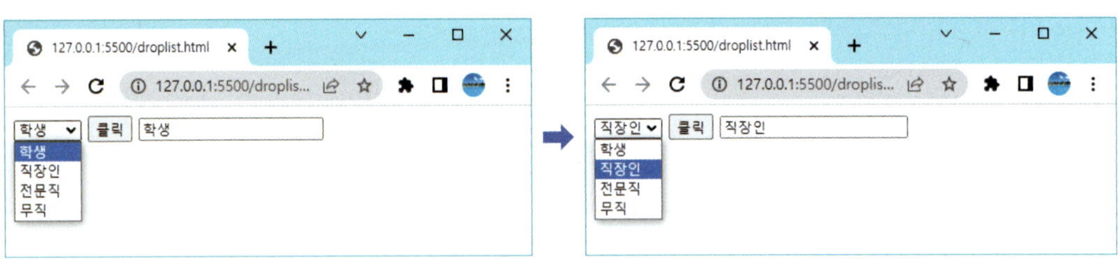

get_elem_select.html

```
<!DOCTYPE html>
<html lang="en">
<head>
    <script>
        function getValue() {
            let selected, s;
            selected = document.getElementById("myList").selectedIndex;
            s = document.getElementById("myList").options[selected].value;
            document.getElementById("result").value = s;
        }
    </script>
</head>
<body>
    <select id="myList">
        <option value="학생">학생</option>
        <option value="직장인" selected>직장인</option>
        <option value="전문직">전문직</option>
        <option value="무직">무직</option>
    </select>
    <input type="button" onclick="getValue()" value="클릭">
    <input type="text" id="result" value="">
</body>
</html>
```

Lab

도형 면적과 부피 계산

사용자로부터 반지름을 받아서 원의 면적이나 구의 부피를 출력하는 코드를 작성해보자. 면적과 부피는 라디오 버튼으로 구현하여서 사용자가 하나만을 선택할 수 있도록 하자.

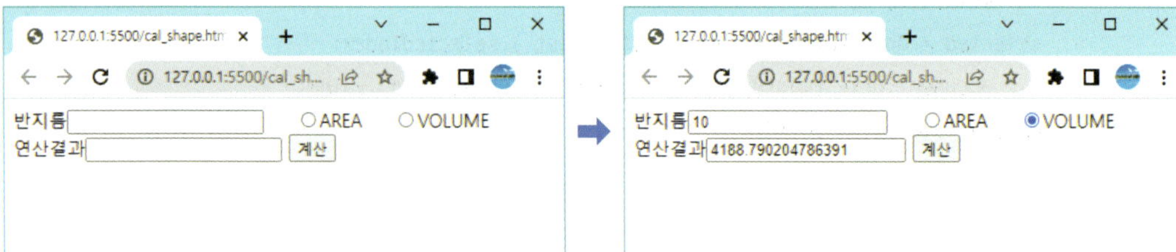

circle_area.html

```
<!doctype html>
<html lang="ko">
<head>
    <script>
        function calc() {
            let result;
            let radius = document.getElementById('radius').value;
            let list = document.getElementsByName('shape');
            if (list[0].checked)
                result = Math.PI * Math.pow(radius, 2);
            else
                result = (4.0 / 3.0) * Math.PI * Math.pow(radius, 3);
            document.getElementById('result').value = result;
        }
    </script>
</head>
<body>
    반지름<input type="text" name="radius" id="radius">
     <input type="radio" name="shape" value="area">AREA
     <input type="radio" name="shape" value="volume">VOLUME<br>
    연산결과<input type="text" name="volume" id="result">
    <button onclick="calc()">계산</button>
</body>
</html>
```

9-05 HTML 요소 변경하기

자바스크립트를 이용하여 HTML 문서의 DOM을 변경하는 것은 3가지 경우로 나눌 수 있다. HTML 문서가 변경되는 것은 아니고 DOM만 변경된다는 것을 잊지 말자.

- 요소의 내용 변경하기
- 요소의 속성 변경하기
- 요소의 스타일 변경하기

요소의 내용 변경하기

DOM을 사용하면 자바스크립트로 HTML 요소의 내용을 쉽게 변경할 수 있다. 만약 특정 HTML 요소의 내용을 변경하고 싶으면 어떻게 해야 할까? HTML 요소의 내용을 변경하는 가장 쉬운 방법은 innerHTML 속성을 사용하는 것이다. innerHTML은 요소의 시작 태그와 종료 태그 사이에 놓여진 모든 HTML 코드와 텍스트를 의미한다.

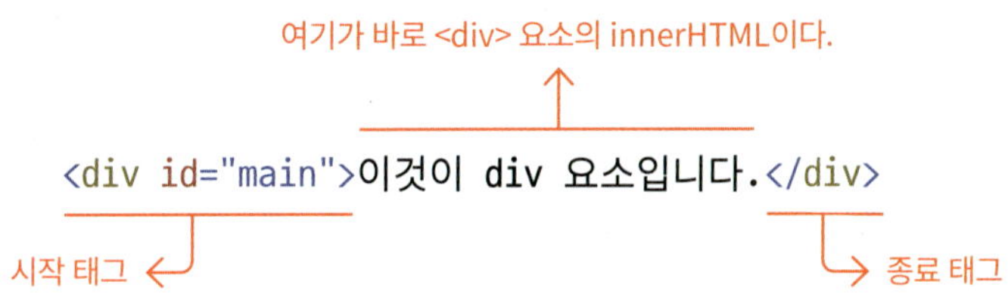

일반적으로 innerHTML 속성에는 태그가 포함될 수도 있다. 예를 들어 〈strong〉 태그가 들어갈 수도 있는 것이다. 따라서 어떤 요소의 콘텐츠를 변경하려면, 즉, 시작 태그와 종료 태그 사이의 내용을 변경하려면 innerHTML 속성에 원하는 내용을 대입해주면 된다.

```
document.getElementById("main").innerHTML = "웹페이지가 작성되었습니다.";
```

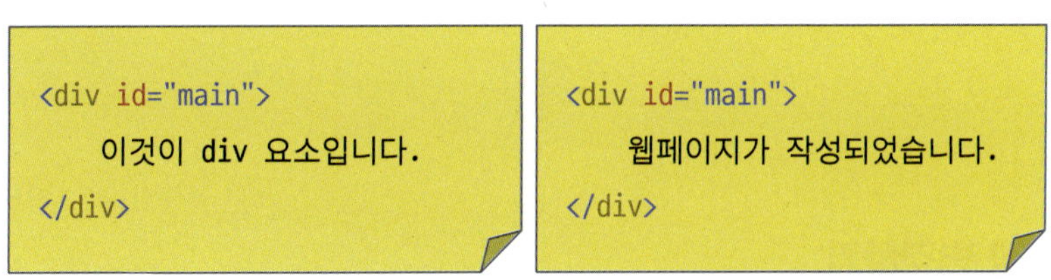

위의 HTML 문서는 id가 "main"인 〈div〉 요소를 포함하고 있다. HTML DOM을 이용하여서 `id="main"`인 요소를 찾는다. 자바스크립트가 요소의 내용(innerHTML)을 변경한다.

dom_elem_mod.html

```
<!DOCTYPE html>
<html>
<head>
    <title></title>
    <script>
        function get() {
            let val = document.getElementById("ex").innerHTML;
        }
        function set(v) {
            document.getElementById("ex").innerHTML = v;
        }
    </script>
</head>
<body>
    <div id="ex">여기가 div로 선언되었습니다.</div>
    <a href="#" onclick="get()">div 요소 내용 출력하기</a><br />
    <a href="#" onclick="set('변경되었습니다.')">div 요소 내용 변경하기</a>
</body>
</html>
```

요소의 내용 출력

요소의 내용 변경

이 <div> 요소의 내용이 변경된다.

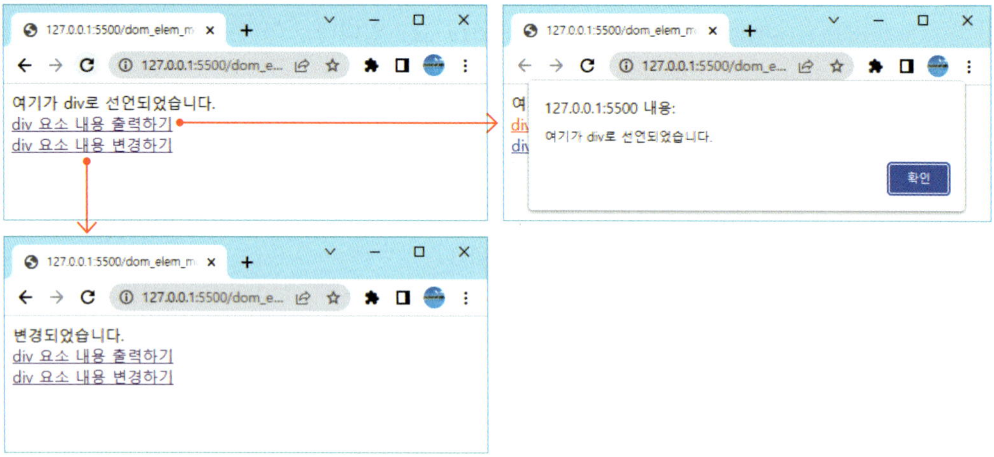

■ 요소의 속성 변경하기

앞에서는 요소의 내용(콘텐츠)을 동적으로 변경해보았다. 이번에는 요소가 가진 속성을 동적으로 변경하여 보자. HTML 요소의 속성을 변경하려면 다음과 같은 문법을 사용한다.

속성 이름 / 새로운 속성값

```
document.getElementById("image").src = "poodle.png";
```

위의 문장에서는 id가 “image”인 요소를 찾아서 〈img〉 요소의 src 속성을 변경한다.

dom_elem_mod1.html

```
<!DOCTYPE html>
<html>
<body>
    <img id="image" src="pome.png" width="120" height="100">
    <script>
        function changeImage() {
            document.getElementById("image").src = "poodle.png";
        }
    </script>
    <input type="button" onclick="changeImage()" value="눌러보세요" />
</body>
</html>
```

여기가 변경된다. (src="pome.png")

id가 “image”인 요소의 src 속성을 변경한다.

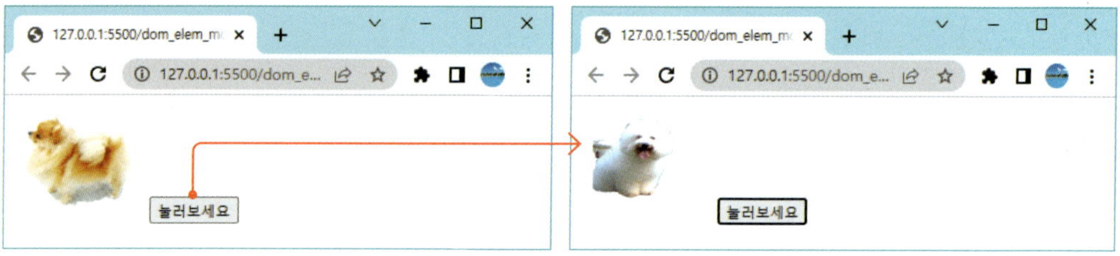

HTML 문서는 id가 “image”인 〈img〉 요소를 포함한다. DOM을 이용하여 `id="image"`인 요소를 얻는다. 버튼이 눌려지면, 자바스크립트가 요소의 src 속성을 “pome.png”에서 “poodle.png”로 변경한다.

■ 요소의 스타일 변경하기

DOM과 자바스크립트를 사용하면 HTML 요소의 스타일도 얼마든지 동적으로 변경할 수 있다.

반드시 style을 붙인다. / 새로운 속성값

```
document.getElementById("p2").style.color="blue";
```

속성 이름

버튼이 눌리면 〈p〉 요소의 스타일이 변경되는 프로그램을 작성해보자.

dom_elem_mod2.html

```
<!DOCTYPE html>
<html>
<body>
    <p id="p1">This is a paragraph.</p>
    <script>
        function changeStyle() {
            document.getElementById("p1").style.color = "red";
            document.getElementById("p1").style.fontFamily = "Century Schoolbook";
            document.getElementById("p1").style.fontStyle = "italic";
        }
    </script>
    <input type="button" onclick="changeStyle()" value="눌러보세요" />
</body>
</html>
```

여기가 변경된다.

id가 "p1"인 요소의 CSS 속성을 변경한다.

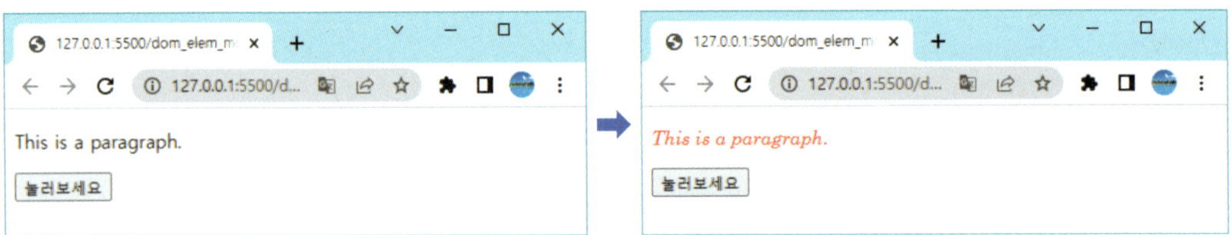

예제 요소의 속성 변경 예제

버튼을 누르면 요소를 화면에서 사라지게 하는 예제를 살펴보자. style 객체 안의 visibility 속성을 이용한다.

dom_elem_mod3.html

```
<!DOCTYPE html>
<html>
<body>
    <h3 id="heading">이것은 헤딩입니다.</h3>

    <input type="button" value="요소숨김"
    onclick="document.getElementById('heading').style.visibility = 'hidden'" />
    <input type="button" value="요소표시"
    onclick="document.getElementById('heading').style.visibility = 'visible'" />

</body>
</html>
```

여기가 변경된다.

id가 "p1"인 요소의 CSS 속성을 변경한다.

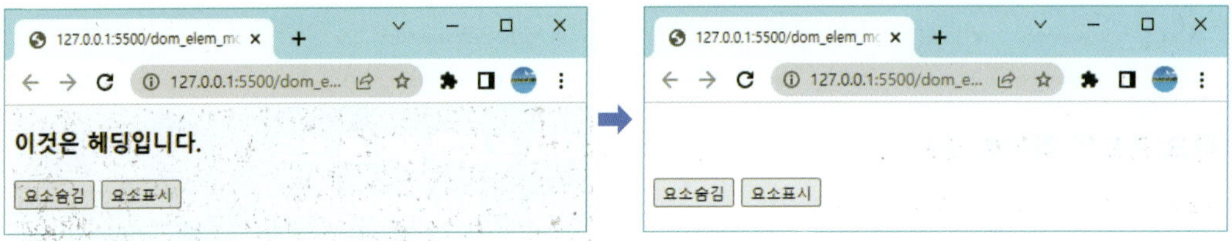

예제 다크 모드와 라이트 모드 변환

자바스크립트를 이용하여서 다크(dark) 모드와 라이트(light) 모드를 토글할 수 있는 버튼을 만들어보자.

darkmode.html

```
<!DOCTYPE html>
<html>
<head>
    <script>
        let mode = "white";
        function sub() {
            if (mode == "white") {
                document.getElementsByTagName("body")[0].style.backgroundColor = "black";
                document.getElementsByTagName("body")[0].style.color = "white";
                mode = "black";
            } else {
                document.getElementsByTagName("body")[0].style.backgroundColor = "white";
                document.getElementsByTagName("body")[0].style.color = "black";
                mode = "white";
            }
        }
    </script>
</head>
<body>
    <h2>다크 모드와 라이트 모드</h2>
    <p>버튼을 누르면 다크 모드와 라이트 모드가 토글됩니다.</p>
    <button onclick="sub()">다크모드 토글</button>
</body>
</html>
```

중간 점검

01. 요소의 내용을 변경하려면 어떤 속성을 사용해야 하는가?

02. 요소의 스타일(예를 들어 배경색)을 변경하려면 어떤 속성을 사용해야 하는가?

Lab

계산기 #1

자바스크립트로 간단한 계산기를 작성하여보자. 연산 결과를 입력 양식에 표시해보자. 따라서 innerHTML이 아닌 value 속성을 사용하여야 한다.

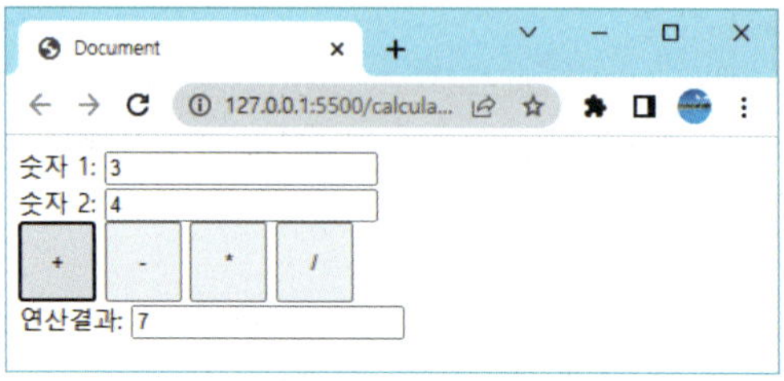

calculator1.html

```
<!DOCTYPE html>
<html lang="ko">
<head>
    <style>
        .button {
            padding: 10px;
            width: 50px;
            height: 50px;
        }
    </style>
    <script>
        function add() {
```

```
            let number1, number2;
            number1 = parseFloat(document.getElementById("number1").value);
            number2 = parseFloat(document.getElementById("number2").value);
            document.getElementById("result").value = number1 + number2;
        }
    </script>
</head>
<body>
    숫자 1: <input type=text id="number1" value="9"><br>
    숫자 2: <input type=text id="number2" value="6"><br>
    <input type=button value="+" onclick="add()" class="button">
    <input type=button value="-" class="button">
    <input type=button value="*" class="button">
    <input type=button value="/" class="button"><br>
    연산결과: <input type=text id="result" value="">
</body>
</html>
```

도전

01. 사칙연산을 모두 구현해보자.

9-06 DOM 노드 삭제와 추가

■ document 객체

document 객체는 DOM 트리의 루트 노드이다. document 객체는 HTML 요소를 찾거나 추가하거나 삭제하는 메소드도 제공한다. 자바스크립트를 이용하여 새로운 요소를 추가하거나 삭제할 수도 있는 것이다. document 객체 안에는 모든 HTML 요소들이 저장되어 있다. document 객체 안에는 HTML 요소들을 배열처럼 접근하는 컬렉션도 생성되어 있다. 예를 들어 문서 안의 모든 〈form〉 요소들은 form[] 컬렉션에 저장되어 있다. 모든 이미지들은 images[] 컬렉션에 저장되어 있다. 모든 하이퍼링크들은 links[] 컬렉션에 저장된다. 이번 절에서는 요소를 추가하거나 삭제하는 메소드를 중심으로 살펴보자.

메소드	설명
document.createElement(element)	HTML 요소를 생성한다.
document.removeChild(element)	HTML 요소를 삭제한다.
document.appendChild(element)	HTML 요소를 추가한다.
document.replaceChild(new, old)	HTML 요소를 대체한다.
document.write(text)	HTML 출력 스트림에 쓴다.

■ 새로운 HTML 요소 생성

동적으로 웹 페이지에 새로운 요소를 만들어서 추가할 수 있을까? 다음과 같은 순서대로 자바스크립트 문장을 작성하면 된다.

1. 첫 번째 단계는 새로운 요소를 생성하는 것이다. 요소를 생성하는 것은 어렵지 않다. document 객체의 createElement() 메소드를 호출하면 된다.

```
let node = document.createElement("p");
```

<p> 노드를 생성한다.

2. 두 번째 단계는 문서(DOM 트리) 내에서 추가할 위치를 찾는 것이다. 요소가 생성되면 문서 트리에서 요소를 추가할 위치를 찾아야 한다. 가장 많이 사용되는 방법이 id를 이용해서 탐색하는 방법이다. id로 찾으려면 document.getElementById()를 호출한다. 이 메소드는 객체를 반환한다.

```
let parent = document.getElementById("target");
```

id가 "target"인 요소를 찾아서 반환한다.

3. 세 번째 단계에서는 새로운 요소를 기존의 요소에 연결한다. 새로운 요소를 기존 요소(부모 요소)의 자식 요소로 추가하려면 부모의 appendChild()를 호출한다.

```
parent.appendChild(node);
```

위의 과정을 예제로 만들어보자.

dom_append.html

```
<!DOCTYPE html>
<html lang="ko">
<head>
    <script>
        function addNode(t) {
            let node = document.createElement("p");
            node.innerHTML=t;
            document.getElementById("target").appendChild(node);
```

노드 생성

노드 추가

```
        }
    </script>
</head>
<body>
    <div id="target" onclick="addNode('동적으로 텍스트가 추가됩니다.')" style="font: 20px italic;">여기를 클릭하세요.</div>
</body>
</html>
```

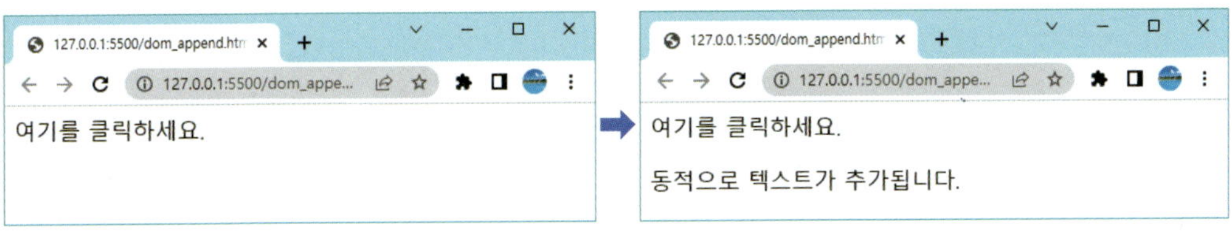

위의 예제를 실행하면 새로운 노드는 〈div ...〉 〈/div〉 안에서 종료 태그인 〈/div〉 바로 앞에 추가된다.

```
<div ...>여기를 클릭하세요.</div>
```

새로운 노드 <p> 추가 위치

만약 〈div〉 태그의 바로 뒤에 첫 번째 자식 노드로 추가하고 싶으면, 다음과 같은 문장을 사용한다.

```
insertBefore(node, document.getElementById('target').firstChild);
```

■ 기존의 HTML 요소를 삭제

이번에는 이미 존재하는 요소를 삭제해보자. 부모 노드를 알면 삭제가 가능하다. 부모 노드는 id를 알면 찾을 수 있다. 간단한 예제를 작성하여 보자.

dom_remove.html

```
<!DOCTYPE html>
<html>
<head>
<script>
        function removeNode() {
            let parent = document.getElementById("target");
            let child = document.getElementById("p1");
            parent.removeChild(child);
        }
```

부모노드를 찾는다.

자식 노드를 찾는다.

부모 노드를 통하여 자식 노드를 삭제한다.

```
</script>
</head>
<body>
    <div id="target">
        <p id="p1">첫번째 단락</p>
        <p id="p2">두번째 단락</p>
    </div>
    <button onclick="removeNode()">누르세요!</button>
</body>
</html>
```

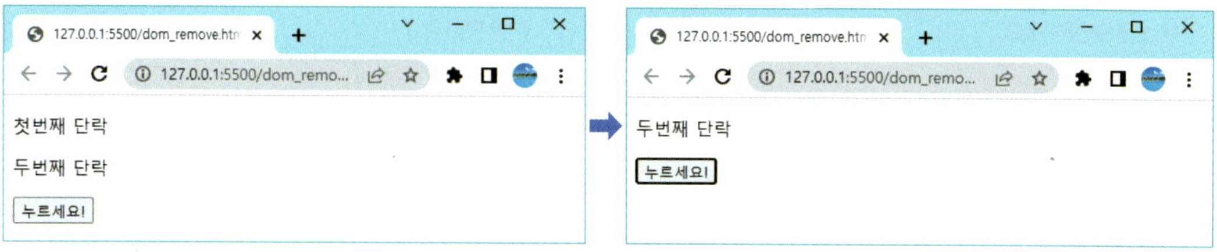

위의 예제에서는 HTML 문서가 두 개의 자식 <p> 요소를 가지는 <div> 요소를 포함하고 있다. 먼저 `id="target"`을 가진 요소를 찾는다. 그러면 <div> 요소가 반환될 것이다. 이어서 `id="p1"`을 가진 <p> 요소를 찾는다. <div> 요소의 removeChild() 메소드를 이용하여 <p> 요소를 삭제한다. 부모 요소를 찾을 필요 없이 원하는 요소를 삭제할 수 있으면 좋을 것이다. 하지만 DOM의 구조상, 삭제하고자 하는 요소와 그 부모 요소를 알아야 한다.

■ 테이블에 새로운 행과 셀의 추가

테이블에 새로운 행과 셀을 추가하는 일도 상당히 자주 발생한다. 테이블에 새로운 행을 추가하려면 insertRow()를 사용하는 편이 간편하다. insertRow() 메소드는 빈 <tr> 요소를 만들어 테이블에 추가한다. insertRow()는 주어진 인덱스 위치에 새로운 행을 추가한다. 행을 삭제할 때는 deleteRow()를 사용한다. 셀을 주어진 행에 추가하려면 insertCell()을 사용한다. 버튼을 누르면 테이블의 맨 위에 새로운 행과 셀을 추가하는 예제를 살펴보자.

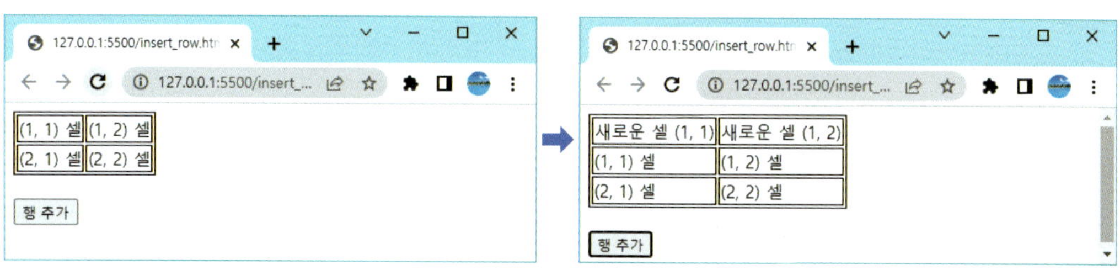

insert_row.html

```
<!DOCTYPE html>
<html>
<head>
    <style>
        table, td { border: 1px solid black; }
    </style>
</head>
<body>
    <table id="special">
        <tr>        <td>(1, 1) 셀</td>        <td>(1, 2) 셀</td>        </tr>
        <tr>        <td>(2, 1) 셀</td>        <td>(2, 2) 셀</td>        </tr>
    </table>
    <br>
    <button onclick="insert()">행 추가</button>
    <script>
        function insert() {
            let table = document.getElementById("special");  → 테이블을 찾는다.
            let row = table.insertRow(0);  → 새로운 행을 추가한다.
            let cell1 = row.insertCell(0);
            let cell2 = row.insertCell(1);  → 새로운 행에 셀을 추가한다.
            cell1.innerHTML = "새로운 셀 (1, 1)";
            cell2.innerHTML = "새로운 셀 (1, 2)";  → 새로운 셀의 내용을 변경한다.
        }
    </script>
</body>
</html>
```

■ document.write() 메소드

우리는 이전에 document 객체의 write() 메소드를 상당히 사용하였다. 웹브라우저는 HTML 문서를 파싱하여 객체들의 트리로 만들게 된다. 웹브라우저가 〈/html〉 태그를 만나면 DOM 생성을 종료한다. DOM 트리 생성 종료 이전에 write() 메소드를 만나면 큰 문제 없이, 현재 작업 중인 DOM 트리에 주어진 콘텐츠를 추가한다. 하지만 DOM 트리가 완전히 생성된 후에 write()를 호출하면 기존의 DOM이 모두 삭제된다. 따라서 주의하여야 한다.

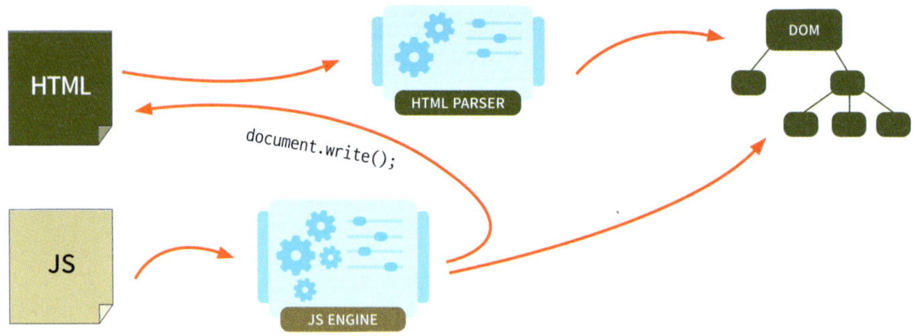

현재 write() 메소드는 사용하지 않는 것이 권장되고 있다. 이것을 다음의 예제로 이해해보자.

write.html

```
<!DOCTYPE html>
<html>
<body>
    <h2>write() 메소드 실험</h2>
    <script>
        document.write("<h3> DOM 완성전까지는 기존 문서에 추가됩니다.</h3>");
    </script>
    <button onclick="sub()">write() 호출</button>
    <script>
        function sub() {
            document.write("<h1>write() 호출</h1>");
        }
    </script>
</body>
</html>
```

파싱이 끝나기 전까지는 write() 호출하면 기존 문서의 끝에 추가된다.

파싱이 끝난 후에 호출하면 기존의 문서를 삭제하고 새로운 문서를 만들게 된다.

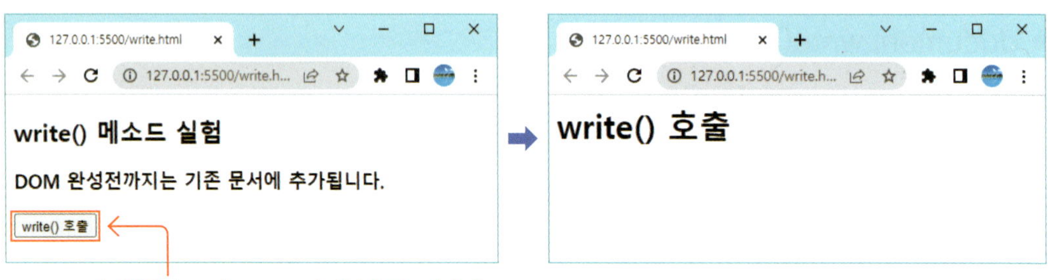

이 버튼을 누르면 DOM 트리 생성이 종료된 후에 write( )를 호출하게 된다.

첫 번째 write() 호출은 별 문제 없이 기존의 HTML 문서에 추가되었다. 하지만 버튼을 누를 때 실행되는 write() 호출은 기존의 DOM 트리를 삭제하고 새로운 DOM 트리를 생성하게 된다. 따라서 기존의 콘텐츠가 사라지게 된다.

중간점검

01. 새로운 요소를 만들어서 기존의 요소에 추가하는 과정을 설명해보자.

02. 새로운 요소를 기존 요소의 자식 노드로 추가하는 메소드 이름은?

03. 기존 요소의 자식 노드를 삭제하는 메소드 이름은?

9-07 자바스크립트 디버깅 방법

우리의 자바스크립트 코드는 상당히 복잡해졌다. 코드를 작성하였는데 올바르게 동작하지 않는다면 어떻게 하여야 하는가? 당연히 디버깅을 하여야 한다. 크롬 브라우저에도 아주 좋은 디버거가 내장되어 있지만 VS Code에도 아주 좋은 디버거가 내장되어 있다. 이번에는 VS Code의 디버거를 살펴보자. 중단점을 어디에든 설정할 수 있고 중단점부터 문장을 하나씩 실행하면서 웹 페이지의 변화를 관찰할 수 있다. 이전의 Lab 코드를 사용하여 디버깅 과정을 살펴보자.

01. 다음과 같이 원하는 문장에서 [F9] 키를 눌러서 중단점을 설정한다.

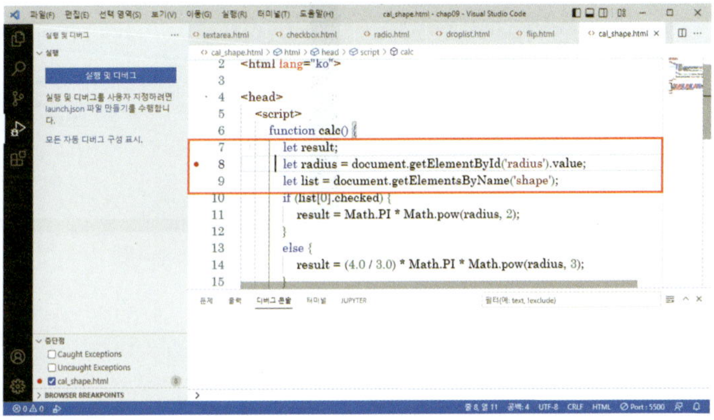

02. [실행] → [디버깅 시작]을 누르고 웹 페이지가 나타나면 값을 입력한다.

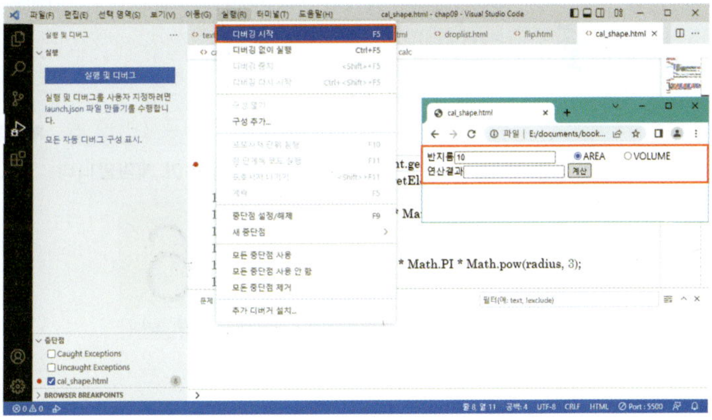

03. [F10] 키를 눌러서 다음 문장으로 간다.

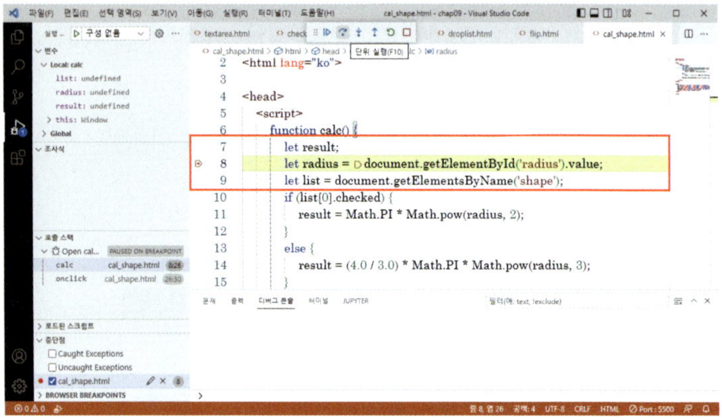

04. 변수 위에 마우스 커서를 놓으면 변수의 값을 알 수 있다.

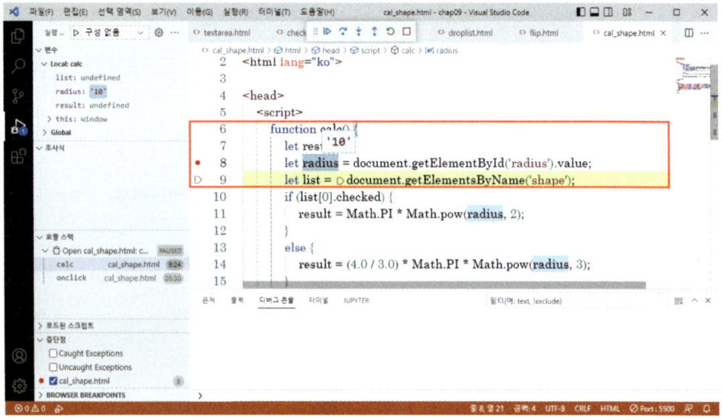

Lab

주사위 게임

버튼을 누르면 주사위가 굴려지는 화면을 자바스크립트로 생성해보자.

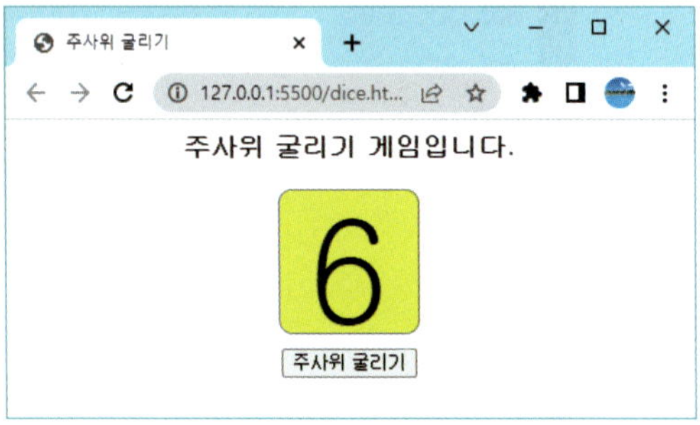

버튼이 눌리면 난수를 생성하고 <p> 요소의 innerHTML 속성에 난수를 대입하면 된다.

dice.html

```
<html>
<head>
    <title>주사위 굴리기</title>
    <style>
        * {
            font-family: 굴림, sans-serif;
            text-align: center;
        }
        #dice {
            height: 100px;
            width: 100px;
            margin: 10px auto;
            background-color: yellow;
            border: 1px solid gray;
            border-radius: 10px;
            font-size: 100px;
        }
    </style>
    <script>
        function roll() {
            let result = Math.floor(Math.random() * 6) + 1;
            let dice = document.getElementById('dice');
            dice.innerHTML = result;
        };
    </script>
</head>
<body>
    <h3>주사위 굴리기 게임입니다.</h3>
    <p id="dice"></p>
    <button onclick="roll()">주사위 굴리기</button>
</body>
</html>
```

Mini Project

지뢰찾기

고전 게임 중의 하나인 지뢰찾기를 구현해보자. 이 실습에서 우리는 테이블에 새로운 HTML 요소를 동적으로 추가하고, 코드로 새로운 속성을 생성하는 방법을 학습하게 된다.

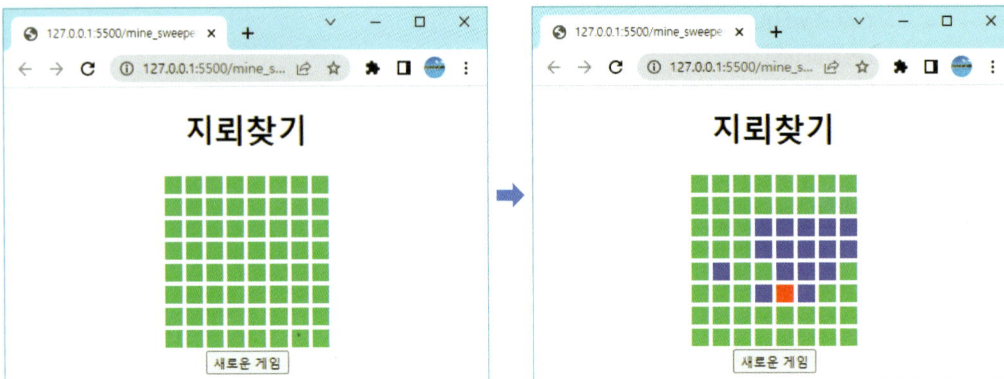

mine.html

```
<!DOCTYPE html>
<html lang="ko">
<head>
    <style>
        * { text-align: center; }
        #board {
            margin-left: auto;
            margin-right: auto;
        }
        #board tr td {
            border: 1px solid white;
            background: #34da79;
            width: 16px;
            height: 16px;
            text-align: center;
        }
        #board tr td.clicked { background: #6c5ee7; }
        #board tr td.mine { background: #FF0000; }
    </style>

</head>
<body>
```

```
    <h1>지뢰찾기</h1>
    <table id=board>
    </table>
    <button onclick="genGrid();">새로운 게임</button>
    <script>
        let grid = document.getElementById("board");
        genGrid();
        function genGrid() {  ← 게임판을 동적으로 생성한다.
            grid.innerHTML = "";
            for (let i = 0; i < 8; i++) {
                row = grid.insertRow(i);  ← 새로운 행을 생성하여 추가한다.
                for (var j = 0; j < 8; j++) {
                    cell = row.insertCell(j);
                    cell.onclick = function () { clickBox(this); };
                    var mine = document.createAttribute("mine");      // 속성 객체 생성
                    if (Math.random() < 0.3)
                        mine.value = "true";
                    else
                        mine.value = "false";
                }
                cell.setAttributeNode(mine);  ← 테이블 셀에 속성을 설정한다.
        }
        function clickBox(cell) {
            if (cell.getAttribute("mine") == "true") {
                cell.className = "mine";
                alert("게임이 종료되었습니다.");
            } else {
                cell.className = "clicked";
            }
        }
    </script>
</body>
</html>
```

01. 게임이 끝나면 지뢰의 위치를 보여주는 코드를 추가해보자.

02. 지금까지 찾은 지뢰의 개수를 화면에 점수로 표시해보자.

9장

Summary

Q DOM(Document Object Model)을 설명할 수 있나요?

A DOM(문서 객체 모델)은 HTML 문서의 API(응용 프로그래밍 인터페이스)입니다. 문서의 논리적 구조와 문서에 액세스하고 조작하는 방식을 정의합니다. DOM을 사용하여 프로그래머는 문서를 작성하고 구조를 탐색하며 요소와 콘텐츠를 추가, 수정 또는 삭제할 수 있습니다.

Q 웹 페이지에서 HTML 요소의 내용을 자바스크립트 코드로 변경할 수 있나요?

A 가장 쉬운 방법은 아이디를 이용하여 원하는 요소를 찾고, 요소의 innerHTML 속성을 이용하여 요소의 내용을 변경하는 것입니다.

Q 웹 페이지에서 HTML 요소의 스타일을 자바스크립트 코드로 변경할 수 있나요?

A 아이디를 이용하여 원하는 요소를 찾고, 요소가 가지고 있는 style 객체의 속성을 이용하여 요소의 스타일을 변경할 수 있습니다. 예를 들어 obj.style.color = "blue";와 같이 변경할 수 있습니다.

Q 웹 페이지에 새로운 요소를 추가할 수 있나요?

A 아이디를 이용하여 부모 요소를 찾고, createElement() 메소드로 원하는 자식 요소를 생성한 후에 부모 요소의 appendChild() 메소드를 호출하면 됩니다.

Q 웹 페이지의 요소를 삭제할 수 있나요?

A 아이디를 이용하여 부모 요소를 찾고, 삭제하려는 요소를 찾은 후에 부모 요소의 removeChild() 메소드를 호출하면 됩니다.

9장

Exercise

01. 웹브라우저 객체 모델인 BOM에 존재하는 객체 중에서 최상위 객체는?

① navigator

② window

③ frame

④ document

02. HTML 문서 안의 요소 중에서 id를 가지고 찾을 때, 사용하는 메소드는?

① getElementById()

② getElementsByTag()

③ getElementUsingId()

④ getElementForId()

03. 버튼이 눌렸을 때 process() 함수가 호출되도록 하려면 다음 중 어떤 방법이 올바른 방법인가? 올바른 방법이 하나 이상이면 모두 선택하시오.

① 〈input type="button" onlick="process()" /〉

② 〈input type="button" onlick=process() /〉

③ 〈input type="button" onlick="process" /〉

④ 〈input type="button" onlick=process /〉

9장

Programming

01. 다음 화면과 같이 버튼이 눌리면 HTML 요소의 내용을 조작하는 자바스크립트 프로그램을 작성하라.

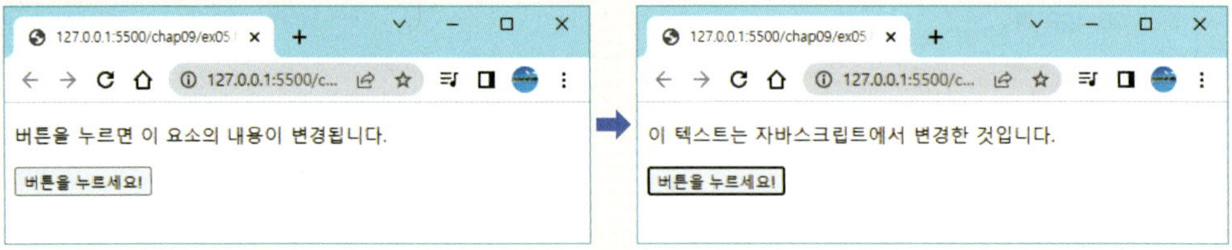

02. 다음 화면과 같이 이 예제에서는 자바스크립트를 사용하여 HTML 〈image〉 요소의 속성 src를 동적으로 변경하는 프로그램을 작성하라. 적당한 이미지를 사용한다.

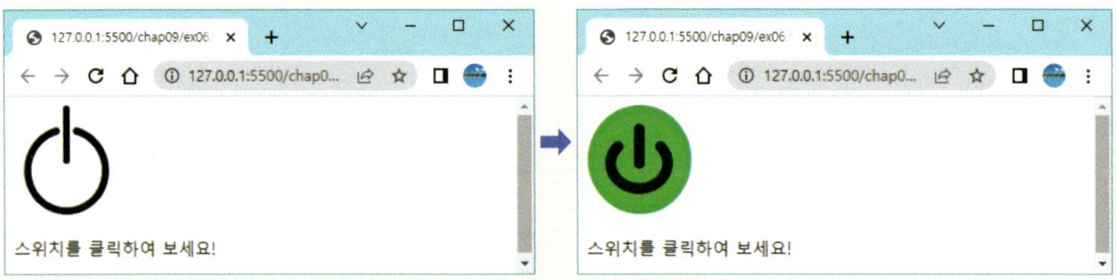

03. 다음 화면과 같이 버튼을 누르면 자바스크립트를 이용하여 문단 텍스트의 스타일을 수정하는 프로그램을 작성해보자. 폰트 크기는 14pt, 색상은 파랑색으로 변경한다.

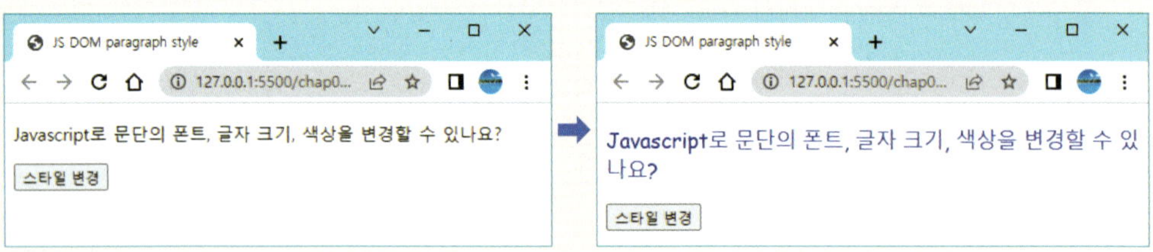

04. 사용자가 입력 양식에 문자열을 입력하고 버튼을 누르면 내용을 가져와서 출력하는 프로그램을 작성해보자. 입력 양식 외부에 버튼을 배치하도록 하자.

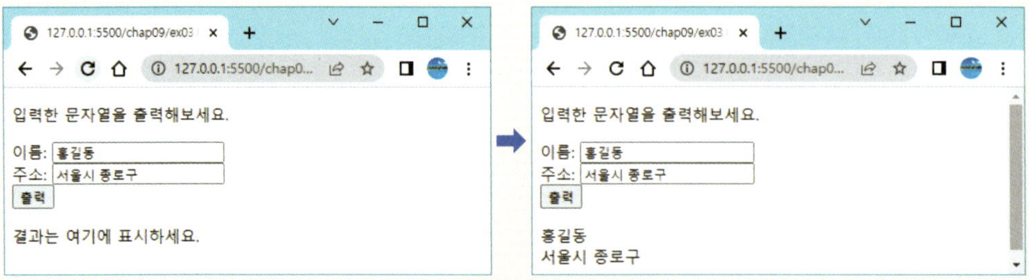

05. 다음 화면과 같이 버튼을 누르면 이미지 중에서 랜덤하게 하나를 선택하여 표시하는 프로그램을 작성해보자. 현재 디렉터리에는 dog.jpg, cat.jpg, bird.jpg 이미지가 있다고 하자.

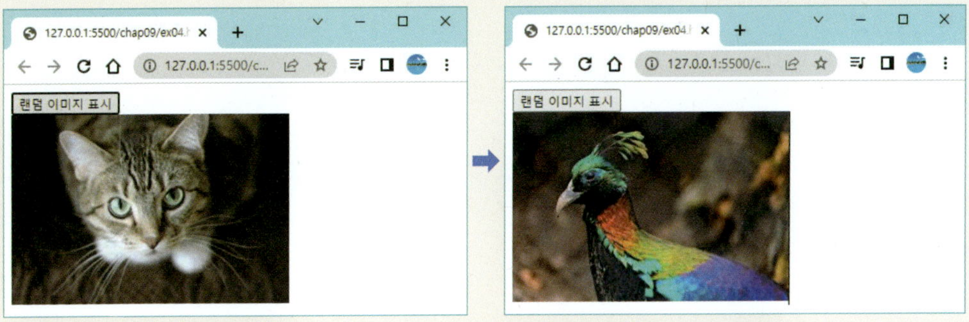

06. 중앙에 이미지를 표시하고 왼쪽 버튼을 누르면 이미지가 왼쪽으로 이동하게 한다. 오른쪽 버튼을 누르면 이미지가 오른쪽으로 이동하게 해보자.

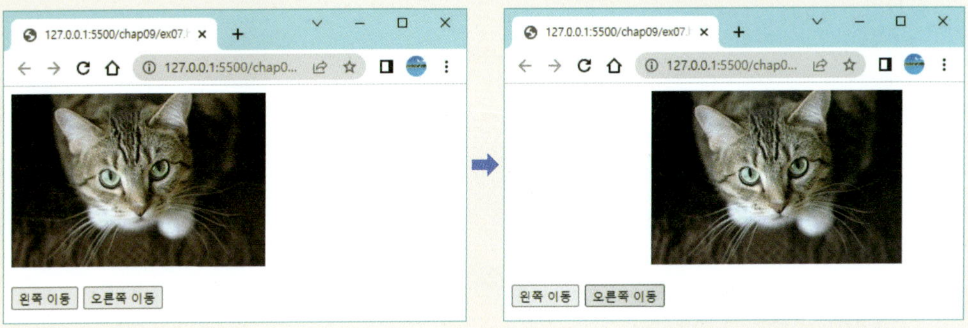

07. 입력 양식과 버튼을 사용하여 쇼핑 리스트에 항목을 동적으로 추가할 수 있는 간단한 프로그램을 작성해보자. 항목을 추가하고 버튼을 누르면 항목이 리스트에 나타나야 한다. 각 항목에는 리스트에서 해당 항목을 삭제하기 위한 버튼이 제공되어야 한다.

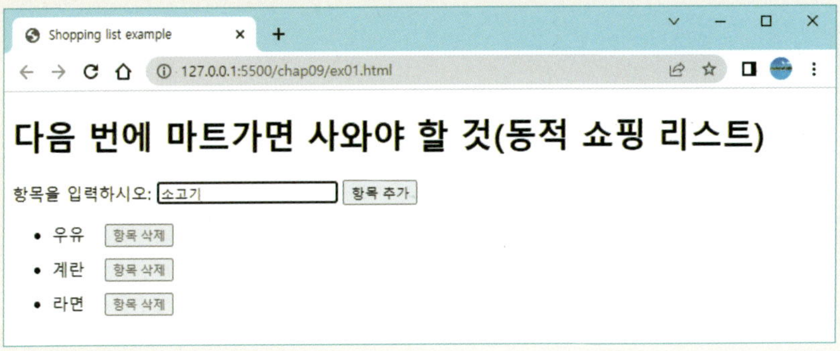

HTML5+
CSS3+
JavaScript
웹프로그래밍

10

이벤트 처리, 입력 검증, BOM

- HTML 요소를 클릭하였을 때 발생하는 이벤트를 처리할 수 있나요?
- 마우스를 요소 안으로 움직였을 때 발생하는 이벤트를 처리할 수 있나요?
- 자바스크립트를 이용하여 사용자가 8글자 이상을 입력하였는지 검사할 수 있나요?
- 자바스크립트를 이용하여 사용자가 숫자만 입력하였는지 검사할 수 있나요?
- 자바스크립트 코드에서 현재 윈도우 크기를 알아낼 수 있나요?
- 자바스크립트 코드에서 현재 URL을 알아낼 수 있나요?

10-01 이벤트

■ 이벤트란 무엇인가?

웹 페이지에서 상호작용이 발생하면 이벤트가 일어난다. 예를 들어 사용자가 버튼을 클릭하거나 특정 요소 위로 마우스 커서를 가져가면 이벤트가 발생한다. 이벤트는 또한 브라우저에 의해서도 발생할 수 있는데, 웹 페이지나 이미지의 로딩이 끝났다거나, 사용자가 페이지를 스크롤하면 이벤트가 발생한다.

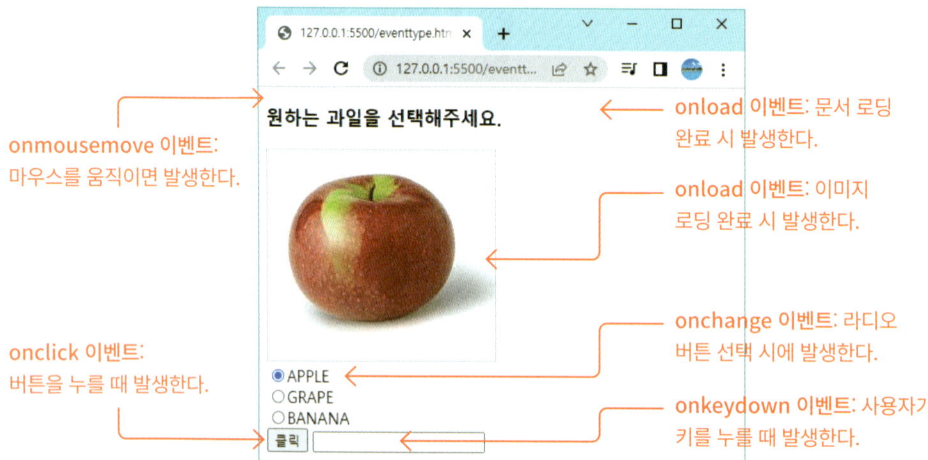

■ 이벤트 처리 절차

종종 이벤트가 발생하면 무언가를 동작하고 싶을 수 있다. 이벤트가 발생하였을 때, 어떤 작업을 처리하고 싶으면 어떻게 해야 하는가? 예를 들어 버튼이 클릭되었을 때, 현재 시각을 표시하려면 어떻게 해야 하는가? 이벤트를 처리하는 코드를 버튼에 등록하여야 한다. 이벤트를 처리하는 코드를 이벤트 핸들러, 또는 이벤트 리스너라고 한다.

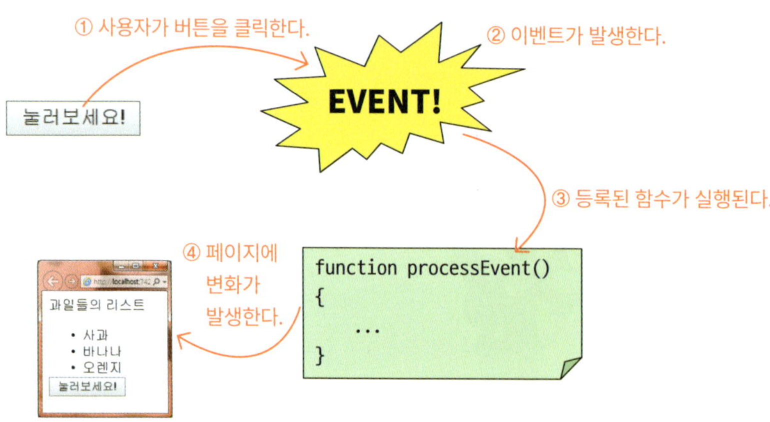

■ 이벤트의 종류

자바스크립트의 이벤트는 매우 많다. 그중에서도 가장 많이 사용되는 것은 다음과 같다.

• 마우스 관련 이벤트

이벤트	이벤트 리스너	설명
click	onclick	마우스로 요소를 클릭했을 때 발생한다.
mouseover	onmouseover	마우스 커서가 요소 위로 올 때 발생한다.
mouseout	onmouseout	마우스 커서가 요소를 떠날 때 발생한다.
mousedown	onmousedown	요소 위에서 마우스 버튼을 눌렀을 때 발생한다.
mouseup	onmouseup	요소 위에서 마우스 버튼을 놓을 때 발생한다.
mousemove	onmousemove	마우스 움직임이 있을 때 발생한다.

• 키보드 관련 이벤트

이벤트	이벤트 리스너	설명
keydown keyup	onkeydown onkeyup	사용자가 키를 눌렀다가 놓을 때 발생한다.

• 입력 요소 이벤트

이벤트	이벤트 리스너	설명
focus	onfocus	사용자가 입력 요소에 키보드 입력을 시도할 때 발생한다.
submit	onsubmit	사용자가 입력 양식을 제출할 때 발생한다.
blur	onblur	포커스가 입력 요소를 벗어나는 경우에 발생한다.
change	onchange	사용자가 입력 요소의 값을 변경할 때 발생한다.

• 윈도우, 문서 이벤트

이벤트	리벤트 리스너	설명
load	onload	브라우저가 페이지 로드를 완료하면 발생한다.
unload	onunload	사용자가 현재 웹 페이지를 떠날 때 발생한다.
resize	onresize	사용자가 브라우저 윈도우의 크기를 조절할 때 발생한다.

■ 이벤트 리스너 만들기

자바스크립트로 이벤트 리스너를 작성하는 방법에는 다음과 같은 것들이 있다.

- 인라인 방식: HTML 요소 안에 코드 추가
- 객체의 이벤트 리스너 속성에 함수를 대입
- 객체의 addEventListener() 함수를 사용
- 익명 함수로 이벤트 리스너 작성

인라인 방식

이 방법은 우리가 지금까지 많이 사용해온 방법이다. <element event="자바스크립트 코드">와 같이 HTML 요소에 코드를 작성해서 붙이는 방법이다. 예를 들어 <div> 요소 위로 마우스 커서를 올릴 때 배경색이 파랑색으로 변경되게 하려면 다음과 같이 코드를 작성하면 된다. 함수를 호출하게 작성할 수도 있다.

```
<div onmouseover="this.style.backgroundColor='blue'"> Hello World! </div>
```

객체의 이벤트 리스너 속성에 함수를 대입

이 방법은 DOM 객체의 이벤트 리스너 속성에 함수를 작성하여 대입하는 방법이다. <div> 요소 위로 마우스 커서를 올릴 때 배경색이 파랑색으로 변경되게 하려면 다음과 같이 코드를 작성한다.

```
<div id="special"> Hello World! </div>
<script>
    function changeColor() {
        document.getElementById("special").style.backgroundColor='blue';
    }
    document.getElementById("special").onmouseover = changeColor;
</script>
```

객체의 addEventListener() 함수를 사용

DOM 객체가 가지고 있는 addEventListener() 함수를 이용하여 이벤트 리스너를 등록하는 방법이다.

```
let obj = document.getElementById("special");
obj.addEventListener("mouseover", changeColor);
```

주의할 점은 "onmouseover"로 하면 안 된다는 점이다. on을 빼고 그냥 "mouseover"로 하여야 한다. 이벤트 리스너를 삭제하려면 removeEventListener()를 사용한다. 이 방법은 상당히 융통성이 있다. 하나의 이벤트에 여러 개의 함수를 등록할 수도 있기 때문이다. 즉, 이벤트가 발생하였을 때 여러 개의 함수가 호출되도록 할 수도 있다.

```
obj.addEventListener("mouseover", firstFunction);
obj.addEventListener("mouseover", secondFunction);
```

익명 함수로 이벤트 리스너 작성

익명 함수(이름 없는 함수)나 화살표 함수를 사용하여 이벤트 리스너를 작성할 수도 있다.

```
let obj = document.getElementById("special");
obj.addEventListener("mouseover", function() {
    document.getElementById("special").style.backgroundColor='blue';
});
```

예제 mouseover 이벤트 처리하기

요소에 마우스 커서가 올라오면 요소의 내용을 변경하는 코드를 작성해보자.

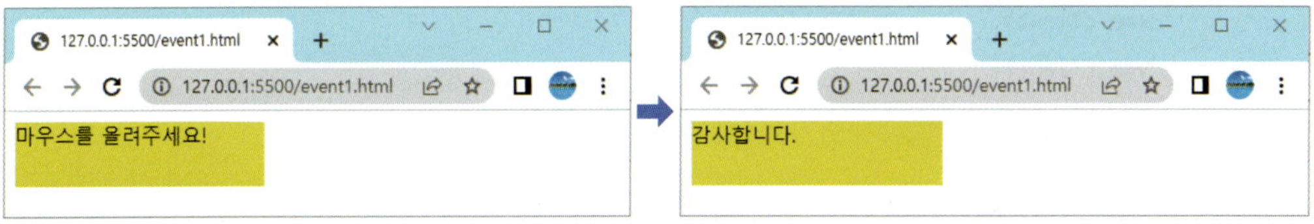

evt_mouseover.html

```
<!DOCTYPE html>
<html>
<body>
    <div onmouseover="mouseOver(this)" onmouseout="mouseOut(this)"
        style="background-color:#faea11; width:200px; height:50px;">
        마우스를 올려주세요!</div>
    <script>
        function mouseOver(obj) {
            obj.innerHTML = "감사합니다."
        }
        function mouseOut(obj) {
```

```
            obj.innerHTML = "마우스를 올려주세요!"
        }
    </script>
</body>
</html>
```

■ 이벤트 객체

이벤트 리스너는 이벤트 객체(event object)를 전달받는다. 이벤트 객체는 이벤트마다 달라진다. 예를 들어 mouseover 이벤트의 경우, 마우스 좌표와 마우스 버튼 정보 등이 포함된다. 이벤트 객체를 전달받으려면 다음과 같이 이벤트 리스너를 정의할 때 매개변수를 선언해주면 된다. 예를 들어 mouseover 이벤트 처리 함수에서 마우스 좌표를 출력하려면 다음과 같이 작성할 수 있다.

evt_object.html

```
<!DOCTYPE html>
<html>
<body>
    <div id="special" style="background-color:#faea11; width:200px; height:50px;">
        마우스를 올려주세요!</div>
    <script>
        let obj = document.getElementById("special");
        obj.onmouseover= function (e) {
            x=e.clientX;
            y=e.clientY;
            alert(x+" "+y);
            alert(e.type);
            alert(e.target);
        };
    </script>
</body>
</html>
```

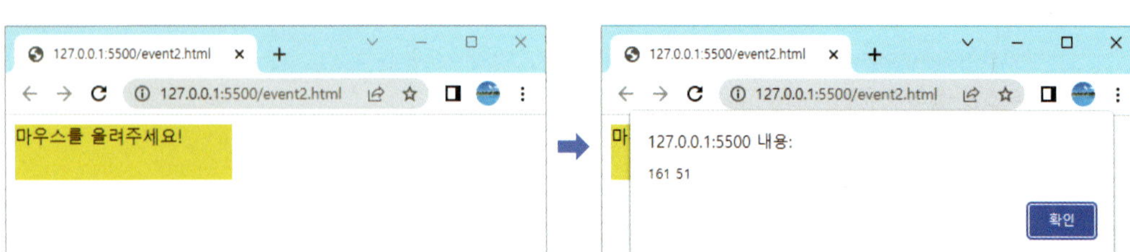

■ 이벤트 전파

예를 들어 〈div〉 요소 안에 〈p〉 요소가 있는데, 사용자가 〈p〉 요소를 클릭하면 어떤 요소의 "onclick" 이벤트가 먼저 처리되어야 할까?

HTML DOM에서 이벤트가 전파되는 방법에는 버블링(bubbling)과 캡처링(capturing)이 있다. 버블링은 가장 안쪽 요소의 이벤트가 먼저 처리된 다음, 바깥쪽 이벤트가 처리된다. 버블(거품)이 떠오르는 모습을 상상하면 되겠다. 즉, 〈p〉 요소의 클릭 이벤트가 먼저 처리된 다음 〈div〉 요소의 클릭 이벤트가 처리된다.

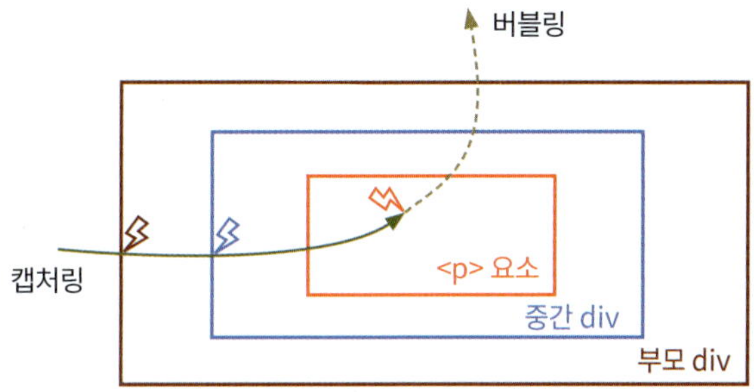

캡처링은 가장 바깥쪽 요소의 이벤트가 먼저 처리된 다음, 안쪽 요소의 이벤트가 처리된다. 즉, 〈div〉 요소의 클릭 이벤트가 먼저 처리된 다음, 〈p〉 요소의 클릭 이벤트가 처리된다. addEventListener() 메소드를 사용하면 "useCapture" 매개변수를 사용하여 전파 유형을 지정할 수 있다.

```
addEventListener(event, function, useCapture);
```

true이면 캡처링이다(디폴트는 버블링)

useCapture의 기본값은 버블링 전파 방법을 사용하는 false이며, 값이 true로 설정되면 이벤트는 캡처링 전파 방법을 사용한다. 하나의 이벤트에 여러 개의 이벤트 리스너를 붙일 수 있다. 우리는 캡처링 방식의 리스너와 버블링 방식의 리스너를 동시에 부착하여서 이벤트 전파를 실험해보자. 〈p〉 요소를 클릭해보면 이벤트가 2가지의 방법으로 전파되는 것을 볼 수 있다.

capturing.html

```
<!DOCTYPE html>
<html lang="ko">
<head>
    <style>
        p, div {
            margin: 10px;
            border: 1px solid rgb(199, 89, 25);
        }
    </style>
</head>
<body>
    <div id="div1">DIV
        <p id="p1">P</p>
    </div>
    <script>
        let elem1= document.getElementById("div1");
        elem1.addEventListener("click", function() {alert(`캡처링 div`);}, true);
        elem1.addEventListener("click", function() {alert(`버블링 div`);});
        elem2= document.getElementById("p1");
        elem2.addEventListener("click", function() {alert(`캡처링 p`);}, true);
        elem2.addEventListener("click", function() {alert(`버블링 p`);});
    </script>
</body>
</html>
```

10-02 마우스 관련 이벤트 처리

■ click 이벤트

click은 가장 많이 사용되는 이벤트이고 지금까지 많이 사용하였다. 사용자가 HTML 요소를 클릭하면 미리 정해놓은 코드가 실행되도록 할 수 있다. 예를 들어 사용자가 〈h1〉을 클릭했을 때 함수 change()가 실행되도록 하려면 다음과 같은 코드를 HTML 속성에 추가하면 된다.

→ 헤딩이 클릭되면 여기에 등록된 함수 change()가 호출된다.

```
<h1 onclick="change()">이것은 클릭 가능한 헤딩입니다.</h1>
```

예제로 라디오 버튼 요소에 click 이벤트를 설정하여 보자. 사용자가 라디오 버튼을 클릭하면 〈body〉 요소의 색상이 변경되도록 한다.

evt_onclick.html

```
<!DOCTYPE html>
<html>
<head>
    <script>
        function changeColor(c) {
            document.getElementById("target").style.backgroundColor = c;
    </script>
</head>
<body id="target">
    <form method="POST">
        <input type="radio" name="C1" value="v1"
            onclick="changeColor('lightblue')">파랑색
        <input type="radio" name="C1" value="v2"
            onclick="changeColor('lightgreen')">녹색
    </form>
</body>
</html>
```

→ id가 'target"인 요소의 배경색을 주어진 색상으로 변경한다.

→ 버튼이 클릭되면 여기에 등록된 함수 changeColor( )가 호출된다.

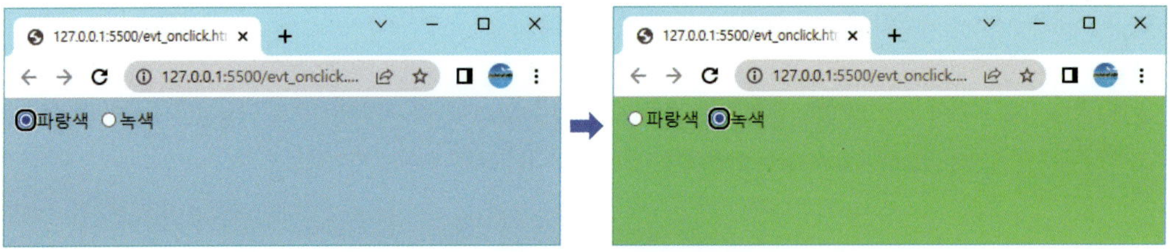

Lab

수학 퀴즈 페이지 작성하기

자바스크립트에서는 문자열 형태의 수식을 쉽게 계산해주는 eval()이라는 아주 편리한 함수가 있다. eval()을 사용하여 간단한 수학 퀴즈를 출제하고 버튼을 누르면 정답인지를 체크해주는 페이지를 작성해보자.

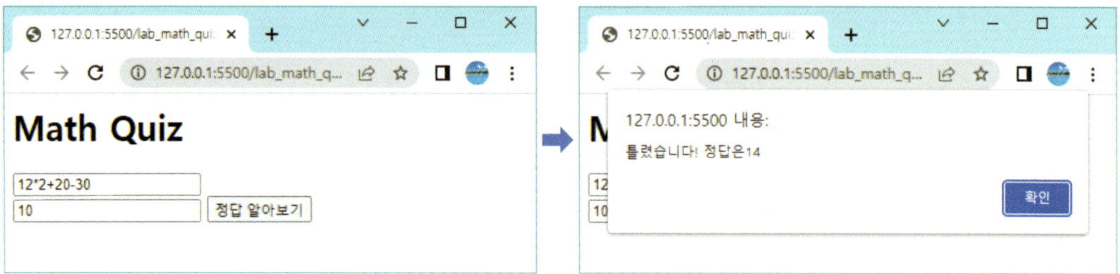


```
<html>
<head>
    <script>
        function cal() {
            let answer = document.getElementById('answer').value;
            let s = document.getElementById("problem").value;
            let solution=eval(s);
            if (answer == solution) {
                alert("정답!");
            } else {
                alert("틀렸습니다! 정답은"+solution);
            }
        }
    </script>
</head>
<body>
        <h1>Math Quiz</h1>
        <input type="text" id="problem" value="12*2+20-30"><br>
        <input type="text" id="answer">
        <button  onclick="cal()">정답 알아보기</button>
</body>
```

도전

01. 위의 프로그램에서 문제를 랜덤하게 작성할 수 있는가? 즉, 사칙연산으로 이루어진 수식을 랜덤하게 작성하여 #problem 요소에 추가해보자. "다음 문제" 버튼도 추가해보자.

■ mouseover 이벤트

mouseover와 mouseout 이벤트는 사용자가 HTML 요소 위에 마우스 커서를 올리거나 커서가 요소를 떠날 때 발생된다.

마우스 커서를 올리면 경계선이 표시되고 마우스 커서가 나가면 경계선이 사라지는 예제는 다음과 같이 작성한다.

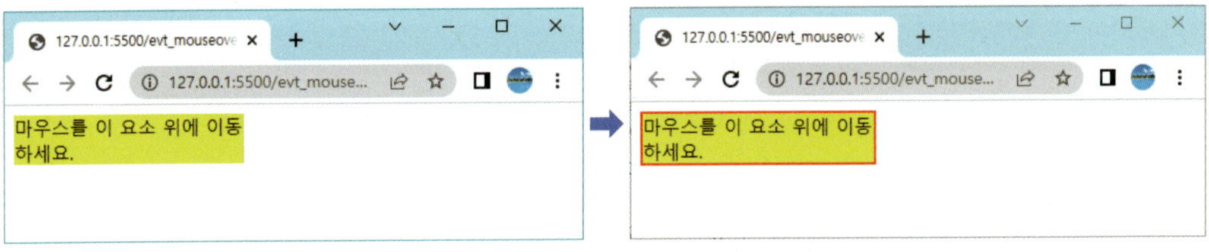

evt_mouseover.html

```
<html>
<head>
    <script>
        function OnMouseIn(elem) {
            elem.style.border = "2px solid red";
        }
        function OnMouseOut(elem) {
            elem.style.border = "";
        }
    </script>
</head>
<body>
    <div style="background-color: yellow; width: 200px"
        onmouseover="OnMouseIn (this)" onmouseout="OnMouseOut (this)">
        마우스 커서를 이 요소 위에 이동하세요.
    </div>
</body>
</html>
```

→ 마우스 커서가 들어오면 경계선을 두껍게 칠한다. (elem.style.border = "2px solid red";)

→ 마우스 커서가 나가면 경계선을 없앤다. (elem.style.border = "";)

■ mousedown, mouseup 이벤트

mousedown, mouseup, click 이벤트는 모두 마우스 클릭과 관련된 이벤트이다. 먼저 마우스 버튼이 클릭되면 mousedown 이벤트가 발생한다. 이어서 마우스 버튼이 떼어지면 mouseup 이벤트가 발생하고 마지막으로 마우스 클릭이 완료되면서 click 이벤트가 발생한다.

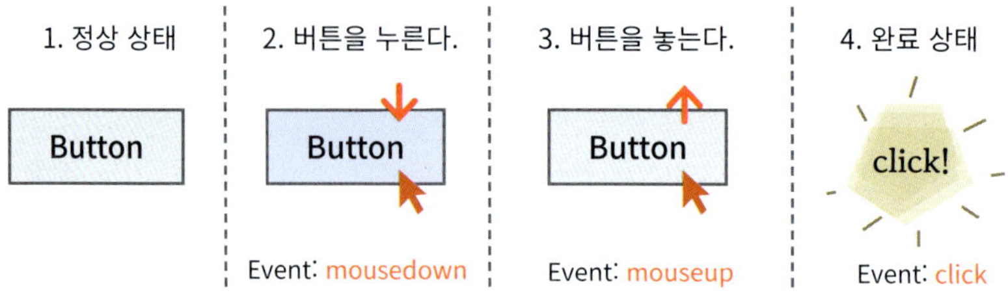

evt_mousedown.html

```
<html>
<head>
    <script>
        function OnButtonDown(button) {
            button.style.color = "#ff0000";
        }
        function OnButtonUp(button) {
            button.style.color = "#000000";
        }
    </script>
</head>
<body>
    <button onmousedown="OnButtonDown (this)" onmouseup="OnButtonUp (this)">눌러보세요!</button>
</body>
```

→ 마우스 버튼이 눌려지면 버튼의 색상을 빨간색으로 변경한다.

→ 마우스 버튼이 떼어지면 버튼의 색상을 검정색으로 변경한다.

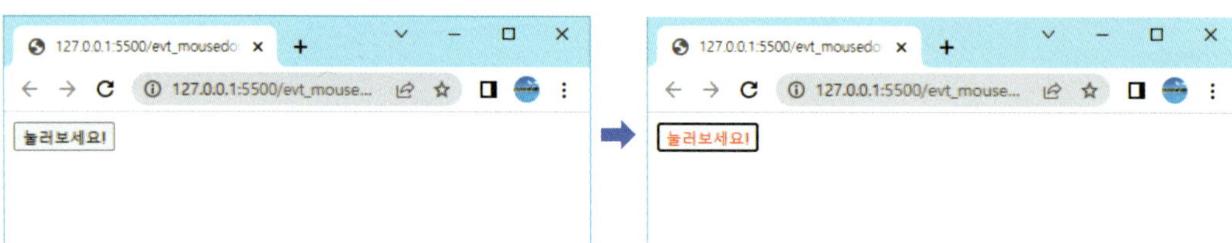

■ wheel 이벤트

마우스의 휠을 돌리면 wheel 이벤트가 발생한다. 이벤트 객체의 e.wheelDelta를 통하여 마우스 휠이 움직인 방향을 알 수 있다. 위쪽으로 돌려지면 양수가, 아래쪽으로 돌려지면 음수가 전달된다. <div> 요소 위에서 마우스 휠을 조작하면 폰트가 증가되는 예제를 작성해보자.

evt_wheel.html

```
<!DOCTYPE html>
<html>
<head>
    <style>
        #div1 {
            border: 2px solid black;
        }
    </style>
</head>
<body>
    <div id="div1">이 텍스트 위에서 마우스 휠을 움직이면 폰트가 증가하거나 감소합니다.</div>
    <script>
        document.getElementById("div1").addEventListener("wheel", sub);
        let size = 30;
        function sub(e) {
            if (e.wheelDelta > 0)
                size++;
            else
                size--;
            this.style.fontSize = size + "px";
        }
    </script>
</body>
</html>
```

■ mouseenter와 mouseleave

mouseenter는 요소 위로 마우스 커서를 이동할 때 발생한다. 이 이벤트를 사용하여 버튼 위에 마우스 커서를 올리면 배경색을 변경할 수도 있다. mouseleave는 mouseenter 의 반대로서 마우스 커서를 요소 밖으로 이동할 때 발생한다. 3개의 박스를 만들고, mouseenter가 발생할 때마다 배경색을 바꾸며 카운터를 1씩 증가시키는 코드를 작성해보자.

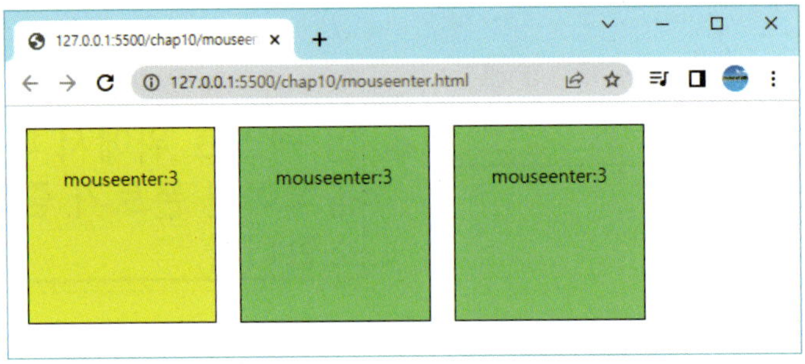

evt_mouseenter.html

```
<!DOCTYPE html>
<html>
<head>
    <style>
        div {
            width: 100px;          height: 100px;          border: 1px solid black;
            margin: 10px;          float: left;
            padding: 30px;         text-align: center;
            background-color: lightgreen;
        }
    </style>
</head>
<body>
    <div onmouseenter="enter1(this)"onmouseleave="leave(this)">    </div>
    <div onmouseenter="enter2(this)"onmouseleave="leave(this)">    </div>
    <div onmouseenter="enter3(this)"onmouseleave="leave(this)">    </div>
    <script>
        let x = 0;        let y = 0;        let z = 0;
        function enter1(obj) {
            x++;
            obj.innerHTML = "mouseenter:" + x;
            obj.style.background = "yellow";
        }
        function enter2(obj) {
            y++;
            obj.innerHTML = "mouseenter:" + y;
            obj.style.background = "yellow";
        }
        function enter3(obj) {
            z++;
            obj.innerHTML = "mouseenter:" + z;
```

```
            obj.style.background = "yellow";
        }
        function leave(obj) {
            obj.style.background = "lightgreen";
        }
    </script>
</body>
</html>
```

■ onmousemove 이벤트

onmousemove 이벤트는 마우스의 좌표를 우리한테 전달해준다. 마우스가 움직이면 연속하여 발생된다. 화면에 그림을 표시하고 그림 위에서 마우스를 움직이면 그림 내의 좌표를 출력하는 페이지를 작성해보자.

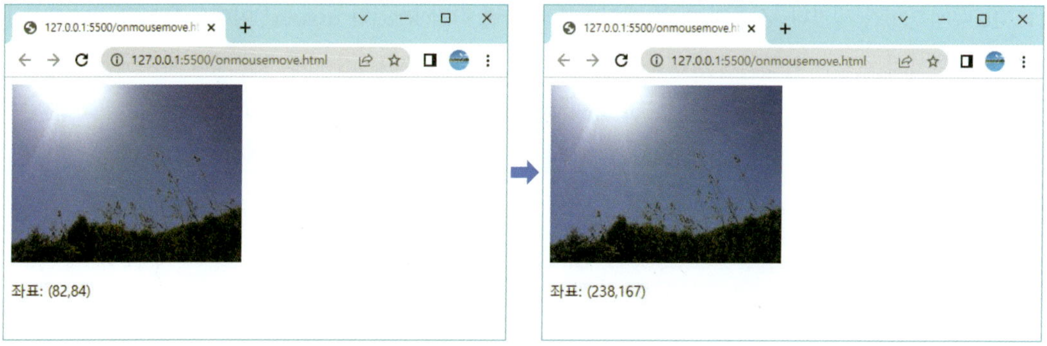

evt_mousemove.html

```
<!DOCTYPE html>
<html>
<head>
    <style>
        #img1 {
            width: 200px;
            border: 1px solid black;
        }
    </style>
</head>
<body>
    <img src="summer.jpeg" onmousemove="sub(event)"><br>
   <p id=" test"></p>
    <script>
```

```
        function sub(e) {
            let x = e.clientX;
            let y = e.clientY;
            let coor = "좌표: (" + x + "," + y + ")";
            document.getElementById("test").innerHTML = coor;
        }
    </script>
</body>
</html>
```

10-03 문서의 로딩 관련 이벤트

■ load 이벤트

HTML 문서가 로딩되거나, 사용자가 웹 페이지를 떠나면 각각 load와 unload 이벤트가 발생된다. load 이벤트는 문서의 로딩이 완료되면 발생하는 이벤트이다. 왜 우리는 load 이벤트를 기다려야 되는 것일까? 그 이유는 자바스크립트는 웹브라우저가 한 줄씩 해석하는 인터프리터 언어이기 때문이다. 또한 자바스크립트 코드에서 아직 생성되지 않은 이미지나 요소를 미리 사용하면 안 되기 때문이다. 다음과 같은 웹 페이지를 만들어서 실행해보자.

evt_load1.html

```
<!DOCTYPE html>
<html lang="en">
<body>
    <img id='image' width="300" src="summer.jpg"/>
    <script>
        document.getElementById('result').innerHTML
            = "이미지의 폭="+
            document.getElementById('image').clientWidth;
    </script>
    <div id="result"></div>
</body>
</html>
```

→ <div id="result">가 아직 해석되지 않았다!

→ 이미지는 별도로 요청된다. 따라서 시간이 더 걸린다.

HTML과 자바스크립트가 순차적으로 실행되기 때문에, 순서적으로 뒤에 있는 `<div id="result">` 요소는 아직 생성되지 않았는데 자바스크립트에서 먼저 사용하고 있다. 따라서 화면에 나타나지도 않는다. 또 이미지는 별도로 요청되어서 로딩되기 때문에 상당한 시간이 걸린다. load 이벤트는 이런 경우에 사용할 수 있다. 이번에는 load 이벤트를 이용해보자.

evt_load2.html

```
<!DOCTYPE html>
<html lang="en">
<body>
    <img id='image' onload="loadImage()" width="300" src="summer.jpg"/>
    <script>
        function loadImage() {
            document.getElementById('result').innerHTML
                = "이미지의 폭=" +
                document.getElementById('image').clientWidth;
        }
    </script>
    <div id="result"></div>
</body>
</html>
```

위의 코드에서는 load 이벤트가 발생한 이후에 이미지의 폭을 얻어서 화면에 출력하고 있다. load 이벤트를 이용하면 방문자의 브라우저 종류나 브라우저 버전을 알 수도 있다. load와 unload 이벤트는 쿠키를 처리하는 데도 사용될 수 있다.

■ change 이벤트

change 이벤트는 입력 필드를 검증할 때 종종 사용된다. 아래 예제에서 사용자가 입력 필드의 내용을 변경하면 toLowerCase() 함수가 호출된다.

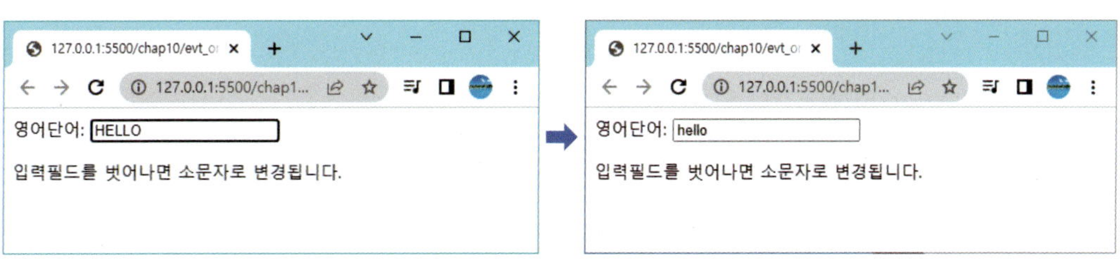

evt_change.html

```
<!DOCTYPE html>
<html>
<head>
    <script>
        function sub()
        {
            let x = document.getElementById("name");
            x.value = x.value.toLowerCase();
        }
    </script>
</head>
<body>
    영어 단어: <input type="text" id="name" onchange="sub()">
    <p>입력필드를 벗어나면 소문자로 변경됩니다.</p>
</body>
</html>
```

→ <input> 요소의 내용이 변경되면 호출된다. 키보드 포커스가 입력 필드를 벗어나면 변경 여부를 검사하여 호출한다.

Lab

계산기 #2

간단한 계산기를 작성하여 보자. 소스를 간단하게 하기 위하여 스타일을 지정하지 않았다.

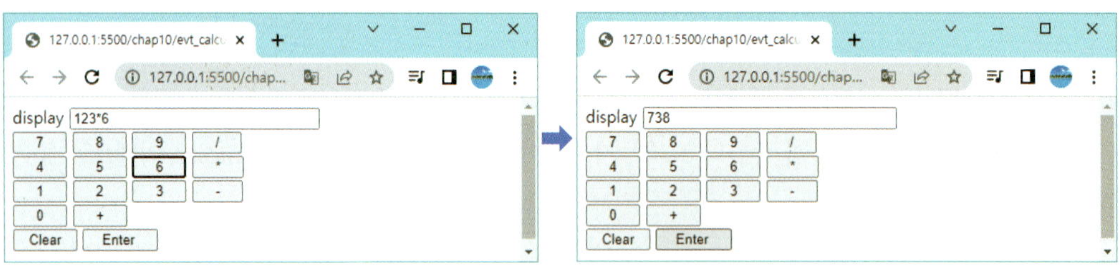

evt_calculator.html

```
<html>
<head>
<script>
        let expression="";

        function add(character) {
            expression = expression + character;
            document.getElementById("display").value = expression;
        }
```

→ 버튼이 눌려지면 버튼 위의 문자를 변수 expression에 추가한다.

```
        function compute() {
            document.getElementById("display").value = eval(expression);
        }
        function clearDisplay() {
            expression = "";
            document.getElementById("display").value = "0";
        }
    </script>

</head>
<body>
    <form>
        display <input id="display" value="0" size="30">
        <br>
        <input type="button" value="    7    " onclick="add('7')">
        <input type="button" value="    8    " onclick="add('8')">
        <input type="button" value="    9    " onclick="add('9')">
        <input type="button" value="    /    " onclick="add('/')">
        <br>
        <input type="button" value="    4    " onclick="add('4')">
        <input type="button" value="    5    " onclick="add('5')">
        <input type="button" value="    6    " onclick="add('6')">
        <input type="button" value="    *    " onclick="add('*')">
        <br>
        <input type="button" value="    1    " onclick="add('1')">
        <input type="button" value="    2    " onclick="add('2')">
        <input type="button" value="    3    " onclick="add('3')">
        <input type="button" value="    -    " onclick="add('-')">
        <br>
        <input type="button" value="    0    " onclick="add('0')">
        <input type="button" value="    +    " onclick="add('+')">
        <br>
        <input type="button" value="  Clear  " onclick="clearDisplay()">
        <input type="button" value="   Enter     " name="enter" onclick="compute()">
    </form>
</body>
</html>
```

사용자가 "Compute" 버튼을 누르면 eval() 함수를 이용하여 전체 수식을 계산한다.

모든 버튼들이 클릭되면 버튼에 쓰여 있는 문자를 expression 변수에 추가한다. 예를 들어 사용자가 "1", "+", "2" 버튼을 차례대로 눌렀다면 expression 변수에는 "1+2"가 저장된다. 이 문자열을 인수로 하여 eval() 함수를 호출하면 수식의 계산값을 얻을 수 있다. eval() 함수는 문자열 형태의 자바스크립트 소스를 받아서 동적으로 실행한 후에 결과값을 반환한다. 우리 소스에서는 수식을 계산하는 데 사용되지만 다양한 용도로도 사용이 가능하다.

도전

01. 위의 프로그램에 CSS 스타일을 추가해보자.

10-04 입력값의 유효성 검증

자바스크립트는 사용자가 입력한 데이터를 서버로 보내기 전에, 클라이언트 컴퓨터에서 사전 검증하는 데 많이 사용된다. 무엇을 검증한다는 것일까? 사람은 항상 실수를 하기 마련이다. 예를 들어서 다음과 같은 회원 가입 페이지에서 아이디를 입력할 때, 정해진 문자 수를 초과할 수도 있고, 이메일 주소를 잘못 입력할 수도 있다.

form_val.html

```
<h3>회원가입</h3>
<form>
    이름: <input type='text' id='name' /><br />
    주소: <input type='text' id='addr' /><br />
    생일: <input type='date' id='birthday' /><br />
    아이디(6-8 문자):
    <input type='text' id='username' /><br />
    이메일: <input type='email' id='email' /><br />
    휴대폰: <input type='tel' id='phone' /><br />
    <input type='submit' value='확인' /><br />
</form>
```

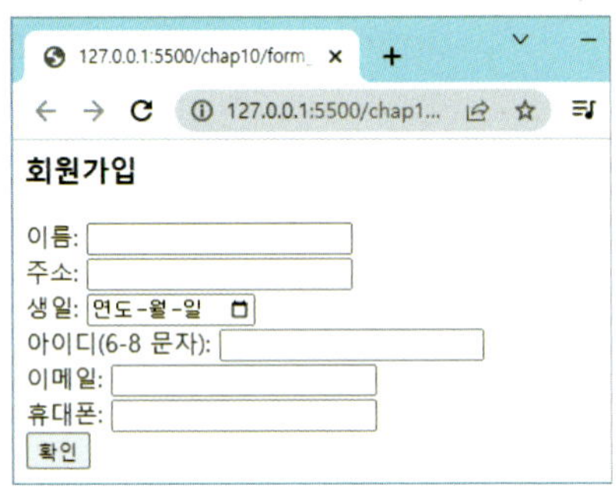

자바스크립트가 사용자의 실수를 수정한 다음에 서버로 보낸다면 서버의 부하를 덜어줄 수 있다. 또한 웹 애플리케이션을 보다 신뢰성 있게 만든다. 다음과 같은 사항을 검증할 수 있다.

- 사용자가 필수적인 필드를 채웠는가?
- 사용자가 유효한 길이의 텍스트를 입력하였는가?
- 사용자가 유효한 이메일 주소를 입력하였는가?

- 사용자가 유효한 날짜를 입력하였는가?
- 사용자가 숫자 필드에 텍스트를 입력하지 않았는가?

■ 입력 양식 데이터 접근

사용자가 입력한 입력 양식 데이터에 접근하기 위해서는 입력 양식 안에 있는 필드의 id나 name 속성을 이용하여야 한다.

id 속성은 웹 페이지에서 요소들을 식별한다.

name 속성은 입력 양식 내부에서 필드들을 식별한다.

```
<input type="text" id="address" name="addr" />
```

id 속성을 이용하려면 getElementById()를 사용하여 요소를 찾으면 된다. 반면에 name 속성을 이용하려면 document 객체가 가지고 있는 form 객체에서 name을 찾으면 된다. form 객체는 배열이고 각 배열 요소는 form[“name”]과 같이 name 속성으로 접근할 수 있다.

```
<input type="text" name="addr" onclick="display(this.form)"/>

function display(form) {
    alert(form["addr"].value);
}
```

form 객체는 입력양식 안의 필드로 이루어진 배열로서 name을 식별자로 하여 필드값을 저장한다.

form 객체를 함수로 전달하는 것은 장점이 있는데, 예를 들어 입력값을 검증할 때, 다른 입력값이 필요할 때도 있기 때문이다. 물론 this를 전달하여도 된다.

■ 공백 검증

가장 기초적인 데이터 검증은 필드가 비어있는지를 체크하는 것이다. 공백 검증은 브라우저에서 자동으로 수행할 수도 있다. required 속성을 지정하면 입력 양식이 비어 있는 경우, 이 양식이 서버로 제출되지 않는다. 사용자가 아무것도 입력하지 않은 경우를 체크하는 코드를 작성하여 보자.

form_val_empty.html

```
...
<form>
    이름:    <input type='text' id='user' required >
    <input type='submit'  value='제출'>
</form>
```

■ 데이터 길이 검증

사용자가 정해진 개수의 문자만을 입력하도록 하는 경우도 많다. 예를 들어 주민등록번호는 13자리이다. 아래 예제에서 checkLength() 함수는 텍스트 필드와 2개의 숫자를 인수로 받는다. 첫 번째 숫자는 사용자가 입력하여야 하는 최소개수이고 두 번째 숫자는 사용자가 입력할 수 있는 최대개수이다.

form_val_leng.html

```
<script>
    function checkLength(elem, min, max) {
        let s = elem.value;
        if (s.length >= min && s.length <= max) {
            return true;
        } else {
            alert(min + " 문자와 " + max + " 문자 사이로 입력해주세요!");
            elem.focus();
            return false;
        }
    }
</script>
<form>
    이름(6-8 문자): <input type='text' id='name' />
    <input type='button'
        onclick="checkLength(document.getElementById('name'), 6, 8)"
        value='확인' />
</form>
```

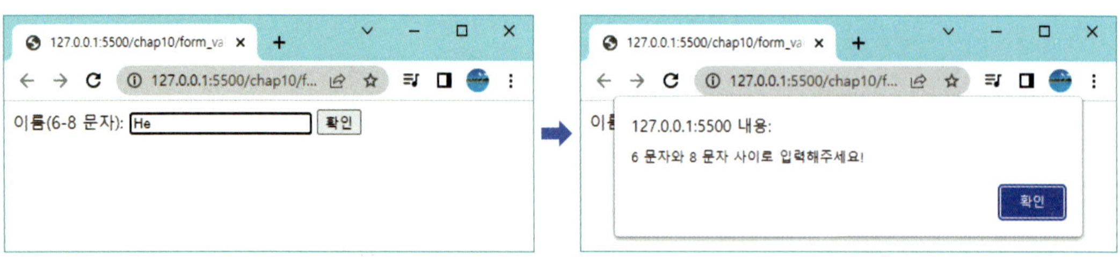

■ 선택 검증

HTML select 요소에서 사용자가 선택을 했는지를 검증하려면 약간의 트릭이 필요하다. 즉, 첫 번째 옵션을 도움말로 두는 것이다. 예를 들어 "선택하세요"라고 둔다. 만약 사용자가 선택을 하지 않았다면 이 문구가 반환될 것이다.

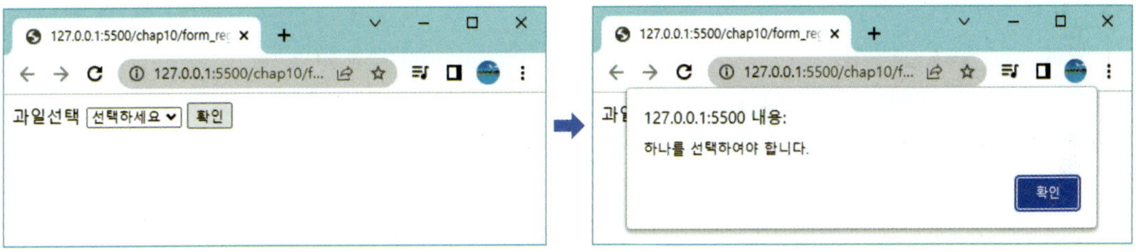

form_reg_exp1.html

```
<script>
    function checkSelection(elem, msg) {
        if (elem.value == 0) {
            alert(msg);
            elem.focus();
            return false;
        } else {
            return true;
        }
    }
</script>
<form>
    과일선택 <select id="fruits" class="required">
    <option value="0">선택하세요</option>
    <option value="1">사과</option>
    <option value="2">배</option>
    <option value="3">바나나</option>
    </select>
    <input type='button'
      onclick="checkSelection(document.getElementById('fruits'), '하나를 선택하여야 합니다.')"
      value='확인' />
</form>
```

value 값이 0이면 첫 번째 옵션이다.

예제 지정된 구간의 값만 입력받기

사용자로부터 1부터 100 사이의 값만 받는 웹 페이지를 작성해보자.

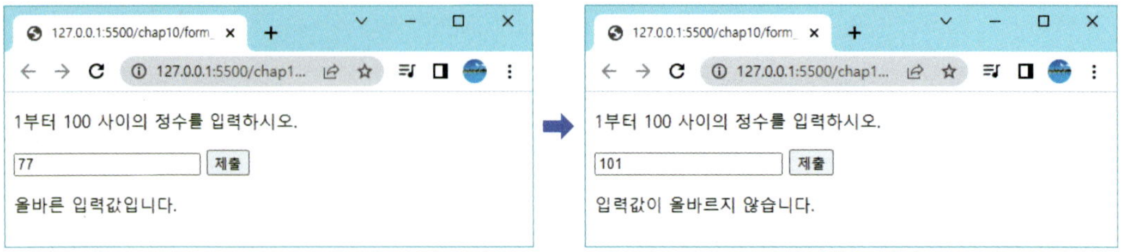

input_val.html

```
<!DOCTYPE html>
<html>
<body>
    <p>1부터 100 사이의 정수를 입력하시오.</p>
    <input id="test">
    <button type="button" onclick="sub()">제출</button>
    <p id="result"></p>
    <script>
        function sub() {
            let value = document.getElementById("test").value;
            let s;
            if (isNaN(value) || value < 1 || value > 100) {
                s = "입력값이 올바르지 않습니다.";
            } else {
                s = "올바른 입력값입니다.";
            }
            document.getElementById("result").innerHTML = s;
        }
    </script>
</body>
</html>
```

■ 정규식

정규식(regular expression)이란 특정한 규칙을 가지고 있는 문자열들을 표현하는 수식이다. 정규식은 많은 텍스트 에디터와 프로그래밍 언어에서 문자열의 검색과 치환을 위해 사용되고 있다(특히 UNIX 계열의 운영체제에서 그렇다).

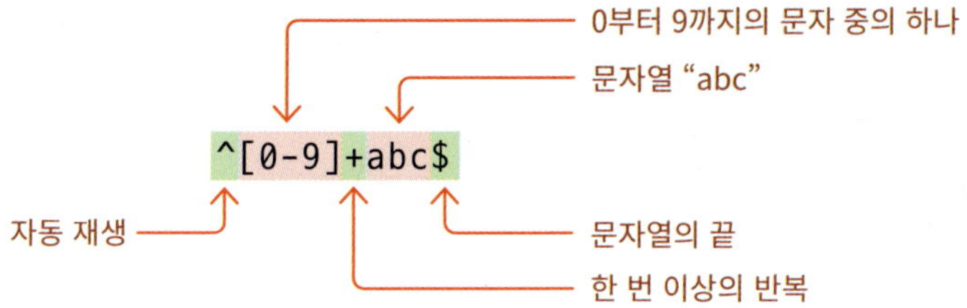

먼저 정규 표현식은 /과 / 내부에 위치한다. 자바스크립트에서 사용되는 정규식에서 사용되는 메타문자의 의미를 요약하면 다음과 같다.

식	기능	설명
^	시작	문자열의 시작을 표시
$	끝	문자열의 끝을 표시
.	문자	한 개의 문자와 일치
\d	숫자	한 개의 숫자와 일치
\w	문자와 숫자	한 개의 문자나 숫자와 일치
\s	공백문자	공백, 탭, 줄바꿈, 캐리지리턴 문자와 일치
[]	문자 종류, 문자 범위	[abc]는 a 또는 b 또는 c를 나타낸다. [a-z]는 a부터 z까지 중의 하나, [1-9]는 1부터 9까지 중의 하나를 나타낸다.

정규 표현식에는 메타문자 뒤에 수량 한정자(quantifier)를 붙일 수 있다. 수량 한정자는 문자가 몇 번 반복되느냐를 나타낸다.

수량 한정자	기능	설명
*	0회 이상 반복	"a*"는 "", "a", "aa", "aaa"를 나타낸다.
+	1회 이상	"a+"는 "a", "aa", "aaa"를 나타낸다.
?	0 또는 1회	"a?"는 "", "a"를 나타낸다.
{m}	m회	"a{3}"는 "aaa"만 나타낸다.
{m, n}	m회 이상 n회 이하	"a{1, 3}"는 "a", "aa", "aaa"를 나타낸다.
(ab)	그룹화	(ab)*은 "", "ab", "abab" 등을 나타낸다.

- /.+/ 어떤 문자가 1회 이상 반복
- /\w*/ 어떤 문자나 숫자로 이루어진 문자열
- /^[1-9][0-9]*$/ 처음 숫자가 0이 아니고 전체가 숫자(예를 들면 가격)
- /^\d{6}-\d{7}$/ 중간에 -이 있는 주민등록번호
- /(Good)?Bye/ "GoodBye" 또는 "Bye"

어떻게 정규 표현식을 이용하여서 검증할 수 있을까? 만약 계좌번호를 검증한다고 가정하자(계좌번호는 10자리의 숫자로 되어 있다고 가정하자). 이것은 정규식 /^\d{10}$/으로 나타낼 수 있다. 즉, 숫자 10개만으로 구성된 문자열이다. 자바스크립트에서 정규 표현식은 RegExp 객체에 의하여 표현된다. 다음과 같은 코드를 사용하면 된다.

```
let exp = /^\d{10}$/;            → 이 리터럴은 RegExp 객체를 생성한다.
if( !exp.test(field.value) ){    → RegExp 객체의 test() 메소드는
    alert("오류!!");                 일치하면 true를 반환한다.
    return false;
}
```

일단 간단한 예로 2013/06/01과 같은 날짜 표기법을 검증할 수 있는 정규 표현식은 어떻게 될까? /^\d{4}\/\d{2}\/\d{2}/가 된다. 만약 2013/6/1과 같이 한 자릿수로 월과 일을 표기하는 것을 허용하려면 어떻게 수정하여야 하는가? /^\d{4}\/\d{1,2}\/\d{1,2}/와 같이 한다.

예제 숫자 여부 검사하기

사용자가 신용카드 번호, 전화번호, 우편번호와 같은 정보들을 입력하면 웹 페이지는 이들이 모두 숫자로 되어 있다는 것을 검증하여야 한다. 숫자로만 된 데이터를 검증하는 가장 좋은 방법은 정규 표현식을 사용하는 것이다. /^[0-9]+$/은 문자열이 모두 숫자로만 되어 있어야 일치한다.

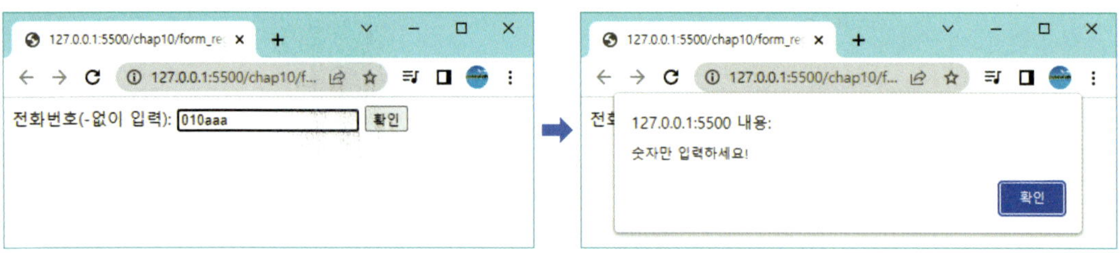

form_reg_exp.html

```
<script>
    function checkNumeric(elem, msg) {
        let exp = /^[0-9]+$/;
        if (elem.value.match(exp)) {
            return true;
        } else {                 → 문자열 객체의 match() 메소드는
            alert(msg);            정규식과의 일치 여부를 반환한다.
            elem.focus();
```

```
            return false;
        }
    }
</script>
<form>
    전화번호(-없이 입력): <input type='text' id='phone'/>
    <input type='button'
      onclick="checkNumeric(document.getElementById('phone'), '숫자만 입력하세요!')"
      value='확인' />
</form>
```

비슷하게 문자로만 된 입력을 검사하려면 위의 코드에서 정규 표현식을 /^[a-zA-Z]+$/로 교체하면 된다. 또 문자와 숫자로만 된 입력을 검사하려면 정규 표현식을 /^[0-9a-zA-Z]+$/로 교체한다.

참고사항

HTML5와 입력 검증

HTML5에서는 <input> 태그에 새로운 url, email, date, tel 타입이 추가되었고 입력 검증이 어느 정도 지원된다. 하지만 이것에 만족하지 못하는 사람들도 많다. 이런 경우에는 차라리 type을 text로 지정하고 정규식으로 검증하는 것도 좋다.

2-05 BOM

■ BOM이란?

BOM(Browser Object Model)은 웹 브라우저가 가지고 있는 정보를 객체로 만든 것이다. BOM을 사용하면 자바스크립트가 브라우저에 대하여 거의 모든 정보를 알 수 있다. 다음 그림에서 보듯이 BOM의 최상위 객체는 window이고 그 아래로 navigator, location, history, screen, document, frames 객체가 있다.

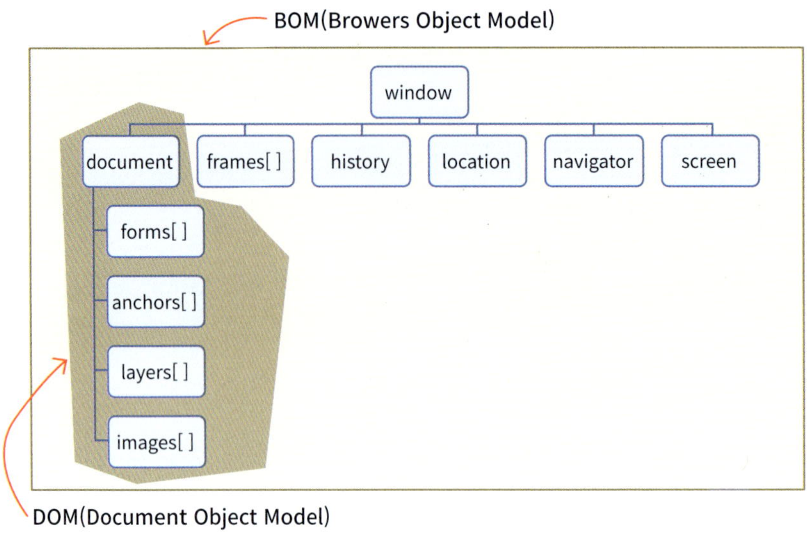

우리가 지금까지 많이 사용하였던 document 객체도 window 객체의 자식 객체이다. BOM에 대한 공식적인 표준은 없다. 하지만 최근 브라우저들은 거의 동일한 브라우저 엔진(크로미늄)을 사용하고, 자바스크립트를 위하여 거의 동일한 메소드와 속성들을 구현하고 있다. BOM에는 다음과 같은 객체들이 포함되어 있다.

객체	설명
document	HTML 문서 정보
navigator	브라우저 자체에 대한 정보
screen	사용자 화면에 대한 정보
history	방문 기록 정보
location	현재 URL 정보
frames	윈도우에 포함된 프레임 정보

■ window 객체

window 객체는 BOM에서 최상위 객체로서 웹브라우저 윈도우를 나타내고 있다. 자바스크립트의 모든 전역 함수는 window 객체의 메소드이다. 예를 들어 우리가 자주 사용하였던 alert(), prompt() 등이 window 객체의 메소드이다. 자바스크립트에서 모든 전역 변수는 window 객체의 속성이다. 우리가 많이 사용하였던 document 객체도 window 객체의 속성이다. 다음 2개의 문장은 동일하다. 왜냐하면 document가 window 객체에 포함되어 있기 때문이다.

```
window.document.getElementById("sp");  ↔  document.getElementById("sp");
```

window 객체는 어마어마한 속성과 메소드를 가지고 있다. 이 중에서 많이 사용되는 것만 살펴보자.

윈도우의 크기

window.innerHeight와 window.innerWidth는 브라우저 윈도우의 내부 높이와 너비를 픽셀 단위로 나타낸다. 다음과 같이 사용할 수 있다.

```
let w = window.innerWidth;
let h = window.innerHeight;
```

open( )과 close( )

open( ) 메소드는 새로운 윈도우를 오픈한다. 다음과 같은 매개 변수들을 가진다.

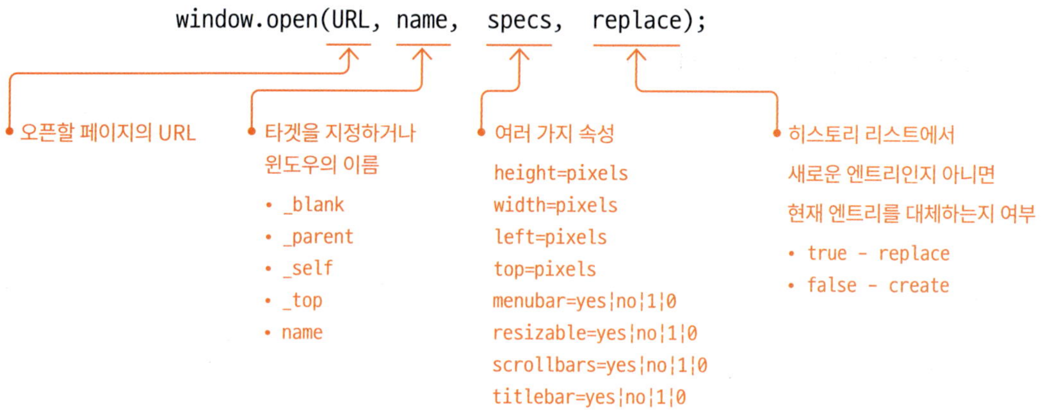

버튼을 누르면 새로운 윈도우를 오픈하는 예제를 작성하여 보자.

bom_open.html

```
<!DOCTYPE html>
<html>
<head></head>
<body>
    <form>
        <input type="button" value="구글창 열기"
      onclick="window.open('https://www.google.com', '_blank', 'width=300, height=300', true)">
      </form>
</body>
</html>
```

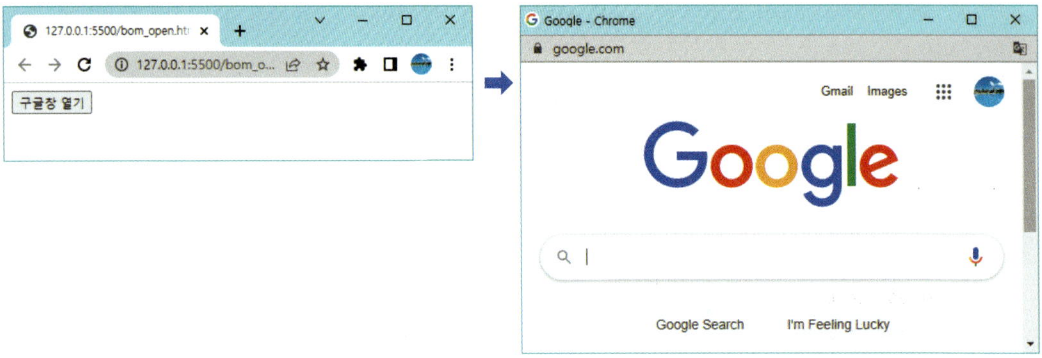

setTimeout(), setInterval()

애니메이션이나 게임 구현 시에 중요하게 사용되는 함수이다. setTimeout() 메소드는 일정한 시간이 지난 후에, 인수로 전달된 함수를 한 번만 호출한다. 시간의 단위는 밀리초이다.

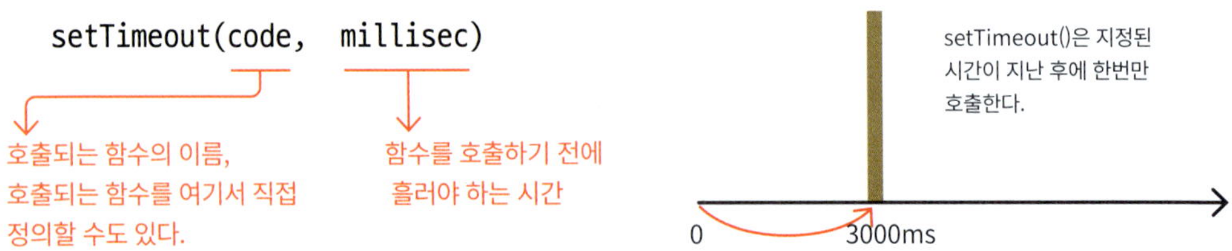

버튼을 누르면 3초 후에 경고 윈도우를 오픈하는 예제를 작성하여 보자.

bom_settimeout.html

```
<!DOCTYPE html>
<html>
<head>
    <script>
        function showAlert() {
            setTimeout(function() { alert("setTimeout()을 사용하여 표시됩니다.") }, 3000);
        }
    </script>
</head>
<body>
    <p>버튼을 누르면 3초 후에 경고 박스가 화면에 표시됩니다. </p>
    <button onclick="showAlert()">눌러보세요</button>
</body>
</html>
```

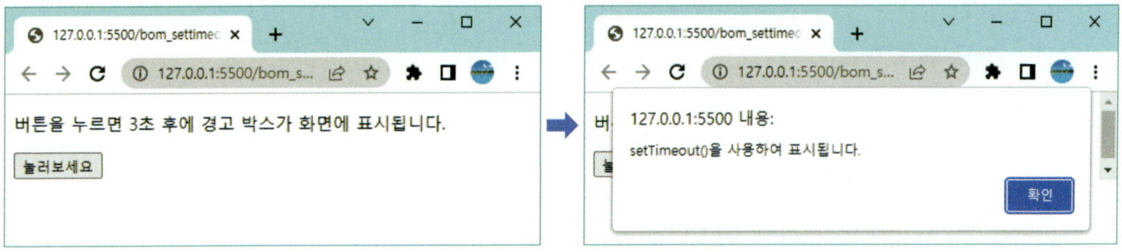

setInterval() 메소드는 일정한 시간마다 주기적으로 함수를 호출한다. setInterval()은 반드시 개발자가 종료시켜야 한다. 시간의 단위는 밀리초이다.

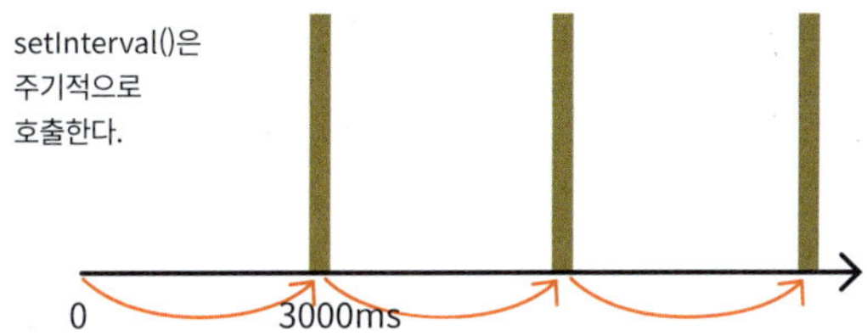

어떻게 1초에 한 번씩 시간을 변경하는 시계를 만들 수 있을까? setInterval()을 이용하여 1000밀리초에 한 번씩 화면에 현재 시간을 출력하도록 만들면 된다. 주기적인 호출을 종료하려면 clearInterval()을 호출한다. 하나의 예로 사용자가 "중지" 버튼을 누를 때까지 글자를 깜빡이는 프로그램을 작성하여 보자.

bom_setinterval.html

```
<!DOCTYPE html>
<html>
<head>
<script>
        let id;
        function changeColor() {
            id = setInterval(flashText, 500);
        }
        function flashText() {
            let elem = document.getElementById("target");
            elem.style.color = (elem.style.color == "red") ? "blue" : "red";
            elem.style.backgroundColor =
                    (elem.style.backgroundColor == "green") ? "yellow" : "green";
        function stopTextColor() {
            clearInterval(id);
        }
    </script>
</head>
<body onload="changeColor();">
```

→ 정지시키려면 반환값을 저장한다.

→ 반환값을 이용하여 주기적 호출을 중지한다.

```
    <div id="target">
        <p>This is a Text.</p>
    </div>
    <button onclick="stopTextColor();">중지</button>
</body>
</html>
```

moveTo(), moveBy()

윈도우를 이동하는 메소드이다. 절대적인 위치로 이동하는 것은 moveTo()를 사용하고 상대적으로 이동하려면 moveBy()를 사용한다.

bom_move.html

```
<!DOCTYPE html>
<html>
<head>
    <script>
        let w;
        function openWindow() {
            w = window.open(' ', ' ', 'width=200, height=100');
            w.document.write("<p>오늘 다음과 같은 상품을 싸게 팝니다.</p>");
            w.moveTo(0, 0);
        }
        function moveWindow() {
            w.moveBy(10, 10);    → 한번 누를 때마다 화면에서 (10, 10)씩 이동한다.
            w.focus();
        }
    </script>
</head>
<body>
    <input type="button" value="윈도우 생성" onclick="openWindow()" /> <br>
    <input type="button" value="윈도우 이동" onclick="moveWindow()" />
</body>
</html>
```

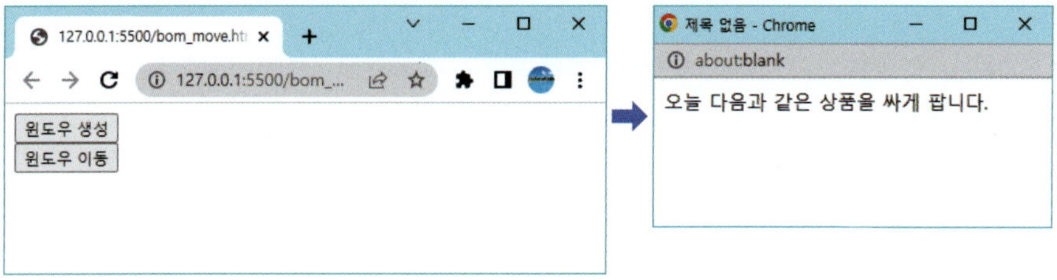

윈도우의 크기를 변경하려면 resizeTo(), resizeBy()를 사용한다. 또 focus()는 특정 윈도우로 키보드 포커스를 이동시킨다. 윈도우 스크롤 위치를 이동시킬 때는 scrollTo()와 scrollBy()를 사용한다.

■ screen 객체

속성	설명
availHeight	화면의 높이를 반환(윈도우에서 태스크바를 제외한 영역)
availWidth	화면의 너비를 반환(윈도우에서 태스크바를 제외한 영역)
colorDepth	컬러 팔레트의 비트 깊이를 반환
height	화면의 전체 높이를 반환
pixelDepth	화면의 컬러 해상도(bits per pixel)를 반환
width	화면의 전체 너비를 반환

screen 객체는 화면의 정보를 얻을 수 있는 객체이다. availHeight, availWidth 속성들은 윈도우의 태스크바를 가리지 않으면서 최대 크기로 윈도우를 오픈할 때 사용된다. screen 객체의 모든 속성을 출력해보고, 구글의 홈페이지를 로드하는 코드를 작성하면 다음과 같다. 최대 크기로 윈도우를 확대해보자.

bom_screen.html

```
...
<script>
    function maxopen(url, winattributes) {
        let s = "";
        for (let key in screen) {
            value = screen[key];
            s += key + ":" + value + "\n";
        }
        alert(s);
        let maxwindow = window.open(url, "", winattributes);
        maxwindow.moveTo(0, 0);
        maxwindow.resizeTo(screen.availWidth, screen.availHeight);
    }
```

```
</script>
<a href="#" onClick="maxopen('https://www.google.com', 'resize=1, scrollbars=1, status=1'); return
false">전체 화면 보기</a>
```

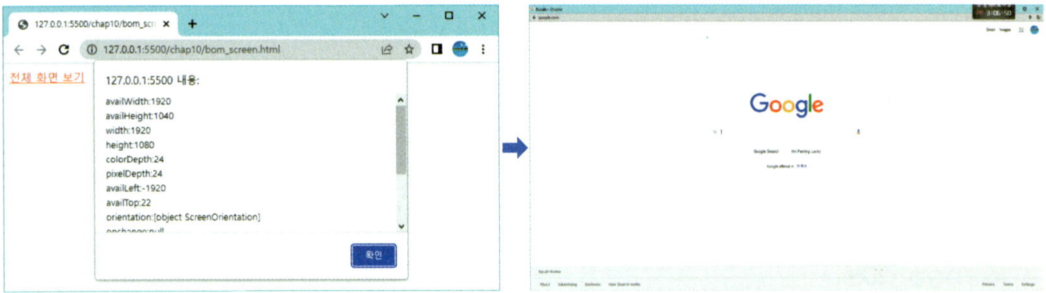

■ location 객체

location 객체는 현재 URL에 대한 정보를 가지고 있다. location 객체의 속성은 다음과 같다.

속성	설명
hash	URL 중에서 앵커 부분을 반환한다(#section1과 같은 부분).
host	URL 중에서 hostname와 port를 반환
hostname	URL 중에서 hostname을 반환
href	전체 URL을 반환
pathname	URL 중에서 경로(path)를 반환
port	URL 중에서 port를 반환
protocol	URL 중에서 protocol 부분을 반환
search	URL 중에서 쿼리(query) 부분을 반환

location 객체의 메소드는 다음과 같다.

메소드	설명
assign()	새로운 문서를 로드한다.
reload()	현재 문서를 다시 로드한다.
replace()	현재 문서를 새로운 문서로 대체한다.

location 객체의 모든 속성을 출력해보고, replace()를 사용하여 구글의 웹 페이지를 로드하는 코드를 작성해보자.

```
bom_location.html
...
<script>
    function replace() {
        let s = "";
        for (let key in location) {
            value = location[key];
            s += key + ":" + value + "\n";
        }
        alert(s)
        location.replace("https://www.google.com")
    }
</script>
<a href="#" onClick="replace()">이동하기</a>
```

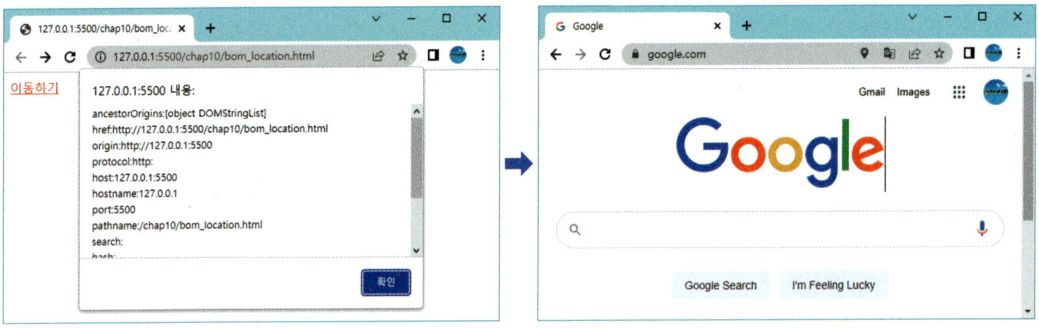

■ navigator 객체

navigator 객체는 브라우저에 대한 정보를 가지고 있다.

속성	설명
appCodeName	브라우저의 코드 네임
appName	브라우저의 이름
appVersion	브라우저의 버전 정보
cookieEnabled	브라우저에서 쿠키가 활성화되어 있는지 여부
onLine	브라우저가 인터넷에 연결되어 있으면 true
platform	브라우저가 컴파일된 플랫폼
userAgent	브라우저에서 서버로 가는 user-agent 헤더

navigator 객체의 메소드는 다음과 같다.

메소드	설명
javaEnabled()	자바가 사용 가능한지 여부(자바스크립트가 아니고 자바언어)
taintEnabled()	브라우저에서 data tainting이 가능한지 여부

navigator 객체의 전체 속성을 출력하여 보면 다음과 같다.

bom_nav.html

```
...
<script>
    for (let key in navigator) {
        value = navigator[key];
        document.write(key + ": " + value + "<br>");
    }
</script>
```

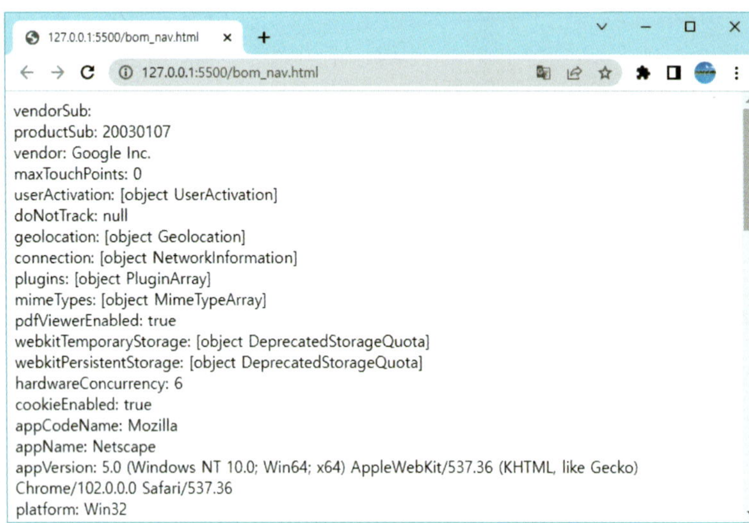

■ history 객체

window.history개체에는 브라우저 기록이 포함되어 있다. 몇 개의 메소드를 지원한다.

메소드	설명
back()	브라우저에서 "뒤로가기"를 클릭하는 것과 동일
forward()	브라우저에서 "앞으로 가기"를 클릭하는 것과 동일
go(n)	n번째 페이지로 가기

버튼을 클릭하면 뒤로 가거나 앞으로 가는 예제를 작성해보자.

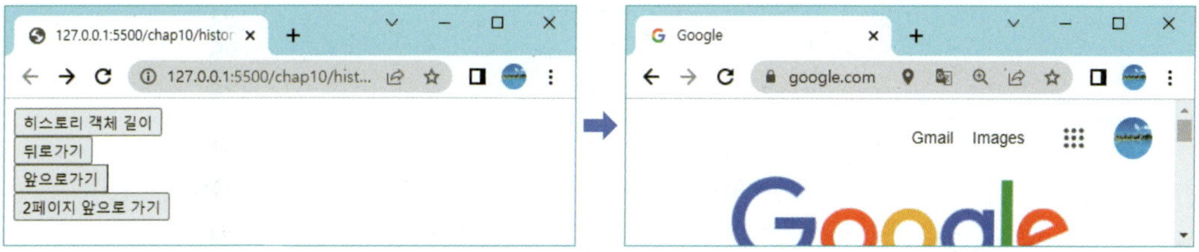

bom_history.html

```
<!DOCTYPE html>
<html>
<body>
    <input type="button" value="히스토리 객체 길이"
          onclick="alert(history.length);"/><br>
    <input type="button"value="뒤로 가기" onclick="history.back()"/><br>
    <input type="button"value="앞으로 가기" onclick="history.forward()"/><br>
    <input type="button"value="2페이지 앞으로 가기" onclick="history.go(+2)"/><br>
</body>
</html>
```

Mini Project

기억력 게임

기억력 게임을 만들어보자. 12장의 카드가 덮여 있고 사용자는 이 중에서 한 번에 2장의 카드를 오픈할 수 있다. 게임의 목적은 일치하는 카드를 기억하였다가 올바르게 2장을 선택하는 것이다. 이번 장에서 우리가 학습한 모든 것을 응용해보자. click 이벤트와 setTimeOut() 메소드도 필요하다. 카드 이미지는 스스로 그려보자. 이미지에 번호가 붙어 있고 이 번호를 배열에 저장시킨다. onload 이벤트를 이용하여 이미지가 전부 로딩되면 게임을 시작하게 하자.

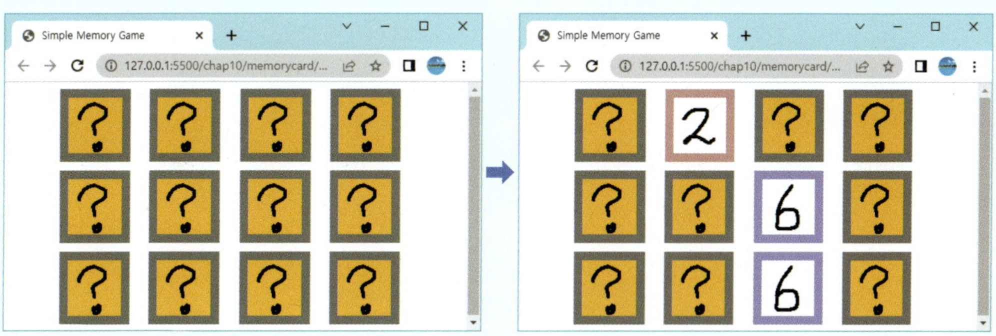

10장

Summary

Q HTML 요소를 클릭하였을 때 발생하는 이벤트를 처리할 수 있나요?

A click 이벤트를 처리하면 됩니다. 이벤트 리스너는 인라인으로도 작성이 가능하고 무명 함수로도 만들 수 있습니다.

Q 마우스를 요소 안으로 움직였을 때 발생하는 이벤트를 처리할 수 있나요?

A mouseenter나 mousehover 이벤트를 처리하면 가능합니다.

Q 자바스크립트를 이용하여 사용자가 8글자 이상을 입력하였는지 검사할 수 있나요?

A 자바스크립트로 사용자 입력을 검증하면 하면 됩니다. 문자열의 길이를 계산하여 8글자 이상인지를 체크합니다.

Q 자바스크립트를 이용하여 사용자가 숫자만 입력하였는지 검사할 수 있나요?

A 자바스크립트로 사용자 입력을 검증하면 됩니다. 문자열의 글자들을 하나씩 검사하여도 되고, 복잡한 검증은 정규식을 사용하는 것이 편리합니다.

Q 자바스크립트 코드에서 현재 윈도우 크기를 알아낼 수 있나요?

A window.innerHeight는 브라우저 윈도우의 내부 높이를 픽셀 단위로 나타냅니다. window.innerWidth는 브라우저 윈도우의 내부 너비를 픽셀 단위로 나타냅니다.

Q 자바스크립트 코드에서 현재 URL을 알아낼 수 있나요?

A location 객체의 속성 중에서 href를 사용하면 됩니다.

10장

Exercise

01. 웹브라우저 객체 모델인 BOM에 존재하는 객체 중에서 최상위 객체는?

① navigator ② window ③ frame ④ document

02. 사용자가 이제까지 거쳐 온 사이트들의 정보는 어떤 객체가 가지고 있을까?

① navigator ② history ③ location ④ document

03. HTML 문서 안의 요소 중에서 id를 가지고 찾을 때, 사용하는 메소드는?

① getElementById() ② getElementsByTag()

③ getElementUsingId() ④ getElementForId()

04. 버튼이 눌렸을 때 process() 함수가 호출되도록 하려면 다음 중 어떤 방법이 올바른 방법인가? 올바른 방법을 모두 선택하시오.

① <input type="button" onclick="process()" />

② <input type="button" onclick=process() />

③ <input type="button" onclick="process" />

④ <input type="button" onclick=process />

05. 어떤 요소 위에 마우스 커서가 오면 발생하는 이벤트는 무엇인가?

① onmousedown ② onmouseover ③ onmouseup ④ onmouseout

06. 어떤 함수를 1초에 한 번씩 주기적으로 호출하려고 한다. 사용해야 되는 함수는?

① onSetInterval() ② setInterval() ③ onSetTimeout() ④ setTimeout()

07. 사용자가 반드시 입력해야 되는 입력 요소를 만들 때는 어떤 속성을 지정하는가?

① noNull ② notNull ③ required ④ should

08. 마우스로 어떤 요소를 클릭하였다. 어떤 순서대로 이벤트가 발생되는가?

① mousedown → mouseup → click ② mousedown → click → mouseup

③ click → mousedown → mouseup ④ click → mouseup → mousedown

10장

Programming

01. 다음과 같은 디지털 시계를 setInterval() 함수와 Date 객체를 이용하여 작성해보자.

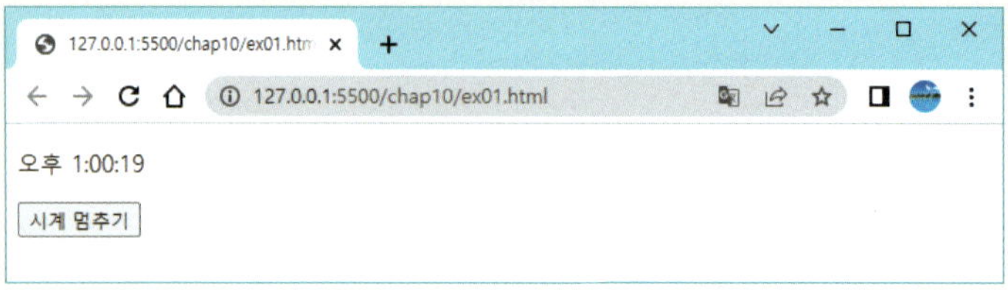

02. 신호등을 표시하는 웹 페이지를 만들어보자. CSS를 이용하여 원형 경계선을 구현한다. setInterval() 함수를 이용하여 각 색상이 주기적으로 바뀌게 한다.

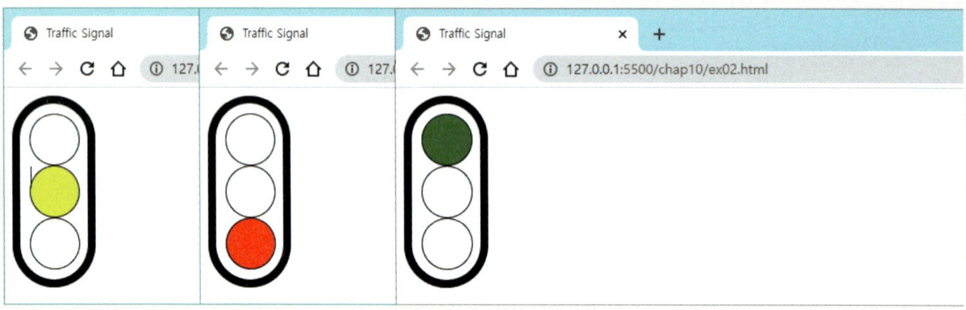

03. mousemove 이벤트를 이용하여 마우스로 이미지를 움직이는 프로그램을 작성해보자. 이미지가 클릭되면 그 때부터 마우스로 이동이 가능하다. 다시 한번 클릭하면 이동이 멈춘다.

04. 사용자가 입력한 값이 숫자가 아니면 경고창을 표시하는 프로그램을 작성하라.

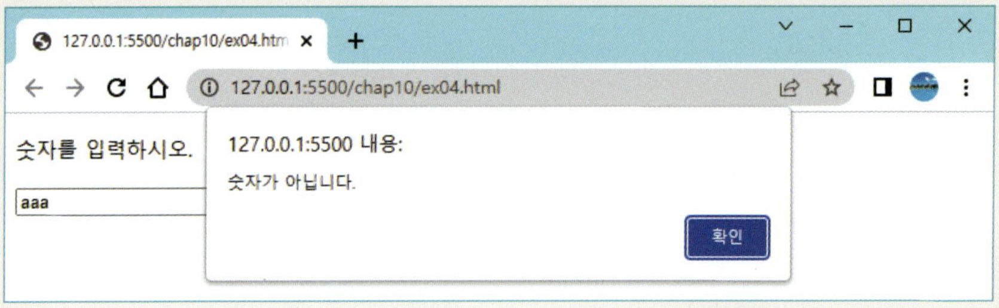

힌트 숫자가 아니라면 isNaN(n)이 참이 된다.

05. 다음 화면과 같이 회원 신청서를 받는 웹 페이지를 작성하여 본다. 입력 필드에서 받은 문자열을 대상으로 정규식을 이용하여 입력을 검증하도록 하라. HTML5 입력 요소와 정규식을 사용해보자.

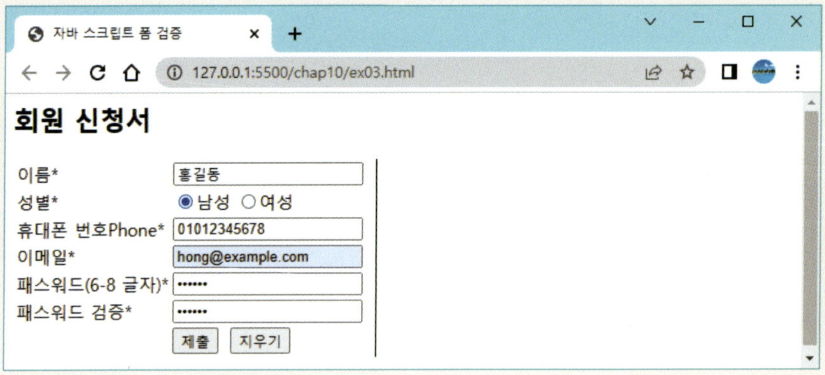

HTML5+
CSS3+
JavaScript
웹프로그래밍

11

자바스크립트와 캔버스로 게임 만들기

- 자바스크립트를 이용하여 웹브라우저 위에 사각형을 그릴 수 있나요?
- 경로 개념을 사용하여 사각형이나 원을 그릴 수 있나요?
- 사각형이나 원을 그릴 때, 그라디언트를 사용할 수 있나요?
- 마우스 이벤트와 그래픽을 결합하여 그림판 프로그램을 만들 수 있나요?
- HTML5과 자바스크립트만을 이용하여 간단한 게임을 만들 수 있나요?

11-01 캔버스 요소

최근까지도 웹 페이지에서 그림을 그리거나 애니메이션을 생성하는 것은 상당히 힘들었다. 따라서 개발자들은 "플래시(flash)"나 마이크로소프트의 "실버라이트(Silverlight)"와 같은 외부 플러그인을 사용해야 했다. 하지만 HTML5는 개발자가 웹 페이지 위에 직접 그림을 그릴 수 있는 요소를 가지고 있다. 바로 〈canvas〉 요소이다. 캔버스 요소를 자바스크립트와 함께 사용하면, 외부 플러그인의 도움 없이도 상당히 정교한 그림을 웹 페이지 위에 그릴 수 있다.

(출처: https://developer.mozilla.org)

■ 캔버스 생성

캔버스는 〈canvas〉 요소로 생성된다. 캔버스는 HTML 페이지 상에서 사각 형태의 영역이다. 디폴트로 〈canvas〉 요소는 경계를 가지지 않는다. 〈canvas〉 요소는 단순히 그래픽을 위한 컨테이너이다. 실제 그림은 자바스크립트를 통하여 코드로 그려야 한다.

캔버스의 id　　　캔버스의 높이

```
<canvas id="myCanvas" width="300" height="100"></canvas>
```

캔버스 태그　　　캔버스의 너비

id 속성이 있어야 자바스크립트에서 쉽게 참조할 수 있기 때문에 id 속성을 지정하는 것이 좋다. 가로와 세로 크기도 설정하도록 하자. width 및 height 속성을 지정하지 않으면 너비는 300px이고 높이는 150px인 캔버스가 만들어진다. 경계선을 추가하려면 style 속성을 사용한다.

```
<canvas id="myCanvas" width="300" height="100"
        style="border:1px dotted red;">
</canvas>
```

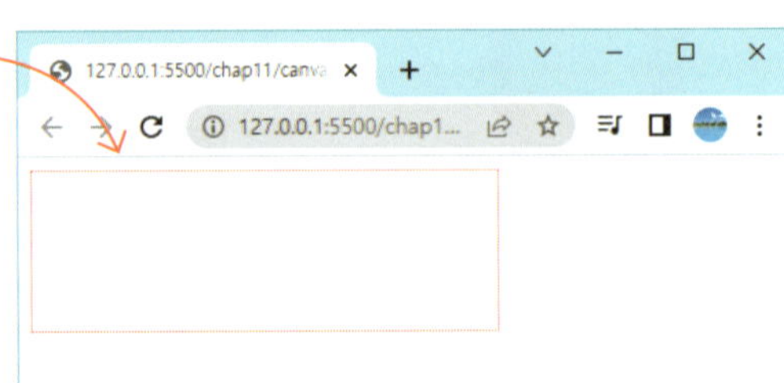

캔버스 요소는 우리가 원하는 만큼 여러 개를 생성할 수 있다.

■ 컨텍스트 객체

우리가 도화지에 그림을 그리려면 어떤 준비물이 필요할까? 당연히 도화지가 있어야 한다. 캔버스 요소가 도화지라고 할 수 있다. 또 필요한 것은 없을까? 물감과 붓도 필요하다. 자바스크립트에서 물감과 붓의 역할을 하는 객체가 컨텍스트(context) 객체이다.

컨텍스트 객체는 캔버스 객체에서 다음과 같이 얻을 수 있다.

```
let canvas = document.getElementById("myCanvas"); ⟵ 먼저 캔버스 요소를 찾는다.
let context = canvas.getContext("2d"); ⟵ 캔버스에서 컨텍스트를 얻는다.
```

반환된 컨텍스트 객체는 2차원 도형을 그리는 메소드를 가지고 있다. 예를 들면 drawRect() 메소드를 이용하여 사각형을 그릴 수 있다.

■ 캔버스 좌표계

캔버스에 그림을 그리려면 좌표계를 알아야 한다. 수학에서와는 다르게 캔버스의 좌측 상단의 좌표가 (0, 0)이다. 화면의 아래로 가면서 y 좌표는 증가한다. 우측 하단의 좌표는 캔버스의 크기에 따라서 결정된다.

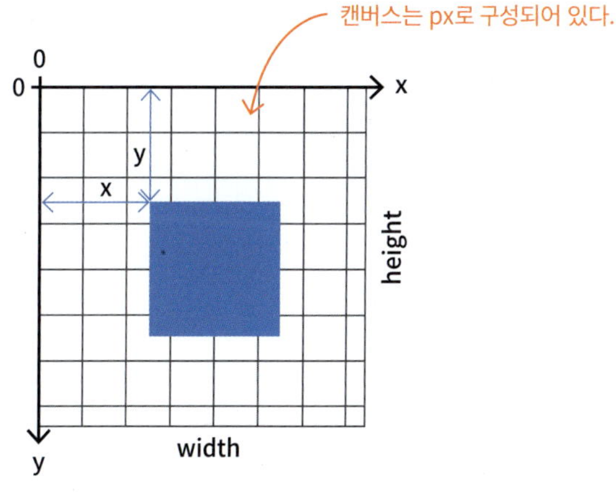

■ 그림 그리는 기본 구조

웹 페이지 위에 캔버스 요소를 생성하고 캔버스에 녹색 사각형을 그리는 예제를 살펴보면서 그림을 그리는 기본적인 구조에 대하여 살펴보자.

canvas1.html

```
<!DOCTYPE html>
<html>
<body>

   <canvas id="myCanvas" width="200" height="100"
          style="border: 1px dotted red"></canvas>
   <script>
      let canvas = document.getElementById("myCanvas");
      let context = canvas.getContext("2d");
      context.fillStyle = "#00FF00";
      context.fillRect(0, 0, 100, 50);
   </script>

</body>
</html>
```

→ 캔버스 요소를 정의한다.

→ 먼저 캔버스 요소를 찾는다.

→ 캔버스에서 컨텍스트를 얻는다.

→ 캔버스 위에 사각형을 그린다.

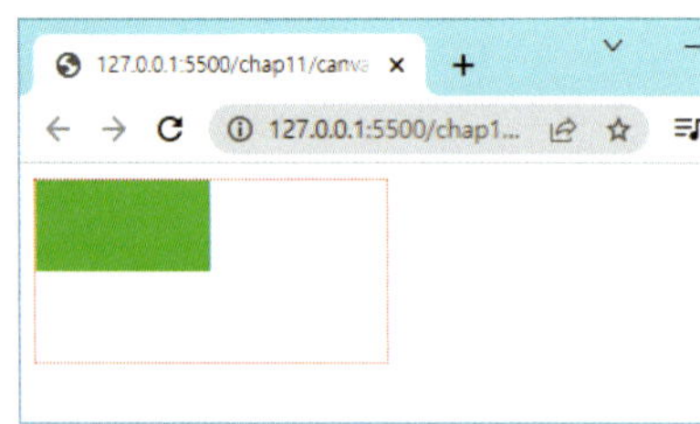

자바스크립트가 캔버스 요소가 생성되기 전에 실행되면 안 된다. 따라서 항상 <canvas> 요소가 등장한 뒤에 자바스크립트를 위치시키도록 하자(onload 이벤트를 사용하여도 된다).

- `let canvas = document.getElementById("myCanvas");`

  위와 같은 문장을 이용하여 HTML 문서 중에서 id가 "myCanvas"인 <canvas> 요소를 찾는다.

- `let context = canvas.getContext("2d");`

  캔버스의 getContext() 메소드를 호출하여 컨텍스트 객체를 얻는다. 이때 인수로 "2d"를 전달하여야 한다. "2d"는 2차원 그래픽을 의미한다. getContext()가 반환하는 컨텍스트 객체는 2차원 그림을 그리는 많은 메소드들을 가지고 있다.

- `context.fillStyle = "#00FF00";`

  fillStyle 속성은 채우기 속성을 정의한다. 채우기 속성은 색상이나 그라디언트, 패턴이 될 수 있다. "#00FF00"은 녹색을 의미한다.

- `context.fillRect(0, 0, 100, 50);`

  fillRect(x, y, width, height) 메소드는 현재의 채우기 속성을 가지고 사각형을 화면에 그린다. fillRect() 메소드는 (0, 0, 100, 50)을 인수로 가지는데, 좌측 상단 (0, 0)에서 시작하여 100×50 크기의 사각형을 그리라는 의미이다. 단위는 px이다.

노트

HTML5는 3차원 그래픽도 지원한다. 3차원 그래픽은 WebGL을 통하여 구현된다. WebGL 을 사용하면 OpenGL ES 2.0 기반의 API를 사용하여, 플러그인을 사용하지 않고 브라우저에서 2D 및 3D 렌더링을 수행할 수 있다. 3차원 그래픽을 위하여 컨텍스트 객체를 얻으려면 다음과 같이 하여야 한다.

```
let context = canvas.getContext("webgl");
```

최근에는 WebGL의 기능을 캡슐화한 THREE.js 및 BABYLON.js와 같은 3D 프레임워크를 사용하여 게임이나 애니메이션을 작성하는 추세이다.

경고

캔버스가 생성되기 전에, 그림을 그리는 자바스크립트가 실행되면 오류가 발생한다. 즉, <head>에 자바스크립트를 두면 오류가 발생한다! 다음과 같이 onload 이벤트를 이용하여 <body> 요소의 로딩이 끝난 후에 실행되도록 하는 것도 좋다.

```
...
<head><script>
        function draw() {
            let canvas = document.getElementById("myCanvas");
            let context = canvas.getContext("2d");
            context.fillStyle = "#00FF00";
            context.fillRect(0, 0, 100, 50);
        }
</script></head>
<body onload="draw();">
    <canvas id="myCanvas"width="200" height="100" style="border: 1px dotted red"></
canvas>
</body>
```

11-02 도형 그리기와 채우기

■ Canvas API

캔버스 요소를 통해 그래픽을 제공하는 라이브러리를 일반적으로 Canvas API라고 한다. Canvas API를 사용하면 애니메이션, 게임 그래픽, 데이터 시각화, 사진 조작, 실시간 비디오 앱을 구현할 수 있다. Canvas API에서 그림을 그리는 방법에는 2가지가 있다.

- 첫 번째 방법은 도형을 캔버스에 직접 그리는 방법이다. 이 방법에서는 사각형만 그릴 수 있다. fillRect()나 strokeRect()를 이용한다.

- 두 번째 방법은 비어있는 경로(path)를 만들고 여기에 그리기 명령들을 축적한 후에 한 번에 전부 캔버스에 그리는 방법이다. stroke()를 호출하면 도형의 경계선만 그려지고 fill()을 호출하면 모든 도형이 채워져서 그려진다. 이 방법이 표준적인 방법으로 거의 모든 도형은 이 방법으로 그려야 한다.

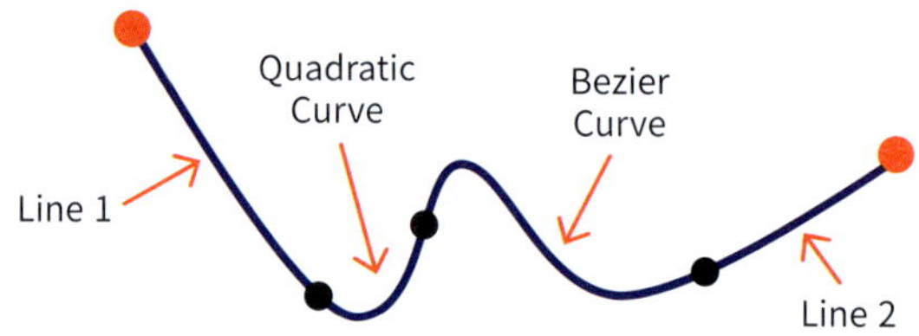

■ 직사각형 그리기

직사각형 그리기는 <canvas>에서는 기본으로 제공하는 그리기 기능이다. 다른 도형(원, 곡선, 직선, ...)들은 전부 경로(path)를 이용하여 그려야 한다. 캔버스 위에 직사각형을 그리는 3가지 함수가 있다.

- `fillRect(x, y, width, height)`: 채워진 직사각형을 그린다.
- `strokeRect(x, y, width, height)`: 직사각형의 윤곽선만을 그린다.
- `clearRect(x, y, width, height)`: 특정 직사각형 영역을 지운다. 지워진 부분은 완전히 투명해진다.

위의 함수에서 x와 y는 캔버스의 좌측상단으로부터의 상대적인 위치이며, width와 height는 사각형의 크기이다. 화면에 그려진 그림들을 모두 지우려면 clearRect()를 사용하도록 하자.

rect.html

```
<!DOCTYPE html>
<html>
<body>
    <canvas id="myCanvas" width="300" height="200"
        style="border: 1px dotted red"></canvas>
    <script>
        let canvas = document.getElementById("myCanvas");
        let context = canvas.getContext("2d");
        context.fillStyle = "orange";
        context.fillRect(50, 50, 100, 50);
        context.strokeRect(80, 80, 100, 50);
    </script>
</body>
</html>
```

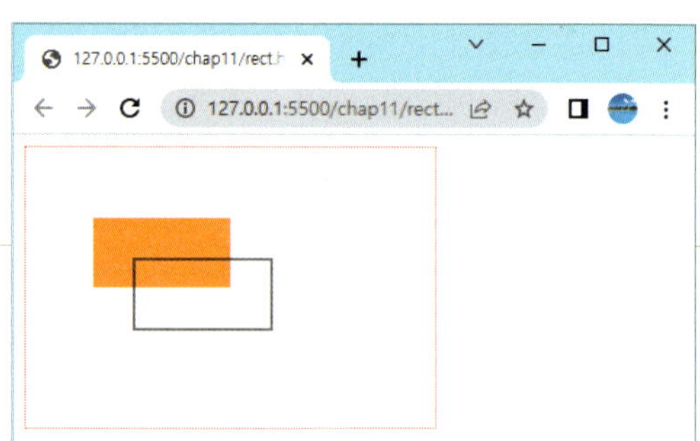

■ 경로 그리기

Canvas API에서는 사각형 이외의 도형들은 모두 경로를 이용하여 그려야 한다. 경로(path)는 기본적으로 점들의 집합이며, 도형과 곡선들이 포함된다. 또 도형을 그리는 두께와 색을 가질 수 있다. 경로를 이용하여 도형을 그릴 때는 다음과 같은 단계를 거쳐야 한다.

1. 경로를 생성한다.
2. 경로에 그리기 명령을 추가한다.
3. 경로가 만들어졌다면, stroke()을 호출하여 경로의 윤곽선을 그리거나 fill()을 호출하여 도형 내부를 채울 수 있다.

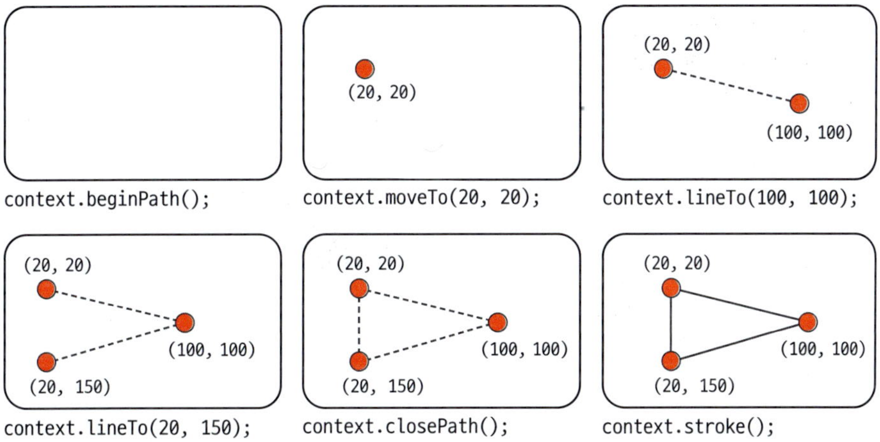

경로에 사용되는 기본적인 함수는 다음과 같다.

- `beginPath()`: 새로운 경로를 만든다.
- `lineTo(), arcTo(), ...`: 경로에 도형을 그리는 명령을 추가한다.
- `moveTo()`: 펜을 든 후에 좌표 (x, y)로 이동한다.
- `closePath()`: 현재 경로의 시작 부분과 끝을 직선으로 연결하여 경로를 닫는다.
- `stroke()`: 경로에 포함된 도형의 윤곽선만을 그린다.
- `fill()`: 경로에 포함된 도형의 내부를 채워서 그린다.

beginPath()를 호출한 후에 moveTo(), lineTo(), quadricCurveTo(), bezierCurveTo(), arcTo(), arc()를 호출하여 경로를 실제로 생성한다. 경로가 생성된 후에는 closePath()를 호출하여 경로를 닫고 stroke()을 호출하여 경로의 외곽선을 그리거나, fill()을 호출하여 경로 안을 채워서 그리면 된다. 예를 들어 경로를 이용하여 삼각형을 그려보자.

path.html

```
<!DOCTYPE html>
<html>
<body>
    <canvas id="myCanvas" width="300" height="200"
            style="border: 1px dotted red"></canvas>
    <script>
        let canvas = document.getElementById("myCanvas");
        let context = canvas.getContext("2d");
        context.beginPath();
        context.moveTo(80, 80);
        context.lineTo(50, 120);
        context.lineTo(150, 120);
        context.fill();
    </script>
</body>
</html>
```

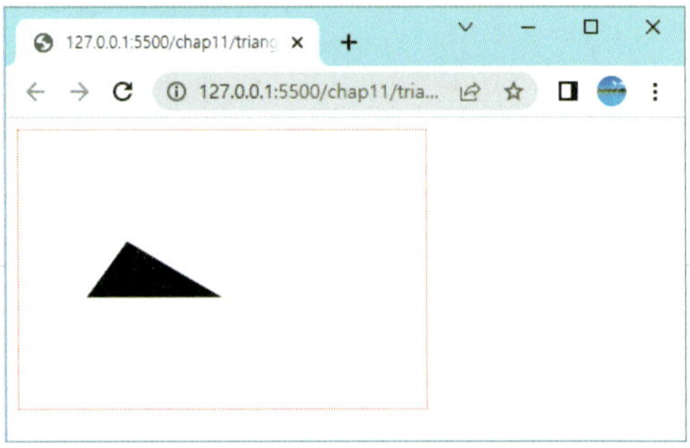

■ 펜 이동하기

실제로 어떤 것도 그리지 않지만, 아주 유용한 함수가 있다. 바로 moveTo() 함수가 있다. 이는 펜을 들어서 옆으로 이동하는 함수이다.

- moveTo(x, y): 펜을 들어서 좌표 (x, y)로 이동한다.

왜 이 함수가 유용할까? 그림 중에는 분리된 그림이 많기 때문이다. 예를 들어서 다음과 같이 "찡그린 얼굴"을 그려보자. 여러 개의 경로를 사용하든지, 아니면 하나의 경로 안에서 펜을 들었다가 다시 내려놓아야 한다. arc() 함수는 경로에 원을 추가하는 함수로서 다음 페이지에서 설명한다.

pen.html

```
<!DOCTYPE html>
<html>
<body>
    <canvas id="myCanvas" width="300" height="200" style="border: 1px dotted red"></canvas>
    <script>
        let canvas = document.getElementById("myCanvas");
        let context = canvas.getContext("2d");
```

```
        context.beginPath();
        context.arc(100, 100, 50, 0, Math.PI * 2, true);
        context.moveTo(120, 130);
        context.arc(100, 130, 20, 0, Math.PI, true);
        context.moveTo(90, 80);
        context.arc(80, 80, 10, 0, Math.PI * 2, true);
        context.moveTo(130, 80);
        context.arc(120, 80, 10, 0, Math.PI * 2, true);
        context.stroke();
    </script>
</body>
</html>
```

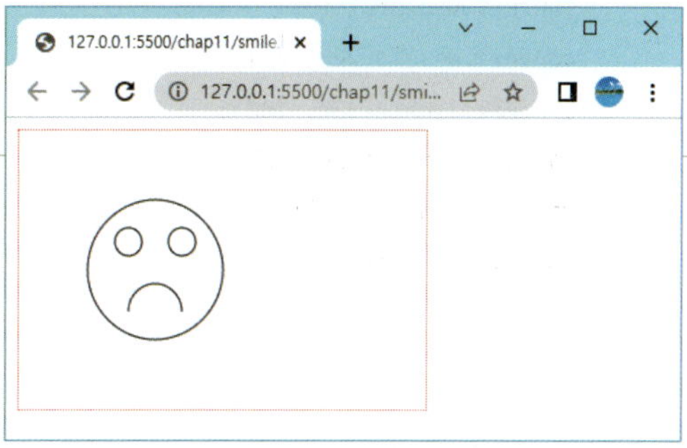

moveTo()를 없애고 출력해보면 직선이 추가로 그려진 것을 볼 수 있다.

■ 직선 그리기

경로에 직선을 추가하려면 lineTo()를 사용할 수 있다.

- lineTo(x, y): 현재의 위치에서 x와 y로 지정된 위치까지 선을 그린다.

x와 y는 직선의 끝점 좌표이다. 직선의 시작점은 이전에 그려진 경로의 끝점이다. 시작점은 moveTo()를 사용하여 변경할 수 있다. lineTo()와 moveTo()를 이용하여 2개의 삼각형을 그려보자. 첫 번째 삼각형은 내부를 오렌지색으로 채운다. 두 번째 삼각형은 경계선만 그린다. 마지막에 항상 stroke()를 호출해주어야 그림이 실제로 그려진다.

canvas_line.html

```
<!DOCTYPE HTML>
<html>
<body>
    <canvas id="myCanvas" width="300" height="200"></canvas>
    <script>
        let canvas = document.getElementById('myCanvas');
```

```
        let context = canvas.getContext('2d');
        context.fillStyle = "orange";

        context.beginPath();
        context.moveTo(100, 25);
        context.lineTo(30, 100);
        context.lineTo(150, 100);
        context.fill();

        context.beginPath();
        context.moveTo(200, 25);
        context.lineTo(130, 100);
        context.lineTo(250, 100);
        context.closePath();
        context.stroke();
    </script>
</body>
</html>
```

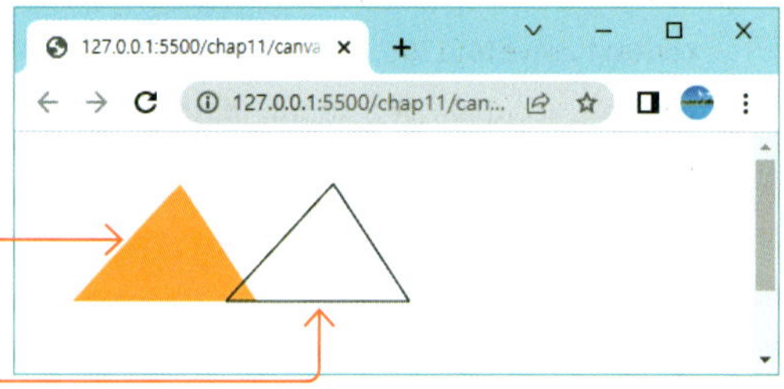

■ 원 그리기

경로에 원을 추가하기 위해서는 다음의 메소드를 사용한다.

- `arc(x, y, radius, startAngle, endAngle, antiClockwise)`: (x, y)를 중심으로 하여 반지름이 radius인 원을 그린다. start는 시작 각도이고 end는 종료 각도이다.

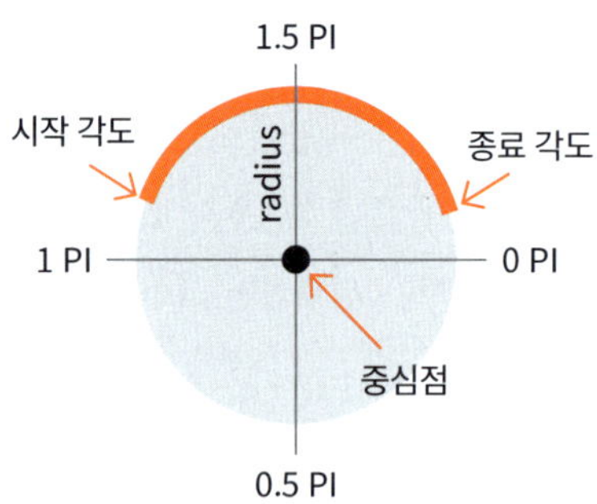

arc() 메소드에서 각도는 상수 PI를 이용하여 위의 그림처럼 표시한다. 원은 startAngle에서 endAngle까지만 그려진다. antiClockwise는 반시계방향인지 아니면 시계방향인지를 true와 false를 이용하여 나타낸다. 원호의 시작점과 종료점을 연결하여 그리고 싶으면 closePath()를 호출한다. closePath()는 경로를 닫게 된다.

canvas_arc.html

```
<script>
    let canvas = document.getElementById('myCanvas');
    let context = canvas.getContext('2d');

    context.beginPath();
    context.arc(100, 100, 80, 0, 2.0 * Math.PI, false);
    context.strokeStyle = "red";
    context.stroke();

    context.beginPath();
    context.arc(100, 100, 60, 0, 1.5 * Math.PI, false);
    context.closePath();
    context.strokeStyle = "blue";
    context.stroke();

    context.beginPath();
    context.arc(100, 100, 40, 0, 1.5 * Math.PI, false);
    context.strokeStyle = "green";
    context.stroke();
</script>
```

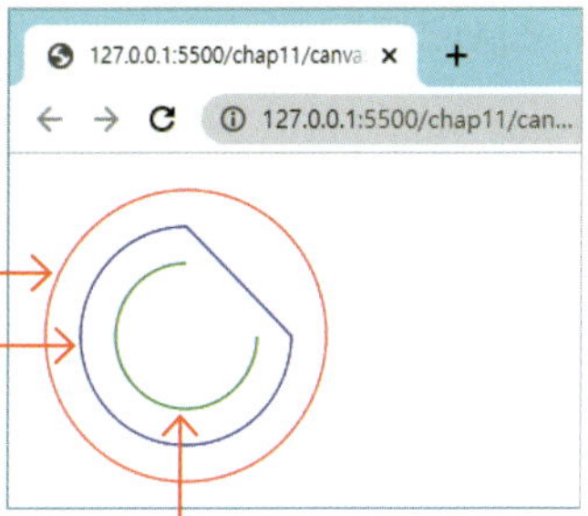

■ 곡선 그리기

베지어 곡선 같은 3차 곡선도 그릴 수 있다. 베지어 곡선은 4개의 제어점 안에 그려지는 3차 곡선이다.

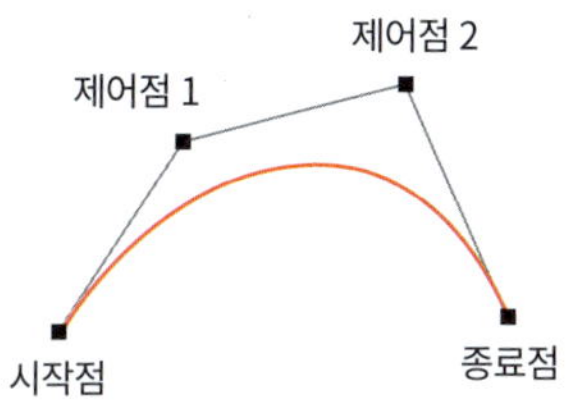

canvas_curve.html

```
<script>
    let canvas = document.getElementById('myCanvas');
    let context = canvas.getContext('2d');

    context.beginPath();
    context.moveTo(90, 130);
    context.bezierCurveTo(140, 10, 288, 10, 288, 130);
```

```
    context.lineWidth = 10;

    context.strokeStyle = 'black';
    context.stroke();
</script>
```

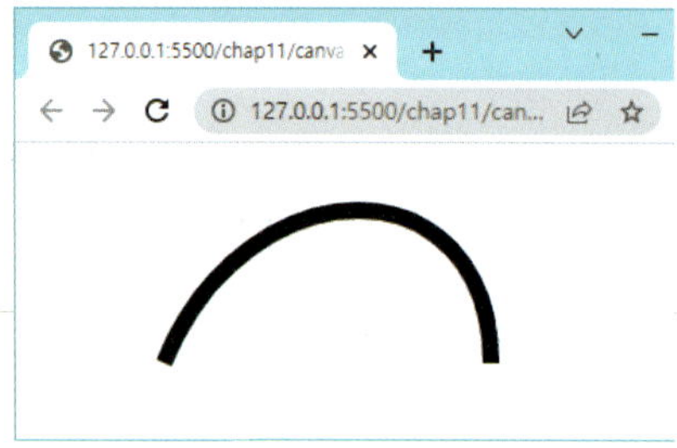

■ 직사각형

경로에 직사각형도 추가할 수 있다. rect() 함수를 사용한다. 만약 채워진 사각형을 그리고 싶으면 stroke() 대신에 fill()을 호출하면 된다.

- rect(x, y, w, h)는 (x, y)를 왼쪽 모서리로 하고 가로와 세로가 각각 w, h인 사각형을 경로에 추가한다.

canvas_rect.html

```
<body>
    <canvas id="myCanvas" width="300" height="200"></canvas>
    <script>
        let canvas = document.getElementById('myCanvas');
        let context = canvas.getContext('2d');

        context.beginPath();
        context.rect(10, 10, 100, 100);
        context.stroke();

        context.beginPath();
        context.rect(150, 10, 100, 100);
        context.fillStyle = "yellow";

    </script>
</body>
```

채우기 속성을 노란색으로 지정한다.

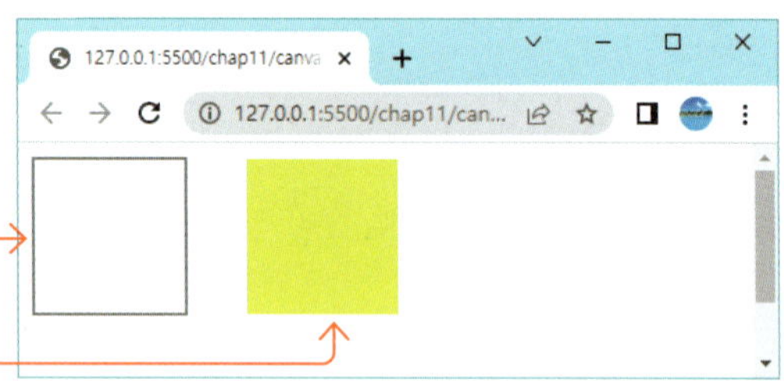

■ 텍스트 그리기

캔버스에 텍스트를 그리기 위해서는 다음과 같은 속성과 메소드를 사용한다.

- font: 텍스트를 그리는데 사용되는 폰트 속성을 정의한다.
- fillText(text, x, y): 캔버스에 채워진 텍스트를 그린다.
- strokeText(text, x, y): 캔버스에 텍스트의 외곽선만을 그린다.

예를 들어 30px 높이의 Arial 폰트로 채워진 텍스트를 그리는 코드는 다음과 같다.

canvas_text.html

```
...
<script>
    let canvas = document.getElementById('myCanvas');
    let context = canvas.getContext('2d');

    context.font = 'italic 38pt Arial'
    context.fillText('Hello World!', 20, 100);
</script>
```

만약 fillText() 대신에 strokeText()를 사용하였다면 출력은 다음과 같다.

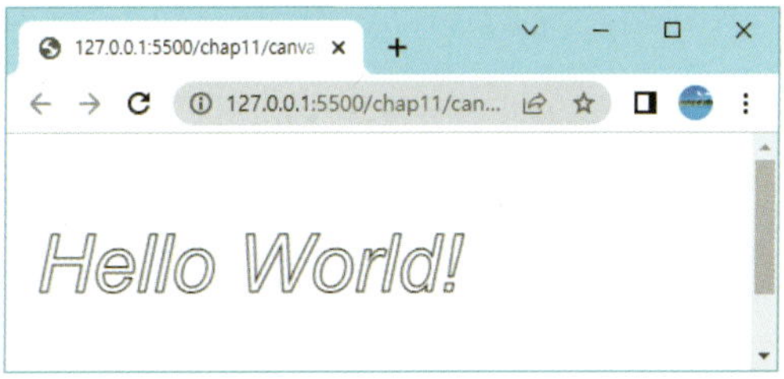

■ 이미지 그리기

캔버스에 이미지를 그리기 위하여 다음의 메소드를 사용한다.

- `drawImage(image, x, y)`: 화면 (x, y) 위치에 이미지를 그린다.

이미지를 캔버스에 그리기 위해서는 drawImage() 메소드를 사용한다. 첫 번째 매개 변수는 Image 객체이다. 두 번째 매개 변수 (x, y) 좌표는 이미지의 좌측 상단이 위치하는 곳이다. 이미지를 화면에 그리기 위해서는 Image 객체를 생성한 후에 이미지가 로드되기를 기다려야 한다. 이것은 Image 객체의 onload 속성을 이용하면 된다.

canvas_image.html

```
...
<body>
    <canvas id="myCanvas" width="600" height="400"></canvas>
    <script>
        let canvas = document.getElementById("myCanvas");
        let context = canvas.getContext("2d");
```

```
        let image = new Image();
        image.src = "html5_logo.png";

        image.onload = function () {
            context.drawImage(image, 0, 0);
        };
    </script>
</body>
...
```

이미지가 로드된 후에 이미지를 그린다.

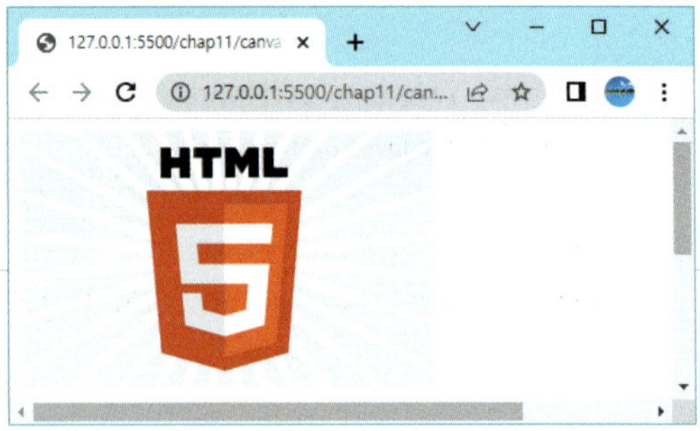

11-03 도형의 속성

앞 절에서는 기본적인 도형과 채우기 스타일만 사용했다. 여기서 그리기를 조금 더 정교하게 만들 수 있는 여러 가지 옵션을 살펴보자. 즉, 색상 지정, 선 스타일, 그라디언트, 패턴, 그림자를 추가하는 방법을 학습해보자.

■ 색상

도형에 색을 적용하려면, 컨텍스트의 속성 fillStyle과 strokeStyle을 사용하면 된다.

- `fillStyle = color`: 도형을 채우는 색을 설정한다.
- `strokeStyle = color`: 도형의 윤곽선 색을 설정한다.

여기서의 color는 CSS의 <color> 객체, 그라디언트 객체, 패턴 객체가 될 수 있다. 예를 들어 fillStyle에 녹색을 설정하는 문장을 여러 가지 방법으로 만들어보면 다음과 같다.

```
context.fillStyle = "green";
context.fillStyle = "00FF00";
context.fillStyle = "rgb(0, 255, 0)";
```

예제 색상 변경 예제

색상을 연속적으로 변경하면서 여러 개의 사각형을 그려보자.

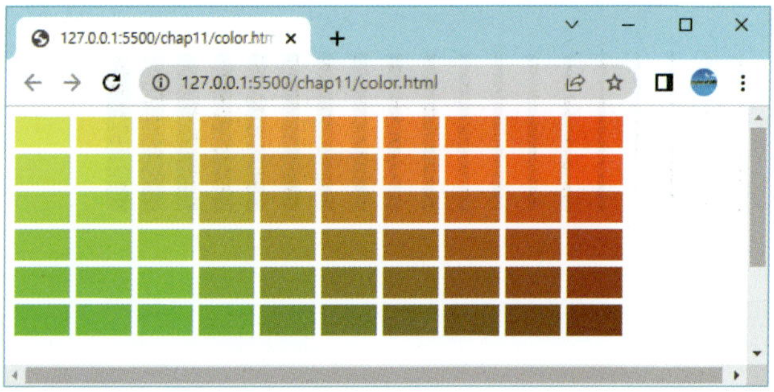

color.html

```
<!DOCTYPE HTML>
<html>
<body>
    <canvas id="myCanvas" width="600" height="300"></canvas>
    <script>
        let context = document.getElementById('myCanvas').getContext('2d');
        for (let i = 0; i < 6; i++) {
            for (let j = 0; j < 10; j++) {
                context.fillStyle = 'rgb(' + (255 - 20 * i) + ', ' +
                    (255 - 20 * j) + ', 0)';
                context.fillRect(j * 50, i * 30, 45, 25);
            }
        }
    </script>
</body>
</html>
```

■ 선 그리기 속성

선을 그릴 때도 여러 가지 속성을 지정할 수 있다.

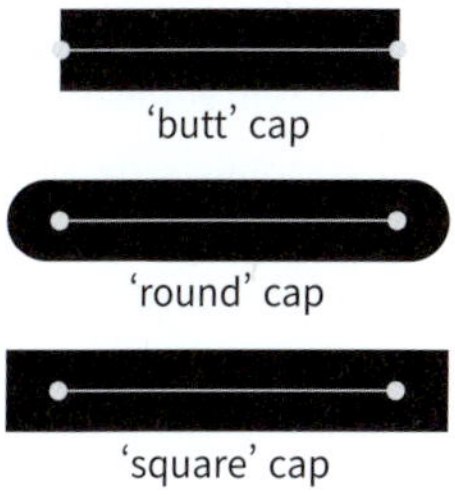

- context.lineWidth: 선의 두께를 지정한다.
- context.strokeStyle: 선의 색상을 지정한다.
- context.lineCap: 양쪽 끝점의 모양을 지정한다. butt, round, square 중 하나이다.

자바스크립트의 가장 좋은 점은 코드로 속성을 바꿔가면서 여러 개를 그릴 수 있다는 점이다. 선의 두께를 변경하면서 직선을 아주 많이 그려보자.

canvas_line_prop.html

```
<!DOCTYPE HTML>
<html>
<body>
    <canvas id="myCanvas" width="600" height="300"></canvas>
    <script>
        let context = document.getElementById('myCanvas').getContext('2d');
        for (let i = 0; i < 20; i++) {
            context.lineWidth = 1 + i;
            context.beginPath();
            context.moveTo(5 + i * 30, 10);
            context.lineTo(5 + i * 30, 200);
            context.stroke();
        }
    </script>
</body>
</html>
```

■ 선형 그라디언트

그라디언트(Gradients)도 사각형이나 원, 텍스트들을 채우는 데 사용할 수 있다. 2가지 종류의 그라디언트가 존재한다.

- `createLinearGradient(x, y, x1, y1)`: 시작점 좌표를 (x1, y1)로 하고, 종료점 좌표를 (x2, y2)로 하는 선형 그라디언트 객체를 생성한다.
- `createRadialGradient(x, y, r, x1, y1, r1)`: 반지름이 r1이고 좌표 (x1, y1)을 중심으로 하는 시작원과, 반지름이 r2이고 좌표 (x2, y2)를 중심으로 하는 종료원을 사용하여 원형 그라디언트 객체가 생성된다.

그라디언트 객체가 생성되면 거기에다가 2개 이상의 종료 색상(color stop)을 반드시 추가하여야 한다. addColorStop() 메소드는 종료 색상과 위치를 지정한다.

- `gradient.addColorStop(position, color)`: gradient 객체에 새로운 색상 종료(color stop)을 생성한다. position은 0.0에서 1.0 사이의 숫자이고 그라디언트에서 상대적인 위치를 정의한다. color 인자는 색상을 나타내는 문자열이다. position 위치에 color를 지정한다.

예를 들어 흰색에서 빨강색으로 변하는 선형 그레이디언트를 만들려면 아래와 같이 한다.

```
let gradient = context.createLinearGradient(0, 0, 500, 0);
gradient.addColorStop(0, "white");
gradient.addColorStop(1, "red");
```

그라디언트를 사용하려면 fillStyle 속성이나 strokeStyle 속성을 그라디언트 객체로 지정하고 도형을 그리면 된다. 선형 그라디언트를 사용한 예제를 살펴보자.

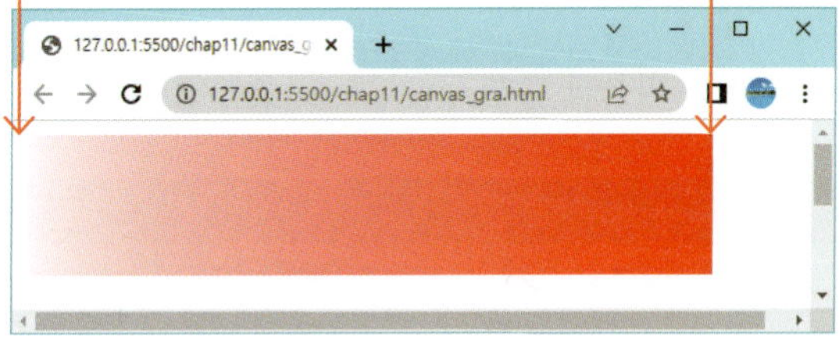

canvas_gra.html

```
...
<body>
    <canvas id="myCanvas" width="600" height="300"></canvas>
    <script>
        let canvas = document.getElementById('myCanvas');
        let context = canvas.getContext('2d');
        let gradient = context.createLinearGradient(0, 0, 500, 0);
        gradient.addColorStop(0, "white");
        gradient.addColorStop(1, "red");
        context.fillStyle = gradient;
        context.fillRect(10, 10, 500, 100);
    </script>
</body>
</html>
```

■ 원형 그라디언트

createRadialGradient() 메소드는 6개의 매개변수로 지정되며, 3개는 그라디언트의 시작원을 정의하고 3개는 종료원을 정의한다.

- `createRadialGradient(x0, y0, r0, x1, y1, r1)`: x0, y0, r0는 시작원의 좌표이고 x1, y1, r1은 종료원의 좌표이다.

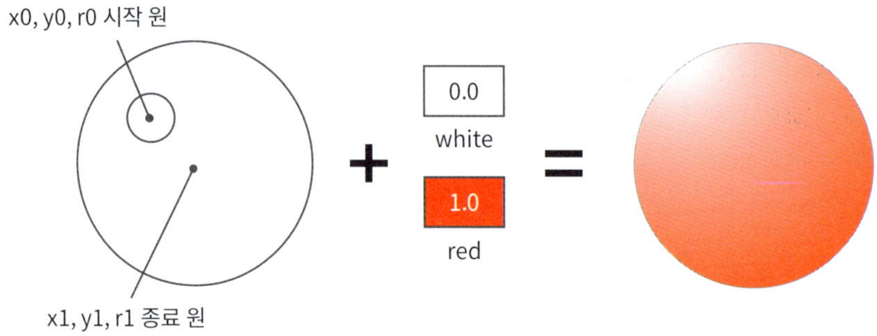

원형 그라디언트를 사용하는 예제는 다음과 같다.

canvas_gra1.html

```
...
<body>
    <canvas id="myCanvas" width="600" height="300"></canvas>
    <script>
        let canvas = document.getElementById('myCanvas');
        let context = canvas.getContext('2d');
        let gradient = context.createRadialGradient(70, 50, 10, 80, 60, 120);

        gradient.addColorStop(0, "white");
        gradient.addColorStop(1, "red");
        context.fillStyle = gradient;
        context.fillRect(10, 10, 300, 200);
    </script>
</body>
```

■ 패턴으로 채우기

도형을 패턴으로 채워서 그리려면, 먼저 createPattern()을 이용하여 패턴 객체를 생성한다. 이어서 컨텍스트의 fillStyle 속성을 패턴 객체로 설정한다. 최종적으로 fill() 메소드를 호출하여 도형의 내부를 패턴으로 채우면 된다. createPattern() 메소드는 이미지 객체와 repeat 옵션을 요구한다. repeat 옵션은 "repeat", "repeat-x", "repeat-y", "no-repeat" 중의 하나가 될 수 있다. 지정되지 않으면 repeat 옵션은 디폴트로 "repeat"로 설정된다. 즉, x, y 방향으로 모두 반복하라는 의미가 된다.

canvas_pattern.html

```
...
    <script>
        let canvas = document.getElementById("myCanvas");
        let context = canvas.getContext("2d");

        let image = new Image();
        image.src = "pattern.png";
        image.onload = function () {
            let pattern = context.createPattern(image, "repeat");

            context.rect(0, 0, canvas.width, canvas.height);
            context.fillStyle = pattern;
            context.fill();
        };
    </script>
...
```

11-04 도형 변환

HTML5에서는 기본적인 2차원 변환인 평행이동(translation), 신축(scaling), 회전(rotation)을 비롯한 모든 변환을 지원한다. 밀림(shear), 반사(mirror)와 같은 추가적인 변환도 지원된다. 일반적으로는 행렬을 이용하여서 자신이 원하는 변환을 생성하여 적용할 수도 있다.

■ 평행이동

평행이동(translation)은 캔버스를 수평이나 수직으로 이동하는 것이다. Canvas 클래스의 translate() 메소드는 캔버스의 좌표 공간의 원점을 평행이동한다. 예를 들어 복잡한 그림이 캔버스에 그려져 있고, 이 그림을 상하좌우로 이동하고 싶다고 가정하자. 그림을 새로운 위치에 다시 그리는 것보다 좌표 공간을 이동하는 것이 훨씬 간단하다. 좌표 공간이 평행이동되면 동일한 값을 주고 도형을 그려도 화면에서 도형의 위치가 달라진다.

그래픽스에서 통상적으로 평행이동과 같은 모든 변환은 내부적으로 행렬(matrix)을 사용한다. (x, y) 좌표에 1을 추가한 동차 좌표를 만든 후에 다음과 같은 행렬식을 이용하여 변환된 좌표를 계산한다. 예를 들어 평행이동을 나타내는 행렬은 다음과 같다.

$$[x' \quad y' \quad 1] = [x \quad y \quad 1]\begin{bmatrix} 1 & 0 & 0 \\ 0 & 1 & 0 \\ T_x & T_y & 1 \end{bmatrix}$$

여기서는 사각형을 (0, 0) 위치에 그린 후, 캔버스를 평행이동하고 다시 동일한 위치에 사각형을 그려보자. 평행이동되었기 때문에 두 번째 도형의 위치는 달라진다.

canvas_trans.html

```
...
<body>
    <canvas id="myCanvas" width="600" height="400"></canvas>
    <script>
        let canvas = document.getElementById('myCanvas');
        let context = canvas.getContext('2d');

        context.fillStyle = "blue";
                                        좌표계를 평행이동시킨다.
        context.translate(50, 50);
        context.fillStyle = "red";
        context.fillRect(0, 0, 100, 100);
    </script>
</body>
...
```

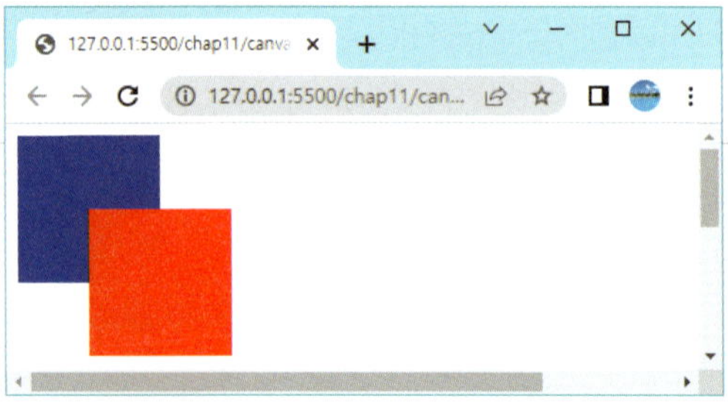

■ 회전

좌표 공간을 회전시키려면 rotate()를 사용한다. rotate(float degree)는 (0, 0)을 기준으로 좌표 공간을 회전시킨다. 만약 다른 위치를 기준으로 회전시키려면 rotate(float degrees, float px, float py)를 사용한다. (px, py)가 회전의 중심점이 된다. 앞의 소스에서 중간 부분만 변경하여 실행하여 보자.

```
...
context.translate(50, 50);
context.rotate(Math.PI / 4);
...
```

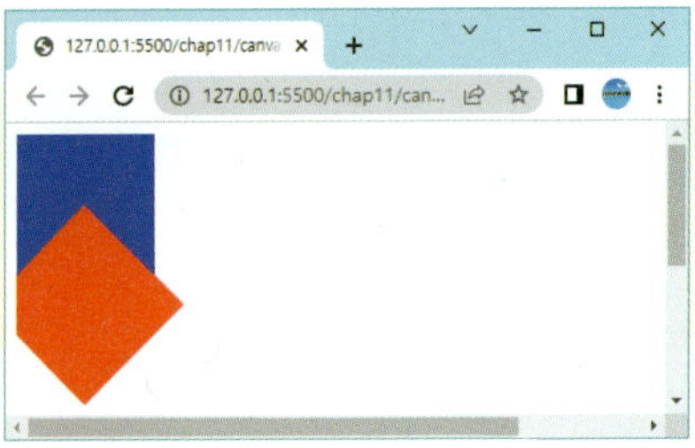

■ 신축

캔버스의 신축비율을 설정하려면 scale() 메소드를 사용한다. 평행이동 소스를 다음과 같이 변경한다.

```
...
context.translate(50, 50);
context.scale(0.5, 0.5);
```

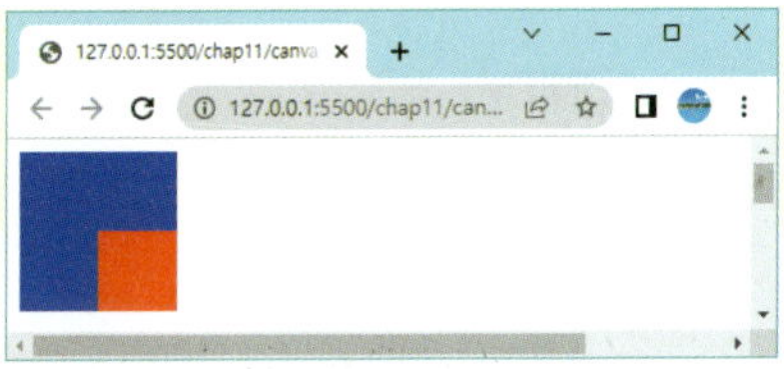

■ 일반 변환

기본적인 변환 외의 일반적인 변환은 직접 변환 행렬의 값을 지정하면 된다. transform() 메소드를 사용하고 매개 변수 a에서 f까지를 직접 설정하면 된다.

$$\begin{bmatrix} x' \\ y' \\ 1 \end{bmatrix} = \begin{bmatrix} a & c & e \\ b & d & f \\ 0 & 0 & 1 \end{bmatrix} \begin{bmatrix} x \\ y \\ 1 \end{bmatrix}$$

앞의 평행이동 소스에서 다음과 같이 수정한 후에 실행시키면 오른쪽과 같은 결과가 나온다.

```
  ...
// 변환행렬
// 1 0 tx
// 0 1 ty
// 0 0 1
context.transform(1, 0, 0, 1, 50, 50);
```

Lab

그림판 프로그램 작성

그림판은 항상 가장 기본이 되는 프로그램 중의 하나이다. 자바스크립트만 이용하여 다음과 같은 기본적인 그림판 프로그램을 작성해보자. 마우스 이벤트와 그래픽을 결합해보자. "화면 지우기" 버튼을 클릭하면 화면이 지워져야 한다.

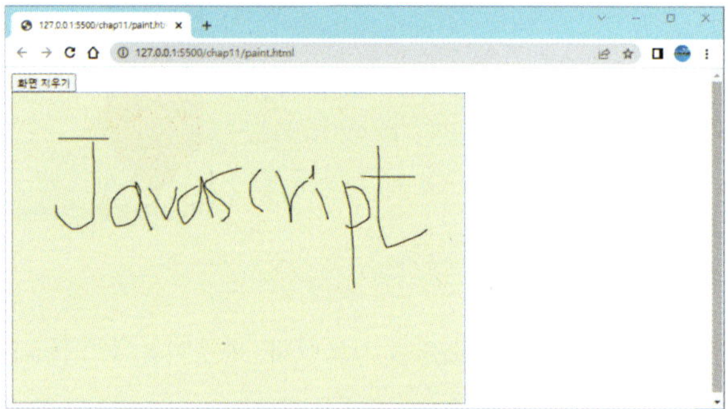

캔버스도 HTML 요소 중의 하나이므로 이벤트 리스너를 붙일 수 있다. 예를 들어 "mousedown" 이벤트를 처리하려면 다음과 같이 무명 함수를 이용할 수 있다.

```
canvas.addEventListener("mousedown", function (event) {
    last_x = event.offsetX;
    last_y = event.offsetY;
    context.beginPath();
    context.moveTo(last_x, last_y);
    draw_mode = true;
});
```

마우스 이벤트로부터 마우스의 좌표를 알아낼 수 있다. event.offsetX, event.offsetY 속성을 이용하면 된다. draw_mode는 마우스를 움직이면 그림이 그려지는 모드인지, 그냥 마우스가 움직이는 모드인지를 구별한다. 마우스 버튼이 눌린 채로 움직이면(즉, 드래그) draw_mode가 true가 된다. 마우스 버튼이 눌리면 경로를 초기화하고 이후 마우스 움직임을 경로에 축적한다. 모든 것을 직선으로 그리도록 하자. 즉, 마우스가 움직인 점들을 모두 직선으로 연결하여 그리면 된다.

도전

01. 색상을 선택하는 버튼을 추가해본다.

02. 선의 두께를 선택하는 사용자 인터페이스 요소를 추가해본다.

03. 원이나 사각형도 그리는 메뉴를 추가해본다.

Lab

그림판 만들기

paint.html

```
<!DOCTYPE html>
<html>
<style>
    #myCanvas {
        background-color: rgb(241, 239, 209);
        border: 1px dotted blue;
    }
</style>
<body>
    <button onclick="context.clearRect(0, 0, canvas.width, canvas.height);">화면 지우기</button><br>
    <canvas id="myCanvas" width="600" height="400"></canvas>
    <script>
        let canvas = document.getElementById("myCanvas");
        let context = canvas.getContext("2d");
        let last_x = 0, last_y = 0;
        let draw_mode = false;
        canvas.addEventListener("mousemove", function (event) {
            if (!draw_mode) return;
            let x = event.offsetX;
            let y = event.offsetY;
            context.lineTo(x, y);
            context.stroke();
            last_x = x;
            last_y = y;
        });
        canvas.addEventListener("mousedown", function (event) {
            last_y = event.offsetY;
            context.beginPath();
            context.moveTo(last_x, last_y);
            draw_mode = true;
        });
        canvas.addEventListener("mouseup", function (event) {
            draw_mode = false;
        });
        canvas.addEventListener("mouseout", function (event) {
            draw_mode = false;
        });
    </script>
</body>
</html>
```

→ draw_mode가 true이면 현재 경로에 직선을 추가하고 경로를 그린다.

→ 마우스 버튼이 눌려지면 draw_mode를 true로 설정한다.

→ 마우스 버튼에서 손을 떼거나 요소의 외부로 나가면 draw_mode를 false로 설정한다.

11-05 애니메이션

웹 페이지에서 애니메이션 효과를 내려면 많은 기법들이 있다. 제일 먼저 떠오르는 것은 CSS3를 이용한 애니메이션이다. 또 캔버스와 자바스크립트를 사용하는 애니메이션이 있다. 여기서는 후자의 경우를 살펴보자. 즉, 캔버스를 만들고 여기에 자바스크립트로 그림을 순차적으로 변경시키는 것이다. 애니메이션을 이루는 각 그림을 프레임(frame)이라고 한다.

■ Bouncing Ball 예제

사각형 안에서 반사되면서 움직이는 공은 아주 기본적인 애니메이션 예제이다. 여기서는 HTML5와 자바스크립트를 이용하여 웹 페이지 위에서 실행되는 애니메이션을 작성해보자.

애니메이션을 작성하는 순서는 다음과 같다.

1. 캔버스를 지운다.
2. (x, y) 위치에 그림을 그린다.
3. 위치를 업데이트한다.
4. 위의 절차(1부터 3까지)를 반복한다.

각 단계를 어떻게 구현할 것인지를 생각하면서 코드를 작성하여 보자.

■ STEP #1 캔버스 지우기

HTML5 캔버스를 지우기 위해서는 clearRect() 메소드를 사용하면 된다. 이 방법은 다른 방법(캔버스 객체를 다시 생성하는 방법)보다 훨씬 빠르다.

```
context.clearRect(0, 0, 300, 200);
```

캔버스를 지우지 않으면 이전 그림이 남아 있어서 현재 그림과 동시에 보이게 된다. 즉, 잔상이 남는다.

■ STEP #2 캔버스에 그림 그리기

이것은 앞에서 학습했던 대로 웹 페이지 안에 캔버스 요소를 생성하고 여기에 자바스크립트로 그림을 그리면 된다. 우리는 빨간색 원을 그리는 것으로 하자.

```
context.beginPath();
context.fillStyle = "red";
context.arc(x, y, 20, 0, Math.PI * 2, true);
context.closePath();
context.fill();
```

새로운 프레임을 그리기 전에 beginPath()를 호출해주어야 한다. fill()을 호출하면 모든 경로를 전부 칠하게 되는데 beginPath()를 호출하지 않으면 경로가 초기화되지 않아서 이전 경로까지 모두 칠해지게 된다.

■ STEP #3 위치를 업데이트한다.

애니메이션은 근본적으로 무엇인가를 시간에 따라서 변화시키는 것이다. 일반적으로 도형의 위치나 크기가 변경된다. 여기서는 볼의 위치를 변화시키도록 하자. 볼의 위치는 (x, y) 변수에 저장되어 있다. 따라서 (x, y)를 적절하게 변경시키면 된다.

```
x += dx;
y += dy;
```

여기서 dx, dy는 볼이 한 번에 움직이는 거리로서 5로 초기화되어 있다. 바운드되는 볼을 만들기 위해서는 볼이 벽에 부딪치면 반사되도록 하여야 한다. 이것은 x, y 위치가 벽에 닿으면 dx, dy를 반전하면 된다. dx, dy가 반전되면 움직이는 방향이 반대로 될 것이다. 따라서 위의 코드에 공을 반사시키는 코드를 추가하여야 한다.

```
if (x < (0 + 20) || x > (300 - 20))
    dx = -dx;
if (y < (0 + 20) || y > (200 - 20))
    dy = -dy;
x += dx;
y += dy;
```

■ STEP #4 위의 절차를 반복한다.

모든 애니메이션은 반복하여야 한다. 한 번만 그리고 종료된다면 애니메이션이라 할 수 없다. 자바스크립트에서 어떻게 코드를 반복하게 하는가? 다음과 같은 함수를 사용하면 된다. 다음 코드에서는 10밀리초마다 draw()가 반복 호출된다.

```
setInterval(draw, 10); // 매 10밀리초마다 draw() 함수를 호출한다.
```

■ 전체 예제 소스

canvas_ball.html

```
<!DOCTYPE html>
<html>
<head>
    <title>Bouncing Ball Example</title>
    <style>
        canvas {
            background: yellow;
            border: 1px dotted black;
        }
    </style>
</head>
<body>
    <canvas id="myCanvas" width="300" height="200"></canvas>
    <script>
        let context;
        let dx = 5;
        let dy = 5;
        let y = 100;
        let x = 100;
        function draw() {
            let canvas = document.getElementById('myCanvas');
            let context = canvas.getContext('2d');
            context.clearRect(0, 0, 300, 200);
            context.beginPath();
            context.fillStyle = "red";
            context.arc(x, y, 20, 0, Math.PI * 2, true);
            context.closePath();
            context.fill();
            if (x < (0 + 20) || x > (300 - 20))
                dx = -dx;
```

```
            if (y < (0 + 20) || y > (200 - 20))
                dy = -dy;
            x += dx;
            y += dy;
        }
        setInterval(draw, 10);
    </script>
</body>
</html>
```

11-06 앵그리 공 게임

HTML5와 자바스크립트를 이용한 간단한 게임을 제작하여 보자. 앵그리 버드와 유사한 다음과 같은 게임을 제작해보고자 한다.

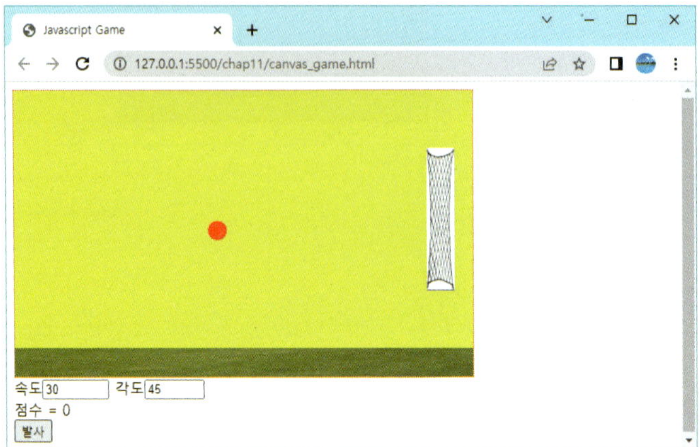

"발사" 버튼을 누르면 왼쪽에 놓인 공이 발사되고 속도와 각도에 의하여 비행하다가 네트에 맞으면 점수가 올라간다.

■ STEP #1 HTML 요소 생성하기

먼저 게임에 필요한 HTML 요소들을 생성하여야 한다. 필요한 요소는 그림을 그리기 위한 〈canvas〉 요소, 사용자로부터 숫자를 입력받을 수 있는 〈input〉 요소, 버튼 등이 필요하다. 이것들을 먼저 생성하고 테스트하자.

canvas_game1.html

```
<html>
<head>
    <title>Javascript Game</title>
    <style>
        canvas {
            border: 1px dotted red;
            background-color: #fcff00;
        }
    </style>
</head>
```

```
<body>
    <canvas id="canvas" width="500" height="300"></canvas>
    <div id="control">
        속도<input id="velocity" value="30" type="number" min="0" max="100" step="1" />
        각도<input id="angle" value="45" type="number" min="0" max="90" step="1" />
        <div id="score">점수 = 0</div>
        <button>발사</button>
    </div>
</body>
</html>
```

다음과 같은 화면이 등장하여야 한다.

■ STEP #2 배경 만들기

배경은 두 개의 이미지만을 가지고 만들자. 하나는 잔디밭(lawn.png)이고 또 하나는 그물망(net.png)이다. 적절한 이미지를 준비하여 자바스크립트에서 이것을 그려준다.

canvas_game2.html

```
<html>
<head>
      ...
    <script>
        let image = new Image();
        image.src = "lawn.png";
        let backimage = new Image();
        backimage.src = "net.png";
```

```
        function drawBackground() {
            context.drawImage(image, 0, 270);
            context.drawImage(backimage, 450, 60);
        }

        function draw() {
            context.clearRect(0, 0, 500, 300);
            drawBackground();
        }

        function init() {
            context = document.getElementById('canvas').getContext('2d');
            draw();
        }
    </script>
</head>

<body onload="init()">
    ...
</body>
</html>
```

먼저 init() 함수를 작성한다. init()는 여러 초기화를 담당한다. 변수들에 값을 대입하고 캔버스 객체로부터 컨텍스트 객체를 얻어놓는다. 배경을 그려준다. init() 함수가 작성되면 어디선가 호출되어야 한다. 어디서 호출하는 것이 좋을까? <body> 태그의 onload 이벤트에 연결해놓자. 문서가 완전히 로딩된 후에 호출되어야 하기 때문이다. 이미지도 완전히 로딩이 되어 있어야 한다.

게임의 화면을 그려줄 때는 먼저 화면을 지워야 한다. 화면을 지우지 않으면 새로운 그림과 이전 그림이 섞이게 된다. 화면은 다음과 같은 문장으로 지울 수 있다.

```
context.clearRect(0, 0, 500, 300);
```

이미지를 화면에 그릴 때는 다음과 같은 문장을 사용한다.

```
context.drawImage(image, 0, 270);
```

■ STEP #3 움직이는 공 만들기

이 게임의 주인공은 움직이는 공이다. 따라서 공에 대한 많은 변수가 필요하다. 다음과 같은 변수를 선언하였다.

- `let ballV;`: 공의 속도이다.
- `let ballVx;`: 공의 x 방향 속도이다.
- `let ballVy;`: 공의 y 방향 속도이다.
- `let ballX;`: 공의 현재 x좌표이다.
- `let ballY;`: 공의 현재 y좌표이다.
- `let ballRadius;`: 공의 반지름이다.

위의 변수 선언을 보고 갑자기 객체가 떠오를지도 모르겠다. 사실 게임에서 주인공이나 악당 캐릭터는 객체로 선언하는 것이 깔끔하다. 하지만 여기서는 복잡도를 줄이기 위하여 변수 여러 개를 사용하였다. 이 부분은 여러분들이 업그레이드를 하여보자.

이 게임에서는 공이 움직여야 한다. 공의 움직임을 어떻게 계산하여야 하는가? 모든 게임에는 물리 엔진이 필요하다. 물리 엔진이란 물리학적인 법칙에 따라서 여러 가지 계산을 해주는 자바스크립트 라이브러리를 말한다. 가장 대표적인 자바 스트립트 물리 엔진으로 Box2D가 있다. Box2D에서는 2D 강체 시뮬레이션을 할 수 있다. 하지만 우리 게임은 너무 단순해서 이러한 엔진을 사용할 필요가 없다. 여러분도 고등학교 물리 시간에 학습하였듯이 공에는 현재 속도가 있고 속도는 x 방향과 y 방향 속도로 나누어진다.

공의 y 방향 속도는 변하지 않는 것으로 가정한다. 물론 실제 상황에서는 공기의 저항을 받겠지만 이것은 무시하도록 하자. 공의 y 방향 속도는 중력 가속도 때문에 점점 느려질 것이다.

- `ballVx;` 공의 x 방향 속도로서 초기 속도에서 변하지 않는다.
- `ballVy;` 공의 y 방향 속도로서 초기 속도에서 중력 가속도만큼 점점 느려진다.

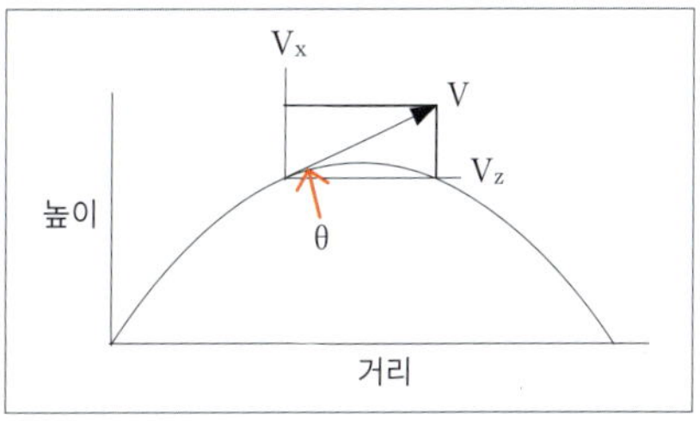

따라서 시간이 흘러가면 ballVy에서 중력 가속도만큼을 빼주면 된다. 중력 가속도는 원래 9.8m/sec^{2}이지만 게임에서는 단위 시간이 초가 아니기 때문에 적당한 값을 빼주면서 실험해보면 된다.

```
ballVx = ballVx;
ballVy = ballVy + 1.98;
```

참 자바스크립트에서는 y좌표가 위에서 아래로 가면서 증가하게 된다. 따라서 일반적인 수학 좌표와는 반대이다. 속도를 계산할 때도 중력 가속도를 빼주는 것이 아니고 더해주어야 한다.

공의 현재 위치는 어떻게 계산하면 될까? 현재 위치는 이전 위치에 속도*시간을 더하면 된다. 시간은 단위 시간 1이 흘렀다고 가정하면 다음과 같이 단순히 현재 위치에 속도를 더하면 된다.

```
ballX = ballX + ballVx*1.0= ballX + ballVx;
ballY = ballY + ballVy*1.0= ballY + ballVy;
```

그리고 또 아주 중요한 부분이 남아 있다. 단위 시간마다 속도를 다시 계산하고 공을 화면에 다시 그려야 한다. 즉, 주기적으로 어떤 함수를 호출해야 한다. 이것은 setInterval() 함수를 사용하면 된다. setInterval() 함수는 일정한 시간이 흐른 뒤에 특정한 함수를 호출할 수 있다.

```
timer = setInterval(calculate, 100);
```

점수 계산은 현재 공의 위치가 목표 안에 있으면 점수를 1만큼 증가하면 된다.

```
if ((ballX >= 450) && (ballX <= 480) && (ballY >= 60) && (ballY <= 210)) {
     score++;
     document.getElementById("score").innerHTML = "점수=" + score;
     clearInterval(timer);
}
```

clearInterval()은 주기적인 호출을 중단하는 함수이다. 공이 목표물에 맞았으면 더 이상 게임을 계속할 필요가 없기 때문에 주기적인 호출을 중단하여야 한다.

■ 공의 초기 속도

공의 초기 속도는 사용자가 입력한 속도와 각도에 따라서 설정되어야 한다. 간단한 삼각함 수를 사용하면 된다.

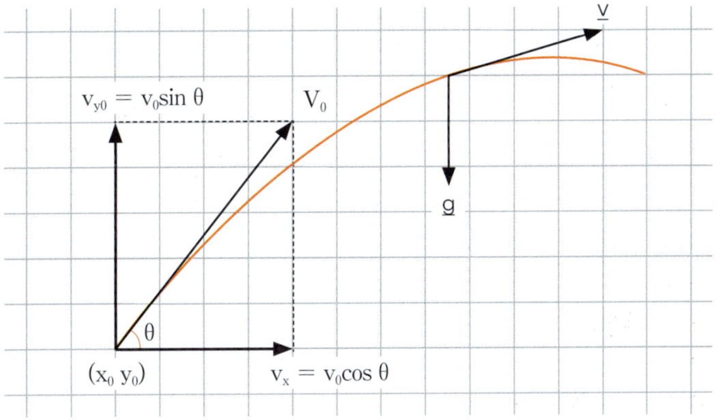


```
// id가 velocity인 요소에서 값을 읽어서 숫자로 변환한다.
velocity = Number(document.getElementById("velocity").value);

// id가 angle인 요소에서 값을 읽어서 숫자로 변환한다.
angle = Number(document.getElementById("angle").value);

// 각도 단위를 도에서 라디안으로 바꾼다.
let angleR = angle * Math.PI / 180;

// 공의 초기 x 방향 속도와 초기 y 방향 속도를 계산한다.
ballVx = velocity * Math.cos(angleR);
ballVy = -velocity * Math.sin(angleR);
```

■ 전체 소스

canvas_game.html

```
<html>
<head>
    <title>Javascript Game</title>
    <style>
        canvas {
            border: 1px dotted red;          /* 캔버스에 경계선을 그려준다. */
            background-color: #fcff00;       /* 캔버스의 배경색을 지정한다. */
        }
    </style>
    <script>
        let context;                         /* 컨텍스트 객체*/
        let velocity;                        /* 사용자가 입력한 공의 초기속도 */
```

```
let angle;                     /* 사용자가 입력한 공의 초기각도 */
let ballV;                     /* 공의 현재 속도 */
let ballVx;                    /* 공의 현재 x 방향 속도 */
let ballVy;                    /* 공의 현재 y 방향 속도 */
let ballX = 10;                /* 공의 현재 x 방향 위치 */
let ballY = 250;               /* 공의 현재 y 방향 위치 */
let ballRadius = 10;           /* 공의 반지름 */
let score = 0;                 /* 점수 */
let image = new Image();       /* 이미지 객체 생성 */
image.src = "lawn.png";        /* 이미지 파일 이름 설정 */
let backimage = new Image();
backimage.src = "net.png";
let timer;                     /* 타이머 객체 변수 */

  /* 공을 화면에 그린다. */
function drawBall() {
    context.beginPath();
    context.arc(ballX, ballY, ballRadius, 0, 2.0 * Math.PI, true);
    context.fillStyle = "red";
    context.fill();
}
  /* 배경을 화면에 그린다. */
function drawBackground() {
    context.drawImage(image, 0, 270);
    context.drawImage(backimage, 450, 60);
}
  /* 전체 화면을 그리는 함수 */
function draw() {
    context.clearRect(0, 0, 500, 300);      /* 화면을 지운다. */
    drawBall();
    drawBackground();
}
  /* 초기화를 담당하는 함수 */
function init() {
    ballX = 10;
    ballY = 250;
    ballRadius = 10;
    context = document.getElementById('canvas').getContext('2d');
    draw();
}
  /* 사용자가 발사 버튼을 누르면 호출된다. */
function start() {
    init();
```

```
            velocity = Number(document.getElementById("velocity").value);
            angle = Number(document.getElementById("angle").value);
            let angleR = angle * Math.PI / 180;

            ballVx = velocity * Math.cos(angleR);
            ballVy = -velocity * Math.sin(angleR);

            draw();
            timer = setInterval(calculate, 100);
            return false
        }
          /* 공의 현재 속도와 위치를 업데이트한다. */
        function calculate() {
            ballVy = ballVy + 1.98;

            ballX = ballX + ballVx;
            ballY = ballY + ballVy;

                /* 공이 목표물에 맞았으면 */
            if ((ballX >= 450) && (ballX <= 480) && (ballY >= 60) && (ballY <= 210)) {
                score++;
                document.getElementById("score").innerHTML = "점수=" + score;
                clearInterval(timer);
            }
                /* 공이 경계를 벗어났으면 */
            if (ballY >= 300 || ballY < 0) {
                clearInterval(timer);
            }
            draw();
        }
    </script>
</head>

<body onload="init();">
    <canvas id="canvas" width="500" height="300"></canvas>
    <div id="control">
        속도<input id="velocity" value="30" type="number" min="0" max="100" step="1" />
        각도<input id="angle" value="45" type="number" min="0" max="90" step="1" />
        <div id="score">점수 = 0</div>
        <button onclick="start()">발사</button>
    </div>
</body>
</html>
```

11-07 벽돌 깨기 게임

이번에는 "벽돌 깨기(breakout)" 게임을 작성해보자. 사용자는 마우스로 움직일 수 있는 패들을 가지고 있고, 이것을 움직여서 공을 반사시켜 화면의 위쪽에 있는 벽돌을 깨는 게임이다. 이번에도 단계적으로 접근해보자. 앞의 공 애니메이션하고 유사한 점이 많다. 이번 게임 작성 시에는 객체와 배열을 적극적으로 사용해보자.

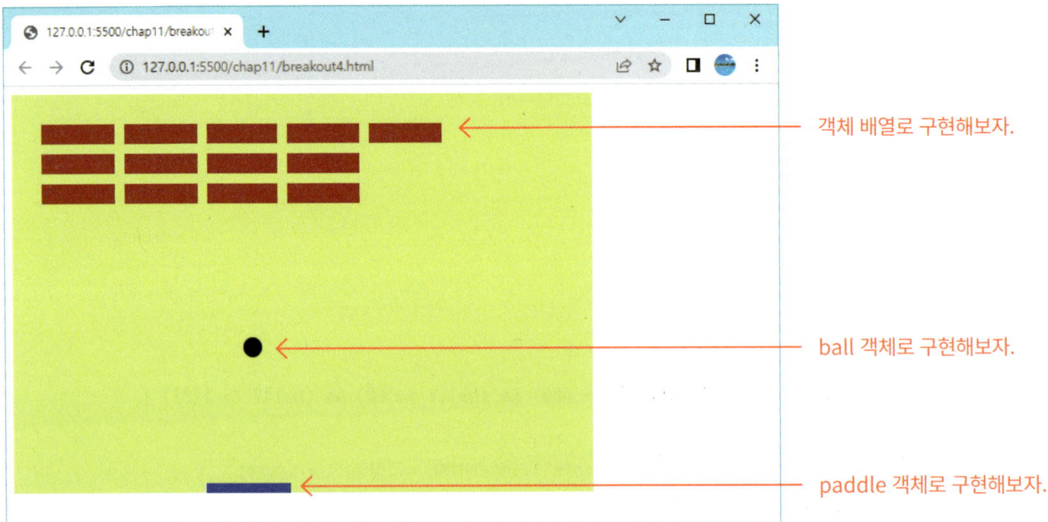

■ STEP #1 화면과 공 만들기

첫 번째 단계는 그림을 그릴 수 있는 <canvas> 요소를 생성하는 것이다.

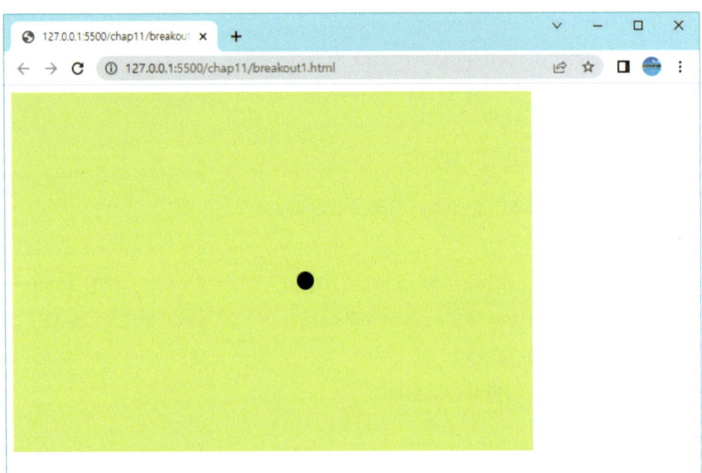

<canvas> 요소는 다음과 같이 선언하면 된다. <canvas> 요소는 쉽게 참조하기 위해 id로 myCanvas를 갖고 있고, 600×400 크기를 가진다.

```
<canvas id="myCanvas" width="600" height="400"></canvas>
```

이제부터는 자바스크립트 코드가 필요하다. 우리가 작성하게 될 모든 자바스크립트 코드는 <script>와 </script> 태그 사이에 들어가게 된다.

```
// 캔버스 객체를 찾아서 변수 canvas에 저장한다.
let canvas = document.getElementById("myCanvas");
// 컨텍스트 객체를 얻는다.
let context = canvas.getContext("2d");
```

볼을 객체로 정의해보자. 자바스크립트에서 객체를 정의하는 방법은 여러 가지가 있으나 게임에서 볼은 하나만 있으면 되기 때문에 다음과 같이 객체 리터럴로 정의해보자.

```
let ball = {                    // 공을 리터럴 객체로 정의한다.
    x: canvas.width/2,          // 공의 x좌표
    y: canvas.height-30,        // 공의 y좌표
    dx: 2,                      // 공의 x 방향 속도
    dy: -2,                     // 공의 y 방향 속도
    radius: 10,                 // 공의 반지름
    draw: function () {         // 공을 화면에 그리는 메소드
        context.beginPath();
        context.arc(this.x, this.y, this.radius, 0, Math.PI * 2);
        context.fillStyle = "#000000";
        context.fill();
        context.closePath();
    }
};
```

이제는 연속해서 화면을 그려주는 게임 루프가 필요하다. gameLoop()라는 함수를 작성하고 이것을 10밀리초마다 호출해준다.

```
function gameLoop() {              // 게임 루프 함수
    ...
}
setInterval(gameLoop, 10); // 10밀리초마다 gameLoop()을 호출한다.
```

gameLoop()에서는 무엇을 하여야 할까? 먼저 화면을 지운 후에 공을 화면에 그려주고, 공의 위치를 변경한다. 공이 화면을 빠져나가지 않도록 경계선에 충돌하면 공의 방향을 반전시킨다.

```
function gameLoop() {                   // 게임 루프 함수
    context.clearRect(0, 0, canvas.width, canvas.height);     // 화면을 지운다.
    ball.draw();
    // 공이 화면의 왼쪽이나 오른쪽에 도달하였으면 방향을 바꾼다.
    if (ball.x + ball.dx > canvas.width - ball.radius
            || ball.x + ball.dx < ball.radius) {
        ball.dx = -ball.dx;
    }
      // 공이 화면의 위쪽이나 아래쪽에 도달하였으면 방향을 바꾼다.
    if (ball.y + ball.dy > canvas.height - ball.radius
            || ball.y + ball.dy < ball.radius) {
        ball.dy = -ball.dy;
    }
    ball.x += ball.dx;     // 공의 위치를 변경한다.
    ball.y += ball.dy;
}
```

전체 소스는 다음과 같다.

breakout1.html

```
<!DOCTYPE html>
<html lang="ko">
<head>
    <style>
        canvas {            background: rgb(243, 245, 117);         }
    </style>
</head>
<body>
    <canvas id="myCanvas" width="600" height="400"></canvas>
    <script>
      // 캔버스 객체를 찾아서 변수 canvas에 저장한다.
        let canvas = document.getElementById("myCanvas");
        let context = canvas.getContext("2d"); // 컨텍스트 객체를 얻는다.
        let ball = {                          // 공을 리터럴 객체로 정의한다.
            x:canvas.width / 2,
            y:canvas.height - 30,
            dx:2,                                 // 공의 x 방향 속도
            dy: -2,                               // 공의 y 방향 속도
```

```
        radius:10,                      // 공의 반지름
        draw:function() {               // 공을 화면에 그리는 메소드
            context.beginPath();
            context.arc(this.x, this.y, this.radius, 0, Math.PI * 2);
            context.fillStyle = "#000000";
            context.fill();
            context.closePath();
        }
    };
    function gameLoop() {               // 게임루프
        context.clearRect(0, 0, canvas.width, canvas.height); // 화면을 지운다.
        ball.draw(); // 화면에 공을 그린다.
          // 공이 화면의 왼쪽이나 오른쪽에 도달하였으면 방향을 바꾼다.
        if (ball.x + ball.dx > canvas.width - ball.radius
                || ball.x + ball.dx < ball.radius) {
            ball.dx = -ball.dx;
        }
        if (ball.y + ball.dy > canvas.height - ball.radius
                || ball.y + ball.dy < ball.radius) {
            ball.dy = -ball.dy;
        }
        ball.x += ball.dx; // 공의 위치를 변경한다.
        ball.y += ball.dy;
    }
    setInterval(gameLoop, 10);// 10밀리초마다 gameLoop()을 호출한다.
  </script>
</body>
</html>
```

■ STEP #2 패들 만들기

이번 단계에서는 사용자가 움직일 수 있는 패들을 화면의 하단에 생성한다. 그리고 마우스 이벤트를 이용하여 마우스로 패들을 움직일 수 있도록 한다.

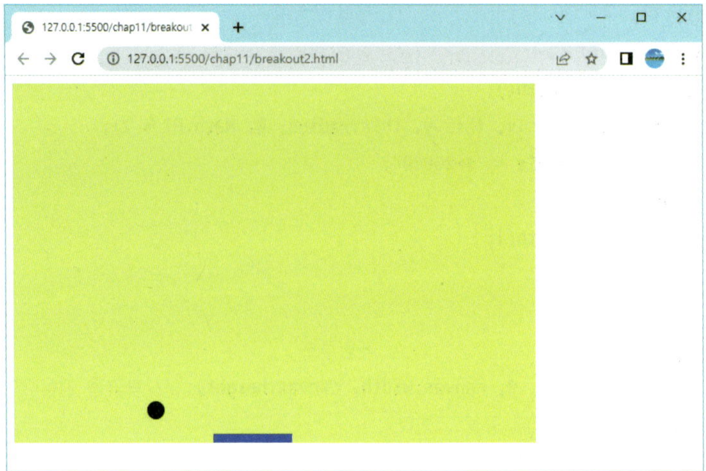

다음과 같이 패들을 객체 리터럴로 정의한다.

```
let paddle = {      // 패들을 객체로 정의한다.
    height: 10,     // 패들의 높이
    width: 90,      // 패들의 폭
    x: 300,         // 패들의 x좌표
    draw: function () {      // 패들을 화면에 그리는 함수
        context.beginPath();
        context.rect(this.x, canvas.height - this.height, this.width, this.height);
        context.fillStyle = "blue";
        context.fill();
        context.closePath();
    }
};
```

마우스 이벤트를 처리하기 위하여 mouseHandler(e) 함수를 작성하고 addEventListener()를 호출하여서 "mousemove" 이벤트에 등록한다.

```
function init() {
    document.addEventListener("mousemove", mouseHandler, false);
}
function mouseHandler(e) {
    let x = e.clientX - canvas.offsetLeft;
    if (x > 0 && x < canvas.width) {
        paddle.x = x - paddle.width / 2;
    }
}
```

게임 루프에서 패들을 그리는 코드를 추가한다. 또 공이 패들과 충돌하면 방향을 바꾸도록 한다. 만약 공을 패들로 맞추지 못했으면 clearInterval()을 호출하여 게임을 종료한다.

```
        else if (ball.y + ball.dy > canvas.height - ball.radius) {
            if (ball.x > paddle.x && ball.x < paddle.x + paddle.width) {
                ball.dy = -ball.dy;
            }
            else {
                clearInterval(interval);
            }
        }
```

전체 소스는 다음과 같다.

breakout2.html

```
...
<body>
    <canvas id="myCanvas" width="600" height="400"></canvas>
    <script>
      ...
        let paddle = {       // 패들을 객체로 정의한다.
            height:10,       // 패들의 높이
            width:90,        // 패들의 폭
            x:300,           // 패들의 x좌표
            draw:function () {     // 패들을 화면에 그리는 함수
                context.beginPath();
                context.rect(this.x, canvas.height - this.height, this.width, this.height);
                context.fillStyle = "blue";
                context.fill();
                context.closePath();
            }
        };

        function init() {       // 초기화 함수
            document.addEventListener("mousemove", mouseHandler, false);  // 마우스 이동 이벤트 처리 함수 등록
        }
        function mouseHandler(e) {      // 마우스 이벤트 처리기
            let x = e.clientX - canvas.offsetLeft;  // 마우스의 위치를 계산한다.
            if (x > 0 && x < canvas.width) {
                paddle.x = x - paddle.width / 2;        // 패들의 x좌표에 저장한다.
            }
        }
```

```
        function gameLoop() {       // 게임 루프 함수
            context.clearRect(0, 0, canvas.width, canvas.height);   // 화면을 지운다.
            ball.draw();            // 화면에 공을 그린다.
            paddle.draw();      // 화면에 패들을 그린다.
            // 공이 화면의 왼쪽이나 오른쪽에 도달하였으면 방향을 바꾼다.
            if (ball.x + ball.dx > canvas.width - ball.radius
                        || ball.x + ball.dx < ball.radius) {
                ball.dx = -ball.dx;
            }
            // 공이 화면의 위쪽에 도달하였으면 방향을 바꾼다.
            if (ball.y + ball.dy < ball.radius) {
                ball.dy = -ball.dy;
            }
            // 공이 화면의 아래쪽에 도달하였으면 패들과 충돌을 검사한다.
            else if (ball.y + ball.dy > canvas.height - ball.radius) {
                if (ball.x > paddle.x && ball.x < paddle.x + paddle.width) {
                    ball.dy = -ball.dy;
                }
                else {
                    clearInterval(interval);    // 게임 종료
                }
            }
            ball.x += ball.dx;  // 공의 위치를 변경한다.
            ball.y += ball.dy;
        }
        init();
        setInterval(gameLoop, 10);  // 10밀리초마다 gameLoop()을 호출한다.
    </script>
...
```

■ STEP #3 벽돌 만들기

이번 단계에서는 화면의 상단에 벽돌을 2차원 형태로 만들어본다. 벽돌 하나는 객체로 정의한다. class 키워드를 사용하여 클래스로 정의한 후에 new 연산자로 객체로 만들어보자. 2차원 배열에 15개의 벽돌 객체를 저장한다.

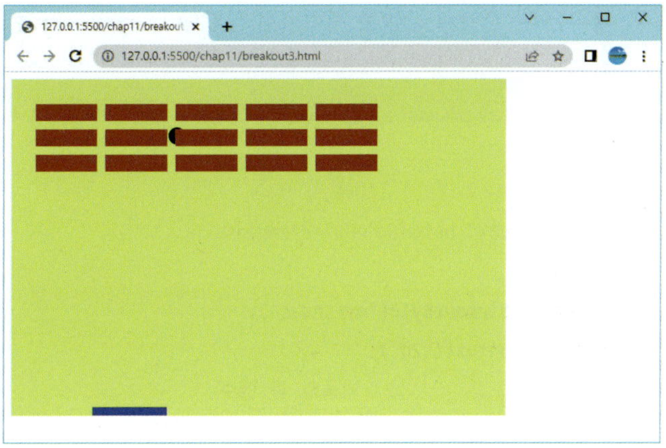

Brick 클래스를 다음과 같이 작성한다.

```
    class Brick {           // 벽돌을 클래스로 정의한다.
        constructor(x, y) {     // 생성자 함수
            this.x = x;
            this.y = y;
        }
        draw() {            // 벽돌의 화면에 그리는 함수
                context.beginPath();
                context.rect(this.x, this.y, brickWidth, brickHeight);
                context.fillStyle = "brown";
                context.fill();
                context.closePath();
        }
  }
```

init() 함수 안에서 2차원 배열인 bricks 안에 new 연산자를 이용하여 Brick 객체를 생성시켜서 저장한다. 각 Brick 객체는 서로 다른 (x, y) 좌표를 가지게 된다.

```
    function init() {
        document.addEventListener("mousemove", mouseHandler, false);
        for (let r = 0; r < brickRows; r++) {
            bricks[r] = new Array(brickColumns);
            for (let c = 0; c < brickColumns; c++) {
                let brickX = (c * (brickWidth + brickPadding)) + brickStartX;
                let brickY = (r * (brickHeight + brickPadding)) + brickStartY;
                bricks[r][c] = new Brick(brickX, brickY);
            }
        }
    }
```

전체 소스는 다음과 같다. 아직 공과 벽돌의 충돌은 처리되지 않았다.

breakout3.html

```
...
<body>
    <canvas id="myCanvas" width="600" height="400"></canvas>
    <script>
        let canvas = document.getElementById("myCanvas");
        let context = canvas.getContext("2d");
        let brickRows = 3;              // 벽돌의 총 행수
        let brickColumns = 5;                   // 벽돌의 총 열수
        let brickWidth = 75;                    // 벽돌의 폭
        let brickHeight = 20;                   // 벽돌의 높이
        let brickPadding = 10;          // 벽돌 사이의 간격
        let brickStartX = 30;                   // 화면에서 벽돌이 시작되는 위치
        let brickStartY = 30;
        let bricks = new Array(brickRows); // 벽돌을 저장하는 배열 정의
          ...
        class Brick {
            constructor(x, y) {         // 생성자
                this.x = x;
                this.y = y;
            }
            draw() {                    // 벽돌을 화면에 그리는 메소드
                    context.beginPath();
                    context.rect(this.x, this.y, brickWidth, brickHeight);
                    context.fillStyle = "brown";
                    context.fill();
                    context.closePath();
            }
        }
        function init() {
            document.addEventListener("mousemove", mouseHandler, false);
                // 벽돌 객체를 생성하여 2차원 배열에 저장한다.
            for (let r = 0; r < brickRows; r++) {
                bricks[r] = new Array(brickColumns); // r행에 1차원 배열 생성
                for (let c = 0; c < brickColumns; c++) {
                    let brickX = (c * (brickWidth + brickPadding)) + brickStartX;
                    let brickY = (r * (brickHeight + brickPadding)) + brickStartY;
                    bricks[r][c] = new Brick(brickX, brickY);
                }
            }
```

```
        }
    ...
        function gameLoop() {
            context.clearRect(0, 0, canvas.width, canvas.height);
            ball.draw();
            paddle.draw();
            // 벽돌을 화면에 그린다.
            for (let r = 0; r < brickRows; r++) {
                for (let c = 0; c < brickColumns; c++) {
                    bricks[r][c].draw();
                }
            }
            if (ball.x + ball.dx > canvas.width - ball.radius
                || ball.x + ball.dx < ball.radius) {
                ball.dx = -ball.dx;
            }
            if (ball.y + ball.dy < ball.radius) {
                ball.dy = -ball.dy;
            }
            else if (ball.y + ball.dy > canvas.height - ball.radius) {
                if (ball.x > paddle.x && ball.x < paddle.x + paddle.width) {
                    ball.dy = -ball.dy;
                }
                else {
                    clearInterval(interval);
                }
            }
            ball.x += ball.dx;
            ball.y += ball.dy;
        }
        init();
        setInterval(gameLoop, 10);
    </script>
...
```

■ STEP #4 충돌 감지

이제 공과 벽돌이 충돌하면 벽돌이 없어지는 코드를 추가해보자. 이것을 위하여 클래스 Brick에 새로운 변수인 status가 정의되어 있어야 한다. status 변수가 1이면 벽돌은 충돌해서 더 이상 보이지 않는 것으로 가정한다. 즉, 화면에 벽돌을 그리지 않는다.

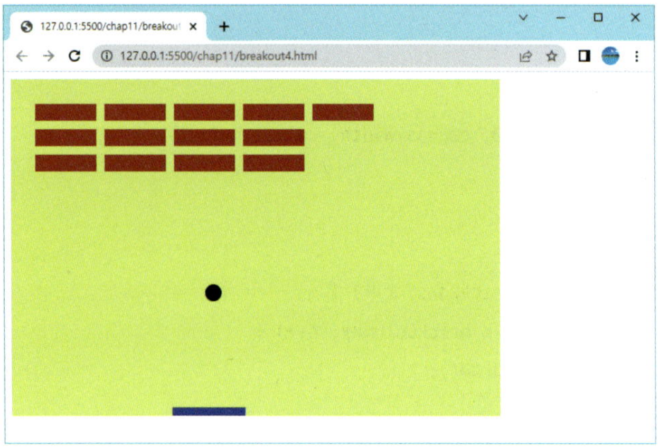

클래스 Brick 안에 check() 함수를 추가한다. check() 함수는 공의 좌표와 벽돌의 좌표를 비교하여 충돌했는지를 검사한다. 충돌이 발생하였으면 객체의 status 변수를 1로 만든다.

```
class Brick {           // 벽돌을 클래스로 정의한다.
    constructor(x, y, status) {     // 생성자 함수
        this.x = x;
        this.y = y;
        this.status = status;
    }
    draw() {            // 벽돌의 화면에 그리는 함수
        if (this.status == 1) {// 아직도 살아 있는 벽돌이면
            context.beginPath();
            context.rect(this.x, this.y, brickWidth, brickHeight);
            context.fillStyle = "brown";
            context.fill();
            context.closePath();
        }
    }
    check() {           // 공과 벽돌의 충돌 여부를 검사하는 함수
        if (this.status == 1) { // 아직도 살아 있는 벽돌이면
            if (ball.x > this.x && ball.x < this.x + brickWidth && ball.y > this.y &&
ball.y < this.y + brickHeight) {      // 충돌 조건
                ball.dy = -ball.dy;     // 볼의 방향을 반전한다.
                this.status = 0;        // 벽돌을 보이지 않게 한다.
            }
        }
    }
}
```

전체 소스는 다음과 같다.

breakout4.html

```
<!DOCTYPE html>
<html lang="ko">
<head>
    <style>
        canvas {            background: rgb(243, 245, 117);         }
    </style>
</head>
<body>
    <canvas id="myCanvas" width="600" height="400"></canvas>
    <script>
        // 캔버스 객체를 찾아서 변수 canvas에 저장한다.
        let canvas = document.getElementById("myCanvas");
      // 컨텍스트 객체를 얻는다.
      let context = canvas.getContext("2d");
        let brickRows = 3;                // 벽돌의 총 행 수
        let brickColumns = 5;       // 벽돌의 총 열 수
        let brickWidth = 75;              // 벽돌 1개의 폭
        let brickHeight = 20;       // 벽돌 1개의 높이
        let brickPadding = 10;      // 벽돌 사이의 간격
        let brickStartX = 30;       // 화면에서 벽돌이 시작되는 위치
        let brickStartY = 30;       // 화면에서 벽돌이 시작되는 위치
        let bricks = new Array(brickRows);  // 크기가 brickRow인 배열을 생성한다.
        let ball = {                      // 공을 리터럴 객체로 정의한다.
            x:canvas.width / 2,         // 공의 x좌표
            y:canvas.height - 30,       // 공의 y좌표
            dx:2,                       // 공의 x 방향 속도
            dy: -2,                  // 공의 y 방향 속도
            radius:10,          // 공의 반지름
            draw:function() {          // 공을 화면에 그리는 메소드
                context.beginPath();
                context.arc(this.x, this.y, this.radius, 0, Math.PI * 2);
                context.fillStyle = "#000000";
                context.fill();
                context.closePath();
            }
        };
        let paddle = {      // 패들을 객체로 정의한다.
            height:10,      // 패들의 높이
            width:90,       // 패들의 폭
```

```
        x:300,          // 패들의 x좌표
        draw:function() {      // 패들을 화면에 그리는 함수
            context.beginPath();
            context.rect(this.x, canvas.height - this.height, this.width, this.height);
            context.fillStyle = "blue";
            context.fill();
            context.closePath();
        }
    };
    class Brick {               // 벽돌을 클래스로 정의한다.
        constructor(x, y, status) {      // 생성자 함수
            this.x = x;
            this.y = y;
            this.status = status;
        }
        draw() {                // 벽돌의 화면에 그리는 함수
            if (this.status == 1) {// 아직도 살아 있는 벽돌이면
                context.beginPath();
                context.rect(this.x, this.y, brickWidth, brickHeight);
                context.fillStyle = "brown";
                context.fill();
                context.closePath();
            }
        }
        check() {               // 공과 벽돌의 충돌 여부를 검사하는 함수
            if (this.status == 1) { // 아직도 살아 있는 벽돌이면
                if (ball.x > this.x && ball.x < this.x + brickWidth // 충돌 조건
                        && ball.y > this.y && ball.y < this.y + brickHeight) {
                    ball.dy = -ball.dy;      // 볼의 방향을 반전한다.
                    this.status = 0;         // 벽돌을 보이지 않게 한다.
                }
            }
        }
    }
    function init() {          // 초기화 함수
        // 마우스 이동 이벤트 처리 함수 등록
        document.addEventListener("mousemove", mouseHandler, false);
        for (let r = 0; r < brickRows; r++) {        // 전체 벽돌 행에 대하여
            bricks[r] = new Array(brickColumns);  // 1차원 배열을 생성하여 대입한다.
            for (let c = 0; c < brickColumns; c++) {
                // 벽돌의 위치를 계산한다.
                let brickX = (c * (brickWidth + brickPadding)) + brickStartX;
```

```
            let brickY = (r * (brickHeight + brickPadding)) + brickStartY;
            // 벽돌 객체를 생성하여서 배열에 저장한다.
            bricks[r][c] = new Brick(brickX, brickY, 1);
        }
    }
}
function mouseHandler(e) {      // 마우스 이벤트 처리기
    let x = e.clientX - canvas.offsetLeft;  // 마우스의 위치를 계산한다.
    if (x > 0 && x < canvas.width) {
        paddle.x = x - paddle.width / 2;        // 패들의 x좌표에 저장한다.
    }
}
function gameLoop() {       // 게임 루프 함수
    context.clearRect(0, 0, canvas.width, canvas.height);   // 화면을 지운다.
    ball.draw();            // 화면에 공을 그린다.
    paddle.draw();      // 화면에 패들을 그린다.
    for (let r = 0; r < brickRows; r++) {
        for (let c = 0; c < brickColumns; c++) {        // 각 벽돌에 대하여
            bricks[r][c].check();           // 충돌 검사를 한다.
            bricks[r][c].draw();            // 벽돌을 화면에 그린다.
        }
    }
    // 공이 화면의 왼쪽이나 오른쪽에 도달하였으면 방향을 바꾼다.
    if (ball.x + ball.dx > canvas.width - ball.radius
            || ball.x + ball.dx < ball.radius) {
        ball.dx = -ball.dx;
    }
    // 공이 화면의 위쪽에 도달하였으면 방향을 바꾼다.
    if (ball.y + ball.dy < ball.radius) {
        ball.dy = -ball.dy;
    }
    // 공이 화면의 아래쪽에 도달하였으면 패들과 충돌을 검사한다.
    else if (ball.y + ball.dy > canvas.height - ball.radius) {
        if (ball.x > paddle.x && ball.x < paddle.x + paddle.width) {
            ball.dy = -ball.dy;
        }
        else {
            clearInterval(interval);    // 게임 종료
        }
    }
    ball.x += ball.dx;  // 공의 위치를 변경한다.
    ball.y += ball.dy;
```

```
        }
        init();
        setInterval(gameLoop, 10);  // 10밀리초마다 gameLoop()을 호출한다.
    </script>
</body>
</html>
```

Mini Project

벽돌 깨기 게임 업그레이드

앞에서 작성한 "벽돌 깨기" 게임을 업그레이드해보자.

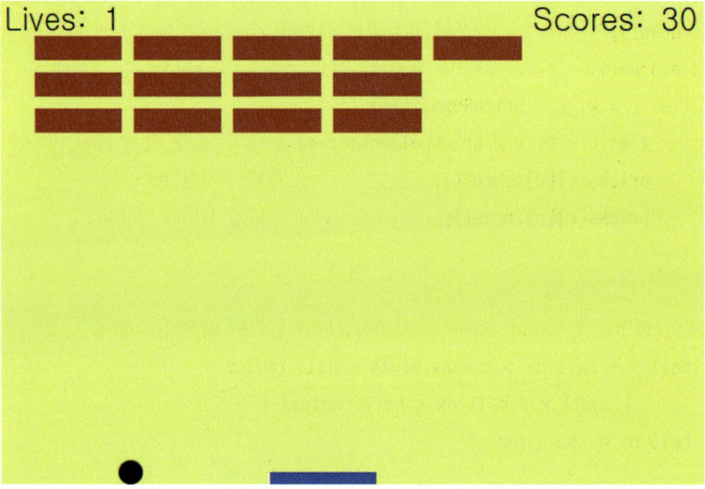

1. 최초로 3개의 생명이 주어진다. 남아있는 생명을 왼쪽 상단에 표시한다.
2. 이제까지 얻은 점수를 오른쪽 상단에 표시한다.
3. 벽돌의 색상을 다양하게 한다. 색상에 따라 벽돌의 강도를 다르게 한다. 어떤 벽돌은 2번 맞아야 깨지도록 한다.

11장 Summary

Q 자바스크립트를 이용하여 웹브라우저 위에 사각형을 그릴 수 있나요?

A HTML5의 <canvas> 요소를 선언하고 자바스크립트에서 이 캔버스 요소를 찾아서 fillRect() 함수를 이용하여 캔버스 위에 사각형을 그릴 수 있습니다.

Q 경로 개념을 사용하여 사각형이나 원을 그릴 수 있나요?

A 사각형을 제외하고 다른 도형은 모두 경로를 이용하여야 합니다. 경로 객체를 먼저 생성한 후에, 여기에 각종 도형을 그리는 명령어들을 쌓습니다. 경로를 닫은 후에 stroke()이나 fill()을 호출하여 경로를 그리게 됩니다.

Q 사각형이나 원을 그릴 때, 그라디언트를 사용할 수 있나요?

A createLinearGradient(x, y, x1, y1)나 createRadialGradient(x, y, r, x1, y1, r1)를 사용하여 그라디언트 객체를 만들고 이것을 이용하여 경로를 fill()하면 됩니다.

Q 마우스 이벤트와 그래픽을 결합하여 그림판 프로그램을 만들 수 있나요?

A 마우스 move 이벤트와 그래픽을 결합하면 마우스가 움직이는 대로 그림을 그릴 수 있습니다.

Q HTML5와 자바스크립트만을 이용하여 간단한 게임을 만들 수 있나요?

A 간단한 게임을 만들 수 있습니다. 게임을 작성할 때는 캐릭터를 객체로 만드는 것이 편리합니다. 또 여러 개를 생성해야 할 때는 클래스를 먼저 정의하고 생성자를 호출하여 필요한 만큼의 객체를 생성하는 것이 좋습니다. 배열과 객체를 적극적으로 사용해 봅시다.

11장

Exercise

01. 캔버스에서 좌표원점은 어디인가?

① 좌측 상단　② 좌측 하단　③ 우측 상단　④ 우측 하단

02. 다음 코드에서 잘못된 부분은 무엇인가? 그림이 그려지는가?

```
let canvas=document.getElementById("mycanvas");
canvas.fillRect(50, 50, 100, 200);
```

03. 도형의 경계선 색상을 "blue"로 변경하고자 한다. 올바른 문장은?

① `context.strokeStyle="blue"`　② `context.fillStyle="blue"`

③ `context.lineStyle="blue"`　④ `context.fillLine="blue"`

04. 캔버스 API에서 경로를 사용하지 않고 그릴 수 있는 유일한 도형은?

① 원　② 사각형　③ 직선　④ 곡선

05. 경로에 도형들을 추가한 후에 시작점과 끝점을 연결하려면 어떤 메소드를 호출하여야 하는가?

① `fill()`　② `stroke()`　③ `closePath()`　④ `beginPath()`

06. 그림을 그리는 도중에 펜을 들어서 특정 위치로 이동시키는 역할을 하는 메소드는 무엇인가?

① `lineTo()`　② `moveTo()`　③ `stroke()`　④ `fill()`

07. 완전한 원을 그리기 위한 함수 호출로 제일 적절한 것은?

① `context.arc(100, 100, 60, 0, 1.0 * Math.PI, false);`

② `context.arc(100, 100, 60, 0, 1.5 * Math.PI, false);`

③ `context.arc(100, 100, 60, 0, 2.0 * Math.PI, false);`

④ `context.arc(100, 100, 60, 0, 0.5 * Math.PI, false);`

08. 화면에 이미지를 그리려고 한다. 다음 코드는 약간의 문제가 있을 수 있다. 어떤 문제가 있을 수 있는가?

```
let image = new Image();
image.src = "html5_logo.png";
context.drawImage(image, 0, 0);
```

09. 애니메이션에서 반드시 필요한 함수로서 일정 시간마다 특정한 함수를 호출하도록 해주는 함수는 무엇인가?

① setTimeout() ② setInterval() ③ drawTimeout() ④ drawInterval()

11장

Programming

01. 캔버스 바닥에서 사각형이 왼쪽→오른쪽으로 서서히 이동하는 애니메이션을 만들어보자.

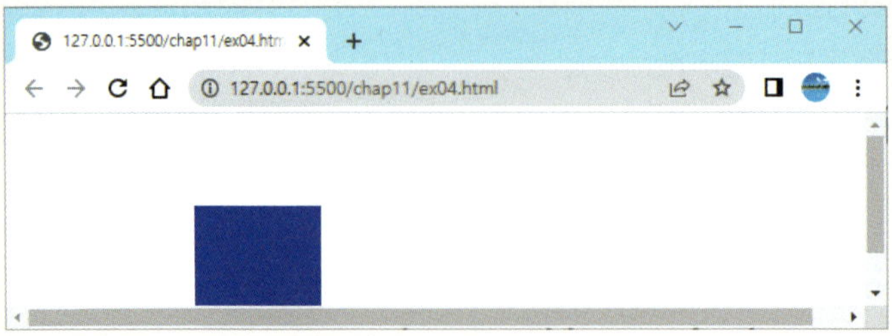

02. 캔버스에 다음과 같이 스마일 아이콘을 그려보자. 버튼을 추가하여 찡그린 표정으로 바꿀 수 있는가?

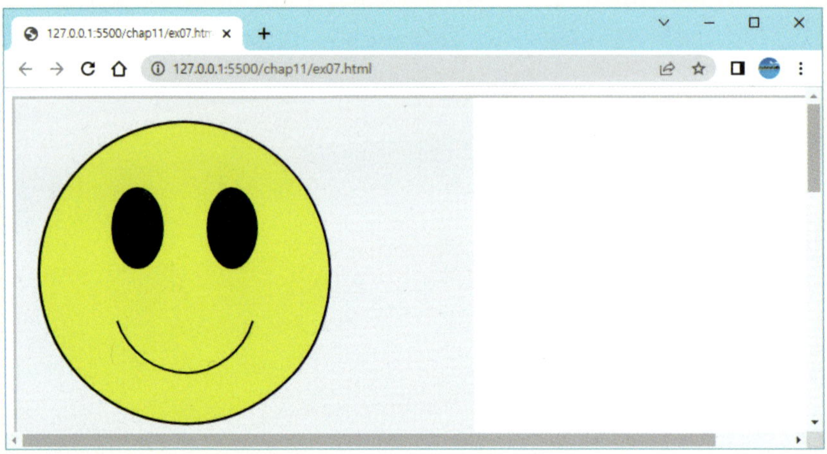

03. 다음과 같이 겹치는 사각형을 캔버스 위에 그려보자. 사각형을 색상으로 채울 때, 투명도를 조절하여 겹쳐진 색상이 나오도록 해보자.

04. 다음과 같이 자바스크립트만을 이용하여 화면에서 이미지가 서서히 하강하는 애니메이션을 만들어보자.

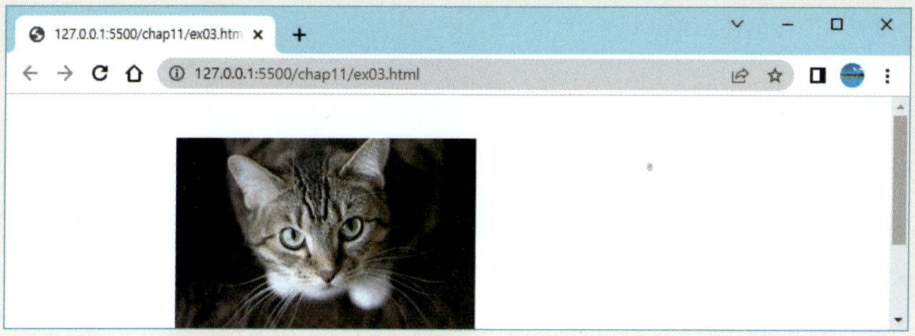

05. 다음과 같은 아날로그 시계를 작성해보자. 캔버스와 자바스크립트만 사용한다. Date 객체로부터 현재 시간을 읽는다.

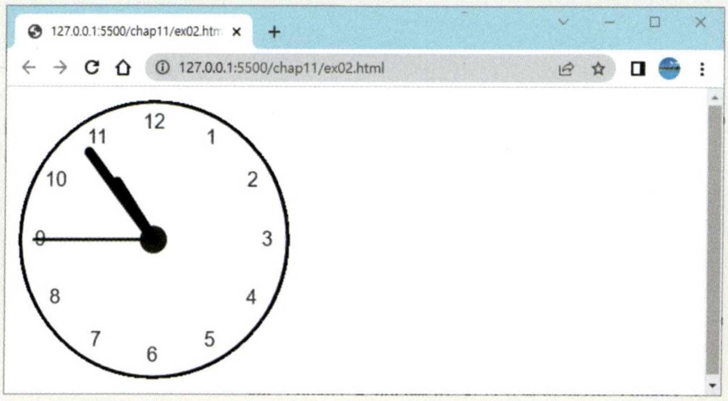

06. 다음과 같이 캔버스와 자바스크립트만을 이용하여 많은 공이 (0, 0) 위치에서 생성되어 아래로 이동하는 애니메이션을 작성해보자.

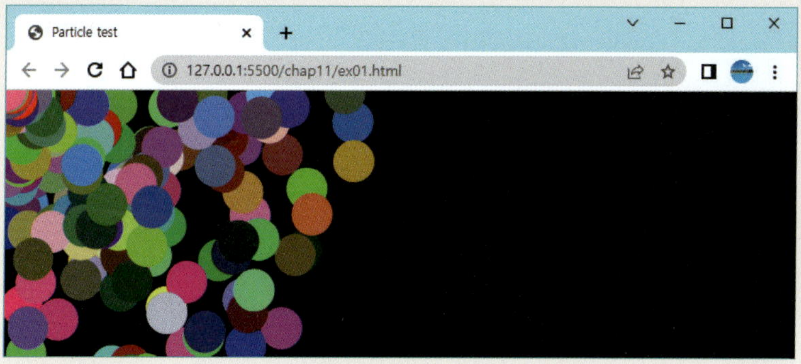

HTML5+
CSS3+
JavaScript
웹프로그래밍

12

웹서버와 JSP 기초

12-01 웹 서버 개요

■ 정적 웹 페이지와 동적 웹 페이지

이제까지 우리는 프론트-엔드(Front-End) 프로그래밍만을 학습하였다. 프론트-엔드 프로그래밍이란 주로 클라이언트 컴퓨터 쪽에서 실행되는 프로그램만 작성하는 것이다. 하지만 인터넷에는 서버도 있다. 서버에서 이루어지는 프로그래밍을 백-엔드(Back End) 프로그래밍 기법이라고 한다. 이장에서는 백-엔드 프로그래밍에 대하여 간단히 살펴보자. 백-엔드 프로그래밍은 아주 방대한 분야라서 책 한 권을 전부 할당해도 부족하다. 우리는 JSP 웹서버가 어떻게 클라이언트 컴퓨터에서 사용자가 입력한 데이터를 전달 받고, 어떻게 처리하여 동적인 웹 페이지를 만드는지를 아주 간단히 살펴보자.

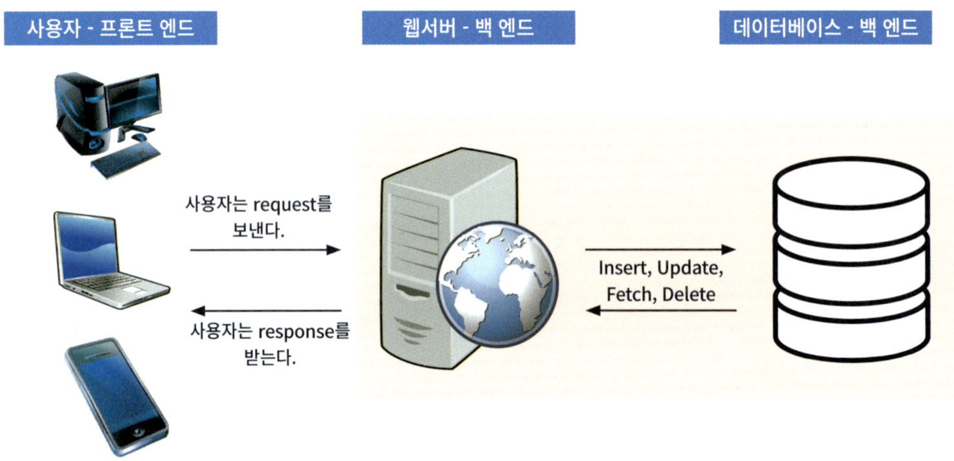

먼저 웹 서버와 클라이언트의 상호작용에 대하여 복습하여 보자. 클라이언트는 서버에게 특정한 웹 페이지를 요구하고 웹 서버는 그 웹 페이지를 찾아서 클라이언트에게 전달하여 주는 것이 기본이다.

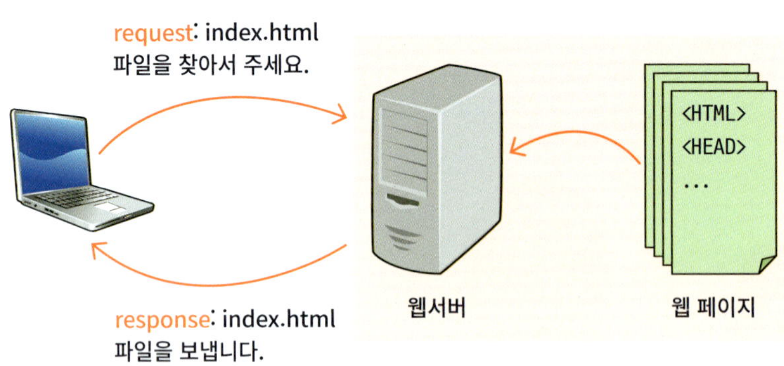

하지만 웹서버가 항상 변하지 않는 정적인 페이지만 반환한다면 사용자들은 금방 흥미를 잃을 것이다. 따라서 동적 페이지(dynamic web page)가 필요하다. 동적 웹 페이지는 사용자의 입력이나 시간에 따라서 내용이 달라지는 웹 페이지이다. 대표적인 동적 웹 페이지에는 웹기반의 이메일, 게시판, 블로그, 방명록 등이 있다.

동적인 웹 페이지를 생성하려면 데이터베이스가 필요하다. 예를 들어 사용자가 인터넷 쇼핑몰에서 현재 판매 중인 상품의 정보를 요청하였다면 이 정보를 데이터베이스에서 읽어서 동적인 웹 페이지를 만들어야 한다. 일반적인 구조는 다음과 같다.

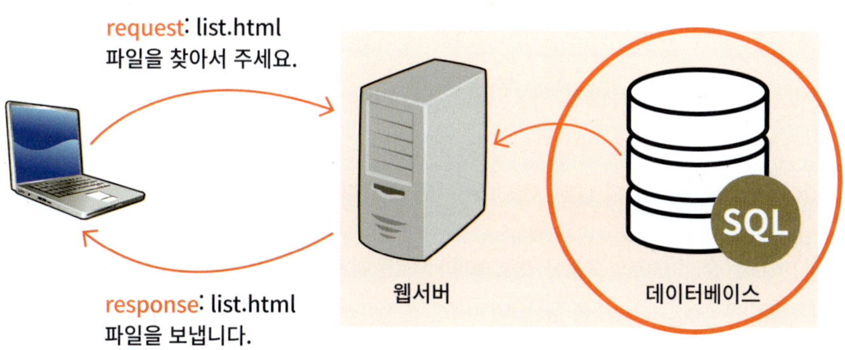

이러한 동적인 웹 페이지를 작성하려면 어떻게 해야 하는가? 웹 서버 S/W 안에 이러한 기능을 내장시킨다는 것은 문제가 많다. 기능이 달라지면 웹서버 S/W를 다시 컴파일해야 하는데, 이것은 가능하지 않은 일이다. 이런 경우에는 도우미 프로그램을 사용하면 된다. 서버 컴퓨터 안에 도우미 프로그램을 작성해놓고 필요할 때마다 실행시켜서 결과를 얻은 후에 이것을 클라이언트 컴퓨터로 돌려주면 된다.

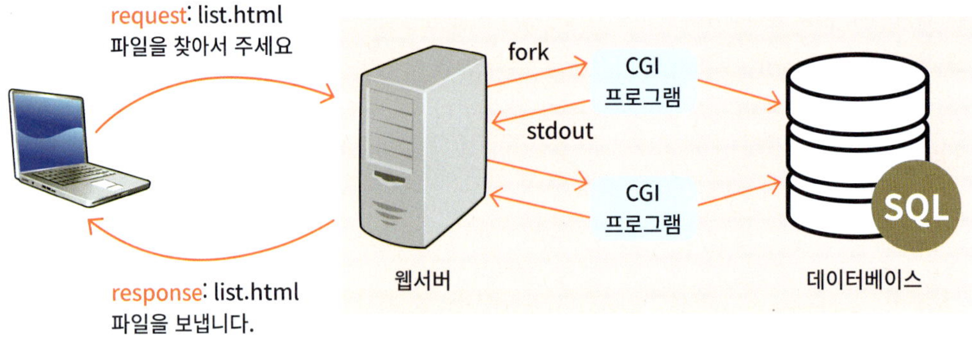

이러한 서버 쪽 도우미 프로그램은 CGI(Common Gateway Interface) 프로그램이라고 불리었고 Perl, C, Python, PHP, ASP 등이 많이 사용되고 있다. 하지만 이러한 CGI 프로그램은 클라이언트 요청이 있을 때마다 새로운 CGI 프로세스를 생성하여 처리해야 한다. 따라서 1초에도 수많은 요청이 들어오는 웹 서버의 경우, 상당한 부담이 된다.

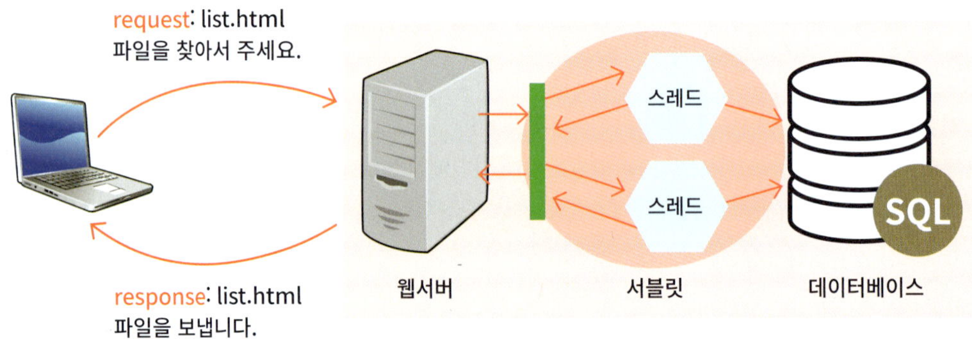

웹 서버 쪽에서는 자바 언어가 폭넓게 채용되고 있다. 자바 언어는 플랫폼에 독립적이고 스레드를 사용할 수 있어 효율적이면서, 풍부한 라이브러리가 강점이다. 자바를 서버 쪽에 사용하는 기술로는 서블릿(servlet)이 있다. 서블릿은 장점이 많다. 일단 몇 가지만을 다음에 나열하였다.

- **효율적이다**: CGI는 클라이언트의 요청이 있을 때마다 새로운 프로세스를 생성하여 서비스하므로 서버의 자원을 많이 사용한다. 서블릿은 스레드(thread)를 생성하여 각 요청을 서비스하므로 보다 효율적이다.
- **편리하다**: 이미 자바 언어를 알고 있는 개발자는 새로운 서버 스크립트언어(Perl 등)를 학습할 필요가 없다.
- **강력하다**: 자바 서블릿을 사용하면 기존의 CGI 프로그램으로는 어려웠던 여러 가지 작업을 쉽게 처리할 수 있다. 예를 들면 서블릿은 웹 서버와 직접 통신이 가능하다. 기존의 CGI에서는 거의 불가능하다.
- **이식성이 있다**: 서블릿은 자바 언어를 사용하고 표준화되어 있는 라이브러리를 사용한다. 자바 자체가 바이트 코드로 작성된 코드를 가상 기계 위에서 실행하는 방식이므로 서블릿도 플랫폼의 종류에 상관없이 실행할 수 있다. 예를 들어 서버 Apache에서 실행되는 서블릿은 Microsoft IIS 서버에서도 변경 없이 실행이 가능하다.

하지만 서블릿은 자바 언어 안에 HTML 코드를 넣어야 하므로 어려운 점이 있었다. 자바 개발자들은 HTML을 모르는 경우가 많고, 디자이너들은 자바를 모르기 때문이다. 또 HTML 코드를 "..." 안에 삽입하여 정확하게 출력하는 것도 쉬운 일은 아니다.

```
...
public class Hello extends HttpServlet {
  public void doGet(HttpServletRequest request,  HttpServletResponse response)
                        throws ServletException, IOException {
    response.setContentType("text/html");
    PrintWriter out = response.getWriter();
    out.println("<!DOCTYPE HTML PUBLIC \"-//W3C//DTD HTML 4.0 " +
                              "Transitional//EN\">\n" +
          "<HTML>\n" +
          "<HEAD><TITLE>Hello WWW</TITLE></HEAD>\n" +
          "<BODY>\n" +
          "<H1>Hello WWW</H1>\n" +
          "</BODY></HTML>");
  }
}
```

코드 안에 HTML 태그들을
넣어야 함!

JSP(JavaServer Pages)는 이러한 문제점을 해결하기 위하여 개발되었다. JSP는 자바를 기반으로 동적인 웹 페이지를 구축할 수 있는 서버-사이드 스크립트(server-side script) 언어로서 자바 서블릿을 기반으로 한다. JSP는 서블릿과는 반대로 HTML 문서 안에 필요할 때만 자바 코드가 들어간다. 개발자들은 HTML 페이지 안에 필요할 때마다 〈%.. %〉를 이용하여 삽입할 수 있다. JSP가 최종적으로는 서블릿 형태로 변환되지만, 개발자들은 HTML 안에 간단한 JSP 문장을 추가하여 동적인 페이지를 만들 수 있다.

```
<html>
<head><title>Hello World</title></head>
<body>
Hello World!<br/>
<%
out.println("Your IP address is " + request.getRemoteAddr());
%>
</body>
</html>
```

필요할 때만 자바 코드를
HTML 문서에 삽입합니다.

웹 서버가 JSP 페이지들을 처리하려면 JSP 엔진을 가지고 있어야 한다. JSP 엔진이란 JSP를 처리하는 컨테이너이다. JSP 컨테이너는 JSP 페이지에 대한 요청을 받는다. 이 책에서는 아파치 톰캣이라고 하는 JSP 컨테이너를 사용한다. JSP 컨테이너는 JSP가 필요로 하는 실행 환경과 다른 서비스들을 제공하기 위하여 웹 서버와 함께 작업한다. 다음 그림을 참조하라.

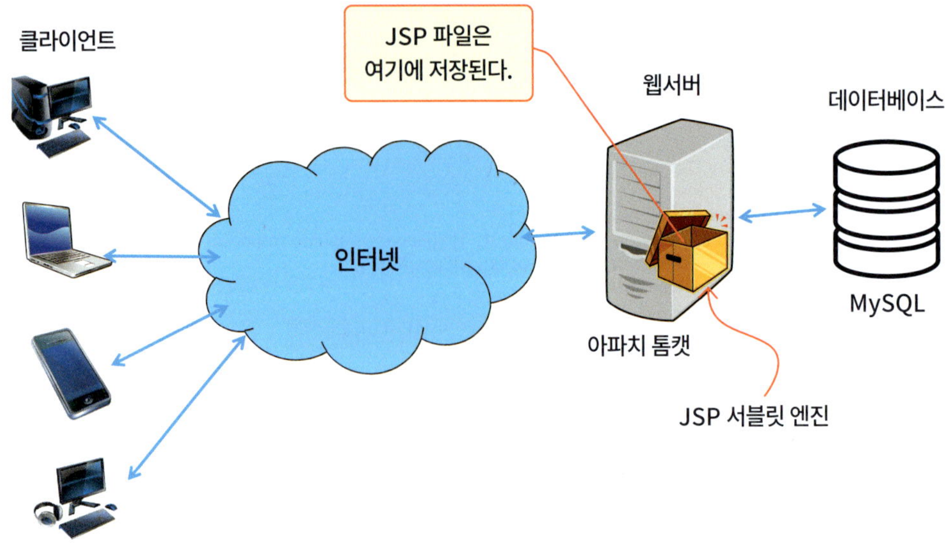

■ JSP 처리 과정

클라이언트가 URL를 통하여 JSP 페이지를 요청하면 웹 서버가 이것을 서블릿 컨테이너로 전송한다. 서블릿 컨테이너는 요청된 JSP 페이지를 찾아서 자바 파일로 변환한 후에 컴파일하여 서블릿 객체를 생성한다. 이 객체가 서블릿 컨테이너에 로딩되어서 실행된다. 실행된 결과는 웹서버를 통하여 클라이언트에게 응답의 형태로 전달된다.

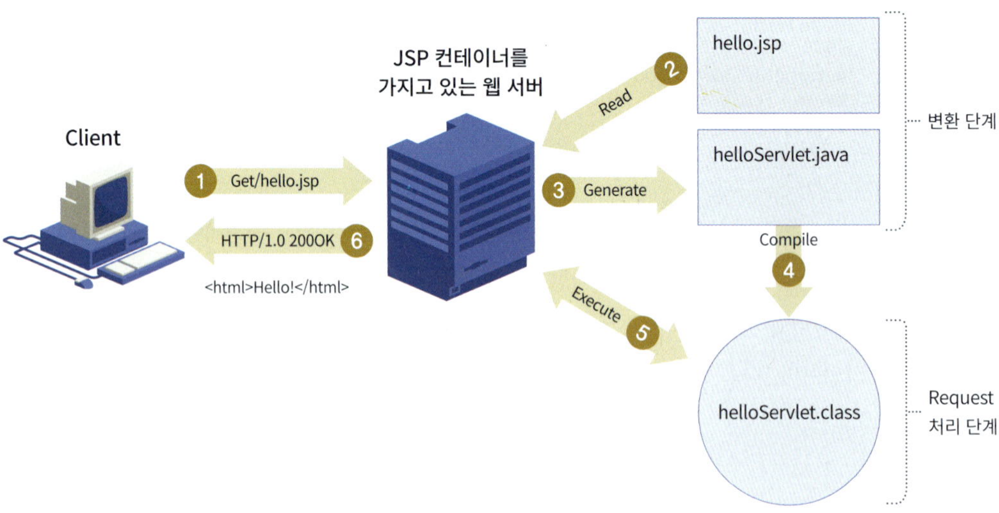

이러한 변환은 한 번만 일어난다. 따라서 속도는 느려지지 않는다.

12-02 톰캣 설치

JSP를 학습하기 위해서는 JSP가 가능한 웹서버 또는 애플리케이션 서버를 설치하여야 한다. 많은 서버가 있고, 무료로 설치할 수 있는 서버도 있다. 우리는 이 중에서 가장 많이 사용되는 아파치 톰캣을 설치하여 보자. 톰캣 안에는 간단한 웹서버도 내장되어 있어서 별도로 아파치 웹서버를 설치하지 않고서도 여러 가지를 테스트할 수 있다. 물론 본격적으로 웹 서비스를 하고자 하면 아파치 웹서버를 설치하고 톰캣과 연동하여야 한다. 이 책에서는 톰캣만을 설치한다. 이것으로 충분하다.

먼저 https://tomcat.apache.org/를 방문한다. 귀여운 고양이 그림이 등장하고, 왼쪽에 보면 'Download"가 있다. 최신 버전은 "Tomcat 10"이다.

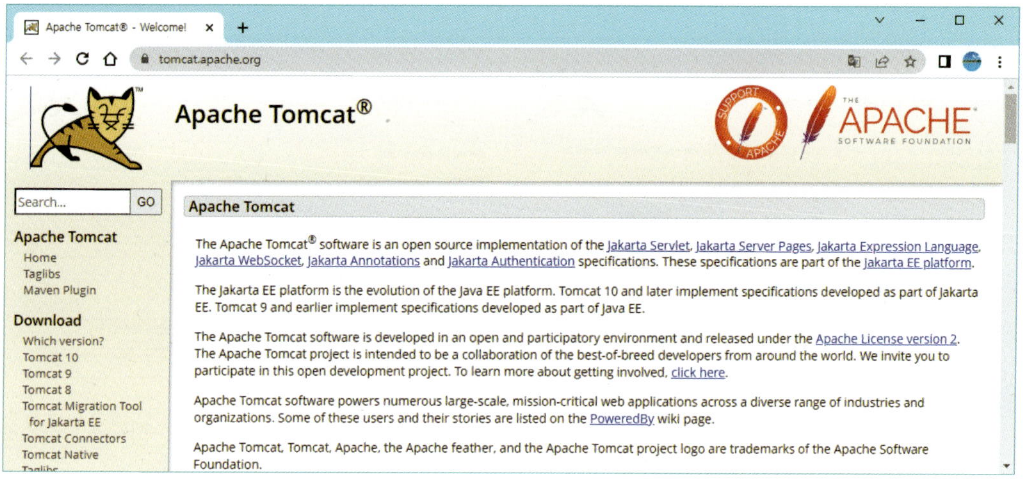

화면을 스크롤 다운하여, Binary Distributions 아래에 Core: 32-bit/64-bit Windows Service Installer(pgp)를 선택한다.

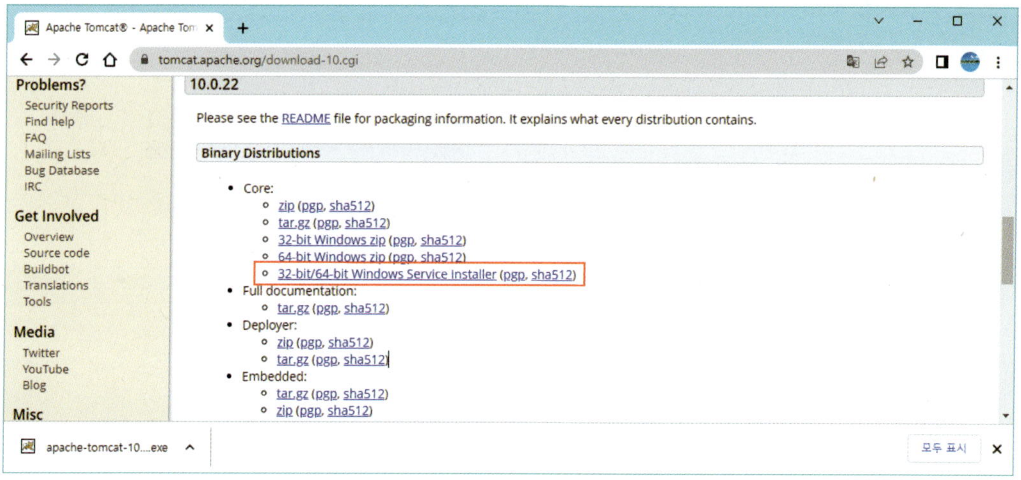

파일을 다운로드 받은 후에, 클릭하여 설치를 시작한다.

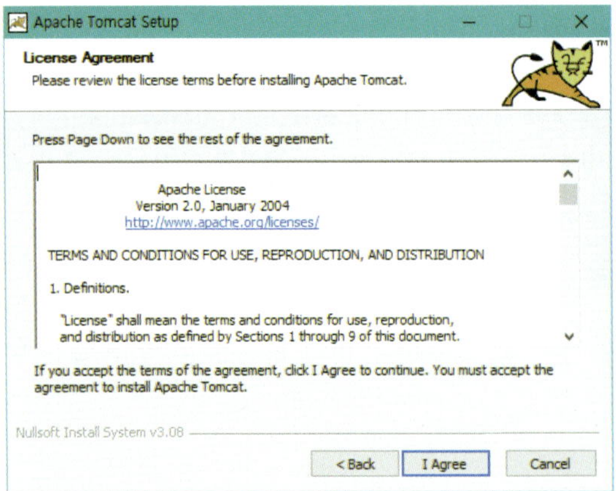

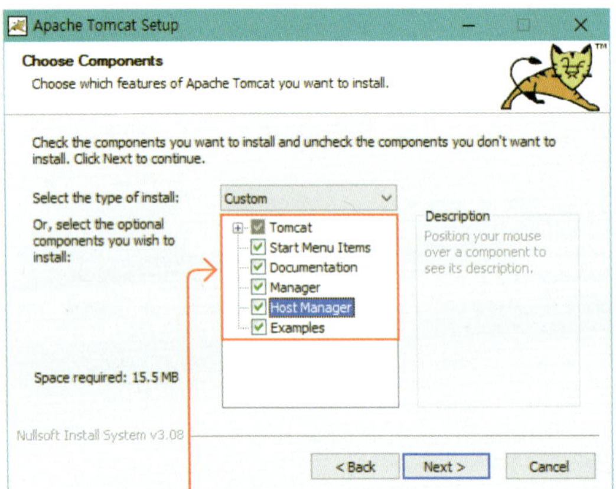

모두 선택한다.

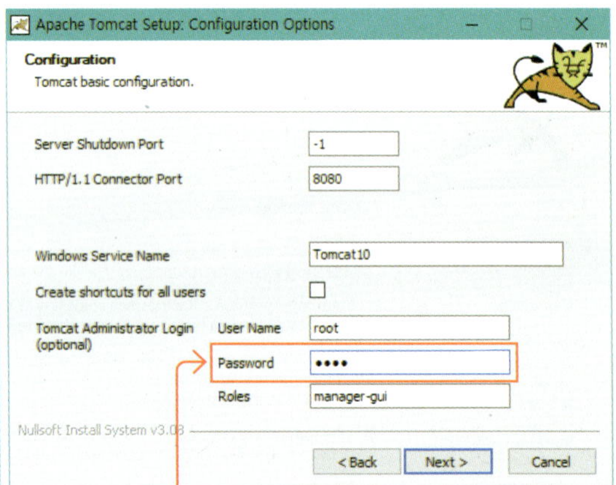

루트의 패스워드는 반드시 기억해야 한다.

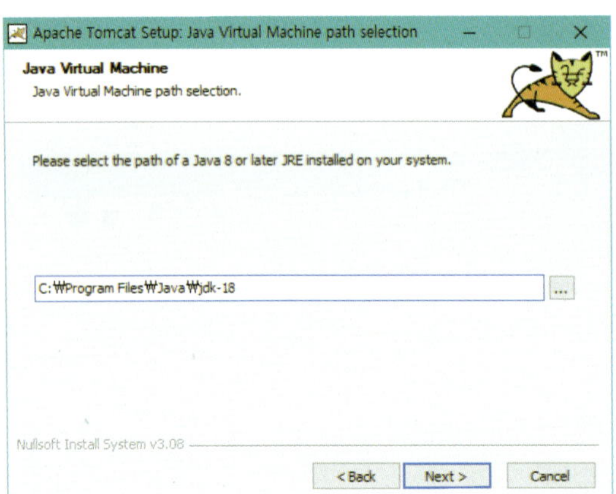

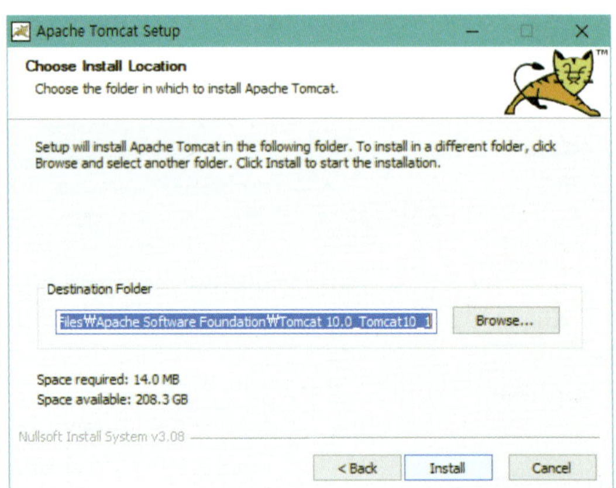

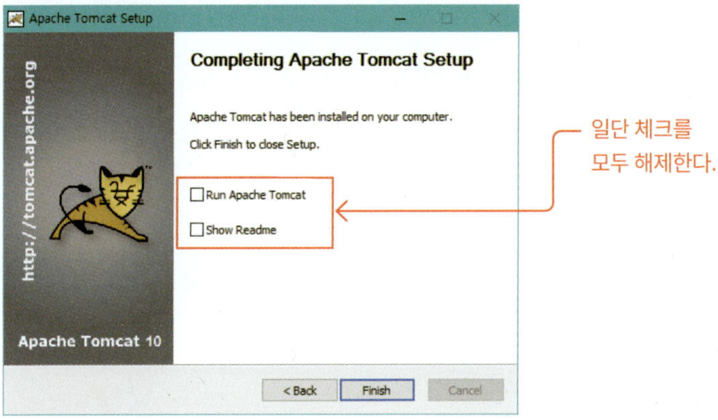

■ 톰캣 서버 시작하기

톰캣 서버를 시작하기 전에 해야 할 절차가 하나 있다. 윈도우 파일 탐색기를 이용하여 톰캣 서버가 설치된 위치 C:₩Program Files₩Apache Software Foundation로 간다. 여기서 Tomcat 10.0 폴더를 클릭하면 다음과 같은 대화 상자가 등장한다. [계속]을 누르면 이제부터는 톰캣 폴더에 항상 접근할 수 있다.

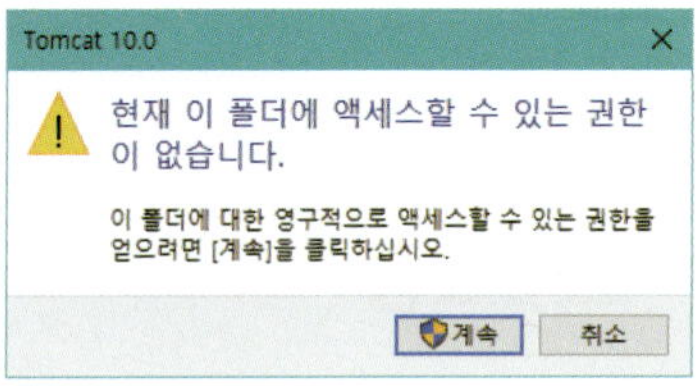

이제 톰캣 서버를 실행해보자. [시작]→[모든 프로그램]→[APACHE TOMCAT]→[MONITOR TOMCAT]을 실행하여 "Start" 버튼을 누른다.

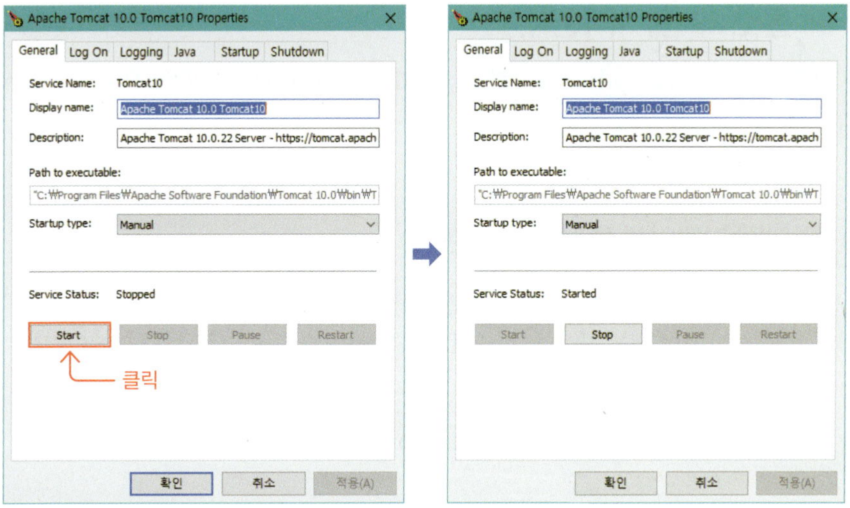

▪ 톰캣 서버 확인하기

톰캣 서버가 제대로 실행되는지 확인하려면 웹브라우저에서 주소 http://localhost:8080을 입력하고 엔터키를 누른다. 다음과 같은 환영 화면이 나오면 로컬 컴퓨터에서 톰캣 서버가 올바르게 실행되고 있는 것이다.

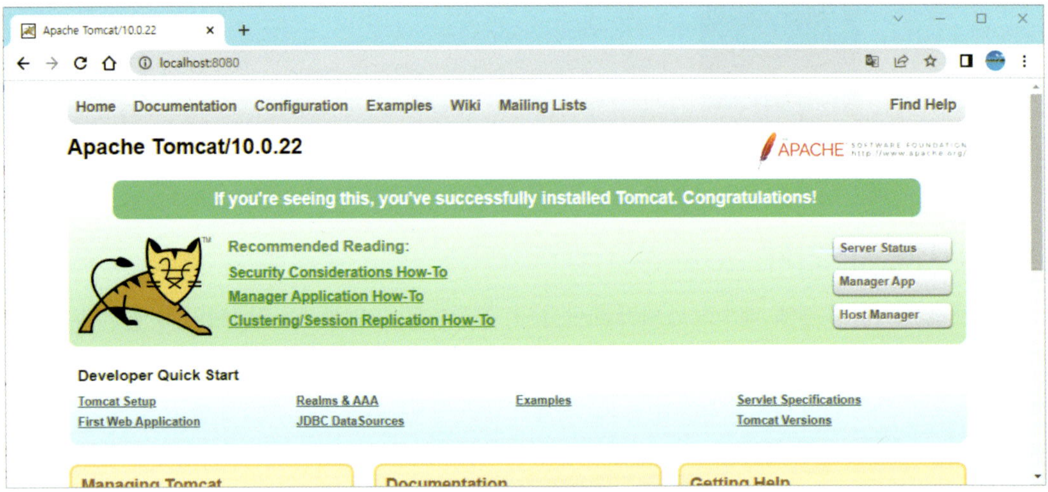

12-03 첫 번째 JSP 프로그램

이제 첫 번째 JSP 프로그램을 작성하여 실행할 때가 되었다. JSP 프로그램은 일반적으로 eclipse EE 버전과 같은 개발 도구를 이용하여 개발하지만 우리는 메모장만을 사용하도록 하자.

▪ Step #1: 톰캣 서버를 시작한다.

앞 절에서 설명한 대로 [시작]→[모든 프로그램]→[APACHE TOMCAT]→[MONITOR TOMCAT]을 실행하여 "Start" 버튼을 누른다.

▪ Step #2: 애플리케이션 폴더를 생성한다.

먼저 C:/Programs Files/Apache Software Foundation/tomcat 10.0/webapps 폴더로 간다. 여기가 바로 웹 애플리케이션이 모여 있는 곳이다. 여기에 새로운 폴더 Hello를 생성한다. 우리의 모든 파일은 이 Hello 폴더 아래에 작성할 것이다.

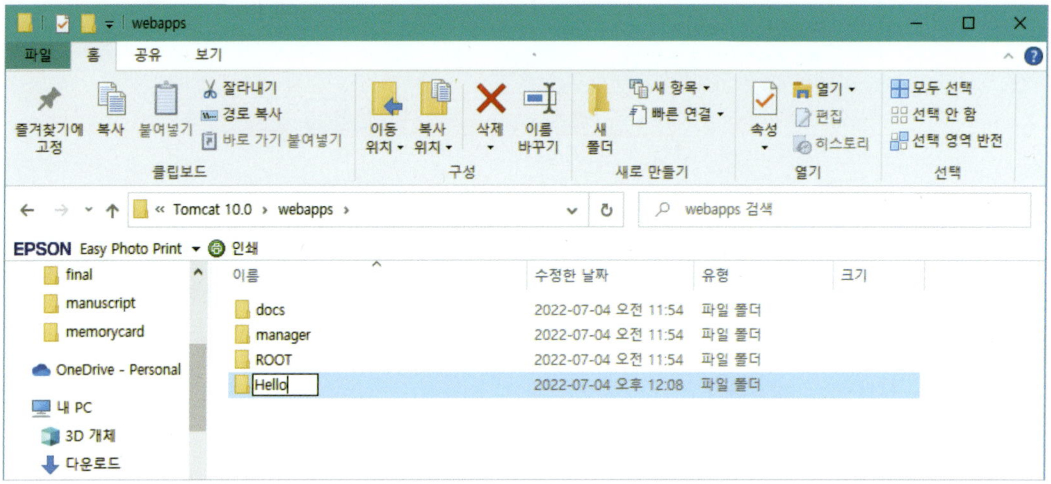

■ Step #3: WEB-INF

애플리케이션 폴더에서 반드시 있어야 하는 파일이 있다. WEB-INF 폴더가 있어야 하고 이 폴더 안에 web.xml이 있어야 한다. 우리는 단순히 tomcat/ROOT 안에 있는 WEB-INF 폴더를 통째로 폴더 Hello로 복사한다. 내용은 변경하지 않는다.

■ Step #4: hello.jsp 파일 작성

메모장을 이용하여 텍스트 파일을 작성하고 hello.jsp로 저장한다. 저장할 때 반드시 톰캣 서버의 디렉토리 webapps/Hello에 저장하여야 한다. 아무 곳이나 저장하면 안 된다.

hello.jsp

```
<html>
<head>
    <title>Hello World</title>
</head>
<body>
        안녕하세요? 현재 시각은
        <%
            java.util.Date date = new java.util.Date();
            out.println(date);
        %>
        입니다.
</body>
</html>
```

자바 언어 코드

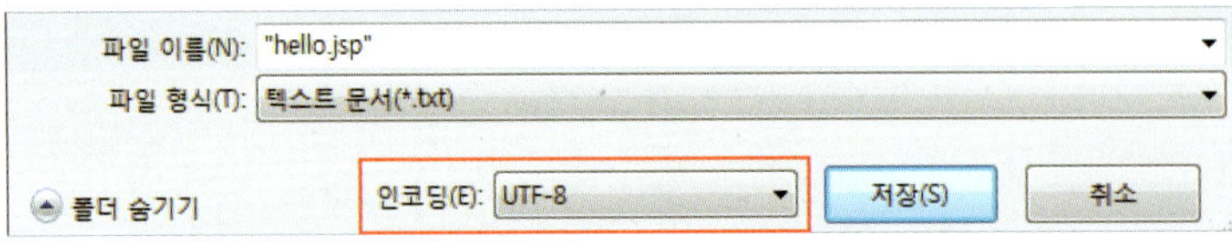

위의 파일은 기본적으로 HTML 파일이지만, 〈% ... %〉 안에 자바 언어 코드를 가지고 있다. 간단하게 해석해보자면 Date 클래스를 이용하여, 날짜를 나타내는 객체를 생성하고 out 객체를 이용하여 클라이언트 측으로 날짜를 출력한다. JSP 파일은 사용자가 이 파일을 요청하면 실행된다. 여기서 저장할 때는 반드시 "hello.jsp"라고 큰 따옴표로 둘러싸야 한다. 그렇지 않으면 hello.jsp.txt로 저장된다. 그리고 저장 시에 문자 인코딩도 UTF-8로 변경하자.

참고사항

한글 코드

JSP 프로그래밍을 하다보면 의외로 한글 코드 문제에 부딪치기 쉽다. 웹 프로그래밍에 사용되는 한글 코드에는 2가지의 방식이 있다. 바로 euc-kr과 utf-8이다.

- euc-kr은 KSC5601에 기반을 둔 대표적인 완성형 코드이다. 즉, 영어와 한글을 2바이트를 이용하여 초창기부터 사용해온 방식이다. 한글이 많이 사용되는 경우에 적은 메모리 공간을 차지하고 호환성이 좋다. 한글과 영문만 사용하는 웹 페이지라면 euc-kr이 적당하다. 하지만 다국적 문자를 표현하는 데는 문제가 있다.
- utf-8은 유니코드의 일종으로 가변길이 문자 인코딩 방법이다. 일반적으로 영어는 1바이트, 한글은 3바이트로 표현한다. 따라서 영어를 많이 사용하는 경우, utf-8이 메모리 공간을 적게 차지한다. 또 모든 한글 문자를 표현할 수 있고, 다른 나라의 운영체제에서도 폰트 없이 한글을 볼 수 있다. 우리나라에서는 아직도 euc-kr을 많이 사용하지만 점차 utf-8로 바뀌는 추세에 있다.

■ Step #5: 웹브라우저로 실행시키기

자 이제 웹브라우저를 통하여 방금 작성한 jsp 파일을 실행하여 보자. 웹 브라우저의 주소란에 http://localhost:8080/Hello/hello.jsp라고 입력한다. http://localhost:8080/은 무슨 의미일까? 다들 예측했겠지만 localhost는 내가 사용하고 있는 로컬 컴퓨터를 나타내고 8080은 포트번호이다. 톰캣을 설치할 때 주었던 포트 번호를 그대로 적어주어야 한다. hello.jsp가 실행되어 다음과 같이 화면에 나타나면 성공이다.

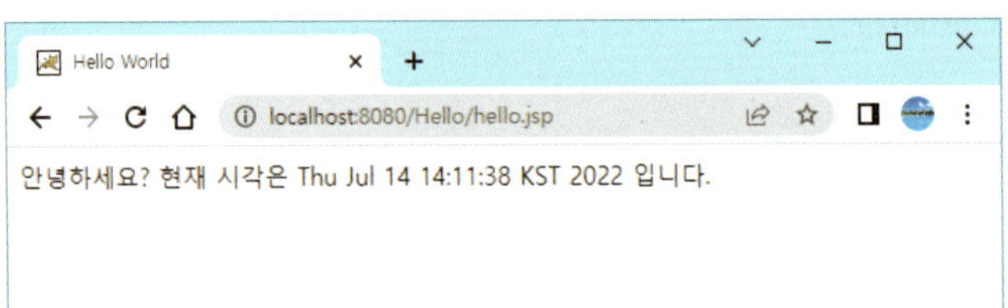

브라우저에서 “페이지 소스 보기” 옵션을 선택하여 동적 생성된 웹 페이지를 살펴보자. 다음과 같이 나와야 정상이다.

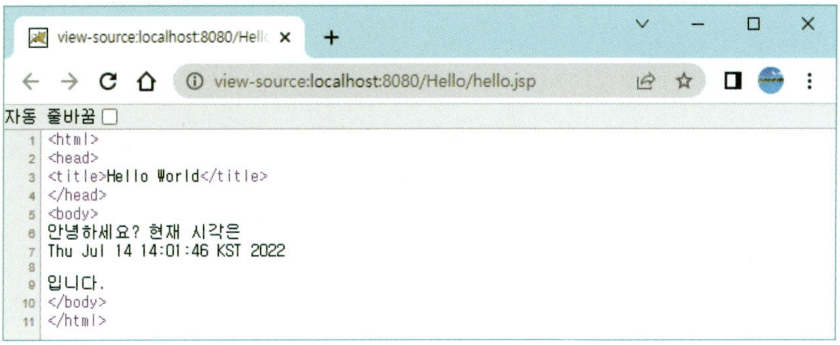

클라이언트 컴퓨터에서는 우리가 입력하였던 원래의 JSP 소스는 볼 수 없다. 따라서 개발자의 소스를 보호할 수 있다. 클라이언트는 JSP 스크립트에 의하여 동적으로 생성된 HTML 소스만을 볼 수 있다.

■ 톰캣 폴더에 대한 설명

톰캣의 설치 폴더 아래에는 webapps 폴더가 있다. 여기에 톰캣 서버에서 실행되는 모든 웹 애플리케이션들이 모여 있게 된다. 각 웹 애플리케이션은 자신만의 폴더를 webapps 아래에 가진다. 따라서 개발자는 항상 자신의 애플리케이션을 위한 디렉토리를 〈TOMCAT-ROOT〉/webapps/〈MY-WEBAPP-DIR〉과 같이 생성하여야 한다. JSP 페이지는 바로 이 폴더 아래에 저장하면 된다.

애플리케이션 폴더에는 WEB-INF 폴더가 반드시 있어야 한다. 이 폴더는 web.xml 파일을 가지고 있는데, 이 파일에는 개발자의 웹 애플리케이션에 대한 여러 가지 구성 정보가 들어 있다. 즉, 애플리케이션을 위한 welcome 파일, 서블릿 매핑, 필터 등의 정보를 저장할 수 있다.

12-04 JSP 기초

JSP 안에 자바 코드를 추가하려면 기본적으로 3가지의 방법이 있다.

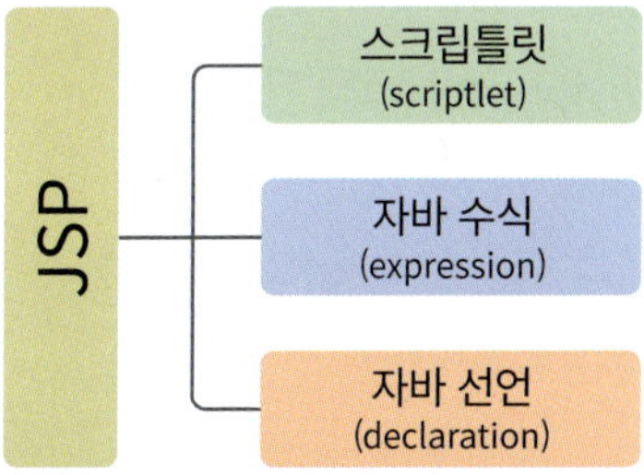

■ 스크립틀릿

일반적인 자바 코드는 〈%와 %〉 사이에 넣으면 된다. 이러한 코드 블록을 스크립틀릿(scriptlets)이라고 한다. 스크립틀릿의 형식은 다음과 같다.

<%가 자바 코드의 시작을 알린다.

%>가 자바 코드의 종료를 알린다.

```
<% code_block %>
```

어떠한 코드 블록도 가능하다.

스크립틀릿에 포함된 자바 코드는 JSP가 호출될 때마다 실행된다. 예를 들어 앞의 코드를 스크립틀릿으로 다시 작성하여 보면 다음과 같다. 만약 스크립틀릿 안에서 HTML 코드를 생성하려면, out 객체의 println() 함수를 이용하여 출력할 수 있다. out 객체는 서버에서 클라이언트 측으로 출력을 담당하는 객체이다. 이 객체는 내장 객체이기 때문에 우리가 선언할 필요가 없다.

scriptlet1.jsp

```
<!DOCTYPE html>
<html>
<body>
        안녕하세요? 현재 시각은
        <%
            java.util.Date date = new java.util.Date();
            out.println( date );
        %>
        입니다.
</body>
</html>
```

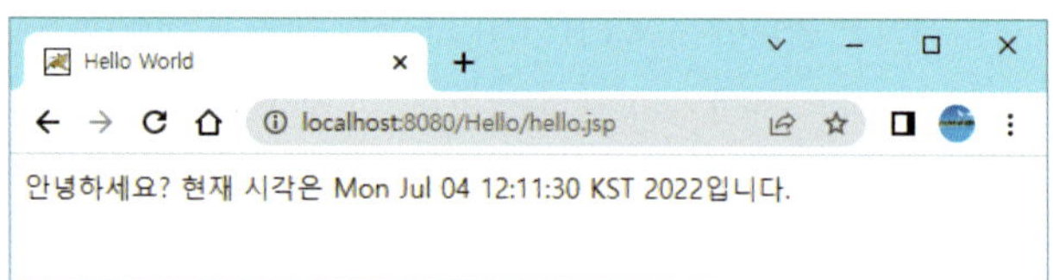

여기서 우리는 out 객체를 사용해서 HTML을 직접 출력하였다. out 변수는 javax.servlet.jsp.JspWriter 타입의 객체이다.

서버 측에서는 어떤 일들이 벌어지는 것일까? JSP 파일이 최초로 사용되면 톰캣은 JSP를 서블릿으로 변환하고, 이 파일을 컴파일하여 실행한다. 이 서블릿 코드는 톰캣의 "work₩Catalina₩localhost₩Hello" 디렉토리에서 찾을 수 있다. 이름은 hello_jsp.java로 되어 있다.

hello_jsp.java

```
out.write("<html>\r\n");                        // 1
out.write("<head>\r\n");
out.write("<title>Hello World</title>\r\n");
out.write("</head>\r\n");
out.write("<body>\r\n");
out.write("안녕하세요? 현재 시각은 ");

java.util.Date date = new java.util.Date();     // 2
out.println(date);

out.write("입니다.\r\n");
out.write("</body>\r\n");
out.write("</html>");
...
```

서블릿 코드 안에 그대로 놓여진다.

잠깐 살펴보자.

1. HTML 문장들은 out.write()를 이용하여 문자열 형태로 클라이언트 측으로 출력됨을 알 수 있다.
2. 우리가 입력한 자바 코드가 서블릿 코드 안에 그대로 놓여진다. 따라서 date 객체가 만들어지고 out의 println()을 호출하여 date 객체를 response 메시지의 일부로 출력한다.

JSP 스크립트와 내부적으로 생성된 서블릿 코드를 비교해보면 서블릿은 "자바 안의 HTML"이고 JSP는 "HTML 안의 자바"라는 것을 실감할 수 있다. 동일한 JSP 파일을 다시 사용할 때는 아주 속도가 빨라진다. 왜냐하면 미리 변환된 서블릿 코드가 바로 실행되기 때문이다. 즉, JSP를 서블릿으로 변환하는 작업과 서블릿 컴파일이 생략된다.

■ JSP 수식(expression)

JSP 수식은 HTML 파일 안에 자바 수식을 추가하는 것이다. 〈%= ... %〉 형식을 사용한다.

hello.jsp

```
<html>
<head>
      <title>Hello World</title>
</head>
<body>
      안녕하세요? 현재 시각은 <%= new java.util.Date() %>입니다.
</body>
</html>
```

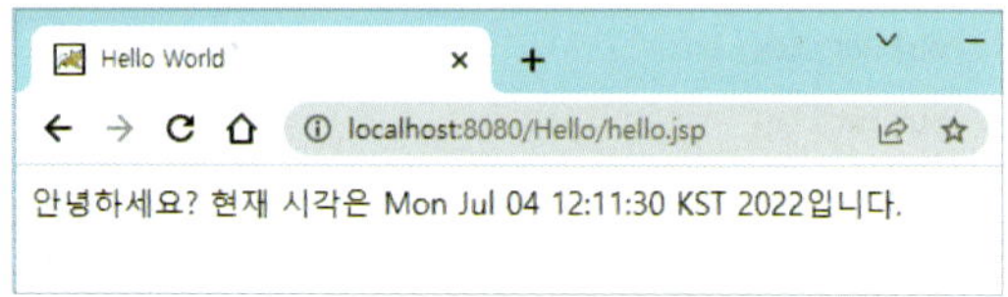

이 파일을 브라우저로 로딩할 때마다 화면에는 현재 시간이 표시된다. 〈%= 와 %〉 안에 들어 있는 것은 바로 자바 수식이고 이 수식은 실행할 때마다 새롭게 계산된다. JSP 수식(expression)은 다음과 같은 형식을 가진다.

<%가 JSP를 나타내고 =은 자바 수식을 의미한다.

%>: JSP가 종료되었다는 것을 의미하는 태그이다.

```
<%= expression %>
```

expression: 자바 언어의 수식이다.

〈%=과 %〉 사이에 있는 수식은 계산된 후에 문자열 객체로 변환되어 수식이 나타나는 위치에 삽입된다. 수식의 계산값이 자동으로 문자열 객체로 변환된다는 점에 유의하자. 수식은 자바 언어에서 유효한 수식이면 어떤 것이던지 가능하지만, 문장의 끝에 ;을 적지 말아야 한다.

■ JSP 선언

개발자가 작성하는 JSP는 하나의 클래스로 변환된다. 개발자가 작성하는 모든 스크립틀릿은 이 클래스 안의 하나의 메소드 안에 놓여진다. 따라서 스크립틀릿 안에서 메소드를 선언하면 오류가 발생한다(메소드 안에서 메소드를 선언하는 것이기 때문에). 따라서 전역 변수 선언과 메소드 선언은 다른 곳에서 하는 것이 좋다. 이것을 위해서 JSP 선언이 있다. 〈%!와 %〉 안에 필요한 전역 변수나 메소드를 선언하면 된다. 선언된 변수나 메소드는 클래스 안에서 사용할 수 있다. 이것을 JSP 선언이라고 하고 다음과 같은 형식을 사용한다.

<%!가 선언의 시작을 알린다.

%>: <%가 선언의 끝을 알린다.

```
<%! Date date;... %>
```

Date date;...: 변수 선언이나 메소드의 정의가 들어간다.

jsp_decla.jsp

```
<!DOCTYPE html>
<html>
<body>
    <%@ page import="java.util.*" %>
    <%!
        Date date =new Date();
        Date getDate()
        {
            return date;
        }
    %>
    안녕하세요? 현재 시각은 <%= getDate() %> 입니다.
</body>
</html>
```

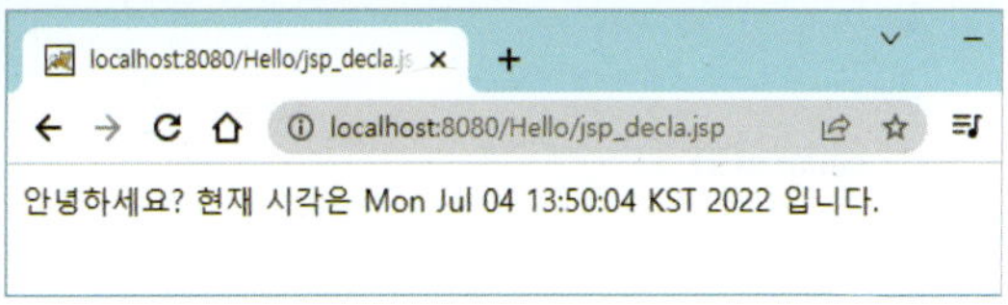

이 예제는 변수와 메소드 선언을 보여주기 위하여 약간 부자연스럽다. 우리는 Date 변수인 date와 메소드 getDate()를 선언하고 있다. 이들은 모든 스크립틀릿과 자바 수식에서 사용 가능하다. 그러나 이번 예제에서는 웹 페이지 상의 시간이 더 이상 변경되지 않는다. 페이지를 아무리 다시 로딩하더라도 날짜는 항상 같을 것이다. 이것은 이들 선언이 페이지가 로드될 때 한 번만 계산되기 때문이다. 또한 JSP 선언 안의 변수는 서블릿 클래스의 필드로 선언되고 필드는 클래스를 객체로 만들 때 한 번만 초기화되기 때문이다.

■ 예제

이번에는 3가지 요소를 함께 사용하는 JSP 파일을 작성해보자.

example1.jsp

```
<!DOCTYPE html>
<html>
<body>
    <%!
            int square(int n) {
                return n*n;
            }
    %>
    <%= new String("Hello World").toUpperCase() %>
    <br>
    <%
            for(int i=0; i<10; i++)
```

```
            out.println(i);
    %>
    <br>
    <%=square(9) %>
</body>
</html>
```

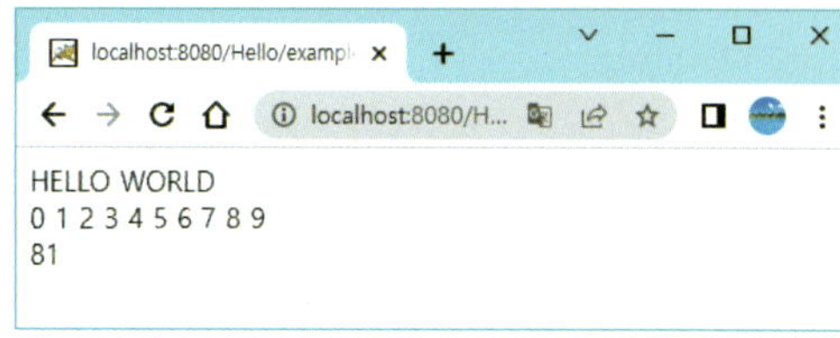

■ 내장 객체

JSP에서는 수많은 내장 객체를 사용할 수 있다. 내장 객체 중에서 request 객체는 브라우저와 서버 사이의 HTTP 프로토콜에서의 요청 객체이다. 만약 request가 'SUBMIT' 버튼을 눌러서 발생하였다면, 사용자가 입력한 정보들이 들어 있다. JSP의 "request" 변수는 브라우저가 보낸 요청에서 정보를 얻을 때 사용된다. 우리는 다음 절에서 구체적인 예를 보게 될 것이다. 또 클라이언트 호스트 이름이나 ip 주소를 알 수도 있다.

scriptlet2.jsp

```
<!DOCTYPE html>
<html>
<body>
    <%
        java.util.Date date = new java.util.Date();
    %>
    안녕하세요? 현재 시각은
    <%
        out.println(date);
        out.println("<br>이고 ip주소는 ");
        out.println(request.getRemoteAddr());
    %>
    입니다.
</body>
</html>
```

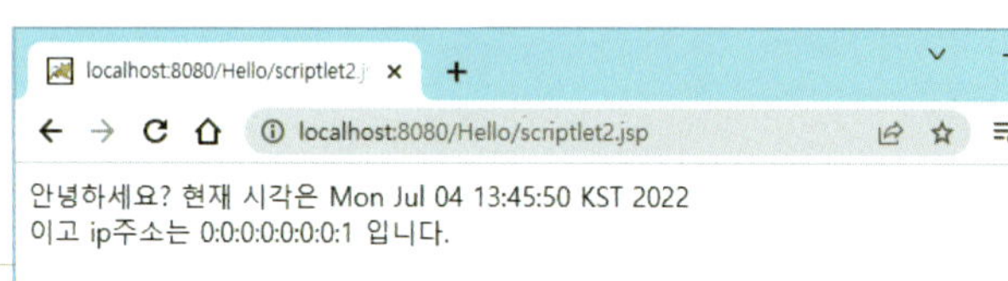

유사한 변수로 response가 있다. response 변수는 브라우저에게 보내지는 응답을 작성할 때 사용된다.

■ 스크립틀릿과 HTML을 같이 사용하기

우리는 out 변수를 사용하여 스크립틀릿 안에서 HTML 출력을 생성할 수 있다. 이것을 자주 사용하는 것은 JSP 프로그래밍의 장점을 해치는 행위이다(서블릿 프로그래밍과 유사하기 때문에). 이때는 스크립틀릿과 HTML을 혼합하는 것이 더 간단하다.

예를 들어 HTML 안에서 테이블을 생성해야 한다고 하자. 실제로 이것은 흔히 발생하는 작업으로, 데이터베이스나 파일로부터 테이블을 생성할 수 있다. 여기에서는 간단한 예로 정수 1부터 N까지를 가지고 있는 테이블을 생성한다.

scriptlet3.jsp

```
<html>
<body>
    <table border=2>
    <%
        int n=3;// 지역 변수는 얼마든지 스크립틀릿 안에서 선언이 가능하다.
        for(int i = 0; i < n; i++) {
    %>
    <tr> <td>Number</td>   <td><%= i+1 %></td> </tr>
    <%
        }
    %>
</table>
</body>
</html>
```

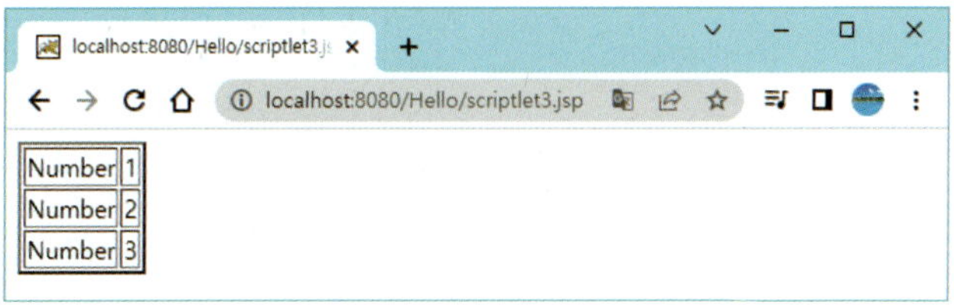

변수 n은 3으로 초기화된다. 이 코드는 "n" 행을 가진 테이블을 출력한다. 여기서 중요한 점은 for 루프 안에서 %>와 <% 문자가 등장한다는 점이다. <% ... %> 은 스크립틀릿이고, 나머지는 HTML이다. HTML을 출력할 때 out 객체를 사용하는 것보다, 이런 식으로 HTML을 직접 써주는 편이 훨씬 편하다. 개발자는 스크립틀릿을 작성했다가 빠져나와서 HTML 코드를 작성할 수 있고 또 반대로 HTML 코드를 썼다가 스크립틀릿으로 돌아갈 수 있다. for나 while 과 같은 제어문, if와 같은 조건문도 사용할 수 있다. 만약 HTML이 루프의 중간에 있으면 한번 반복할 때마다 HTML이 출력된다.

■ JSP 주석

JSP 안에서도 주석을 만들 수 있다. 주석은 코드를 설명하는 글로서 코드의 동작에는 영향을 주지 않는다. 일반적인 형식은 다음과 같다.

<%--가 주석의 시작을 알린다.

<%--가 주석의 끝을 알린다.

```
<%-- 여기는 주석 --%>
```

간단한 예는 다음과 같다.

jsp_comment.jsp

```
<!DOCTYPE html>
<html>
<head><title>주석 테스트</title></head>
<body>
    <h2>주석을 테스트합니다.</h2>
    <%-- 이 주석은 보이지 않습니다. --%>
</body>
</html>
```

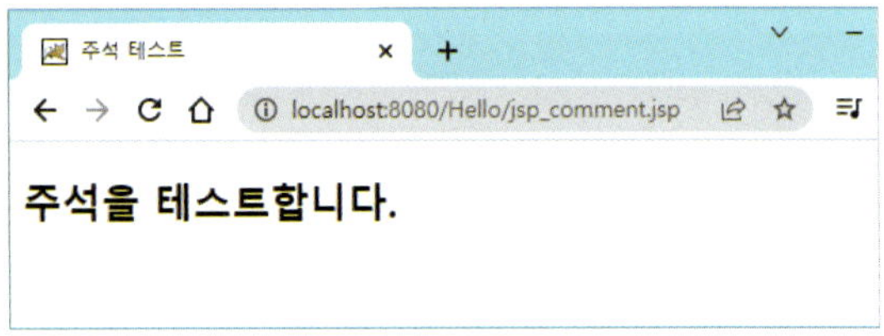

주석 또는 특별한 문자들을 화면에 표시하려면 다음과 같이 한다.

형식	설명
<%-- comment --%>	JSP 주석
<!-- comment -->	HTML 주석
<\%	〈% 글자를 나타낸다.
%\>	%〉 글자를 나타낸다.
\'	작은따옴표 자체
\"	큰따옴표 자체

■ JSP 지시어

우리는 이전에 Date 클래스를 사용할 때 java.util.Date와 같이 완전한 이름을 사용하였다. 아마 왜 java.util.*를 포함하지 않았는지 의아해할지도 모른다. JSP에서도 필요한 클래스들을 import 키워드를 사용하여 포함시킬 수 있다. 하지만 그 형식은 자바 언어와 약간 다르다. 다음의 예제를 살펴보자.

jsp_direct.jsp

```
<!DOCTYPE html>
<%@ page import="java.util.*" %>
<html>
<body>
    <%
        Date date = new Date();
    %>
    안녕하세요? 현재 시간은 <%= date %> 입니다.
</body>
</html>
```

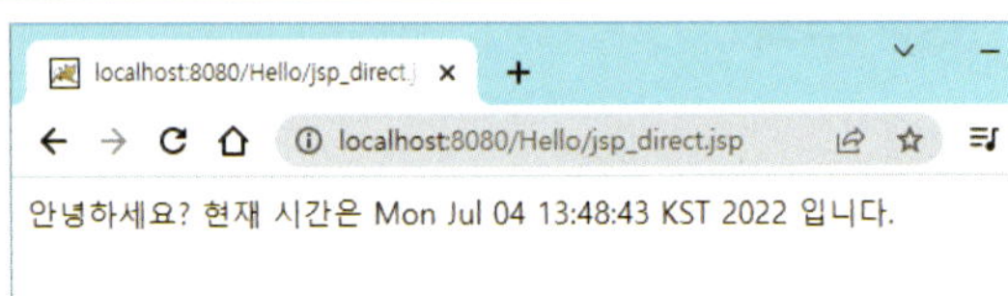

위 코드의 두 번째 문장은 지시어(directive)라고 불린다. JSP 지시어는 항상 <%@로 시작한다. 이 문장은 page 지시어이다. page 지시어를 사용하면, 외부 패키지들을 불러서 포함시킬 수 있다. 하나 이상의 패키지를 포함하기 위해서는 패키지 이름을 콤마로 분리한다.

지시어의 시작 / 페이지에 관한 지시어이다.

```
<%@ page import="java.util.*" %>
```

패키지를 읽어 들인다.

page 지시어는 페이지의 컨텐츠 종류와 문자집합을 정의하는 데 사용할 수도 있다.

```
<%@ page contentType="text/html; charset=utf-8" pageEncoding="UTF-8" %>
```

여기서 contentType의 charset는 웹브라우저가 받아볼 페이지의 인코딩 방식을 의미하고 pageEncoding은 JSP 소스 코드 자체의 인코딩 방식을 의미한다.

include 지시어는 물리적으로 다른 파일의 내용을 포함할 때, 사용된다. HTML 파일 또는 JSP 파일이 포함될 수 있다. 결과는 원래의 JSP 파일에 실제로 포함된 것과 동일하다.

jsp_direct1.jsp

```
<!DOCTYPE html>
<html>
<body>
    아래에서 hello.jsp을 포함시킵니다. <br>
    <%@ include file="hello.jsp" %>
</body>
</html>
```

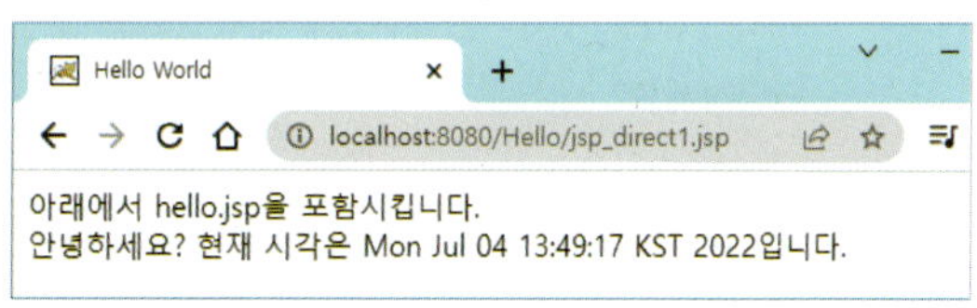

위의 파일을 브라우저로 보면 원래의 hello.jsp가 새로운 JSP 파일에 포함된 것을 볼 수 있다.

■ 조건문

JSP 파일에는 자바 언어의 제어문들을 사용할 수 있다. 즉, 조건문과 반복문을 제한 없이 사용할 수 있다. 예를 들어 if-else 문장은 다음과 같이 사용할 수 있다.

jsp_if.jsp

```
<%! int day = 3; %>
<html>
<head><title>if/else 예제</title></head>
<body>
    <% if (day == 1 ¦ day == 7) { %>
        <p> 오늘은 주말입니다.</p>
    <% } else { %>
        <p> 오늘은 주말이 아닙니다.</p>
    <% } %>
</body>
</html>
```

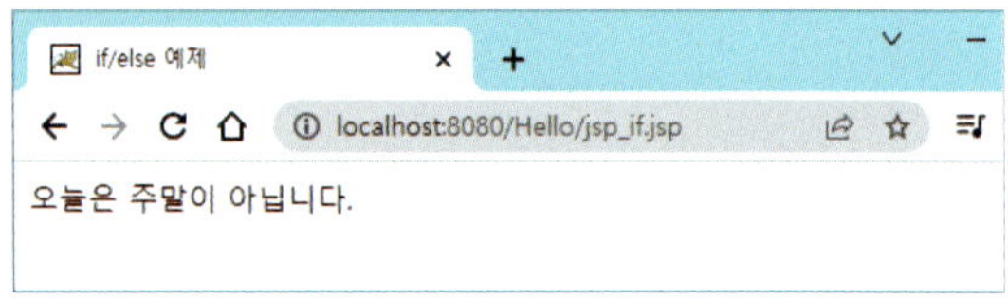

■ 반복문

반복문도 얼마든지 사용이 가능하다. for, while, do..while 등의 구조를 사용할 수 있다.

jsp_for.jsp

```
<%! int fontSize; %>
<html>
<head><title>반복 구조 예제</title></head>
<body>
    <% for ( fontSize = 1; fontSize <= 6; fontSize++){ %>
        <font color="red" size="<%= fontSize%>">
         안녕하세요?
        </font><br />
    <% } %>
</body>
</html>
```

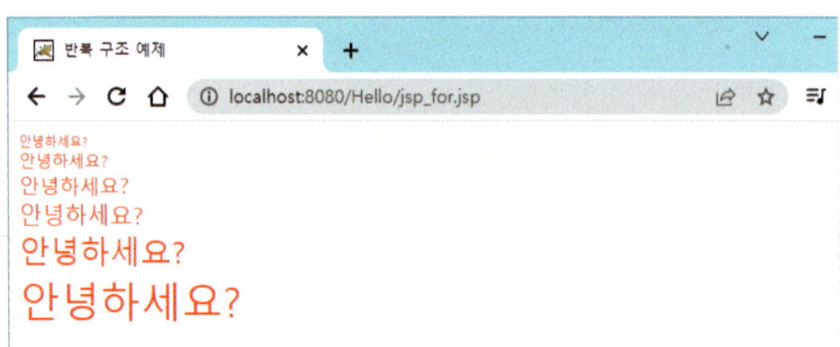

참고사항

일반적으로 JSP 선언을 사용하여 변수들을 선언하는 것은 좋은 생각이 아닐 수도 있다. JSP는 일반적으로 멀티 스레드 형태로 실행된다. 따라서 여러 개의 스레드는 한 개의 변수를 사용하기 위하여 충돌할 수도 있다. 물론 동기화시켜서 사용할 수 있으나 그렇게 되면 성능이 나빠진다. 서로 다른 페이지끼리 데이터를 공유하려면 session 객체나 request 객체를 이용하는 것이 좋다. 하지만 스크립틀릿 안에서 선언하는 변수는 지역 변수이기 때문에 얼마든지 마음 놓고 사용해도 된다. 예를 들어 〈% int i = 6; %〉과 같은 변수들은 지역 변수로 취급된다.

참고사항

JSP에서 제공되는 9개의 내장 객체는 request, response, out, session, application, config, pageContext, page, exception이다.

예제 배열 예제

JSP에서도 배열을 사용할 수 있다.

jsp_array.jsp

```
<%@ page contentType="text/html; charset=utf-8" language="java" %>
<%
    String[] array={"홍길동","김철수","김영희"};
%>

<html>
<body>
    <%
        int i=0;
        for(i=0;i<array.length;i++)
        {
            out.print("배열 요소: "+array[i]+"<br/>");
        }
    %>
</body>
</html>
```

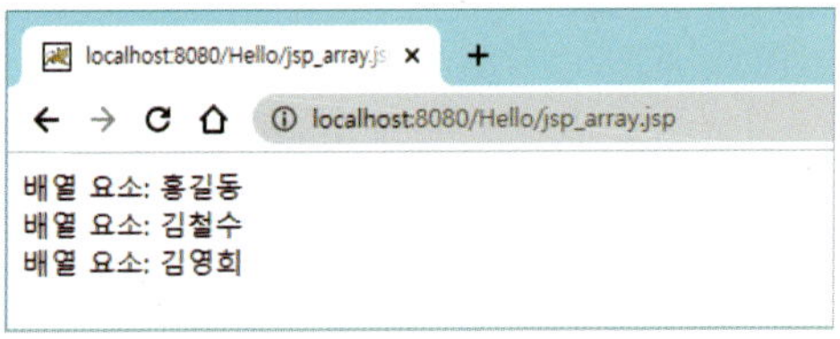

예제 ArrayList 사용하기

추가적으로 자바 컬렉션에 있는 ArrayList와 같은 객체도 얼마든지 사용이 가능하다. 예제를 보자.

jsp_array1.jsp

```
<%@ page contentType="text/html; charset=utf-8" language="java" %>
<%@ page import="java.util.ArrayList" language="java" %>

<%
    ArrayList ar=new ArrayList();
    ar.add("홍길동");
    ar.add("김철수");
    ar.add("김영희");
```

```
%>

<html>
<body>
    <%
        int i=0;
        for(i=0;i<ar.size();i++)
        {
            out.print("배열 요소: "+ar.get(i)+"<br/>");
        }
    %>
</body>
</html>
```

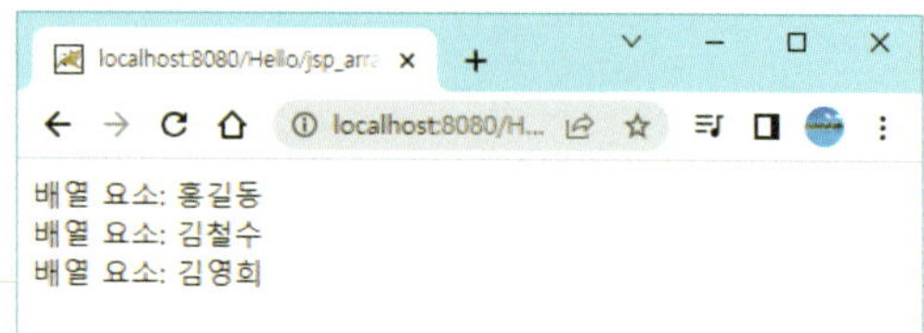

예제 난수 예제

오늘의 운세를 점치는 웹 페이지를 작성해보자. random 객체를 이용하여 난수를 발생하고, 난수의 값에 따라서 해당되는 운세를 출력한다.

jsp_random.jsp

```
<html>
<head><title>fortune 예제</title></head>
<body>
    <%
        double r = Math.random();
        if (r > 0.60) {
    %>
        <h2 style="color:red">오늘은 행운의 날입니다!</h2>
        <p>확률: <%= r %></p>
    <%
        } else {
    %>
        <h2>오늘은 평범한 날입니다.</h2>
        <p>확률: <%= r %></p>
    <%
        }
    %>
    <a href="<%= request.getRequestURI() %>"><h3>다시 시도</h3></a>
</body>
</html>
```

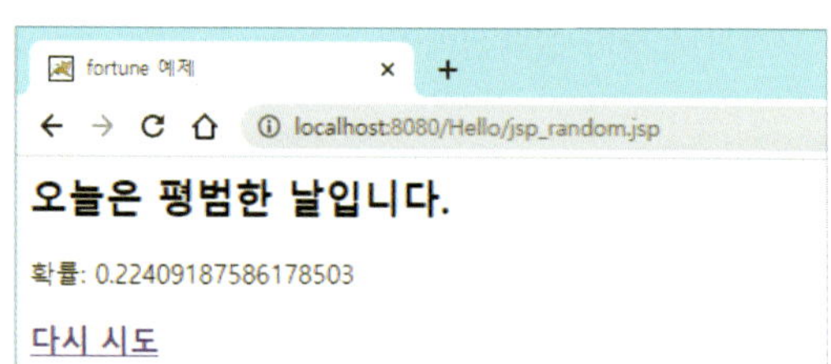

request.getRequestURI() 메소드는 현재 페이지의 URL을 추출할 때 사용된다. 이것은 앵커 태그 〈a〉 안에서 사용되는데, 이 하이퍼링크를 누르면 현재 페이지가 갱신된다.

예제 싸인 함수 테이블

테이블을 이용하여서 몇 개의 각도에서 싸인 함수값을 계산하여 화면에 표시한다.

jsp_sine.jsp

```
<%@ page import="java.util.*, java.lang.*"%>
<html>
<head>
    <title>싸인함수 테이블</title>
</head>
<body>
      <h1 align="center">
          싸인함수
      </h>
      <table border="1" align="center"><%!int angles[] = { 0, 30, 60, 90 };%><th>각도</th>
          <th>싸인값</th>
          <%
              for (int i = 0; i < 4; i++) {
          %>
          <tr>
              <td><%=angles[i]%></td>
              <td><%=Math.sin(Math.toRadians(angles[i]))%>
          </tr>
          <%} %>
      </table>
</body>
<html>
```

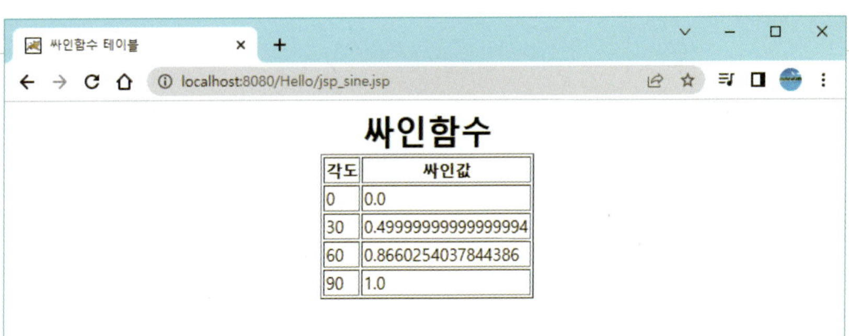

Lab

예제 실행해보기

만약 설치 단계에서 examples를 선택하였다면 http://localhost:8080/examples/jsp/로 가서 다음과 같은 예제들을 실행해볼 수 있다.

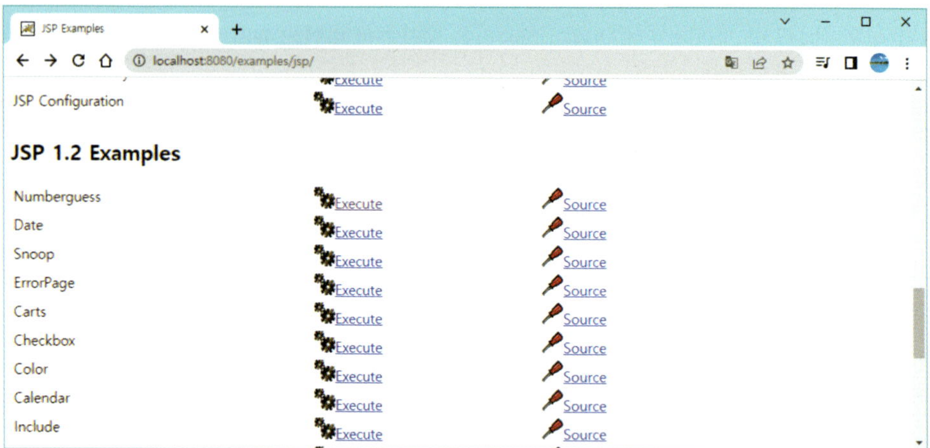

여러 예제를 한번 실행해보고 소스도 관찰해보자. Numberguess 예제는 반드시 실행해보자.

Numberguess 예제의 소스도 반드시 살펴보자. Carts 예제도 살펴보자.

12-05 입력 양식은 어떻게 서버에서 처리될까?

지금부터 사용자가 입력한 데이터들이 서버에서 어떻게 처리되는지를 살펴보자. 서버는 일반적으로 데이터베이스 서버와 연결되어 동작하는 경우가 많지만, 쉬운 설명을 위하여 데이터베이스는 제외하도록 하자.

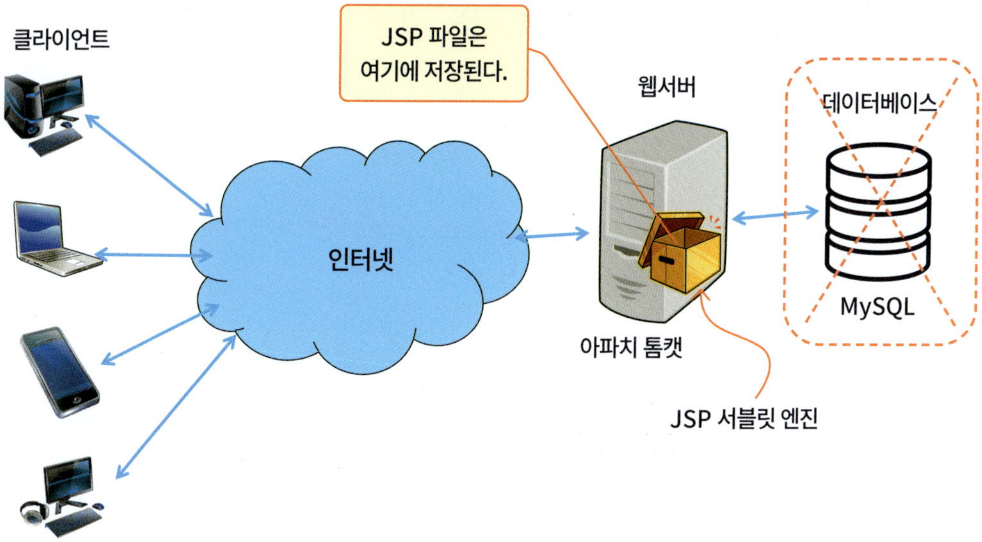

우리는 간단한 로그인 페이지를 작성하면서 클라이언트와 서버 사이에 상호작용이 어떻게 이루어지는지를 살펴볼 것이다.

■ STEP #1: 로그인 페이지 작성

톰캣 서버의 webapps/Hello/ 디렉토리에 index.html 파일을 다음과 같이 작성한다.

index.html

```
<!DOCTYPE html>
<html>
<head>
    <meta charset="UTF-8">
    <title>index.html</title>
</head>
<body>
    <form name="login_form" method="post" action="/Hello/login.jsp">
        ID : <input type="text" name="id"><br>
```

```
        Password : <input type="password" name="pw"><br>
        <input type="submit" value="제출">
        <input type="reset" value="취소">
    </form>
</body>
</html>
```

이 파일을 클라이언트가 요청(request)하면 클라이언트 컴퓨터로 전송된다. 이제까지는 로컬 컴퓨터에 HTML 파일을 만들어서 실행하였지만, 실제로 HTML 파일, 이미지 파일, JSP 파일은 모두 서버 컴퓨터에 존재한다. 이 파일들을 클라이언트 컴퓨터가 요청하여 다운로드하는 것이다. 이번 파일들도 모두 톰캣 서버의 webapps/Hello 디렉토리에 저장하여야 한다.

크롬 웹브라우저를 이용하여 localhost:8080/Hello/index.html 주소로 연결하면 다음과 같은 화면이 보이게 된다. 이때 톰캣 서버는 동작 중이어야 한다.

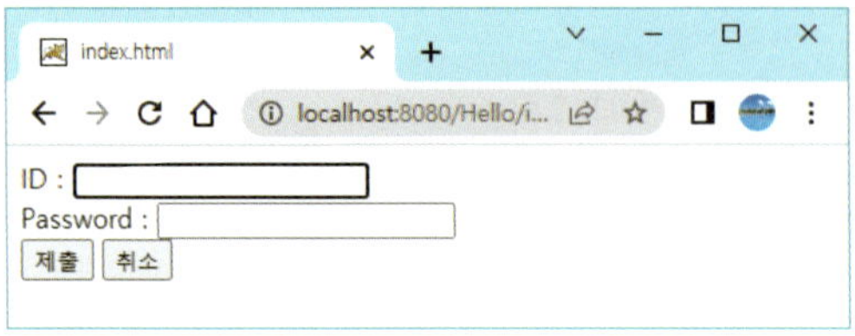

■ STEP #2: 제출 버튼을 누르면 어떻게 될까?

현재의 웹 페이지에 다음과 같이 아이디와 패스워드를 입력하고 "제출" 버튼을 누르면 어떻게 될까?

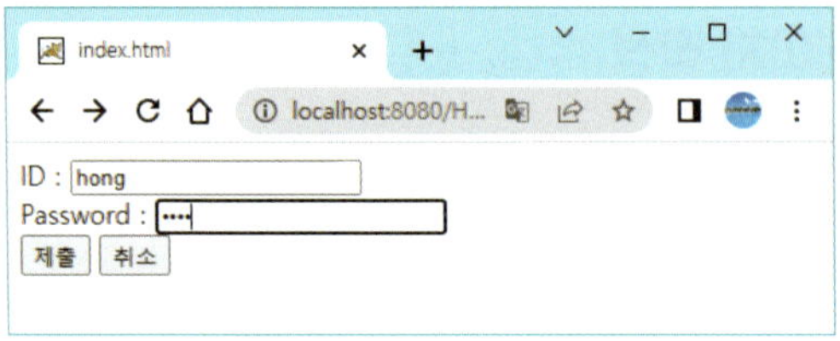

입력 양식에 보면 name, method, action 속성이 지정되어 있다.

```
<form name="login_form" method="post" action="/Hello/login.jsp">
    ID : <input type="text" name="id"><br>
    Password : <input type="password" name="pw"><br>
    <input type="submit" value="제출">
    <input type="reset" value="취소">
</form>
```

여기서 action 속성을 자세히 보면 "/Hello/login.jsp"라고 되어 있다. 이것은 웹서버의 루트 디렉토리에서 Hello 폴더 아래에 있는 login.jsp가 입력 양식을 처리한다는 것을 의미한다. 따라서 사용자가 입력을 마치고 "제출" 버튼을 누르면 login.jsp 파일이 톰캣 서버에 의하여 실행된다.

■ STEP #3: login.jsp 작성

이제 클라이언트가 제출한 데이터를 가지고 로그인을 수행하는 JSP 프로그램을 작성해보자. 여기서는 데이터베이스를 사용하지 않고 로그인할 수 있는 사용자는 1명뿐으로, 아이디는 "hong", 패스워드는 "1234"라고 가정한다.

login.jsp

```
<%@ page pageEncoding="utf-8"%>
<html>
<body>
    <%
        String id, pw;
        id = request.getParameter("id");
        pw = request.getParameter("pw");

        out.println("id "+ id + "<br>");
        out.println("pw "+ pw + "<br>");

        if (id.equals("hong") && pw.equals("1234"))
            out.println("로그인 성공<br>");
        else
            out.println("로그인 실패<br>");
    %>

    <a href="/"> GoToHome </a><br>
</body>
</html>
```

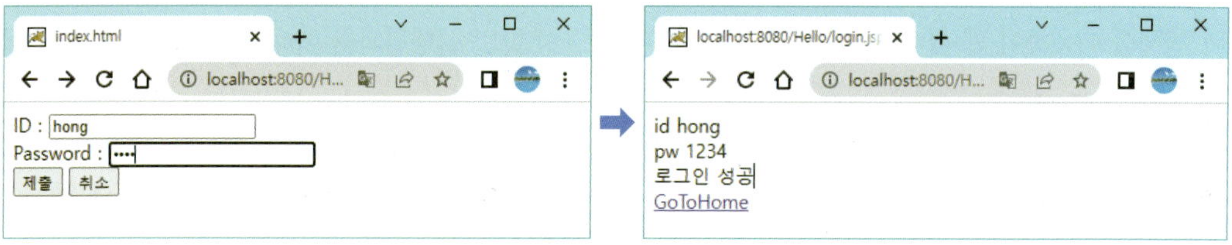

JSP 안에는 request라는 객체가 존재한다. 이 객체는 클라이언트 컴퓨터가 서버로 보낸 request 정보를 가지고 있다. 이 객체에는 여러 가지 값들이 저장되어 있다.

```
String id, pw;
id = request.getParameter("id");
pw = request.getParameter("pw");
```

request 객체의 getParameter()를 호출하고 우리가 〈input〉 요소에서 정의하였던 name 속성인 "id"를 보내면 해당 name 속성을 가진 〈input〉 요소의 값을 반환한다. 즉 `request.getParameter("id")`은 name 속성이 "id"인 〈input〉 요소의 값을 우리에게 반환한다.

```
<form name="login_form" method="post" action="/login.jsp">
    ID : <input type="text" name="id"><br>
    Password : <input type="password" name="pw"><br>
      ...
</form>
```

```
<%
    String id, pw;
    id = request.getParameter("id");
    pw = request.getParameter("pw");
    ...
%>
```

패스워드 정보도 동일한 방식으로 클라이언트에서 서버 컴퓨터로 전달된다. 현재는 다음과 같은 간단한 코드를 이용하여서 아이디가 "hong"이고 패스워드가 "1234"인 사용자만 로그인을 허가한다.

```
if (id.equals("hong") && pw.equals("1234"))
    out.println("로그인 성공<br>");
else
    out.println("로그인 실패<br>");
```

out 객체를 이용하여 웹 페이지에 직접 문자열을 쓴다. 다시 한번 실행결과를 아래에 보였다.

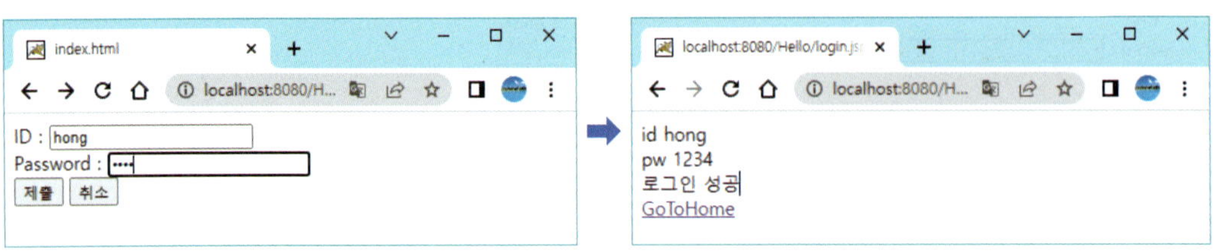

■ 체크 박스는 어떻게 처리될까?

만약 웹 페이지에서 체크 박스를 사용하여 사용자의 입력을 받는다면, 이것은 어떻게 JSP로 전달될까? 여기서는 JSP를 사용하여 사용자가 제출하는 데이터들을 출력하는 간단한 예제를 작성하여 본다.

select.html

```
<html>
<head>
    <title>request 매개변수 출력 예제</title>
</head>
<body>
    <h3>좋아하는 과일을 선택하시오(복수 선택 가능):</h3>
    <form method="get" action="/Hello/form.jsp">
        <input type="checkbox" name="fruit" value="Apple">Apple
        <input type="checkbox" name="fruit" value="Banana">Banana
        <input type="checkbox" name="fruit" value="Strawberry">Strawberry
        <input type="submit" value="제출">
    </form>
</body>
</html>
```

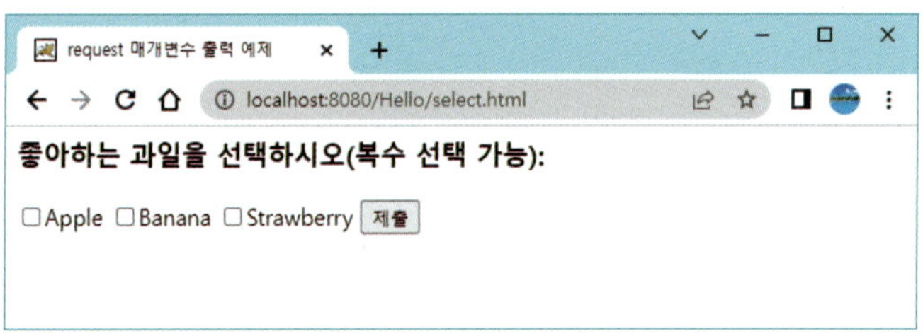

이 HTML 페이지는 3개의 체크박스를 가지는 입력양식으로 되어 있다. 체크박스는 "name"이라는 속성을 가지고 있고 이것은 JSP 파일에서 추출할 수 있다. "action" 속성이 "/Hello/form.jsp"로 지정되었으므로 제출 버튼을 누르면 "/Hello/form.jsp" 페이지가 실행된다.

form.jsp

```
<%@ page pageEncoding="utf-8"%>
<html>
<body>
    <%
        String[] fruits = request.getParameterValues("fruit");
        if (fruits != null) {
    %>
```

```
        <h3>당신이 선택한 과일은: </h3>
        <ul>
    <%
        for (int i = 0; i < fruits.length; ++i) {
    %>
        <li><%= fruits[i] %></li>
    <%
        }
    %>
        </ul>
        <a href="<%= request.getRequestURI() %>">다시 시도</a>
    <%
        }
    %>
</body>
</html>
```

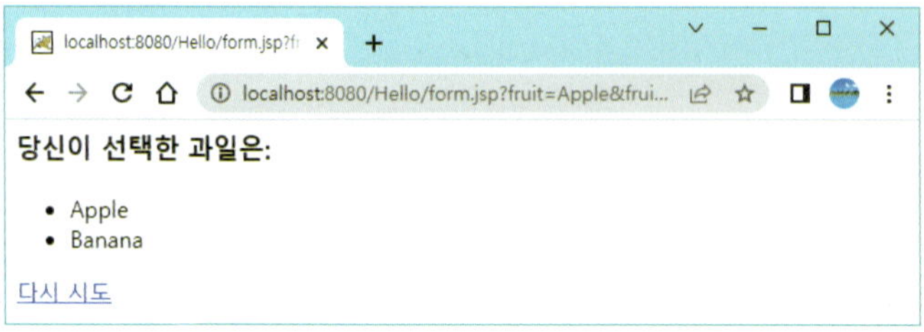

JSP는 먼저 매개 변수 "fruit"가 존재하는지를 체크한다. 사용자가 입력양식을 채워서 제출하였다면 "fruit"가 HTTP 요청에 있을 것이다. request.getParameterValues()를 호출하여서 매개 변수의 모든 값을 추출할 수 있다. 사용자가 입력한 값들은 정렬되지 않은 리스트로 반환된다. 따라서 이것들을 하나씩 꺼내서 <ul> 태그를 이용하여 리스트 형태로 웹 페이지에 출력한다.

■ 라디오 박스는 어떻게 처리될까?

만약 웹 페이지에서 라디오 박스를 사용하여 사용자의 입력을 받는다면, 이것은 어떻게 JSP로 전달될까?

radio.html

```
<html>
<body>
    <form action="radio.jsp">
        <p>제일 좋아하는 프로그래밍 언어:</p>
        <input type="radio" name="favoriteLanguage" value="JavaScript"> JavaScript
        <input type="radio" name="favoriteLanguage" value="C#"> C#
```

```
        <input type="radio" name="favoriteLanguage" value="PHP"> PHP
        <input type="radio" name="favoriteLanguage" value="Ruby"> Ruby
        <br>
        <input type="submit" value="Submit"/>
    </form>
</body>
</html>
```

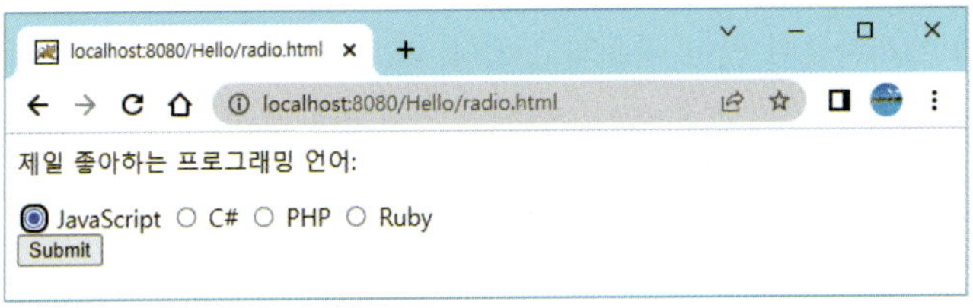

이것을 처리하는 JSP 코드는 다음과 같다. 라디오 버튼은 여러 개 중에서 하나를 선택하는 것이므로 getParameter()를 호출하면 된다.

form.jsp

```
<html>
<body>
    사용자가 제일 좋아하는 언어:
    <%= request.getParameter("favoriteLanguage") %>
</body>
</html>
```

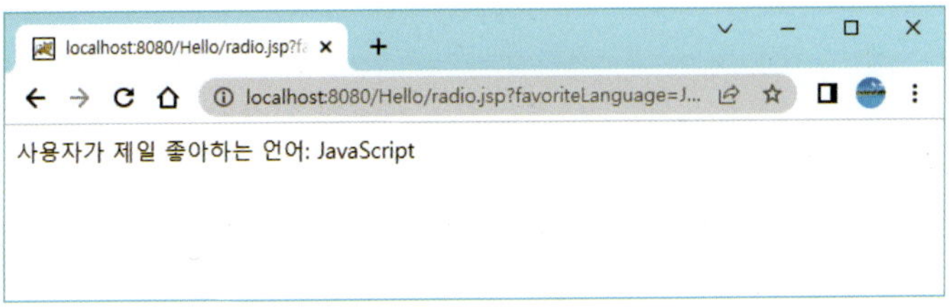

Mini Project

게시판 만들기

웹에서 가장 기본적인 애플리케이션은 게시판이다. 게시판에는 우리가 지금까지 학습한 모든 내용이 담겨있다. HTML, CSS, 데이터베이스, 웹서버, JSP 등이 사용된다. 게시판을 직접 만들어보면 웹 프로그래밍을 좀 더 잘 이해할 수 있으며, 자신감을 가지게 될 것이다.

게시판을 구현하는 기술도 많이 진화하였다. 예전에는 PHP나 ASP를 이용하여 많이 구현하였지만 현재는 자바-기반의 게시판들이 많이 이용되고 있다. 또 최근에는 자바-기반 기술 중에서도 JSTL, Ajax, Spring 등의 기술들이 이용되고 있는 추세이다. 하지만 우리는 가장 기초적인 게시판만을 구현해 볼 것이다. 즉, HTML, 자바, 자바스크립트, JSP, 톰캣, 데이터베이스 등의 기초 기술만을 이용한다.

우리는 톰캣 안에서 자바를 통하여 MySql을 사용해보자. 톰캣이 MySql에 접근할 수 있도록 자바 라이브러리를 제공하여야 한다. MySql 사이트에서 connector-j 파일을 받아서 톰캣 홈의 lib 폴더에 넣어준다. 그리고 톰캣을 중지하였다가 다시 시작한다. 이 과정을 생략하면 com.mysql.jdbc.Driver를 찾을 수 없다는 오류가 발생한다. 다음과 같은 화면들을 구현한다.

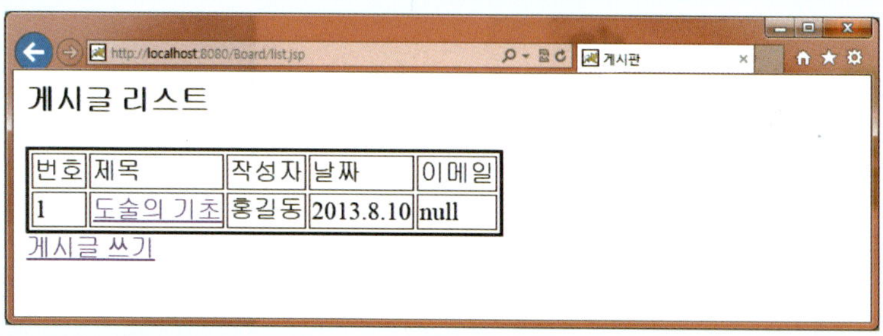

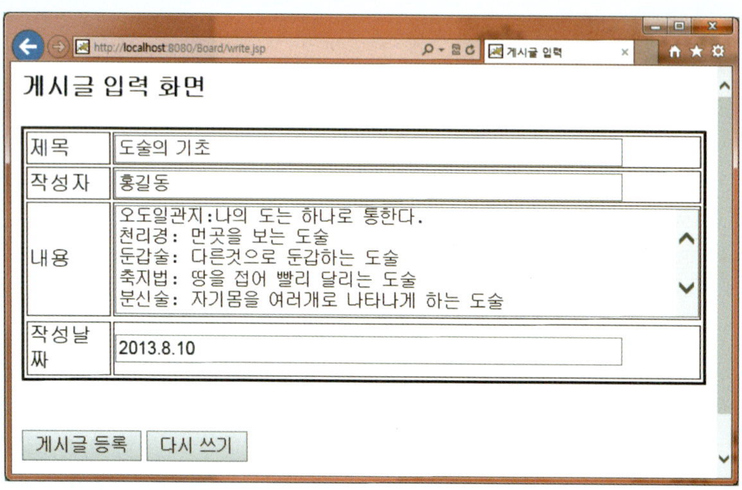

12장

Summary

Q 동적인 페이지를 만드는 과정을 설명할 수 있나요?

A 클라이언트 컴퓨터는 사용자의 입력을 요청(request)에 포함하여 서버 컴퓨터로 보냅니다. 그리고 서버 컴퓨터는 요청 안에 포함된 값을 찾아서 JSP 스크립트로 처리합니다. 처리한 결과를 HTML 파일로 만들어서 클라이언트 컴퓨터로 보냅니다. 이것이 동적인 페이지가 만들어지는 과정입니다.

Q JSP의 기본 문법을 설명할 수 있나요?

A JSP는 HTML 안에 Java 언어를 넣은 것입니다. Java 수식을 넣을 수 있는 구조가 JSP 수식입니다. Java 수식을 문자열로 변환하여 HTML 소스와 합치게 됩니다. 스크립틀릿은 완전한 Java 문장을 HTML 파일 안에 넣을 수 있는 구조입니다. 조건문이나 반복문을 포함하여 거의 모든 Java 문장들을 사용할 수 있습니다.

Q 입력 양식에 입력된 사용자의 입력이 처리되는 과정을 설명할 수 있나요?

A 사용자의 입력을 처리하는 JSP 스크립트로 전달됩니다. JSP 스크립트에서는 request 객체 안에 포함된 사용자의 입력을 꺼내서 처리합니다. 처리 결과는 동적인 HTML 페이지로 생성하여 클라이언트 컴퓨터로 보내게 됩니다.

Q 라디오 버튼과 체크 버튼을 통하여 입력한 정보들을 JSP 서버에서 어떻게 처리하는지 설명할 수 있나요?

A 라디오 버튼을 여러 개 중에서 하나만 선택할 수 있습니다. 이것은 request.getParameter()를 호출하여 꺼낼 수 있습니다. 체크 버튼은 사용자가 여러 개의 값을 동시에 선택할 수 있습니다. request.getParameterValues()를 호출하여서 모든 값을 추출할 수 있습니다. 사용자가 입력한 값들은 정렬되지 않은 리스트로 반환됩니다.

12장

Exercise

01. 동적 웹 페이지의 특징을 올바르게 설명한 것을 모두 선택하시오.

① 일반적으로 데이터베이스가 사용한다.

② 변하지 않는 웹 페이지를 의미한다.

③ JSP와 같은 언어로 처리해야 한다.

④ 게시판은 동적 웹 페이지의 예이다.

02. JSP에 대한 설명으로 올바른 것을 모두 선택하시오.

① 서블릿으로 변환된다.

② HTML 코드 안에 자바 언어가 포함된 것이다.

③ CGI 프로그램보다 비효율적이다.

④ 이식성이 없다.

03. JSP에서 자바 코드를 추가하기 위한 방법이 아닌 것은?

① 스크립틀릿 ② 애플릿

③ 자바 선언 ④ 자바 수식

04. 다음 자바 수식 중 오류가 발생하는 것은?

① <%= new java.util.Date() %>

② <%= "welcome to jsp" %>

③ <%= return 0; %>

④ <%= Java Server Page %>

12장

Programming

01. 클라이언트에서 사용자가 2개의 정수를 입력하면 합계를 출력하는 JSP 프로그램을 작성해보자.

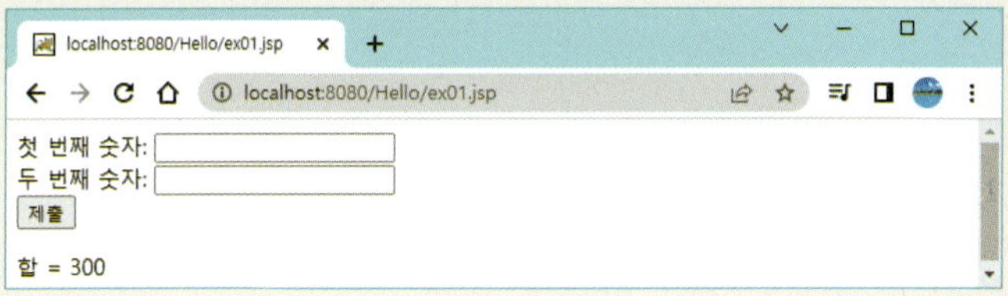

02. 클라이언트에서 사용자가 텍스트를 입력하면 여러 가지 폰트 크기로 출력하는 JSP 프로그램을 작성해보자.

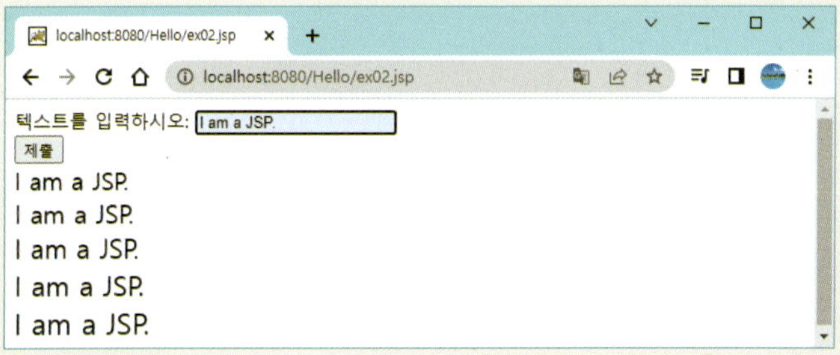

03. 클라이언트에서 사용자가 정수를 팩토리얼을 계산하여 출력하는 JSP 프로그램을 작성해보자.

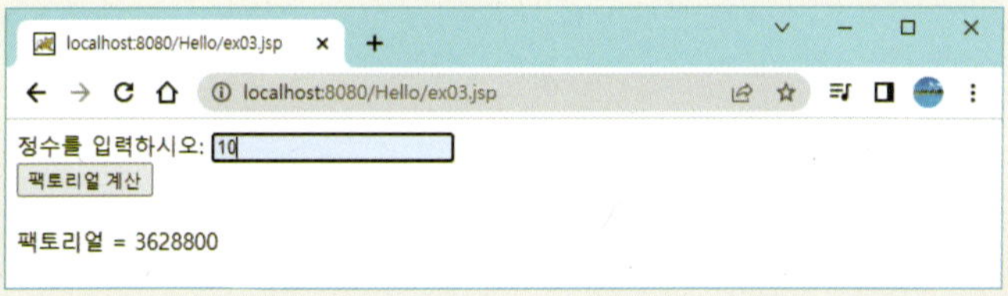

04. 화면에 'Hello World"를 출력하고, request 객체에 포함된 호스트 이름과 세션 아이디를 출력하는 JSP 프로그램을 작성해보자.

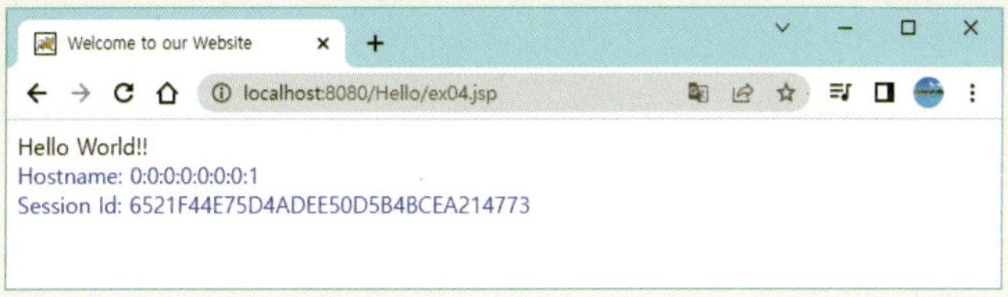

HTML5+
CSS3+
JavaScript
웹프로그래밍

13

모바일 웹 페이지와 반응형 웹 디자인

13-01 반응형 웹 디자인

요즘은 모바일이 대세이다 보니, 스마트폰이나 태블릿에서 웹사이트에 접속하는 경우가 많이 발생한다. 일반적으로 스마트폰이나 태블릿은 화면의 크기가 작기 때문에, PC용으로 제작된 웹사이트를 스마트폰으로 보면 글자가 너무 작아진다. 웹디자인 초창기에는 페이지를 구축할 때, 1024×768과 같은 매우 구체적인 화면 크기를 목표로 하였다. 따라서 웹디자이너가 예상한 것보다 장치의 화면이 작은 경우에는 글자가 너무 작아지거나, 원치 않는 스크롤 바가 나타났었다. 우리는 PC에서 잘 보이는 웹사이트들이 모바일 장치에서는 상당히 다르게 보이는 것을 경험하고 있다. 다음 그림을 보자. PC에서 사용하던 웹사이트(반응형 웹이 아닌)를 스마트폰으로 보면 글자들이 너무 작게 보인다.

(출처: http://www.onbile.com/info/top-country-for-mobile-web-users/)

이것을 해결하기 위하여 포털 사이트나 쇼핑몰 사이트에서는 m.naver.com와 같은 모바일 버전 사이트를 만들어서 유지하였다. 이것을 "적응형 웹"이라고도 한다. 서버에서 클라이언트가 모바일 장치인지 PC인지를 파악해서 접속하는 사이트를 아예 다르게 하는 것이다. 예를 들어 모바일 장치에서 네이버에 접속해보자. 우리가 주소창에 "www.naver.com"라고 입력해도 모바일 장치라면 "m.naver.com"로 자동으로 전환된다.

하지만 이 방법을 사용하려면 웹사이트를 두 가지의 별도 버전으로 개발하여야 했다. 또 이것들을 항상 최신 상태로 유지하는 것은 쉽지 않았다(물론 큰 회사는 가능하다). 스마트폰이나 태블릿, 스마트 TV 등의 다양한 화면을 가진 장치들이 계속 등장하는데, 이때마다 웹사이트를 장치에 맞추어 다시 제작하는 것은 결코 쉬운 일이 아니다. 즉, 이 방법은 유지보수가 어렵고 개발 비용이

증가한다. 게다가 이러한 모바일 전용 사이트들을 접속하면, PC버전에 비해 축소된 기능만을 제공하는 경우도 많다. 모바일 장치가 더욱 강력해지면서 모바일 사용자들은 이러한 축소 버전의 모바일 사이트에 불만을 가지게 되었다.

하나의 웹 페이지를 가지고 다양한 화면 크기에 맞춰서 변형할 수는 없을까? 이런 이유로 등장한 기술이 반응형 웹 디자인(responsive web design: RWD)이다. 반응형 웹 디자인은 화면의 크기에 따라 HTML 요소들의 크기를 적절하게 조절하고 레이아웃을 변경하는 기법이다. RWD는 HTML과 CSS만을 이용한다. 자바스크립트도 이용하지 않는다.

■ 반응형 웹 디자인의 역사

반응형 웹 디자인(responsive web design: RWD)이라는 용어는 2010년에 Ethan Marcotte에 의하여 만들어졌다.

(그림 출처: http://mashable.com/2012/12/11/responsive-web-design/)

이 기술은 서로 다른 화면 크기에 맞게 웹 페이지가 자동적으로 레이아웃과 모양을 변경할 수 있는 기술로서, 기본적으로 3가지의 기법을 혼합하여 사용하는 것이다.

- 첫 번째 아이디어는 미디어 쿼리(media query)이다. 미디어 쿼리를 사용하면 장치가 가지고 있는 실제 화면의 크기를 알아낼 수 있고, 화면 크기에 따라 화면의 레이아웃을 변경할 수 있다.
- 두 번째 아이디어는 유동 레이아웃(fluid layout)이다. 기본적인 개념은 화면의 레이아웃을 설계할 때 픽셀과 같은 절대적인 수치보다는 퍼센트(%)와 같은 상대적인 수치를 사용하는 것이다. 퍼센트를 사용하면 화면의 크기를 늘리거나 줄일 때 HTML 요소들도 영향을 받아서 유체처럼 크기가 변한다. 레이아웃에 그리드(grid) 개념을 사용하는 것도 특징적이다.
- 세 번째 아이디어는 유동 이미지(fluid image)이다. 이미지를 장치의 크기에 맞추는 기술이다. 장치 화면이 작으면 이미지가 자동적으로 축소되지만, 화면이 크다고 해서 원래의 크기보다 더 확대시키지는 않는 기법이다.

반응형 웹 디자인이 이제까지 우리가 학습한 HTML이나 CSS와 다른, 별도의 기술이 아님 을 이해하는 것이 중요하다. 반응형 웹 디자인은 웹 디자인에 대한 바람직한 접근 방식을 기술하는 데 사용되는 용어로, 장치에 따라 유연하게 콘텐츠의 레이아웃을 변경할 수 있는 기술이다. Marcotte가 이 방법을 제안했던 10년 전에는, float 속성을 사용한 유동 레이아웃과 미디어 쿼리만을 의미했지만, 최근에는 반응형 작업이 기본이 되었다. 최신 CSS 레이아웃 방법(예: grid나 flexbox)은 기본적으로 반응형이다.

■ 반응형이 아니면 어떤 문제점이 있는가?

화면에 2개의 컬럼을 만들고 컬럼들의 너비를 300px과 600px로 고정시켜보자. 물론 윈도우의 크기가 충분하면 문제가 없다. 하지만 윈도우를 좁게 하면 오른쪽 컬럼은 잘리게 된다.

rwd1.html

```
<!doctype html>
<html lang="en">
<head>
    <meta charset="utf-8">
    <style>
      body {
        font: 1.2em Helvetica, Arial, sans-serif;
        margin: 20px;
        padding: 0;
        background-color: rgb(233, 225, 225);
      }
      .container {
        width: 960px;
        margin: 2em auto;
      }
      .column1 {
        width: 300px;
        float: left;
        background-color: #fff;
      }
      .column2 {
        width: 600px;
        float: right;
        background-color: #fff;
      }
    </style>
</head>
<body>
```

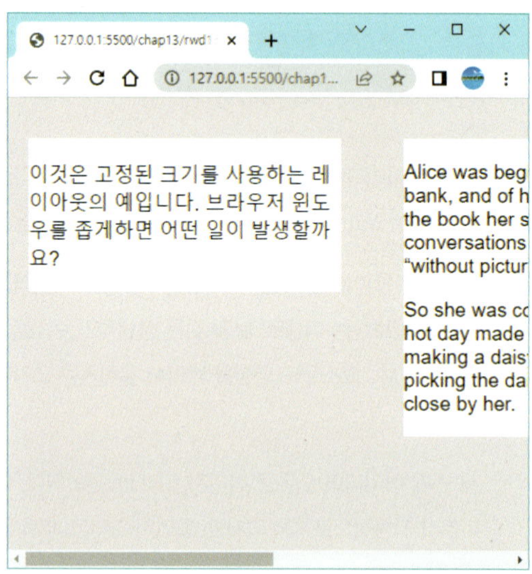

```
    <div class="container">
      <div class="column1">
        <p>이것은 고정된 크기를 사용하는  레이아웃의 예입니다. 브라우저 윈도우를 좁게하면 어떤 일이 발생
할까요?</p>
      </div>
      <div class="column2">
          <p>Alice was beginning to get very tired of ...</p>
          <p>So she was considering in her own mind ...</p>
      </div>
    </div>
</body>
</html>
```

■ 퍼센트로 요소의 크기를 지정해보자.

이번에는 각 컬럼들의 너비를 퍼센트로 지정한 후에 실험을 해보자. 앞의 소스에서 다음 부분만 수정된다.

rwd2.html

```
...
       <style>
          .container {
            width: 90%;
            margin: 2em auto;
          }

          .column1 {
            width: 25%;
            float: left;
            background-color: #fff;
          }

          .column2 {
            width: 70%;
            float: right;
            background-color: #fff;
          }
        </style>
...
```

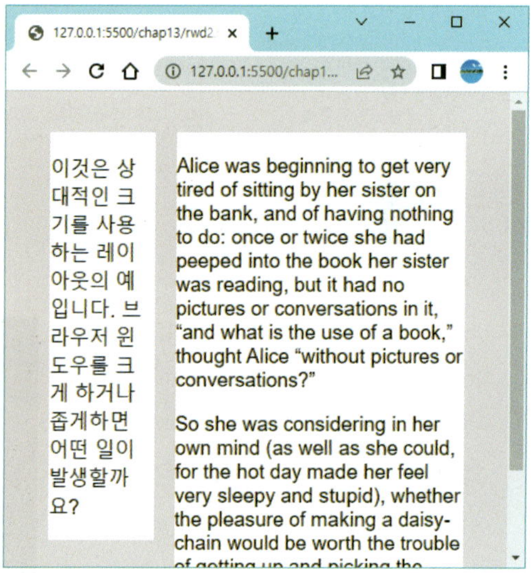

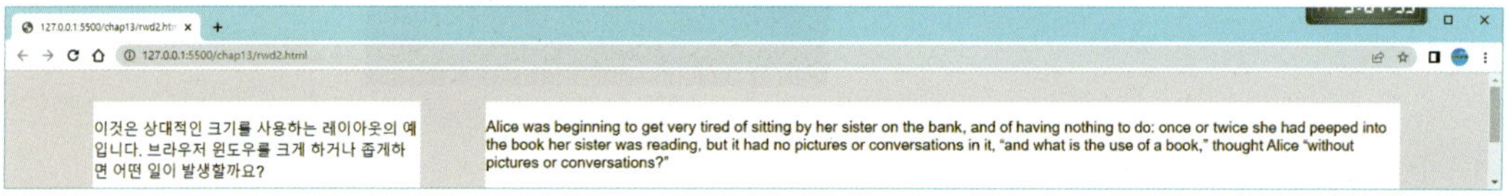

우리가 위와 같이 상대적인 치수를 이용하여 각 컬럼의 너비를 지정한 후에 브라우저 윈도우의 크기를 조정하면 브라우저는 윈도우의 크기에 맞게 텍스트를 자동으로 배치한다. 고정된 크기를 사용하는 방법보다 훨씬 낫다. 이것이 초보적인 유동 레이아웃이다. 하지만 아직은 문제가 있다. 화면의 폭이 작으면 각 컬럼들이 상당히 찌그러져 보이고, 화면의 폭이 커지면 읽기 불편하게 긴 줄이 생성된다. 화면의 폭이 작을 때는 첫 번째 컬럼 아래에 두 번째 컬럼을 배치할 수 있다면 훨씬 가독성이 높아질 것이다. 이것은 다음에 학습하는 미디어 쿼리를 이용하면 가능하다.

13-02 가상 뷰포트

■ 스마트폰으로 보면 어떻게 보일까?

앞 절의 rwd1.html를 실제 스마트폰으로 보면 어떻게 보일까? 이번에는 스마트폰으로 접속해보자. 어렵지 않다. VS Code의 라이브 서버만 있으면 된다. 다만 로컬 컴퓨터와 스마트폰이 동일한 공유기를 사용하고 있어야 한다.

01. 라이브 서버가 실행되고 있는 로컬 컴퓨터의 IP 주소를 ipconfig 프로그램으로 알아낸다. 현재 서버 주소는 192.168.0.15이다.

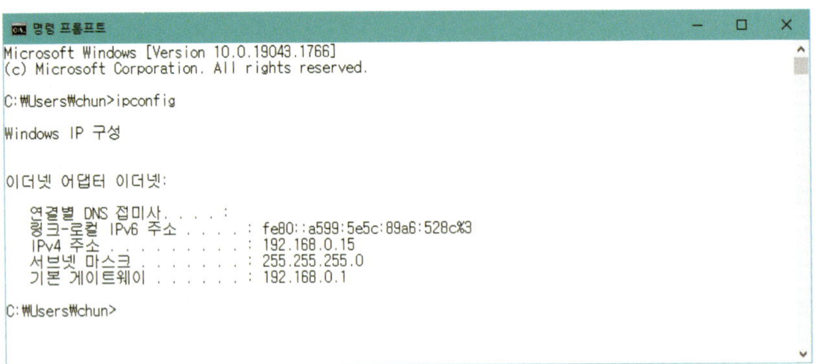

02. 스마트폰의 웹브라우저에서 http://192.168.0.15:5500/chap13/rwd1.html 주소로 연결한다. 이때 VS Code와 라이브 서버는 동작 중이어야 한다. 포트 번호로 5500을 입력하여야 한다.

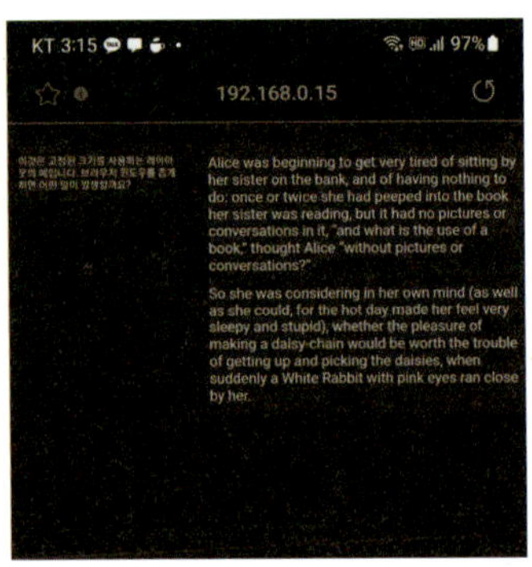

삼성 노트 10(안드로이드 운영체제)으로 VS Code의 라이브 서버에 연결한 사진이다. 로컬 컴퓨터와 스마트폰은 동일한 서브넷에 있어야 한다. 즉, 동일한 공유기를 사용하여 와이파이로 연결하여야 한다.

■ 크롬의 개발자 도구 사용하기

만약 어떤 이유로 실제 스마트폰으로 보는 것이 불가능하다면 어떻게 하는 것이 좋을까? 이때 편리하게 사용할 수 있는 도구가 크롬의 개발자 도구에 있다. 웹 페이지에서 마우스 오른쪽 버튼을 누르고 [검사]를 선택한 후에 버튼을 누르면 다음과 같은 화면이 등장한다.

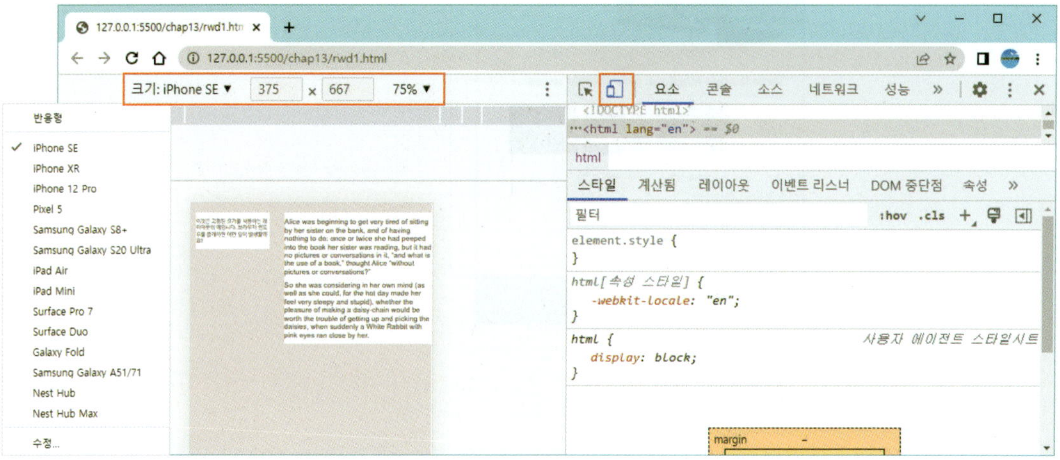

왼쪽의 풀다운 메뉴에서 여러 가지 장치를 선택할 수 있다. 현재는 iPhone SE가 선택되어 있다. iPhone SE 화면의 해상도는 375×667이다. 그런데 좀 이상하다. 우리가 분명히 960px로 지정하였는데 어떻게 375×667 화면에서 콘텐츠가 잘리지 않고 거의 전부가 보이는 것일까? 여기에는 역사적인 이유가 있다.

■ 애플사의 가상 뷰포트

스마트폰이 처음으로 등장했을 때는 화면의 해상도가 너무 낮아서(아이폰 3GS의 경우, 320×480), PC용으로 제작된 웹 페이지들이 한 화면에 담기지 못하고 넘쳐 버렸다. 당시에는 모바일 전용 웹사이트가 전혀 존재하지 않았다. 스마트폰 선구자였던 애플은 이 문제를 해결하기 위하여 웹 페이지를 실제 스마트폰 해상도로 렌더링하지 않았고, 980px 크기의 화면이라고 가정하고 웹 페이지를 렌더링한 후, 이를 축소하여 320px의 화면에 보여주었다. 사용자는 터치를 이용하여 원하는 부분을 확대하여 볼 수 있었다. 이것이 바로 가상 뷰포트의 시작이었다. 왜 하필 980px일까? 980px 정도면 거의 대부분의 웹 페이지들이 식별할 수 있을 정도로 보였기 때문이다. 980px은 지금도 거의 모든 웹브라우저들이 디폴트값으로 사용하는 마법의 숫자이다.

(출처: 애플사의 개발자 페이지)

다시 한번 말하자면 모바일 브라우저는 뷰포트 너비에 대해 거짓말을 하는 경향이 있다는 것이다. 모바일 브라우저는 뷰포트 너비를 980px로 설정하고 해당 너비로 페이지를 렌더링하여, 데스크탑의 축소 버전으로 화면에 표시한다. 다른 모바일 브라우저인 구글의 안드로이드도 동일한 작업을 수행했다. 물론 사용자는 터치를 이용하여 웹사이트를 확대하고 이동하여 관심 있는 부분을 볼 수 있지만 보기에는 좋지 않았다.

■ 뷰포트의 개념

뷰포트(viewport)는 모바일 장치가 가지고 있는 화면의 가시 영역(실제 내용이 표시되는 부분)으로 정의된다. 앞에서 말한 이유로 PC 화면에 맞추어서 제작한 사이트를 모바일 장치에서 확인하면 상당히 작게 보이게 된다. 또 모바일 장치에 적합한 크기로 사이트를 제작했다고 하더라도 이것을 스마트폰에서 확인하면 의도와는 달리 너무 작게 표시될 수 있다. 구체적인 예를 들어보자. 애플 iPhone SE 화면의 해상도 375×667에 맞추어서 375×667 크기의 화면을 제작하였다고 하자. 이것을 애플 iPhone SE로 보면 아주 작은 글씨와 그림으로 표시된다. 이유는 앞에서 설명한 바와 같이 아이폰은 기본적으로 980px 크기의 뷰포트를 가정하므로 980px 크기로 표시하려고 하는 것이다. 이것을 방지하려면 개발자가 웹 페이지에 장치의 해상도로 뷰포트를 지정하는 문장을 추가해야 한다.

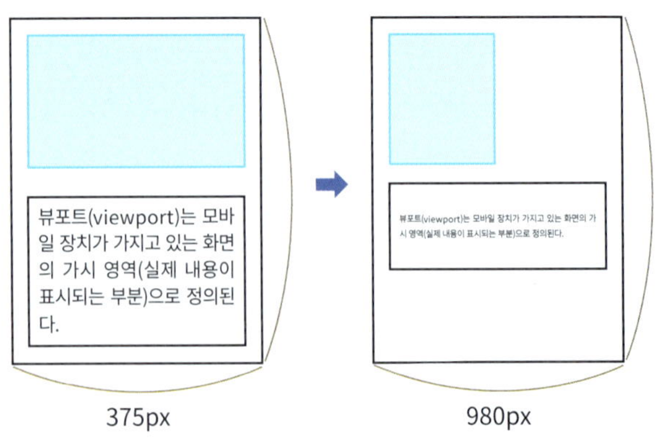

■ 뷰포트 지정하기

뷰포트는 다음과 같은 형식으로 〈meta〉 태그를 이용하여 웹 페이지의 헤드 부분에서 지정한다.

```
<meta name="viewport" content="width=device-width, initial-scale=1">
```

뷰포트의 너비는 장치 너비로 한다. ← (width=device-width)

초기 화면 배율은 1로 지정한다. ← (initial-scale=1)

width는 뷰포트의 너비이다. 이것을 device-width로 지정하는 것이 일반적이다. 즉 980px을 사용하지 말고 실제 장치의 너비를 뷰포트의 너비로 사용하라는 것을 의미한다.

속성	설명	값
width	뷰포트 너비	device-width(장치 너비) 또는 구체적인 크기
height	뷰포트 높이	device-height(장치 높이) 또는 구체적인 크기
user-scalable	확대 축소 가능 여부	yes 또는 no
initial-scale	초기 화면 배율	1부터 10까지

예제 가상 뷰포트 예제

rwd1.html 파일에서 모든 수치를 iPhone SE 화면의 해상도 375×667에 맞추고 iPhone SE에서 실행해 보자.

rwd1.html

```
<!doctype html>
<html lang="en">
<head>
    <meta charset="utf-8">
    <style>
      ...
      .container {
        width: 375px;
        margin: 2em auto;
      }
      .column1 {
        width: 200px;
        float: left;
```

```
      background-color: #fff;
    }
    .column2 {
      width: 150px;
      float: right;
      background-color: #fff;
    }
  </style>
</head>
...
```

예상한 바와 같이 뷰포트를 지정하지 않으면 980px에 맞추어서 렌더링되므로 상당히 작게 나타난다.

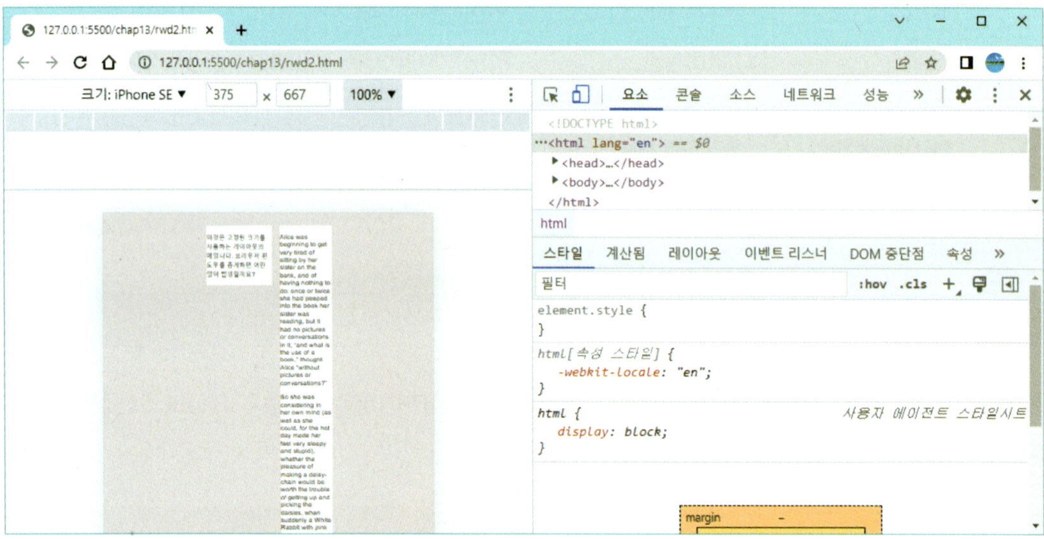

이번에는 헤드 부분에 다음과 같이 뷰포트를 지정하는 한 줄을 추가해보자.

```
<head>
    <meta charset="utf-8">
    <meta name="viewport" content="width=device-width, initial-scale=1.0">
    <style>
...
```

이번에는 우리가 디자인한 대로 화면에 표시되는 것을 알 수 있다.

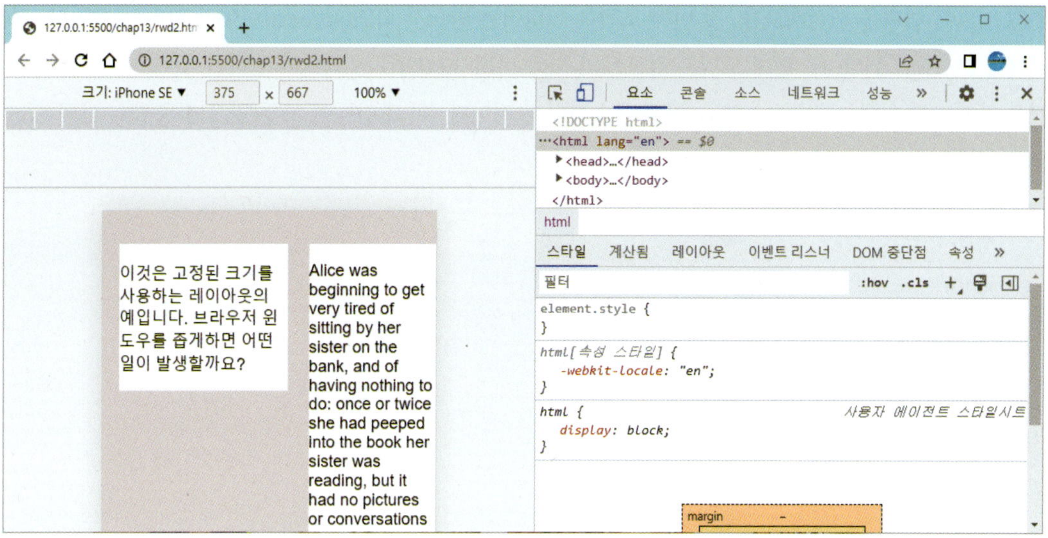

요즘은 모바일 장치도 상당한 크기의 화면을 가지고 있기 때문에 뷰포트를 장치의 크기로 설정하는 것이 권장된다. VS Code에서 html:5를 입력하고 엔터키를 치면 뷰포트를 지정하는 문장을 자동적으로 만들어 준다.

13-03 미디어 쿼리

미디어 쿼리(media query)는 반응형 디자인의 핵심이다. 반응형 디자인은 미디어 쿼리 때문에 등장할 수 있었다. 2009년에 도입된 미디어 쿼리를 이용하여 우리는 장치의 해상도를 파악할 수 있다. 장치의 해상도에 따라서 서로 다른 스타일 시트를 적용하는 것이 핵심이다. 미디어 쿼리에서는 일련의 테스트를 실행할 수 있다. 예를 들어 장치의 화면이 특정 너비보다 큰지, 작은지를 검사하여 페이지의 레이아웃을 변경할 수 있다.

미디어 쿼리는 2개의 요소를 포함하고 있다. 첫 번째는 미디어 타입이다. handheld, print, projection, screen, tv 등이 가능하다. 두 번째는 미디어 특징이다. 예를 들어 (min-width: 800px)과 같이 적어준다. 미디어 특징들은 and 연산자로 연결될 수 있다.

미디어 유형. screen, print, tv, projection 등이 있다.

최소 너비가 800px은 되어야 한다.

```
@media screen and (min-width: 800px) and (max-width: 1200px) {
    ...
}
```

최대 너비가 1200px이다.

위의 미디어 쿼리를 해석해보자. 첫 번째 조건은 미디어는 반드시 화면(screen)이어야 한다는 것이다. 프린터나 TV는 안 된다. 두 번째 조건은 뷰포트의 최소 너비가 800px는 되어야 한다는 것이다. 세 번째 조건은 뷰포트의 최대 너비는 1200px 이하여야 한다는 것이다. 이 조건들이 모두 맞으면 중괄호 안의 CSS 문장이 적용된다.

속성	설명
width height	뷰포트의 너비 뷰포트의 높이
min-width min-height	뷰포트의 최소 너비 뷰포트의 최소 높이
max-width max-height	뷰포트의 최대 너비 뷰포트의 최대 높이

조건을 작성할 때 뷰포트의 크기가 아니고 장치의 너비와 높이를 사용할 수도 있다. 앞에 device가 붙으면 장치의 너비이거나 장치의 높이이다.

속성	설명
device-width device-height	장치의 너비 장치의 높이
min-device-width min-device-height	장치의 최소 너비 장치의 최소 높이
max-device-width max-device-height	장치의 최대 너비 장치의 최대 높이

개발자들은 과거에도 자바스크립트를 이용하여 해상도를 알 수 있었지만, 미디어 쿼리는 화면의 해상도보다 훨씬 많은 미디어 특징들을 제공한다. 그리고 원한다면 얼마든지 and 키워드를 이용하여 여러 특징값들을 검사할 수 있다는 장점이 있다.

■ 화면의 방향

스마트폰이나 태블릿에서는 화면을 돌려서 볼 수도 있다. 화면의 방향에 따라서 서로 다른 스타일을 적용하는 것도 가능하다. 이것은 미디어 쿼리의 orientation 속성을 이용한다. oritentation 속성이 portrait이면 세로 모드이다. landscape이면 가로 모드이다. 예를 들어 아이폰 SE를 가로로 돌릴 때를 감지하는 미디어 쿼리는 다음과 같이 작성할 수 있다.

```
@media screen and (min-device-width: 375px) and (orientation: landscape) {
    ...
}
```

■ 중단점

CSS에 여러 미디어 쿼리를 추가하여 화면 크기에 맞는 여러 개의 레이아웃을 지정할 수 있다. 화면의 크기에 따라 스타일이 달라지는 분기점을 중단점(breakpoint)이라고 한다. 시중에 나온 모든 장치에 대하여 레이아웃을 별도로 지정하는 것은 상당히 어려운 작업이다. 따라서 일반적으로는 다음과 같이 스마트폰, 태블릿, 데스크탑 정도로만 구분한다.

위의 그림에서 1024px과 768px이 중단점이 된다. 스마트폰, 태블릿, 데스크탑을 구분할 때 이 수치가 가장 널리 사용된다. 미디어 쿼리를 사용할 때 일반적인 접근법은 일단 스마트폰과 같이 좁은 화면을 가지는 장치에 대하여 단일 열 레이아웃을 만든 후, 화면이 충분히 크면 다단 레이아웃을 구현하는 경우가 많다. 즉 스마트폰에 대한 레이아웃이 기본이 된다. 이것을 흔히 모바일 퍼스트(mobile first) 디자인이라고 한다. 모바일을 PC보다 우선시하겠다는 정책이다.

예제 중단점 예제

뷰포트의 크기에 따라서 배경색을 변경해보자.

rwd3.html

```
<!DOCTYPE html>
<html>
<head>
    <meta name="viewport" content="width=device-width, initial-scale=1.0">
    <style>
        body {
            background-color: lightgreen;
        }
```

```
        @media screen and (max-width: 1024px) {
            body {
                background-color: rgb(241, 232, 99);
            }
        }
        @media screen and (max-width: 768px) {
            body {
                background-color: rgb(177, 210, 230);
            }
        }
    </style>
</head>
<body></body>
</html>
```

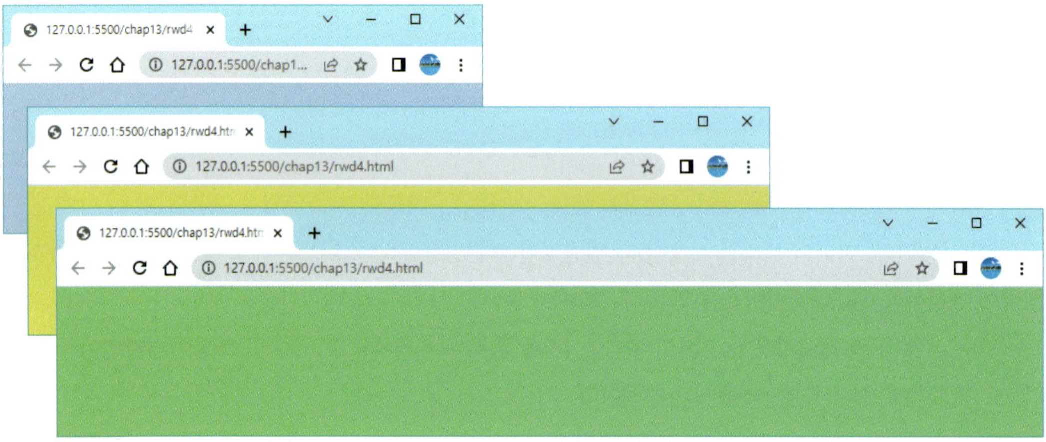

개발자 모드에서 크기로 "반응형"을 선택한 후에 마우스로 크기를 증가시켜도 된다.

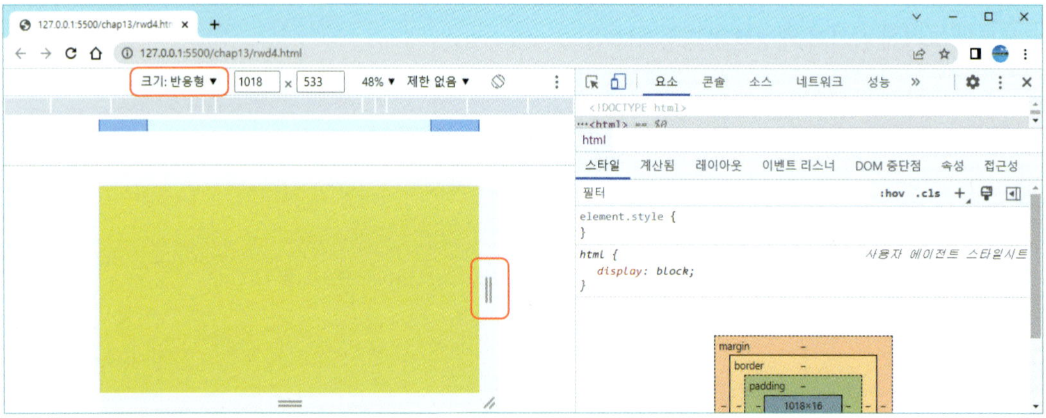

예제 중단점에서 레이아웃을 변경해보자.

더 과격한 조작도 가능하다. 예를 들어 브라우저 창의 크기를 조정하여 아래의 세 div 요소가 큰 화면에서는 가로로 표시되고, 작은 화면에서는 세로로 쌓이도록 할 수 있다.

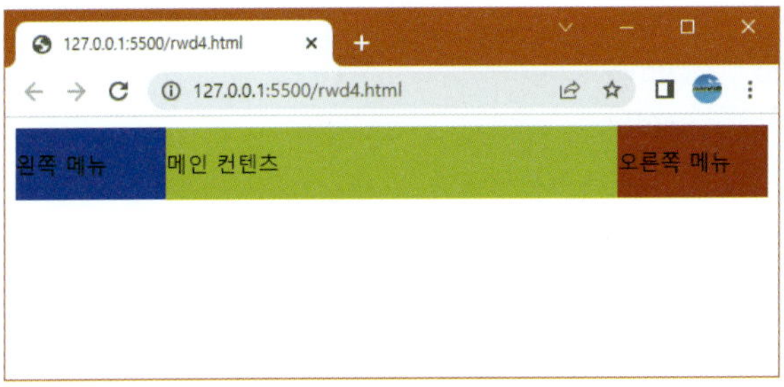

이때는 float 속성을 사용하고, 화면이 일정 크기(예를 들어 500px)보다 작으면 각 <div> 요소의 width를 100%로 바꾸면 된다.

rwd4.html

```
<!DOCTYPE html>
<html>
<head>
    <meta name="viewport" content="width=device-width, initial-scale=1.0">
    <style>
        * {           box-sizing: border-box;        }
        .left {
            background-color: #1012b6;
            float: left;
            width: 20%;
        .main {
            background-color: #c3cf14;
            float: left;
            width: 60%;
        }
        .right {
            background-color: #b91a1a;
            float: left;
            width: 20%;
        }
        @media screen and (max-width: 500px) {
            .left,
            .main,
            .right {
```

마진과 경계선을 포함하여 요소의 크기를 계산한다.

화면이 충분히 크면 20%, 60%, 20%의 크기로 배치한다.

화면이 500px보다 작으면 100%, 100%, 100%의 크기로 배치한다. 즉, 세로로 쌓이게 된다.

```
            width: 100%;
        }
    }
  </style>
</head>
<body>
  <div class="left">        <p>왼쪽 메뉴</p>    </div>
  <div class="main">        <p>메인 콘텐츠</p>    </div>
  <div class="right">        <p>오른쪽 메뉴</p>    </div>
</body>
</html>
```

Lab

중단점 설정하여 레이아웃 변경하기

PC에서는 다음과 같이 보이는 웹 페이지를 작성해보자.

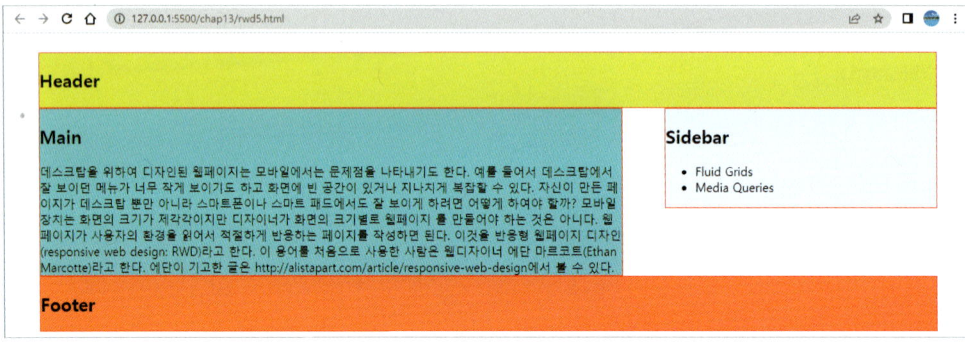

만약 화면의 너비가 480px 이하의 모바일 장치로 보면 다음과 같이 보여야 한다.

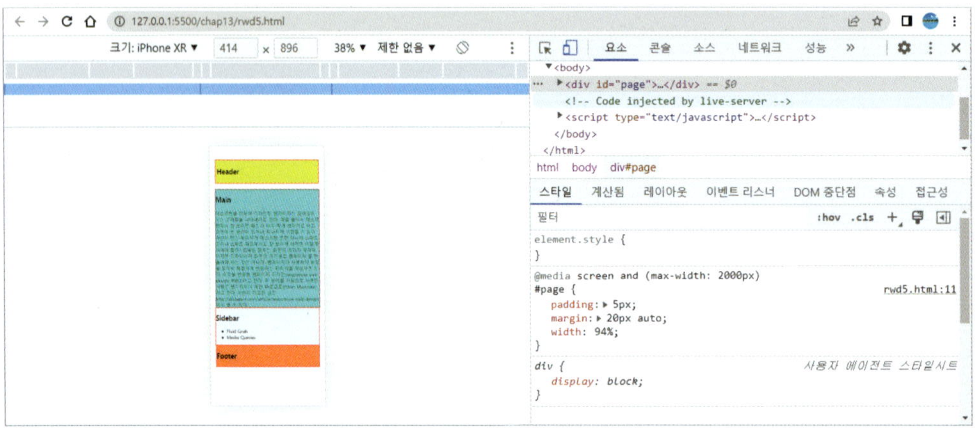

중단점을 설정하여 레이아웃을 변경해보자.

Solution

중단점 설정하여 레이아웃 변경하기

rwd5.html

```
<!doctype html>
<html>
<head>
    <meta charset="utf-8">
    <meta name="viewport" content="width=device-width, initial-scale=1.0">
    <title>Responsive Web Design</title>
    <style>
        @media screen and (max-width: 2000px) {
            #page {
                padding: 5px;
                margin: 20px auto;
                width: 94%;
            }
            #main {
                width: 65%;
                float: left;
            }
            #sidebar {
                width: 30%;
                float: right;
            }
            #footer {
            clear: both;
            }
        }
        @media screen and (max-width: 480px) {
            #header {
                padding: 5px;
                margin: 20px auto;
            }
            #main {             width: 100%;      }
            #sidebar {            width: 100%;      }
        }
        #header, #main, #sidebar,  #footer {            border: solid 1px red;        }
        #header {            background-color: yellow;         }
        #sidebar {            background-color: aliceblue;         }
        #main {            background-color: aqua;         }
```

화면이 2000px 이하이면 94%, 65%, 30%의 크기로 배치한다.

화면이 480px 이하이면 100%, 100%, 100%의 크기로 배치한다.

```
        #footer {              background-color: coral;          }
    </style>
</head>
<body>
    <div id="page">
        <div id="header">
            <h2>Header</h2>
        </div>
        <div id="main">
            <h2>Main</h2>
            데스크탑을 위하여 디자인된 웹페이지는 모바일에서는 문제점을 나타내기도 한다.
            ...
            에단이 기고한 글은 http://alistapart.com/article/responsive-web-design에서 볼 수 있다.
        </div>
        <div id="sidebar">
            <h2>Sidebar</h2>
            <ul>
                <li>Fluid Grids</li>
                <li>Media Queries</li>
            </ul>
        </div>
        <div id="footer">
            <h2>Footer</h2>
        </div>
    </div>
</body>
</html>
```

13-04 유동 레이아웃

RWD는 일반적으로 화면의 크기에 따라 레이아웃만 변경하는 것이 아니라, 유동 레이아웃(fluid layout, liquid layout)을 기반으로 구축된다. 유동 레이아웃은 레이아웃할 때 고정된 크기를 사용하는 것이 아니고 백분율과 같은 상대적인 단위를 사용하는 레이아웃 방법이다. 유동 레이아웃을 사용하고, 장치 화면의 크기에 따라 중단점을 추가하며, 콘텐츠가 나빠지기 시작하는 지점에서 레이아웃을 변경하면 어느 정도의 반응형 웹이 된다. 예를 들어, 화면 크기가 커짐에 따라 줄 길이가 읽을 수 없을 정도로 길어지거나 박스가 찌그러지면서 각 줄에 두 단어밖에 들어가지 않으면 레이아웃을 변경하는 것이다.

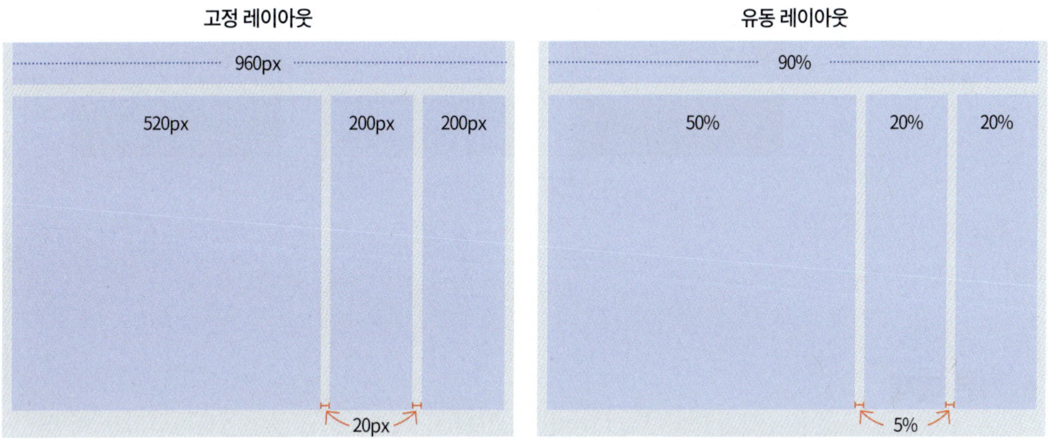

RWD의 초기에 유동 레이아웃을 수행하는 유일한 옵션은 float를 사용하는 것이었다. 유동 레이아웃은 각 요소에 백분율 너비를 부여하고, 레이아웃 전체에서 합계가 100%를 넘지 않도록 함으로써 달성되었다. RWD의 창시자 Marcott은 원본 논문에서 픽셀을 사용하여 디자인한 레이아웃을 백분율로 변환하는 공식을 자세히 설명했다. 예를 들어 요소의 열 크기가 60px이고 해당 열이 있는 컨테이너가 980px인 경우 CSS에서 사용할 수 있는 값을 얻기 위해 60을 980으로 나눈다.

```
.col {
  width: 6.12%; /* 60 / 980 = 0.0612 */
}
```

이 접근 방식은 지금도 웹의 여러 곳에서 찾을 수 있다. 하지만 현대적인 레이아웃 방법인 flexbox나 grid 레이아웃은 기본적으로 반응적이다. 이 방법을 사용하는 것이 float 속성과 백분율 크기를 사용하는 방법보다 더 편리하다. 따라서 이번 절에서는 grid 레이아웃만을 중점적으로 설명해보자.

■ grid 레이아웃

그리드 레이아웃은 항목을 배치할 때, 가로 세로를 모두 사용하는 2차원적인 레이아웃이다. 그리드 레이아웃은 가로 방향의 행(row)과 세로 방향의 행(column)으로 구성된다. 열과 열 사이의 간격, 행과 행 사이의 간격을 지정할 수 있고 각 그리드에 항목을 배치하여 원하는 형태의 레이아웃을 만든다.

그리드 레이아웃은 그림 13.1과 같이 가로 행과 세로 열로 구성된다.

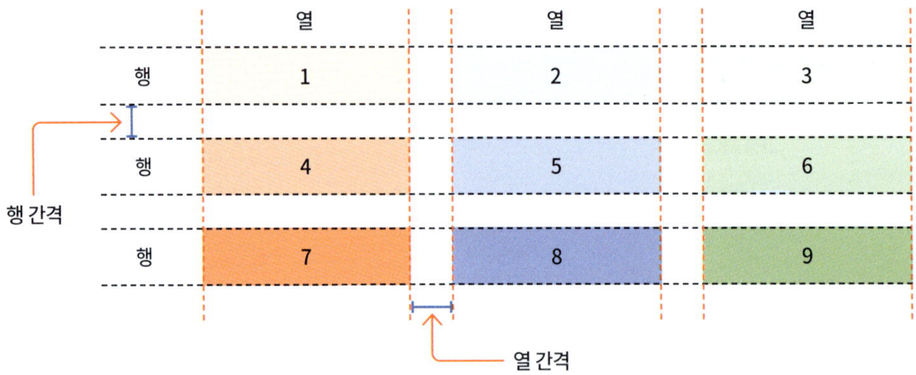

그림13-1 그리드 레이아웃

■ 기본 예제

그리드 레이아웃을 이용하여 다음과 같은 형태의 웹 페이지를 표시하는 소스를 보자.

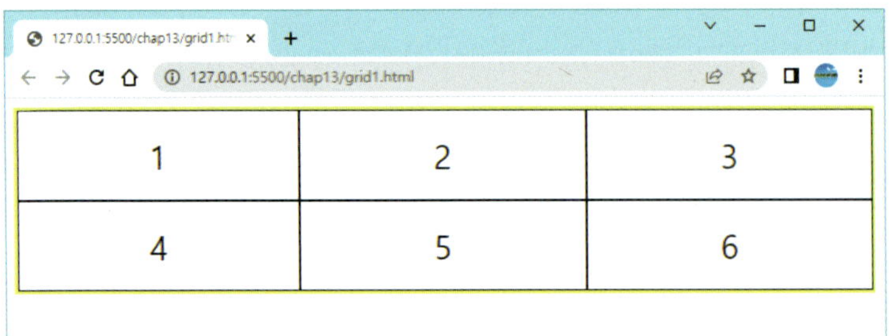

rwd6.html

```
<!DOCTYPE html>
<html>
<head>
    <style>
        .container {
            display: grid;                          // 1
            grid-template-columns: auto auto auto;  // 2
```

```
            background-color: #f7ef7e;
            padding: 3px;
        }
        .item {
            background-color: rgb(255, 255, 255);
            border: 1px solid rgb(0, 0, 0);
            padding: 20px;
            font-size: 30px;
            text-align: center;
        }
    </style>
</head>
<body>
    <div class="container">
        <div class="item">1</div>
        <div class="item">2</div>
        <div class="item">3</div>
        <div class="item">4</div>
        <div class="item">5</div>
        <div class="item">6</div>
    </div>
</body>
</html>
```

1. 그리드 레이아웃을 사용하려면 먼저 컨테이너를 정의한다. 컨테이너를 정의하려면 display 속성에 grid나 inline-grid로 지정하면 된다. grid 속성은 컨테이너 안의 항목을 블록 요소로 배치하는 방법이고 inline-grid는 컨테이너 안의 항목을 인라인 요소로 배치한다.

2. 그리드의 행과 열을 정의할 때는 grid-template-columns와 grid-template-rows 속성을 사용한다. grid-template-columns 속성은 컨테이너가 몇 개의 열을 가질지, 또 각 열의 너비를 얼마로 할지를 지정한다. 예를 들어서 3개의 열을 가지고 있고 각 열의 너비를 200px로 하려면 다음과 같이 지정한다.

```
.container {
    display: grid;
    grid-template-columns: 200px 200px 200px;
}
```

200px이 3번 되풀이되었으므로 열의 개수는 자동적으로 3개가 된다. 하지만 이런 식으로 열의 너비를 픽셀로 지정하게 되면, 크기가 고정되기 때문에 반응형이 될 수 없다. 이때는 열의 너비를 auto로 하는 것이 좋다. auto로 지정하게 되면 자동적으로 페이지의 너비를 분할하여 사용한다.

■ fr 단위

그리드 레이아웃에서 많이 사용하는 크기 단위에 fr(fraction)이 있다. 이것은 각 열의 너비를 상대적으로 정의할 때 편리하다. 예를 들어 3개 열의 너비를 모두 동일하게 하려면 다음과 같이 정의한다.

```
.container {
    display: grid;
    grid-template-columns: 1fr 1fr 1fr;
}
```

만약 1:2:2로 하고 싶으면 다음과 같이 지정한다.

```
.container {
    display: grid;
    grid-template-columns: 1fr 2fr 2fr;
}
```

■ 그리드 항목에 이름 붙여서 배치하기

그리드 레이아웃에는 많은 배치 방법이 있다. 그 중에서도 가장 직관적인 방법 중의 하나가 grid-area 속성을 사용하는 것이다. grid-area 속성을 이용하여 각 항목에 이름을 붙인 후에 컨테이너의 grid-template-areas 속성에 이름을 나열하는 것이다. 예제로 살펴보자.

rwd7.html

```
<!DOCTYPE html>
<html>
<head>
    <style>
```

```
        .item1 {
            grid-area: header;    → 레이아웃에서 사용되는 이름을 붙인다.
            background-color: #2ea155;
        }
        .item2 {
            grid-area: menu;
            background-color: #605ece;
        }
        .item3 {
            grid-area: article;
            background-color: #ee79b4;
        }
        .item4 {
            grid-area: sidebar;
            background-color: #bff35e;
        }
        .item5 {
            grid-area: footer;
            background-color: #f3db72;
        }

        .container {
            display: grid;
            height: 300px;
            grid-template-columns: 1fr 1fr 1fr;
            grid-template-rows: 1fr 1fr 1fr;
            grid-template-areas:
                'header header header'
                'menu article sidebar'
                'menu footer footer';
            gap: 5px;
            background-color: #ece6af;
            padding: 5px;
        }
    </style>
</head>
<body>
    <div class="container">
        <div class="item1">Header</div>
        <div class="item2">Menu</div>
        <div class="item3">Main</div>
        <div class="item4">SideBar</div>
        <div class="item5">Footer</div>
```

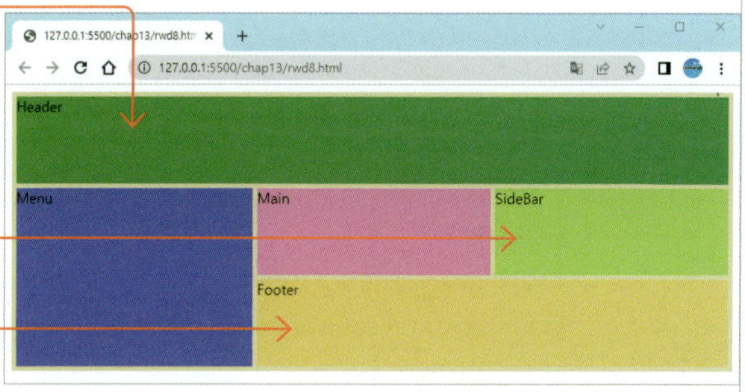

```
    </div>
</body>
</html>
```

컨테이너의 grid-template-area를 이용하여 각 항목들이 몇 개의 격자를 차지하는지를 간편하게 표시하였다. 항목 간의 간격은 gap이라는 속성으로 지정하였다.

■ grid 레이아웃을 이용한 반응형 웹디자인

그리드 레이아웃에서도 미디어 쿼리의 결과에 따라서 그리드의 열이나 행의 수를 변경할 수 있다. 예를 들어 화면의 너비가 800px보다 작으면 모든 요소들은 1열로 배치하도록 앞의 소스를 변경해보자.

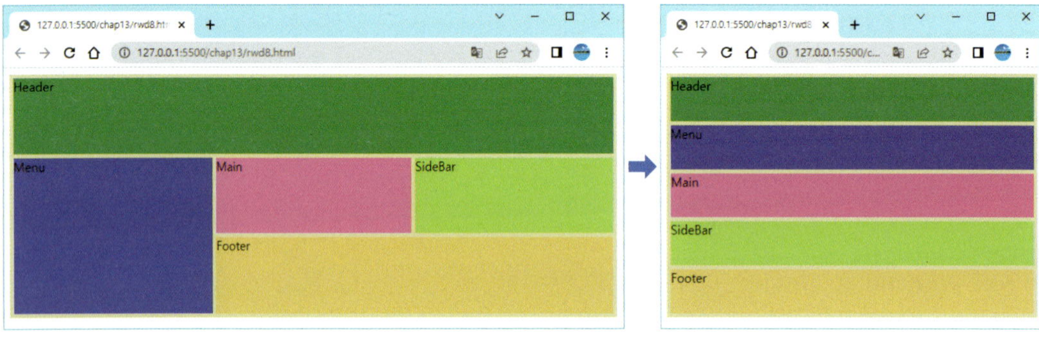

기본적으로는 1열 배치하고(모바일 퍼스트), 만약 화면의 크기가 800px을 넘는 경우에는 3열을 사용하여 배치하도록 아래의 코드만 변경하면 된다.

rwd8.html

```
...
    .container {
        display: grid;
        gap: 5px;
        background-color: #ece6af;
        grid-template-columns: 1fr;
        grid-template-areas:
            'header'
            'menu'
            'article'
            'sidebar'
            'footer';
        height: 300px;
        padding: 5px;
    }
```

모바일 퍼스트 개념으로 기본적으로는 1열 배치한다.

```
    @media (min-width: 800px) {
        .container {
            grid-template-columns: 1fr 1fr 1fr;
            grid-template-rows: 1fr 1fr 1fr;
            grid-template-areas:
                'header header header'
                'menu article  sidebar'
                'menu footer footer';
        }
    }
  </style>
...
```

800px 이상의 화면이면 3열 배치한다.

13-05 반응형 이미지

RWD에서는 이미지를 표시할 때도 주의하여야 한다. 예를 들어 그림과 텍스트가 들어 있는 HTML 문서가 있다고 하자. 일단 이미지의 크기를 고정시키면 어떤 문제가 발생하는지 살펴보자.

image1.html

```
<!DOCTYPE html>
<html lang="ko">
<head>
  <meta charset="UTF-8">
  <title>Document</title>
  <style>
    .container {     width: 640px;    }
  </style>
</head>
<body>
    <img src="forest.jpg" alt="alice" width="500px">
    <div class="container">
    <p>
      Alice was beginning to get very tired of sitting by her sister on the bank, and of having
nothing to do: ...
    </p>
  </div>
</body>
</html>
```

위와 같이 그림이나 컨테이너의 크기를 640px과 같이 고정 크기로 설정했을 때, 브라우저의 너비가 작아지면 그림이나 텍스트가 잘리기도 하고 반대로 브라우저의 너비가 커지면 빈 공간이 많이 발생한다. 장치의 화면 크기가 달라지면 컨테이너나 이미지의 크기도 변경되는 것이 바람직하다. 비디오의 크기도 마찬가지이다. 브라우저 크기에 맞추어서 그림이나 컨테이너의 크기를 자동으로 변경하려면 컨테이너나 그림의 크기를 퍼센트 단위로 설정하는 것이 좋다.

예를 들어 텍스트가 들어 있는 컨테이너의 크기를 80%로 설정하면 텍스트의 너비는 자동으로 브라우저 크기의 80%가 된다. 그림의 크기도 퍼센트로 지정하면 브라우저의 크기에 따라서 그림의 크기도 달라진다. CSS의 width 속성이 80%로 설정되고 height 속성이 "auto"로 설정되면 이미지와 비디오가 화면의 크기에 반응하여 확대되거나 축소된다.

image2.html

```
...
<head>
  <meta charset="UTF-8">
  <title>Document</title>
  <style>
   .container {      width: 80%;     }
   img {
      width: 80%;
      height: auto;
    }

  </style>
</head>
<body>
    <img src="forest.jpg" alt="alice">
    <div class="container">
...
```

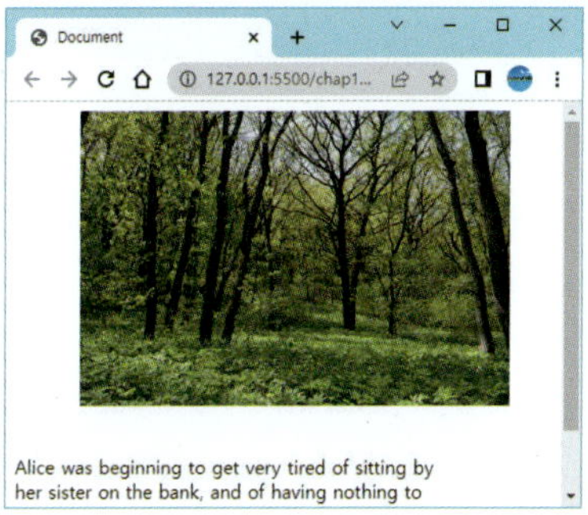

하지만 위와 같이설정면,이미지는 원래 크기보다 크게 확대될 수 있다. 그림이 브라우저 너비의 80%로 정의되었기 때문이다. 많은 경우에 더 나은 솔루션은 max-width 속성을 사용하는 것이다. max-width 속성이 80%로 설정된 경우, 이미지는 원래 크기의 80%보다 확대되지는 않는다.

```
img {
  max-width: 80%;
  height: auto;
}
```

■ 장치에 맞는 이미지 제공

큰 이미지는 PC 화면에서는 유용하지만 모바일 장치에서는 쓸모가 없을 수 있다. 어차피 원래 크기대로 표시할 수 없기 때문이다. 이런 경우에도 큰 이미지를 로딩하는 것은 통신 대역폭을 낭비하는 것이다. 이 문제를 미디어 쿼리로 해결할 수 있다. 미디어 쿼리를 통하여 장치의 특성을 파악해 적절한 이미지를 지정할 수 있다.

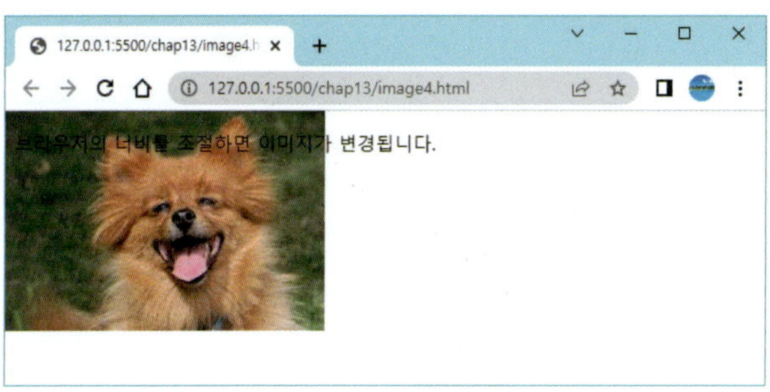

image3.html

```
<!DOCTYPE html>
<html>
<head>
    <meta name="viewport" content="width=device-width, initial-scale=1.0">
    <style>
        body {
            background-repeat: no-repeat;
            background-image: url('small.png');
        }
        @media screen and (min-width: 600px) {
            body {
                background-image: url('normal.jpg');
            }
        }
    </style>
</head>
<body>
    <p> 브라우저의 너비를 조절하면 이미지가 변경됩니다. </p>
</body>
</html>
```

일반적인 상황에서는 small.png 이미지를 사용한다.

너비가 600px 이상이면 normal.jpg 이미지를 사용한다.

■ <picture> 요소 사용

HTML <picture> 요소를 사용하면 웹 개발자가 이미지 리소스를 보다 유연하게 지정할 수 있다. <picture> 요소의 가장 일반적인 용도는 반응형 디자인에 사용되는 이미지이다. 뷰포트 너비에 따라 확대 또는 축소되는 하나의 이미지를 갖는 대신, 뷰포트를 더 멋지게 채우도록 여러 이미지를 제공할 수 있다. 장치 설정에 맞는 첫 번째 소스가 사용된다.

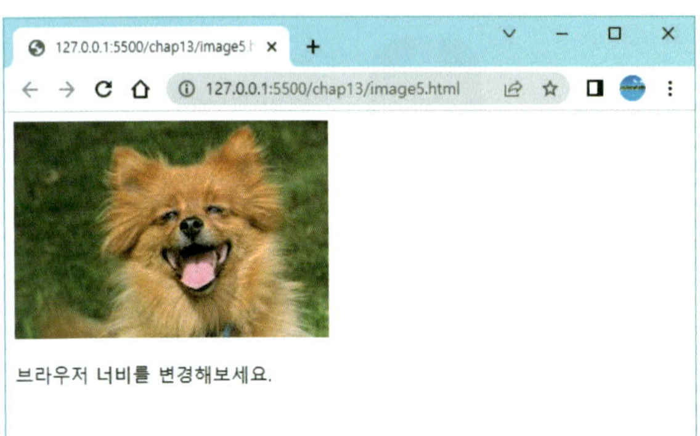

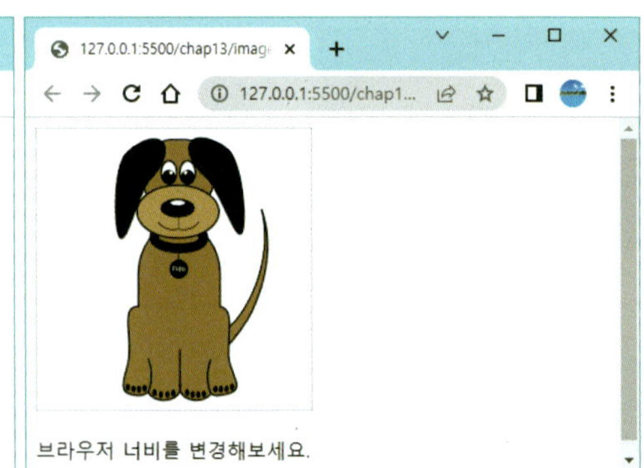

image4.html

```
<!DOCTYPE html>
<html>
<head>
    <meta name="viewport" content="width=device-width, initial-scale=1.0">
</head>
<body>
    <picture>
        <source srcset="small.png" media="(max-width: 600px)">
        <source srcset="normal.jpg">
        <img src="normal.jpg" style="width:auto;">
    </picture>
    <p>브라우저 너비를 변경해보세요.</p>
</body>
</html>
```

600px 이하에서는 small.png 이미지를 사용한다.

그 외 상황에서는 normal.jpg 이미지를 사용한다.

〈picture〉 요소의 srcset 속성은 필수이며 이미지의 소스를 정의한다. media 속성은 선택 사항이며 미디어 쿼리를 허용한다.

13-06 웹 앱

HTML5와 CSS, 자바스크립트를 이용하면 웬만한 애플리케이션의 기능은 흉내 낼 수 있다. 모바일 장치에서는 웹 페이지로 앱을 제작하기도 한다. 이것을 웹 앱(Web App)이라고 한다. 반면에 전통적인 프로그래밍 언어와 장치의 SDK를 이용하여 제작되는 앱을 네이티브 앱(Native App)이라고 한다. 간단하게 네이티브 앱과 웹 앱의 차이점을 비교해보자.

■ 네이티브 앱

네이티브 앱은 모바일 장치 안에 설치되며 특정 모바일 운영체제용으로 개발된 프로그램이다. 이러한 앱은 Apple App Store, Google Play Store 등과 같은 앱 스토어에서 다운로드한 후에 설치하여 사용할 수 있다. 네이티브 앱은 Apple iOS 또는 안드로이드 OS와 같은 특정 모바일 운영체제에서 작동한다. 각 운영체제에 맞는 프로그램을 작성하려면 특정 언어를 사용하여야 하고 특정 플랫폼의 프로그래밍 기술을 학습하여야 한다. 안드로이드에서 실행되는 네이티브 앱을 개발하려면 자바 언어(또는 코틀린)를 학습하여야 하고 안드로이드 프로그래밍 기술을 알아야 한다. 아이폰에서는 Objective-C 언어를 사용하여야 하고 iOS 운영체제를 학습하여야 한다. 안드로이드 OS 용으로 만들어진 앱은 Apple iOS에서는 실행되지 않는다. 모든 주요 운영체제에서 앱을 작동하려면 각 운영체제에 대해 별도의 앱을 개발하여야 한다. 즉, 회사가 더 많은 돈과 노력(시간, 자원)을 소비해야 함을 의미한다.

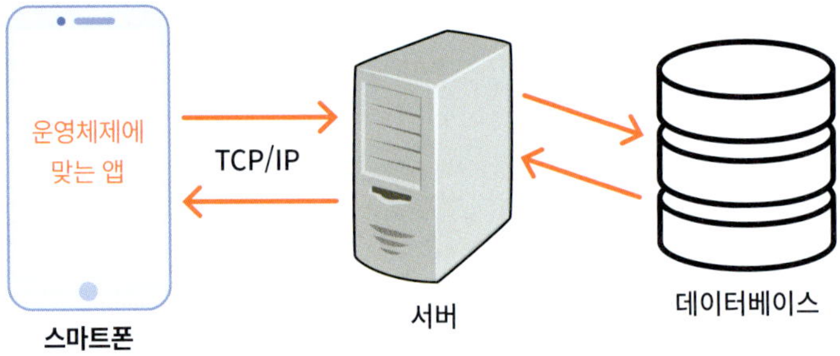

■ 웹 앱

그런데 만약 웹으로 애플리케이션을 만들면 어떨까? HTML5를 사용한다면 애플리케이션을 작성할 만한 충분한 도구들이 주어진다. 웹 앱은 HTML 및 CSS의 웹 페이지로 개발되고 대화형 부분은 자바스크립트 언어로 개발된다. 웹 앱은 웹 브라우징이 가능한 대부분의 장치에서 사용할 수 있으며 사용하는 운영체제에 의존하지 않는다. 웹 앱은 모바일 장치에 앱을 다운로드하여 설치할 필요가 없다. 작성된 웹 애플리케이션은 업데이트가 즉각적으로 이루어지기 때문에 주기적으로 앱을 업데이트할 필요도 없다.

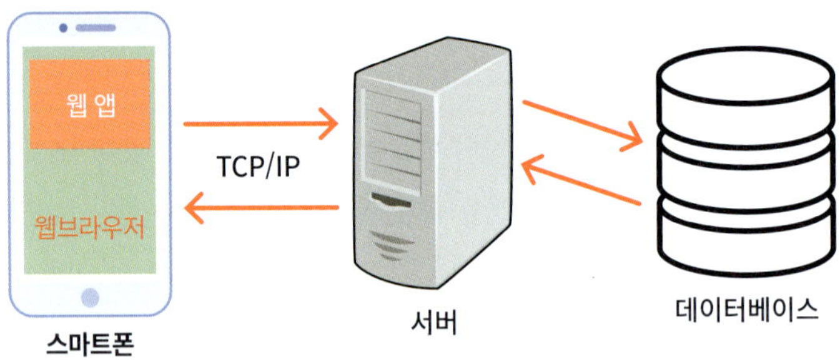

■ 네이티브 앱 vs 웹 앱

웹 앱은 HTML, CSS, 자바스크립트와 같은 프론트 엔드 기술과 JSP, PHP, ASP와 같은 백 엔드 기술을 총동원하여 개발된다. 화면과 사용자 인터페이스는 최대한 네이티브 앱과 유사하게 제작한다. 웹 앱을 실행하기 위해서 사용자가 브라우저를 열고 특정 URL로 접근하여야 한다. AJAX 통신을 많이 사용하고, CSS 애니메이션 기술, 자바스크립트를 이용한 터치 이벤트 처리, HTML5 로컬 저장소 기능 등의 최신 웹 기술을 이용하여 네이티브 앱과 유사한 실행 환경을 제공한다.

	Native App.	Web App.
실행속도	빠름	일반적으로 느림
플랫폼	플랫폼마다 제작하여야 함	하나의 버전으로 모든 플랫폼에서 실행 가능
하드웨어 접근	GPS나 카메라에 접근할 수 있음	일반적으로는 하드웨어에 접근하는 것이 어려움
배포	앱 마켓을 통한 배포	배포할 필요가 없음
버전 업데이트	상당한 시간이 걸림	즉시 반영
오프라인시	사용 가능	약간의 기능 사용 가능

물론 장점만 있는 것은 아니고 스마트폰 내부의 하드웨어 장치들을 이용하는 게임과 같은 분야에서는 네이티브 앱이 단연 유리하다. 하지만 일반적인 앱의 경우, 큰 차이가 없는 경우도 많다. 예를 들어 다음 그림은 거의 동일한 기능을 네이티브 앱과 웹 앱으로 제작하여 본 것이다.

(출처: 아마존 UK)

하지만 모바일 브라우저가 모바일 장치의 하드웨어에 직접 접근하는 것이 가능해지고 브라우저 기반 응용 프로그램의 속도와 기능이 향상됨에 따라 웹 앱과 네이티브 앱 사이의 구분이 점점 흐려질 것으로 예상된다. 지속적인 저장 기능 제공 및 정교한 사용자 인터페이스 그래픽 기능에 대한 접근만 쉬워진다면 플랫폼별 네이티브 앱의 개발 필요성을 더욱 줄일 수 있다.

웹 앱의 단점

- **작은 화면 크기**: 일반적으로 모바일 장치의 화면은 데스크탑 컴퓨터 화면에 비하여 상당히 작다. 따라서 텍스트와 그래픽을 보기 어렵게 하거나 불가능하게 한다.
- **윈도우 부족**: 데스크탑 컴퓨터에서 한 번에 둘 이상의 창을 열 수 있는 기능은 멀티태스킹을 허용하고 이전 페이지로 쉽게 되돌릴 수 있다. 하지만 예전의 모바일 웹에서는 한 번에 한 페이지만 표시할 수 있었고 페이지는 원래 액세스한 순서대로만 볼 수 있었다.

- **속도**: 대부분의 모바일 장치에서 서비스 속도는 데스크탑에 비하여 느리다. 메모리와 CPU도 데스크탑에 느리다. 키보드와 마우스를 사용할 수 없고 터치만 사용할 수 있다.

결정적으로 모바일 장치는 데스크탑에 비하여 화면의 크기가 작고 처리능력이 떨어진다. 따라서 복잡하고 용량이 큰 사이트들은 모바일에서 굉장한 부담이 된다. 또 네트워크 데이터 양에 따라서 과금되는 것도 고려하여야 한다. 따라서 모바일 웹은 보다 간결하게 성능 위주로 개발하여야 한다. 모바일 웹 브라우저는 상당히 다양하다. 즉, 아이폰에서는 사파리가 많이 사용되고 안드로이드 장치에서는 크롬이 사용된다. 이들 모두 HTML5와 CSS3 기능을 지원하는 방법이 약간은 다르다. 모바일 장치와 데스크탑은 사용자 인터페이스도 다르다. 모바일 장치는 터치 방식을 주로 사용하지만 데스크탑은 아직까지도 마우스와 키보드를 주로 사용한다. 따라서 사용자 입력을 받는 사이트의 경우, 이점도 고려하여야 한다.

■ 하이브리드 앱

하이브리드 앱은 웹 앱과 네이티브 앱을 결합한 형태이다. 하이브리드앱의 내부 작동은 웹 앱과 유사하지만 네이티브 앱처럼 설치된다. 하이브리드앱은 모바일 장치 API에 액세스할 수 있으므로 카메라, 저장장치, GPS와 같은 리소스를 사용할 수 있다. 하이브리드 앱의 가장 큰 장점은 모바일 장치의 하드웨어에 액세스할 수 있다는 점이다. 인스타그램(Instagram)은 하이브리드 앱의 예이다. 일반적으로 React와 같은 프레임워크를 사용하여 구축된다. 하이브리드 앱은 일반적으로 네이티브 앱보다 개발이 쉬워서 빠르게 개발할 수 있다. 또한 유지 관리가 덜 필요하다.

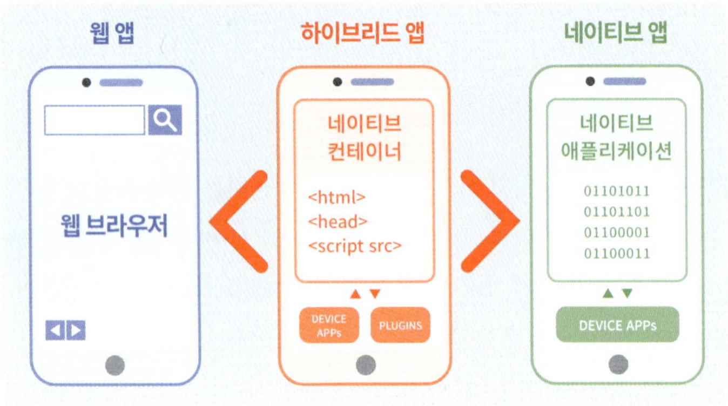

Mini Project

반응형 웹 만들기

레이아웃이 다음과 같이 3가지로 변경되는 웹 페이지를 제작해보자. grid 레이아웃을 사용해보자.

① PC 화면

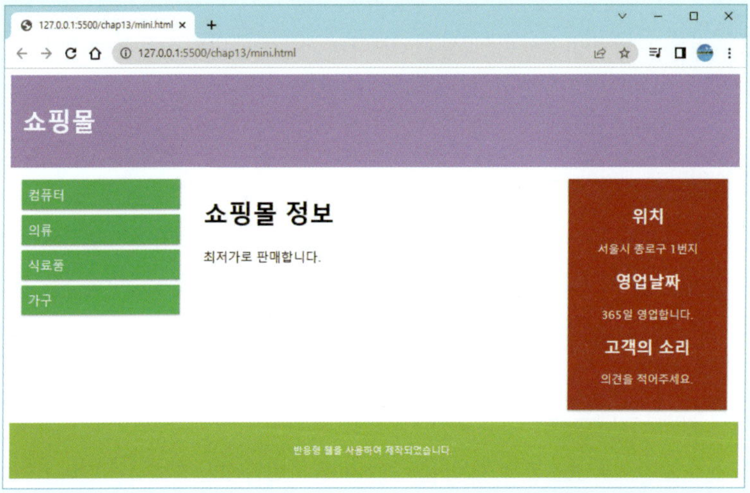

② 태블릿 화면

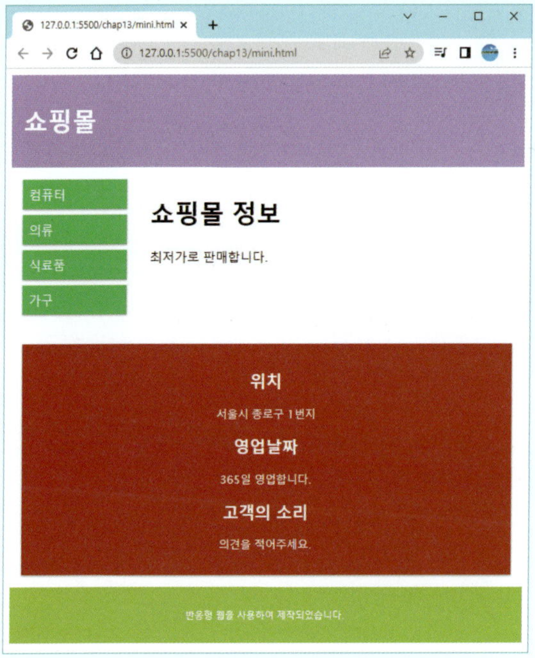

③ 스마트폰 화면

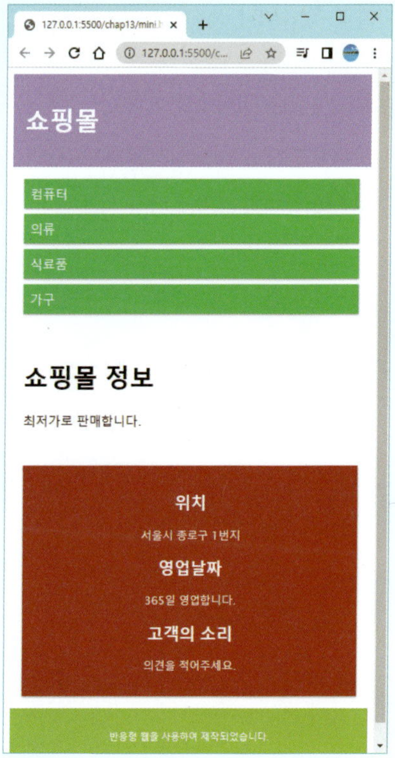

13장

Summary

Q 모바일 장치의 크기에 알맞게 이미지와 텍스트를 표시할 수 있나요?

A 모바일 장치에서는 유동 레이아웃을 사용하는 것이 좋습니다. 유동 레이아웃은 절대적인 크기 대신에 상대적인 크기를 사용하는 방법입니다. 즉, 픽셀 단위보다는 퍼센트 단위를 사용하는 것이 좋습니다.

Q 모바일 장치의 크기에 알맞게 레이아웃을 변경할 수 있나요?

A 미디어 쿼리를 이용하여 장치의 크기에 따라 레이아웃을 변경하면 됩니다. 레이아웃이 변경되는 지점을 중단점이라고 합니다. 일반적으로는 장치의 너비를 미디어 쿼리로 검사하여 중단점들을 결정합니다.

Q 그리드 레이아웃을 사용하여 원하는 웹 페이지를 디자인할 수 있나요?

A 그리드 레이아웃은 격자 모양으로 요소들을 배치하는 레이아웃 기법입니다. 상대적인 단위 fr이나 auto를 사용하면 유동 레이아웃으로 만들 수 있습니다. 그리드의 숫자나 간격들을 자유롭게 선택할 수 있습니다.

Q 장치에 맞는 이미지를 선별하여 지정할 수 있나요?

A 장치에 맞지 않는 이미지는 네트워크의 대역폭을 낭비할 수 있습니다. 따라서 <picture> 요소를 사용하여 장치의 크기에 따라 서로 다른 이미지를 다운로드하도록 하는 것이 좋습니다.

13장

Exercise

01. 장치의 디스플레이 유형, 너비, 높이, 방향 및 해상도를 정의하는 데 무엇을 사용하는가?

① HTML 태그　　② CSS 미디어 쿼리

③ 뷰포트 메타 태그　　④ 자바스크립트

02. 반응형 웹디자인에 속하지 않는 개념은?

① 미디어 쿼리　　② 유동 레이아웃

③ 고정 레이아웃　　④ 유동 이미지

03. 반응형 웹디자인에서 보통 어떤 화면 크기부터 디자인을 시작하는가?

① 모바일 장치와 같은 작은 화면　　② 노트북 컴퓨터 화면

③ 태블릿 화면　　④ PC 모니터 화면

04. 다음 뷰포트 메타 태그 중 반응형 웹디자인에서 다양한 장치에 적용되는 기본 메타 태그는 무엇인가?

① `<meta name="viewport" content="width=device-width, initial-scale=1">`

② `<meta name="viewport" content="width=600, initial-scale=1">`

③ `<meta name="viewport" content="width=1200">`

④ `<meta name="viewport" content="width=768">`

05. 다음 CSS 미디어 쿼리에서 min-width: 480px이 의미하는 바는 무엇인가?

```
@media screen and (min-width: 480px) {
    body {
        background-color: blue;
    }
}
```

① 뷰포트의 너비가 정확히 480px이면 CSS가 적용된다.

② 뷰포트의 너비가 480px 이상이면 CSS가 적용된다.

③ 뷰포트의 너비가 480px 미만이면 CSS가 적용된다.

④ 뷰포트의 너비가 480px 초과이면 CSS가 적용된다.

13장

Programming

01. 다음과 같이 <h1> 태그와 <img> 태그로 이루어진 간단한 웹 페이지를 가정하자. 미디어 쿼리를 이용하여 평상 시에는 70%로 하고, 화면 너비가 768px 미만이면 이미지의 크기를 100%로 해보자.

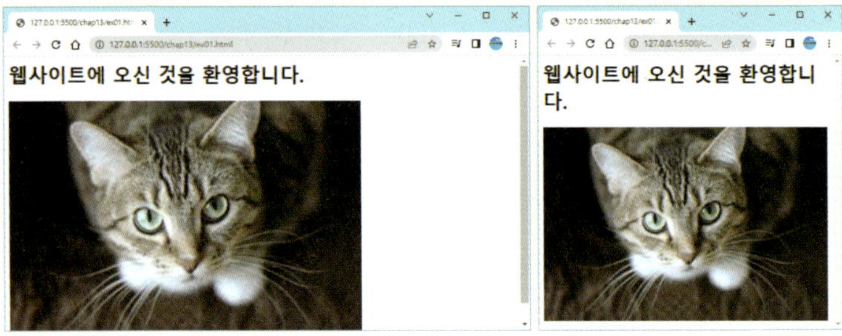

02. 그리드 레이아웃을 이용하여서 다음과 같은 형태를 작성해보자.

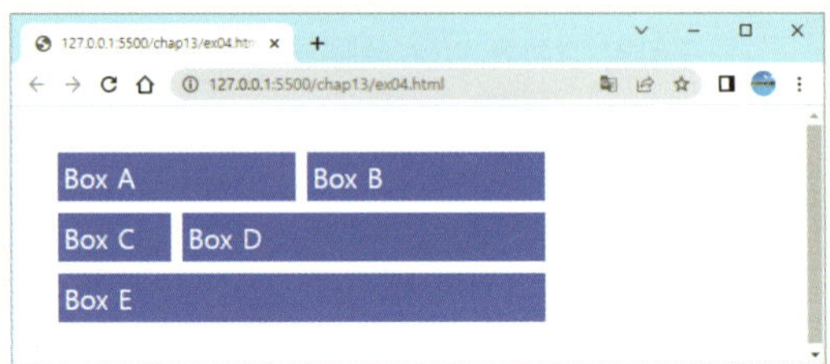

03. 화면의 크기에 따라서, 레이아웃이 다음과 같이 변화되는 반응형 웹 페이지를 작성해보자. 그리드 레이아웃을 이용한다.

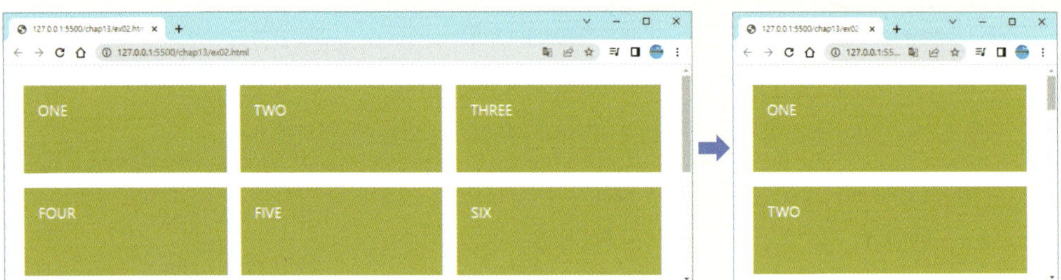

04. 화면의 크기에 따라서, 레이아웃이 다음과 같이 변화되는 반응형 웹 페이지를 작성해보자.

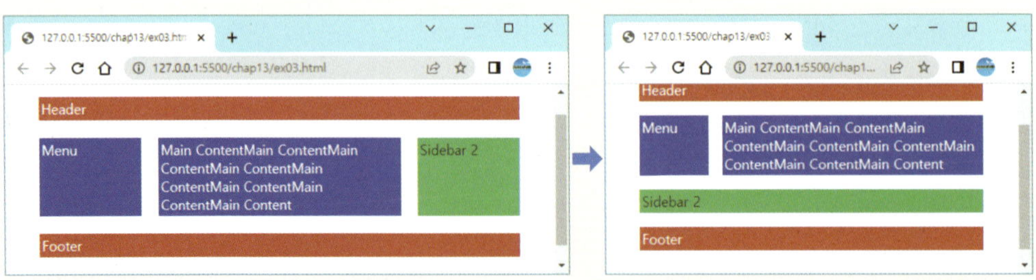

14

HTML5 위치정보와 드래그와 드롭

- SVG을 이용하여 벡터 그래픽을 화면에 그릴 수 있나요?
- 드래그와 드롭을 사용하여 하나의 요소를 다른 요소 안으로 이동할 수 있나요?
- 사용자의 위치정보를 받아서 위도와 경도를 표시할 수 있나요?
- 웹워커를 사용하여 시간이 많이 걸리는 작업을 처리할 수 있나요?

14-01 SVG

HTML5는 인라인 SVG를 지원한다. SVG(Scalable Vector Graphics)는 XML-기반의 벡터 이미지 포맷이다. SVG는 웹에서 벡터-기반의 그래픽을 정의하는 데 사용되고, 상호작용과 애니메이션도 지원한다. SVG 규격은 1999년부터 W3C에 의하여 표준이 되었다.

SVG 이미지와 관련된 동작은 XML 텍스트파일에 저장된다. 이것은 즉, SVG 파일이 검색, 인덱싱, 압축이 가능하다는 것을 의미한다. 또 어떤 텍스트 에디터로도 생성이 가능하지만 Inkscape와 같은 전용 그리기 프로그램을 사용하는 것이 편리하다. 모질라, 에지, 크롬, 오페라, 사파리 등은 모두 SVG를 지원하며 SVG 마크업을 직접 그릴 수 있다. SVG에 대한 참고 문헌은 http://www.w3.org/Graphics/SVG/에서 찾으면 된다.

■ SVG의 장점

흔히 그래픽에서는 래스터와 벡터의 차이점을 이야기한다. 래스터(raster) 그래픽은 픽셀들이 모여서 그림을 이루는 방식이다. 간단하고 직관적이지만 확대/축소 시에 품질이 나빠지는 결정적인 약점이 있다. 벡터(vector) 그래픽은 직선이나 곡선, 원, 사각형과 같은 도형을 이용하여 그래픽을 정의하는 방법이다. 벡터 그래픽은 그리는데 시간이 많이 걸리지만 확대/축소해도 품질의 저하가 없다. 오른쪽의 그림을 참조해보자.

(그림 출처: 위키피디아)

JPEG이나 GIF같은 이미지 형식에 비하여 SVG의 장점을 정리하여 보면 다음과 같다.

- SVG 그래픽은 확대되거나 크기가 변경되어도 품질이 손상되지 않는다.
- SVG 파일에서 모든 요소와 속성은 애니메이션이 가능하다.
- SVG 이미지는 어떤 텍스트 에디터로도 생성하고 편집할 수 있다.
- SVG 이미지는 검색이 가능하고, 인덱싱, 스크립트화, 압축이 가능하다.
- SVG 이미지는 크기 변경이 가능하다.
- SVG 이미지는 어떤 해상도의 프린터에서도 고품질로 출력될 수 있다.
- SVG 이미지는 품질의 저하 없이 확대할 수 있다.

■ 예제

SVG를 이용하여 원을 정의하여 보자.

svg1.html

```
<!DOCTYPE html>
<html>
<body>
    <svg width="200" height="200">
        <circle cx="80" cy="80" r="50" stroke="black"
            stroke-width="3" fill="blue"/>
    </svg>
</body>
</html>
```

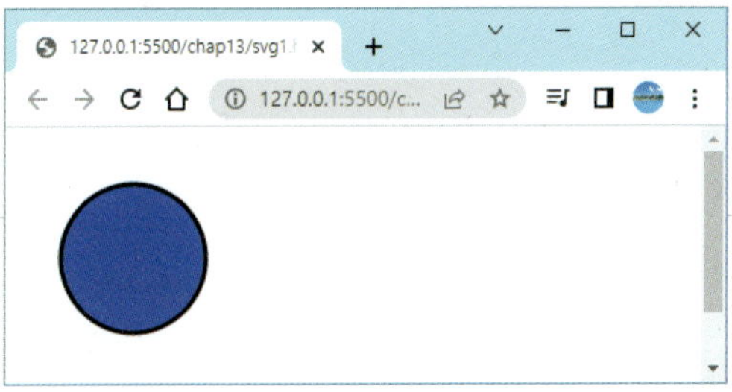

SVG 코드는 <svg> 태그로 시작한다. <circle> 요소는 원을 그리는 데 사용된다. cx와 cy 속성은 원의 중심 좌표를 정의한다. r 속성은 원의 반지름을 정의한다. stroke과 stroke-width 속성은 도형의 윤곽선이 표시되는 방법을 지정한다. 우리는 원의 경계선 속성으로 3px 두께의 검정색 선을 지정하였다. fill 속성은 원을 채우는 색상을 나타낸다.

■ 사각형

사각형은 <rect> 태그로 그릴 수 있다. 도형의 속성은 style 속성을 이용하여 한 번에 전부 선언하여도 된다.

svg_rect.html

```
..
<svg width="600" height="200">
    <rect width="300" height="100"
        style="fill: rgb(72, 180, 117);
            stroke-width: 3; stroke: rgb(12, 0, 0)"/>
</svg>
```

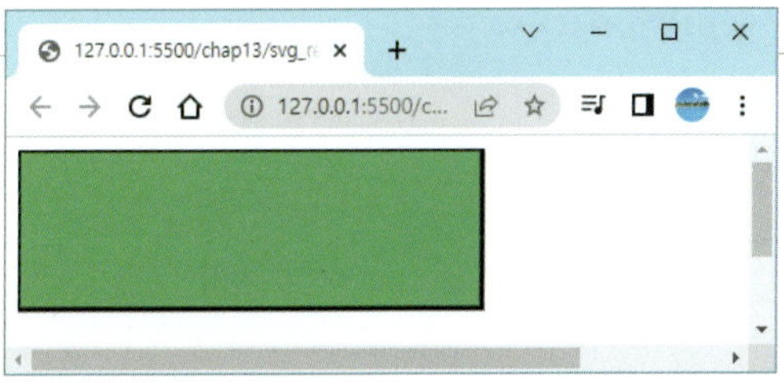

■ 타원

SVG에서는 원을 위해서는 <circle> 태그를 사용하고 타원을 위해서는 <ellipse>를 사용한다.

svg_circle.html

```
<svg width="300" height="200">
  <ellipse cx="100" cy="50" rx="80" ry="30"
    style="fill:blue; stroke:black; stroke-width:2;"/>
</svg>
```

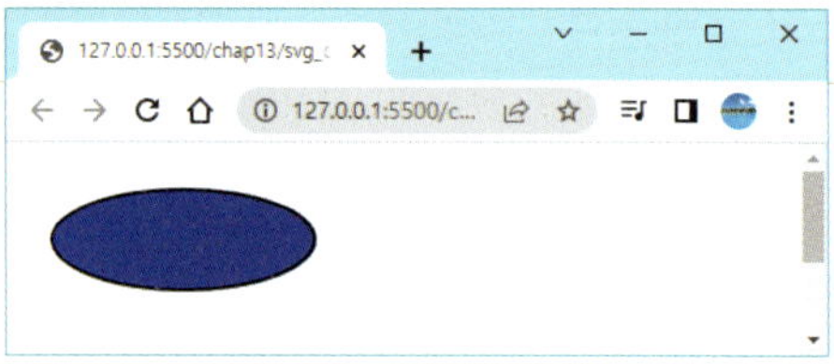

■ 직선

직선을 그리는 데는 <line> 태그를 사용한다.

svg_line.html

```
<svg width="300" height="200">
        <line x1="0" y1="0" x2="200" y2="100"
           style="stroke: green; stroke-width: 5"/>
</svg>
```

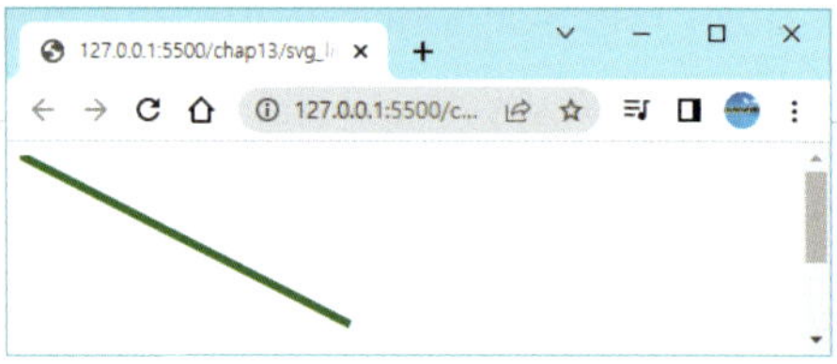

■ 다각형

다각형을 그리는 태그는 <polygon>이다. 꼭지점들의 좌표를 나열하면 된다.

svg_polygon.html

```
<svg width="500" height="300">
        <polygon points="100,20 250,160 60,210"
      style="fill: red; stroke: black; stroke-width: 3"/>
</svg>
```

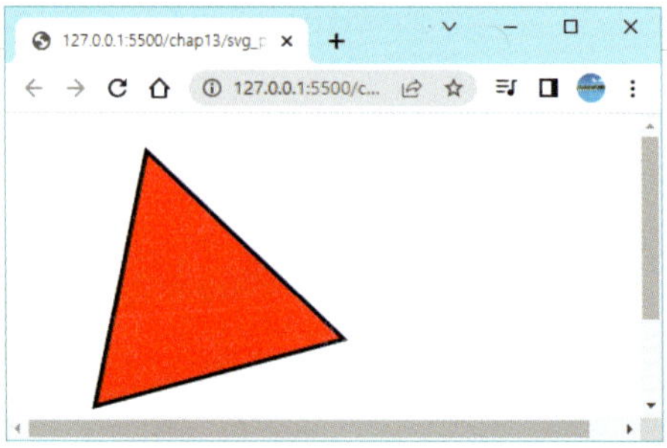

■ 텍스트

텍스트는 <text> 태그로 지원하고 있다.

svg_text.html

```
<svg width="500" height="300">
    <text x="20" y="30" font-family="Arial" font-size="30" fill="green">
        Hello, out there
    </text>
</svg>
```

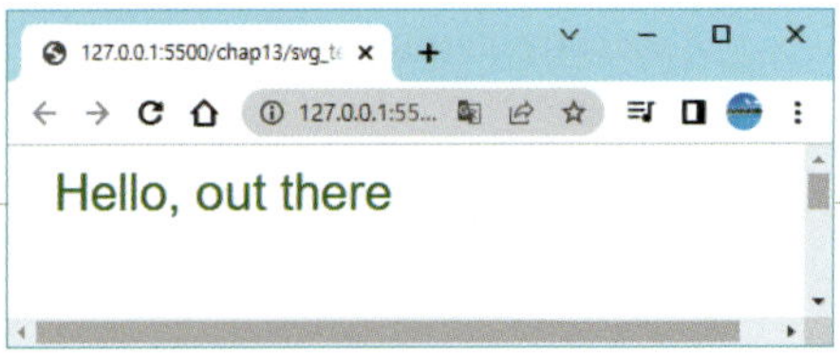

■ SVG 애니메이션

SVG는 XML-기반이기 때문에 SVG의 모든 요소들이 SVG DOM 안에 있다. 따라서 각 요소에 이벤트 처리기를 붙일 수 있고, 각 요소에 애니메이션을 지정할 수도 있다. SVG를 이용한 애니메이션은 <animate> 요소를 통하여 구현된다.

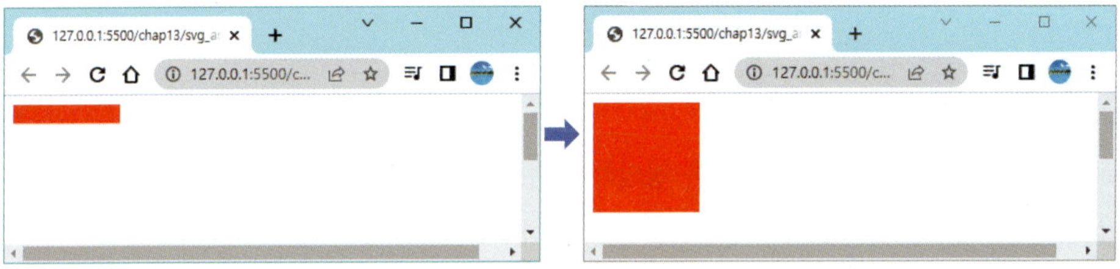

svg_anim.html

```
<svg width="500" height="300">
    <rect x=0 y=0 width="100" height="100" fill="red">
        <animate attributeName="height" from="0" to="100" dur="10s"/>
    </rect>
</svg>
```

위의 코드에서 우리는 <rect> 요소 안에 <animate>를 추가하였다. <animate> 요소는 다음과 같은 속성을 포함한다.

- attributeName: 이 속성은 애니메이션에서 변화되는 속성을 지정한다.
- from: 속성이 시작되는 값을 지정한다.
- to: 속성이 끝나는 값을 지정한다. 이 예제에서 사각형의 높이는 증가된다.
- dur: 이 속성은 애니메이션의 지속 시간을 지정한다. 예를 들어 01:30은 1분 30초를 나타낸다. 2s는 2초, 2h는 2시간을 의미한다.

만약 2개 이상의 속성을 동시에 변화시키려면 다음과 같이 한다. 다음의 코드에서는 원의 반지름과 중심점의 좌표를 동시에 변화시키고 있다.

svg_anim1.html

```
<svg width="500" height="300">
    <circle r="30" cx="100" cy="60" fill="slategrey" stroke="#000" stroke-width="7">
        <animate attributeName="r" from="0" to="30" dur="3s"/>
        <animate attributeName="cx" from="0" to="100" dur="3s"/>
    </circle>
</svg>
```

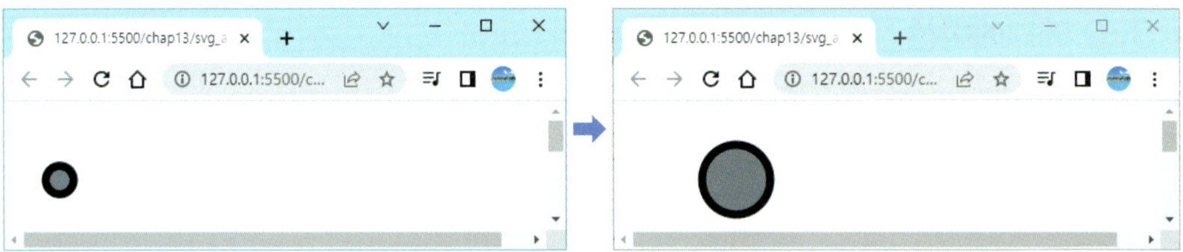

■ viewBox 속성

viewBox는 SVG가 그림을 그리는 영역을 정의하는 속성이다. viewBox 속성 없이도 화면에 그림을 그릴 수 있지만, 반응형 웹이나 여러 가지 변환을 적용할 때는 viewBox가 있어야 편리하다.

```
viewBox = "min-x min-y width height"
```

min−x와 min−y는 SVG가 그려지는 영역의 시작점이고, width와 height는 가로 길이와 세로 길이이다.

viewbox.html

```
<!DOCTYPE html>
<html>
<head>
    <style>
        svg {           border: 1px solid rgb(230, 20, 20);        }
    </style>
</head>
<body>

    <svg width="200" height="200" viewBox="0 0 200 200">
        <circle cx="50" cy="50" r="45"
```

```
            stroke="#000" stroke-width="3"
            fill="none"/>
    </svg>

    <svg width="200" height="200" viewBox="50 50 100 100">
        <circle cx="50" cy="50" r="45" stroke="#000"
            stroke-width="3" fill="none"/>
    </svg>
</body>
</html>
```

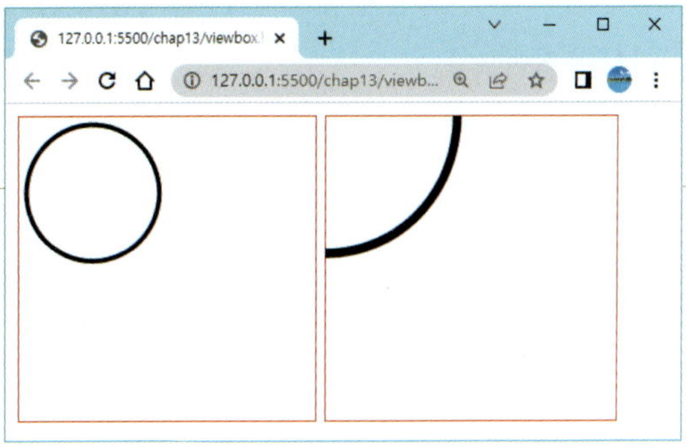

두 번째 SVG 요소에서 viewBox가 "50 50 100 100"으로 설정되었다. 따라서 viewBox와 SVG 영역이 다음과 같이 설정된 것으로 생각할 수 있다.

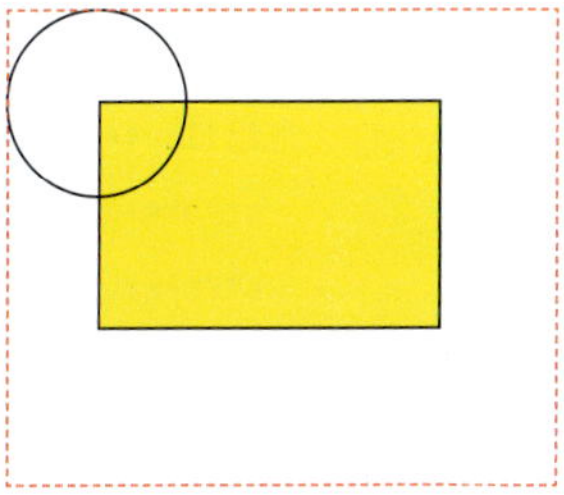

■ SVG와 캔버스 그래픽의 차이점

SVG는 XML를 이용하여 2D 그래픽을 기술하는 언어이지만 캔버스는 자바스크립트를 이용하여 즉석에서 2D 그래픽을 그린다. SVG는 XML 기반이므로 SVG DOM 내에서 모든 요소를 사용할 수 있다. HTML 요소에 자바스크립트 이벤트 핸들러를 연결할 수 있다. SVG에서 그려진 각 도형은 객체로 기억된다. SVG 객체의 속성이 변경되면 브라우저는 자동으로 모양을 다시 렌더링할 수 있다. 하지만 캔버스는 픽셀 단위로 렌더링된다. 캔버스에서 그래픽은 일단 그려지면 브라우저에서 잊어버린다. 위치를 변경해야 하는 경우, 전체 장면을 다시 그려야 한다.

캔버스	SVG
• 해상도에 의존적이다. • 이벤트 핸들러를 붙일 수 없다. • 텍스트는 비교적 낮은 품질로 그려진다. • 이미지를 .png나 .jpg 파일로 저장할 수 있다. • 그래픽을 많이 사용하는 게임에 적합하다.	• 해상도에 독립적이다. • 이벤트 핸들러를 붙일 수 있다. • 구글 지도와 같은 큰 영역을 렌더링하는 경우 적합하다. • 그리기가 복잡하면 속도가 늦어진다. • 게임에는 적합하지 않다.

Lab

아날로그 시계 작성

다음과 같은 아날로그 시계를 SVG로 작성해서 웹 페이지에 표시하는 코드를 작성해보자. 현재는 초침만 움직인다. 도전 문제로 분침과 시침도 만들어서 움직여보자.

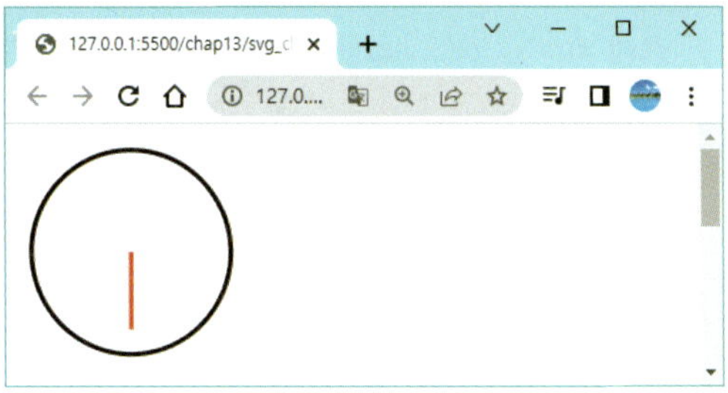

clock.html

```
<!DOCTYPE html>
<html lang="ko">
<head>
    <style>
        #clock {
            fill: transparent;
            stroke-width: 2px;
            stroke: rgb(36, 4, 4);
        }
        #sec {          stroke: rgb(224, 29, 29);       }
    </style>
</head>
<body>
    <svg id="clock" viewBox="0 0 300 300">
        <circle id="clock" cx="50" cy="50" r="45"/>
        <line id="sec" x1="50" y1="50" x2="50" y2="16"/>
    </svg>
    <script>
        setInterval(function () {
            function rotate(ele, deg) {
                ele.setAttribute('transform', 'rotate(' + deg + ' 50 50)')
            }
            let d = new Date();
            rotate(sec, 6 * d.getSeconds());
        }, 1000);
    </script>
</body>
</html>
```

14-02 드래그와 드롭

드래그(drag)와 드롭(drop)은 윈도우에서 아주 많이 사용하는 사용자 인터페이스 중의 하나이다. 사용자들은 객체를 마우스로 끌어서 다른 애플리케이션에 놓을 수 있다. 예를 들어 구글 캘린더의 경우 할 일 목록을 다른 날짜로 끌어다 놓기 기능을 이용해 이동할 수 있고, 웹 하드 애플리케이션에서는 파일들을 서버로 업로드할 때 사용할 수 있다.

드래그

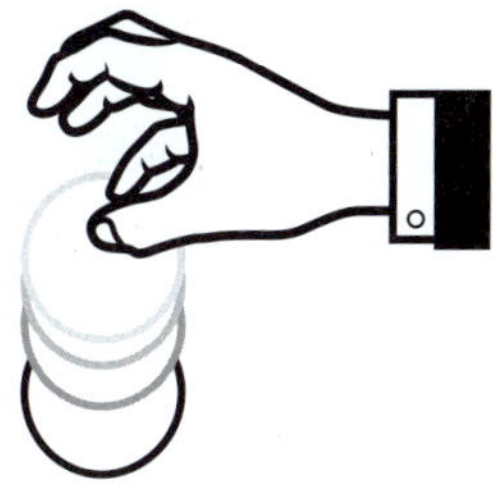

드롭

과거에 웹개발자들은 드래그와 드롭을 구현하기 위하여 다른 라이브러리를 사용하여야 했다. 하지만 드래그와 드롭은 아주 많이 사용되는 특징이기 때문에 HTML에서 직접 지원하는 것이 바람직하다. HTML5는 드래그와 드롭 기능을 HTML5 표준의 일부로 지원한다. HTML5에서는 어떤 객체도 드래그할 수 있다. HTML5에서는 자바스크립트를 이용하여 드래그와 드롭 과정에서 발생하는 이벤트를 처리하게 된다.

■ 끌어다 놓기 과정

끌어다 놓기 과정에서는 많은 이벤트들이 발생한다. 이들 이벤트를 전부 이해하였으면 드래그와 드롭을 전부 이해한 것이다. 그림으로 그려보면 다음과 같다.

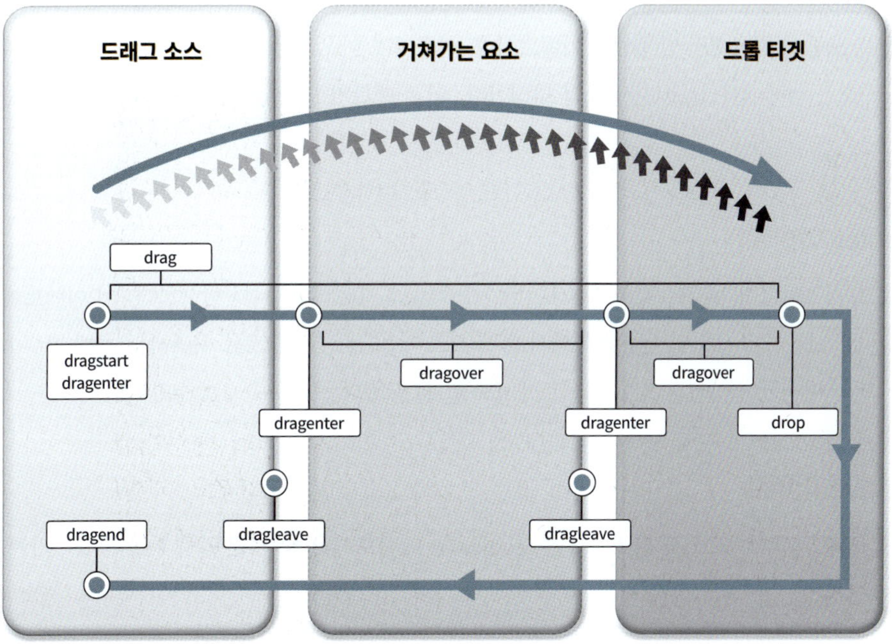

제일 먼저 해야 할 작업은 드래그되는 요소의 속성 draggable을 true로 설정하는 일이다. draggable 속성이 false로 설정되어 있으면 드래그할 수 없다. 따라서 요소를 정의할 때는 draggable을 true로 설정하여야 한다. 이미지 요소 같으면 다음과 같이 설정한다.

```
<img id="img1" src="tv.png" draggable="true">
```

이후부터는 이벤트만 처리해주면 된다. 이벤트를 발생하는 순서대로 살펴보자.

dragstart 이벤트

dragstart 이벤트는 사용자가 드래그를 시작할 때 발생한다. 이때 해야 하는 가장 중요한 작업은 dataTransfer 객체에 setData() 호출을 통하여 데이터를 설정하는 작업이다. 즉, 어떤 형식의 어떤 데이터가 이동되는지를 설정하는 것이다. dataTransfer 객체가 이동되는 데이터를 가지고 간다. 만약 텍스트 형식의 id를 보낼 거라면 다음과 같이 작성한다.

```
function handleDragStart(e)
{
    e.dataTransfer.setData("Text", e.target.id);
}
```

이 경우 데이터 형식이 "Text"이고 이동되는 데이터는 드래그되는 요소의 id이다.

drag 이벤트

드래그하는 도중에 계속해서 발생하는 이벤트이다. 사용자가 마우스 버튼을 누른 상태에서 계속 이동시키면 드래그 소스 객체에서 draw 이벤트가 발생한다. 이 이벤트가 발생했을 때 반드시 수행해야 하는 작업은 없다.

dragenter 이벤트

마우스로 드래그하다가 새로운 요소 안으로 들어가면 dragenter 이벤트가 발생한다. 이 이벤트가 발생하면 새로운 요소가 타겟 요소인지를 검사해서 타겟 요소이면 drop 이벤트를 처리하는 콜백 함수를 설정할 수 있다. 만약 미리 설정하였다면 이 이벤트에서도 할 일은 없다.

dragleave 이벤트

마우스로 드래그하다가 요소를 빠져나가면 dragleave 이벤트가 발생한다. 역시 특별한 경우가 아니면 처리할 필요는 없다.

dragover 이벤트

dragover 이벤트는 드래그 동작 도중에 마우스가 다른 요소 위에 있다는 것을 의미한다. 이 이벤트는 마우스가 현재 놓여 있는 요소에서 발생한다. 만약 타겟 요소에서 dragover 이벤트가 발생하였다면 드롭을 허용하는 처리를 하여야 한다. 디폴트로 요소 위에서 다른 요소가 드롭될 수 없다. 따라서 드롭을 허용하려면, 이러한 디폴트 처리를 방지해야 한다. 디폴트 처리를 방지하려면 event.preventDefault() 메서드를 호출하면 된다.

```
function allowDrop(e) {
    e.preventDefault();
}
```

drop 이벤트

반드시 처리해야 하는 이벤트가 등장하였다. drop 이벤트는 사용자가 마우스 버튼을 놓았을 때 발생한다. dataTransfer 객체에서 getData() 메소드를 이용하여 필요한 데이터를 꺼내면 된다.

■ 쇼핑 카트 예제

웹 페이지 위에 상품을 드래그하여 쇼핑 카트에 넣을 수 있도록 웹 페이지를 작성하여 보자.

dragdrop.html

```
<!DOCTYPE HTML>
<html>
<head>
    <style>
        #shopping_cart {
            width: 450px;
            height: 100px;
            padding: 10px;
            border: 1px dotted red;
        }
    </style>
    <script>
        function allowDrop(e) {
            e.preventDefault();
        }

        function handleDragStart(e) {
            e.dataTransfer.effectAllowed = 'move';
```

```
            e.dataTransfer.setData("Text", e.target.id);
        }

        function handleDrop(e) {
            e.preventDefault();
            let src = e.dataTransfer.getData("Text");
            e.target.appendChild(document.getElementById(src));
        }
    </script>
</head>
<body>
    <p>원하는 물건을 끌어서 옮기세요.</p>
    <div id="shopping_cart"
      ondrop="handleDrop(event)" ondragover="allowDrop(event)"></div>
    <br>
    <img id="img1" src="tv.png" draggable="true"
      ondragstart="handleDragStart(event)"  width="150" height="100">
    <img id="img2" src="audio.png" draggable="true"
      ondragstart="handleDragStart(event)"  width="150" height="100">
    <img id="Img3" src="camera.png"        draggable="true"
      ondragstart="handleDragStart(event)"  width="150" height="100">
</body>
</html>
```

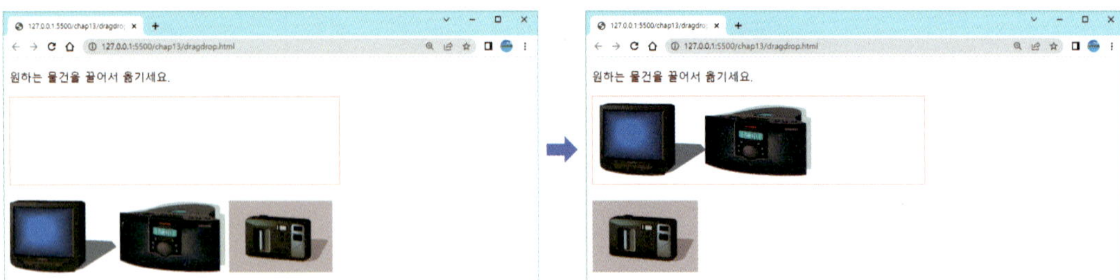

먼저 어떤 요소를 드래그가 가능하게 하려면 draggable 속성을 true로 설정한다.

```
<img id="img1" src="tv.png" draggable="true">
```

다음 단계는 요소가 드래그되었을 때 어떤 작업을 해야 되는지를 기술하면 된다. 요소가 드래그되면 ondragstart 이벤트가 발생한다. 이 이벤트를 처리하는 함수를 작성하고 연결시키면 된다. 위의 예제에서는 ondragstart 이벤트가 발생하면 handleDragStart(event) 함수를 호출한다. 이 함수는 어떤 데이터가 드래그되는지를 지정한다. dataTransfer.setData() 메서드는 드래그되는 데이터의 유형과 값을 설정한다.

```
function handleDragStart(e)
{
    e.dataTransfer.setData("Text", e.target.id);
}
```

이 경우 데이터 형식이 "Text"이고 값은 드래그 소스의 id이다. 데이터 형식은 MIME 형식을 사용한다.

ondragover 이벤트가 타겟 요소 위에서 발생하면 드롭하기 위한 사전 준비를 하여야 한다. 디폴트로는 하나의 요소들이 다른 요소 위에서 드롭될 수 없다. 드롭을 허용하려면, 디폴트 처리를 방지해야 한다. 디폴트 처리를 방지하려면 event.preventDefault() 메서드를 호출하면 된다.

```
function allowDrop(e) {
    e.preventDefault();
}
```

드래그된 데이터가 드롭되면 drop 이벤트가 발생한다. 위의 예제에서 ondrop 속성은 함수 handleDrop(event)을 호출한다.

```
function handleDrop(e) {
    e.preventDefault();
    let src = e.dataTransfer.getData("Text");
    e.target.appendChild(document.getElementById(src));
}
```

호출하는 데이터의 브라우저의 디폴트 처리를 방지하기 위해 preventDefault()를 호출한다. `dataTransfer.getData("Text")` 메소드로 드래그된 데이터를 얻는다. 이 메서드는 setData() 메서드에서 동일한 형식으로 설정된 모든 데이터를 반환한다. 드래그된 데이터는 드래그된 요소의 `id("img1")`이다. 쇼핑 카트 요소에 드래그된 요소를 추가한다.

Lab

드래그 게임 만들기

드래드-드롭 기능을 이용하여 게임판에서 타일들을 번호순으로 정렬시키는 게임을 작성해보자.

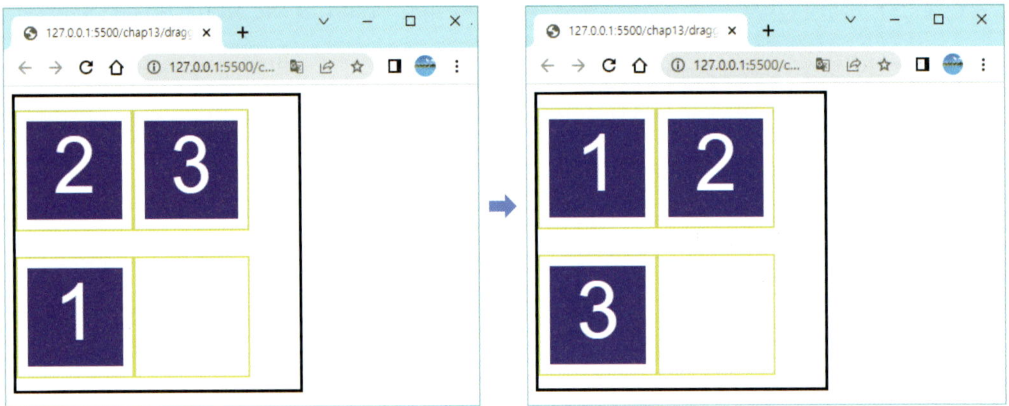

drag_game.html

```
<!DOCTYPE html>
<html lang="en">
<head>
    <style>
        body {              display: flex;        }
        #container {
            display: flex;
            border: solid;
            width: 300px;
            height: 300px;
            flex-wrap: wrap;
            align-items: center;
        }
        .box {
            background-color: rgb(250, 246, 246);
            border: 2px rgb(230, 227, 96) solid;
            width: 120px;
            height: 120px;
            display: flex;
            align-items: center;
            justify-content: center;
        }
```

```
        .item {
            font-size: 80px;
            font-family: Arial, Helvetica, sans-serif;
            width: 100px;
            height: 100px;
            background-color: #42188f;
            color: #FFF;
            text-align: center;
        }
        .move {
            background-color: rgb(230, 138, 102);
        }
    </style>

</head>
<body onload="init()">
    <div id="container">
        <div id="box1" class="box">
            <div id="item1" draggable="true" class="item">2</div>
        </div>
        <div id="box2" class="box">
            <div id="item2" draggable="true" class="item">3</div>
        </div>
        <div id="box3" class="box">
            <div id="item3" draggable="true" class="item">1</div>
        </div>
        <div id="box4" class="box"></div>
    </div>
    <script>
        function init() {
            let items = document.querySelectorAll('.item');
            items.forEach(function (item) {
                item.addEventListener('dragstart', dragging);
                item.addEventListener('dragend', draggingEnded);
            });
            items = document.querySelectorAll('.box');
            items.forEach(function (item) {
                item.addEventListener('dragenter', preventDefault);
                item.addEventListener('dragover', preventDefault);
                item.addEventListener('drop', dropItem);
            });
```

```
        }
        function dragging(e) {
            e.target.classList.add('move');
            e.dataTransfer.setData("Text", e.target.id);
        }
        function draggingEnded(e) {
            e.target.classList.remove('move');
        }
        function preventDefault(e) {
            e.preventDefault();
        }
        function dropItem(e) {
            let src = e.dataTransfer.getData("Text");
            e.target.appendChild(document.getElementById(src));
        }
    </script>
</body>
</html>
```

14-03 HTML5 위치정보

위치정보(Geolocation)는 자신의 위치를 웹 사이트와 공유하는 것이다. 우리가 자신의 위치를 공개하면 지도에서 자신의 위치를 볼 수 있으며, 현재 지역의 날씨, 유명한 맛집 등의 정보를 제공받을 수 있다. 스마트폰에서는 GPS가 있어서 더욱 정확한 위치정보를 받을 수 있으며 이것을 바탕으로 내비게이션 애플리케이션도 얼마든지 작성할 수 있다.

HTML5 위치정보 API는 사용자의 지리적 위치를 가져오는 데 사용된다. 위치정보는 사용자의 개인 정보이기 때문에 사용자가 승인하지 않으면 자바스크립트에서 가져갈 수 없다. 크롬, 사파리, 오페라는 위치정보를 지원하고 있다.

위치정보는 navigator 객체가 가지고 있는 geolocation 객체를 통하여 얻을 수 있다. 위치정보를 가지고 있는 변수는 다음과 같이 생성할 수 있다.

```
let geolocation = navigator.geolocation;
```

geolocation 객체는 다음과 같은 메소드를 가지고 있다.

메소드	설명
getCurrentPosition()	사용자의 현재 위치 정보를 반환한다.
watchPosition()	장치의 현재 위치에 대한 정보를 주기적으로 반환한다.
clearWatch()	현재 진행 중인 watchPosition() 실행을 중지한다.

■ getCurrentPosition() 메소드

getCurrentPosition() 메소드는 위치 정보를 가져올 때 사용하는 메소드이다. 위치 정보를 처리하는 함수를 인수로 전달한다. 예를 들어 다음과 같이 사용할 수 있다.

```
function getLocation() {
   let geolocation = navigator.geolocation;
   geolocation.getCurrentPosition(showLocation, errorHandler);
}
```

여기서 showLocation()은 위치 정보를 처리하는 콜백 메소드이고 errorHandler()는 오류를 처리하는 콜백 메소드이다. 오류를 처리하는 메소드는 옵션이므로 없어도 된다. 왜 위치정보는 즉시 반환하지 않고 콜백 메소드를 사용할까? 위치 정보를 추출하는데 상당한 시간이 걸리기 때문이다. 콜백 메소드 showPosition()은 다음과 같이 정의할 수 있다.

```
function showLocation( position ) {
  let latitude = position.coords.latitude;
  let longitude = position.coords.longitude;
  ...
}
```

여기서 position 인수가 결국은 위치 정보를 가지고 있는 객체이다. postion 인수는 Position 객체의 변수이다. Position 객체는 많은 속성을 가지고 있는데 그중에서 중요한 것만 표로 정리하였다.

속성	타입	설명
coords	objects	장치의 위치정보를 가지고 있는 객체이다.
coords.latitude	Number	위도 정보이다. 단위는 도(decimal degree)이다. 범위는 [-90.00, +90.00].
coords.longitude	Number	경도 정보이다. 단위는 도(decimal degree)이다. 범위[-180.00, +180.00].
coords.altitude	Number	고도 정보이다. 단위는 미터이다.
coords.heading	Number	북쪽으로부터 시계방향으로 방위각

속성	타입	설명
coords.speed	Number	장치의 현재 속도이다.
timestamp	date	위치정보가 반환된 시각이다.

■ 사용자의 위치 정보 얻기

HTML5에서는 getCurrentPosition() 메서드를 사용하여 사용자의 위치를 얻을 수 있다. 아래의 예제는 사용자의 경도 및 위도를 반환하는 간단한 예제이다.

geoloc.html

```
<!DOCTYPE html>
<html>
<body>
    <button onclick="getGeolocation()">위치 정보 얻기</button>
    <div id="target"></div>
    <script>
        let myDiv = document.getElementById("target");
        function getGeolocation() {
            if (navigator.geolocation) {
                navigator.geolocation.getCurrentPosition(showLocation);
            }
        }
        function showLocation(location) {
            myDiv.innerHTML = "(위도: " + location.coords.latitude +
            ", 경도: " + location.coords.longitude + ")"
        }
    </script>
</body>
</html>
```

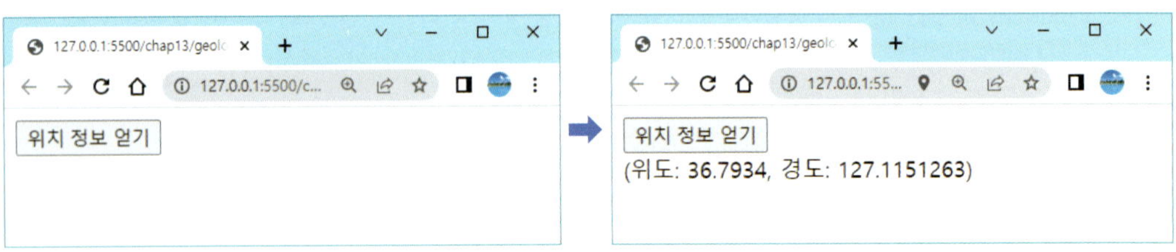

예제를 설명하여 보자. 먼저 다음과 같은 문장으로 위치정보가 지원되는지를 검사한다.

```
if (navigator.geolocation) {
    navigator.geolocation.getCurrentPosition(showLocation);
}
```

지원된다면 getCurrentPosition() 메서드를 실행한다. getCurrentPosition() 메서드가 위치정보를 얻는데 성공하면 showLocation() 함수가 호출되고 인수로 좌표 객체를 가지고 있는 position 객체가 전달된다. showGeolocation() 함수는 position 객체에서 위도 및 경도를 추출하여 화면에 표시한다.

```
function showLocation(location) {
    myDiv.innerHTML = "(위도: " + location.coords.latitude +
    ", 경도: " + location.coords.longitude + ")"
}
```

■ 오류 처리

위의 예는 아무런 오류를 하지 않는 아주 기본적인 스크립트 코드이다. 오류 처리를 하려면 getCurrentPosition() 메서드의 두 번째 매개 변수로 오류를 처리하는 콜백 메소드를 넘겨주어야 한다. 이 메소드는 사용자의 위치를 얻는데 실패하는 경우, 오류 원인을 출력한다.

```
function printError(error) {
    switch (error.code) {
        case error.PERMISSION_DENIED:
            msg = "사용자 거부";
            break
        case error.POSITION_UNAVAILABLE:
            msg = "지리 정보를 얻을 수 없음";
            break
        case error.TIMEOUT:
            msg = "시간초과";
            break
        case error.UNKNOWN_ERROR:
            msg = "알 수 없는 오류 발생";
            break
    }
}
```

■ 이동하면서 위치 정보를 얻는 방법

사용자가 이동하면서 주기적으로 위치정보를 얻으려면 이전과는 다른 방법을 사용하여야 한다. geolocation 객체의 watchPosition()을 호출하여 콜백 메소드를 등록한다. 콜백 메소드가 주기적으로 호출되면서 업데이트된 위치정보를 얻을 수 있다. clearWatch()를 호출해야만이 주기적인 호출을 중지할 수 있다.

- `watchPosition()`: 사용자의 현재 위치를 연속하여 출력한다. 자동차처럼 사용자가 이동하고 있으면 계속 업데이트된 위치를 반환한다.
- `clearWatch()`: watchPosition() 메서드를 중지한다.

다음 예제에서는 watchPosition() 메서드를 사용하였다. 스마트폰처럼 정밀한 GPS 장치를 가지고 있다면, 이동 중에 변화되는 위치가 출력된다.

geoloc2.html

```
<!DOCTYPE html>
<html>
<body>
    <button onclick="startGeolocation()">위치 정보 시작</button>
    <button onclick="stopGeolocation()">위치 정보 중지</button>
    <div id="target"></div>
    <script>
        let id;
        let myDiv = document.getElementById("target");
        function startGeolocation() {
            if (navigator.geolocation) {
                id = navigator.geolocation.watchPosition(showGeolocation);
            }
        }
        function showGeolocation(location) {
            myDiv.innerHTML = "(위도: " + location.coords.latitude +
            ", 경도: " + location.coords.longitude + ")";
        }
        function stopGeolocation() {
            if (navigator.geolocation) {
                navigator.geolocation.clearWatch(id);
            }
        }
    </script>
</body>
</html>
```

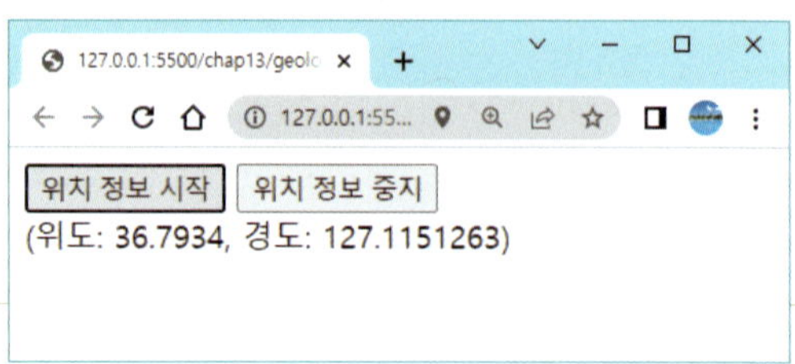

14-04 Open Street Map 지도 이용하기

지도에 결과를 표시하기 위해서는, 구글 맵(Google Map)처럼 위도 및 경도를 사용할 수 있는 지도 서비스에 대한 액세스가 필요하다. 지도 서비스로는 구글의 지도 서비스가 가장 유명하다. 하지만 구글의 서비스를 이용하려면 요금을 지불하여야 한다. 우리는 오픈 지도 서비스인 Open Street Map을 사용해보자. 지도 타일 이미지는 OpenStreetMap 서버에서 가져온다.

■ Open Street Map 사용

일단 https://www.openstreetmap.org/에 접속하여 지도를 사용해보자. 구글 지도와 유사하다.

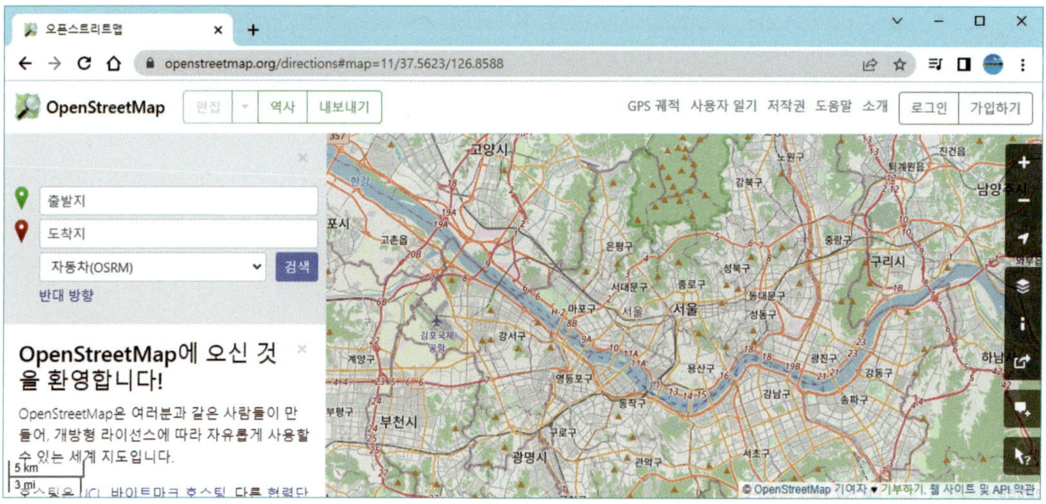

■ 예제

우리는 Leaflet 라이브러리를 통하여 Open Street Map을 사용해보자. 서울을 중심으로 지도를 표시하고 서울에 마커를 표시한다.

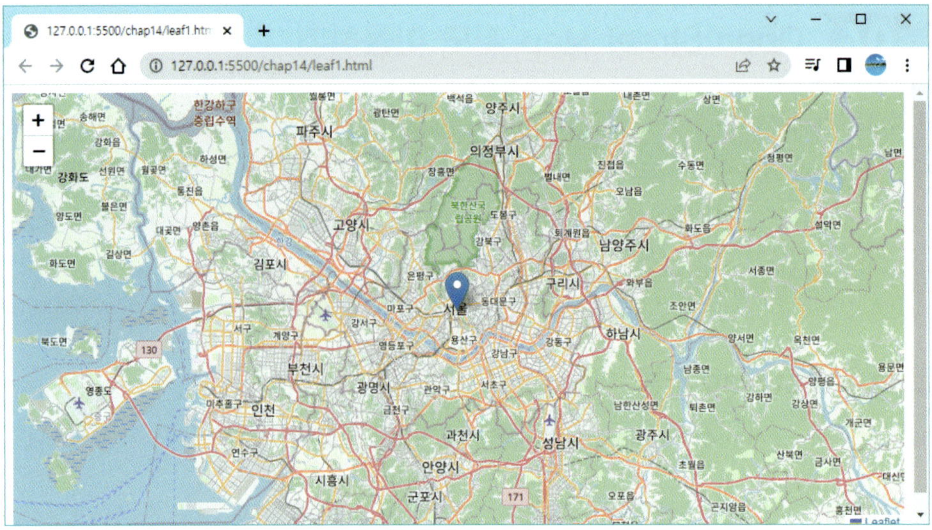

leaf.html

```
<html>
<head>
    <link rel="stylesheet" href="https://unpkg.com/leaflet@1.8.0/dist/leaflet.css"/>
    <script src="https://unpkg.com/leaflet@1.8.0/dist/leaflet.js"></script>
    <style>
        #map {
            width: 100%;
            height: 100vh;
        }
    </style>
</head>
<body>
    <div id="map"></div>
    <script>
        let mapOptions = {
            center: [37.562, 126.9793],
            zoom:10
        }
        let map = new L.map('map', mapOptions);
        let layer = new L.TileLayer('http://{s}.tile.openstreetmap.org/{z}/{x}/{y}.png');
        map.addLayer(layer);
        let marker = new L.Marker([37.562, 126.9793]);
        marker.addTo(map);
    </script>
</body>
</html>
```

웹 페이지에 지도를 포함하려면 3가지가 필요하다.

- Leaflet CSS 소스를 포함하여야 한다.
- Leaflet 라이브러리 소스를 포함하여야 한다.
- 지도 컨테이너로 사용할 <div> 요소가 필요하다.
- 간단한 지도를 만드는 자바스크립트 코드가 필요하다.

STEP #1: Leaflet CSS 소스 포함

첫 번째는 CSS 소스를 포함하는 것이다. 인터넷에서 가져올 수 있다. 다음과 같은 문장을 사용한다.

```
<link rel="stylesheet" href="https://unpkg.com/leaflet@1.8.0/dist/leaflet.css"/>
```

STEP #2 Leaflet 라이브러리 소스 포함

Leaflet CSS 소스 다음에 Leaflet 라이브러리를 가져오는 문장을 놓는다.

```
<script src="https://unpkg.com/leaflet@1.8.0/dist/leaflet.js"></script>
```

STEP #3 <div> 요소 만들기

애플리케이션의 지도는 <div> 요소에 포함된다. 지도의 너비, 높이 및 테두리와 같은 지도 속성을 <div>의 CSS 속성을 통해 제어할 수 있다. <div> 요소를 만들고 아이디를 "map"으로 지정한다.

```
<div id="map"></div>
```

STEP #4 지도 컨테이너의 너비와 높이를 지정한다.

```
#map {
    width: 100%;
    height: 100vh;
}
```

STEP #5 지도 초기화하기

OpenStreetMap 타일로 서울을 보여주는 지도를 만들어 보자. 이제부터는 자바스크립트에서 작업할 것이다. 먼저 지도 객체를 생성하고 지도의 중심 좌표와 확대/축소 수준을 설정한다.

```
let mapOptions = {
    center: [37.562, 126.9793],     // 서울의 위도와 경도
    zoom:10                 // 확대 수준
}
let map = new L.map('map', mapOptions);      // 지도 객체 생성
```

기본적으로 지도에서 모든 마우스 및 터치 상호 작용이 활성화되고 확대/축소 및 속성 컨트롤이 표시된다.

다음으로 지도에 타일 레이어를 추가한다. 우리가 추가할 타일 레이어는 OpenStreetMap 타일 레이어이다. 타일 레이어 생성에는 일반적으로 타일 이미지, 속성 텍스트, 레이어의 최대 확대/축소 수준에 대한 URL 템플릿 설정이 포함된다.

```
let layer = new L.TileLayer('http://{s}.tile.openstreetmap.org/{z}/{x}/{y}.png');
map.addLayer(layer);
```

STEP #6 마커 추가하기

타일 레이어 외에도 마커, 폴리라인, 다각형, 원, 팝업을 비롯한 다른 항목을 지도에 쉽게 추가할 수 있다. 우리는 다음과 같은 문장으로 마커를 추가할 수 있다.

```
let marker = new L.Marker([37.562, 126.9793]);        // 마커의 위도와 경도
marker.addTo(map);
```

14-05 HTML5 웹 워커

가끔은 자바스크립트에서 시간이 많이 걸리는 작업들을 할 때가 있다. 예를 들면 영상을 처리한다거나 대용량의 텍스트 데이터에서 원하는 정보를 추출할 수도 있다. 이런 작업들을 자바스크립트에서 한다면 웹 페이지는 스크립트가 완료될 때까지 응답하지 않게 된다.

이런 경우에 사용할 수 있는 메커니즘이 웹 워커이다. 웹 워커(web worker)는 자바스크립트에 백그라운드에서 실행되는 스레드(thread)를 도입한 것이다. 웹 워커는 페이지의 성능에 영향을 주지 않고 백그라운드에서 실행되는 자바스크립트이다. 시간이 많이 걸리는 작업을 웹 워커에게 위임한다면 사용자는 웹 페이지에서 자신이 원하는 작업을 계속할 수 있다.

■ 웹워커 예제

http://www.w3.org/의 소수(prime) 예제를 조금 변형하여 살펴보자. 웹 워커의 가장 간단한 사용은 사용자 인터페이스를 방해하지 않고 계산 · 중심적인 작업을 하는 것이다. 예를 들어 가장 큰 소수를 지속적으로 찾는 작업을 웹 워커로 작성하여 보자. 일반적으로 웹 워커는 별도의 자바스크립트 파일로 작성된다. 먼저 worker.js 파일을 다음과 같이 작성한다.

worker.js

```
// 소수를 찾는 자바스크립트 소스
let n = 1;
search: while (true) {
    n += 1;
    for (let i = 2; i <= Math.sqrt(n) ; i += 1)
        if (n % i == 0)
            continue search;
    // 소수를 발견할 때마다 바로 웹 페이지로 전달한다.
    postMessage(n);
}
```

이제는 웹 워커를 사용하는 웹 페이지를 작성하여 보자.

webworker.html

```
<!DOCTYPE HTML>
<html>
<head>
    <title>웹워커 예제</title>
</head>
<body>
    <button onclick="startWorker()">웹워커 시작</button>
    <button onclick="stopWorker()">웹워커 종료</button>
    <p>현재까지 발견된 가장 큰 소수는
        <output id="result"></output>
    </p>
    <script>
        let w;

        function startWorker() {
            if (typeof (Worker) !== "undefined") {
                if (typeof (w) == "undefined") {
                    w = new Worker("worker.js");
                }
```

```
                w.onmessage = function (event) {
                    document.getElementById("result").innerHTML = event.data;
                };
            }
            else {
                document.getElementById("result").innerHTML = "웹브라우저가 웹워커를 지원하지 않음";
            }
        }

        function stopWorker() {
            w.terminate();
        }
    </script>
</body>
</html>
```

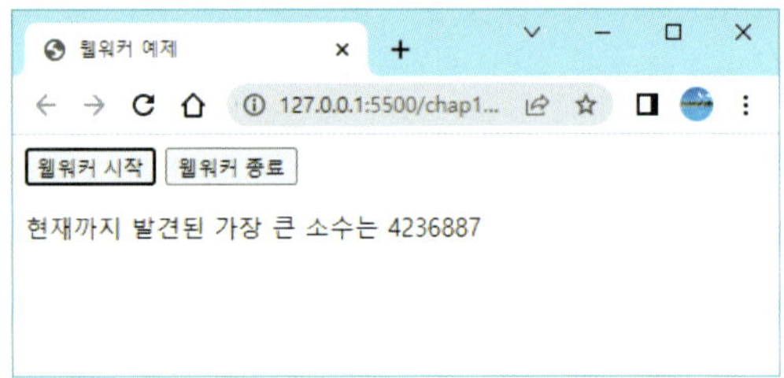

위의 코드는 반드시 라이브 서버를 통해 실행하여야 한다. 로컬 파일을 클릭해서는 보안 문제 때문에 실행이 되지 않는다.

웹 작업자 지원 확인

웹 워커를 생성하기 전에 사용자의 브라우저가 웹 워커를 지원하는지를 확인한다.

```
if (typeof (Worker) !== "undefined")
{
      // 웹 워커 지원
else {
      // 웹 워커 지원하지 않음!
}
```

웹 작업자 파일 만들기

이제, 외부 자바스크립트로 웹 워커를 만든다. 여기서는 가장 큰 소수를 지속적으로 발생시켜서 웹 페이지로 보내는 스크립트를 생성한다. 스크립트는 “worker.js” 파일로 저장된다.

```
 // 소수를 찾는 자바스크립트 소스
let n = 1;
search: while (true) {
    n += 1;
    for (let i = 2; i <= Math.sqrt(n) ; i += 1)
        if (n % i == 0)
            continue search;
```

```
    // 소수를 발견할 때마다 바로 웹 페이지로 전달한다.
    postMessage(n);
}
```

위의 코드의 중요한 부분은 바로 postMessage() 메소드이다. 이 메소드는 웹 워커에서 데이터를 웹 페이지로 보내는 데 사용된다.

웹 작업자 객체 만들기

우리는 웹 워커 파일을 작성하였다. 이제 HTML 페이지에서 그 파일을 호출하면 된다. 다음의 코드에서 웹 워커가 이미 존재하는지를 체크한다. 웹 워커가 없다면 새로운 웹 작업자 객체를 만들고 “worker.js” 파일 안의 코드를 실행한다.

```
if (typeof (w) == "undefined") {
      w = new Worker("worker.js");
}
```

이제부터는 웹 페이지에서 웹 워커에게 메시지를 보낼 수 있고 수신할 수도 있다. 웹 워커로부터 메시지를 수신하기 위하여 웹 워커의 “onmessage” 이벤트에 리스너를 추가한다.

```
w.onmessage = function (event) {
     document.getElementById("result").innerHTML = event.data;
};
```

웹 워커가 메시지를 송신하면 이벤트 리스너 내의 코드가 실행된다. 웹 워커에서 오는 데이터는 event.data에 저장된다.

웹 작업자 종료

웹 작업자 객체가 생성되면 객체가 종료될 때까지 메시지 수신을 계속한다. 웹 워커를 종료하고 브라우저와 컴퓨터의 자원을 모두 해제하려면 terminate() 메서드를 사용한다.

```
function stopWorker() {
    w.terminate();
}
```

웹워커와의 데이터 송수신

만약 웹 페이지가 웹 워커로 데이터를 보내고 싶으면 postMessage()를 사용한다.

```
w.postMessage(value);
```

웹 워커에서도 데이터를 수신하려면 onmessage 이벤트를 사용한다.

```
onmessage = function (event) {
    value = event.data;
};
```

■ 웹워커 용도

- **영상 처리(image processing)**: 캔버스나 비디오 요소에서 추출된 데이터를 사용하여 어떤 영상 처리를 수행할 수 있다. 이때는 이미지를 여러 개의 작은 조각으로 나누어서 각 조각들을 웹 워커에게 줄 수도 있다. 멀티-코어 CPU라면 물리적으로도 웹 워커들이 동시에 수행될 수 있다.
- **대용량 데이터 처리**: XMLHTTPRequest 호출 후에 파싱해야 할 대용량 데이터가 존재하는 경우에 사용할 수 있다.
- **텍스트 분석**: 사용자가 입력하는 즉시 텍스트를 사전에서 검색한다. 자동적인 오류 수정 등이 가능하다.
- **데이터베이스 요청 동시 수행**: 로컬 데이터베이스에 대한 요청들을 동시에 수행한다.

Mini Project

이미지 맞히기 게임 제작

드래그와 드롭을 이용하여 상단의 텍스트 박스와 하단의 이미지를 일치시키는 게임을 작성해보자.

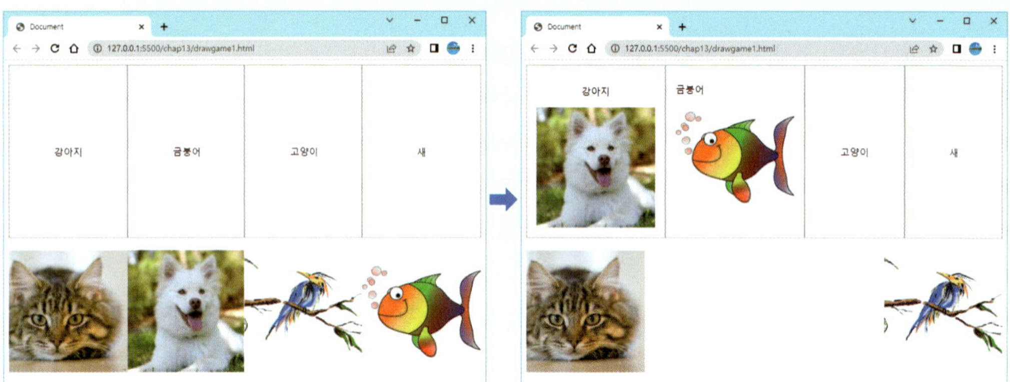

게임이 종료되면 "게임이 종료되었습니다"라는 메시지를 출력할 수 있는가?

14장

Summary

Q **SVG을 이용하여 벡터 그래픽을 화면에 그릴 수 있나요?**

A <svg> 요소를 생성하고 그 안에 <line>이나 <rect>와 같은 그래픽 요소들을 정의하면 됩니다.

Q **드래그와 드롭을 사용하여 하나의 요소를 다른 요소 안으로 이동할 수 있나요?**

A <svg> 요소를 생성하고 그 안에 <line>이나 <rect>와 같은 그래픽 요소들을 정의하면 됩니다.

Q **사용자의 위치정보를 받아서 위도와 경도를 표시할 수 있나요?**

A HTML Geolocation API는 사용자의 지리적 위치를 얻는 데 사용합니다. 그리고 getCurrentPosition() 메소드는 사용자의 위치를 얻는 데 사용합니다.

Q **웹 워커를 사용하여 시간이 많이 걸리는 작업을 처리할 수 있나요?**

A 웹 워커는 페이지 성능에 영향을 주지 않고 백그라운드에서 실행되는 자바스크립트를 의미합니다. Worker 객체를 생성한 후에 별도의 작업이 저장된 자바스크립트 소스 파일 이름을 건네주면 됩니다.

14장

Exercise

01. SVG 애니메이션을 만들 때 사용되는 태그는?

① 〈anim〉 ② 〈anime〉

③ 〈animate〉 ④ 〈animation〉

02. 어떤 요소가 드래그되게 하려면 어떤 속성을 true로 설정하여야 하는가?

① drag ② draggable

③ dragstart ④ dragenter

03. 위치 정보를 사용하기 위하여 이용해야 하는 객체는?

① window ② geolocation ③ location ④ document

04. Geolocation 객체의 3개 메소드 중에서 주기적으로 위치정보를 얻고 싶을 때 사용해야 하는 것은?

① getCurrentPosition() ② watchPosition()

③ clearPosition() ④ multiplePosition()

05. Position 객체를 통하여 위치 정보가 제공된다. Position 객체를 통하여 제공되는 정보 중에서 3가지만 설명해보라.

06. 드래그와 드롭을 사용할 때 발생하는 이벤트를 순서대로 정리해보라.

07. 자바스크립트에서 별도의 스레드를 만들어서, 시간이 많이 걸리는 작업을 하고 싶을 때 사용해야 하는 HTML5 기능은?

① 위치정보 ② 웹 워커

③ 웹스레드 ④ 드래그와 드롭

08. 메인 프로그램과 웹 워커 사이에서 통신하는 데 사용되는 메소드는?

① sendMessage(msg) ② sendMsg(msg)

③ postMessage(msg) ④ postMsg(msg)

14장 Programming

01. SVG를 이용하여 다음과 같은 화면을 생성해보자.

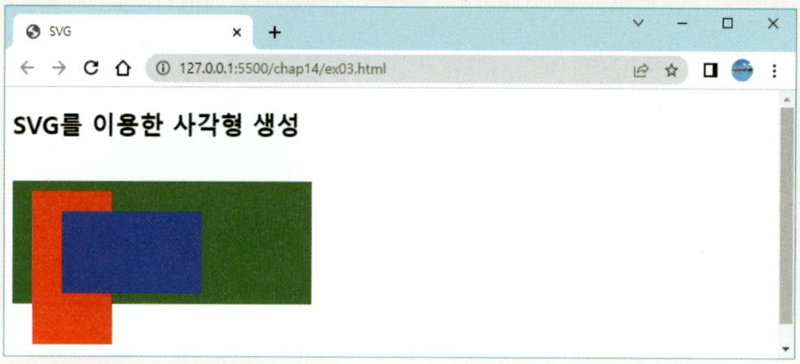

02. SVG 애니메이션을 이용하여 다음과 같은 화면을 생성해보자.

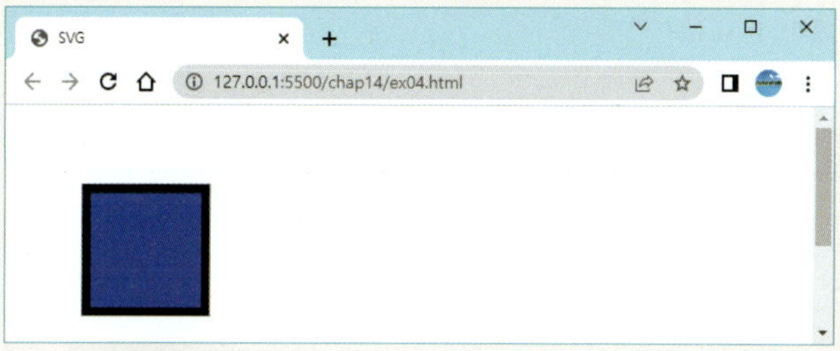

03. 다음 그림처럼 버튼을 <div> 안으로 드래그하여 드롭하는 웹 페이지를 작성해보자.

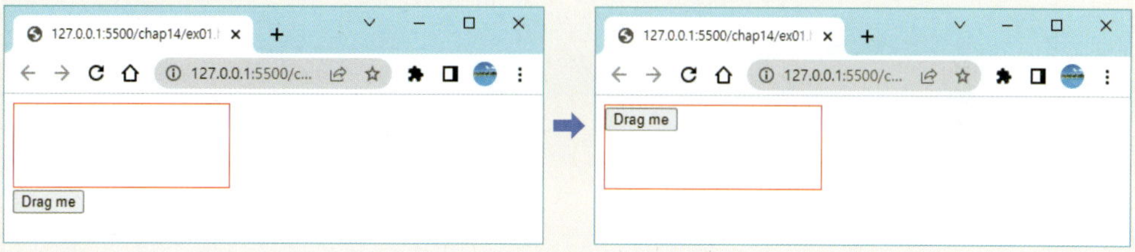

04. 숫자를 카운팅하는 웹 워커를 생성하고 이것을 웹 페이지에서 받아서 화면에 표시하는 프로그램을 작성해보라.

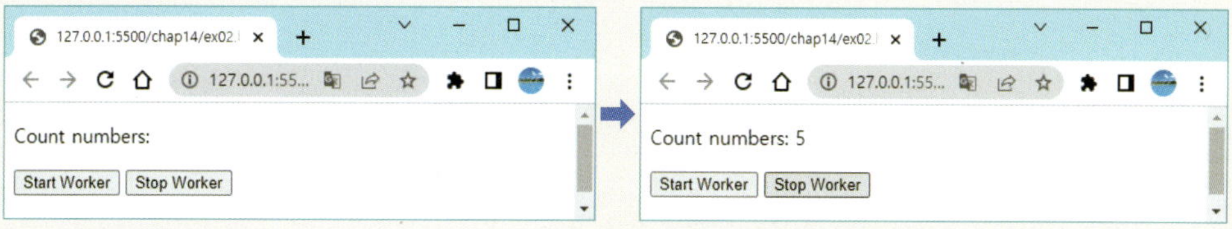

05. 피보나치 수열을 계산하는 웹 워커를 작성해보자.

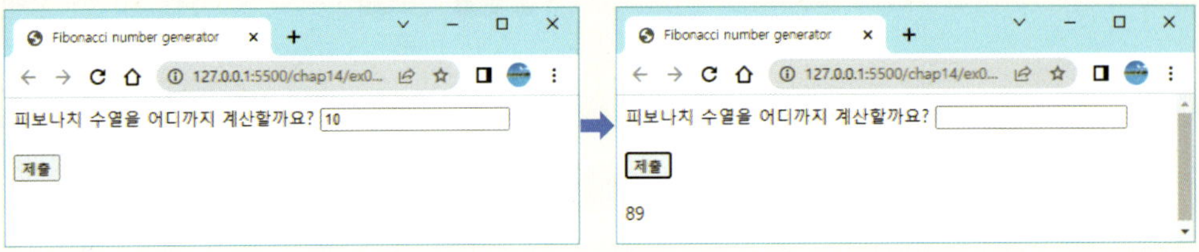

06. 본문에서 Open Street Map을 사용하는 예제를 다룬 바 있다. 이 예제의 지도에 다음과 같이 다각형을 추가하여 표시되게 해보자.

```
let polygon = L.polygon([
    [37.662, 126.9793],
    [37.562, 127.9793],
    [35.562, 125.9793]
]).addTo(map);
```

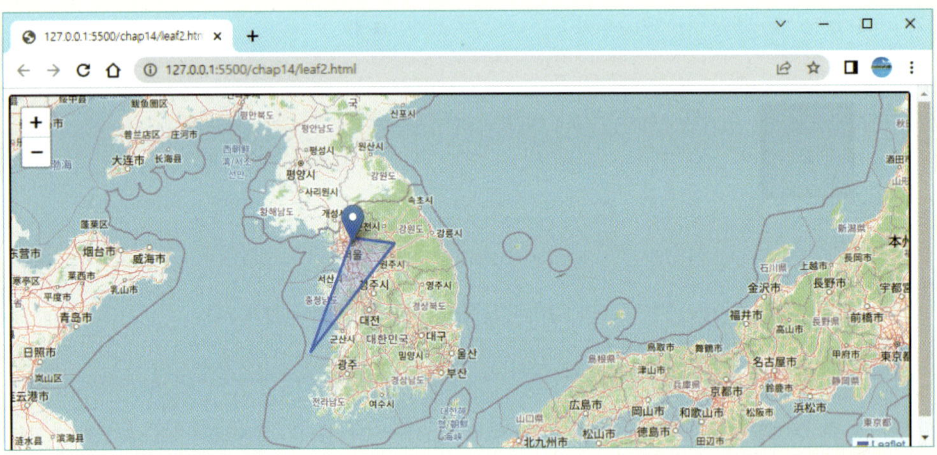

15

HTML5 웹스토리지, 파일 API, AJAX

15-01 HTTP 프로토콜과 쿠키

우리가 아마존이나 네이버에 접속하면, 아직 로그인하지 않았는데도 웹 페이지가 "반갑습니다. 홍길동님" 이라고 인사하는 것을 볼 수 있다. 어떻게 사용자가 로그인하기 전인데도 웹 페이지는 사용자를 알아볼 수 있을까? 이것은 웹 페이지가 쿠키나 웹스토리지를 이용하여 기존의 정보를 클라이언트 컴퓨터에 저장해 놓기 때문이다. 이번 장에서는 어떻게 서버 컴퓨터가 클라이언트 컴퓨터에 정보를 저장할 수 있는지를 자세히 살펴보자.

■ HTTP는 무상태 프로토콜

HTTP(HyperText Transfer Protocol)는 1996년 HTTP/1으로 등장한 이후로 약간의 변경이 있었지만, 근본적으로 "무상태" 프로토콜(stateless protocol)이다. "무상태"라고 하면 서버가 두 요청(request) 간에 상태를 유지하지 않음을 의미한다. 클라이언트와 웹서버 간에는 연속적인 요청-응답만 있을 뿐 상태를 기억하지 않는다.

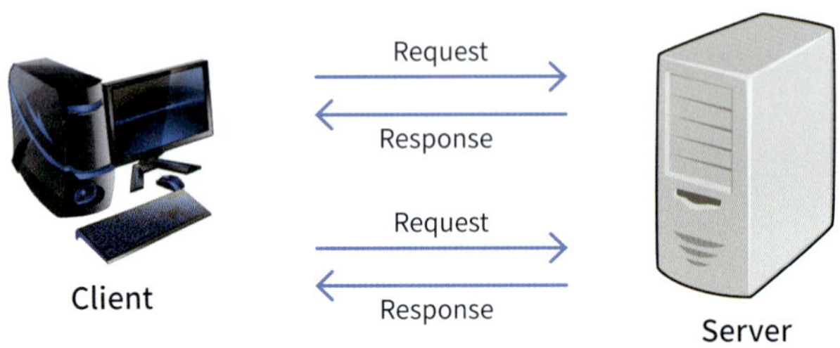

이것은 구체적인 예를 들기 전에는 상당히 이해하기 어렵다. 우리가 백화점에서 TV를 구매한다고 하자. 다음과 같은 대화가 오갈 수 있다. 백화점 직원은 상태를 기억하고 있다.

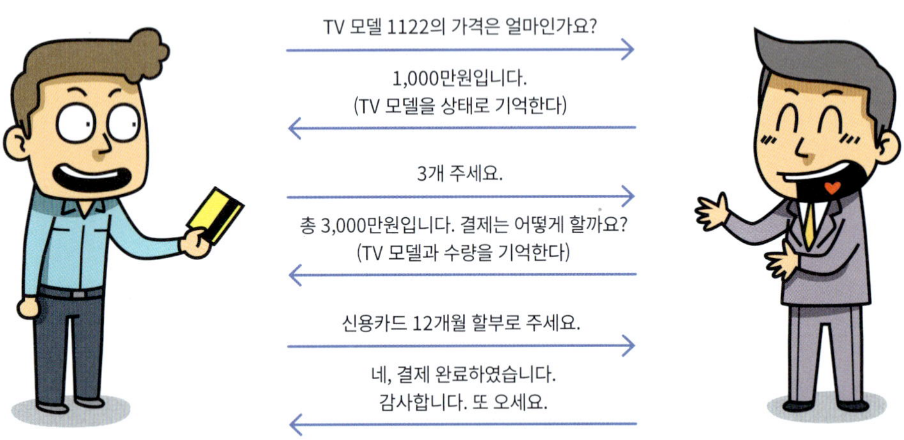

그림 15-1 상태 프로토콜의 예

하지만 어떤 직원은 기억력에 문제가 있어 직전의 대화를 기억하지 못한다고 하자. 다음과 같이 혼란이 발생할 것이다.

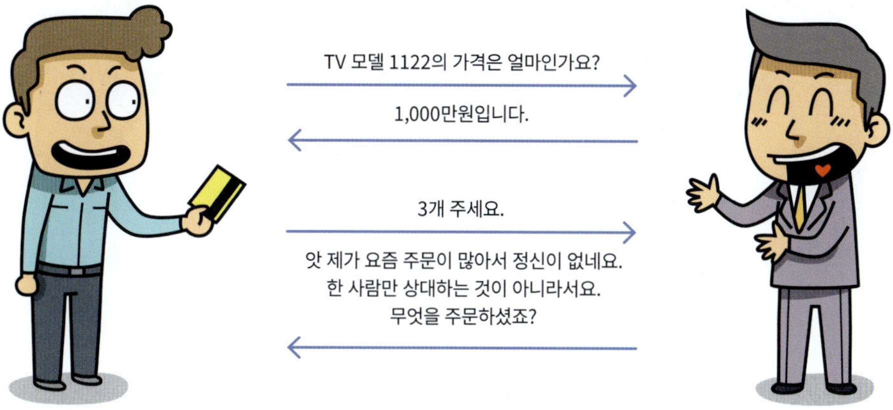

그림 15-2 무상태 프로토콜의 예

HTTP 프로토콜은 무상태 프로토콜이다. 무상태 프로토콜이어야 장점이 많다. 상태를 기억하지 않기 때문에 같은 서버가 유지될 필요가 없다. 상태를 저장하지 않으므로 어떤 서버가 응답하여도 상관이 없는 것이다. 또 클라이언트의 요청이 증가하면 서버를 증설하면 된다. 부분적 장애로부터 복구하는 작업도 용이하기 때문에, 서버의 안정성도 향상된다.

하지만 무상태 프로토콜 때문에 사용자가 로그인했는지 안했는지도 기억할 수 없다. 따라서 로그인 상태와 같은 것은 유지시켜 주어야 한다. 이때 사용되는 것이 전통적으로는 쿠키였고, 최근에는 웹스토리지가 권장된다.

■ 쿠키(cookie)란 무엇인가?

웹 페이지를 요즘은 웹앱(WebApp)이라고 한다. 즉, 웹 페이지를 애플리케이션처럼 사용할 수 있다는 것이다. 애플리케이션은 클라이언트 컴퓨터에 무엇인가를 저장할 필요가 있다. 예를 들어 장바구니에 담긴 물건이나 자신이 방문한 횟수와 같은 정보들을 저장할 필요가 있는 것이다. 이전에는 이것을 쿠키(cookie)로 해결하였다. 근본적으로 웹서버는 클라이언트 컴퓨터의 상태를 기억하지 못한다(stateless 프로토콜이기 때문이다). 따라서 이제까지 쿠키를 사용하여 이런 것들을 기억하였다. 하지만 쿠키는 한 개당 4KB만 저장할 수 있고 쿠키의 개수도 20개 정도로 제한된다. 또 쿠키는 보안에도 취약하다.

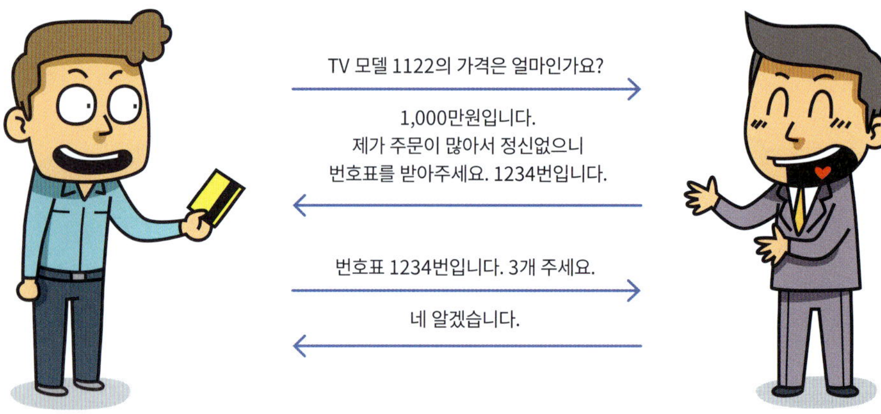

쿠키는 다음과 같은 특징을 가진다.

- 웹 서버에서 사용자의 웹 브라우저로 보내지는 데이터이다.
- 쿠키는 단순한 텍스트 데이터이다. 이진 데이터가 아니다.
- 쿠키는 브라우저에 의해 사용자의 컴퓨터(디스크)에 저장된다.
- 웹사이트는 자체 쿠키만 읽을 수 있다. 다른 웹사이트의 쿠키를 읽을 수 없다. 이 보안은 브라우저에 의해 보장된다.
- 쿠키는 다른 브라우저 간에 공유되지 않는다. 즉, 동일한 도메인이라도 한 브라우저는 다른 브라우저에 저장된 쿠키를 읽을 수 없다.
- HTTP 프로토콜에 따라 쿠키의 크기는 4KB를 초과할 수 없다.

쿠키는 지금도 사용된다. 따라서 쿠키의 동작을 이해할 필요가 있다.

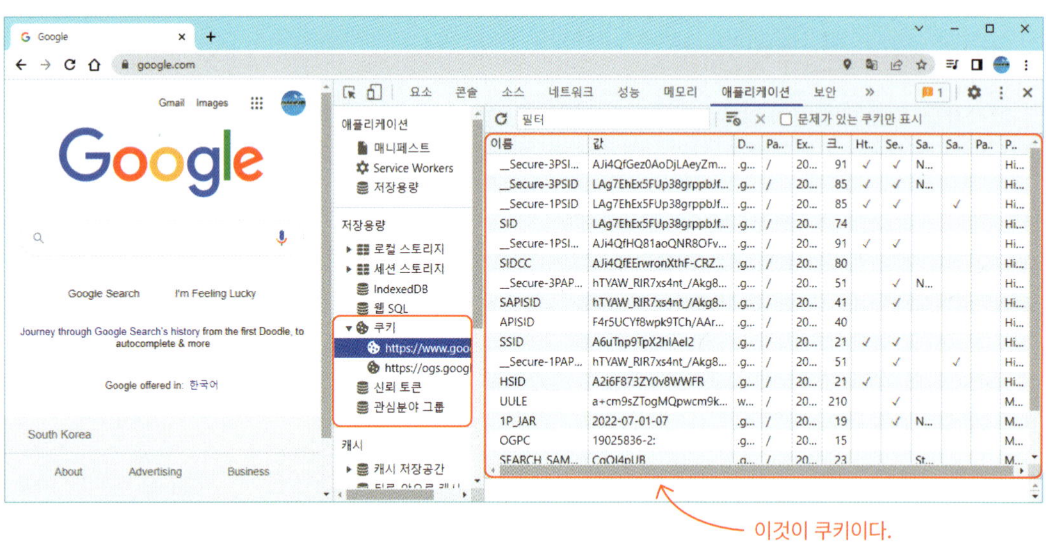

■ 쿠키가 필요한 이유

쿠키가 필요한 3가지 주요 이유는 다음과 같다.

- 인증(세션 관리)
- 사용자 추적
- 개인화(테마, 언어 선택 등)

웹은 TCP를 사용하는 HTTP 위에 구축된다. TCP는 상태(연결 지향) 프로토콜이지만 HTTP는 무상태 프로토콜이다. 무상태 프로토콜은 이전 통신에 대한 정보를 유지하지 않는다. 따라서 웹 서버는 이전 요청에 대한 정보를 유지하지 않는다. 그러므로 웹 서버는 두 요청이 동일한 브라우저에서 오는지, 아니면 각각 다른 브라우저에서 오는지 구별할 방법이 없다.

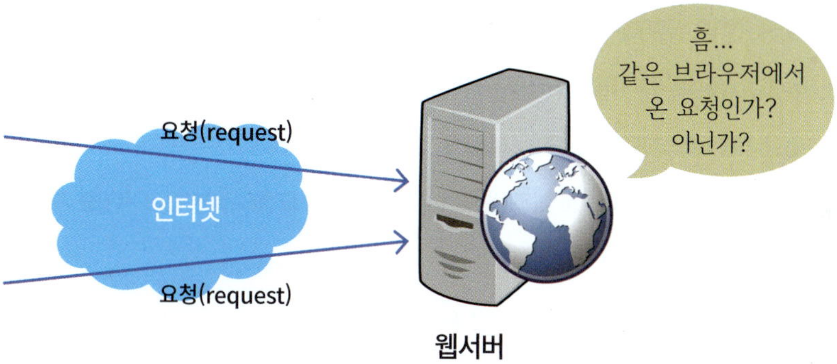

쇼핑몰 웹 사이트에서는 어떻게 해서든 2개의 HTTP 요청이 동일한 브라우저에서 오는 것을 파악해야 했다. 따라서 사용자 아이디와 데이터를 기억하는 메커니즘이 필요했다. 예를 들어 쇼핑몰 웹 사이트의 경우 사용자는 어떤 페이지에서 한 항목을 선택하고 장바구니에 추가한 다음, 다른 페이지로 이동하여 다른 항목을 선택할 수 있다. 그러나 사용자가 다음 페이지로 이동하는 순간, 해당 사용자가 선택한 정보가 사라진다. 이런 이유로 쿠키가 개발되었다. 사용자가 웹사이트에 로그인할 때, 웹 서버는 HTML 문서와 함께 쿠키를 보낸다. 그런 다음 브라우저는 웹 서버에 대한 모든 후속 요청에서 이 쿠키를 보내고, 이 쿠키를 이용하여 사용자와 웹사이트 간에 일종의 세션이 생성된다.

■ 쿠키의 동작 과정

우리는 다음 그림으로 쿠키를 이해해보자.

쿠키의 가장 일반적인 용도는 웹사이트에 대한 로그인 및 로그아웃 기능이다. 예를 들어 아마존 웹 서버에 로그인하는 예를 들어보자. 아마존으로 이동하면 가장 첫 번째 화면이 로그인 페이지이다. 사용자 이름과 암호를 입력하고 로그인 버튼을 누르면 다음과 같은 동작이 이루어진다.

1. 브라우저는 웹 서버에 HTTP 요청을 보낸다. 일반적으로 사용자 이름과 암호가 포함된 POST HTTP 요청이다.
2. 웹 서버에 요청이 도착하면 서버 측 코드가 사용자 이름과 암호를 확인한다. 로그인이 성공하면 서버는 일종의 세션 아이디 역할을 하는 쿠키를 포함한 HTML 페이지를 보낸다.
3. 이 쿠키는 Set-Cookie 헤더를 사용하는 HTTP 응답의 일부로 전송된다.
4. 브라우저는 이 쿠키를 디스크에 저장한다.
5. 이제 사용자가 웹 서버의 다른 페이지로 이동하면 브라우저가 HTTP 요청의 일부로 이 쿠키를 자동으로 보낸다.
6. 웹 서버는 이 쿠키를 읽고 유효성을 식별한다.
7. 사용자가 식별되면 웹 응용 프로그램/서버는 해당 사용자에게 맞게 콘텐츠가 조정된 웹 페이지를 제공한다.

15-02 HTML5 웹스토리지

HTML5는 클라이언트 컴퓨터에 데이터를 저장하는 메커니즘으로 웹스토리지(web storage)를 제공하고 있다. 웹스토리지는 쿠키보다 안전하고 속도도 빠르다. 쿠키는 서버로 요청할 때마다 매번 HTTP 요청 헤더에 붙여서 전송해야 한다. 이 때문에 네트워크에 상당한 부담이 된다. 그러나 웹 스토리지는 그럴 필요가 없다. 또한 웹사이트의 성능에 영향을 주지 않고 많은 양의 데이터를 저장할 수 있다. 약 5MB 정도까지 저장이 가능하다.

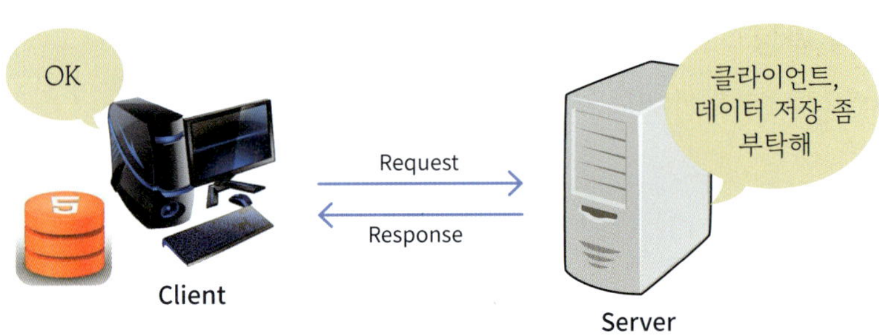

웹스토리지 안에서 데이터는 키/값(key/value)의 쌍으로 저장된다. 웹스토리지의 데이터는 해당 웹 페이지만 액세스할 수 있다.

■ 로컬 스토리지와 세션 스토리지

웹 스토리지에는 데이터를 저장하기 위한 두 종류의 객체가 있다.

- **로컬 스토리지(localStorage)**: 로컬 스토리지 객체는 만료 날짜가 없는 데이터를 저장한다. 데이터는 브라우저가 닫힐 때 삭제되지 않으며, 1년 동안이라도 사용할 수 있다. 도메인이 다르면 서로의 로컬 스토리지에 접근할 수 없다. 즉, 구글의 웹 페이지에서 네이버 웹 페이지의 로컬 스토리지에 접근할 수는 없다. 하지만 같은 도메인은 로컬 스토리지를 공유한다. 즉, 네이버의 웹 페이지들은 로컬 스토리지를 공유한다.
- **세션 스토리지(sessionStorage)**: 각 세션(하나의 윈도우)마다 데이터가 별도로 저장된다. 해당 세션이 종료되면 데이터가 사라진다. 세션 스토리지의 경우, 같은 도메인에 연결했어도 브라우저 윈도우가 다르면 서로 다른 영역을 사용한다. 즉 새로 윈도우를 열어서 동일한 도메인(예를 들어 네이버)에 접속하더라도 세션 스토리지는 서로 다르다.

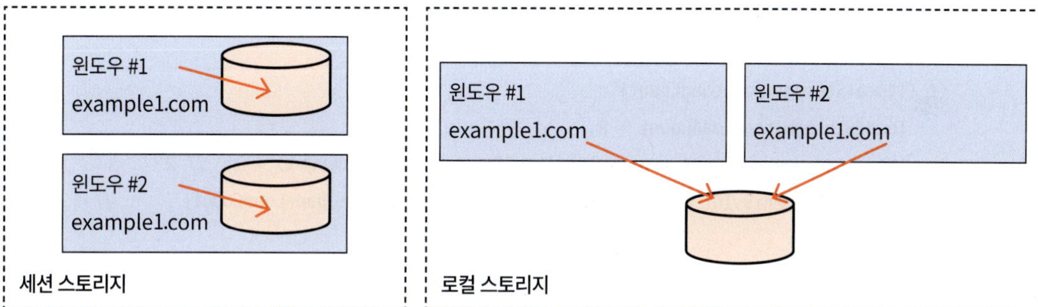

■ 쿠키와 비교

기준	로컬 스토리지	세션 스토리지	쿠키
저장 공간	5-10 MB	5-10 MB	4KB
자동 해제	No	Yes	Yes
서버 측 접근성	No	No	Yes
HTTP 요청과 함께 전송	No	No	Yes
데이터 영속성	수동으로 삭제할 때까지	브라우저 탭이 닫칠 때까지	유효 기간까지

로컬 스토리지와 세션 스토리지는 저장 공간만 차이가 있을 뿐 다른 것은 동일하다. 따라서 로컬 스토리지 중심으로 설명하기로 하자.

■ localStorage의 사용 방법

localStorage을 사용하는 방법은 아주 간단하다. 전역 변수인 localStorage 객체에 .을 붙이고 원하는 변수 이름을 적은 후에 값을 저장하면 된다.

```
localStorage.pageLoadCount = 0;
```

전역 변수로서 로컬 스토리지를 나타낸다.

자신이 원하는 변수 이름을 적어준다.

값을 꺼내 사용할 때도 마찬가지의 형태를 사용하면 된다. 물론 다른 복잡한 방법들이 있지만, 이 방법이 가장 간단하다. 아주 간단한 예로 사용자가 페이지를 방문한 횟수를 로컬 스토리지에 저장해보자.

local_sto.html

```
<!DOCTYPE html>
<html>
<body>
    <p>        페이지 방문 횟수: <span id="count"> </span>번     </p>
    <script>
        if (!localStorage.pageLoadCount)                        // 1
            localStorage.pageLoadCount = 0;
        localStorage.pageLoadCount = parseInt(localStorage.pageLoadCount) + 1;  // 2
        document.getElementById('count').textContent = localStorage.pageLoadCount;       // 3
    </script>
</body>
</html>
```

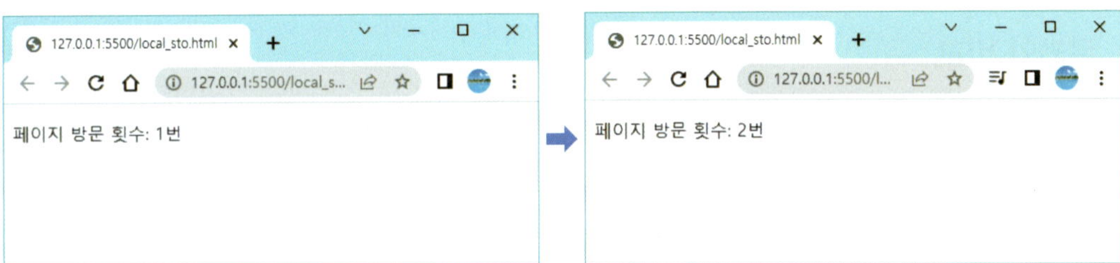

위의 웹 페이지를 실행시키고 "새로고침" 버튼을 눌러보면 페이지 방문 횟수가 계속하여 증가됨을 알 수 있다. 또 브라우저를 종료하고 다시 들어가도 그 값이 유지되고 있음을 알 수 있다. 페이지 방문횟수를 로컬 스토리지에 저장하였기 때문이다.

1. 자바스크립트에서 먼저 localStorage.pageLoadCount이 null인지 검사한다. null이면 변수가 아직 생성되지 않은 것이므로 localStorage.pageLoadCount = 0;으로 변수를 생성하면서 0으로 초기화한다.
2. 다음 문장에서는 로컬 스트리지에 저장된 pageLoadCount 변수를 정수로 변환하여 1을 더한다.

```
localStorage.pageLoadCount = parseInt(localStorage.pageLoadCount) + 1;
```

3. 업데이트된 값을 가지고 id가 "count"인 〈span〉 요소의 텍스트 콘텐츠를 변경한다.

```
document.getElementById('count').textContent = localStorage.pageLoadCount;
```

■ 로컬 스토리지 API

localStarge 객체는 다음과 같은 메소드들을 가지고 있다.

속성/메소드	설명
length	저장된 변수의 개수
setItem(key, value)	key/value를 로컬 스토리지에 저장한다.
getItem(key)	key와 연관된 값을 반환한다.
removeItem(key)	key/value를 로컬 스토리지에서 삭제한다.
clear()	모든 key/value를 삭제한다.

위의 API에서 보면 알겠지만 정식으로 로컬 스토리지에 값을 저장하는 문장은 다음과 같다.

```
localStorage.setItem("pageLoadCount", 0);
```

하지만 로컬 스토리지는 "키/값" 쌍으로 저장되는 연관배열이기 때문에 다음과 같은 문장도 동일한 효과를 가진다.

```
localStorage["pageLoadCount"] = 0;
localStorage.pageLoadCount = 0;
```

우리는 가장 간단한 마지막 문장을 사용하도록 하자.

■ localStorage 예제

사용자가 버튼을 클릭한 횟수를 localStorage에 저장하는 예제를 작성한다.

local_sto1.html

```
<!DOCTYPE html>
<html>
<body>
    <p>  <button onclick="incrementCounter()" type="button">눌러보세요!</button>    </p>
    <div id="target"></div>
    <script>
        function incrementCounter() {
            if (typeof(Storage) !== "undefined") {
                if (localStorage.count)
                    localStorage.count++;
                else
                    localStorage.count = 1;
                document.getElementById("target").innerHTML =
                localStorage.count + "번 클릭하였습니다.";
            }
            else {
                document.getElementById("target").innerHTML =
                "브라우저가 웹스토리지를 지원하지 않습니다.";
            }
        }
    </script>
</body>
</html>
```

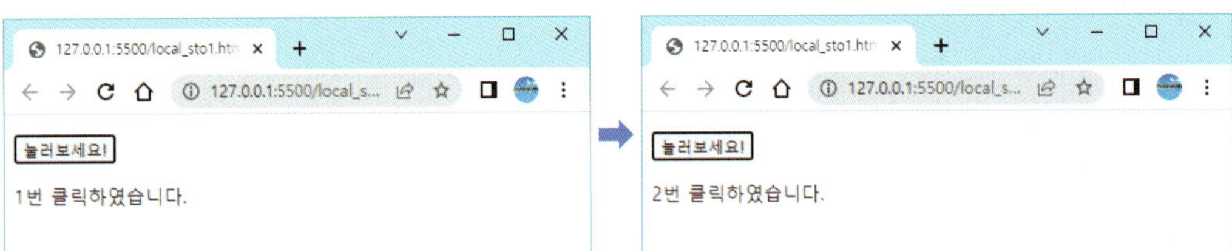

브라우저를 닫고 다시 시작하여도 카운터의 이전 값이 사라지지 않음을 알 수 있다. 카운터의 값은 사용자가 명시적으로 삭제하기 전까지 보존된다. 웹 스토리지를 사용하기 전에 확인 localStorage 및 sessionStorage에 대한 브라우저 지원을 확인하여야 한다.

■ sessionStorage 예제

위의 예제에서 localStorage를 SessionStorage 변경하여 작성하고 실행해보자. 즉, 다음과 같이 코드가 수정된다.

session_sto.html

```
...
    <script>
        function incrementCounter() {
            if (typeof(Storage) !== "undefined") {
                if (sessionStorage.count) {
                    sessionStorage.count++;
                }
                else {
                    sessionStorage.count = 1;
                }
                document.getElementById("target").innerHTML =
                sessionStorage.count + "번 클릭하였습니다.";
            }
            else {
                document.getElementById("target").innerHTML =
            "브라우저가 웹스토리지를 지원하지 않습니다.";
            }
        }
    </script>
```

sessionStorage 객체는 단지 하나의 세션에서만 데이터를 저장한다는 점을 제외하고는 localStorage 객체와 동일하다. 데이터는 사용자가 브라우저 창을 닫을 때 삭제된다.

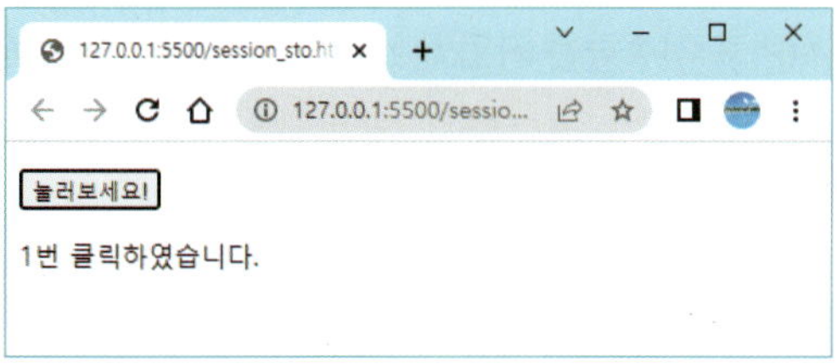

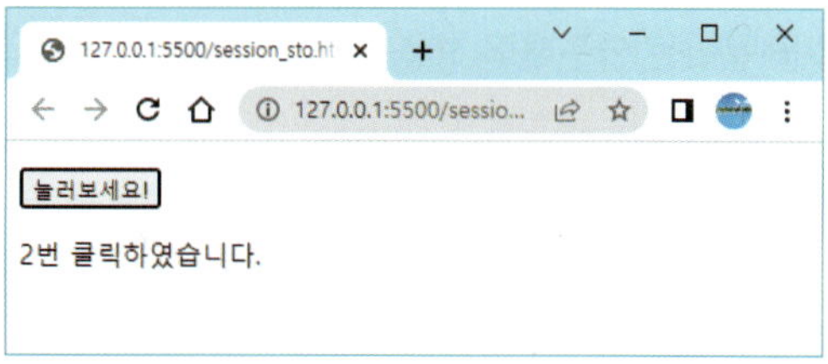

그러나 브라우저 윈도우를 닫았다가 다시 열면 값은 1로 초기화된다.

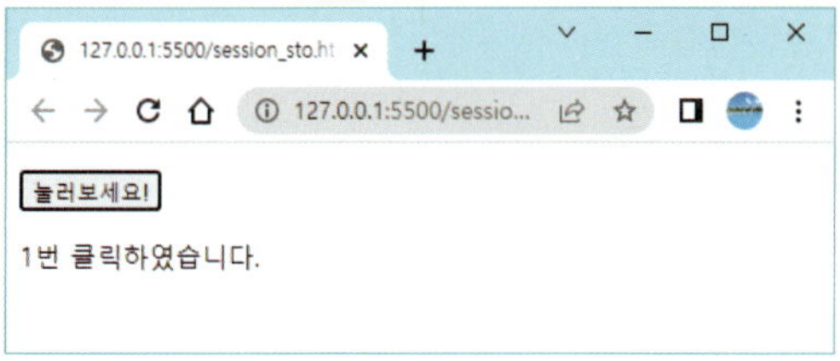

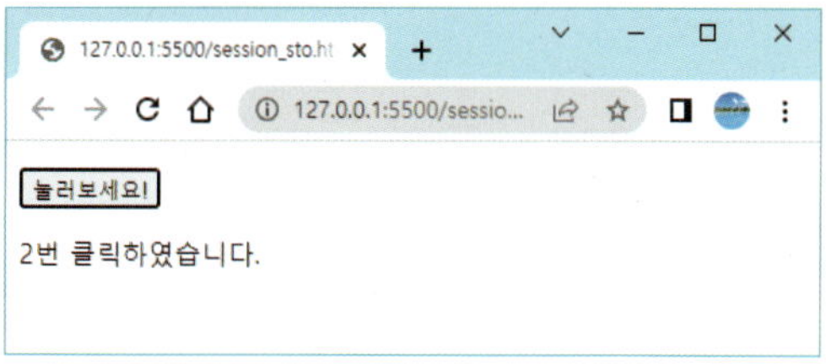

구글의 개발자 도구를 열어보면 "세션 스토리지" 아래에 count 값이 저장되어 있는 것을 볼 수 있다.

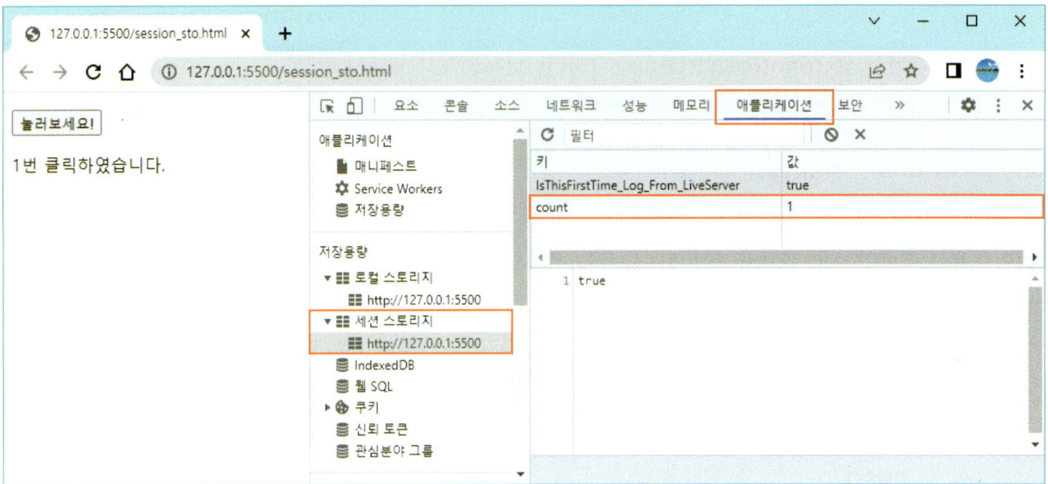

15-03 파일 API

파일 API는 웹브라우저가 사용자 컴퓨터에 있는 로컬 파일들을 읽어올 수 있도록 해주는 API이다. 만약 로컬 파일들을 읽어서 어떤 조작을 한 후에 화면에 표시할 수 있다면 PC에서 실행되는 일반적인 프로그램처럼 동작할 수 있게 된다. 이쯤 되면 웹 애플리케이션이라고 불러도 손색이 없다. 즉, 온라인 상태가 아닌 오프라인 상태에도 동작할 수 있는 웹 애플리케이션을 작성할 수 있다. 그러나 파일 API의 가장 전형적인 응용 분야는 아무래도 사용자가 파일을 선택하여 원격 서버로 전송하는 작업일 것이다. 그리고 보안상의 문제로 현재는 사용자가 〈input〉 요소를 통하여 선택한 파일 또는 드래그 앤 드롭 방식을 이용해 사용자가 선택한 파일로 한정된다.

파일 API에서 사용되는 객체는 File, FileReader이다. File 객체는 로컬 파일 시스템에서 얻어지는 파일 데이터를 나타낸다. FileReader 객체는 이벤트 처리를 통하여 파일의 데이터에 접근하는 메소드들을 제공하는 객체이다. 사용자가 입력 양식을 통하여 파일 이름을 입력하면 이것에서 File 객체를 추출하고 FileReader 객체를 통하여 파일의 내용을 읽는다.

■ File 객체

파일 객체는 파일에 대한 정보를 가지고 있다. 그 중에서 중요한 속성은 다음과 같다.

속성	설명
name	파일의 이름
size	파일의 크기(단위: 바이트)
type	파일의 타입(MIME type)
lastModifiedDate	최종 변경 날짜

여기서는 이들 API를 이용해서 파일의 특성을 읽어온다던지, 파일의 내용을 읽는 작업을 기술한다.

■ 예제

일단 가장 중요한 것은 사용자가 선택한 파일의 내용을 읽어서 웹 페이지에 표시하는 예제이다. 예제를 살펴보면서 설명하기로 하자.

file_api.html

```
<!DOCTYPE html>
<html>
<head>
    <title>HTML File API </title>
    <script>
        function readFile() {
            if (!window.File || !window.FileReader) {
                alert('File API가 지원되지 않습니다.');
                return
            }
            let files = document.getElementById('input').files;
            if (!files.length) {
                alert('파일을 선택하시오!');
                return;
            }
            let file = files[0];
            let reader = new FileReader();
            reader.onload = function () {
                document.getElementById('result').value = reader.result;
            };
            reader.readAsText(file, "euc-kr");
        }
    </script>
</head>
<body>
```

```
    <input type="file" id="input" name="input">
    <button id="readfile" onclick="readFile()">파일 읽기</button><br />
    <textarea id="result" rows="6" cols="60"> </textarea>
</body>
</html>
```

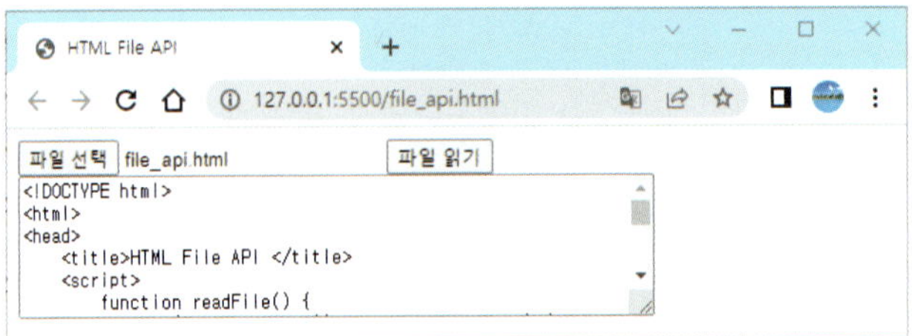

지금부터 각 단계별로 살펴보자.

사용자 인터페이스 부분 작성

다음과 같은 사용자 인터페이스를 작성한다. 사용자로 하여금 파일을 선택하도록 하는 가장 간단한 방법은 타입이 "file"인 <input> 요소를 사용하는 것이다.

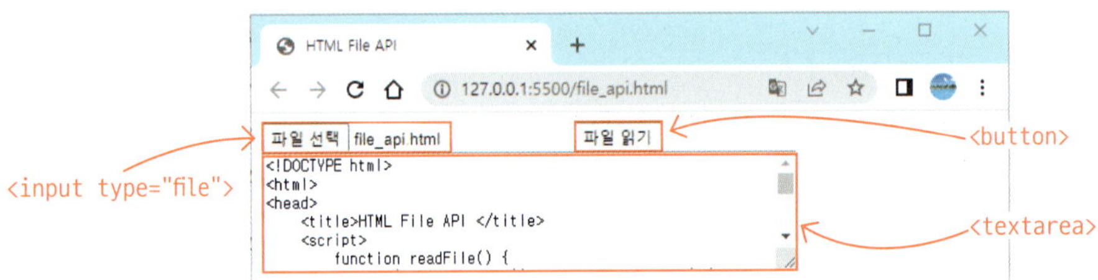


```
<input type="file" id="input" name="input">
<button id="readfile" onclick="readFile()">파일 읽기</button><br />
<textarea id="result" rows="6" cols="60"> </textarea>
```

사용자가 파일을 선택하고 버튼을 누르면 readFile()이 호출된다.

웹브라우저가 파일 API를 지원 여부

readFile() 함수에서 먼저 제일 먼저 체크해야 될 사항은 현재 브라우저가 파일 API를 지원하느냐이다. 이것은 window.File 객체가 존재하는지 아니면 null 인지를 검사하면 된다.

```
if (!window.File || !window.FileReader) {
    alert('File API가 지원되지 않습니다.');
    return;
}
```

선택된 파일 정보 추출

사용자가 선택한 파일 객체를 추출하여야 한다. 먼저 id가 "input"인 요소의 files를 읽어온다. files는 파일 객체들이 여러 개 모여 있는 배열이다. 배열을 사용하는 이유는 사용자가 복수 개의 파일을 선택할 수도 있기 때문이다. files 배열의 length가 0이면 사용자가 파일을 선택하지 않고 버튼을 누른 것이다. 따라서 파일을 선택하라고 경고상자를 표시한다.

```
let files = document.getElementById('input').files;
if (!files.length) {
    alert('파일을 선택하시오!');
    return;
}
let file = files[0];
```

사용자가 파일을 하나만 선택하였다면 배열 중에서 맨 처음 요소만 가져오면 된다.

파일 내용 읽기

파일 내용은 FileReader 객체를 통하여 읽는다. 파일을 읽는 동작도 상당한 시간이 걸리기 때문에 계속 기다리지 않고 이벤트를 이용하게 된다. 즉, 파일 읽기가 완료되면 onload 이벤트가 발생하게 되고 우리는 이때에 파일의 내용을 가져올 수 있다. onload 이벤트에 처리 함수를 연결한다. 파일의 내용은 reader.result에 들어 있다. 이것을 <textarea>의 value로 복사하면 된다.

```
let reader = new FileReader();
reader.onload = function () {
    document.getElementById('result').value = reader.result;
};
reader.readAsText(file, "euc-kr");
```

실제 파일을 읽는 메소드는 readAsText()이다. 이 메소드를 사용할 때는 문자 엔코딩 방법을 지정하여야 한다. 우리는 평범하게 "euc-kr"로 하였다. 만약 utf-8을 사용하였다면 "utf-8"을 지정하여야 한다. 이진 파일을 읽을 때는 readAsBinaryString() 메소드를 사용한다.

■ 파일 정보 표시 예제

파일 정보를 파일 객체에서 추출하면 된다. 앞의 예제에서 <textarea>에 파일의 내용 대신에 파일 정보를 표시하게끔 수정하면 다음과 같은 결과가 나온다.

file_api1.html

```
...
    <script>
        function readFile() {
            let files = document.getElementById('input').files;
            output = "";
            for (let i = 0, f; f = files[i]; i++)
            {
                output += f.name + "\n";        /* f.name - Filename  */
                output += f.type  + "\n" ;               /* f.type - File Type */
                output += f.size + "bytes\n";           /* f.size - File Size */
                output += f.lastModifiedDate + "\n";  /* f.lastModifiedDate */
            }
            document.getElementById('result').value = output;
        }
...
```

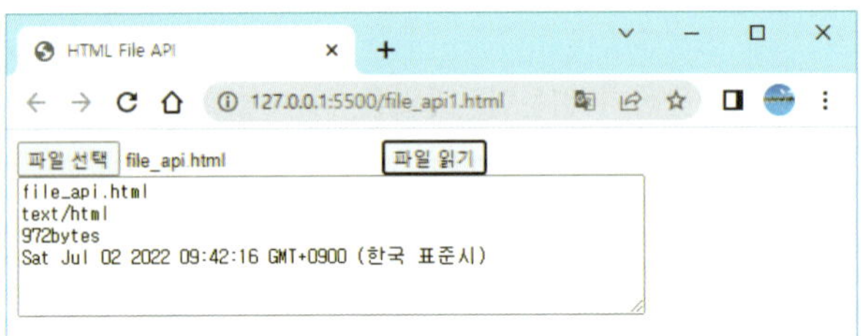

■ 복수의 파일 선택

여러 개의 파일을 선택하거나 아니면 특별한 유형의 파일을 선택하고 싶으면 〈input type="file"〉 요소를 정의할 때 속성들을 정의한다.

여러 개의 파일 선택

```
<input type="file" id="input" multiple
       accept="image/*" onchange="handleFiles(this.files)">
```

모든 이미지 파일 유형, MIME 타입으로 지정

입력 필드의 내용이 변경되면 호출된다.

15-04 AJAX

AJAX(Asynchronous JavaScript and XML)는 브라우저가 직접 비동기 방식으로 HTTP 통신을 하여 서버와 데이터를 교환하는 기술 중 하나이다. AJAX는 클라이언트가 서버와 적은 양의 데이터를 교환하여 비동기적으로 HTML 페이지를 업데이트할 수 있다. 이것은 전체 페이지를 다시 적재하지 않고 웹 페이지의 일부를 업데이트할 수 있다는 것을 의미한다. 따라서 AJAX는 빠르고 동적인 대화형 웹 페이지를 만드는 데 유용하다.

어디서 AJAX가 사용될까? 구글의 자동 완성 기능이 대표적이다. 사용자가 키워드를 입력하는 동안, 추천 키워드들이 동적으로 변경되면서 사용자의 키워드 입력을 도와준다. 추천 키워드는 실시간으로 변경되지만, 웹 페이지는 그대로 유지된다. 인터넷이 그렇게 발전하지 않았던 90년대 초반에 동일한 기능을 사용하기 위해서는, 화면에 새로운 추천 키워드가 나타날 때마다 구글에서 페이지를 새로 다운로드받아서 고쳐야 했다. AJAX는 데이터 교환 기능과 프리젠테이션 레이어가 서로의 기능을 방해하지 않고 동시에 작동하도록 한다.

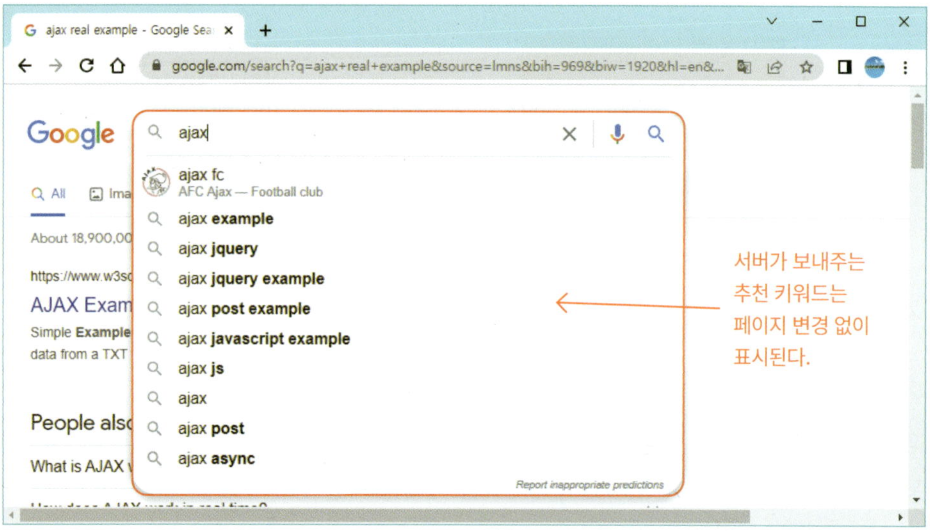

이외에도 구글 지도 서비스, 메일 서비스, 게시판 서비스, 블로그 서비스 등에서도 AJAX를 사용한다. Gmail, 유튜브, 페이스북이 모두 AJAX를 사용하고 있다. AJAX는 새로운 프로그래밍 언어가 아니라 다음과 같은 기존의 표준기술들을 현명하게 사용하는 기술이다.

- HTML5(콘텐츠)
- CSS3(스타일)
- 자바스크립트, DOM(동적인 출력과 상호작용 담당)

- XML(데이터를 전송하기 위한 형식으로 사용)
- XMLHttpRequest 객체(서버와 비동기적으로 데이터를 교환하기 위해 사용)

■ AJAX와 기존 방법의 비교

기존의 웹브라우저는 서버로부터 페이지 단위로만 받을 수 있었다. 반면에 AJAX를 사용하면 XML 파일 단위로 받을 수 있다. 따라서 전체 페이지를 다시 로드하지 않아도 XML 파일을 자바스크립트가 처리하여서 페이지 일부를 동적으로 업데이트할 수 있다.

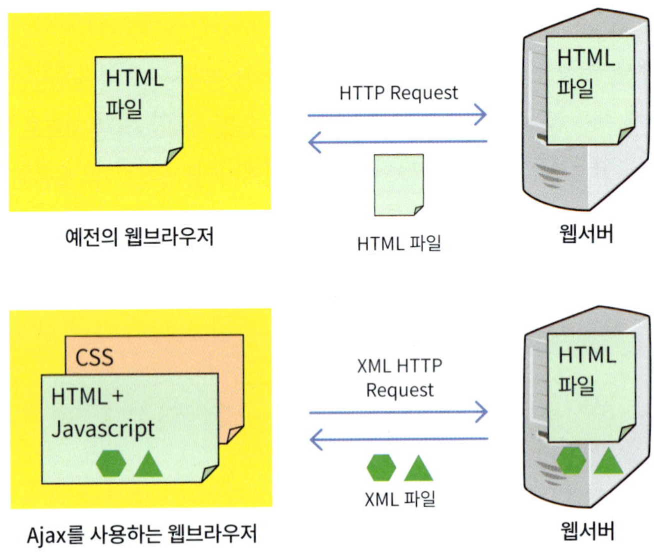

■ AJAX 동작 원리

AJAX의 중심에 있는 기능은 페이지와 상호 작용하는 사용자를 방해하지 않으면서 비동기적으로 웹서버와 통신할 수 있는 기능이다. XMLHttpRequest 객체를 사용하면 이것이 가능해진다. AJAX에 의하여 우리는 전체 페이지의 업데이트 없이 특정 DOM 객체를 새로 업데이트할 수 있다. 사용자가 XMLHttpRequest을 이용하여 HTTP 요청을 제출할 때 실제로 무슨 일이 일어나는지 살펴보자.

다음 그림은 HTML 페이지와 AJAX 웹 응용 프로그램에서 작업의 단계를 설명한다.

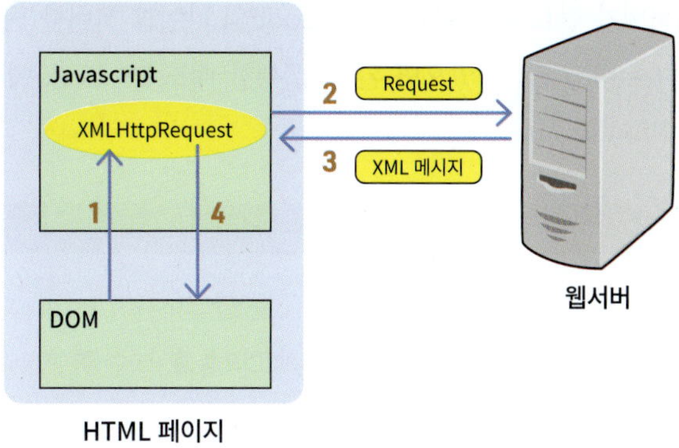

1. 클라이언트 컴퓨터에서 사용자가 문자를 입력하는 것과 같은 이벤트가 발생하면
2. 자바스크립트 함수가 호출된다. 함수에서 XMLHttpRequest 객체의 인스턴스가 생성된다.
3. XMLHttpRequest 객체는 현재 HTML 페이지의 상태를 가지고 있는 XML 메시지를 구성하여 웹서버로 보낸다.
4. 웹 서버에서 응답 XML 메시지를 수신한다.
5. 웹서버에서 반환된 XML 메시지를 파싱하여 DOM 객체를 업데이트한다.

■ AJAX 예제

어떻게 AJAX가 동작되는지를 알기 위하여 가장 대표적이면서 간단한 AJAX 예제 애플리케이션을 작성하여 보자. 사용자가 "GET DATA" 버튼을 누르면, 서버로부터 데이터 파일을 받아서 화면의 일부에 표시한다. 전체 페이지는 변경되지 않는다.

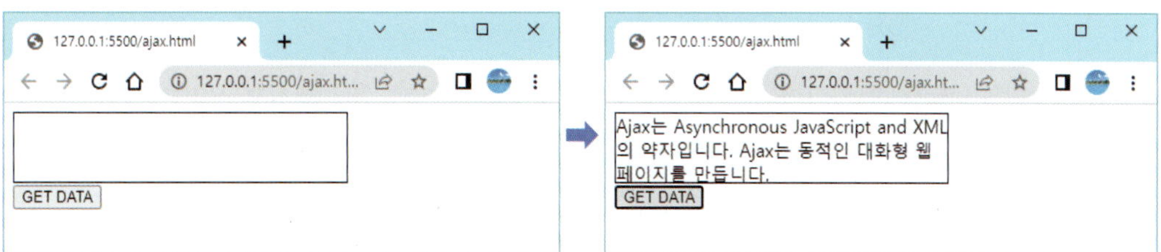

서버 컴퓨터의 "testfile1.txt" 파일에 다음과 같은 내용이 담겨있다고 가정하자.

testfile1.txt

```
AJAX는 Asynchronous JavaScript and XML의 약자입니다.
AJAX는 동적인 대화형 웹 페이지를 만듭니다.
```

이번 예제에는 반드시 웹서버가 필요하다. 우리는 VS Code의 라이브 서버를 웹서버로 이용하자. 따라서 VS Code의 현재 폴더에 testfile1.txt가 있으면 된다. 실행할 때도 VS Code에서 마우스 오른쪽 버튼을 눌러서 라이브 서버로 실행하여야 한다.

AJAX.html

```
<!DOCTYPE html>
<html>
<head>
    <script>
        function getFromServer() {
            let req = new XMLHttpRequest();
            req.onload = function () {
                document.getElementById("target").innerHTML =
                    this.responseText;
            }
            req.open("GET", "testfile1.txt", true);
            req.send();
        }
    </script>
</head>
<body>
    <div id="target"style="width: 300px; height: 60px; border: solid 1px black;">
    </div>
    <button type="button" onclick="getFromServer()">GET DATA</button>
</body>
</html>
```

위의 AJAX 애플리케이션은 하나의 div 섹션과 하나의 버튼을 가진다. div 섹션은 서버로부터 오는 정보를 표시하기 위하여 사용된다. 사용자가 버튼을 클릭하면 getFromServer() 메소드가 호출된다.

```
<div id="target" style="width: 300px height: 60px border: solid 1px black">
</div>
<button type="button" onclick="getFromServer()">GET DATA</button>
```

페이지의 헤드 섹션에 있는 getFromServer() 함수에 AJAX 코드가 포함된다.

```
<script>
    function getFromServer() {
        ... // 여기에 AJAX 코드가 포함된다.
    }
</script>
```

XMLHttpRequest 객체

AJAX의 핵심은 XMLHttpRequest 객체이다. 최신의 웹 브라우저들은 XMLHttpRequest 객체를 지원한다. XMLHttpRequest 객체는 배경에서 서버와 데이터를 주고받을 때 사용된다. 이것은 즉, 전체 페이지를 다시 로드하지 않아도 웹 페이지의 일부를 업데이트하는 것이 가능하다는 의미이다. XMLHttpRequest 객체를 생성하는 구문은 다음과 같다.

```
let req = new XMLHttpRequest();
```

서버로 요청 보내기

서버로 요청(request)을 보내기 위하여 우리는 XMLHttpRequest 객체의 open()과 send() 메소드를 사용한다.

```
req.open("GET", "textfile1.txt", true);
req.send();
```

open()은 XMLHttpRequest 객체를 필요한 값으로 초기화한다. 즉, 요청의 종류, url, 비동기 여부 등을 설정한다.

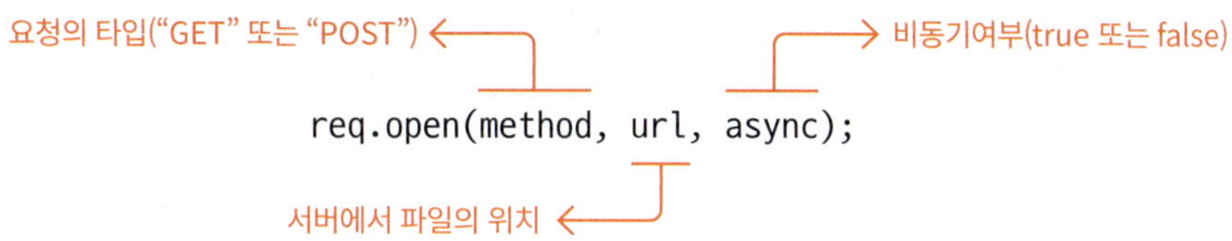

send()는 요청을 서버로 전송한다.

응답 처리하기

서버가 응답을 준비하여 클라이언트로 보내면 onload 이벤트가 발생한다. 따라서 onload 이벤트를 처리하는 콜백 메소드를 등록하면 응답이 준비되었을 때 콜백 함수가 실행된다.

```
req.onload = function () {
      document.getElementById("target").innerHTML =
         this.responseText;
 }
```

콜백 함수에서는 아이디가 "target"인 요소를 찾아서 요소의 innerHTML에 응답 텍스트를 저장한다.

■ 추가사항

GET 요청

위의 예제에서는 단순히 텍스트 파일을 요청하였다. 하지만 일반적으로는 서버 컴퓨터에서 실행되는 스크립트 파일을 요청하게 된다. "test.jsp"을 요청하는 GET 요청을 작성하여 보면 다음과 같다.

```
req.open("GET", "test.jsp", true);
req.send();
```

일반적인 경우에 GET 방식이 POST 방식보다 간단하면서 빠르지만 캐시된 결과를 얻을 수도 있고 데이터가 큰 경우에는 힘들다. 또 보안성이 약하다.

url 지정

open()의 url 매개 변수는 서버 상의 파일의 주소이다.

```
req.open("GET", "test.jsp", true);
```

파일은 어떤 종류라도 상관없다. 즉 .txt and .xml, 또는 서버 스크립트 파일인 .jsp, .asp, .php도 어떤 종류도 가능하다. 스크립트 파일을 선택하면 응답을 보내기 전에 서버에서 어떤 동작을 수행한 후에 결과를 HTML 파일로 작성하여 보낼 것이다.

비동기화 여부

AJAX가 비동기 자바스크립트와 XML의 약자이기 때문에 XMLHttpRequest 객체가 AJAX처럼 동작하려면 open() 메소드의 async 매개 변수는 당연히 true로 설정되어야 한다.

```
req.open("GET", "test.jsp", true);
```

비동기 요청을 보낼 수 있다는 것은 웹 개발자에게는 커다란 진전이다. 왜냐하면 서버에서 실행되는 많은 작업들은 상당한 시간을 요하기 때문이다. AJAX가 등장하기 전에는 이들 작업 시간 때문에 웹 페이지들이 사용자의 입력에 반응하지 않았다. AJAX의 도입에 따라서 자바스크립트는 서버의 응답을 기다릴 필요가 없다. 대신에 다른 스크립트를 실행할 수 있다. 서버가 응답이 준비되었을 때 응답을 처리한다.

onreadystatechange 이벤트

예제에서는 단순히 onload 이벤트만을 사용하였다. 물론 이것으로도 충분한 경우가 많지만 좀 더 자세한 정보를 얻으려면 onreadystatechange 이벤트를 사용하면 좋다. async로 true를 사용하는 경우, 응답이 준비되면 onreadystatechange 이벤트가 발생하게 되고 코드에서는 이 이벤트를 처리하는 함수를 만들어 놓으면 된다.

```
req.onreadystatechange = function () {
    if (req.readyState == 4 && req.status == 200) {
        document.getElementById("target").innerHTML = req.responseText;
    }
}
```

onreadystatechange 이벤트

서버로부터 응답이 오면 onreadystatechange 이벤트가 발생한다. onreadystatechange 이벤트는 readyState가 변경될 때마다 발생된다. ReadyState 속성은 XMLHttpRequest의 현재 상태를 가지고 있다. XMLHttpRequest 객체의 세 가지 중요한 속성은 다음과 같다.

속성	설명
onreadystatechange	readyState 상태가 변경될 때마다 자동으로 호출되는 함수를 저장한다.
readyState	XMLHttpRequest의 4가지 상태를 저장한다. 0에서 4로 순차적으로 변화된다. 0: 요청이 초기화되지 않았다. 1: 서버 연결이 이루어졌다. 2: 요청이 수신되었다. 3: 요청을 처리 중이다. 4: 요청 처리가 종료되고 응답이 준비되었다.
status	200: "OK" 404: 페이지가 발견되지 않았다.

따라서 ReadyState가 4가 되고 status가 200이면 응답이 준비되었고 이상이 없는 것이다.

```
req.onreadystatechange = function () {
    if (req.readyState == 4 && req.status == 200) {
        document.getElementById("target").innerHTML = req.responseText;
    }
}
```

여기서 주의할 점은 실제로 onreadystatechange 이벤트는 5번 발생한다. 즉, readyState가 0에서 4까지 변경될 때마다 한 번씩 발생하는 것이다. 따라서 반드시 readyState의 값을 체크하여야 한다.

15-05 fetch API

fetch API는 서버로부터 리소스를 가져오기 위한 인터페이스를 제공한다. AJAX와 거의 같은 기능을 제공하면서도 fetch API는 더 강력하고 유연하다. fetch API는 요청(Request) 객체 및 응답(Response) 객체를 생성할 수 있다. fetch API는 요청 및 응답을 처리하거나, 응답을 생성해야 하는 모든 종류의 사례에 사용할 수 있다.

■ fetch 사용법

fetch() 함수는 window 객체에 포함된 기능이다. 따라서 window.fetch()로 호출하여도 된다. fetch() 함수의 첫 번째 인수는 URL이고, 두 번째 인수는 옵션 객체이다. fetch() 함수는 Promise 타입의 객체를 반환한다. Promise 객체는 비동기 처리를 하기 위한 객체이다. 비동기 처리란 당장 결과가 얻어지는 것이 아니라 지연 시간이 발생하는 경우를 의미한다. Promise 객체는 then()이라는 메소드를 제공하는데, 이 메소드가 바로 지연된 어떤 결과가 발생하였을 때 호출되는 메소드이다. 다음 예제에서 간단히 살펴보자.

■ 예제

fetch API를 사용하여 이전의 AJAX 예제를 다시 프로그래밍해보자. 즉, 서버로부터 텍스트 파일을 가져와 〈div〉 요소에 추가하는 것이다.

fetch.html

```
<!DOCTYPE html>
<html>
<head>
    <script>
        function getFromServer() {
            let file = "testfile1.txt"
            fetch(file)
                .then(response => response.text())
                .then(data => document.getElementById("target").innerHTML = data);
        }
    </script>
</head>
<body>
        <div id="target" style="width: 300px; height: 60px; border: solid 1px black;">
            </div>
        <button type="button" onclick="getFromServer()">GET DATA</button>
</body>
</html>
```

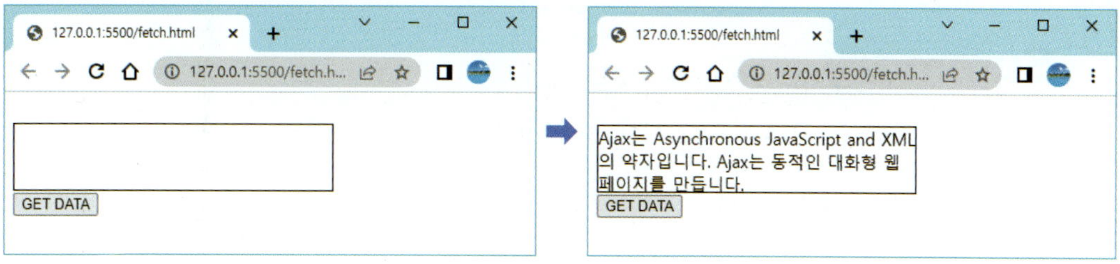

fetch(file)를 호출하면 Promise 타입의 객체가 반환되고 이 객체의 then() 메소드를 화살표 함수와 함께 호출한다. fetch(file) 함수는 서버에게 파일을 요청하게 되고, 파일이 응답 객체에 포함되어 도착하면 그 순간 then() 메소드가 호출된다. 첫 번째 then() 메소드는 응답 객체에서 텍스트를 꺼내게 된다. 텍스트 추출이 완료되면 두 번째 then()이 호출되고 여기서 꺼내진 텍스트를 아이디가 "target"인 요소를 찾아서 요소의 내용으로 대입한다.

Mini Project

local storage에 정보 저장하기

웹 스토리지 기능을 이용하여 고객의 이름과 나이를 저장해보자. 다음과 같이 고객의 이름과 나이를 묶어서 객체로 정의한다. 이 객체를 JSON.stringify() 함수를 이용하여 로컬 스토리지에 저장한다. 다음에 방문했을 때, 저장된 객체가 있으면 읽어보자.

```
// 객체 저장
let usesInfo = {
  name: "Kim",
  age: 24,
};
localStorage.setItem("userInfo", JSON.stringify(userInfo));
```

추가로 배열도 저장해보자. 사용자가 관심이 있는 물건들을 배열에 저장한 후에 다음과 같은 문장을 사용하여 배열도 로컬 스토리지에 저장해보자. 다음에 방문했을 때, 저장된 배열이 있으면 읽어보자.

```
// 배열 저장
let items = ["Milk", "Butter", "Apple", "Egg"];
localStorage.setItem("items", JSON.stringify(items));
```

15장

Summary

Q 쿠키가 왜 필요한지 이해할 수 있나요?

A HTTP는 기본적으로 무상태 프로토콜입니다. 즉, 상태를 기억하지 못합니다. 하지만 웹 애플리케이션에서는 어느 정도 상태를 기억하여야 합니다. 상태를 기억하기 위하여 등장한 방법이 쿠키입니다. 쿠키는 서버가 보내주는 식별표로서 클라이언트는 이것을 다음 요청에 넣어서 함께 서버로 전송합니다.

Q 웹스토리지를 사용할 수 있나요?

A 쿠키는 크기가 제한되고 매 요청마다 서버로 보내야하는 등의 문제점이 많았습니다. 이것을 해결하기 위하여 나온 방법이 웹스토리지입니다. 웹스토리지는 크기가 넉넉하고, 한번 저장되면 서버로 다시 전송할 필요가 없습니다.

Q 파일 API를 이용하여서 파일을 업로드할 수 있나요?

A 웹 애플리케이션에서 반드시 필요한 기능이 로컬 컴퓨터의 파일을 읽는 기능입니다. 파일 API를 이용하면 서버에서 필요한 파일을 로컬 컴퓨터에서 읽거나 저장할 수 있습니다. 물론 사용자의 허락을 맡아야 합니다.

Q AJAX가 무엇인지 설명할 수 있나요?

A HTTP에서는 기본적으로 페이지 단위로 정보를 주고 받습니다. 하지만 어떤 경우에는 페이지의 일부분만 변경하고 싶은 경우가 있습니다. 이때 사용할 수 있는 기능이 AJAX입니다. AJAX는 XML과 자바스크립트를 사용하는 기술로서 서버로부터 XML 파일을 받아서 페이지의 일부분을 변경할 수 있습니다.

15장

Exercise

01. 쿠키에 대한 설명 중 잘못된 것은?

① 쿠키는 단순한 텍스트 데이터이다.

② 쿠키는 다른 브라우저 간에 공유되지 않는다.

③ 쿠키의 크기는 4KB를 초과할 수 있다.

④ 쿠키는 브라우저에 의해 사용자의 컴퓨터(디스크)에 저장된다.

02. 웹스토리지에서 데이터를 저장하는 방법으로 잘못된 것은?

① sessionStorage.setItem("key", 0); ② sessionStorage["key"]=0;

③ sessionStorage.key = 0; ④ sessionStorage.getItem("key");

03. 웹스토리지에 대한 설명 중 잘못된 것은?

① 쿠키보다 안전하다.

② 매번 HTTP 요청 헤더에 붙여서 전송해야 한다.

③ 약 5MB 정도까지 저장이 가능하다.

④ 쿠키보다 속도가 빠르다.

04. 로컬 스토리지와 세션 스토리지의 차이점은 무엇인가?

05. HTML5 파일 API에서 파일의 내용을 읽을 때 사용하는 객체는?

① File ② FileReader ③ FileWriter ④ Blob

06. AJAX가 사용하는 기술이 아닌 것은?

① XML ② HTML5 ③ XMLHttpRequest ④ FTP

07. 빈칸에 들어가야 하는 이벤트 이름은?

```
let req = new XMLHttpRequest();
req.______________ = function () {
    document.getElementById("target").innerHTML =
        this.responseText;
    }
req.open("GET", "testfile1.txt");
req.send();
```

15장 Programming

01. 다음과 같은 웹 애플리케이션를 작성해본다. 웹 스토리지를 이용하여서 사용자가 입력한 문자열을 로컬 스토리지와 세션 스토리지에 저장했다가 "조회" 버튼을 누르면 다시 조회한다.

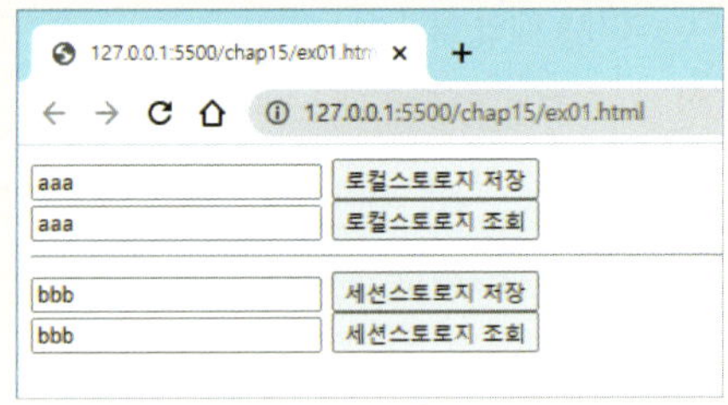

02. 다음과 같은 웹 페이지에서 사용자가 배경색과 이미지를 선택하면, 이 선택 사항을 웹 스토리지에 저장하였다가 다음에 방문했을 때 그대로 적용해보자.

03. HTML5 파일 API를 이용하여 사용자가 선택한 이미지 파일들을 보여주는 웹 애플리케이션을 작성하여 보자. 이미지는 <img> 태그를 이용하여 HTML 문서 안에서 표시한다.

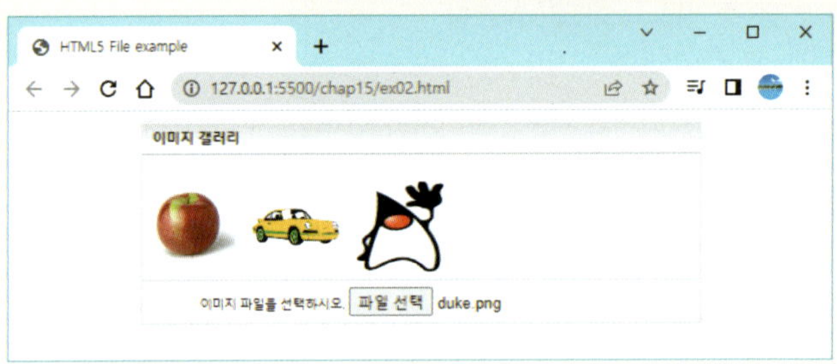

04. 다음과 같이 간단한 쇼핑몰 페이지를 작성하자. 버튼을 누르면 이번주의 특별 판매 상품을 소개하는 텍스트 파일을 AJAX 기법으로 서버로부터 다운로드하여 표시해보자.

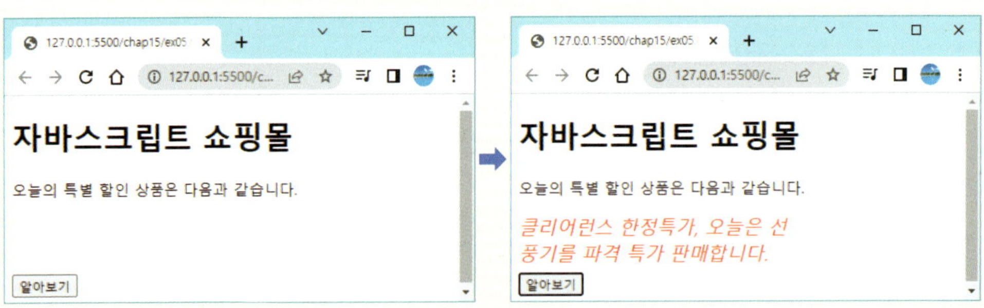

찾아보기

ㅎ